제2판

Control over Government Bureaucracy
and Administrative Accountability

정부 관료제의
통제와 행정책임

주재현 · 한승주

法 文 社

이 저서는 2009년 정부(교육과학기술부)의 재원으로 한국연구재단의 지원을 받아
수행된 연구임 (KRF-2009-812-B00056)

제2판 서문

이번 제2판은 초판 「행정통제론」에 담겼던 각종 관료제 통제제도의 변화를 반영하는 한편, 초판에 충분히 담기지 못했던 행정책임에 관한 이론적 논의를 담아 「정부 관료제의 통제와 행정책임」이라는 새로운 제목으로 출간되었다.

초판과 비교한 제2판의 변화는 다음과 같다. 행정의 책임성에 관한 이론적 논의는 제2장 행정의 책임성으로 확대되었다. 제3장 행정통제의 원리와 유형은 대체로 초판의 제안을 그대로 유지하였으나, 제4장 정부 관료와 관료조직에 대한 이해에서는 최근의 여러 조사 결과를 반영하여 한국 행정문화의 변화와 지속 가능성을 재해석하였다. 제5장 이후는 관료제 통제기제를 관료와 관료조직의 재량에 관한 서로 다른 관점에 따라서 장별로 구분하여 정리하였고, 초판 이후 변화된 제도의 내용으로 수정 및 보완하였다.

초판에서 제기한 문제의식과 구성 체계를 유지하면서도, 근래 한국 사회에서 심각하게 우려되었던 정부의 무책임에 관하여 다면적으로 숙고할 수 있는 이론적 논의를 담았다. 지난 10여 년간 한국 사회에 발생한 여러 사건, 사고로 인해 사회는 정부의 책임이 무엇이며, 어디까지인지, 정부의 책임을 확보하기 위해 어떻게 통제해야 하는 것인지를 반복적으로 물었다. 이러한 사회적 질문에 답하기 위해서는 행정책임의 다면성을 고려해야 하며 때에 따라 충돌할 수 있는 책임성을 함께 관리해야 할 필요성을 심층적으로 분석해야 한다. 따라서 책임성의 충돌, 책임의 주체, 책임의 범위, 책임의 통제방식 문제, 그리고 확장되어 가는 행정책임의 경향 등 여러 쟁점을 살펴보았다. 이러한 논의를 토대로 행정의 책임이 기계적 법 집행이나, 상사 지시의 사유 없는 복종에 그치지 않으며 문제의 예측과 예방, 전문적 해법의 도출과 적용, 공공가치의 창출 등까지 포괄해야 할 필요성과 한계를 검토해야 할 것이다.

무엇보다 공공문제를 해결할 정부의 책임을 다하기 위하여 어떤 통제 수단이 필요한지, 변화하는 환경 속에서 창의적이며 효과적인 통제제도는 무엇인지 구체적인 설계가 필요할 것이다. 정부 관료제를 통제하는 전통적인 방식은 관료제의 재량행위의 사전과 사후, 그리고 집행과정을 꼼꼼히 감독하고, 재량의 여지를 좁혀 나갈 것을 처방해 왔다. 이에 대해 지난 삼십여 년간 신공공관리적 방식은 경쟁과 보상을 통해서 과정상의 재량을 활용하며 결과를 통제하는 방향을, 더불어 집행영역의 민간 이전을 제안하였다. 현재는 이러한 신공공관리적 통제기제가 기대받은 만큼 효과를 낳았는지 의문과 함께 재검토가 요구되고 있다. 앞으로 변화할 미래 속에서 한국 행정의 다면적인 책임을 확보하기 위해서는 정부 관료제 통제의 지향과 구체적인 방식은 어떻게 전개되어야 할지 앞으로 더욱 실증적 분석과 창의적인 실험이 이뤄져야 할 것이다.

이번 개정은 주재현의 기존 논의에 한승주의 새로운 아이디어가 추가됨으로써 가능했다. 두 행정학자의 노력이 시너지 효과를 냈기를 기대해본다. 또한 이 책이 정부가 자기 책임을 다하지 못했다는 사회적 비난, 그리고 그 어느 때보다 국가 행정이 복잡하고 불확실한 상황 속에서 정부의 책임과 통제를 다시 한번 깊이 있게 고찰하고 설계하는 데 기여하기를 바란다.

2023년 8월

주재현, 한승주

초판 서문

이 책은 다양한 정부 관료제 통제 수단들에 대한 새로운 유형론을 제시하고, 이 유형론을 우리나라에 적용해서 현황과 문제점들을 검토하는데 그 목적을 두었다. 유형론 구성에서 고려된 분류 기준은 행정공무원들의 기회주의적 성향과 재량행위이다.

오늘날 행정학과 정치학의 주류 접근법들(다원주의론, 공공선택론 등)은 행정관료와 그들의 조직이 자신의 이익을 실현하기 위해 기회주의적으로 행동할 수 있음을 널리 받아들이고 있다. 물론 모든 공무원들이 모든 경우에 자신과 자신이 속한 조직의 이익을 실현하기 위해 행동하는 자기중심적 또는 개인적 이기주의자는 아닐 것이다. 그러나 주류 접근법들은 다수의 공무원들이 공익과 자신의 이익이 충돌하는 상황에서 공익보다 사익을 중시하는 쪽으로 행위할 수 있음을 인정하고, 이를 반영하는 연구동향을 보이고 있다. 이는 20세기 중반 이후, 정부 관료제에 대한 기대가 실망으로 귀결된 후, 많은 연구자들이 그 원인을 찾는 과정에서 관료와 그들의 조직에 대해 좀더 현실적인 인식을 갖게 되었음을 의미한다. 모든 관료들이 이타적인 행위자이리라는 기대가 사실상 비현실적이라는 것이다. 이 책은 이러한 현실적인 인식에 토대를 두고, 관료제의 통제 문제에 접근했다.

또한 이 책은 행정 관료들의 재량행위가 어느 정도 불가피하다는 점을 인정하고 있다. 복잡화 · 다양화 · 전문화를 특징으로 하는 현대 사회에서 일반 시민과 선출직/정무직 공무원보다 행정 관료들의 정보력과 전문성이 우월한 경우가 대부분이다. 따라서 다소 추상적이고 일반적인 법규의 내용을 더 구체화하고 실제에 맞게 해석하는 재량을 행정 관료들에게 부여하게 된다.

그러나 문제는 행정 관료들이 기회주의적으로 재량을 행사할 수 있다는 점이다. 따라서 관료와 관료제를 통제하는 노력은 기회주의와 재량을 어떻게 관리할 것인가의 쟁점으로 귀결되며, 이 책은 기회주의와 재량의 관리라는 측면에서 네 가지의 유형으로 행정통제 수단들을 분류했다.

첫째, 정부 내 · 외의 다원적인 행위 주체(행정 계층제 상의 상관, 정치적 집행부

(political executive), 의회, 사법부, 감사기관, 압력단체 등)와 제도를 통해 재량행위가 기회주의적으로 사용되지 못하도록 감시·감독하는 통제 유형이다.

둘째, 가능한 한 행정 관료들의 재량을 축소함으로써 공익의 실현에 반하는 재량이 행해지지 못하도록 하거나, 기회주의성이 상대적으로 낮은(공익추구 경향이 높은) 이들을 공직에 유치하고 지속적인 교육을 통해 그들의 공익지향성을 강화함으로써 관료제의 책임성을 확보하는 통제의 유형이다.

셋째, 행정 관료의 재량행위가 기회주의적으로 사용되지 못하도록 감시·감독하거나, 기회주의와 재량행위의 발현을 억제하는 것이 아니라, 오히려 관료들의 기회주의와 재량행위가 궁극적으로 공익의 증진으로 귀결되도록 유도하는 통제 유형이다. 정부 관료제 내·외에서 그들 간에 경쟁을 조장하는 제도를 구축하는 것이 이 유형의 대표적인 접근방식이다.

넷째, 행정 공무원 직접고용 방식이 야기하는 재량과 기회주의의 문제를 원천적으로 제한하기 위해, 민간기관(기업 또는 비영리단체)을 활용해서 공공서비스의 생산과 제공을 수행하고자 하는 통제 유형이다.

이 유형론은 종래의 전통적인 행정통제 논의 뿐 아니라, 최근의 신공공관리 및 뉴거버넌스 정부개혁의 동향을 정부 관료제 통제의 의미에서 파악함과 더불어, 고전적인 행정이론 중 그간 행정통제의 관점에서 충분히 검토되지 못했던 내용들까지 동원해서 정부 관료제 통제기제를 재구성하는데 특징이 있다. 또한 이 유형론은 행정 관료의 행동 동기(또는 본성)와 그들이 처해 있는 환경에 대한 이해를 토대로 통제기제의 유형을 정리한다는 점에서, 그리고 이 통제수단들이 지닐 수 있는 강점과 한계에 대해 논의한다는 점에서 행정통제에 대한 기존의 유형분류와 차별성을 보인다.

위의 유형론을 적용해서 우리나라의 현황과 문제점을 검토한 후, 앞으로 우리가 추구해야할 방향성을 제시하였다. 방향성 제시에 있어 특히 주목한 변수는 한국의 행정문화이다. 정책·법·제도와 문화는 상호작용한다. 전자가 후자의 변화를 야기하기도 하고, 후자가 전자의 작동을 제약하기도 한다. 그런데, 정책·법·제도가 문화의 변화를 야기하는데는 상당한 시간이 소요된다. 따라서 문화의 실질적인 변화가 관찰되기 전에는, 문화의 특성이 정부정책과 법·제도의 효과에 미치는 영향에 우선적인 관심을 기울일 필요가 있다. 즉 우리의 주된 행정문화를 파악하고, 이 행정문화에서 더 효과적일 가능성이 높은 — 달리 말하면, 지배적인 행정문화와 잘 조응할 수 있는 — 정책·법·제도에 주목할 필요가 있다.

한국 행정문화는 최근 들어 개인주의 문화가 성장하고 있고, 평등주의 문화의 성장 가능성도 나타나고 있긴 하지만, 여전히 계층제적 문화를 주된 구성인자로 하고 있다. 특히 Weber가 주창한 법적·합리적 권위에 토대를 둔 관료제적인 요소의 중요도가 높아졌다. 이렇게 볼 때, 계층제적 문화와의 조응도가 가장 높을 것으로 판단되는 다원적인 감시·감독 기제와 윤리적인 공무원 확보 기제의 의의가 부각된다.

그러나 경쟁 기제와 파트너십 기제는 기본적으로 개인주의 행정문화 및 평등주의 행정문화와 정합도가 높은 관료(제) 통제수단으로서, 계층제적 문화를 주된 요소로 하고 있는 우리나라 정부조직에 적용하는데 한계가 있다. 단, 신공공관리 및 뉴 거버넌스 행정개혁 수단들이 대거 도입된 2000년대 들어 한국의 행정문화에도 개인주의와 평등주의 문화 요소가 성장하고 있다는 점을 고려해볼 때, 앞으로 경쟁 및 파트너십을 활용한 통제수단들도 한국 관료(제)를 통제하기 위한 유용한 도구가 될 수 있을 것으로 예상된다.

신공공관리 행정개혁과 뉴 거버넌스 행정개혁의 활성화는 종래의 다원적인 감시·감독이나 공무원의 윤리성에 대한 관심이 다소 구태의연한 접근방식이라는 인상을 갖게 한다. 그러나 이러한 '구식' 수단들은 여전히 행정통제의 주축을 구성하고 있고, 적절하게 적용될 경우 우리나라 행정조직에서 큰 효과를 거둘 것으로 기대된다. 이에 더하여, 변화하는 행정문화를 반영하는 '신식' 수단(경쟁 및 파트너십 기제)을 병용하는 통제혼합 접근법을 통해서 정부 관료제의 책임성 확보라는 과제의 실현가능성이 제고될 수 있을 것이다.

책을 준비하는 과정에서 외국의 교과서나 논문들 뿐 아니라 가능한 한 국내 학자들의 연구성과를 많이 반영하고자 노력했다. 이 책은 이론적인 논의만을 주된 내용으로 하기보다 우리나라의 행정 실제를 담고자 하였으며, 이를 위해서는 국내 학자들의 연구성과를 활용하는 것이 가장 적절한 접근방식이었다. 그러나 저자의 게으름과 과문으로 인해 누락된 연구업적들이 다수 존재할 것으로 생각된다. 차후 개정의 기회가 주어진다면 보완 노력을 기울일 계획이다.

이 책은 한국연구재단의 재정지원과 독려가 없었다면 작성되기 힘들었을 것이다. 감사의 뜻을 표한다. 저술 과정에서 여러 분들로부터 다양한 도움을 받았다. 명지대학교의 동료이신 박천오 교수님, 선정원 교수님, 진종순 교수님, 한남대 신현중 교수님, 한성대 윤경준 교수님, 중앙대 박치성 교수님, 안전행정부 남주현 서기관님, 그리고 「정부학연구」에 게재된 제4장(한국행정문화 분석)의 심사위원님들께서는 원고의 관련 부분에 대해서 매우 유익한 지적과 개선방향을 제공해주셨다. 또한 2009～2012년 사이에 명지대학교 행정학과 대학원과 학부에서 「행정책임론」을 수강했던 학생들은 저자의 생각이 책의 형태로 정리될 수 있는지를 검증해 준 청중이었다. 법문사의 관련 임·직원분들은 이 원고가 책으로 출간될 수 있는 귀한 기회를 제공하고, 출간을 위해 애써주셨다. 모든 분들께 감사드린다. 한결 같은 마음으로 지켜봐주시고 지원해 주시는 부모님과 빙부·빙모님께 깊은 감사의 말씀을 드리며, 늘 든든한 버팀목이 되어주는 아내 오현숙과 아들 영하에게 사랑과 감사의 마음을 전한다.

2013년 7월
주재현

차 례

그림 및 표 차례

▪ 관련 법령 ▪

「감사원법」. (2020).

「공공감사에 관한 법률」. (2021).

「공무원임용령」. (2022).

「공무원임용시험령」. (2022).

「공무원행동강령」. (2022).

「공익신고자보호법」. (2021).

「공직자윤리법」. (2022).

「공직자의 이해충돌 방지법」. (2021).

「국가공무원법」. (2022).

「국가재정법」. (2022).

「국무조정실과 그 소속기관 직제」. (2022).

「국무총리훈령 제180호」. (1982).

「국정감사 및 조사에 관한 법률」. (2021).

「국회법」. (2021).

「방송법」. (2022).

「부정청탁 및 금품등 수수의 금지에 관한 법률」. (2021).

「부패방지 및 권익위원회의 설치 및 운영에 관한 법률」. (2022).

「부패방지 및 권익위원회의 설치 및 운영에 관한 법률 시행령」. (2022).

「신문 등의 진흥에 관한 법률」. (2020).

「자체감사활동의 심사에 관한 규칙」. (2022).

「정부조직법」. (2020).

「중앙행정기관 및 지방자치단체 자체감사기준」. (2010).

「지방자치법」. (2021).

「행정기관의 조직과 정원에 관한 통칙」. (2022).

「행정소송법」. (2017).

「행정심판법」. (2020).

「행정절차법」. (2022).

「행정기본법」. (2021).

「헌법」. (1988).

「형법」. (2020).

제 1 장

서 론

제1절 문제 제기

현대사회에 있어 대의제 민주주의는 국가 운영의 기본 틀을 형성한다. 직접 참여의 가능성이 상당히 제한된 현실에서 주권자인 시민은 -투표를 통해서 주기적으로- 자기 대표를 선출하고, 선출된 대표는 정부를 구성하여 정해진 기간 동안 공적인 임무를 수행하며, 공적 임무의 실현을 위해서는 일정한 자격과 역량을 가진 행정 공무원[1]이 고용된다. 고용된 공무원에게 지급하는 보상을 포함하여 정부 운영에 드는 비용은 시민이 납부하는 세금에 의해서 충당된다. 이렇게 주권자(유권자·납세자로서 시민), 그들의 정치적 대표자(대통령·의원 등), 그리고 고용된 공무원 간에는 주인(master, principal)과 공복(public servants, agency)의 관계가 성립되고(Wood & Waterman, 1991), 공무원은 궁극적 주인인 시민의 이익을 실현해야 할 책임을 부여받는 것이다. 이것이 대의제 민주주의에서 공무원에게 가장 기본적·추상적으로 설정된 행정책임일 것이다.

현대사회가 점차 복잡화·다양화·전문화됨에 따라 정부가 취급하는 업무의 양이 늘어나고 업무 성격 또한 복합성을 띠게 되었다. 다양하고 복잡한 문제에 대처하는 가운데 정부가 고용하는 공무원의 수가 급격히 증가하였고 정부가 행사하는 규제권은 강화되었으며, 정부가 제공하는 공공서비스의 규모는 확장되었다. 이에 따라 행정 공무원이 지니는 권한과 전문성이 주인인 시민 및 정치적 대표들을 압도하는 상황이 되었다고 평가되고 있다. 그로 인해 오늘날, 대부분 민주주의 국가는 정부 조직의 관료제화와 관료로의 권력 집중 문제를 심각하게 경계하고 있다. 이러한 상황 전개는 시민과 정치적 대표가 정부 관료제를 통제할 필요성을 높였으며 정부 관료제의 책임성(accountability)을 확보할 방안 마련을 더욱 중요하게 만들고 있다. 많은 권한과 자원을 보유한 정부 관료제가 공익을 위한 수호자로 행동하기보다 자신의 사익을 추구하는 관료권력(bureaucratic power)이 되지 않도록 효과적으로 통제할 체계가 더욱 필요해진 것이다.

관료제(bureaucracy) 개념은 크게 네 가지 용례를 지닌다(오석홍, 2008: 299): ① 특정한 형태의 조직을 가리키는 경우(조직구조로서의 관료제),[2] ② 거대한 정부

1) 이 책에서는 공무원, 행정 공무원, 관료, 공직자 등 여러 표현이 맥락에 따라 다르게 사용되고 있으나, 기본적으로는 정치적으로 선출되거나 임명되지 않은 직업공무원으로서 행정부에 소속된 이들을 의미한다.

를 가리키는 경우(현대 정부의 성격으로서의 관료제), ③ 특정한 조직형태에 수반되는 병폐를 지적하기 위한 경우(조직의 병폐로서의 관료제), ④ 국민의 자유와 권리를 침해하는 주체로 이해하는 경우이다. 이 책에서 이해하는 관료제 개념은 기본적으로 ①과 ②의 특성을 지닌 정부 조직구조이나, 정부 관료제가 ③과 ④를 포함하는 여러 문제점을 지닐 수 있다고 보고, 이를 극복하기 위한 여러 수단과 방식을 검토하는 것을 큰 주제로 한다.[3]

관료제의 '책임성'(accountability)이란 포괄적으로 정부기관이나 정부기관 소속의 공무원이 자신의 역할 또는 직무를 수행함에 있어 공익의 관점에서 시민들에게 봉사하여야 할 의무와 책임을 말한다(*cf.* Denhardt & Denhardt, 2003: 120). 이러한 책임성은 좁게는 정부 조직 내부의 상하관계를 중심으로 논의되기도 하지만,[4] 입법부·사법부와 같은 범(凡)정부 기관 간 관계, 나아가 정책고객·일반국민과의 관계와 같이 외부를 향한 책임을 포함한다. 또한 법의 지배 아래 합법적 행정을 수행해야 할 책임부터 문제해결을 위한 전문적이고 적극적인 해결자가 되어야 할 책임, 공무를 수행하는 공직자로서 요구되는 윤리적 의무 등 책임의 범위는 넓다. 더욱이 4차산업혁명으로 불리는 과학기술의 발전, 기후변화와 같은 환경문제 등 현재 직면하고 있는 선례 없는 사회문제에 대비할 책임은 개인이나 사회에 앞서 정부와 공무원에게 더 강하게 부여되고 있다(박천오, 2016; 김병섭·김정인, 2016). 그러므로 정부의 책임성은 조직의 안팎, 법률과 윤리, 현재의 대응과 미래의 예비까지 그 내용과 범위가 상당히 포괄적이라 할 것이다.

책임성 논의는 '통제'(control)의 필요성으로 연결된다. 일반적으로 통제는 특정 체계가 놓일 수 있는 여러 상태 중에서 통제 주체의 관점에서 '바람직한' 상태로 그 체계를 유지하는 것을 말한다(Hood *et al.*, 2004: 5). 조직관리와 관련하여, 통제는 조직 하부구조나 참여자들이 조직의 목표와 규범으로부터 이탈하지

2) M. Weber의 관료제 논의가 대표적이다. Weber가 상정한 관료제는 법적·합리적 권위(legal-rational authority)에 토대를 두고 있는 조직구조이다.

3) 이하에서는 정부의 행정조직 전체를 상정하고 논의할 때 관료제 개념을 사용할 것이나, 통제기제에 대한 실질적이고 구체적인 논의를 전개할 때는 개별 관료나 관료조직을 주된 대상으로 한다.

4) 가장 단순한 형태의 경우, 책임성은 한 정부기관(또는 한 행정 공무원)이 다른 조직(또는 개인)에 보고서를 제출하고 자신의 행위를 설명하도록 요구되는 것을 의미한다. 그 보고서·설명은 재정적·행정적 또는 정책결정에 관한 것일 수 있으며, 이 경우 책임성은 정당한 권한을 지니고 있는 조직(또는 개인)이 해당 정부기관(또는 공무원)이 한 일을 평가하는 것에 달려있게 된다(Peters, 2000: 300-301; 이광종, 2005: 37).

않도록 제어와 보상을 하는 모든 활동(안해균, 1987: 692) 또는 책임을 전제로 하여 조직의 목표달성을 위하여 미리 설정한 계획이나 기준과 차이가 났을 때, 그 원인규명과 아울러 시정조치를 의미하는 관리적·견제적 활동(이광종, 2005: 163)을 말한다. 요컨대 통제는 책임성을 확보하기 위한 노력이라 할 수 있다.

정부 관료제에 대한 통제는 여러 수단과 기제를 통해서 수행될 수 있다. 이러한 수단과 기제들을 제시하고 정리할 때 기존 문헌은 내부통제와 외부통제, 또는 사전통제와 사후통제라는 유형론을 주로 사용한다(구자용, 1995; 정우일, 2004; 이광종, 2005; Thompson, 1993; Peters, 2001: 300-346; OECD정부혁신아시아센터, 2006: 114-141). 내부통제는 정부 관료제 내부의 각종 공식적 규제, 계층제 상의 상층부에 의한 리더십, 윤리적 책임의식의 내재화 등을 활용한 통제를 말하며, 외부통제는 관료제 외부의 각종 기관 -의회, 사법부, 이익단체, NGOs 등- 에 의한 통제를 일컫는다. 사전통제는 사업집행 전에 감독기관의 승인이나 지정 등이 행해지는 경우이며, 사후통제는 사업집행 후에 활동결과에 대한 평가와 감독 등을 의미한다. 이들 유형론의 장점은 간결성으로 정부 관료제 내부와 외부, 그리고 사업집행의 사전과 사후로 구분하여 통제기제를 정리한다. 그러나 이 장점은 동시에 한계가 될 수 있는데 이를 통해서는 다양한 형태로서 적용되고 있는 현실의 여러 통제 수단과 방식을 구체적이고 포괄적으로 파악하기 어렵기 때문이다.

이와 같은 배경하에 이 책은 다음과 같은 목적을 지닌다. 첫째, 민주주의 국가에서 정부 관료제가 부여받고 있는 다면적 책임성의 내용을 제시하고 그러한 책임성 확보의 필요성과 쟁점을 논의한다. 둘째, 그간 정부 관료제를 통제하기 위해 고안된 다양한 기제를 포함하는 새로운 유형론을 제시한다.[5] 셋째, 유형별 통제 수단들에 대해 상술하고, 1980년대 이후 현재까지 진행되고 있는 관료제 통제 수단의 적용 동향과 이러한 동향이 우리나라에 미치고 있는 영향과 강점, 그리고 한국에의 적용 양태와 한계에 대해 고찰한다.

5) 이 책에서 제시하는 유형론은 개별 관료와 관료조직의 행위에 대한 이해(理解)에 토대를 두고, 기회주의적 성향을 가진 관료와 관료조직이 재량(discretion)을 오·남용하는 것을 통제하기 위하여, 재량의 관리방식으로 통제기제를 구분한다. 재량행위와 재량영역을 관리하는 방식에 따라 관료제 통제 수단을 재정리한다는 점에서 기존 문헌과 차별된다(유형론에 대한 자세한 내용은 3장을 참조).

제2절 이 책의 구성

제2～4장은 이론적 · 개념적 논의로 구성된다. 제2장은 민주주의 체계에서 행정책임과 통제의 의미와 특징을 살펴보며 행정의 다면적 책임성을 고찰한다. 행정책임의 내용과 범위, 유형을 살펴보면서 오늘날 정부 관료제에 부여된 복합적 책임을 파악한다. 더불어 행정책임을 둘러싼 주요 쟁점들을 제시하여, 정부가 기대받는 행정책임을 온전히 수행하기 어려운 한계와 제약을 살펴본다.

제3장은 행정통제의 원리와 유형 및 이 책의 유형론에 대해 살펴본다. 행정책임을 확보하기 위한 통제의 의의, 주요 원리, 유형에 대한 선행연구를 검토한 후, 정부 관료제 통제기제에 대한 이 책의 유형론을 제시하면서 이후 논의를 전개하기 위한 토대를 형성한다.

제4장은 행정부 관료와 관료조직에 대한 이해를 높인다. 여기서는 먼저 이 책의 접근방법을 정립한 후, 관료의 행동 동기와 관료조직의 행태에 대한 기본적 관점으로 공공선택론과 다원주의이론의 주장을 검토한다. 이를 통해 관료와 관료조직이 사익 추구 행태를 보일 수 있음을 이론적으로 검토하고 이것이 행정통제의 중심이 된다는 것을 파악한다. 또한 한국 행정의 맥락에서 관료와 관료조직을 이해하기 위하여 한국 행정문화의 현실과 동향을 검토한다. 행정문화의 분석을 위하여 Grid-Group 문화이론을 소개하고, 이 문화이론에서 제시된 문화유형 -계층주의, 개인주의, 평등주의, 운명주의-과 그 요소들이 한국 행정문화에 어떻게 나타나고 있는지를 분석한다. 행정문화의 검토는 이어지는 유형별 통제기제의 효과성을 추론하기 위한 기반이 된다.

제5～8장은 제3장에서 제시된 각 유형에 따라서 관료제의 통제기제에 대해 자세히 설명한다. 각 장에서는 전통적인 관료제 통제, 고전적 행정이론에 근거한 관료제 통제, 경쟁기제의 활용을 통한 관료제 통제, 그리고 민간기관의 활용을 통한 관료제 통제에 대해 논술한다. 각 장의 결론에서는 앞서 검토한 한국 행정문화를 토대로 해당 통제 방식의 효과, 가능성과 한계에 대해 개략적으로 추론한다.

마지막으로 결론인 제9장은 이 책의 주요 내용을 요약하고 바람직한 정부 관료제 통제의 방향에 대해 논의한다. 특히 행정문화와의 정합성을 고려해서 여러 통제기제의 혼합을 통한 통제의 방향을 모색할 것을 제안한다. 이와 관련해서

1990년대 후반 이후 우리나라 정부개혁 및 관료제 통제기제의 다양화에 대해 언급하고, 한국 행정문화의 특성과 관료제 통제기제의 적용 가능성에 대해 고찰한다.

제 2 장

행정의 책임성

제1절 민주주의와 행정책임

1. 민주주의 체계의 정부 관료제

정부 관료제의 책임과 통제에 관한 논의는 민주주의(Democracy) 체계에 근거하여 시작된다. 우리 사회가 선택한 정치·행정체계인 민주주의는 '민중에 의한 통치'이다. 국민에게 통치 권력이 부여된 민주주의 체계에서 실천적 문제는 모든 국민이 각자 자신의 주권을 행사하는 통치를 어떻게 제도적으로 가능하게 할 것인가이며, 그 한 해법이 '대의제'(Representative democracy)의 운영이다. 현실 정치·행정에서 국민에 의한 통치가 국민에 의해 선출된 대표를 통한 국정운영으로 제도화된 것이다. 이로써 주권자인 국민은 국민을 위해 국정운영을 수행할 책임을 진 대의기관과 공직자를 감시하고 통제할 필요가 발생하게 된 것이다.

이러한 민주주의 체계에서 정부 관료제(government bureaucracy, public bureaucracy)의 역할과 책임은 무엇인가? 서론에서 언급한 대로 정부 관료제의 관료는 시민의 이익 실현을 위해 노력해야 하고 우리 헌법은 이를 "공무원은 국민 전체에 대한 봉사자이며 국민에 대해 책임을 진다"(제7조)라고 규정하였다. 헌법이 규정한 '국민에 대한 책임'은 행정부 내부에서는 정부 관료제가 국민이 선출한 정치적 대표에게 져야 할 책임으로 수직적으로 연결되어 있다. 국민은 정치적 대표(대통령, 국회의원 등)를 선출하고 선출된 대표는 정치적 소임을 수행할 정무직 공직자를 임명하므로(장관, 차관 등), 선출직 및 정무직 공직자(정치적 집행부)는 정부 관료제의 최상부를 구성한다.[1] 이들은 국민이 선출하였다는 강력한 정치적 정당성을 기반으로 정부 관료제를 지휘하며 국정을 운영할 권한과 책임을 가지는 것이다. 이에 비해 선출되지 않는 관료는 정부 관료제를 구성하며 국민에 대한 공직자의 권한과 책임을 수행하지만, 그 정당성의 기반은 역량과 전문성에 있다. 관료는 역량과 전문성을 근거로 공적 권위를 부여받으며 직무를 수행하고 책임지는 위상을 가지는 것이다. 이렇게 계층적으로 제도화된 책임 관계는[2] '위로부터

---

1) 또한 수평적으로는 국정운영을 수행할 대의기관을 나누어 설치하고 상호간 견제하는 방식을 통해서 -입법부, 행정부, 법원, 헌법재판소, 중앙선거관리위원회 등 헌법기관의 분립 설치- 권력의 남용을 제어하고 국민을 위한 통치를 가능하게 한다.

2) 다중의 대리 위임관계를 통해서 직조된 국민에 대한 책임성은 복대리 관계로 표현된다. 주인(국민)이 선임한 대리인(선출직 및 정무직)이 다시 주인의 입장에서 대리인(관료)을 선임하는 연쇄

의 민주주의'(overhead democracy) 원리와 구조로 표현되지만, 직업관료가 궁극적으로 반응해야 할 주인은 국민이 된다(Redford, 1969). 그리하여 행정부 내에서 직업공무원의 국민에 대한 책임은 '국민에 의해 선출된 대표인 정치적 집행부의 지휘를 받으면서 공직자로서의 역량과 전문성을 기반으로 국민 전체를 위해 직무를 수행할 책임'이 된다.

민주주의 체계에서 이와 같은 국정운영의 책임 구조가 제대로 작동할 때, 정부가 국민을 향한 책임을 다할 것을 기대할 수 있다. 하지만 그간 정치적으로 민주주의가 확대되어왔음에도, 현실의 정치·행정은 민주주의 원리에 따라 충분히 이뤄지지 않고 있으며 정부의 국정운영에 대한 시민의 불만과 우려는 더욱 증가하고 있다. 근래에는 국민의 뜻이 선출된 대표를 통하여 제대로 대표되지 못한다는 불만이 증가하면서 대의제 민주주의가 여러 위기에 봉착하였다고 우려되고 있다(오승용, 2010b; 임혜란, 2018). 선출된 대표가 민의를 제대로 대표하지 못하는 상황에서 행정부 역시 책임을 다하기 어렵다. 국민의 요구가 온전히 대표되지 못한 정책을 행정이 일선에서 제대로 집행해 성과를 산출하고 국민을 만족시킬 수는 없기 때문이다. 이처럼 사회 전반에서 나타나고 있는 대의제 민주주의에 대한 불만과 실망 등 '민주주의 결핍'(democratic deficit)은 시민의 직접 참여와 같이 정부를 향한 통제를 강화하거나 새로운 대안적 거버넌스를 찾는 요구로 분출되고 있다(Nabatchi, 2010; Norris, 1997). 이러한 상황에서 정부 관료제는 행정부 외부에서 요구하는 다양한 책임을 직접 직면하고 책임져야 할 것을 동시에 요청받고 있는 것이다.

관료와 관료조직에 대한 비판과 통제, 개혁 요구는 상당히 높고 정부 관료제는 이미 오랫동안 행정 시스템의 비효율, 불공정성, 무능에 대해 비판받아 왔다. 더욱이 관료의 정치적 정당성은 선출된 대표에 비해 낮음에도 이들의 권한은 꾸준히 팽창되어왔으며 전문화된 권력기구로서 상당한 자율성을 보유하고 있으므로, 국민에 의해 제대로 통제되지 않으면서도 국민에게 큰 영향을 미칠 가능성은 더욱 커진 것이다. 따라서 민주주의 국가에서 확대되어가는 행정의 책임을 확보하기 위해 민주적 통제가 현실적이며 효과적으로 작동되는 구조를 설계해야 할 필요가 크다. 정부 관료제의 자율성이 민주주의를 해치지 않도록 통제하고 국민

적 대리관계를 일컫는 것이다.

에 대한 책임을 확보하도록 만들 필요가 큰 것이다.

2. 행정국가화

고전적 행정(Old Public Administration) 개념은 '책임'(accountability)의 문제에 대해 공식적·계층제적·법적인 관점을 견지한다. 즉 행정 공무원들은 심각한 정도의 재량(discretion)을 행사해서는 안 되며, 그들은 단지 계층제 상의 상관, 선출된 공직자, 또는 법정에 의해서 설정된 법률·규칙·기준 등을 실행에 옮기면 되는 것으로 여겨진다. 따라서 행정 공무원들이 일반시민에 대해 직접적인 책임을 지는 것은 필요하지도 적절하지도 않으며, 일반시민들의 의지를 파악하여 이를 정책화하는 책임은 오직 선출된 공직자에 의해서만 가능한 것으로 파악된다. 공무원들에게 요구되는 것은 전문성과 업무수행 역량일 뿐이며, 책임 있는 행정행위(responsible administrative action)는 과학적이고 가치중립적인 원칙에 토대를 두고 있는 것으로 이해된다(Denhardt & Denhardt, 2003: 129; Hughes, 2003: 236-237).

그러나 20세기의 전반기 동안 전개된 행정국가화 현상은 이러한 고전적 행정 개념의 유지를 어렵게 만들었다. '행정국가'(administrative state)는 광범한 역할을 수행하는 행정체제(정부 관료제)가 공공부문의 운영에서 주도적인 역할을 수행하는 국가를 말한다. 행정국가에서는 거대 정부 관료제가 국정을 주도하며 국민 생활에 심대한 영향을 미친다(Waldo, 1948; 오석홍, 2008: 120). 행정국가화되기 이전의 행정은 협의의 집행·관리기능에 제한되었으나, 행정국가화와 더불어 입법부의 기능인 정책결정 기능까지도 담당하기 시작했다. 또한 정부 관료제가 질서유지나 치안 등의 '안정' 유지자의 기능을 넘어서서 '변화'를 유도하는 기능까지 맡게 되었다(박동서, 1981: 32).

구미 국가들의 경우 행정국가화는 산업화의 진행과 밀접히 관련되어 있다. 산업화가 시장경제 중심으로 진행됨에 따라 나타난 여러 가지의 사회문제들에 대처할 필요성 -시장실패의 시정, 거대기업의 규제, 산업평화의 유지, 빈부격차의 완화, 환경오염의 저감 등-이 정부 관료제가 팽창하게 된 한 주요 조건을 형성했다(박동서, 1981: 33-34; 안병영, 1984).

이에 더하여 20세기 전반기에 있었던 두 번의 세계전쟁과 냉전시대의 대두는 국가의 힘이 시민사회를 압도할 수 있는 주요 촉발요인이 되었다. 두 차례의 세계전쟁은 대량살상무기의 등장으로 인해 이전 세기의 전쟁들과 차별화되었으며, 전쟁의 수행과 승리를 위해서는 국가중심적인 총동원 체제가 필요하다는 주장이 정당화되었다. 이에 따라 사적 영역에 대한 정부의 개입이 확대되었으며,[3] 전후의 피해복구와 사회재건의 과정을 거치며 국가의 힘은 더욱 강화되었다.[4] 이어서 1960년대 이후 찾아온 대중소비와 대중문화 시대는 급격한 사회변화를 동반하였다. 이에 따라 사회는 이전 시대에 비해 복잡하고 다양한 양상을 나타냈으며 새로운 사회문제들이 발생되었고 사회세력들은 정부를 향해 다양한 요구를 표출했다. 이러한 환경변화를 배경으로, 국가는 그 역할과 기능이 더욱 확대되었다(Peacock & Wiseman, 1961; Hirschman, 1982).

한편 구미 국가들과는 달리, 개발도상국가들은 1960년대 이후 '근대화' 또는 '국가발전'을 이루기 위해 정부 주도의 산업화 전략을 추진했다. 이 정부 주도의 산업화 전략은 단기간 내에 급속한 산업화를 추구하였으며, 이에 따라 매우 첨예한 사회문제들 -특히 빈부격차의 확대, 노사대립의 격화, 환경파괴의 증대, 급속한 도시화에 따른 주택 · 교통 · 보건 · 교육문제 등-을 초래했다. 그리고 이러한 사회문제 해결의 주체가 된 것도 역시 정부 관료제였다. 산업화의 추진과 산업화의 부작용에 대한 대처를 정부 관료제가 주도함에 따라 개발도상국가의 행정국가화는 구미 국가들의 그것을 능가하는 속도로 전개되었다(Weiner & Huntington, 1987; 박동서, 1981: 33; 구자용, 1995: 14-15).

3. 행정통제의 필요성

행정국가화의 진행으로 정부 관료제의 전문성과 권한이 확대 · 강화되었으며, 행정 공무원의 재량권 확대를 가져왔다. 행정재량권의 확대는 전술한 고전적 행

---

3) 제2차 세계대전 동안 영국 정부는 시민들을 대상으로 배급제를 실시했다. 시장이 제대로 작동하지 않는 상황에서, 필수품의 보급을 위해서는 정부에 의한 배급이 불가피했다. 적정한 배급을 위해서 정부는 가구별로 정확한 정보를 확보할 필요가 있었으며, 이는 과거와는 비교가 되지 않을 정도의 행정력을 요구함과 더불어, 이전과는 비교될 수 없을 정도로 세세한 시민관련 정보를 국가가 보유할 수 있게 했다. 자유주의(liberalism)의 발생지인 영국에서 나타난 이러한 변화는 20세기 전반기 동안 전 세계적으로 진행된 행정국가화 경향을 보여주는 의미있는 지표가 된다.

4) 전후 영국에서 노동당이 집권하고, 국가보건서비스(National Health Service)를 비롯한 국가복지 체제를 건설해 나가는 과정 또한 행정국가화 현상을 보여주는 주요 지표이며, 특히 행정국가화의 핵심에 복지정책이 놓여 있음을 알게 해준다(Glennerster, 1995).

정 개념의 유지가 어렵게 되었음을 의미한다. 행정재량의 범위에 대해서는 학파의 입장에 따라 다양한 논의가 있을 수 있다. 그러나 일반 시민의 관점에서는 행정재량의 확대 자체가 문제가 되는 것은 아니다. 정부 관료제가 이전보다 확대된 재량권으로 더 좋은 서비스를 제공하고, 사회문제에 더 잘 대처하며, 국가와 사회의 관리와 유지에 더 나은 성과를 낸다면, 시민은 오히려 행정재량의 확대를 지지할 것이다. 문제는 이러한 행정재량의 확대가 기대한 성과를 달성하지 못함은 물론, 더 많은 문제점을 일으킨다고 인식된다는 점이다. 1970년대 이후 정부 관료제를 포함한 공공기관에 대한 국민의 불신 정도는 그 이전 시기에 비해 매우 높은 수준을 보이고 있다.[5)]

이러한 부정적인 인식의 배경에는 행정재량권의 확장에 따른 권한 행사상의 남용 및 무책임한 행위의 가능성, 부정부패와 공정성의 결여에 대한 우려, 그리고 행정재량의 확대에도 불구하고 실질적인 문제해결 역량이 기대에 미치지 못하는 무능과 낭비 및 비능률의 쟁점까지 가로놓여 있다. 또한 뒤에서 논의할 주인-대리인 이론에서 지적하는 바와 같이, 관료들은 특히 'X-비효율성'(X-inefficiency)이 높다는 지적을 받는다. X-비효율성은 피고용인이 고용주가 기대하는 만큼 업무를 열심히 수행하지 않는 데서 나오는 비효율성을 말한다. 고용주는 피고용인에게 지불하는 비용 이상의 편익을 추출하고자 할 것이나, 반대로 피고용인은 더 낮은 노력으로 자신에게 주어지는 보상을 취하고자 할 수 있다. 시장경쟁이 없는 정부 부문의 피고용인인 관료들에게 이러한 경향이 더욱 강화될 수 있다는 것이다(Hood, 1986: 104-105).

정부 관료제의 무능, 낭비, 비능률, 부패, 권한남용, 불공정, 현실안주, 무책임성 등의 쟁점은 오늘날 정부의 정당성(legitimacy)에 대한 심각한 도전이 되고 있다. 정당성이란 특정 정부의 통치를 받고 있는 시민들이 자신의 정부가 지닌 권력이 '지배할 정당한 권한'에 토대를 두고 있음을 받아들일 때 성립된다(Hague & Harrop, 2007: 13). 그러나 20세기 후반 이후 정부 관료제가 보인 무능·낭비 등의 문제점은 유권자(납세자·시민)로 하여금 정부의 역량에 대해 의문을 갖게 했

---

5) 예컨대 미국의 경우, 1964년의 인식조사에서 응답자의 77%가 "미국정부가 '늘' 또는 '대부분'의 경우에 있어 옳은(right) 일을 한다"고 대답했으나, 1977년의 조사에서는 그렇게 생각하는 이들의 비율이 32%로 떨어졌으며, 1993년에는 이 비율이 다시 24%로 떨어졌다. 이러한 경향은 미국에 한정되어 있지 않고, 산업화된 자유민주체제 국가들에서 공통적으로 발견된다(Peters, 1995: 70).

다. 또한 여러 차례의 정권교체에도 불구하고 동일한 문제점이 반복되는 동안 정부에 대한 유권자들의 신뢰는 점차 약화되었다. 이는 결국 선거를 포함한 정치과정에 대한 유권자들의 무관심과 냉소 또는 경멸을 낳는 등 정부의 정당성에 대한 훼손으로까지 나아가고 있다.[6)]

요컨대 20세기를 거치면서 전 세계적으로 진행된 행정국가화 현상 속에서 거대하고 복잡해졌으나 시민들의 기대에 부응하지 못하는 존재로 인식된 정부 관료제의 능률성(efficiency)과 효과성(effectiveness), 그리고 대응성(responsiveness)을 어떻게 제고할 것인가의 문제는 정부의 정당성 문제와 직결되었으며, 이는 곧 정부 관료제에 대한 '통제'(control)의 필요성이 매우 중요한 정치적 의의를 지니게 되었음을 의미한다.[7)]

제2절 정부 관료제의 다면적 책임성

1. 통제와 책임의 개념

앞에서 언급한 바와 같이 통제(control)는 특정 체계가 놓일 수 있는 상태 중에서 통제 주체의 관점에서 '바람직한' 상태로 그 체계를 유지하는 것을 말한다(Hood *et al.*, 2004: 5). 이를 행정관리의 관점에서 해석하면, 조직의 통제는 목적한 것과 시행된 것이 일치되도록 감시하는 과정(Hicks & Gullet, 1976: 497), 조직의 목적과 의도에 따라 조직이 운영되도록 하는 것(OECD정부혁신아시아센터, 2006: 114), 또는 개인의 행동이 자신이 속해 있는 조직의 이익과 일치되도록 도움을 주는 모든 과정을 말한다(정윤길, 2002: 43).

그러나 정부 관료제의 통제는 단순히 조직의 효율적인 관리를 위한 관리적 통제에 국한되는 것이 아니라, 책임 있는 행정을 실현하고 확보하기 위한 제반 활동으로 확장된다(구자용, 1995: 39). 행정통제는 행정책임을 다하는 데 필요한 행

6) 유권자들의 투표 참여가 의무화되어 있지 않은 경우의 투표율은 대체로 저조하며, 이는 우리나라뿐 아니라 자유민주주의의 선진국이라고 할 수 있는 영국과 미국 등에서도 마찬가지이다. 낮은 투표율을 통해서 집권한 정부의 정당성에 대해 의문이 제기될 수 있으며, 이는 현 대의제 민주주의의 기본 원리에 대한 의문으로까지 진행될 수 있는 함의를 지닌다.

7) 이 책은 행정 관료와 관료제 일반을 대상으로 한 다양한 통제 노력을 검토한다. 관료제 내에서의 권력 차이와 특정 기관으로의 권력 집중에 따른 문제점 등의 쟁점은 이 책의 논의 대상에 포함되지 않는다. 관료제 내의 권력구조에 대한 최근 연구로는 오재록(2011; 2018)이 있다.

정의 합법성 · 민주성 · 효율성을 확보하기 위한 사전적 · 과정적 · 사후적 제어장치로서, 조직 하부구조의 참여자들이 조직의 목표와 규범으로부터 이탈하지 않도록 제재와 보상을 주는 모든 활동(안해균, 1987: 692) 또는 책임을 전제로 하여 조직의 목표 달성을 위해서 미리 설정한 계획이나 기준과 차이가 났을 때, 그 원인 규명과 아울러 시정조치를 의미하는 관리적 · 견제적 활동(이광종, 2005: 163)을 말한다. 결국 통제는 책임을 확보하기 위한 제반의 노력이라 할 수 있다.

정부 관료제의 책임성(accountability)은 일반적으로 특정의 사람이나 집단을 대신하여 행위하는 이들이 자신이 대행하는 사람이나 집단에 대해 보고하거나 여러 형태로 그들에 대해 책임을 지는 것을 말한다(Hughes, 2003: 237). 하지만 행정의 책임성을 논할 때 기본적인 어려움은 책임성의 개념이 모호하고 유동적이라는 것이다.[8] 책임성은 그 개념이 함축하는 바가 넓고 맥락에 따른 차이가 커서 그 용례가 많고 그 정의가 쉽지 않다. 행정에 대한 국민의 요구가 증가하고 빠르게 변화하는 상황에서 행정책임의 범위와 내용은 더불어 변화하고 학문적 관심사, 당대의 가치관에 따라서 제각기 정의되고 있다. Sinclair(1995)에 따르면 책임성의 정의는 특정 학제 중심적(discipline-specific) 의미가 있어서 회계사는 책임을 재정적, 수치적 문제로 논의하고, 정치학자들은 책임성을 정치적 명령으로, 법학자들은 헌법적 배열, 철학자들은 윤리체계로 다루고 있다. '공적이든 사적이든 책임이야말로 모든 행정 용어 가운데 가장 중요한 말일 수 있다'(Mosher, 1968)는 표현대로 책임성은 행정학의 가장 중요한 토대이지만 그 개념의 정의는 쉽지 않은 것이다.

또한 책임성은 responsibility와 accountability로 구별되어 표현되는 데, 명확히 합의된 구별은 아니지만 주로 responsibility가 주관성을 포함하여 더 넓은 범위를 포괄하는 개념으로 여겨지고 있다. Responsibility는 자신의 의무를 수행할 능력 및 권한(capacity), 궁극적으로 책임져야 할 영역 내에서 이뤄진 행위 결과에 대한 수용(liability), 수행 과정과 성과에 대한 응답의무(answerability)를 포괄하며, 당사자의 주관적 책임 인식을 포함한다(Cendón, 2000). 즉, 외재적 · 제도적 범주의 책임에 다 포섭될 수 없는 내용까지 포괄하여 주관적 윤리의식과 책임감, 도덕적 책임 등을 표현하는 맥락에서도 사용될 수 있다. 이에 비해 accountability는

8) 이하 행정책임의 개념에 관한 논의는 한승주(2013)의 내용을 수정, 요약한 것임을 밝힌다.

공식적 · 법적인 책임을 의미하는 맥락에서 사용되는 데 공식적으로 맡겨진 권한에 따라 업무에 관하여 내부 혹은 외부 주체에 대응하여 정보제공, 설명, 정당화할 책임을 의미한다. 행정기관이 정치기관에 대해 지는 제도적 책임, 응답 책임을 강조하고, 법적 책임이나 예산 책임 등을 표현하는 맥락에서도 사용된다.[9] 이 책에서 책임성 개념의 의미는 정부 관료제가 직무 대상(forum)을 향하여 직무 수행에 대한 설명의무를 바탕으로 한 책무이며 이를 확보하기 위한 공식적 통제수단에 초점을 맞추고 있으므로 accountability에 가깝다.

책임성을 규정할 때 핵심적으로 포함되는 구성요소는 권한 및 재량에 근거한 이행 혹은 불이행, 이에 대한 직 · 간접적인 설명 및 응답의무, 그리고 행위의 결과에 대한 통제와 구속으로 볼 수 있다. 공무원은 행정행위에 직 · 간접 행위자로서 행위 내용에 관한 내 · 외부의 질문에 가장 앞서 대답하고 그 일의 결과(성패)에 따라 주어지는 상벌을 받을 일차적 주체가 되는 것이다(Sinclair, 1995; Heywood, 2000; Behn, 2001; De Vries, 2007; 엄석진, 2009). 이를 행정관리 관점에서 구체화한다면, 조직 내의 특정인은 조직 내에서 행해진 결정이나 행위에 대한 비난이나 칭찬을 수용할 수 있는 상태임을 의미하므로, 조직의 모든 구성원은 주로 자신의 상관에 대해서 일차적 책임을 진다고 볼 수 있다(Hughes, 2003: 241). 조직 내 관리를 넘어서면, 책임성은 한 기관이 다른 조직에 보고서를 제출하고 자신의 행위를 설명하도록 요구되는 것이 된다. 그 보고 · 설명 등은 재정적 · 행정적 또는 정책결정에 관한 것을 포괄하며 이 경우 책임성은 정당한 권한을 가진 조직이 해당 정부기관이 한 일을 평가하는 것에 달려있게 된다(Peters, 2000: 300-301; 이광종, 2005: 37). 이러한 책임성 개념을 정부기관과 시민 간의 관계로 확장하면, 정부기관이나 정부기관 소속의 공무원이 자신의 직무 또는 역할을 수행하면서 공익의 관점에서 시민들에게 봉사하여야 할 의무를 말한다(*cf.* Denhardt and Denhardt, 2003: 120).

따라서 책임성 개념은 여러 요소와 측면을 포함하고 있으며 접근의 초점과 분야에 따라서 그 정의의 내포와 외연이 달라질 수 있는 복합적 특성이 있으므로, 책임의 대상과 내용을 유형화하여 깊이 있게 살펴본다.

---

9) 전자인 responsibility는 '책임성'으로, 후자인 accountability는 '책무성'으로 구별하여 번역되기도 한다.

2. 책임의 대상과 내용

책임성이 개념적으로 모호한 것은 사회로부터 부여받은 정부 관료제의 지위와 역할기대가 다면적이기 때문이기도 하다. 정부 관료제는 지난 한 세기 동안 그 역할과 범위가 커지면서 행정책임의 범위와 내용도 복합적으로 확장되었고 국민에 대한 책임 관계에서 다중적 역할과 책임을 부여받게 된 것이다.

정부 관료제의 행정이 누구를 향한 책임인가를 기준으로 보면, 우리 헌법이 밝히고 있는 국민 일반에 대한 책임, 국민에 의해 선출된 행정부 수반인 대통령에 대한 책임, 국민이 선출한 대표들로 구성되는 입법기관인 국회에 대한 책임까지 모두 책임의 대상(forum)이 된다. 그뿐만 아니라 행정부 조직 내에서는 계층구조의 상층부를 향한(upward) 책임 관계에 있으며, 동료나 다른 준거 집단 등을 향한(outward) 책임, 고객을 향한(downward) 책임 관계에 있으므로(Stone, 1995) 행정책임의 대상은 조직 내·외부에서 복합적으로 존재하고 있다.

Romzek & Dubnick(1987)은 계층제 구조에서 공직자는 하급자로서 상관 및 상위기관에게, 법의 집행자로서 국민의 뜻을 법률로 구성하는 입법기관에게, 해당 직무분야에서 전문적 기준과 규범을 제시하는 전문가로서 비전문가에게, 유권자에 대응해야 할 대변자로서 정치사회적 요구와 지시를 표명하는 유권자 국민에게 책임을 져야 한다고 책임의 관계를 분류하여 제시한 바 있다. 공직사회에서 관료 및 관료조직이 실제로 책임의 대상으로서 누구를 더 강하게 인식하거나 대응하는가를 논외로 하면, 규범적으로 정부 관료제는 이 모든 책임의 대상을 향하여 동등한 가치의 책임 관계에 놓여 있다. 이러한 책임의 대상에 따라서 정부 관료제가 져야 할 책임의 내용(content)을 살펴볼 수 있다.

Behn(2001: 6-10)은 정부가 책임져야 할 내용을 중심으로 세 가지 형태의 책임을 제시한다. 첫째, 재정적 책임(accountability for finances)이다. 정부조직의 관리자와 피고용인들은 납세자들이 납부한 돈(세금)의 사용을 위임받고 있다. 따라서 그들은 이 재원을 현명하게 사용할 의무를 지닌다. 관련 규칙·절차·기준은 공무원들이 이 재원을 어떻게 사용해야 하는지에 대한 기대를 담고 있다. 이에 그들은 세금으로 형성된 재원을 적절하게 사용할 기대에 부응해야 하며, 그렇게 하지 않을 때는 제재를 받게 된다.

둘째, 공정성을 유지할 책임(accountability for fairness)이다. 정부조직의 관리자와 피고용인들은 사회 구성원들이 상호 합의(mutual commitment)한 바의 공정성이 제대로 실현될 수 있게 할 임무를 지닌다. 이러한 기대 또한 관련 규칙·절차·기준에 담겨 있고, 공무원들은 모든 시민을 공정하게 대우하여야 할 기대를 충족시킬 책임이 있으며, 그렇게 하지 않을 때는 제재를 받게 된다.

셋째, 성과를 달성할 책임(accountability for performance)이다. 위의 두 책임 형태는 정부가 '어떻게' 작동해야 하는가를 다루는 데 비해 세 번째 형태는 정부가 '무엇을' 해야 하는가를 취급한다. 이는 정부조직들이 공적 목적을 달성해야 한다는 것이며, 이를 위해서는 각 기관이 성취해야 할 결과(consequences)나 효과(outcomes, impact)가 무엇인지에 대한 기대가 정립되어야 한다. 그런데 이 작업은 위의 두 책임 형태와는 달리 규칙·절차·기준으로 충족되기 힘들며, 프로그램 수준에서의 구체적인 목표(objective, goal, target) 설정을 통해야 한다. 그리고 이 기대의 충족 여부를 검토하기 위해서 명료한 측정 지표들(measures)이 필요하게 된다.

그 외에도 책임성을 유형화하는 여러 시도가 많으나 여기서는 앞서 본 Romzek (1998: 197-198)의 논의에 따라서 책임성을 확보하기 위한 수단에 초점을 두고 네 가지 형태의 책임을 제시한다.[10)]

Romzek은 Ingraham, Dubnick 등과 함께 두 개의 기준을 적용하여 책임 유형을 네 가지로 체계화하였다(그림 2-1). 유형화의 기준은 행정에게 역할기대와 책임을 부여하는 주체의 위치와 주체의 통제 강도이다. 다시 말해 책임 추구의 원천이 조직 내부인지 외부인지의 기준과 조직 구성원 개인이 지니는 자율성의 정도가 높은지 낮은지의 기준을 사용하여 네 개의 유형을 만들었다. 계층제적 책임과 전문적 책임은 모두 조직 내부에서 수행되나, 전자는 개인적 자율의 정도가 낮은 반면 후자는 개인적 자율의 정도가 높다. 법적 책임과 정치적 책임은 둘 다 조직 외부를 향해 책임의 확보를 추구하나, 법적 책임에서는 개인의 자율 정도가 낮은 반면 정치적 책임에서는 개인의 자율 정도가 높다. Romzek과 Ingraham은 자유민주주의 체제에는 이 네 가지 형태의 책임이 언제나 현존하고 있으나, 상황에 따라 어느 것이 다른 것보다 더 강조되며 상황의 변화에 따라 강조되는 책임

10) Dwivedi & Jabbra(1988)와 Dicke & Ott(1999)는 위 네 유형에 윤리적 책임성(moral/ethical accountability)을 추가하였고, Roberts(2002)는 지시기반 책임성(direction-based accountability), 성과기반 책임성(performance-basedaccountability), 절차기반 책임성(procedure-based accountability)으로 분류한다.

개념 또한 변화된다고 본다(Romzek & Ingraham, 2000: 242).[11]

[그림 2-1] Romzek과 Ingraham의 책임 유형론

		조직구성원의 자율성 정도	
		높다	낮다
책임추구의 원천	조직 내부	전문적 책임 (비전문가 – 전문가)	계층제적 책임 (상급자 – 하급자)
	조직 외부	정치적 책임 (유권자 – 대표)	법적 책임 (법제정자 – 집행자)

자료: Romzek & Ingraham(2000: 242); Romzek & Dubnick(1987: 229-230).

1) 계층제적 책임

계층제적 책임(hierarchical accountability)은 규칙과 표준운영절차, 관리자와 조직의 명령을 통해서 책임을 확보하는 것이다. 규칙・표준운영절차・감독・조직의 명령 등은 피고용인들이 수행해야 할 임무를 알려주며, 그들은 이 규칙 등을 준수할 것으로 기대되고 있다. 조직 효율성 가치를 강조하며 조직에 대한 복종을 기대하는 이 책임의 내용은 전통적인 베버식 관료의 책임과 유사하다. 공무원은 행정조직 내부에서 조직 상부의 지시, 관행, 규정, 절차 등에 어긋나지 않고 계층제 구조에 충실하게 복종할 것을 요구받는다. 하위직은 계층을 따라 내려온 명령을 성실히 수행할 의무가 있으나, 그에 대한 외부적 책임은 지시를 내린 고위직이 진다는 논리이다. 특히, 영국과 같은 내각제 구조는 의회에 책임을 지는 주체가 장관이기에 부처의 모든 행정적 권위는 장관에게 있고 공무원은 장관을 대리하는 존재로 전제된다. 따라서 특정 업무를 실제로 담당하거나 집행하는 자의 최종적 실수나 잘못은 실제로 그 결정에 장관이 직접 개입했는가와 상관없이 장관이 책임진다.

---

11) Halligan(2007)에 따르면 1970년대에는 과정적・법적 책임이 중요했고, 1980년대에는 분권화된 조직의 책임성 등 관리적 책임성이, 1990년대에는 고객에 대한 책임성과 시장 및 계약관리가, 2000년대부터는 집합적 책임성의 개념이 발전하면서 책임의 공유가 중요한 이슈로 부각되었다(한상일, 2010). 사회에서 정부 관료제에게 요구하는 책임성의 대상 혹은 내용은 시대에 따라 강조되는 바가 달라질 수 있는 것이다.

2) 법적 책임

법적 책임(legal accountability)은 법규와 헌정구조 등과 같은 명령체제(mandates)를 잘 준수하는지에 대해 외부에서 세밀하게 감독하는 것을 말한다. 법의 지배를 강조하며 기관 밖 통제자의 권위에 대한 순응을 강조하는 데, 법적 제재를 부여하거나 공식적인 계약의 의무를 주장할 수 있는 입법기관에 대한 책임을 의미한다. 대의제 민주주의 체계에서 행정부에게 보편적으로 설정되는 의회에 대한 복종으로 볼 수 있다. 국민에서 의회를 거쳐 다시 행정부로 흐르는 권한의 흐름 속에서 공무원은 투표를 통해 정치적 정당성을 획득한 기관인 의회의 통제에 부응해야 한다. 정책결정은 의회가, 정책집행은 행정부가 담당한다는 전통적 행정원리와 연결된다. 그러므로 행정은 법 집행의 준법 여부에 관한 다양한 조사나 감사의 대상이 되며 세부적인 예로는 재무감사(fiscal audits)와 청문(hearings) 등을 들 수 있다.

3) 정치적 책임

정치적 책임(political accountability)은 행정 관료들이 정무직 공무원, 민간 고객, 그리고 외부 기관 등 정부 관료제 외부 이해관계자(stakeholders)의 기대에 충분히 부응하였는지(responsive)를 강조한다. 민주주의 체계에서 강조되는 책임으로서 국민에 대한 반응성(responsiveness)에 근거하여 일반 공중, 유권자, 선출직 및 정무직 공직자, 기관의 고객 및 이해관계집단 등의 정치적 요구와 선택에 부응하여 행정할 것을 요청하는 민주적 책임성이다.

공무원에게 정치적 책임은 국민에 대한 봉사자로서 국민에 대한 책임을 져야 한다는 공적 대표자, 대변인으로서의 역할과 관련된다. 앞서 계층적 책임 및 법적 책임에 비하여 상대적으로 책임의 대상과 내용이 불분명하지만 민주주의 체계의 공무원으로서 수행해야 할 본질적 책임이라고 할 수 있다. 공무원의 사회적 역할 인식에 기반을 두고 특정 집단이 아닌 전체로서의 사회와 국민에게 이로운 행위를 해야 한다는 적극적 행정행위를 정당화시키는 중요한 기반이 될 수 있다.

4) 전문적 책임

전문적/전문가적 책임(professional accountability)은 전문성을 토대로 책임을 확보하려는 것으로서, 전문적인 규범과 전문가 집단의 관행에 의해서 형성된 성과기준(performance standards) 등이 책임성 확보의 주요 준거가 된다. 전문성 가치를 강조하며 개인적 판단과 전문성에 대한 존중을 근거로 요청되는 책임이다. 근대 행정은 전문훈련을 받은 공무원에 의해 집행되는 전문직업이 되었고 정부가 어렵고 복잡한 사회문제에 대응하게 되면서 공무원의 전문성에 대한 요구가 더욱 커지는 상황에서 공무원이 자신의 전문적 기술과 지식, 윤리에 근거하여 재량을 발휘할 것이 요청되는 것이다. 공무원이 전문가라는 역할을 충실히 수행할 때 행정 성과가 높아질 것으로 전제한다.

공무원의 전문성은 특정한 세부 영역에 관한 직무 전문성부터 공무원으로서의 직업윤리 등 포괄적 전문성까지 포함한다. 1960년대 전후 미국의 공공조직에 보건의료, 법률, 통계, 사회복지 등 다양한 전문가가 유입되는 전문직화가 벌어지면서 이들이 전문분야에 대한 강한 직업적 정체성과 민간 전문가 집단의 통제를 바탕으로 활동하면서 행정에 전문가주의(professionalism)가 본격화되었다고 평가된다.[12] 이처럼 특정 분야의 전문가가 정부에 들어와 행정활동을 직접 담당하는 흐름과 함께, 공공부문에 종사하는 공무원으로서 관리, 윤리, 시민관계 측면의 책임성이 높아져 온 결과, 공무원 전체에게 전문가 지위가 인정되고 전문가주의가 확장된 것이다(한승주, 2017). 정부는 전문성의 분야와 정도가 다른 다양한 직무들로 구성되었으므로 공무원은 그 책임의 대상과 내용의 차이가 있을 뿐이며 전문가로서의 역할과 책임은 과거에 비해 더욱 요구되고 있다.

이하에서는 이러한 다면적인 행정책임을 수행하는 데 있어서 제기되는 주요 쟁점을 살펴본다.

---

12) 직위분류제에 근거한 미국 정부는 발생한 사회문제를 처리할 인력 및 조직이 필요할 때, 부처별로 민간 전문가를 채용하거나 한시적인 위원회를 설치하는 방식으로 대응하면서 민간인 채용의 규모가 늘었고 이들의 채용 기준으로서 전문성이 중요해졌다(한승주, 2017).

제3절 행정책임의 주요 쟁점

1. 책임성의 충돌

1) 책임성의 충돌 상황: '많은 눈'의 문제[13)]

앞서 네 유형의 책임성은 공직자가 수행해야 할 책임이 그 대상과 내용에 있어서 상당히 다면적임을 보여준다. 각기 다른 역할기대와 추구 가치가 동시에 공직자에게 요구되며 동등하게 충실할 것이 전제되는 것이다. 하지만 현실에서는 특정 상황에서 한 공무원에게 여러 책임이 동시에, 중첩적으로 요구될 때 모든 책임을 충실히 실현하기는 쉽지 않다. Bovens(2007)는 다양한 관계를 향해 책임을 져야 하는 이러한 공무원의 상황을 '많은 눈'의 문제(the problem of many eyes)로 표현하기도 하였다. 최소 2개 이상의 책임성이 중첩되는 상황에서 자신에게 주어진 다중적 부담을 어떻게 조정하고 무엇을 선택할 것인지가 공직자에게는 중요한 문제가 될 수밖에 없다. 더욱이 중첩된 책임성 사이에 내용적 충돌이 있다면 그 선택과 조정은 더욱 쉽지 않다.

Cooper(2012)에 따르면 공무원은 책임의 충돌이라는 윤리적 딜레마를 일상적으로 경험하는 데 이러한 충돌은 권위의 충돌, 역할의 충돌, 이해관계의 충돌로 구분할 수 있다. 권위의 충돌은 법, 상사, 선출직 공무원, 시민 등과 같은 권위의 원천이 둘 이상이며 양립할 수 없는 행동을 명령하는 상황이고, 역할의 충돌은 공무원이 조직 내부 및 외부에서 맡은 특정한 역할에 대한 기대나 가치가 상이하여서 한 상황에서 양립하기 어려운 상황이며, 이해관계의 충돌은 공무원으로서 공적 역할과 자신의 사적 이해관계가 충돌하는 것이다. 이러한 모든 상황에서 공무원은 어느 쪽을 선택하더라도 상당한 대가를 지불해야 한다는 갈등을 느끼는 딜레마를 경험한다는 것이다.

여기서는 Romzek 등이 제시한 네 유형의 책임성이 상호 충돌하는 상황을 중심으로 하여, 공직자의 책임성 충돌 상황을 구분하여 여섯 가지 조합으로 나누었다. 첫째, 계층적 책임성과 법적 책임성의 충돌 상황은 조직의 충실한 부하로서의 역할 수행이 법규의 충실한 집행자로서의 역할 수행과 양립하기 어려운 상황

---

13) 이하 책임성의 충돌 부분은 주재현 · 한승주(2015)의 내용 일부를 요약한 것임을 밝힌다.

을 의미한다. 상사나 상위기관으로부터 내려온 지시가 법규 및 감사 기준과 다를 때가 한 예가 될 것이다. 지시와 법규는 공직자로서 지켜야 할 중요한 책임 기준이며 두 책임성 모두 통제의 정도가 높으므로 공직자가 우선순위를 결정하기에 상당한 어려움을 겪게 된다.

둘째, 계층적 책임성과 전문가적 책임성의 충돌 상황은 조직의 충실한 구성원 및 부하로서의 역할 수행이 담당하는 업무의 전문가로서의 역할 수행과 충돌하는 경우이다. 상사나 상위기관으로부터 내려온 지시가 업무의 전문적 규범 및 기준과 다르다고 인식할 때가 한 예가 된다.

셋째, 계층적 책임성과 정치적 책임성의 충돌 상황은 조직의 충실한 구성원 및 부하로서의 역할 수행이 국민에 대한 봉사자 및 대변자로서의 역할 수행과 충돌하는 경우이다. 상사나 상위기관으로부터 내려온 지시가 일반 국민의 여론과 다르다고 판단될 때가 한 예가 된다.

넷째, 법적 책임성과 전문가적 책임성의 충돌 상황은 법규의 충실한 집행자로서의 역할 수행과 담당하는 업무의 전문가로서의 역할 수행이 충돌하는 상황이다. 공식적인 법규나 판례의 내용이 업무와 관련해 통용되는 전문적 기준과 다르다고 판단될 때가 한 예가 된다.

다섯째, 법적 책임성과 정치적 책임성의 충돌 상황은 법규의 충실한 집행자로서의 역할 수행과 국민에 대한 대변자로서의 역할 수행이 충돌하는 상황이다. 공식적인 법규 내용과 언론 및 시민사회단체 등의 요구가 다를 때, 정치사회적 반대가 높은 법안이 의회에서 제정되고 집행하게 되었을 때 등이 예가 될 것이다.

여섯째, 전문가적 책임성과 정치적 책임성의 충돌 상황은 업무의 전문가로서 역할 수행과 국민에 대한 대변자로서의 역할 수행이 충돌하는 상황이다. 업무와 관련해 통용되는 전문적 판단기준이 외부 이익집단이나 시민사회단체의 요구와 다르다고 판단될 때가 한 예가 된다.

이처럼 현실에서 직면할 수 있는 책임성의 충돌 혹은 모순되는 요구(motives and forces)를 현명하게 관리하는 능력이 공무원에게 중요하다. 여러 정치적 · 조직적 압력 속에서 책임이 서로 모순(paradox)되는 경험과 긴장을 관리할 수 있어야 하는 것이다. 결국 공무원에게 요구되는 중요한 능력의 하나는 책임성 간의 모순적 속성을 파악하고 관리하는 것이 된다.

2) 책임성 충돌 상황에서의 선택

책임성 충돌 상황에서 공무원의 선택에 관한 실증적 연구가 상당히 미흡한 가운데, 2014년에 진행된 주재현·한승주(2015)의 연구는 위의 여섯 가지 상황에서 공직자가 경험하는 갈등의 인식 정도와 각 상황에서 어떤 선택을 할 것인지를 조사하였다. 128명의 지방자치단체 중하위직 공무원을 대상으로 한 설문조사를 분석한 결과이다.

먼저 각 갈등 상황에서 얼마나 곤란함을 경험하는지를 묻는 항목에 대해 5점 척도로 응답한 결과를 보면, 전문가적 책임과 정치적 책임의 갈등 상황에서 곤란함을 경험했다는 응답이 가장 높았고(평균 2.5), 정치적 책임과 법적 책임 충돌(평균 2.496), 정치적 책임과 계층적 책임 충돌(평균 2.415) 순이었으며, 이어서 계층적 책임과 법적 책임 충돌(평균 2.275), 법적 책임과 전문가적 책임 충돌(평균 2.267), 마지막으로 계층적 책임과 전문가적 책임 충돌(평균 2.24)로 나타났다. 그러나 그 인식 차이는 크지 않았다. 응답자가 책임성 갈등을 강하게 경험하는 상위 세 유형은 모두 정치적 책임과의 충돌로 나타났다는 점이 특이하였다. 지방자치단체 중하위직 공무원은 주민이 제기하는 민원이나 지역 여론이 조직 상부의 지시, 법규, 전문적 업무 기준과 다를 때 의사결정의 곤란함을 더 많이 인식한다는 의미이다. 지방자치단체 중하위직 공무원의 업무 상황이 주로 대민서비스이므로 자신이 직면한 민원인 등의 요구에 부응하려는 책임을 민감하게 느낄 수 있을 것이다. 따라서 이들에게 책임성의 딜레마를 인식하는 중요한 축은 주민의 요구에 부응해야 한다는 책임감이 될 수 있으며 주민 요구가 업무상의 다른 기준과 충돌할 때 갈등을 강하게 느끼는 것으로 추론할 수 있었다.

다음으로 여섯 가지 책임성 충돌 상황에서 하나를 선택해야 한다는 양자택일 상황이 주어질 때 공무원이 어떤 결정을 하는지를 살펴본 결과는 다음과 같다(그림 2-2). 계층적 지시와 법규가 충돌할 때 법 규정을 따르겠다는 선택이 68.2%, 계층적 지시를 따르겠다는 입장이 27.9%로 나타나, 법 규정이 크게 선호되고 있었다. 계층적 지시와 전문가적 규범이 충돌할 때는 전문가적 규범을 따르겠다는 선택이 76.7%, 계층적 지시를 따르겠다는 입장이 20.9%로 나타나, 전문가적 규범이 크게 선호되었다. 계층적 지시와 정치적 요구의 충돌 시에는 계층적 지시를 따르겠다는 선택이 66.7%, 정치적 요구를 따르겠다는 선택이 27.9%로 계층적 지시가 더욱 선호되었다. 법 규정과 전문가적 규범이 충돌하는 경우는 법 규정의 선택이 48.8%, 전문가적 규범이 45.7%로 법 규정의 선택이 약간 더 선호되었다. 법 규정과 정치적 요구가 충돌할 때는 법 규정을 선택하겠다는 견해가 81.4%로 정치적 요구를 선택하겠다는 16.3%에 비해 압도적으로 높았다. 마지막으로 전문가적 규범과 정치적 요구가 상충될 때는 전문가적 규범을 선택하겠다는 견해가 80.6%, 정치적 요구를 선택하겠다는 견해가 17.8%로 전문가적 규범이 매우 강하게 선호되었다.

이상의 양자택일 결과를 종합하면, 법 규정 → 전문가적 규범 → 계층적 지시 → 정치적 요구의 순서로 선호되는 것을 알 수 있다. 이러한 결과를 일반화하기는 어려울 것이나 다음과 같은 함의가 있다. 법규를 가장 중시하는 선호는 법과 정책의 일선 집행자로서 중하위직 공무원의 역할을 고려할 때 자연스러운 결과일 수 있다. 주로 법과 지시를 선택하겠다는 것은 통제의 강도가 높은 책임에 대한 우선적 선택으로 볼 수 있다. 다만 전문가적 규범을 상사의 지시보다 우선하겠다는 선택은 현실의 경험과는 다소 차이가 있다. 이러한 선호가 실제의 선택으로 이어질 것인지는 의문이 있을 것이나, 적어도 규범적으로는 공무원이 전문가적 기준 및 윤리에 따른 대응을 중요시하는 것으로 해석할 수 있다. 한편 앞서 정치적 책임과 여타 책임성의 충돌 상황에서 곤란함을 높게 인식하였지만, 실제 양자택일의 결과에서는 정치적 책임을 선택하는 비율은 높지 않았다. 이러한 결과에 근거할 때 지방자치단체 중하위직 공무원에게 책임성 충돌 상황에서 우선되는 선택 기준은 통제의 강도가 비교적 높은 법적 책임과 계층적 책임일 것으로 추론할 수 있었다.

[그림 2-2] 책임성 충돌 상황에서의 선택

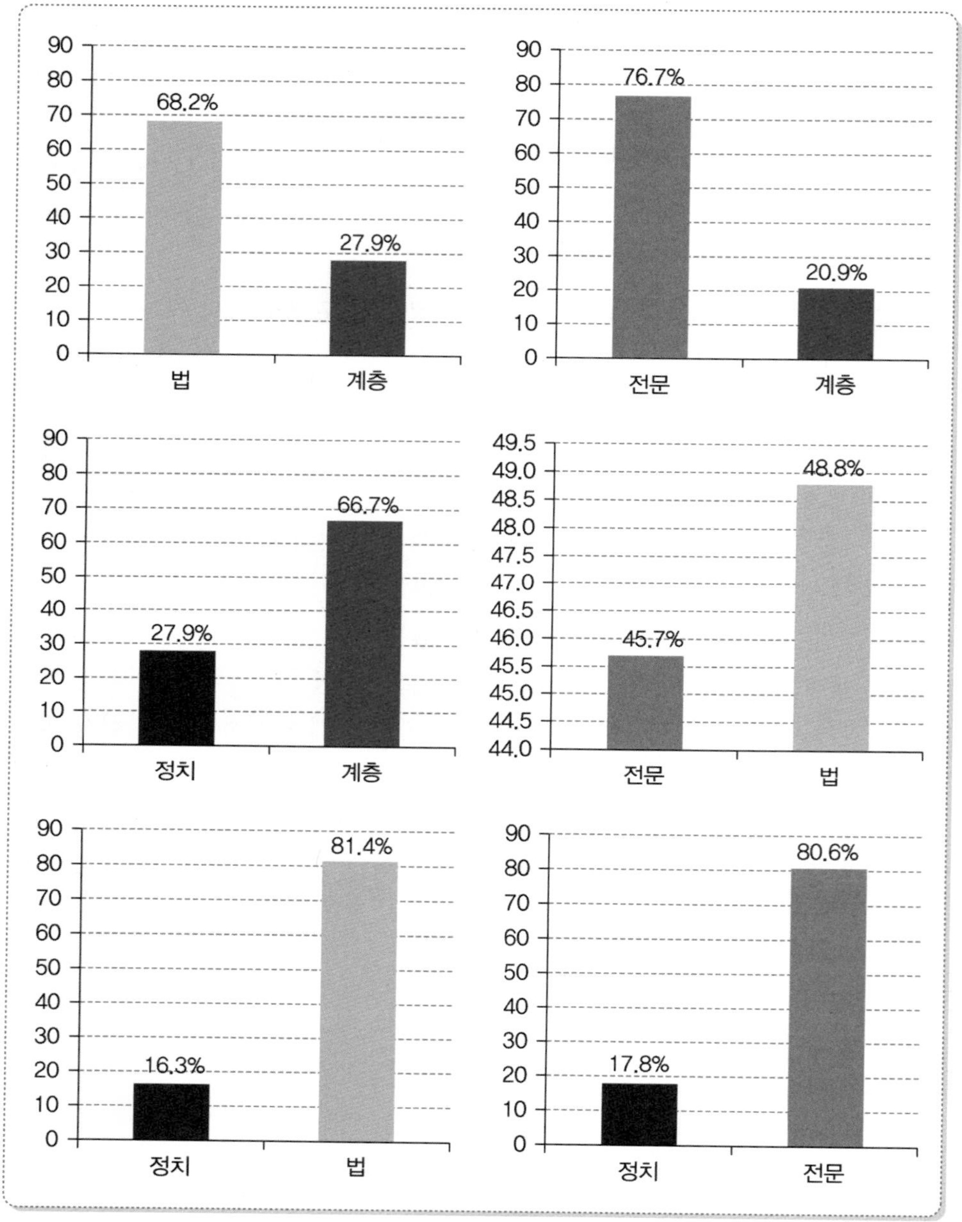

자료: 주재현 · 한승주(2015: 21).

2. 책임의 주체 문제

공무원의 다면적 책임성에 관한 또 다른 쟁점은 누가 책임을 질 것인가에 관한 논의이다. 공직사회의 업무수행은 사실상 다수의 개인과 기관이 연결되어서 집단적, 복합적으로 수행되고 있다. 이러한 상황에서 업무에 관한 권한을 규정하고 그 책임을 명확히 구분하는 것은 상당히 중요한 부분이 된다. 그러나 현실에서는 다수의 개인과 기관이 함께한 업무수행에서 권한과 책임은 중첩적이며 때로는 불분명하다. 여기서는 다수의 행위자가 함께 수행한 업무에 대한 책임은 누구에게 있는가에 관한 쟁점과 계층제 구조에서 상사와 부하 사이의 책임 배분에 관하여 살펴본다.

1) 집단적 업무수행의 책임: '많은 손'의 문제[14)]

민간 및 공공조직의 업무수행은 많은 경우, 복수의 구성원과 기관이 여러 단계를 거치며 복잡하게 상호작용한다. 이러한 집단적 업무수행에서 권한과 책임의 명료한 구분은 효과적인 업무수행을 위하여 필수적이다. 하지만 조직의 이름으로, 집단의 행동으로 수행된 결과에 대해서 구성원 개인에게 그 책임을 충분히 나누어 묻기는 쉽지 않다. 특히, 의사결정이 조직 단위로 이뤄지고 결정과 집행에 구조적 영향을 강하게 받는 정부 관료제라면 그러한 어려움은 더욱 커진다. 수직적 및 수평적 층위의 여러 행위자가 관여한 정책 결정과 집행을 통한 결과에서 개인별 책임을 확인하여 귀속하기는 쉽지 않다. 담당자가 기안한 정책이 결재체계를 따라 상부로 올라가면서 내부적 협의와 부분적 조정을 거쳐 결정되는 품의(稟議)제 구조에서는 더욱 그러할 것이다(한승주 외, 2022).

Thompson(1987)은 이를 '많은 손의 문제'(the problem of many hands)로 표현하고 다수가 연결된 집단적 행위 결과에 대해 공무원이 져야 할 책임의 문제를 쟁점화하였다. 특히 집단적 업무수행의 결과가 부정적이거나 비난받아야 할 결과라면 누가 책임을 져야 하는가에 관한 논점이 두드러지게 되는데, 이러한 책임을 져야 할 주체가 개인인지 집단인지에 관하여 질문이 던져질 수 있다.

개인에게 책임을 묻기 위해서는 인과(causality)와 의도(intention) 조건이 충족

---

14) 이하 집단적 업무수행의 책임에 관한 내용은 한승주 · 최흥석(2018)과 한승주 · 박종수 · 최흥석 · 곽창규(2022)의 연구 내용을 일부 발췌 및 요약한 것임을 밝힌다.

되어야 한다. 해당 결과를 직접 유발한 원인 행위와 그러한 결과를 일으키려는 의도를 가졌던 개인에게 책임을 물어야 하는 것이다. 하지만 이 조건에 따를 때 집단적·복합적 정책집행의 결과는 개인을 책임의 주체로서 특정하기 쉽지 않다. 근대적 책임은 본디 개인에게 부여되어야 하지만 이와 같은 특정한 상황에서는 집단 단위의 책임이 부여될 필요와 가능성이 논의되는 것이다.

정부 관료제 구조에서는 공무원의 행위와 조직의 의사를 실질적으로 구별하기 어려울 수 있다. 정부의 의사는 공무원을 통하여 표현되는 관계이기에 Fletcher (2002)는 오케스트라에서 음악이 소속 연주자를 통해서 표현되는 것에 비유한다. 의사결정의 절차가 조직 단위로 강하게 연결된 집단에서 업무는 목적지향적이며 통제적으로 수행되므로 개인이 아닌 집단이 책임의 주체로 인정될 가능성이 있다는 것이다. 다른 논리로 보면 집단의 구성원인 개인은 그 집단 공동체의 일부이기에 공동체의 책임은 개인 간에 공유되고 개인은 집단의 문제나 구조적 결함을 개선해야 할 책임을 공유한다고 볼 수 있다(Young, 2011).

Thompson(1987)에 따르면 다수가 관여한 집합적 행위 결과에 적용가능한 책임의 방식은 위계적 모형, 집단적 모형, 개인적 모형이 있다. 위계적 모형(hierarchical model)은 관료제 구조의 기본적 책임 원리로서 조직의 대표, 최상급자가 책임을 지는 방식이다. 상급자의 지시와 조직의 절차를 따른 공무원 개인에게 책임을 지우는 대신, 조직의 가장 상층부에 그 책임을 귀속시킨다. 결정권이 많은 고위직에게 책임이 돌아가므로 집행에 관여했던 대부분 공직자는 실제 행위에 대한 책임에서 벗어나게 된다.

집단적 모형(collective model)은 구성원에게 책임을 묻는 대신 조직 전체에 책임을 돌린다. 정부 관료제의 공무원은 엄격히 나눠진 업무 영역에서 분산된 업무만을 집행하고 공식 규정과 여러 단계를 거쳐 내려온 지시, 장기간에 걸쳐 수행되었던 조직 관행에 따라 행동하기 때문에 개인에게 책임을 묻는 것은 부당할 수 있다. 원인은 집단의 구조와 관행이므로 구성원이 아니라 집단이 그 책임을 져야 공정하다고 여겨진다. 이런 상황에서 조직구성원 모두가 조금씩 책임을 나눠진다면 책임은 지나치게 가벼워져 그 의미를 상실하거나, 조직 그 자체에 책임이 부여된다면 사실상 구성원 누구도 책임을 지지 않는 결과에 이를 수 있다.

반면 개인적 모형(personal model)은 책임의 주체와 단위는 결국 개인이므로 최대한 개인의 책임을 특정하려 한다. 분화된 구조와 오랜 관행을 이유로, 조직의 무관심과 부주의에 대해 가벼운 문책으로 넘어간다면 문제는 발견되지 못하고 더욱 심각해질 수밖에 없다. 공무원을 향한 사회의 기대를 감안할 때 부주의나 무지 등이 면책의 이유가 될 수 없고 개인적 책임의 견지에서 제재가 이뤄져야 한다는 것이다.

Thompson(2014)은 개인적 모형을 강조하면서 위계적 책임 방식과 집단적 책임의 방식은 조직의 '많은 손'의 문제에 충분한 책임의 방식이 될 수 없다고 논증한다. 최대한 개인에게 그 책임으로 물을 수 있도록 상황을 구체화하고, 조직 차원에서 이뤄진 범죄를 미리 방지하지 못한 데 대해 특정한 개인에게 책임을 지울 제도적 조치인 설계 책임(design responsibility)을 제안하고 있다. 조직의 구조적 문제를 감시하고 변화를 요구할 권한을 가진 특정한 개인·집단을 임명함으로써, 조직 실패가 발생했을 때 '많은 손'이 존재함에도 우리는 누구를 비난해야 할지 알 수 있고 그곳에 책임을 물을 수 있어야 한다는 것이다. 이로써 개인책임과 집단책임을 모두 확보하고 실패에 대한 미래지향적인(a forward-looking conception of responsibility) 책임을 확보해야 한다고 주장한다.

정부 조직 내부에서 볼 때, 정책은 기능적으로 분화된 여러 단위 간 연결과 조합으로 집행되므로 정책결과의 책임은 협업한 단계와 단위들 사이에 공유된다. 수평 및 수직적 협업 관계가 낮을 때 업무수행의 주체를 특정하기 쉬우므로 개인적 책임이 강조될 것이나, 수평적 협업 관계가 많을 경우는 집단적 책임이, 수직적 협업 관계가 많을 경우는 위계적 책임이 강조될 수 있다. 따라서 개인책임, 집단책임, 위계책임의 방식은 협업의 관계 및 상황에 따라 그 타당성이 다르게 인지될 수 있다(그림 2-3).

[그림 2-3] 조직 내 협업 관계와 책임성

		수평적 협업관계	
		적음	많음
수직적 협업관계	적음	개인책임 강조(A)	집단책임 강조(C)
	많음	위계책임 강조(B)	위계/집단책임 강조(D)

자료: 한승주 외(2022: 8).

2) 집단적 업무수행의 결과에 관한 책임 인식 분석

공무원이 조직적·집단적 행위 결과에 대해 자신이 져야 할 책임으로 얼마나 인식하고 있는지, 어떤 방식으로 책임을 묻는 것이 합당하다고 생각하는지에 관한 두 편의 연구 결과를 소개하면 다음과 같다.

먼저 공무원이 자신에게 개인적 불법행위가 없고 부정한 의도가 없었지만 담당업무와 관련되어 조직 차원의 불법적 결과가 발생한 상황에서 공무원이 느끼는 집단적 책임감을 조사한 연구 결과이다(한승주·최흥석, 2018). 중앙행정기관 및 지방자치단체 소속 373명의 공무원을 대상으로 하여 6점 척도로 측정한 결과, 응답자의 집단적 책임감 인식 수준은 평균 4.18점으로 약간 높은 편으로 나타났고, 조직의 불법행위에 대해서 자신의 책임으로 인정한 응답 비율은 70%가 넘었다. 또한 집단적 책임감에 영향을 미치는 요인으로는 개인차원에서 자기희생 동기, 공익에 대한 헌신의지로 나타났으며, 조직차원에서는 업무의 자율성, 책임소재의 명확성이 통계적으로 유의미한 영향을 미치는 것으로 나타났다.

이러한 결과를 해석하면, 공무원은 집단적 잘못과 실패에 대해 구성원으로서의 책임감을 보통 수준을 약간 상회하는 정도로 느끼고 있으며 그 문제해결을 위해 어느 정도의 희생을 감수할 의지를 밝히고 있다고 볼 수 있다. 하지만 공무원 자신에게 책임감을 직접 묻는 방식으로 진행되었으므로 바람직한 방향으로 과잉응답될 수 있다는 한계는 있다. 그럼에도 무엇보다 책임소재의 명확성과 업무처리의 자율성이 긍정적 영향을 미친다는 결과는, 공직자가 수행하는 업무의 권한과 책임이 명확한 것이 책임성 인식 차원에서 중요함을 시사한다. 자신이 무슨 역할을 해야 하고 무엇을 결정할 권한이 있는가가 명료하며, 자신의 권한으로 스스로 결정을 내릴 수 있도록 존중될 때, 집단의 문제를 해결하고 구조를 개선하려는 적극적 태도가 나타날 수 있다는 것이다.

다음으로 공직자가 부서 내에서 상사와 동료, 그리고 자신이 함께 연결되어 수행한 정책의 성과가 낮게 나타났을 때, 책임을 인식하는 정도와 합당한 책임의 방식에 관한 인식조사 결과는 다음과 같다(한승주 외, 2022). 부서 내부의 협업 상황에 따라 책임 인식이 차이가 있는지를 346명의 중앙행정기관, 지방자치단체, 공공기관 소속 공직자를 대상으로 실험 설문의 방식으로 조사하였다. 연구 결과, 상호의존된 협업 결과에 대한 공직자의 책임 인식은 개인이 전담하여 업무를 수행하는 경우(협업이 없는 상황)보다 낮게 나타났고, 특히 협업 관계자의 수가 단순히 많은 경우보다도 '상사가 지시하고 자신이 전담 수행한 수직적 협업 상황'에서 책임 인식이 가장 낮게 나타났다. 이러한 결과는 협업자의 수가 많을 때 책임이 분산되어 개인적 책임성이 희박해지는 문제뿐 아니라, 위계적 관계의 개입 여부가 공무원의 책임 인식에 강한 영향을 미친다고 해석될 수 있다. 또한 집단적 업무수행의 결과에 관하여 책임을 져야 할 타당한 주체와 방식으로 가장 선호된 것은 기관장 및 상사가 책임지는 위계적 책임 방식으로 나타났다. 한국 공직사회가 위계적 질서에 따른 지시와 명령이 강하게 작동하고 있는 현실을 고려할 때, 결정과 지시의 권한을 가진 조직의 상층부가 그 결과의 책임을 지는 것이 타당하다는 인식을 보여주는 것으로 추론된다.

이처럼 정부의 이름 아래, 공무원이 충실히 따르며 수행한 집합적 결정과 집행의 결과에 대하여 공무원 개개인이 기여한 몫만큼 떼어 내 책임을 묻는다는 것은 쉽지 않으며 그 책임을 어떻게 배분하는 것이 타당할 것인지는 해법을 찾기 상당히 어려운 쟁점이라 할 수 있다.

3. 책임의 범위 문제

1) 과정 책임과 결과 책임[15)]

책임의 범위와 관련되어 정책결과에 대한 책임(results-based accountability)을 직업관료인 공무원에게 귀속하는 것이 타당한가에 관한 쟁점이 존재한다. 정부 관료제의 고전적 책임 원리는 공무원의 책임을 결과보다는 과정 책임(process accountability)에 국한하기 때문이다(Patil *et al.*, 2014; Frederickson & Smith, 2003). 정책결과에 대한 책임은 결정권을 가진 정치적 대표-선출직 및 정무직 공직자-의 몫이며, 정책을 합법적으로 집행하는 한 공무원에게 결과 책임을 부여하는 것은 제한되는 것이다. 또한 공무원에게 결과 가치에 대한 지나친 강조는 투명성, 합법성, 형평성과 같은 과정적 가치의 훼손이라는 대가를 치를 가능성도 우려된다(Behn, 2001).[16)]

하지만 정책결과에 대한 공무원의 개인적 책임은 중요하게 고려될 필요가 있

15) 이하 결과책임에 관한 논의는 한승주 외(2022: 5-6)의 연구에서 일부를 발췌하였음을 밝힌다.
16) 집단적 업무수행의 결과를 무리하게 개인화한다면 오히려 지나친 성과 경쟁, 계량적 성과에의 편중과 같은 부작용을 낳을 수 있다.

다. 첫째, 정책집행의 실천적 행위자인 공무원이 자신이 수행한 업무 결과와 행위주체인 자신을 연결 짓지 못한다면 그 업무가 사회에 미친 영향을 무시 또는 간과하고 사회의 요청과 동떨어진 무감각한 행정, 소외, 낮은 대응성의 행태를 보이기 쉽다. 집단적 업무수행의 결과에 참여하는 행위 주체로서 공무원이 자신의 책임을 인지 또는 인정하지 않는다면, 공무원은 집단의 이름 아래 자신을 감추면서 자신 앞에 떨어진 일을 무마하고 수습하여 넘기려는 소극적 행정, 무책임, 도구적 행태를 보일 가능성이 크다.

둘째, 정책 개선과 국가 혁신을 위해서는 공무원이 자신의 소명과 목표를 명확히 인식하고 그 달성의 결과에 대하여 높은 관심을 가지고 긍정적 결과에 대한 자신의 공헌(taking credit)과 부정적 결과에 대한 자신의 책임을 인정(taking blame)하는 것이 필요하다. 복잡한 업무수행의 장기적 결과를 종합적으로 분석하고 이해할 수 있는 태도와 역량은 혁신을 위해 상당히 중요하다. 그러므로 공무원이 자신이 관여한 업무수행의 결과에 귀속감을 느끼지 못한다면 결과에 대한 성찰과 향후 혁신을 기대하기는 쉽지 않을 것이다.

셋째, 한국 행정조직의 강한 위계 문화와 집단주의 경향(김호정, 2004; 고대유 · 강제상, 2017; 박희봉 · 송용찬, 2018)이 조직 효과성에 부정적 영향을 미칠 가능성을 고려한다면, 정책결과에 대한 개인의 권한과 책임을 명확히 하고 조직성과에 대한 집단적 책임과 개인적 책임을 구분하여 성과에 대한 개인적 책임을 연계하는 조직관리는 여전히 중요하다. 위계적 · 집단주의적 조직 분위기에서 근무하는 공무원에게 집단적 업무수행 결과에 대한 개인의 성과를 특정하려는 시도는 성과평가와 환류에 있어서 불만과 갈등을 유발할 수 있다. 하지만 집합적 행위로서의 행정이 사회에 미치는 궁극적 결과(outcomes)를 공무원에게 각성시키고 복잡한 협업 관계의 결과물(collaborative output)과 개인의 산출(individual output)을 유기적으로 연결 · 통찰하도록 하는 것은 공무원이 조직의 궁극적 목표 달성(효과성 향상)에 자신의 노력을 기울이도록 하는 기제가 될 수 있다.

현재 행정의 책임성 체계는 투입의 효율과 과정의 합법을 공무원의 기본적 책임으로 요구하면서도(과정적 가치, 위계적 책임의 강조), '적극행정'과 같은 정책을 통해서 공무원이 행정의 결과와 개선의 적극적인 주체로서 행동할 것을 규범적으로 요구하고 있다(결과적 가치, 개인적 책임의 강조). 요컨대 정부와 공무원은 행정의 대응성과 혁신을 위해서 개인적 업무수행뿐만 아니라 누가 무엇에 어떻게 개입하였는지 판단하기 어려운 집단적 업무수행에서도 결과에 대한 책임을 회피하지 말 것을 요구받는 것이다.

2) 법적 책임과 '더러운 손'의 문제

법적 책임과 관련된 추가적 쟁점의 하나는 공익이라는 목적 달성을 위해서 비윤리적이거나 불법적 수단을 사용할 수 있는가의 문제이다. Walzer(1973)는 개인적 이익 추구가 아니라 공공선에 봉사하기 위해 공무원이 범하는 부도덕을 인정해야 하는가에 관한 쟁점을 던지면서, 공익을 위한 필요악을 행한 공무원의 법적 책임의 문제를 '더러운 손'의 문제(the problem of dirty hands)로 비유하고 있다. 공익을 위해 부도덕한 결정을 할 수밖에 없는 윤리적 딜레마 상황은 특히 고위공무원이 정책 결정에서 고려해야 하는 정치적 상황에서 더욱 논점이 될 수 있다.

이러한 논의는 마키아벨리의 <군주론> 이후 오랫동안 정치철학적으로 논의되었던, 목적이 수단을 정당화할 수 있는가에 관한 질문이다. 결과론적 접근, 공리주의적 접근에서는 목적이 달성되고 긍정적 결과가 산출된다면 수단의 정당성은 크게 문제되지 않는다. 오히려 더 많은 공익을 제공하기 위해서 비합법적이거나 비윤리적 수단을 기꺼이 쓰겠다는 어려운 결정과 실행이 공무원의 역할에 주어진 책임으로 전제되기도 한다(김명환, 2018).

정치지도자의 윤리적 딜레마로서 주로 다뤄져 왔지만 행정 현장에서도 유사한 문제가 제기될 수 있는데 특히, 발전행정의 전통이 강한 권위주의적 행정체계 아래서 그러할 수 있다. 정책목표를 효과적으로 달성하기 위해 혹은 상부의 지시를 효율적으로 신속 집행하는 과정에서 행정은 종종 무리하게 추진되고 때에 따라 직권남용, 인권침해, 불공정성 등과 같은 법적 가치와 기준을 침해하였다는 비판이 제기되는 것이다. 이러한 상황에서 공익을 위한 목적이었다면 해당 공무원을 면책해야 할 것인지 논란이 나타나는 것이다.

이 쟁점에 대한 판단은 사례에 따라 신중하게 이뤄져야 할 것이지만, 공무원이 적어도 그 과정에서 합법하고 윤리적인 수단을 사용하기 불가능했으며 부당한 행정 수단의 사용이 불가피한 상황이었어야 할 것이며, 이를 밝혀야 할 책임은 해당 공무원에게 있다고 할 것이다.

3) 문제의 예견 · 예방의 책임[17)]

사회에서 제기하는 행정을 향한 요구는 문제의 사후 수습에 그칠 것이 아니라 문제를 사전에 적극적으로 예방하는 책임을 다하라는 것을 포함한다. 과학 및 산업기술의 비약적 발전, 인구구조의 변화, 사회적 가치 전환 등 오늘날 사회가 직면한 불확실성이 높아지면서 정부의 예방책임이 더욱 중요해지고 있다. 민간조직의 전략적 관리기법이 공공부문에 본격 도입되었고 미래 예측의 분석 기법이 발전함에 따라 예견적 행정의 기대 또한 더욱 커지고 있다. 행정 전반에 문제의 사전 예방이 요구되지만, 정부의 문제 예견과 예방 역량은 이에 미치지 못하고 있다는 비판이 높다.

문제 예견 및 예방의 책임(anticipatory accountability)을 다하지 못하는 현실의 문제는 주로 관료제의 구조적 한계 때문이라고 지적된다. 첫째, 관료제 구조의 업무수행은 여러 조직으로 분화되어 이뤄지고, 문서화 및 표준화에 따른 경직성이 높으며, 의사결정이 집권적으로 이뤄지므로 조직의 관할 영역을 넘어서는 문제를 예견하고 예방하는 자발성과 유연성을 기대하기 어렵다. 둘째, 공공조직은 경쟁의 압력이 부족하여 위험감수보다는 위험회피적 행태가 나타나기 쉽기에, 문제 예방을 위한 적극적 행동에 따르는 위험을 감수하기보다는 회피하기 쉽다. 셋째, 정부는 선거 주기에 따라 단기적 성과 산출 압력을 받고, 1년 예산 주기에 따라 정책을 집행하므로 문제의 본질적 해결을 위한 장기적 전략의 수립은 어렵다. 이러한 관료제 구조에 의하여 행정이 운영되는 한, 문제의 사전 예방을 위한 공무원의 적극적 행동은 기대하기 어려운 것이 된다. 더불어 정부가 문제 예방을 위한 자율적이고 선제적 판단을 하는 것은 오히려 행정부의 자의적 행정과 정치적 불공정을 낳을 수 있다는 견제와 우려에 직면할 수도 있다.

하지만 공무원은 자신이 담당한 업무에서 기술적 우월성을 가진 전문가이며 경험을 통한 조직의 기억과 학습의 주체이므로 관료의 전문적 지식과 기술에 근거한 예견, 관료로서의 경험을 통한 축적 및 학습된 지식에 근거한 예방의 가능성을 충분히 기대할 수 있다. 관료제 구조의 예견 역량이 낮고 제한되었다고 할지라도 문제 예견에 무력하다고 할 수 없으며 관료의 전문성과 경험에 근거한

17) 이하 문제의 예견 · 예방의 책임에 관한 내용은 한승주 · 이철주 · 최흥석(2020)의 연구 중 일부를 요약 발췌하였다.

예견가능성을 기대할 수 있는 것이다.

특히 문제의 사전인지와 해결책의 예비 가능성이 높을 때는 더욱 그러하다. 직면한 모든 문제의 예방 책무를 정부에게 요구하는 것은 현실적으로 어렵기 때문에 문제 상황에 따라 예방의 책무가 달라질 수 있다. 아래의 [그림 2-4]에서 보듯이 해당 문제의 발생을 공직자가 사전에 포착하고 인지할 가능성이 높고, 해당 문제에 적합한 해결책을 찾아서 준비할 가능성 역시 높은 상황이라면 행정의 예견적 책임은 상대적으로 강하게 요구될 수 있다. [그림 2-4]의 상황 A와 같이, 예견가능성이 높은 문제는 실패를 피할 수 있고 통제할 수 있다고 여겨지므로, 실패의 책임을 정부에게 강하게 물을 근거가 될 수 있다.

[그림 2-4] 관료의 예견가능성 인식에 따른 문제 상황 분류

		해결책의 예비 가능성	
		높음	낮음
문제의 사전인지 가능성	높음	A: 예방의 책무 강조	B
	낮음	C	D

자료: Nair & Howlett(2017); 한승주 외(2020).

그렇다면 이와 같은 상황 A가 얼마나 존재하며 구체적으로 어떤 상황인지, 그리고 이러한 상황에서 문제 예견과 예방을 실패하게 만드는 요인은 무엇인지를 검토해보아야 한다. 중앙정부 및 지방자치단체 소속 공무원 5백 명을 대상으로 2018년 실시된 설문조사는 다음과 같은 결과를 보고하고 있다(한승주 외, 2020). 설문조사를 통해서 공무원에게 자신이 속한 조직에서 발생했던 큰 문제를 돌아볼 때, 그 문제를 사전에 인지하고 있었는지, 그 해결책을 준비할 수 있었는지를 질문한 결과, 응답자의 약 43%가 조직의 실패를 예견할 수 있었다고 응답하였다.

또한 응답자들은 조직의 문제 예견과 예방이 실패한 주요 원인으로 '문제의식과 이견을 표출하기 어려운 조직분위기'를 평균 3.21로 꼽아 가장 중요하게 나타났다. 이어서 시간적 여유의 부족, 성과평가 기준의 문제 등의 순으로 나타났으며 전문적인 지식이나 기술의 부족으로 문제가 예방되지 못하였다는 응답은 평균 2.98로 가장 낮았다(표 2-2). 즉 응답자들은 자신이 문제 발생을 예상했으면서도 예방하지 못했던 이유를 문제의식과 이견 표출이 어려운 조직의 분위기, 시

〈표 2-1〉 조직 실패의 예견가능성에 관한 인식

항 목		평균		표준편차	긍정응답	부정응답
문제의 사전 인지 가능성	문제 발생의 짐작 가능성	3.26	3.33	.808	39.8%	16.4%
	유사한 사건의 존재	3.42		.772	47.0%	10.2%
	문제 재발의 예상 수준	3.31		.804	42.6%	15.2%
해결책의 예비가능성	문제의 해결책에 관한 사전 인지	3.27	3.34	.814	40.6%	16.6%
	문제 예방을 위한 충분한 선택 가능성	3.40		.776	46.6%	10.2%
평균		3.33		.794	43.3%	13.7%

* 긍정=매우 동의+동의, 부정=전혀 동의하지 않음+동의하지 않음.

간적 압박, 성과평가 기준의 문제 등이라고 생각하였으며, 전문적인 지식과 기술의 부족으로 예방하지 못한다는 것은 주요 문제가 아니라고 인식하였다. 이러한 결과에 따르면 자신의 우려를 사전에 밝히고 대책 마련을 요구할 수 있는 조직분위기가 필요하다고 볼 수 있다. 조직의 문제적 관행이나 지시 등에 대해서 이견을 허심하게 밝힐 수 있는 분위기가 문제 예방에 상당히 중요한 것으로 보인다.

〈표 2-2〉 예견된 실패의 원인 귀인

항 목	평균	표준편차	긍정응답	부정응답
1) 문제의식과 이견 표출이 어려운 조직 분위기	3.21	.922	38.6%	20.6%
2) 시간적 여유의 부족	3.19	.877	34.4%	19.4%
3) 성과평가 기준의 문제	3.12	.823	31.6%	19.6%
4) 조직적 관심의 부족	3.08	.867	30%	24%
5) 분화된 구조	3.03	.863	27.8%	24.4%
6) 전문적인 지식과 기술, 자원의 부족	2.98	.905	28.8%	29.6%

* 긍정=매우 동의+동의, 부정=전혀 동의하지 않음+동의하지 않음.

4. 책임의 통제방식 문제

공무원의 책임을 객관적 책임과 주관적 책임으로 구분할 때 우선적인 책임이 무엇이며 보다 효과적인 통제방식이 무엇인가에 관한 쟁점이 존재한다. Kernaghan (1974)과 Cooper(1982)는 책임성을 확보하기 위한 수단을 기준으로 객관적 책임(objective responsibility)과 주관적 책임(subjective responsibility)을 구분하였다.[18] 객관적 책임은 행정 관료가 외부로부터 부과되거나 결정된 객관적 행위 기준에 따라 행동하여야 할 의무, 즉 법규 준수 및 상위자의 정당한 지시와 명령에 대한 복종, 성과의 범주나 기준에 관해서 외부에 지게 되는 의무 등을 말한다. 주관적 책임은 공무원이 자기의 맡은 바 임무 내지 역할을 규범에 따라 충실하게 수행하여야 한다는 스스로의 자각이나 동기로부터 책임인식을 갖게 되는 것을 말한다. 이러한 책임인식은 조직 내・외의 사회화 과정에서 형성되는 가치관・태도・신념의 표출로서 이에 따라 책임을 자각하는 내용이나 책임의 정도가 달라진다(이광종, 2005: 40; 구자용, 1995: 18-19).

책임성 확보의 수단에 초점을 두고 Kernaghan, Cooper, Romzek과 Ingraham 등이 논의하는 책임의 형태는 1940년대 초에 있었던 Friedrich와 Finer 간의 고전적인 논쟁에 그 기원을 두고 있다.

Friedrich(1940)는 관료제 책임의 핵심은 전문가주의(professionalism)라고 주장했다. 그는 행정책임은 단지 미리 정해진 정책을 실행에 옮기는 것 이상을 포괄한다고 본다. 정책의 형성과 집행은 사실상 분리하기 어렵기 때문이다. 그는 또한 행정 공무원은 전문가이고, 일반시민들이 갖지 못한 전문적 지식과 기술상의 전문성을 지니고 있다고 본다. 공무원의 책임성은 전문적 지식과 행위규범(norms of conduct)에 토대를 두기 때문에, 공무원은 자신의 동료들과 더불어 동의한 기준 또는 수준에 부응하기 위해서 노력해야 한다는 점에서 동료 전문가들에게 책

18) 여기서 'responsibility'는 'accountability'보다 포괄적인 개념으로 사용되고 있다. 'accountability'는 객관적 책임과 유사한 개념으로 파악되며, 'responsibility'는 객관적 책임과 주관적 책임을 합한 상위의 개념으로 이해된다(Peters도 이와 유사하게 두 개념을 이해한다: Peters, 2000: 301). 그러나 'responsibility'는 다른 의미로 이해되기도 한다. Hughes(2003: 241)는 조직 내 구성원이 자신의 상관에 대해 지는 책임을 'accountability'로 이해하고, 반대로 조직 내 구성원이 자신의 부하의 행위에 대해 지는 책임을 'responsibility'로 본다. 그러나 그는 'responsibility'는 'accountability'보다 불명료하다고 주장한다. 부하가 실수를 범할 경우, 반드시 그의 상관이 그 실수에 대해서 책임이 있음을 의미하지는 않기 때문이라는 것이다.

임을 지고 있다고 할 수 있다. 물론 Friedrich가 공무원이 공중의 뜻에 반응하는 것이 중요하지 않다는 것은 아니며, 그가 강조하는 것은 행정책임에 있어 전문가주의가 핵심적 구성요소가 되는 변화가 일어났다는 것이다.

이러한 주장을 보다 정교하게 전개하기 위해 Friedrich는 개인적(personal) 책임과 기능적(functional) 책임의 구분을 제시했다. 개인적 책임은 공무원이 명령 등에 따라 자신의 행위를 정당화하는 경우를 말하며, 기능적 책임은 공무원이 자신의 기능적·전문가적 기준으로부터 행위의 준거를 찾는 경우를 말한다. Friedrich는 공무원은 조직 내 상관보다 자신의 분야에 종사하고 있는 전문가 동료들로부터의 비판에 더 민감한 반응을 보이고 있으며 -즉 개인적 책임보다 기능적 책임을 더 중요시하며- 사회문제가 복잡해지고 이에 대응하는 공무원의 재량이 더 필요해짐에 따라 전문가주의가 행정책임의 근본이념 또는 핵심요소가 되었다고 주장했다(Denhardt & Denhardt, 2003: 121-122; 김호섭, 1991: 790).

Finer(1941)는 이러한 Friedrich의 주장을 반박했다. 그는 민주주의 체제에서 행정책임을 확보하는 데 외부통제가 최선의 수단이라고 주장했다. 선출직 공무원들만이 유권자인 시민들에 직접적인 책임을 지고 있기 때문에, 행정 관료는 선출직 공무원에 복종해야 한다는 것이다. 선출직 공무원들이 시민의 요구사항을 해석한 후, 이를 토대로 행정 관료에게 과업을 지시하며, 행정 관료는 이 지시에 따라 임무를 수행할 책임을 지게 된다는 것이다. Finer는 이러한 외부통제가 결여될 경우, 행정 관료에 의한 권력의 남용이 불가피하다고 보았다. Finer에 따르면, "X는 Z에게 Y에 대한 책임이 있다"[19]라는 정의가 책임에 대한 적절한 정의이며, "개인적인 도덕적 의무감"[20](Finer가 정리한 Friedrich의 입장)은 책임에 대한 적절한 정의가 아니다. 첫 번째 정의에서는 실책의 발생 시에 명시적인 처벌의 부과가 논리적으로 도출될 수 있으나, 두 번째 정의에서 실책이란 단지 업무 수행자의 양심에 달린 문제가 되고 실책이 발생할 경우의 처벌은 단지 양심의 가책이 되기 때문이라는 것이다.

Finer는 전문가주의가 아닌 민주적 통제의 우선성을 주장했으며, 민주적 통제는 다음과 같은 세 가지 이념에 토대를 두고 있다고 보았다. 첫째, 행정 관료는 자신이 판단하는 시민들이 욕구(needs)가 아니라 시민들이 실제로 표현하는 욕구

19) "X is accountable for Y to Z."
20) "a personal sense of moral obligation"

에 근거해서 업무에 임해야 한다. 둘째, 각종 제도와 기관들 -특히 선거에 의해 형성된 기관- 은 공적 권위(public authority)를 표출하고 이를 행사하기 위해서 존재한다. 셋째, 가장 중요한 이념으로서, 선거에 의해 형성된 기관(즉 의회)은 시민의 욕구를 표출하고 전달하는 통로에 머무는 것이 아니고, 그러한 욕구를 만족시키기 위한 수단을 결정하고 그 결정을 실행에 옮길 권위를 지닌다(Denhardt & Denhardt, 2003: 122; 김호섭, 1991: 786).

Finer는 주관적 책임과 도의적 책임을 내세우는 Friedrich의 견해가 정치적 책임의 필요나 결과를 등한시하는 결과를 초래할 것이라고 논박하였으나, 주관적 책임의 의의를 완전히 부정하는 것은 아니다. 또한 Friedrich도 도의적인 책임만을 내세우는 것이 아니라 객관적 책임의 영역도 인정하고 있음은 위에서 살펴본 바와 같다. 이렇게 볼 때, 양자는 '행정책임의 어느 측면을 강조할 것인지'에 있어서 입장을 달리 하는 것으로 평가할 수 있다(구자용, 1995: 22; *cf.* Redford, 1975).

Friedrich와 Finer의 논쟁이 제기한 쟁점은 이후의 학자들에 의해서 여러 형태로 재현되었다(구자용, 1995: 22-24). 비교적 최근 들어 제기되고 있는 논의는 '대리인 이론'(agency theory)과 '청지기 이론'(stewardship theory) 간의 논쟁이다.

주인-대리인 이론(principal-agent theory)으로도 불리는 대리인 이론은 주인(위임자)과 대리인이 모두 자신의 효용과 이익의 극대화를 추구한다고 가정한다. 따라서 최소의 비용(대리인에 대한 보상)으로 최대의 성과(대리인의 노력)를 얻고자 하는 주인과 최소의 노력으로 최대의 보상을 원하는 대리인 간의 이해관계가 상충된다는 것이다. 주인(위임자)-대리인의 관계는 주인(위임자)이 자신의 이익과 관련된 행위를 대리인으로 하여금 대리인의 재량으로 하여 줄 것을 내용으로 하는 계약이 있을 때 성립하는 데, 이러한 계약관계는 대리인이 주인보다 특정 과업에 대해 더 많은 지식과 능력을 갖추고 있기 때문에 성립 가능해진다. 주인은 대리인에게 위임업무에 관해 상당한 재량을 부여하게 되고, 대리인은 그 재량의 범위 내에서 자신의 능력과 지식을 활용하여 업무를 처리하게 되지만, 그 처리의 효과는 주인에게 귀속된다. 그러나 계약을 체결할 때 주인과 대리인 간에 정확한 정보를 공유하기가 힘들며, 계약이 체결된 뒤에도 주인은 대리인의 행동을 감독하기가 어렵기 때문에,[21] 대리인 이론의 핵심은 '대리인이 최대한 주인의 이익을

---

21) 이를 '비대칭적인 정보'(information asymmetry) 상황이라고 부른다. 여기서는 특히 주인이 대리인의 능력을 정확하게 파악할 수 없거나, 대리인의 업무수행 정도를 정확하게 파악하기 어려

위해 업무를 수행하도록 하려면 어떻게 해야 할 것인가?'의 문제(책임성 확보의 문제)로 귀결된다. 대리인 이론은 이 책임성 확보를 주로 외부통제 –법률적·관료제적 규정, 청문회와 같은 정치적 감시 등–와 경쟁기제의 도입에서 찾고 있다(Lane, 2005: 29–47; 원구환, 2008: 508–509; 권순만·김난도, 1995).

청지기 이론(Davis *et al.*, 1997; Block, 1993)은 대리인 이론의 외부통제 중심적인 책임성 확보에 대해 반론을 제기하는 데, 그 핵심은 주인과 대리인이 공통의 핵심가치를 공유할 때 내적 책임감(internal accountability)이 생성되고 이에 따라 책임 있는 행동이 유발된다는 것이다.[22] 즉 조직 내에서 공공서비스의 가치에 대한 강한 일체감 형성을 통해 내적 책임감을 유발한다는 것이다. 좀 더 구체적으로 보면, 청지기 이론은 자아실현적 인간관과 동기부여적 이타주의의 가능성에 토대를 두고 있으며, 특히 이타주의가 강력한 동기부여 요인이 될 수 있음을 주장한다. 이타적 가치를 소유할수록 공공서비스에 대한 가치와 내적 책임감이 생성되고, 이에 따라 책임 있는 행동이 유발된다는 것이다. 또한 청지기 이론은 공동체적 관점에서 구성원들의 전문성에 입각한 상호존중을 중시한다. 전문성에 입각한 상호존중은 이타적 가치를 생성하고 공공서비스에 대한 가치와 내적 책임성을 유발하는 중요한 장치가 된다는 것이다. 따라서 청지기 이론은 조직 내에서 이타적 가치의 주입을 통해서 주인의 이익에 부합하여 스스로 책임 있게 행동할 수 있는 청지기를 형성해낼 수 있다고 주장한다(원구환, 2008: 509–516).

대리인 이론이 앞서 논의했던 객관적 책임의 확보를 주장하는 계보의 한 축을 형성하고 있는 반면, 청지기 이론은 주관적 책임의 확보를 주장하는 학파의 맥을 잇고 있다고 하겠다.

이상 논의한 책임의 형태와 유형은 곧 어떤 형태와 유형의 노력을 통해서 이러한 책임을 확보할 것인지의 논의, 즉 정부 관료제의 통제 논의와 직접적으로 연결된다. 정부 관료제 통제의 유형에 대한 논의는 3장에서 살펴본다.

5. 행정책임의 확대 경향

근래 기술과 사회구조의 급변은 앞으로 불확실한 위험의 시대가 도래할 것이

운 경우가 문제가 된다.

22) '대리인'(agent)과 달리 '청지기'(steward)는 단순한 계약관계가 아니라 주인과의 신뢰와 가치의 공유가 전제되어 있는 인간관계를 토대로 한 대행자로 이해할 수 있다.

라는 예측을 낳고 있으며 정부에게 이러한 위험에 대처할 책임이 강화될 것으로 여겨진다. 앞서 언급한 행정국가화로 인한 행정책임의 영역 확장과 함께, 새로운 위험에 대응할 책임이 정부의 책임 영역을 더욱 확장할 것으로 예견된다(김병섭·김정인, 2016). 전례 없던 위험의 발생은 정부에게 기술 발전 과정의 위험을 최소화할 책임, 사회 속 갈등을 조정하고 중재할 책임을 요구하게 된 것이다.

이러한 상황에서 국가가 지는 책임의 범위와 방식이 일반적인 상황의 과실책임으로는 불충분하며 업무 과실 이상으로 확장될 필요가 있다고 주장된다(연화준, 2016). 특히 환경 분야를 중심으로 이러한 주장이 부각되고 있는데, 예를 들어 특정한 개인의 과실 유무가 불확실해도 가해의 사실 있거나, 가해의 상황과 관련되었다면 적극적으로 국가책임을 인정해야 할 필요가 있다는 것이다. 이러한 무과실 책임(liability without fault) 원리는 자본주의 발전과 함께 기업에 대한 책임 논의에서 먼저 제기된 논리이다. 기업이 소비자에게 미친 위험과 피해에 대해 개인 간에 적용되는 엄격한 과실책임의 법리를 적용한다면 소비자에게 피해가 전가되거나 환경이 크게 훼손될 불합리한 가능성을 지적하고 기업 책임의 범위를 확장하기 위한 다양한 논리가 개발되어온 것이다. 이러한 흐름에서 기술과 환경 분야에서 등장한 새로운 위험은 직무상 발생된 과실책임의 법리를 넘어서서 사회적 유대에 근거하여 그러한 위험을 사회의 책임으로 전환해야 한다고 주장되는 것이다. 이광윤(2015)은 프랑스 사례를 기반으로 하여, 국가책임은 구조(rescue)로부터 유대로 변화하면서 책임제도가 진화해왔다고 설명한다. 사인이나 공법인에 의한 활동에 관계된 위험의 사회화는 세계적 현상이라고 지적하고 국가 공권력은 위험이 확대된 사회에서 중심적 역할을 해야 한다고 주장한다.[23)]

향후 정부에게 요구되는 책임의 본질, 범위, 방식에 관하여 근본적인 검토가 필요할 것이며 국가책임이 강하게 요구되는 상황을 구체화하여 행정책임이 사후적으로 업무 과실 이상의 영역을 포함할 수 있는가에 관한 구체적인 논리나 방식에 관한 숙고가 필요할 것이다.

---

23) 무과실 책임의 방식으로 제시되는 논리를 예시하면 보상책임(이익을 얻고 있는 곳에 책임), 위험책임(위험물 관리하는 곳에 책임), 결과책임(과정과 관계없이 결과에 책임), 원인책임(실질적으로 원인 제공한 곳에 책임, 정책실패 책임), 공평책임(손해에 대해 참여자 공평 분담, 연대배상) 등 다양하게 전개되고 있다.

제 3 장

행정통제의 원리와 유형

제1절 통제 원리와 유형

1. 전통적인 통제 유형론

행정통제의 목적은 행정책임을 확보하기 위한 것이며[1] 이를 실현하기 위한 구체적이고 다양한 수단들이 존재한다. 정부 관료제의 통제는 통제시점, 통제자, 통제대상, 통제수단 등을 기준으로 하여 여러 유형으로 구분될 수 있다(이광종, 2005: 163-164). 가장 일반적으로 활용되는 것은 통제의 주체와 적용방향에 따라 행정부의 외부에서 가해지는 외부통제(external control)와 행정부 내에서 자체적으로 가해지는 내부통제(internal control)로 나누어 설명하는 것이다(구자용, 1995; 이광종, 2005; 정우일, 2004). 그리고 외부통제/내부통제의 구분과 더불어 최근에는 통제의 시점을 기준으로 사전통제('before-the-fact' control)와 사후통제('after-the-fact' control)로 구분하는 방식도 널리 사용되고 있으며(Thompson, 1993), 공식적 통제(formal control)와 비공식적 통제(informal control)로 나누는 방식도 많이 취해지고 있다(Jaworski, 1988).

외부통제는 정부 관료제 외부의 각종 기관 -의회, 사법기관, 중앙감사기관, 옴부즈만, 이익단체, NGOs 등-에 의한 통제를 말하며, 내부통제는 정부 관료제 내부의 각종 법규·관리절차·구조 등에 의한 공식적 규제, 계층제상의 상층부에 의한 리더십, 윤리적 책임의식의 내재화 등을 활용한 통제를 말한다.[2] 사전통제는 사업집행 전에 감독기관의 승인이나 사전 지정 등이 행해지는 경우이며, 사후통제는 사업집행 후에 활동이 정책에 부합했는지, 규칙을 준수했는지 등을 점검하는 것을 말한다(OECD정부혁신아시아센터, 2006: 118; 구자용, 1995: 42-43). 공식

---

1) 박홍식(2016)은 한국 행정책임 연구 경향을 분석하면서 행정통제를 객관적 책임을 확보하기 위한 수단으로 정의한 바 있다. 행정책임을 주관적 책임과 객관적 책임으로 분류하고 주관적 책임은 공직윤리와 공직부패를, 객관적 책임에서는 행정통제를 포함하는 것으로 정리하였다.

2) Gormley(1989)는 이러한 외부통제/내부통제를 다시 관료제의 재량행위 정도에 영향을 미치는 통제의 강도에 따라 강제적 통제(coercive control: muscles), 강권적 통제(hortatory control: jawboning), 촉매적 통제(catalytic control: prayers)의 셋으로 구분한 후, 각 통제방식의 효과성을 제고할 수 있는 조건을 모색하였다. 여기서 'Muscles'는 모종의 권력의 사용을 의미하며, 권력은 적절한 행동을 하도록 강요하고 나쁜 행동에는 벌을 가하는 법적·정치적 수단을 사용하는 것을 의미한다. 'Prayers'는 관료에 대한 도덕적 설득이나 관료들이 적절하게 행동하도록 긍정적인 인센티브를 발전시키는 것을 의미한다. 'Jawboning'은 통제의 강도에 있어 Muscles와 Prayers의 중간에 위치한 통제방식을 말한다.

적 통제는 관리자가 주도하여 조직구성원이나 집단이 조직의 표명된 목표달성에 부합되는 방향으로 행동하도록 영향을 미치는 문서화된 통제기제를 말하고, 비공식적 통제는 대개 조직구성원이 주도하여 조직 내의 개인이나 집단의 행위에 영향을 미치는 문서화되지 않은 통제기제(문화적 통제, 사회적 통제, 전문적 통제 등)를 일컫는다(정윤길, 2002: 43-44).

내부통제와 외부통제, 사전통제와 사후통제, 그리고 공식적 통제와 비공식적 통제의 세 분류방식 중 두 개를 택하여 이를 교차시키면 네 개의 분면을 지닌 유형론이 몇 가지 형태로 생성될 수 있다. 예를 들어 '내부/외부'와 '사전/사후'를 교차시키면 사전적 외부통제, 사전적 내부통제, 사후적 외부통제, 사후적 내부통제의 네 가지 가능성이 나타난다(그림 3-1). '사전적 외부통제'는 의회 등 정부 관료제 외부기관에 의해 행해지는 사업 집행 전의 입법 · 승인 등의 정당화 과정과 각종 이익단체와 공익단체에 의한 영향력 행사 등이며, '사전적 내부통제'는 정부 관료제 내에서 사업집행 전에 수행되는 공식적 승인과정과 비공식적 사회화 과정을 말한다. '사후적 외부통제'에는 사업 집행 후에 의회, 사법기관, 감사기관, 옴부즈만, 각종 단체 등에 의한 감사와 평가행위가 포함되며, '사후적 내부통제'는 사업 집행 후에 관료제 내부적으로 수행되는 평가와 조사행위를 말한다.

[그림 3-1] 통제 유형1: 내부 · 외부 및 사전 · 사후 기준의 교차

		통제의 시점	
		사전통제	사후통제
통제의 주체	외부통제	사전적 외부통제	사후적 외부통제
	내부통제	사전적 내부통제	사후적 내부통제

한편 '내부 · 외부통제'라는 보편적 기준에 추가적으로 다른 기준을 교차시키면 위의 네 형태와 구분되는 유형론이 생성될 수 있다. 예컨대 Burke(1987)는 '정책집행 과정에 대한 통제능력'이라는 기준을 교차시켰다(그림 3-2). '강력한 외부통제'(차원 I)는 외부기관이 존재하며 그 기관이 정책과정에 대해 통제하는 정도가 강력한 경우로서, 전형적인 공식적 · 법적 책임이 강조되는 경우이다. 반면 '약한 외부통제'(차원II)는 외부기관이 존재하나 그 기관에 의한 정책과정 통제가 강력하지 못한 경우이다. '강력한 내부통제'(차원III)는 통제의 근원이 관료제 내부

에 있으며, 이 내부통제의 힘이 강력한 경우로서 특히 행정 관료들의 전문성이 높은 경우에 두드러진다. '약한 내부통제'(차원Ⅳ)는 통제의 근원이 관료제 내부에 있으나, 통제의 힘이 상대적으로 약한 경우로서, 일선 관료의 재량권 행사가 확장된 경우가 대표적이다(유훈, 1988: 170-172).

[그림 3-2] 통제 유형2: 내부 · 외부 및 '통제능력'의 교차

		정책집행 과정에 대한 통제능력	
		강함	약함
통제의 주체	외부통제	Ⅰ	Ⅱ
	내부통제	Ⅲ	Ⅳ

자료: 유훈(1988: 170).

또한 Kearns(1994)는 '피통제기관의 반응' -수동적(reactive) 반응과 능동적(proactive) 반응-을 기준으로 제시했고, 박치성 · 조성한(2011)은 이 기준을 피통제기관의 성과에 관한 '내부 · 외부통제'와 교차시켜 네 가지 가능성을 제시했다(그림 2-5). 이 네 가지 가능성은 다음과 같이 재해석될 수 있다. '순응적 책임성'은 명료하고 강력한 외부통제 기준에 대해 피통제기관이 수동적으로 반응하는 것이고, '협상적 책임성'은 외부통제 기준이 불명료한 조건 하에서 내부통제 기준의 형성에 피통제기관의 재량이 발휘되지만 설정된 통제기준에 대한 기관의 반응은 수동적인 경우이다. '전문적 책임성'은 위의 조건 하에서 내부통제 기준의 형성에 피통제기관의 재량이 발휘됨은 물론 설정된 통제기준에 대한 해석과 적용에도 기관의 전문적인 판단이 중요시되는 경우이다. 마지막으로 '포지셔닝 책임성'은 명료하고 강력한 외부통제 기준에 대해 피통제기관이 가장 적합한 형태의 성과기준 내지 조직운영절차에 조직을 위치시키기 위하여 주어진 기준들 내에서 조직의 위

[그림 3-3] 통제 유형3: 내부 · 외부 및 '피통제기관반응'의 교차

		피통제기관의 반응	
		수동적	능동적
통제의 주체	외부통제	순응적 책임성	포지셔닝 책임성
	내부통제	협상적 책임성	전문적 책임성

자료: Kearns(1994: 188) 및 박치성 · 조성한(2011: 178)에서 재구성.

치를 재구성하려고 노력하는 형태를 말한다.

2. 대안적인 통제 유형론

위와 같은 전통적인 통제기제 유형론의 장점은 정부 관료제 내부와 외부, 사업집행의 사전과 사후, 그리고 공식화(formalization)의 여부 등으로 구분하여 통제기제를 정리하는 간결성에 있다. 그러나 이 장점은 동시에 단점으로도 작용하여, 이 유형론을 통해서는 다양한 형태를 지닌 여러 통제기제를 보다 구체적이고 포괄적으로 파악하기에는 한계가 있다. 특히 1980년대 이후 시장기제의 도입을 포함하여 매우 다양해진 통제기제의 여러 형태들을 포괄하는 데 한계를 지닌다. 이러한 배경하에 관료제 통제기제의 유형을 정리하는 대안적인 노력이 나타나고 있는데, 여기서는 Peters(2000)와 Hood(1996; 1998)에 대해 검토한다.

Peters(2000: 299-346)는 전통적인 분류방식보다 많은 수의 범주를 제시함으로써 전통적 방식의 단순함을 극복하고 관료제 통제 수단들의 개별적 특징을 포착하고자 하였다. Peters가 정리한 범주들은 조직적 수단(공표, 내부규율), 시장기제 및 기타 외부적 통제, 집단 및 공적인 압력, 정치제도적 수단(의회, 정치적 집행부, 사법기관), 규범적 제약 등이다. '조직적 수단'은 정보공개 또는 자체감찰 수단 등을 통해서 행정 관료 스스로 자신들을 통제하도록 하는 방안이다. '시장기제 및 기타 외부적 통제'는 주로 민간부문에서 개발된 기제 -경쟁입찰(competitive bids), 준시장(quasi-markets) 등-를 관료제 통제수단으로 활용하는 방안이다. '집단 및 공적인 압력'은 각종 압력집단(이익집단, NGOs)의 활동과 여론을 통한 관료제 통제 방안이며, '정치제도적 수단'은 의회, 정치적 집행부, 사법기관 등의 정치적 기관(institutions)을 통한 관료제 통제 방안이고, 마지막으로 '규범적 제약'은 책임의식의 내재화를 통한 관료제 통제 방안을 말한다. Peters의 유형론은 개별 통제수단들의 특징을 포착하여 이를 여러 범주로 정리하는 데 강점이 있으나, 통제수단들을 유형화하는 논리적 기준(rationale)이 결여되어 있는 약점을 지닌다.

[그림 3-4] Peters의 통제 유형

유형	내용
조직적 수단	정보공개, 내부규율, 자체감찰 수단 등
시장기제 및 기타 외부적 통제	경쟁입찰, 준시장 등
집단 및 공적인 압력	각종 압력집단의 활동과 여론 등
정치제도적 수단	의회, 정치적 집행부, 사법기관 등
규범적 제약	책임의식 내재화 등

Hood(1996; 1998)는 Grid-Group 문화이론[3]에 토대를 두고, 관료제 통제 기제의 원형을 감독(oversight or review), 경쟁(competition), 상호성(mutuality), 비항상성(conrtrived randomness)의 넷으로 정리하였다(주재현, 2009: 53-55).

'감독'은 관료제 내·외의 기관이나 행위자들에 의한 공식적 감사·검사·평가 등에 의해서 조직과 조직인을 통제하는 것으로서, 특정의 사람 또는 기관들에게 관료제와 그 구성원의 행동을 감시·조사·평가하고 그들에게 명령을 내릴 수 있는 권한을 부여하는 통제기제를 말한다. 관료제 내부의 경우에는 권위의 계층제 상에서 통제 대상자의 상위에 있는 개별 인사가 통제권을 부여받거나, 특정 기관이나 부서가 통제 대상자와 그들의 조직에 대한 감찰·조사권을 부여받는다. 관료제 외부에서 통제권을 행사하는 기관들로는 의회, 법원, 심판소, 독립적인 회계기관이나 조사기관, 상위 행정기관, 시민단체 또는 국제기구 등을 들 수 있다. 내·외부 감독자의 감찰·조사·평가의 내용에는 규정준수 여부, 재무감사, 업무성과 평가, 생산되는 서비스의 질적 수준 평가 등이 포함된다.

'경쟁'은 경합(rivalry)의 유도를 통해 행정 관료와 관료제를 통제하는 방식을 말한다. 사적 재화와 서비스를 생산·소비하는 시장에서와 마찬가지로 공적인 성격을 지닌 재화와 서비스에 있어서도 경쟁기제를 활용하고, 서비스 생산자가 소

3) Grid-Group 문화이론은 '격자'(grid)와 '집단'(group)이라는 기준을 적용하여 네 개의 문화유형 - 개인주의(individualism), 계층주의(hierarchy), 평등주의(egalitarianism), 운명주의(fatalism) -을 제시한다. 위의 네 통제기제 중 '경쟁'은 개인주의(low grid, low group), '감독'은 계층주의(high grid, high group), '상호성'은 평등주의(low grid, high group), '비항상성'은 운명주의(high grid, low group)에 해당하는 공공조직 통제 형태이다. Grid-Group 문화이론에 대해서는 Douglas & Wildavsky(1982), Thompson *et al.*(1990), Schwarz & Thompson(1990), 박종민 편(2002) 등을 참조. 이 문화이론을 활용한 행정개혁 유형론의 제시는 Dunleavy & Hood(1994)를 참조.

비자인 시민들에게 더 반응적이 되도록 해야, 효과적으로 책임성을 확보할 수 있다는 논리이다. 또한 경쟁기제를 통해 비용을 줄이고, 서비스의 질을 높이며, 권력의 집중을 피할 수 있으리라고 본다. 행정조직 내에서 사용되는 경쟁기제에는 선발과 승진 외에도, 조직외부 인사에 대한 공직의 개방과 경쟁, 개인 및 작업단위간의 경쟁을 통한 급여의 차별 인정(성과급) 등을 들 수 있다. 경쟁기제는 조직 내에 적용되는 것을 넘어서서 공공기관간의 경쟁, 공공기관과 민간기관 간의 경쟁을 통한 공공서비스의 질적 향상 노력으로 나아간다. 이는 공공서비스 제공을 담당할 주체의 경쟁적 선정이나 고객을 유치하기 위한 기관간 또는 부서간의 경쟁을 의미한다.

'상호성'은 조직 또는 사회 내의 공식·비공식 집단과정과 압력을 통해서 행정 관료와 관료제를 통제하는 방식이다. 조직 내의 집단과정이란 집단구성원 상호간의 자율적이고 지속적인 감독·평가·협조를 관료(제) 통제의 핵심요소로 삼는 것이다. '감독'이 주로 조직 내의 상부로부터 가해지는 압력을 의미하는 반면, '상호성'은 대체로 수평적인 수준에서 행해지는 압력(horizontal influence)에 해당한다. 즉 상급자에 대한 책임이라기보다는 동료 집단에 대한 자율적인 책임(peer-group accountability)을 의미한다.[4] 사회 내의 집단과정은 사회일반으로부터의 관료(제) 통제로서, 관료제와 시민 간의 대면적인 집단 상호작용과 네트워킹을 최대화하여 관료제와 시민간의 차이를 해소하는 것이다. 이는 '분권화된 공동체 자치정부' 개념과 '공동생산' 개념, 그리고 '대표관료제' 개념 등과 연결된다. '상호성'은 특히 사회의 응집성(social cohesion)이나 공동체 의식의 회복을 통해 관료제 내·외의 참여를 조장하는 관료제 통제기제이다.

'비항상성'은 조직의 운영방식에 대한 예측가능성을 낮춤으로써 관료(제)를 통제하는 방식이다. 이 통제기제는 관료들이 여타 조직구성원 또는 자신의 고객과 과도한 친밀감을 형성하여 부패한 동맹관계를 구축할 수 있는 기회와 동기를 제한하려는 의도 하에 운용된다. '비항상성' 관점을 반영하고 있는 통제수단의 예로는 잦은 전보체계, 연고 없는 지역으로의 배치, 예정되지 않은 점검, 절차의 가변성과 유동성, 무작위추출방식에 의한 배심원 또는 감사의 선정 등을 들 수 있다.

4) 이는 '공무원 윤리의식의 내재화'라는 전통적 관점을 포괄한다.

[그림 3-5] Hood의 통제 유형

유형	내용
감독	관료제 내부 및 외부의 공식적 감사 · 검사 · 평가 등
경쟁	개인간, 조직간, 부문간 경합의 유도
상호성	공식 · 비공식 집단과정과 압력 활용. 수평적 수준에서 행해지는 압력
비항상성	전보, 불시점검, 무작위추출된 감사 등 운영방식의 불규칙성 부여

Hood의 관료제 통제기제 유형론은 Grid-Group 문화이론이라는 논리적 · 이론적 근거를 토대로 하고 있으며, 계층제 · 시장 · 네트워크라는 세 개의 거버넌스 형태(Thompson *et al.*, 1991; 김근세 외, 2005; 유재원 · 이승모, 2008; 주재현, 2012)에 조응하는 통제기제들(감독 · 경쟁 · 상호성)을 포함하고 있다. 따라서 명령과 통제, 시장기제, 자발적 협약 등 일반적으로 논의되는 다양한 정책수단들을 포괄할 수 있을 뿐 아니라, 예측가능한 합리성의 영역을 넘어서는 불규칙적 수단(비항상성)까지 포괄할 수 있는 장점이 있다. 그러나 '감독' 기제가 여타 기제들에 비해 상대적으로 그 영역이 포괄적임에 따라, 감독 기제에 속하는 여러 하위 수단들을 세부적으로 보지 못하는 한계를 지닌다. 또한 현실세계에 존재하는 실제 통제수단들은 여러 통제기제의 요소를 복합적으로 지니고 있어, 이를 포착하기 위해서는 네 개의 원형(prototype)이 아니라, 관료제 통제의 원형적 요소가 둘 이상 포함된 혼합형(hybrid forms)을 적용해야 한다(Hood & James, 1997; Hood *et al.*, 2004; Park & Joo, 2010).

제2절 이 책의 유형론

이 책에서는 관료제 통제수단에 관한 전통적인 유형론과 상대적으로 새로운 대안적 유형론의 장점들을 수용하면서, 현재 존재하고 있는 다양한 관료제 통제수단들을 폭넓게 포괄할 수 있는 유형론을 제시하고, 이를 토대로 5장 이하의 논의를 전개한다. 이 책에서 제시하고자 하는 유형론은 공직자의 기회주의적 행태를 재량행위의 영역에서 어떻게 통제할 것인지를 기반으로 관료제 통제기제들을 정리한다.[5)]

구체적 행위자로서의 개별 관료와 관료조직을 분석의 출발점으로 삼는다. 사회과학의 대상이 되는 사회현상은 결국 구체적인 행위자들(개인, 개별집단이나 조직 등)의 행동을 통해 형성되는 것이므로, 사회과학자들은 행위자를 분석의 대상으로 삼게 된다. 그러나 행위자들은 진공 속에 처해 있는 것이 아니며, 자신들이 속해 있는 맥락과 환경의 제한 하에서 행동한다. 그들의 행동은 그들이 처해 있는 맥락·환경·구조와 함께 검토할 때 그 의미가 드러난다. 나아가 그들은 일방적으로 맥락·환경·구조의 영향을 받기만 하는 것이 아니라 자신의 행동을 통해서 맥락·환경·구조를 변화시키기도 한다(Giddens, 1984; Thelen & Steinmo, 1992; 김용학, 1992).

행정현상을 대상으로 하는 이 저술은 따라서 구체적 행위자인 행정 관료와 관료조직을 논의의 출발점으로 삼으며, 그들이 속해 있는 환경 -각 행정국가의 제도와 문화- 의 의미에 주목한다. 무엇보다도 행위자인 관료와 관료조직에 대해서 이 책은 기본적으로 그들이 자신의 이익을 추구하는 성향에 더 주목한다.[6] 이 경우 '기회주의'(opportunism) 개념을 적용할 수 있는데, 기회주의란 행정과정 상의 행위자가 자신이 처해 있는 조건과 상황을 활용하여 자기이익을 추구하는 방향으로 행동하는 것을 의미한다(*cf.* Hood, 1986; Williamson, 1975). 앞서 제기되었던 대리인 이론의 용어를 사용하면, 비대칭적인 정보 상황에서 더 많은 정보를 가지고 있는 대리인이 이러한 기회를 자신에게 유리하도록 이용해보려는 유혹을 갖는데, 이를 '기회주의적' 속성이라고 부르며, 이는 자신의 이익을 극대화하려는 행위자의 합리성 가정에 토대를 두고 있다(권순만·김난도, 1995: 79).

한편 이미 살펴본 대로 행정국가화의 진행과 더불어 정부 관료제의 권한이 확대·강화되었으며, 이는 공무원의 재량권 확대를 가져왔다. 일반적으로 '재량'(discretion)은 여러 가지 대안 중에서 어느 하나를 선택할 자유를 가지는 것을

---

5) Hood의 초창기 논의(Hood, 1986)와 박천오·주재현(2006)의 논의를 발전시키고 체계화한 것이다.

6) 이러한 입장은 인간의 본성에 대한 공공선택론(public choice theory)의 가정에 영향을 받은 것이다. 그러나 모든 관료가 모든 경우에 있어 단선적으로 자신의 미시적인 이익추구에만 몰두한다는 가정은 오히려 비현실적이다(*cf.* 김태은, 2012). 이러한 점에서 고전적인 다원주의(pluralism)의 접근방식은 주목을 요한다. 즉 고전적인 다원론자들은 관료와 관료조직이 자신들의 이익을 추구한다는 가정을 폭넓게 받아들이고 있으나, 그들은 관료와 관료조직이 공익지향적으로 행위할 수 있다는 가능성도 열어두고 있다. 관료와 관료조직의 특성에 대한 좀 더 자세한 논의는 제3장을 참조.

말하며(Davis, 1969: 4), 따라서 '행정재량'은 행정 관료가 행정행위를 함에 있어 여러 가지 대안 중에서 하나를 선택할 수 있는 행동의 자유를 의미한다(이영조, 1996: 676).

행정의 재량을 바라보는 시각은 크게 두 가지로 구분될 수 있다. 공직자의 재량을 '통제해야 할 권력'이라는 점을 강조하는 시각과 '활용할 자원'이라는 점을 강조하는 시각이다. '통제해야 할 권력' 관점은 선출되지 않은 공직자가 다루는 공적 재원과 정보 등이 그들의 사익 추구를 위해 전용될 것을 우려한다. 따라서 부정부패하지 않고 효율적인 행정 추진을 위해서 재량행위 및 재량영역을 감독 및 제약하는 방식에 초점을 둔다. 이에 비해 '활용할 자원' 관점은 공직자의 재량을 통해서 제도의 사각지대를 찾거나 문제 구조와 관행을 해결하는 등 정부 성과를 높여줄 가능성에 큰 기대를 보인다. 이 시각에서는 효과적인 행정 추진을 위해서 재량은 활용해야 할 하나의 자원이므로 경쟁하고 촉진하며 보상하는 방식에 초점을 둔다.

전통적인 관점과 같이 재량을 '통제해야 할 권력'으로 본다면 관료 권력화를 견제하고 기회주의와 부패 행태 등 사익 추구를 통제할 수 있는 통제 방안이 마련되어야 하며, 대안적 관점에서 제시하듯이 재량을 '활용할 자원'으로 본다면 국민의 요구를 직접 대응하고 대변하며 조직화되지 않은 행정수요를 발굴할 수 있는 공직자의 재량 활용과 촉진 방안이 마련되어야 한다.

Linder(1978: 182)는 책임을 묻는 것은 재량과 관련된 편견에 대한 대응이라고 표현한 바 있으며, Romek & Dubnick(1987)도 책임성은 다양한 사회의 기대에 대응하는 것이라고 본다. 즉 공무원이 가질 수밖에 없는 재량으로 인하여 사회는 기대와 의심을 갖게 되므로, 공무원의 재량 활용은 이를 만족시키거나 정당화될 필요가 발생하는 것이다. 책임성에 관한 정의 역시, 행정재량의 활용에 관한 기대를 만족시키는 것 혹은 재량의 정당화라고 할 수 있을 것이다(Stone, 1995).

복잡화 · 다양화 · 전문화로 특징지어지는 현대 사회에서는 시민과 선출직 공무원들보다 높은 전문성과 정보를 지닌 행정 공무원들의 재량행위 확대가 어느 정도 불가피하다.[7] 이 행정재량의 확대 자체가 문제가 되는 것은 아니다. 행정

7) 행정재량이 확대되는 구체적인 배경은 다음과 같다. 첫째, 현대사회에서 미래에 발생할 수 있는 모든 경우를 예측하여 이를 법규에 완벽하게 반영하는 것은 불가능하다. 둘째, 급변하는 현대사회에서 행정이 사회변동에 적극적으로 대처하고 신축성을 발휘하기 위해서는 재량의 확대가 필요가 있다. 셋째, 목표설정과 수단선택에 행정 관료의 기술적 · 전문적 지식과 정보를 좀 더 효

재량 확대를 통해서 더 좋은 서비스를 제공하고, 사회문제에 더 잘 대처하며, 국가와 사회의 관리와 유지에 더 나은 성과를 낸다면, 행정 재량의 확대는 오히려 바람직할 수 있다.

하지만 위에서 논의한 '기회주의'와 '행정 재량'이 혼합될 때 문제가 발생한다. 공무원들이 기회주의적으로 -자기이익을 추구하는 방향으로- 재량을 행사할 수 있다는 점이 문제가 된다. 공무원이 많은 재량을 행사할 수 있고 자기이익을 추구하는 성향(기회주의적 성향)이 강하다면, 관료와 관료조직을 통제하는 문제는 '기회주의적인 재량행위를 어떻게 관리할 것인가'의 쟁점으로 귀결된다. 그러므로 행정통제의 핵심은 행정의 재량이 기회주의적으로 활용되거나 오남용됨으로써 부정부패와 비능률을 낳고 민주주의를 침해할 가능성을 통제하는 것이라고 할 수 있다.

'기회주의적 속성을 가진 공무원에게 부여된 재량을 어떻게 통제할 것인가'에 대하여 이 책은 재량행위와 재량영역을 '감독', '제한', '활용', '이전'이라는 네 통제 유형으로 분류, 제시하였다(그림 3-6). 기회주의적 속성을 가진 관료의 재량을 관리하는 다음의 네 가지 통제 형태와 각각에 대한 간략한 설명은 다음과 같다.

[그림 3–6] 이 책의 통제유형론

유형		내용
I	재량행위의 다원적 감독	- 행정기관 내 · 외부 주체들의 감독, 견제 · 균형 원리의 적용 - 참여적 통제, 투명성 기반 중요
II	재량행위의 제약	- 공무원을 통한 공공서비스 제공에서 행정과정 및 절차 통제 강조
III	재량행위의 활용	- 공무원의 사익 추구와 공익 증진이 일치하도록 유인 기제 설계 - 경쟁과 보상, 결과 통제 강조
IV	재량영역의 이전	- 민간기관을 활용한 공공서비스 제공 - 행정권한의 위임 · 위탁

첫 번째 유형은 공무원의 기회주의와 재량행위의 발현 가능성을 인정하며 행정부 내 · 외의 다양한 행위 주체(예컨대 자체감사기구, 정치적 집행부, 의회, 사법기관, 압력단체 등)와 제도를 통해 재량행위가 기회주의적으로 사용되지 못하도록 감시 · 감독하는 통제 방안이다.

율적으로 사용할 수 있다(이영조, 1996: 678; 김순양, 2002: 294).

두 번째 유형은 공무원을 고용해서 공공서비스를 제공하는 방식을 택하되, 그들의 재량을 축소함으로써 '주인'의 뜻에 반하는 방향으로 재량이 행해지지 못하도록 행정과정과 절차를 제한하거나, 기회주의 성향이 상대적으로 낮은(공익추구 경향이 높은) 이들을 공직에 유치하고 지속적인 교육을 통해 공무원의 공익지향성을 강화함으로써 관료제의 책임성을 확보하는 통제의 유형이다.

앞의 두 형태가 공무원의 기회주의와 재량행위의 부정적 측면에 주목하고 이의 발현을 억제하거나 원천적으로 제한하는 데 주력하는 방안이라면, 세 번째 유형은 공무원의 기회주의와 재량행위의 발현 가능성을 인정하되, 오히려 이 기회주의와 재량행위가 궁극적으로 공익의 증진으로 귀결되도록 유도하는 통제방안이다. 정부 관료제 내·외에서 '경쟁'기제를 활용하는 것이 이 유형의 대표적인 접근방식이라 하겠다.[8)]

네 번째 유형은 공무원 직접고용 방식이 야기하는 재량과 기회주의의 문제를 원천적으로 제한하기 위해, 민간기관(기업 또는 비영리단체)을 활용해서 공공서비스의 생산과 제공을 수행하고자 하는 유형이다.

각 형태의 한계도 존재하는 데, 재량행위의 다원적 감독(유형Ⅰ)은 감독의 비용이 과다하게 들고 공직자를 대상화하므로 적극적인 행정에 대한 기대가 클 수 없다는 점이 한계가 될 수 있다. 재량행위의 제약(유형Ⅱ)에 해당하는 행정과정과 절차를 통한 통제(공식화 방식)는 오히려 경직되고 형식화된 행정을 낳을 우려가 크고, 윤리 규범의 강화 방식은 투여되는 노력에 비해 효과성에 대한 의문이 크고 장기간 소요된다는 어려움이 있다. 재량행위의 활용 유형(유형Ⅲ)에 해당하는 경쟁 기제는 한국 행정문화와 부적합할 가능성과 부작용이 제기될 수 있다. 재량 영역의 이전 유형(유형Ⅳ)에 해당하는 민간으로의 권한의 위임·위탁은 공공성 훼손 문제를 낳고 있으며 현실에서 민간위탁보다는 공영화 혹은 정부 직영에 대한 요구가 높은 영역이 있고 실제 민간위탁의 효율성이 높지 않다는 비판이 존재한다.

위의 네 형태 중 전통적인 행정통제 논의는 주로 첫 번째 유형에서 수행되었다. 행정부 내·외부의 여러 감독 수단들을 나열하고 검토하는 것이 종래의 주된

---

8) 예로서 성과급제도를 들 수 있다. 높은 급여를 받기 위해 노력하는 관료들의 자기이익 추구행위가 결과적으로 정부의 성과를 증진시키고 공익의 실현에 기여할 수 있다. 좀 더 자세한 내용은 제7장을 참조.

논의 형태였다.[9] 또한 그간 행정통제의 관점에서 충분히 검토되지 못했던 내용들(유형Ⅱ)을 동원하여 정부 관료제 통제기제를 재해석하고 그 의의를 토론하고자 한다. 더불어 여기서는 전통적인 행정통제 논의(유형Ⅰ)뿐 아니라, 그간 정부 개혁의 동향을 정부 관료제 통제의 의미에서 파악하고 해석하고자 한다(유형Ⅲ, Ⅳ).

이 책에서 제시하는 관료제 통제기제의 유형론은 행정 공무원의 행동 동기(또는 본성)와 그들이 처해 있는 환경에 대한 이해를 토대로 해서 통제수단들을 정리한다는 점에서, 그리고 이 통제수단들이 지닐 수 있는 강점과 한계에 대한 고찰을 시도한다는 점에서 행정통제에 대한 기존의 유형론보다 심도 있는 논의를 가능하게 할 것으로 기대된다.

이 책에서 전개되는 순서에 따라 관료제 통제기제의 유형과 각 유형에 해당하는 구체적인 방식을 정리한 것이 <표 3-1>이다. 이 외에도 각 유형에 해당할 다양한 통제방식이 존재할 것이나, 여기서는 우리에게 주로 활용되고 있는 제도적 통제방식을 중심으로 제시하였다.

재량행위의 다원적 감독 유형은 행정부 내부, 정부 내부, 정부 외부 차원으로 구분하고 각 차원에 해당하는 통제 주체와 방식이 가지는 특징, 현황 등을 살펴본다. 구체적으로 행정부 내부에서는 정치적 집행부에 의한 통제방식과 관리기관, 자체감사, 상사를 통한 통제방식을, 정부 내부에서는 옴부즈만, 최고감사기구, 사법기제, 입법부를 통한 통제방식을, 정부 외부에서는 압력단체, 언론 등을 통한 참여적 통제와 그 기반이 되는 투명성 제도를 검토하였다.

재량행위의 제약 유형은 윤리규범의 강화, 공식화 차원으로 구분하고 각 차원의 통제상 특징과 현황을 정리하였다. 윤리규범의 강화 차원에서는 공무원 선발과 교육을 중심으로 윤리중심의 인사관리, 윤리관련 법령들을, 공식화 차원에서는 행정업무의 표준화와 재량준칙의 정립을 통한 통제방식을 포함한다.

재량행위의 활용 유형은 경쟁기제를 원리로 한 성과중심 인사관리, 기관간 경쟁 유도 차원으로 구분하여 각 차원에 해당하는 통제방식의 특징과 현황 등을

---

9) 박홍식(2016)은 행정통제의 분류기준을 외부통제와 내부통제로 나누고 각각에 속하는 구체적인 방식을 제시하였는데, 외부통제로는 통제의 주체에 따라 시민통제, 입법부 및 사법부 통제, 옴부즈만제도, 시민단체 및 이익단체에 의한 통제, 기타 여론 및 대중매체에 의한 통제를 포함하였다. 내부통제로는 대통령, 국무총리, 기획재정부, 행정자치부에 의한 통제 유형, 중앙정부가 지방자치단체를 향한 중앙통제 유형, 각급 행정기관이 하급기관을 향한 자체감사 유형, 감사원과 같은 독립통제기관 유형으로 나누었다.

살펴본다. 성과중심 인사관리는 성과급제도, 고위공무원단제도, 개방형직위제도 등을, 기관간 경쟁유도는 공공부문 내부와 공공과 민간기관 간의 경쟁을 통한 행정통제 방식과 내용을 검토한다.

마지막으로 재량영역의 이전 유형은 정부 권한의 민간으로의 위임·위탁을 원리로 하는 민간위탁 차원을 중심으로 민간위탁(계약) 방식을 통한 행정통제의 의미와 조건 등을 살펴본다.

〈표 3-1〉 정부 관료제 통제의 유형과 방식

통제 유형	통제 주체 및 방식	
재량행위의 다원적 감독	행정부 내부	정치적 통제 – 정치적 집행부(선출직·정무직)에 의한 관료제 인사, 예산 등 통제
		관리적 통제 – 관리기관: 업무평가·자원배분권 가진 관리기관에 의한 행정기관 통제 – 자체감사: 각 행정기관 내부의 감사 – 상사: 인사평가·징계권을 가진 상급자에 의한 통제
	정부 내부	옴부즈만 – 의회·행정부에 의해 임명
		최고감사기구 – 감사원의 회계검사와 직무감찰
		사법기제 – 행정소송, 행정심판, 행정절차
		입법부 – 입법권, 재정권, 국정조사권
	정부 외부	참여적 통제 – 압력단체: 이익·공익단체의 영향력 행사 – 언론: 언론매체의 감시와 비판 – 전문가: 위원회 참여 등 – 일반시민: 각종 시민참여 제도
		투명성 통제 – 정보공개·청구, 정책실명제, 알고리즘 투명성
재량행위의 제약	공식화	규정 부여 – 행정업무의 표준화, 재량준칙 정립
	윤리 규범 강화	윤리중심의 인사관리 – 선발: 윤리의식 높은 공무원 선발 – 교육: 윤리교육 강화
		윤리의무의 법제도

		-윤리법령
재량행위의 활용	경쟁기제	성과중심의 인사관리 -성과급제도 -고위공무원단, 개방형직위·직위공모제, 책임운영기관
		기관 간 경쟁 유도 -공공부문 내, 공공-민간부문 간
재량영역의 이전	권한 위임·위탁	민간위탁 -민간조직으로 업무위탁하고 행정기관이 감독

제 4 장

관료와 관료조직에 대한 이해

이 장은 관료와 관료조직에 대한 이 책의 입장을 정리한다. 1절에서 연구의 접근방법에 대해 논의하는 데 행위자와 제도 간의 관계에 대한 방법론적 논의를 살펴본 후, 이를 정치·행정 현상의 네 가지 설명요인으로 발전시킨다. 2절에서는 현대 정치·행정연구의 주된 조류를 형성하고 있는 공공선택론(public choice theory)과 다원주의론(pluralism)의 패러다임을 토대로 행위자로서의 관료와 관료조직에 대한 이해를 제고한다.[1] 3절에서는 관료와 관료조직의 행태를 행정문화의 차원에서 접근하여 관료제 통제를 위한 개혁에서 선행되어야 할 한국 행정문화의 특징을 살펴보고 그 지속과 변화를 검토한다.

---

1) 후술하는 바와 같이 공공선택론은 정치·행정현상 분석에 경제학적 접근방법을 적용하는 연구경향을 통칭하는 용어이다. 따라서 공공선택론과 다원주의가 상호배타적으로 구분되는 정치·행정학상의 패러다임은 아니다. 공공선택론과 다원주의간에는 중첩되는 영역이 존재한다. 그러나 여기서는 상호배타성을 기준으로 하여 검토대상이 될 패러다임을 선정하기보다, 정치·행정연구에 대한 영향력을 준거로 해서 전통적인 주류 패러다임이라고 할 수 있는 다원주의와 최근 들어 그 영향력이 커지고 있는 공공선택론을 검토의 대상으로 선정하였다. 정치·행정학상의 여러 패러다임에 대해서는 Dunleavy & O'Leary(1987)와 정용덕(2001)을 참조할 것.

제1절 접근방법

1. 방법론적 논의

사회과학의 대상이 되는 사회현상은 구체적인 행위자(개인, 개별집단이나 조직 등)의 행동을 통해 형성된다. 그러나 행위자들은 진공 속에 처해 있는 것이 아니며, 자신들이 속해 있는 맥락과 환경의 제한 하에서 행동한다. 나아가 그들은 일방적으로 맥락·환경·구조의 영향을 받기만 하는 것이 아니라 자신의 행동을 통해서 맥락·환경·구조를 변화시키기도 한다. 여기서는 이러한 맥락·환경·구조를 제도(institutions) 개념으로 정리하고, 행위자와 제도간의 관계를 중심으로 논의한다.

먼저 행위자(actors)와 관련하여, 이 책은 엄밀한 의미의 방법론적 개체론(methodological individualism)의 입장에 서있지는 않다. 방법론적 개체론은 사회의 구조와 그것의 변화를 포함한 모든 사회현상이 원칙적으로 개인들의 특성·목표·신념 등을 통해서만 설명된다고 보는 학설을 말한다(Elster, 1982: 453). 엄밀한 의미의 방법론적 개체론은 개인들의 합리적 선택에만 관심을 집중하는 분석 및 설명전략으로서, 대표적인 용례는 게임이론에서 발견된다. 그러나 이 책은 생물학적 의미의 인간들만을 개체(individual)로 보는 것이 아니라, 집단(groups)과 기관(agencies)도 행위의 주체가 될 수 있는 개체로 인정한다. 따라서 이 책에서 분석과 논의의 기본 단위는 개별 인간들과 그들로 구성된 조직(집단, 기관)이 된다.[2] 이 인간 행위자들과 그들의 조직은 제도의 제약을 받고 있으나, 단지 '구조의 담지자'(the bearers of the structure)에 머무는 것이 아니라 자신들의 행위가 가져오는 결과 -의도했던 결과와 의도하지 않았던 결과 모두를 포함-를 통해서 구조를 재생산하고 변화시킬 수 있다(Lukes, 1977; Giddens, 1981: 161-174; Levi, 1988: appendix).

---

2) 조직과 그 조직구성원 간의 관계에서 주목해야 하는 사항은 조직과 조직구성원의 선호가 같지 않을 수 있다는 것이다. 특히 '합리적 인간' 개념을 전제로 한다면 집단 내에서는 자칫 집합행동의 문제(collective action problem)가 발생할 수 있으며(Olson, 1965), 또한 하위 집단들 간에 경쟁과 갈등 상황이 야기될 수 있다(Allison, 1971). 그러나 이 책에서 조직을 논의의 대상으로 하는 경우에는 기본적으로 조직들이 '단일의 행위자'(unitary actors)가 될 수 있음을 가정한다. 단 조직 내의 균열 가능성이 검토될 필요가 있을 경우에는 해당 부분에서 이에 대해 논의하도록 한다.

다음으로 제도(institutions) 개념에 대해 살펴본다. Hall(1986: 19)은 "정치 및 경제체제의 다양한 단위 내에 있는 개인 간의 관계에 틀을 형성하는 공식적 규칙, 운용절차, 그리고 표준화된 작동관행들"을 제도라고 정의했고, Thelen과 Steinmo(1992: 1992)는 "인간행위를 틀 짓는 공식적 조직과 비공식적 규칙과 절차"를 제도로 보았다. 또한 Dowding(1994: 108)은 제도란 곧 규칙으로서, 여기에는 인간행위를 규율하는 규범 · 관습 · 공동체의 윤리성 등이 포함된다고 한다. 한편 Ikenberry(1988: 226-229)는 제도의 수준을 제시했는데, 첫 번째 수준은 행정적 · 법적 · 규제적인 규칙들이며, 두 번째 수준은 국가내 권력의 집중과 분화의 형태이고, 세 번째 수준은 국가와 사회간의 관계를 규율하는 규범, 즉 한 국가의 규범적인 사회질서를 말한다.

이 책에서는 Ikenberry의 제도 수준 논의를 수정하여 3단계 제도 개념을 제시한다. 첫째 단계는 구체적인 조직으로서의 제도이다. 여기에는 이익집단, 정당, 정부기관, 입법기관, 사법기관 등이 포함된다.[3] 둘째 단계는 공식적인 규칙과 절차로서의 제도이다. 공식적 규칙과 절차는 헌정질서를 말하며 이는 행정적 · 법적 · 규제적인 규칙들을 포괄한다. 제도의 세 번째 단계는 비공식적 규칙과 절차로서 여기에는 관행, 규범 및 문화가 해당된다. 제도에 대한 이러한 단계론적 접근을 통해서 제도 개념을 보다 체계적으로 이해할 수 있다. 어떤 형태의 제도가 되었건 그 제도들이 가지고 있는 공통점은, 이러한 제도들이 행위자가 자신의 이해관계를 정의하고, 행위전략을 결정하고, 궁극적으로 행동을 수행하는 데 영향을 미친다는 것이고, 이 제도들은 인간의 행위의 결과로 인해 변화될 수 있다는 것이다(Thelen & Steinmo, 1992; Dowding, 1994; Wildavsky, 1987a).

2. 정치 · 행정 현상의 설명요인

이상의 방법론적 논의로부터 고려해야 할 지점은 정치 · 행정 현상을 설명하고 이해하기 위해서는 행위자의 동기와 그 행위자가 속해 있는 환경에 대해 알아야 한다는 것이다. 이러한 맥락에서, 정치 · 행정 현상의 설명요인은 행위자의 동기(신념, 이익)와 그 행위자의 환경(법 · 제도적 틀, 관행 · 규범 · 문화적 틀)으로

---

3) 조직 내의 인간을 행위자로 취급할 때, 조직은 제도의 역할을 수행하게 되지만, 위에서 논의한 바와 같이 조직 자체가 행위자로 설정될 수 있고, 이 경우에는 후술하는 둘째 및 셋째 단계의 제도가 행위자로서의 조직의 활동에 영향을 미치게 된다.

정리될 수 있다(Hood, 1994; 주재현, 2006).

먼저 행위자의 동기는 신념과 이익 추구로 구분된다. 신념은 바람직한 사회의 모습에 대해 정치·행정적 행위자들이 가지고 있는 가치관을 말하고, 이익은 그들의 사적인 이해관계를 의미한다. 부연하면 첫째, 행위자의 신념이 정치·행정현상의 주된 설명요인이 되는 경우이다. 여기서는 정치·행정과정에 참여하는 행위자들은 각자 추구하는 가치가 있으며, 이 가치를 실현하기 위해 행동하는 것으로 파악된다. 각 행동은 모두 나름의 논리적·실질적 근거를 지니고 있으며 행위자는 자신의 행위가 전제하는 가치를 실현하기 위해 노력하고, 결국 이 가치들이 정치·행정현상의 출현을 야기하는 설명요인이 된다는 것이다.

둘째, 행위자의 사적 이익 추구가 정치·행정현상의 주된 설명요인이 되는 경우이다. 이는 행위자의 행위 동기가 위에서 제시한 신념이 아니라, 겉으로 제시된 신념 뒤에 숨어 있는 이기심으로 파악한다. 인간 대부분은 일반적으로 자신의 이익을 실현하고자 하는 행위 동기를 지니고 있다는 것을 전제로 하는 논의라고 하겠다.

다음으로 행위자의 환경은 법·제도적 틀과 관행·규범·문화적 틀의 둘로 구분된다. 법·제도적 틀은 공식적인 규칙과 절차로서의 제도에 해당하고, 관행·규범·문화적 틀은 비공식적인 규칙과 절차로서의 제도에 해당한다. 구체적으로 보면 셋째, 법·제도적 틀이 행위자의 행동을 제약하고, 이것이 정치·행정현상의 주요 설명요인이 되는 경우이다. 이 경우 정치·행정적 행위자들의 행태가 법·제도적 환경에 따라 다르게 나타날 수 있다는 것이다. 따라서 법·제도적 환경의 변화에 대한 관찰을 통해서 정치·행정현상의 변화를 설명·이해할 수 있는 것으로 이해된다.

넷째, 법·제도적 틀을 넘어서는 비가시적 관행·규범·문화가 주된 설명요인이 될 수 있다는 입장이다. 물론 여기서도 이러한 비가시적 제도들이 정치·행정적 행위자들의 행태를 제약하고 규율할 수 있다고 본다. 그런데 주목할 사항은 이러한 비가시적 관행·규범·문화는 가시적인 법·제도에 비해 그 변화의 속도가 상대적으로 느리다는 점이다(*cf.* Thompson, Ellis, & Wildavsky, 1990). 따라서 여전히 지속되고 있는 관행·규범·문화로 인해 법·제도의 변화를 통해서 나타날 것으로 기대되는 행위자들의 행태 변화가 제약되는 상황이 야기될 수 있다(*cf.* 백완기, 2008).

이상의 네 설명요인들은 관료와 관료조직의 통제를 주제로 하는 이 책의 분석에 적용될 수 있다. 우선 행위자인 관료와 관료조직들의 행위 동기가 신념(가치관)인지 또는 사적 이익인지가 주된 관심사가 된다. 이 책은 이하의 2절에서 관료와 관료조직에 대한 주요 이론적 패러다임을 토대로 이 쟁점에 대해 살펴본다. 3절에서는 비가시적 제도 중 문화가 관료와 관료조직의 행태에 어떠한 영향을 미치는지를 한국 행정문화의 분석을 통해 살펴본다. 그리고 이후 5장~8장에서는 관료와 관료조직의 행태를 통제하기 위한 법 · 제도적 틀에 관하여 논의한다.

제2절 관료와 관료조직 이해의 두 가지 접근

1. 공공선택론의 이해

1) 공공선택론 개요

공공선택론은 '비시장의 의사결정에 대한 경제학적 연구', 즉 시장이 아닌 영역인 정치 · 행정 분야의 의사결정도 시장에서의 의사결정을 분석하는 도구를 사용하여 연구될 수 있다는 학문적 접근법을 말한다. 이때 유권자는 마치 소비자인 것처럼, 정치인 · 행정인은 마치 기업인인 것처럼, 그리고 정당은 마치 기업인 것처럼 간주된다. 다시 말해서 공공선택론은 경제학에서 가정하고 있는 인간에 대한 가정이나 분석 방법을 적용해서 정치학 · 행정학의 주제 -유권자, 정당, 정치인, 관료, 이익집단, 투표규칙 등-를 연구하는 일련의 시도를 의미한다(Mueller, 1979: 1-4; McLean, 1987: 1-2).

공공선택론은 방법론적 개체론의 입장을 채택하고 있으며, 인간에 대해 다음과 같은 가정을 하고 있다. 첫째, 인간은 합리적(rational)이다. 둘째, 인간은 편익의 극대화(marginal utility maximization)를 추구하며, 편익추구에 있어 지속성이 있어 예측을 가능하게 한다. 셋째, 사람들은 기본적으로 이기적(egoistic)이고 행동방안을 결정할 때 그 행동이 자신의 후생에 미칠 결과를 따져보고 결정한다(Dunleavy, 1991: 3).

합리적인 인간이란 자신이 직면한 선택지들을 일관성 있는 선호의 순서에 따라 배열할 수 있으며 그것 중에서 일관성 있는 선택을 할 수 있는 사람을 말한다.[4] '합리적'이라는 것이 바로 '자기이익 중심적'이라는 의미는 아니다. '합리적'

인지의 여부는 수단에 대해 논의하는 것이지 목적에 대해서 논의하는 것이 아니다. 즉 이기적인 인간이 이타적인 인간보다 더 합리적이라는 것은 아니다. 그러나 공공선택론은 대부분 사람은 예외적인 상황을 제외한 일반적인 경우에 있어 이기적으로 행동한다고 가정하며, 연구 대상 집단의 규모가 클수록 이 가정의 현실성이 높아진다고 본다(Dowding, 1991: 18; McLean, 1987: 3).[5]

공공선택론 내에는 두 가지 연구경향이 존재한다(Dunleavy, 1991: 1-2). 하나는 추상적인 모델링 작업을 추구하는 경향이고, 다른 하나는 응용지향적인 작업이다. 전자는 대수경제학 또는 고등 게임이론 등을 이용하여 개인이나 인간집단의 행태에 관한 분석을 시도한다. 그런데 이 연구경향은 전통적인 정치학·행정학·정책학의 연구주제와 잘 연결되지 못하는 문제점을 지니고 있다. 즉 일차원리들(또는 모형들)은 복잡한 현실을 생생하게 담아내기에는 너무 건조하게 되며, 반대로 복잡한 현실에서 출발하여 이를 일차원리들로 전환하려 하면 이 과정이 너무 복잡해져서 그 현실적인 유용성이 급격히 떨어져 버린다. 결국 이러한 일차원리적 분석은 정치·행정학도들에게 흥미 있는 예시나 주요한 통찰을 제시해주긴 하지만, 정치·행정학자들이 정치적 제도나 기관의 운영을 파악하는 방식을 바꾸지 못했으며 정치·행정체계 전반에 대한 대안적인 관점을 제시해주지 못했다.

반면 후자의 연구경향은 복잡한 일차원리적 분석방법을 사용하지 않거나 또는 그 방법에만 의지하지 않고, 자유민주주의 정치체계의 핵심적인 정치과정을 상대적으로 더 자세히 그리고 상당히 설득력 있게 기술하고 분석해냈다. 왜 사람들이 이익단체에 합류하는지, 유권자가 선거 시에 어떻게 정당을 선택하게 되는지, 의회나 위원회에서 어떻게 연립이 형성되는지, 관료제가 정책을 어떻게 만들게 되는지 등을 분석함으로써 학술적 연구뿐 아니라 현실 정책결정에도 상당한 영향을 끼쳤다.[6] 여기서는 이러한 연구 성과 및 경향을 '제도적 공공선택론'(institutional public choice theory)이라고 부르며, 본 저술의 주요 검토대상으로 한다.[7]

---

4) 각 개인은 비교적 잘 형성된 선호(preferences) 체계를 가지고 있으며, 이 선호의 순위를 매길 수 있고, 그 선호의 순위는 논리적으로 일관성이 있다.

5) 한계효용을 극대화한다는 것이 반드시 미시적·물질적인 자기이익만을 극대화한다는 것은 아니며, 공공선택론이 '자기이익 추구'라는 제한된 인간관에만 기반하고 있는 것은 아니다. 경우에 따라 자기가 아닌 타인의 이익에 대한 고려가 자신의 효용함수에 들어올 수도 있음을 인정한다. 그럼에도 불구하고 공공선택론은 인간이 기본적으로 자기이익의 극대화를 추구하는 존재라는 가정을 중심으로 한다.

6) 대표적인 학자들로 M. Olson, A. Downs, W. Niskanen, P. Dunleavy 등을 들 수 있다.

2) 관료 및 관료조직에 대한 공공선택론의 적용

공공선택론을 관료와 관료조직에 적용하면, 관료와 관료조직은 자신들의 이익 극대화를 추구하는 합리적인 존재로 이해된다. 물론 모든 행정 관료가 모든 경우에 완벽하게 자기 이익의 극대화를 추구한다고 주장하기는 어렵다(*cf.* 김태은, 2012). 어떤 관료들은 공익을 자신의 사적 이익에 앞세우며, 또 자신의 이익을 추구하는 이들도 때에 따라 이타적으로 행동할 수 있다. 특히 개별 관료의 사적인 이익추구 행위가 공익의 달성과 충돌하지 않거나 공익의 충족에 기여하는 경우에는 문제가 되지 않는다. 그러나 사적인 이익의 추구와 공익의 충족이 충돌하는 상황은 문제가 된다. 이러한 경우에, 공공선택론은 관료와 관료조직이 자신들의 이익을 앞세우는 방향으로 행동할 수 있음을 인정하고 논의를 전개한다. 아래에서는 대표적인 제도적 공공선택론자인 Niskanen(1971)과 Dunleavy(1991)의 관료와 관료조직에 대한 분석을 검토한다.

(1) Niskanen의 예산극대화 모형

Niskanen의 출발점은 관료들의 개인적인 선호에 대한 질문, "관료들은 무엇을 극대화하기 위해 노력하는가?"라는 의문의 제기이다. Niskanen은 관료들도 다른 경제주체들과 마찬가지로 자신의 개인적인 효용의 극대화를 추구할 것으로 가정했다(전상경, 2000: 139).

Niskanen에 따르면 민간기업과 정부기관 간의 중요한 차이는 관리자가 무엇을 극대화하고자 하는 데 있다. 민간기업에서는 관리자의 수입이 기업의 이윤과 연계되어 있으므로 이윤을 증대시키고자 한다. 그러나 이윤을 추구하지 않는 정부기관에서는 관료의 후생이 그들 기관의 예산 크기에 더 연결된 것으로 볼 수 있다(김성준, 2012: 178). 예산의 증대를 통해 조직구성원의 수를 증가시킬 수 있으며, 이는 기존 관료들의 승진 전망을 밝게 한다. 또한 증대된 예산을 통해 해당 기관이 제공할 서비스에 대한 외적인 수요를 충족 및 확장할 수 있고, 이를

7) 제도적 공공선택론은 강력한 보수주의 정치인들(대처, 레이건)을 위해 정책안을 만들었던 지식인이나 압력단체에 의해 열정적으로 채택되었다. 따라서 공공선택론이 보수주의적인 편향을 지닌다는 오해가 있다. 그러나 공공선택론의 분석 방법이 태생적으로 보수주의적인 이념적 가치(특히 신우익: the New Right)를 지니는 것은 아니다. 후술할 Downs나 Dunleavy는 각각 다원주의와 엘리트이론의 계보로 파악될 수 있으며, 그 밖에도 신맑스주의자로 분류되는 Offe & Wiesenthal(1985)이나 Przeworski(1985)도 공공선택론의 분석 방법을 사용한 바 있다.

통해 관료 자신들의 권력과 위신을 높일 수 있다. 나아가 충분한 예산은 기관의 운영을 더 원활하게 하며, 사적인 이익과 선호를 만족시키는 데 자원을 전용할 수 있게 한다(예컨대, 집무 환경의 개선 등). 따라서 모든 정부 관료의 중심적인 목적은 자기가 속한 기관의 예산을 극대화하는 것이 된다(Dunleavy & O'Leary, 1987: 114).[8)]

각 기관이 자신의 활동에 관한 세밀하고 구체적인 지식과 정보를 독점하고 있기 때문에 그들은 의회나 예산담당 부처와의 협상에서 더 유리한 위치에 있게 된다. 나아가 각 기관의 예산을 감독하고 규제해야 할 의회의 관련 상임위원회나 그 기관의 장(장관 등의 정치인)은 해당 기관에 호의적이다. 왜냐하면 각 상임위원회를 구성하는 의원은 해당 기관의 업무 분야와 밀접한 관련을 지닌 이들 중에서 나오기가 쉬우며,[9)] 그들이 해당 분야에 정부지출이 더 많아지기를 희망하는 것은 자연스러운 일이 되기 때문이다. 또한 각 기관의 장이 정치인인 경우, 예산 증대를 원하는 로비 여부에 상관없이 자신이 책임자로 있는 기관의 예산을 삭감하는 것은 자신에게 도움이 되지 않는다. 예산획득 경쟁에서 해당 기관이 열세에 처하는 것이 자신의 정치적 입지에 도움이 되지 않기 때문에, 그들은 예산의 증대를 견제하고자 하는 적극적인 의지를 지니기 어렵다(Dunleavy & O'Leary, 1987: 115-116).

이러한 조건들 하에서, 정부 관료제는 정책 산출물을 과도하게 생산하고 제공하게 된다(over-supply thesis). 즉 관료들은 '낭비'(waste)의 영역을 만들어내며, 이는 기관이 하고 있는 일의 사회적 가치가 그 기능을 수행하는 데 드는 비용보다 적게 되는 상태를 말한다. 이 '과잉공급 명제'의 이론적인 기반을 그림으로 설명하면 다음과 같다(그림 4-1).

여기서 한계비용(marginal cost)은 기관이 추가적으로 한 단위의 산출물을 더 생산하는 데 드는 비용을 말한다. 예를 들어 경찰관이 없던 지역에 경찰관을 1명씩 추가로 배치하는 데 드는 비용(경찰관 선발·교육·유지비용, 경찰 시설운영비용

---

8) 후술할 다원주의 계열에서는 고위직 관료들의 보수성(안정된 공직생활에 대한 욕구, 즉 안정된 생활을 방해하는 경험을 피하고자 할 것이라는 점)으로 인해 예산극대화 경향이 상쇄될 것이라고 보지만, 신자유주의자들은 고위직 관료들이 언제 어디서나 가능한 최대의 예산을 얻고자 할 것이라고 본다(김성준, 2012: 179).

9) 예를 들어 농림위원회는 농업지역 출신 의원이, 에너지위원회는 석유산업 관련 지역이나 전문가 출신 의원이 다수를 구성하게 된다.

등)이 한계비용에 해당한다. 이 한계비용 곡선은 상승/하강하거나 또는 일직선을 유지할 수도 있지만,[10] 실질적인 분석결과는 어떤 경우이건 마찬가지이다. 여기서는 이해의 편의를 위해 한계비용 곡선이 일직선을 유지하는 것으로 설정한다.

[그림 4-1] Niskanen의 과잉공급 명제

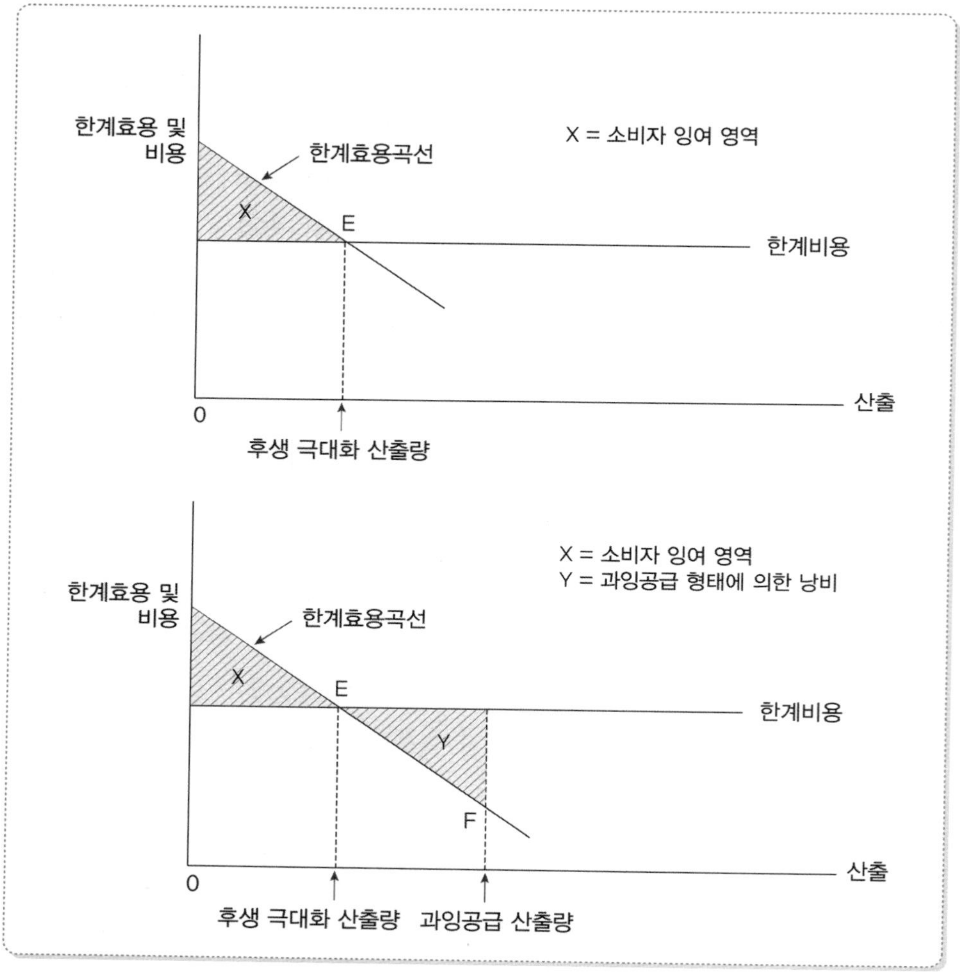

자료: Dunleavy & O'Leary(1987: 118).

10) 한계비용 곡선이 상승한다는 것은 경찰관 1인을 추가적으로 배치하는 데 드는 비용이 점차 늘어난다는 것이고, 하강한다는 것은 경찰관 1인을 추가적으로 배치하는 데 드는 비용이 점차 줄어든다는 것이며, 일직선을 유지한다는 것은 비용에 변화가 없다는 의미이다.

한계효용(marginal benefit)은 추가적으로 한 단위의 산출물을 더 생산해냈을 때 그것이 사회 또는 정부기관에 지원을 해주는 주체에 주는 편익을 말한다. 한계효용은 하강곡선을 그리는데, 그 의미는 한 단위의 추가적인 산출이 있을 때마다 그 편익이 감소한다는 것이다(한계효용 체감의 법칙). 위의 경찰관의 예를 들어 설명하면, 경찰관이 전혀 없던 지역에 새로 경찰관 1인이 배치되면 그 경찰관이 존재하고 활동함으로써 일정 정도의 편익이 해당 지역사회에 발생하게 된다. 그런데 두 번째 경찰관이 추가적으로 배치될 경우, 그 두 번째 경찰관이 발생시키는 편익의 정도는 첫 번째 경찰관이 발생시킨 편익보다는 작게 된다는 것이다. 세 번째 경찰관이 배치될 경우의 편익은 두 번째 경찰관의 그것보다 작게 되고, 이러한 패턴은 이후의 경찰관들에서도 마찬가지가 된다는 것이다.

만약 한 정부기관이 사회적 후생을 극대화하는 방향으로 행동한다면, 그 기관은 E점에 이르기까지만 공공서비스의 산출을 지속할 것이다. 그렇게 되면 X(소비자잉여: consumers' surplus)만큼의 순편익 증가 -사용된 예산을 넘어서는 사회의 편익-가 있게 된다. 그러나 Niskanen에 따르면 정부 관료제는 예산을 극대화하고 산출물을 과잉공급하기 때문에 관료들은 산출을 F점까지 밀고 가게 된다. 이렇게 되면 후생의 편익증가분(X로 표시된 소비자잉여) 모두가 증대된 예산집행(Y로 표시된 '낭비')에 의해 상쇄될 것이다. 결과적으로 정부기관은 완벽한 경쟁적 시장에서 작동하는 민간기업이 생산하는 것보다 최대 두 배만큼 더 생산할 것으로 예측할 수 있다. 모든 기관이 같은 방식으로 행동할 것으로 전제되기 때문에 공공부문의 크기(조세금액)는 사회적인 최적 수준의 두 배에까지 이를 수 있게 된다(Dunleavy & O'Leary, 1987: 117-119; 전상경, 2000: 143).

이에 관료들의 예산극대화 노력에 가해지는 실질적인 제약은 정부 기관의 규모와 활동의 증가에 의해서 사회의 후생이 부(-)의 상태가 되는 상황이 도래하는 경우가 된다. 위의 [그림 4-1]에서 소비자잉여(X)가 낭비(Y)에 의해서 모두 상쇄되고, 그 이상의 후생 감소가 발생하는 경우에는 관료들의 예산극대화 노력은 제한을 받게 된다. 즉 사회의 후생을 부(-)의 상태로 떨어뜨리는 관료제는 감축될 가능성이 높아진다.[11] 그러나 사회의 후생이 부(-)의 상태가 되지 않는 한

11) 위의 경찰관의 예에서는, 좁은 지역사회에 경찰관의 수가 너무 많아진 경우(최적 상태의 2배 이상이 된 경우), 일반 시민과 지역의원 또는 지역사회단체 등이 경찰관의 수가 과도하게 많다는 것을 자연스럽게 느끼게 되는 상태를 상정할 수 있다. 이 경우 경찰관의 수를 줄이기 위한 노력이 나타나게 된다.

-즉 소비자잉여가 모두 없어지지 않는 한-, 그리고 어떤 활동이 낭비적인지에 대한 정확한 정보가 없는 한, 공공서비스 생산이 특정 수준에 이르기까지 계속 재정적 지원이 있게 된다고 볼 수 있다.

정부기관들이 정보를 독점하고 있기 때문에 이 기관들이 예산을 증대시키고자 요청할 때 그 요구가 정당한지를 판단하기는 쉽지 않다. 이를 판단하기 위해서는 독립적인 평가 또는 감사기관이 필요해지지만, 감사기관이 일반적으로 모든 기관의 전 지출에 대해서 다 감찰하는 것은 쉬운 일이 아니다. 감사기관들은 기껏해야 사회적 후생을 부(-)의 상태로 이끄는 기관이나 사업이 없는가를 확인할 수 있는 정도이고,[12] 결코 '각 기관이 최적의 서비스를 생산하고 있는가?' 또는 '이 서비스가 정부 관료제가 아니라 시장이나 자발적인 협조체제를 통해서 제공되어야 하지 않은가?'의 질문을 확인할 수 있는 자원이나 의도 또는 권력을 가지고 있지 못하다는 것이다(McLean, 1987: 92).

관료의 동기에 대한 Niskanen의 가정은 많은 공격을 받았다. 또한 직원의 수 또는 예산의 측면에서 관료제가 증가한다는 명제 자체도 경험적으로 확증되지는 못하고 있다. 나아가 Niskanen은 유권자들의 압박으로 정치인들이 정부 관료제의 규모를 축소하고자 시도할 가능성을 살피지 못했다. 이 밖에도 Niskanen의 모형은 여러 측면에서 비판을 받았다(McLean, 1987: 89-98; 전상경, 2000: 143-146). 그중에서 관료들이 합리적인 존재이고 효용의 극대화를 추구한다는 가정을 유지하면서, 진정 합리적인 관료라면 예산극대화를 추구하지 않을 것이라는 주장을 논리적으로 도출하고 있는 Dunleavy의 비판은 특히 주목할 만하다.

(2) Dunleavy의 관청형성 모형

Niskanen의 예산극대화 모형에 대해 Dunleavy는 관료들이 공적인 결정을 내림에 있어서 자신의 사적 이익을 극대화하고자 한다는 가정은 받아들이지만, 예산극대화 모형이 ① 각 부서(bureau)가 최고위직 관료에 의해서 일률적으로 운영되는 것으로 지나치게 단순화시켜서 보고 있으며, ② 관료의 효용함수에서 편의성(convenience)이 지니는 중요성을 무시하고 있고, ③ 부서 간의 차이점(variations)을 전혀 고려하지 않고 있으며, ④ 부서 간의 구조와 관계를 무시함으

12) 우선은 '사기'를 당하지 않았는지의 여부를 파악하고, 여력이 있으면 '낭비'가 있는지를 검토할 수 있게 된다.

로써 예산의 어떤 부분이 극대화된다는 것인지를 다루지 못한다고 지적한다. Dunleavy에 따르면 예산극대화 모형과는 달리, 합리적인 고위직 관료들은 예산극대화를 추구할 동기를 별로 갖지 않는다. 그 이유로서 첫째, 관료제 내에 집합행동의 문제(collective action problems)[13]가 존재하며, 둘째, 예산증가와 관련된 관료의 효용 정도가 예산의 구성과 기관(부서)의 유형에 따라 몹시 다르며, 셋째, 고위직 관료들은 금전적인 효용보다는 업무와 관련된 효용을 더 추구한다는 점 등을 들고 있다. 아래에서 관청형성 모형에 대해 좀 더 자세히 살펴보도록 한다(Dunleavy, 1991: 174-209; 주재현, 2000).

① 관료제 내에서의 집합행동의 문제

한 개별 관료는 자신의 후생을 증진하는 데 있어서 개인적인 전략과 집단적인 전략을 지닌다. 그 다양한 전략들을 개인적인 것으로부터 집단적인 것으로 나열해보면 다음과 같다. 수직적인 승진추구, 업무평가에서 높은 점수를 추구, 작업량의 감소 또는 재설계, 개인적인 목적으로의 자원 전용, 작업환경의 개선, 조직의 재설계, 유관범주 동료들과 함께 하는 봉급인상, 예산극대화 등이다.

이처럼 예산극대화 전략은 개인적인 전략이라기보다는 집단적인 전략에 속한다고 할 수 있다. 따라서 합리적인 개별 관료는 예산증대가 자신에게 직접적인 의미를 지니지 않으므로, 개인적인 전략을 먼저 채택하여 시도해본 후 그것이 여의치 않을 때 집단적인 전략을 채택할 것이다.

한편 예산극대화에 논의를 한정해서 보면, 합리적인 관료 개인의 입장에서 볼 때, 자신의 개인적인 노력을 통해 예산증대를 이루어 낼 수 있는 확률은 몹시 낮다. 따라서 예산증대를 통해서 자신에게 돌아오는 편익(B)에 자신의 노력이 예산증대를 끌어내는 데 결정적으로 기여할 확률(P)을 곱하여 나온 값에서 개인적 노력에 들어가는 비용(C)을 뺀 값이 대안적인 노력을 통해서 얻게 될 후생(A)보다 낮을 가능성이 높다. 이에 합리적인 개별 관료는 대안적인 활동을 하면서, 예산

13) 집합행동의 문제는 '행위자들이 서로 협력할 때 모든 행위자들에게 이득이 발생하지만, 개별 행위자의 입장에서는 협력하는 것이 반드시 자신의 이익이 된다고 확신할 수 없는 상황'을 말한다(McLean, 1987: 195). 달리 말하면 행위자 개인에게 이익이 되는 행동이 그가 속한 집단 전체의 이익에 해가 될 수 있는 상황을 말한다. 공공재(public goods)와 관련한 '무임승차 문제'(free-rider problem), 공유재(common-pool goods)와 관련된 '공유재의 비극'(tragedy of the commons), 죄수의 딜레마 게임(prisoners' dilemma game) 등이 집합행동의 문제가 발생하는 상황의 예가 될 수 있다(이 개념들에 대한 더 자세한 내용은 Mueller(1979), McLean(1987), Olson(1965), 하연섭(2002) 등을 참조).

증대에 있어서는 '무임승차' 하고자 하는 욕구를 갖게 된다.

$$(B \times P) - C < A$$

그런데 이때 고려되어야 할 사항은 한 부서를 단일적인 행위자로 보기는 힘들며 최소한 고위·중위·하위직 간의 구분이 필요하다는 점이다. 따라서 고위·중위·하위직 관료에 따라 위에 언급한 변인별로 차이를 보이게 된다. 먼저 '예산증가에 따른 효용의 증대' 면에서는 '하위-중위-고위' 순으로 차이를 보인다. 즉 고용직·비상근직을 포함한 하위직의 경우 직업안정성이나 승진가능성이 크게 증대되는 반면, 중·상위직은 이 점에서 예산증대가 별다른 차이를 내지 못한다. 다음으로 '개인수준에서의 노력으로 예산증대를 이끌어낼 수 있는 확률' 면에서는 '고위-중위-하위' 순으로 차이를 보인다. 즉 고위직 관료가 예산증대에 기여할 확률이 가장 높다고 볼 수 있다. '예산증대를 주창함에 따른 비용' 면에서도 '고위-중위-하위' 순을 보인다. 즉 고위직 관료는 문서작성, 어려운 회의에의 참석, 외부 지원자의 육성 및 접촉, 평가 및 비판에 대한 답변, 그리고 예산증가의 정당화 등과 같은 부담을 지는 반면, 하위직 관료들은 공공지출의 증대를 요구하는 노동운동 수준 정도에 그치게 된다. 마지막으로 '대안적인 노력으로부터 얻을 수 있는 효용' 면에서는 '고위-중위-하위' 순을 보인다. 고위직 관료는 하위직보다 여러 대안적인 전략에서 보다 높은 효용을 얻어낼 가능성이 많다. 특히 고위직 관료는 하위직 관료보다 개인적인 전략을 통해서 자신의 후생을 증진시킬 능력이 더 크다고 할 수 있다. 이러한 차이의 결과는 예산극대화를 추구함에 있어 상당한 정도의 집합행동의 문제로 나타날 수 있다. 즉 하위직 관료의 경우 예산증대로 인해 가장 큰 이득을 얻지만 낮은 기여가능성으로 인해 예산극대화에 소극적이 된다. 반면 고위직 관료는 예산증대에의 기여가능성은 높지만 그것으로부터 얻는 것은 별로 없으며, 대안적인 전략을 채택함으로써 자신의 효용을 높일 기회가 더 많으므로 예산극대화에 소극적이 된다는 것이다.

② 예산의 유형 및 기관의 유형에 따른 예산극대화 분석

Dunleavy는 예산극대화 모형에서 고려되지 않은 예산과 기관의 유형을 분류해냄으로써, 합리적인 관료라면 부서 예산의 어떤 부분을 늘리려고 노력할 것인지에 대해 분석하였으며, 또한 예산극대화 노력이 부서의 유형에 의해서도 영향을 받을 수 있음을 밝히고 있다.

관청형성 모형에서는 먼저 예산을 ① 핵심예산(core budget), ② 관청예산(bureau budget), ③ 사업예산(program budget), ④ 초사업예산(super program budget)의 네 가지로 구분한다. 핵심예산은 기관자체의 운영비(봉급, 기관의 기본적인 기능에 직접적으로 소요되는 장비·물자에 대한 비용, 사무실 임대료 등)를 의미한다. 관청예산은 특정 기관이 민간부문에 지불하는 지출액(민간기업과의 계약에 따른 지불, 개인이나 기업에 대한 이전지출, 자본적 부채에 대한 이자의 직접적 지출 등)에 핵심예산을 합한 금액을 말한다. 사업예산은 특정 기관이 공공부문의 다른 기관이 사용하도록 이전하는 모든 지출(다른 공공기관에 의해 최종집행이 이루어지지만 의회와 중앙예산기관에 대한 최종 책임은 해당기관이 지며, 따라서 이전을 받는 조직에 대한 어떤 형태의 감독이 수반됨)에 관청예산을 합한 금액을 의미한다. 초사업예산은 타기관이 자체적으로 확보한 예산이지만 그럼에도 불구하고 특정 기관이 정책 책임을 묻거나 기획상의 영향력을 행사할 수 있는 지출에 사업예산을 합한 금액을 말한다.

다음으로 관청형성 모형은 기능적으로 규정된 기관의 유형을 다섯 개의 기본형과 세 개의 부가적 유형으로 구분한다. 기본형은 ① 전달기관(delivery agency), ② 규제기관(regulatory agency), ③ 이전기관(transfer agency), ④ 계약기관(contracts agency), ⑤ 통제기관(control agency)이고, 부가적인 유형은 ⑥ 조세기관(taxing agency), ⑦ 거래기관(trading agency), ⑧ 봉사기관(servicing agency)이다(표 4-1).

〈표 4-1〉 Dunleavy의 정부기관 유형분류

기관유형	내 용
전달기관	전형적인 고전적 계선 관료제조직으로서 산출물을 직접 생산하거나 시민·기업에게 서비스를 직접 전달하는 등 자체 고용인력을 사용하여 대부분의 정책집행을 직접 담당함(예: 법무부, 경찰청).
규제기관	개인·기업 또는 여타 공공부문 기관의 행동을 제한하는 역할을 담당함(예: 감사원).
이전기관	민간부문에 대해 보조금 또는 사회보장 형태의 지불을 취급하는 자금이동 조직임(예: 보건복지부).
계약기관	입찰시킬 용역의 명세서나 자본사업 등을 계획·개발한 다음 민간기업이나 영리적 공공조직과 계약을 체결하는 일을 담당함(예: 국토교통부, 조달청).
통제기관	교부금 또는 정부간 이전의 형태로 다른 공공부문 기관에게 자금을 전달한 다음 이들 타 공공조직들의 예산사용 및 정책집행 방식을 감독하는 일을 담당함(예: 교육부, 행정안전부).

조세기관	정부재정을 확보하는 일을 담당함(예: 국세청, 관세청).
거래기관	시장에서 완전(혹은 준) 영리활동을 직접 수행함(예: 철도청).
봉사기관	정부의 모든 타 조직에 시설이나 용역을 제공하는 일을 담당함(예: 통계청).

Dunleavy는 관료들이 자기 부서의 예산극대화를 추구할지 여부는 Niskanen이 주장하는 것처럼 그렇게 단순한 것이 아니며, 관료들의 지위, 예산의 유형, 기관의 유형, 그리고 시간의 전개에 따라 다를 수 있음을 분석한다.[14)]

③ 관료의 동기와 관청형성 전략

이상 살펴본 바와 같이 예산극대화 모형은 이론적 · 실제적으로 상당한 문제점을 지니고 있다. 이에 대한 대안으로서 제시되는 관청형성 모형은 관료가 추구하는 바가 무엇인지에 대해 보다 정확하고 그럴듯하며 포괄성을 지닌 견해를 제시한다.

관청형성 모형에 따르면 고위직 관료는 금전적 편익보다는 수행하는 업무의 성격과 업무환경에서 오는 효용을 증진하는 데 더 큰 관심을 둔다. 그 근거로서 다음 세 가지가 제시된다. 첫째, 고위직 관료는 하위직 관료와는 달리 수입이나 직업안정보다는 지위 · 위신 · 후원자로서의 풍모 · 영향력 · 자기업무의 중요성 등 비금전적인 효용을 더 강조한다. 둘째, 공직자는 자신의 금전적인 효용을 증진하는 데 있어 대개 심한 제약을 받고 있다. 셋째, 공직이 부여하는 비금전적인 효용의 가치가 상당하다고 할 때, 자신의 이익을 추구하는 관료는 자신이 속하고 싶은 유형의 기관에서 자신이 하고 싶은 업무를 하는 것을 몹시 선호하게 된다.

이러한 조건들에 비춰볼 때 합리적인 고위관료들은 반복적이고 일상적이며 자율성이 낮고 시민의 눈에 잘 노출되는 계선기능보다는 창의성을 요하고 자율성이 높으며 시민의 눈에 잘 띄지 않는 참모기능을 더 선호한다고 할 수 있다. 또한 그들은 대규모의 계층제적이고 강제를 수반하며 갈등적인 인간관계를 기반으로 하는 업무환경보다는 소규모의 엘리트 위주로 구성되고 협동적인 업무관계를 기반으로 하는 업무환경을 더 선호한다. 나아가 그들은 정치인이나 상류사회 인사와의 접촉이 거의 없는 변방에 있는 것보다는 그런 기회가 많은 중앙에 위치하는 것을 더 선호한다.

---

14) 기관의 유형에 대한 설명과 예산 · 기관의 유형에 따른 예산극대화 분석에 대한 자세한 논의는 주재현(2000: 269-272)과 정용덕(2001: 495-506)을 참조.

요컨대 합리적인 고위관료는 소규모의 엘리트 중심적이고 정치권력의 중심에 근접해 있는 동료 관계적 성향을 지닌(collegial) 부서에서 참모기능을 수행하기를 원하는 데, 그들은 먼저 개인수준에서 이것을 추구하다가 그것이 한계에 부딪히면 집합적인 전략을 찾게 된다. 이에 합리적인 고위관료들은 그들의 부서를 참모기능에 근접하고 중앙에 위치해있는 기관의 형태로 변화시키고자 하는 관청형성(bureau-shaping) 전략을 채택하게 된다. 만약 이러한 전략이 성공하게 된다면, 전달기관이 시간이 지남에 따라 통제나 이전 또는 계약기관 등으로 변형될 것으로 예측할 수 있다. 이상의 논의가 의미하는 바는 고위관료의 사적인 이익이 반드시 예산이나 부서의 크기를 통해서 표출될 필요는 없으며, 그것은 관청의 '형성'을 통해서 나타날 수 있다는 것이다.

관청형성 전략의 추구에는 다음의 다섯 가지 수단이 존재한다. ① 내부 재조직화를 통해 정책결정 수준은 강화하는 반면 일상적인 기능은 따로 떼어 내고 고위관료는 가능한 한 후자에는 개입하지 않는다. ② 내부 업무실행의 변화를 통해 보다 세련된 관리 및 정책분석 체계로 기관의 형태를 변화시키고, 인원구성도 전문적인 참모형으로 변화시키며, 자동화·전산화로 단순 사무업무를 축소한다. ③ 외부 파트너(하부 공공기관, 계약업자, 피규제인, 고객 이익집단 등)와의 관계 재정의를 통해 일상적인 업무부담은 줄이고 정책통제는 극대화한다. ④ 여타 부서와의 업무영역 경쟁을 성공적으로 수행하여 골치 아픈 업무 또는 단순 업무를 다른 부서에 넘긴다. ⑤ 민영화·분봉(hiving-off)·계약(contracting out) 등을 통해 고위관료의 선호에 맞지 않는 기능에 대한 책임을 지방정부나 준정부기관에 넘긴다.

1980-90년대 동안 영미권 국가에서 진행된 공공부문 축소 노력과 변화에 직면하여 예산극대화 모형의 설명력은 줄었지만, 관청형성 모형은 그간 행해진 공공부문 개혁이 대략 중·하위직 관료들의 희생을 기반으로 해서 고위직 관료들의 이익을 지키는 쪽으로 움직여왔다는 분석을 해냈다. 이로써 공공선택론이 신우익론자들(the New Rights)의 전유물이 아니며 급진적인 관점에서도 얼마든지 공공선택론의 가정과 방법을 사용하여 정책 및 행정현상을 분석해낼 수 있음을 보인 것이다.

이러한 성과와 기여에도 불구하고 관청형성 모형의 약점에 대한 지적들이 존재한다. 먼저 경험적인 측면에서 관청형성 모형의 주된 설명력이 영국과 뉴질랜드에 한정되고 있다는 지적이 있으며(Hood, 1994: 137), 논리적 측면에서도 관료의 동기에 대한 이의가 제기된다. Dunleavy의 모형은 개별관료가 얼마나 자기부서의 핵심 예산상의 감소를 받아들이면서 참모기능을 수행하는 부서를 추구할 자세를 갖추고 있는지를 충분히 다루고 있지 않다는 것이다. 또한 관청형성 모형이 많은 변수를 동원함으로써 예산극대화 모형보다 기술(記述)상의 정확도를 높이기는 했지만 이는 간결성(parsimony)을 희생하여 얻어진 것이라는 지적이 존재한다(Dowding, 1995).

2. 다원주의론의 이해

관료와 관료조직이 자신의 이익을 추구한다는 가정을 받아들이기 위해서 반드시 공공선택론자가 될 필요는 없다. 정치·행정학의 주류를 구성해온 다원주의 이론에서도 자기 이익을 추구하는 관료와 관료조직 관념은 광범위하게 받아들여지고 있다. 이하에서는 먼저 다원주의론의 개요와 관료유형론을 살펴본 후, 관료조직에 대한 다원주의의 이론적 모형에 대해 검토한다.[15)]

1) 다원주의론 개요 및 관료의 유형

다원주의는 사회적 권력이 집권화되고 응집력 있는 소수의 손에 있지 않고 다수에게 분산되어 있다고 보는 사회·정치학적 패러다임이다. "어떠한 단일 또는 소수집단도 정책을 통제할 수 없는 방식으로 다양한 집단이나 분파들이 정책에 영향력을 행사할 수 있을 때, 즉 모든 합법적인 이익집단들이 영향력의 지분을 가지고 있을 때 그 정치체계는 다원적"(Huber & Form, 1973: 132)이라고 할 수 있다.

다원주의는 전 사회·공동체·모든 종류의 조직을 기술하는 데 여러 방식으로 사용되고 있다. 사회적 다원주의는 상당수의 다양한 민족적·인종적·종교적 집단들이 각각의 독특한 생활방식·가치·문화적 정체성을 유지한 상태에서 한 체제하에서 살아가는 사회를 말한다. 정치적 다원주의는 다수의 서로 다른 이익집단에 상응하는 다양한 권력 기저가 존재하며, 각각은 공동의 정치적 틀 내에서

15) 공공선택론에 비해 다원주의론의 관료제에 대한 논의는 오랜 기간에 걸쳐 매우 다양한 형태로 전개되었다. 따라서 위의 공공선택론 부분과 달리 여기서는 그 다양한 논의를 정리하려는 노력(즉 유형론과 모형)을 중심으로 관료와 관료조직에 대한 다원주의론의 이해를 정리하고자 한다.

협상과 타협의 과정을 통해 자신의 요구를 표출·실현할 수 있는 정치체계를 말한다. 사회적 다원주의와 정치적 다원주의는 밀접하게 연계된다. 분권화되고 복잡하며 다양한 사회는 그에 상응하는 분권화되고 복잡하며 다양성을 지닌 정치체계를 낳는다고 볼 수 있다(Marger, 1981: 37).

정치·사회적 다원주의론의 지적인 원천 중의 하나는 Alexis de Tocqueville이다. Tocqueville은 18~19세기에 걸친 미국과 프랑스의 사회변화를 토대로 다음과 같은 견해를 도출하였다. 민주주의 이념의 확산과 산업화의 촉진은 사회적인 귀족제도의 소멸을 가져왔다. 그런데 귀족들은 산업화 이전의 사회에서 지배군주와 대중들 사이에서 완충적인 역할을 수행했다. 그러한 중간 수준의 권력이 없어지면, 전능한 독재자 또는 '다수에 의한 독재'를 통해서 사회가 쉽게 압도될 위험이 있는데, 이때 귀족을 대신해서 중간 수준의 권력 기능을 수행하게 된 것이 바로 '자발적 결사체'(voluntary associations)라는 것이다(Marger, 1981: 38-39). 그리고 경제적·정치적·종교적 이익을 대변하여 결성된 이 결사체들이 다원주의 사회로 나아가는 토대가 되었다고 볼 수 있다.

현대 산업사회, 그리고 자유민주주의적인 사회·정치체제를 전제로 하는 현대의 다원주의 이론은 다수의 다양한 이익 또는 압력단체의 상호작용을 중심적인 연구주제로 삼는다. 따라서 이익집단(interest groups)은 현대 다원주의론의 핵심을 구성한다. Truman(1951: 37)은 사회 내에서 다른 집단에 대해 특정 요구를 제기하고 동일한 태도와 이익을 공유하는 사람들의 집단을 이익집단으로 정의하고, 이익집단이 정부기관을 통해서 또는 정부기관에 대해서 자신의 요구를 내세울 때 그것은 정치적 이익집단이 된다고 하였다.

다원주의론의 관점에서 볼 때, 정치는 결국 본질적으로 국가에 의해 관장되는 영역 내에서 서로 다른 이익과 선호를 지닌 경쟁적인 집단들 간의 경합이다.[16] 그리고 공공정책은 특정 시점에서 이러한 집단 간 경합의 결과로 도달하게 된 균형점을 나타낸다. 다만 다원주의는 정치과정에 참여하는 집단들이 민주적 절차를 포함한 게임의 규칙을 수용하여야 한다고 전제한다. 그리고 이 전제조건이 충족되는 선진 자유민주주의체제에서는 집단 간의 공정한 경합과 균형점에의 도달

16) 그러한 경쟁적 집단들 중에서도 가장 중요한 집단은 경제적 집단 -기업·노동자·농민·전문직 등-이며, 다원주의론자들이 제시하고 있는 이익집단 활동의 예의 대부분은 이러한 경제적 집단들의 활동이다.

이 가능하다고 본다(Marger, 1981: 43-48).

이처럼 다원주의 이론은 기본적으로 정치·사회적 집단들 간의 경쟁에 주목하며, 그 경쟁의 핵심은 집단들이 자신의 이익과 선호를 실현하기 위해 노력한다는 점이다. 그렇다면, 다원주의 이론에서 이해하는 관료와 관료조직은 어떠한가? 관료와 관료조직은 그러한 정치·사회적 집단들과는 다른 존재로 인식되는가? 또는 관료와 그들의 조직도 이익집단의 하나로 인식되는가? 이 질문들에 대한 다원주의론자들의 대답은 일치하지 않으며, 그 이유는 그들의 관료관(官僚觀) 차이에 기인한다. Downs는 관료의 행위 동기와 관료 유형에 대한 아래의 논의를 통해 다원주의론자들이 이해하고 있는 다양한 관료관을 정리하였다.

Downs(1967: 84)는 관료들이 자기 이익 추구와 관련된 다섯 개의 동기와 이타적인 목표와 관련될 수도 있는 네 개의 동기를 지닐 수 있다고 한다. 전자인 다섯 개의 동기는 ① 권력(부서 내 또는 외), ② 경제적 수입, ③ 위신, ④ 편의성(개인적 노력의 최소화), ⑤ 안전(권력·수입·위신·편의성의 손실을 최소화)이고, 후자인 네 개의 동기는 ① 개인적 충성(현 업무집단, 부서 전체, 정부 전체, 또는 국가를 대상으로 함), ② 임무에 대한 일체감(특정 프로그램과 자신을 동일시함), ③ 능숙한 업무수행에 대한 자부심, ④ 공익에 대한 봉사이다.

관료의 행위 동기가 복합적인 만큼, 관료의 유형 또한 다양하게 나타날 수 있다. Downs(1967: 92-111)는 관료를 다섯 유형으로 정리한다(Dunleavy, 1991: 150).

첫째, 출세가형(climbers)이다. 이들은 자신의 권력·수입·위신의 극대화를 추구하는 관료 유형이다. 고위 관료 중 출세가형은 조직의 변화와 발전을 추구할 수도 있지만, 그렇게 하는 이유는 그것이 그들의 개인적 이익을 확대하는 수단으로 인식되기 때문이다.

둘째, 현상유지자형(conservers)이다. 이들도 이기적인 관료 유형이지만, 출세가형과는 달리 조용한 생활과 안정적인 미래를 원한다. 그들은 편의성과 안전의 극대화를 추구하며, 부차적으로 자신의 권력·수입·위신 수준을 향상시키고자 한다. 그러나 그들은 기관이나 기능의 팽창을 비롯한 거의 모든 급진적인 조직변화에 저항한다.

셋째, 열성가형(zealots)이다. 이들은 자신이 관련된 특정의 사업과 자신을 강력하게 동일시하며, 해당 사업의 절대성을 주장한다. 따라서 그들은 해당 사업을 수행하는 데 도움이 된다고 판단되는 조직의 변화에는 적극적으로 동조하지만,

자신과 관련되어 있지 않은 사업에 대해서는 관심이 없다.

넷째, 창도자형(advocates)이다. 이들은 자신이 속한 기관이 그 임무를 잘 수행하고 관련된 고객 집단들에게 좀 더 좋은 서비스를 제공할 수 있도록 자신이 속한 기관의 권력을 극대화하고자 한다. 창도자형 관료들은 자신이 속한 조직 또는 그 조직의 고객에 대한 충성을 자신의 후생과 동일시한다. 창도자형 관료들은 조직 내적으로 경쟁을 벌일 수도 있지만, 조직 외적으로는 통합된 행위자로서 해당 기관의 역할과 자원을 확충하기 위해 열정적으로 활동한다. 가장 적극적이고 지속적인 '관료적 제국주의'(bureaucratic imperialism)로 진전될 수 있는 관료 유형이다.

다섯째, 경세가형(statesmen)이다. 이들은 사회 전체의 후생 -공익-을 실현하기 위해 노력하는 유형의 관료이다. 따라서 이들은 고전적 행정학에서 상정하고 있는 이타적인 공무원상에 가장 근접해 있는 관료 유형이라고 볼 수 있다.

위의 다섯 유형 중 마지막 경세가형 관료를 제외한 네 유형에 속하는 관료들의 행위 동기는 상당 부분 자신의 이익 추구와 밀접히 관련되어 있으며, 이러한 정도는 특히 출세가형과 현상유지자형에서 두드러진다. 그러나 열성가형과 창도자형의 행위에서도 이타주의적 동기나 공익지향의 동기가 차지하는 영역은 극히 제한되었지만 존재한다고 추론할 수 있다.

이상 살펴본 관료의 유형에 대한 이해의 차이는 관료와 관료조직에 대한 다원주의론자들의 이해에도 차이를 만들어냈다. 아래에서는 이러한 차이를 공익지향성과 사익지향성으로 구분하여 살펴본다.

2) 관료와 관료조직의 공익지향성: 합리적 행위자 모형

공익(public interest)을 이해하는 관점은 크게 셋으로 구분된다(Schubert, 1957; Gilbert & Specht, 1974: 185-187; 주재현, 2008: 135-137). 첫째는 유기체적 관점(organismic view)이다. 공익은 사익을 초월한 도덕적·규범적인 것이며 단순한 사익의 집합과는 다른 선험적인 실체로 이해된다. 그러한 공익의 인식은 특정인에 의해서만 이루어질 수 있는데, 그는 공익을 직관적으로 파악할 수 있는 행정적인 철인왕(administrative philosopher king)으로서 그에게는 높은 차원의 도덕성, 고도의 지적 능력, 책임감, 사심 없이 현명한 지혜 등이 요청된다. 그러나 이 관점은 현대의 민주주의 체제와 정합성이 높지 않은 입장으로서, 이 관점을 따르게 되면 공공정책의 결정에 있어 입법부는 부적절한 기관이 되고 오직 철인왕에 부합하는 행정부의 수장이 정책결정과정의 중심에 위치하게 된다.

둘째는 개인주의적 관점(individualist view)이다. 사익을 초월한 별도의 공익은 존재하지 않으며, 공익이란 수많은 사익 간 갈등의 조정·타협의 소산일 수밖에 없다고 보는 현실주의적 입장이다. 따라서 공익을 모색하는 과정에서 다수의 이해관계 당사자들이 참여하게 되며 정책결정자 및 관료는 적극적인 역할이 아니라 촉매의 역할을 하는 것으로 파악된다. 한편 심리적인 면에서 살펴보면, 촉매 역할을 잘 달성한 정책결정자·관료가 자기인식적으로 갖게 되는 생각이 바로 공익이라고 할 수 있다.

셋째는 공동체주의적 관점(communalist view)이다. 이는 앞의 두 관점을 종합한 것으로서 사익의 단순 통합이 아닌 공익의 존재를 인정하면서도 그것을 사익과 관련지어 생각하는 입장이다. 여기서는 공중이 공통으로 가진 이익으로 구성된 단일의 공익이 하나의 실체로서 존재하는 것으로 이해된다. 그러한 공익은 정당인·의원 또는 행정 공무원을 통해 확인되며, 이들은 공중에 대한 책임감을 가지고 사익 간의 갈등을 단순 관리하는 것을 넘어서서 사회 전체의 이익을 구현하려는 것으로 파악된다. 이 경우, 사익과 전적으로 별개인 공익을 생각할 수는 없으나, 민의와 사회 전체의 이익을 지속적으로 모색하려는 노력이 요구된다. 이 관점은 사익 간의 조정 과정을 고려하되, 공익과 사회 전체적인 관점에서 목표를 잘 인식할 수 있다고 여겨지는 정치적·행정적 리더십을 강조한다.

Downs의 관료 유형 중 경세가형의 관료들은 공익지향적인 행태를 보일 수 있다. 경세가형의 관료는 사회의 후생을 증진하기 위해 적극적으로 노력하는 관료이다. 공익에 관한 공동체주의적 관점과 조응하는 이 입장에 따르면 관료들은 다양한 사회 이익 간의 조화와 균형을 추구한다. 그들은 공익을 수호하고 정책과정에서 상대적으로 조직화되지 못하고 잘 고려되지 못하는 이들을 위해 목소리를 내고 민주적인 게임의 규칙을 적극적으로 수호한다. 나아가 행정 관료들의 충성심이 전적으로 선출된 정부를 향해서는 안 되며, 그들은 전문적이고 임기가 보호되고 비정당정치적이고 헌법과 민주과정의 수호자로서 역할을 수행해야 한다고 본다. 구체적으로는 실적에 의해서 충원되고, 헌법·공익·국익의 전통 안에서 훈련되며, 압력단체에 의해 식민화되고 지배정당에 복속되는 것을 막기 위해서 공무원들은 사회갈등으로부터 격리되어야 한다는 것이다(Dunleavy & O'Leary,

1987: 44-47).

그러나 경세가형의 관료를 좀 더 소극적인 형태로 이해하게 되면, 관료와 관료조직은 지배적인 정치·사회적 압력에 순응하는 유연하고 수동적인 역할을 하는 존재로 볼 수 있다. 공익에 관한 개인주의적 관점과 상응하는 이 입장에서, 관료제는 의회를 통해서 표출된 민주적인 의사결정 및 이익집단 간 경합의 결과(균형점, 공익), 대중매체의 영향, 선거결과 등에 복속될 수 있으며, 행정이 정치와 분리될 수 있다는 것이다. 행정은 단지 민주적인 정치과정을 통해 나타난 결과(공익)를 확인해줄 뿐이란 것이다. 요컨대 공익지향의 관료와 관료조직을 소극적인 관점에서 해석할 경우, 관료제는 행정조직상의 아주 구체적인 측면을 제외하고는 기본적으로 자신의 고유한 선호가 없는 존재로 이해될 수 있다(Dunleavy & O'Leary, 1987: 43-44).

다원주의 일부 분파들에 의한 공익지향적 관료 이해는 M. Weber의 고전적인 관료제 모형과 W. Wilson의 진보주의적 행정 개념에서 그 연원을 찾을 수 있다. 그 후 H. Simon의 합리모형을 통해 현대화된 이 견해는 Allison(1971: 10-38)에 의해 합리적 행위자 모형(rational actor model)으로 명명되었다. 합리적 행위자 모형에서 행위의 주체인 정부(또는 전체 국가기구)는 합리적인 단일의 행위자로 간주되며, 정부는 일련의 구체화된 목표와 목표를 달성하기 위한 잠재적 대안, 그리고 그 대안으로부터 초래되는 결과에 대한 평가를 내릴 수 있다고 본다. 정부 활동은 합리적 선택으로 간주되는 데, 정부가 추구해야 할 목표·목적은 미리 주어지고, 정부의 의사결정자는 목표 달성을 위한 각 대안을 비교·평가해서 목표를 가장 잘 달성할 수 있는 대안을 선택한다는 것이다.

이러한 관료제 이해가 일정 부분 의미를 지니고 있음을 부정할 수는 없으나, 합리모형 또는 합리적 행위자 모형은 현상을 기술하는 측면보다는 관료들의 역할에 대한 규범적 기대를 담고 있는 측면이 더 강하다고 하겠다. 현상을 기술함에 있어서는 사익지향적인 관료 이해가 더욱 적실성을 지닌다고 평가되는 것이다.

3) 관료와 관료조직의 사익지향성: 조직과정 모형과 관료정치 모형

경세가형 관료를 제외한 대부분의 관료 유형은 전적이든 부분적이든 어느 정도 자신들의 이익을 추구하는 행태를 보이게 된다. 그런데 그들의 이익추구는 소극적인 형태로 나타날 수도 있고 적극적인 형태로 나타날 수도 있다. Downs의 관료유형론을 활용하면, 소극적인 형태는 현상유지자형으로 대표되고, 적극적인 형태는 출세가형과 창도자형으로 대표된다. 열성가형은 복합적인 성격을 지니고 있어, 자신의 업무와 관련해서는 적극적이지만 그 외에 있어서는 소극적이라고 볼 수 있다. 아래에서는 Allison의 조직과정 모형과 관료정치 모형을 중심으로 이러한 특징들을 살펴본다.

조직과정 모형(organizational process model)은 정부가 단일의 통합된 행위자가 아니라 나름의 독자적인 영역을 지니고 있으며 느슨하게 연결된 조직체들의 집합인 것으로 본다. 각 조직(기관)은 정책의제와 역할집합, 그리고 표준운영절차(standard operation procedure)를 지니고 있으며, 조직의 산출물은 주로 표준운영절차를 거쳐서 형성된다. 따라서 조직과정 모형은 조직 내 개인들의 의도적 행위에 크게 관심을 기울이지는 않는다. 그러나 각 기관의 목표가 소속 관료들의 불확실성을 감소시키고자 하는 희망, 그리고 조직의 보수적 성향에 의해 주로 결정되는 것으로 봄으로써,[17] 조직 구성원들의 현상유지적인 성향을 보여준다(Allison, 1971: 67-100).

한편 각 조직은 특정 영역에 대해 관할권을 지니며 조직들 간의 관계는 반 독립적이다. 그런데, 주요 정책문제에 대한 관할 범위는 한 조직에만 국한되어 있지 않다. 따라서 각 기관이 특정 문제에 대해 제시한 정책방안은 관련된 다른 기관들이 제시한 정책방안과 상이할 수 있다. 이러한 상황은 조직 할거주의(organizational parochialism)를 초래할 수 있으며, 나아가 조직 제국주의(organizational imperialism)나 의제조작(agenda manipulation)[18] 등으로 진전될 수 있다.[19] 이러한 상황에서 결국 정부 정책은 이들 조직 간의 상이한 대안들이 최고 정책결정권자의 조정을 거쳐 나타나게 된다. 그러나 최고 정책결정권자가 이들 조직을 철저히 통제할 수 있다기보다는 단지 조직들의 활동을 간섭할 수 있는 정도로 볼 수 있다.

조직과정 모형에서 개별 조직의 활동에 주목하면, 해당 조직과 그 구성원들은 제한된 합리성과 불확실성이라는 조건에서 대체로 현상을 크게 변화시키지 않으

---

17) 조직과정 모형은 제한된 합리성(bounded rationality)과 불확실성을 주된 가정으로 하고 있다.
18) 각 조직이 자신의 이해관계 때문에 의도적으로 정책대안의 목록을 자신에 유리한 것들로 제한하는 행위를 말한다.
19) 이러한 점에서 조직과정 모형과 후술할 관료정치 모형에 일부 중첩되는 영역이 존재하며, 이 때문에 실제 사례연구에서 두 모형을 구분하기가 쉽지 않다. 그러나 이론적 정교화를 위해서는 이 두 모형을 구분하려는 노력이 지속되어야 한다(정용덕, 2001: 371).

면서 기존 상황이 주는 편의성을 유지하려는 보수적인 성향을 지닌 존재로 드러난다. 그러나 조직들 간의 관계로 확장하게 되면, 각 조직(및 그 구성원)은 자신의 관할권(기득권)을 유지하기 위해 노력하는 존재로 파악된다. 요컨대 조직과정 모형을 통해서 발견되는 관료와 그 조직의 모습은 대체로 소극적인 차원에서 자신의 효용을 유지하되, 필요시에는 자신의 기득권을 지키기 위해 방어적이거나 공격적인 활동을 취할 수 있는 존재라고 하겠다.

관료정치 모형(bureaucratic politics model)은 관료와 관료조직이 사적인 이익을 적극적으로 추구하는 존재로 인식한다. 이 모형은 민간부문과 마찬가지로 공공부문에도 사적인 공동 이익을 실현하기 위한 집단형성이 발생하고 있다고 본다. 즉 정부 각 부서, 전문가 집단, 준정부기관(quasi-governmental agencies), 공기업 등이 모두 집단을 형성하고 있으며, 그들의 기관 할거주의, 공공부문 노조운동, 전문가 집단의 발전 등이 모두 이 점을 반영하고 있다는 것이다. 또한 각 관료조직은 각기 자기 고객의 이익을 반영하는 과정에서 내부적인 압력단체의 역할을 수행하고 있다고 본다(Dunleavy & O'Leary, 1987: 47-49; Allison, 1971: 144-184).

관료정치 모형의 전제는 관료들도 다원적인 정치체계 상의 다양한 집단 중의 하나일 뿐이라는 것이다. 나아가 정부 관료제는 단일의 행위자가 아니라 파편화된 여러 기관들로 이루어져 있으며, 그들 간의 경쟁이 치열하고, 그들 간의 조정현상도 발생하고 있다고 본다. 개별 기관의 입장에서는 자신의 존속이 단지 정치적인 상부로부터의 지원에 의해서만 가능한 것이 아니라 사회 내의 다른 세력으로부터의 지원도 필요로 한다. 따라서 자신의 존속을 위해서는 해당 기관에서 산출한 정책 프로그램에 대한 정치적 지지를 끌어내야 하며, 그러기 위해서는 의회 내의 지지세력(상임위원회 등) 및 사회 내의 고객(이익단체나 개별적인 개인 등)으로부터 지지를 끌어내야 한다. 또한 일반 국민들로부터도 긍정적인 여론을 얻을 수 있도록 노력해야 한다는 것이다(Dunleavy & O'Leary, 1987: 50-51).

관료정치 모형에서 상정하는 개별 관료의 동기는 개인적 야심, 사명감, 각 소속기관에서 부여되는 역할수행 등의 복합체이다. 의사결정 과정에 참여하는 개별 관료들은 개인적인 이익과 소속된 조직의 이익은 물론 공익에 대한 인식에서도 서로 다른 입장을 지닌다. 그들은 나름의 선호체계와 이해관계에 의해 동기 부여되며, 그들이 공익에 대한 사명감을 느끼는 경우조차도 그들의 공익에 대한 정의는 각자의 이익과 소속기관에서의 역할에 의해 영향을 받는다. “따라서 만일 [관료]정치모형에서 가정하는 것과 같은 방식에 의해 이루어지는 정책결정이 공익에 일치할 수 있다면, 그것은 단지 우연한 결과일 뿐이다”(정용덕, 2001: 366).

지금까지 살펴본 대로 현대 정치 · 행정이론의 주요 패러다임들은 관료와 관료조직이 공익의 수호자가 될 수 있는 가능성보다는 자신과 자신이 속해 있는 조직의 이익이나 입장을 위해 활동할 수 있는 가능성에 더 큰 무게를 두고 있다. 물론 모든 공무원이 모든 경우에 있어 사익을 공익에 앞세운다고 보기는 힘들다. 그러나 많은 경우에 있어서, 다수의 공무원이 크고 작은 사익과 공익이 충돌하는 상황에서 소극적 또는 적극적인 형태로 후자보다 전자에 치우치는 행동을 할 수 있다는 -기회주의적일 수 있다는- 가능성을 인정하고, 이 가능성에 대비하기 위한 조직적 · 제도적 정책방안을 마련해야 한다는 주장에는 상당한 설득력이 있다고 할 것이다.

한편 그러한 조직적 · 제도적 노력의 효과는 기존의 행정문화에 의해 조절될 수 있다. 제도와 문화는 상호작용하므로, 제도가 문화의 변화를 야기하기도 하고 문화가 제도의 작동을 제약하기도 한다. 그런데 제도가 문화의 변화를 야기하는 데는 상당한 시간이 소요된다. 따라서 문화의 실질적인 변화가 관찰되기 전에는, 문화의 특성이 정부정책과 법 · 제도의 효과에 미치는 영향에 우선적인 관심을 기울일 필요가 있다. 즉 특정 국가의 주된 행정문화를 파악하고, 이 행정문화에서 더 효과적일 수 있는 정책 · 법 · 제도에 주목할 필요가 있다. 지배적인 행정문화와 적절하게 조응할 수 있는 정책과 제도가 그렇지 못한 정책 · 제도에 비해 더 높은 효과를 낼 수 있기 때문이다. 이런 맥락에서 다음 절에서는 우리나라의 행정문화를 검토하도록 한다.

제3절 행정문화에 관한 이해[20)]

1. 이론적 · 방법론적 논의

1) 논의 배경

앞서 살펴본 대로 현대 정치 · 행정이론의 주요 패러다임들은 행정 공무원이

20) 이 절은 주재현(2011)을 일부 수정하여 인용함.

공익보다 사익을 우선할 가능성을 인정한다. 행정개혁은 이 가능성에 대비하기 위한 조직적 · 제도적 정책방안을 마련하기 위한 노력으로 이해될 수 있다(주재현, 2009: 50-51). 우리나라도 특히 1990년대 이후 현재에 이르기까지, 구미 국가들을 중심으로 활발히 진행된 신공공관리와 뉴거버넌스의 행정개혁 아이디어들을 적극적으로 수용하여 다양한 제도적 · 조직적 개선 노력을 시도하였다.

그런데 관료와 관료조직의 행태를 통제하기 위한 제도적 노력들은 행정문화에 의해 조절될 수 있다. 특정 국가의 지배적인 행정문화와 적절하게 조응할 수 있는 개혁방안이 그렇지 못한 방안에 비해 더 높은 효과를 낼 수 있으리라는 것이다. 관료제 통제의 의의를 지니고 있는 행정개혁과 한국 행정문화간의 정합성 문제는 이미 학계에서 제기된 바 있다(강인재 외, 1998; 조성한, 2005; 백완기, 2008 등). 한국 행정문화의 수직적 집합주의 경향과 개인주의 문화에 토대를 두고 있는 최근의 행정개혁은 그 문화적 정합성이 높지 않고, 이러한 문화적 정합성의 문제는 행정개혁의 효과에 의문을 제기하게 만드는 근본 원인이라는 지적이다. 이 절은 이러한 선행연구의 문제의식에 공감하며, 행정개혁의 효과를 검토하기 위해서 행정문화를 분석할 필요가 있음을 주장한다.

그러나 여기서는 두 가지 점에서 위의 선행연구들에 대해 문제를 제기하고자 한다. 하나는 행정개혁이 추진되었던 지난 20여 년 동안 한국 행정문화에 변화가 나타날 가능성이다. 문화는 고정되어 있지 않다. 그간 개인주의적 문화에 토대를 두고 있는 행정개혁 방안들을 지속 도입되었고 여타 사회적 상황과 구조 변화로 인해 한국 행정문화에도 개인주의적 요소가 확대되었을 가능성을 검토해볼 필요가 있다. 다른 하나는 일부 선행연구들이 전제하고 있는 한국 행정문화 분석에 대한 고전적 접근방식과 개념의 문제이다. 일부 선행연구들은 고전적인 접근방식과 개념이 지닌 한계를 내포하고 있어, 더 적실성 있는 이론적 논거를 토대로 한국 행정문화의 지속과 변화를 새롭게 검토할 필요가 있다.

한국 행정문화 분석에 대한 고전적 접근은 근대화 이론에 토대를 두고, 사회화 과정에서 내면화된 관료들의 공유 가치, 신념 및 정서가 근대적 행정체제의 요구조건에 부합하는지를 분석하였다(박종민 · 김영철, 2001: 446-448). 근대화 이론은 2차 세계대전 후 신흥독립국들에 도입된 각종 서구식 제도들이 제대로 작동하지 않은 원인을 해당 국가들의 전통문화에서 찾았다. 전통적 가치정향과 근대적 가치정향이라는 이분법에 근거한 근대화론은 한국 행정문화 연구에도 지대한 영향을 끼쳤으며, 한국에서 근대적인 정부 관료제가 제대로 작동하지 않는 원인을 그러한 제도를 떠받쳐줄 근대적인 문화적 토대의 결여에서 찾고자 했다. 그리고 근대적 문화가 결여된 배경으로 관료들의 사회화 과정을 들고 있다. 사회화 과정을 통해 전통문화가 내면화된 관료들의 가치·신념·정서가 근대적 제도와 부합하지 않았다는 것이다. 고전적 행정문화 분석은 한국 행정문화가 일반적으로 운명주의, 가족주의, 권위주의, 정적 인간주의, 의식주의, 비물질주의 등의 요소를 지니는 것으로 보았다(백완기, 1982; 조석준, 2004).

한국 행정문화 분석의 고전적 접근은 그동안 이론적·경험적인 면에서 많은 비판을 받았다(*cf.* 박종민·김영철, 2001; 박천오, 2008 등). 행정문화와 행정개혁 간 정합성의 쟁점을 제기했던 선행연구들(강인재 외, 1998; 조성한, 2005; 백완기, 2008 등)은 고전적 접근이 지녔던 근대화론의 서구중심주의적인 편견(ethnocentrism)에서 벗어나는 진전을 보였으나, 고전적 접근이 토대로 하고 있는 이분법적 관점과 개념틀을 넘어서지 못했거나, 한국 행정문화가 수직적 집합주의에 고착되어 있는 것으로 보고 있다. 이 절은 고전적 접근이 설정해 놓은 논의의 틀과는 다른 경로에서 발전해 온 접근법 -Grid-Group 문화이론-을 채택한다. Grid-Group 문화이론의 분석틀을 적용하여 한국에서 신공공관리적인 행정개혁 논의가 나오기 시작한 1990년대 초와 2000년대 후반, 그리고 2021년의 행정문화를 비교함으로써, 한국 행정문화가 어떻게 지속 또는 변화되었는지를 분석하고 그 함의를 논의하는 데 목적을 둔다.

2) 한국 행정문화 분석을 위한 대안적 접근

행정문화 분석을 위한 대안적 접근으로 고려되는 이론적 자원에는 Grid-Group 문화이론(cultural theory), Triandis의 문화유형론, 경쟁가치모형(competing values model) 등이 있다. Mary Douglas와 Aaron Wildavsky 등에 의해 체계화된 '문화이론'은 문화적 편향(cultural bias), 사회관계(social relations), 삶의 양식(ways of life) 등의 개념을 사용하여 문화유형에 대한 보편적인 이론적 틀을 구축하고 다양한 분석수준에 이를 적용한다. Triandis가 주도하는 문화유형론은 정체성(개인주의와 집합주의)과 권력관계(수직주의와 수평주의)의 두 축을 교차하여 생성되는 네 개의 문화유형을 제시한다(Triandis, 1999; 2001). Quinn, Cameron 등에 의해 개발된 경쟁가치모형 또한 보편성을 지닌 문화유형론을 제시하고 있으나

(Quinn & Cameron, 1983; Cameron & Quinn, 1999), 주된 분석대상 또는 수준이 공식적 조직이라는 점에서 앞의 두 접근과 차이를 보인다.

여기서는 한국 행정문화 분석을 위한 대안적 접근으로 Douglas와 Wildavsky의 '문화이론'을 활용하고자 한다.[21] '문화이론'의 유용성은 크게 세 측면에서 파악될 수 있다. 첫째는 이 절에서 전제하고 있는 행정문화 개념과의 관련성이다. 행정문화에 대한 개념 정의는 협의와 광의로 구분될 수 있다. 협의의 관점은 행정문화를 행정체제 내의 관료들 사이에 업무수행 등과 관련하여 공유된 가치관이나 사고방식으로 이해하는 반면, 광의의 관점은 협의의 개념 정의에 더하여 행정에 대한 국민의 인식과 사고방식까지 포함하는 넓은 시각에서 행정문화를 이해한다(박천오, 2008: 217-218). 관료와 관료조직에 대한 통제를 문제의식의 출발점으로 하는 이 책은 행정문화에 대한 광의의 개념 정의를 전제로 한다. 행정에 대한 통제가 행정조직 내부뿐만 아니라 조직 외에서도 수행되고 있다는 점에서 행정에 대한 시민들의 인식과 사고방식을 논의의 대상에 포함해야 할 필요성과 행정문화에 대한 광의의 개념 정의의 의의를 찾을 수 있다. 이러한 맥락에서, 분석의 수준을 공식 조직 내에 한정하고 있는 경쟁가치모형보다 다양한 분석수준을 포괄할 수 있는 '문화이론'이 본 연구에 더 유용하다고 하겠다.

둘째는 '문화이론'이 제시하는 문화의 유형이 경쟁가치모형에서 제시된 조직문화 유형보다 포괄적이라는 점이다. 후술하는 바와 같이, '문화이론'은 '격자(grid)'와 '집단(group)'이라는 두 축을 기준으로 개인주의(individualism), 계층주의(hierarchy), 평등주의(egalitarianism), 운명주의(fatalism)의 문화유형을 제시하고 있으며, 경쟁가치모형은 조직내 '재량/통제의 정도' 및 '내부지향・화합/외부지향・경쟁의 정도'의 두 축을 기준으로 집단문화(group culture: clan), 혁신문화(developmental culture: adhocracy), 합리문화(rational culture: market), 위계문화(hierarchy)의 조직문화 유형을 제시하고 있다. '문화이론'은 대체로 경쟁가치모형에서 제시되는 조직문화 유형들을 포괄하고 있으며, 이에 더하여 운명주의라는 추가적인 문화형태를 보여주고 있다. '문화이론'의 이러한 포괄성은 한국 행정문화 분석에 그 유용성이 높다고 판단한다.

---

21) Douglas와 Wildavsky의 '문화이론'은 이미 이론적・경험적 차원에서 한국 행정문화 분석을 위한 수단으로 적용된 바 있다(박종민・김영철, 2001; 정동재・박재완, 2002; 오수길・채종헌, 2003 등). 이 책은 이러한 선행연구의 성과를 계승・발전시키고, 이를 보다 넓은 대상에 적용하려는 시도라고 하겠다.

셋째는 문화의 변동을 파악하는 데 '문화이론'이 의미 있는 성찰을 제공한다는 점이다. '문화이론'은 '뜻밖의 놀라움'(surprises)을 경험함으로써 삶의 양식이 변할 수 있다고 본다. 인간은 자신의 삶의 양식과 다른 세계를 경험하며 갖게 되는 경외감을 통해서 새로운 삶의 양식으로 옮겨갈 수 있다는 것이다. 또한 '문화이론'은 한 사회 내에서 특정 문화가 주도할 경우, 이에 대한 반작용으로 또 다른 문화가 성장하게 되고, 이는 결국 사회 내 문화의 변동으로 귀결될 수 있음을 지적한다(Thompson *et al.*, 1990).[22] Triandis의 문화유형론 -수직적 집합주의, 수평적 집합주의, 수직적 개인주의, 수평적 개인주의- 은 내용 면에서 Douglas와 Wildavsky의 문화유형론과 상당한 유사성을 보인다. '정체성/권력관계'의 두 기준이 후술할 '집단/격자'와 중첩되는 부분이 있기 때문이다.[23] 이 점에서 Triandis의 문화유형론도 경쟁가치모형보다는 유용성이 높다고 볼 수 있으나 Triandis의 유형론에는 문화의 변동에 대한 논의가 취약하다. 이 절이 한국 행정문화의 변동 가능성을 출발점으로 하고 있음을 고려해 볼 때, '문화이론'이 분석의 취지에 더 부합한다고 하겠다.

3) Grid－Group 문화이론

'문화'는 대체로 두 가지의 의미로 이해된다. 첫 번째는 문화의 의미를 가치·신념·규범·이념 등의 협의로 이해하는 것이고, 두 번째는 문화를 특정 사회의 사회관계와 정신적 산물을 포함한 포괄적인 삶의 양식(way of life)이라는 광의로 이해하는 것이다. 문화이론은 후자의 입장에서 문화를 해석하고 있다.[24]

'문화이론'은 문화적 편향(cultural biases), 사회적 관계(social relations), 삶의 양식(ways of life) 등의 개념을 구분하고 이 개념들을 연결하고 있다. 문화적 편향은 사회구성원들의 공유된 가치와 신념을 말하며, 사회적 관계는 사회구성원들

22) 예컨대 개인주의 문화가 주도하는 사회는 낙오자들을 낳게 되고 실패를 반복한 이들은 개인주의적 삶의 양식으로부터 운명주의적인 삶의 양식으로 변화될 수 있으며, 다른 한편으로 개인주의 문화가 가져온 경제·사회적 불평등과 균열을 감지한 일부 구성원들은 사회의 통합을 희구하는 과정에서 평등주의적 삶의 양식을 강화할 수 있다는 것이다.

23) '수평적 집합주의'와 '평등주의', '수직적 집합주의'와 '계층주의'는 내용상 정합도가 특히 높은 것으로 보인다. 그러나 '수평적 개인주의'와 '수직적 개인주의'는 '문화이론'의 문화유형들과 적절하게 조응하지 않는다. 이는 두 이론의 유형분류 기준들이 완전히 일치하지는 않기 때문이다.

24) Grid-Group 문화이론의 일반적인 내용은 주재현(2004a: 281-284)에서 인용함. 더 자세한 내용에 대해서는 Douglas & Wildavsky(1982), Thompson *et al.*(1990), Schwarz & Thompson (1990), 박종민 편(2002) 등을 참조.

간의 관계의 패턴을 말한다. 구성원들의 가치·신념·선호·인식 등을 포함한 문화적 편향은 사회적 관계를 정당화함으로써 사회구성원들의 행동에 심대한 영향을 미친다. 또한 사회적 관계는 문화적 편향의 형성을 규정하며, 이러한 문화적 편향은 다시 사회적 관계를 유지하는 데 기여한다. 한편 삶의 양식은 문화적 편향과 사회적 관계의 유기적 조합에 의해 형성되는 상태를 일컫는다. 즉 특정한 문화적 편향과 특정한 사회적 관계의 패턴 간에 상호지지적인 관계가 형성되면서 하나의 삶의 양식이 성립되게 된다.

'문화이론'은 사회적 관계를 '집단'(group)과 '격자'(grid)라는 두 가지 차원에서 이해하고 있다는 점에서 그 독창성을 찾을 수 있다. '집단'과 '격자'는 사회가 한 개인의 삶에 개입하는 방식이라고 할 수 있다. '집단'은 한 개인이 특정의 사회단위에 일체되어(incorporated) 있는 정도를 말한다. 이는 구성원들이 자신을 한 집단의 일원으로 규정하는 정체감의 정도로 볼 수 있으며, 또한 집단의 구성원이라는 변수(group membership)에 의해 개인의 삶이 그 집단에 흡수되고 집단에 의해 지탱되는 정도를 말한다. '격자'는 한 개인의 삶이 외적으로 부과된 규제·처방(prescription)에 의해 제약받을 가능성의 정도를 말한다. 이는 사회적 맥락에서의 규제의 정도로서, 특히 개인들 간의 관계를 규정하는 역할 구분(role differentiation)의 제도화된 분류틀을 의미한다. 이러한 사회적 규제가 강할수록 개인의 자율적인 판단에 의해 결정되는 생활은 적어진다.

'문화이론'은 집단과 격자라는 두 차원을 결합해서 네 가지의 삶의 양식을 도출한다. 즉 '문화이론'은 네 개의 문화유형을 제시하고 있다(그림 4-2). 집단과 격자는 사회의 성향에 따라 그 강도에 있어 차이를 보이게 된다. 따라서 이를 '집단'의 강·약과 '격자'의 강·약으로 구분하여 두 차원을 교차시키면 네 개의 가

[그림 4-2] 문화의 유형

		집단성(Group)	
		강	약
격자성 (Grid)	강	계층주의적 문화 (Hierarchy)	운명주의적 문화 (Fatalism)
	약	평등주의적 문화 (Egalitarianism)	개인주의적 문화 (Individualism)

능성이 나타나게 된다.

계층주의적 문화는 강한 집단 경계와 강한 사회적 처방의 두 요소를 지닌 문화유형이다. 이러한 문화유형 하에서 각 개인은 다른 구성원 -특히 지배계층- 들로부터의 통제와 사회적으로 부과된 역할에 의해서 구속된다. 이러한 사회에서는 계층에 따라 권위가 부여되고 부여된 권위의 행사 정도에 있어서 차별이 존재하며, 개인들 간에 존재하는 불평등은 적재적소를 통해서 사회적 조화를 이룰 수 있다는 주장에 의해서 정당화된다. 또한 계층주의적 문화를 지닌 사회는 사회내적 갈등을 해소할 수 있는 다양한 조정 및 통제 수단을 보유하고 있다. 그러나 구성원들은 집단의 일원으로서의 자기 정체성이 강하고 그들의 다양한 욕구를 집단을 통해 충족시킴으로써 집단에 대한 의존도를 높인다.

개인주의 문화는 약한 집단 경계와 약한 사회적 처방을 특징으로 하는 문화유형이다. 사회와 집단의 모든 경계는 임시적인 성향을 지니며 타협을 통해서 변화될 가능성을 지니고 있다. 또한 사회구성원들의 행동을 규제할 사회적 처방과 역할의 강도는 상대적으로 약하다. 따라서 구성원들 간의 관계를 당사자들의 자율에 의해 규정할 수 있으며, 시장에서의 계약관계로 표상되는 사회관계가 성립한다. 각 개인은 자신의 성취를 위해 타인들과 경쟁하고 있으며, 자신이 성취하지 못하면 다른 사람에게 그 성공을 빼앗기게 되는 거친 사회라고 할 수 있다.

평등주의 문화는 집단 경계는 강하지만 사회적 처방의 정도는 몹시 낮은 문화유형이다. 이러한 문화를 지닌 사회는 집단 구성원들의 정체감과 공동체의식이 몹시 높다. 여기서는 인종·사회신분 등의 기준을 통해 상호간의 권리와 의무가 엄격하게 규정될 때 나타날 불평등을 우려해 정교한 역할 규정을 꺼린다. 그러나 집단내적 역할 분화가 발달되어 있지 않으므로 집단 구성원 간의 관계가 불명료하고, 집단내의 권위행사를 뒷받침하는 지위의 구분이 구체화되어 있지 않기 때문에, 이러한 문화유형을 지닌 사회는 내부적인 갈등을 조정하기 어려운 특징을 지닌다.

운명주의 문화는 집단 경계는 약하지만 사회적 처방의 정도는 몹시 높은 문화유형이다. 이러한 문화를 지닌 사회의 구성원들은 강한 규제적 처방에 의해 통제되지만 집단에의 소속감은 약하다. 그들은 계층제적 사회의 구성원과 마찬가지로 어떻게 시간을 소비하며, 누구와 관련을 맺으며, 무엇을 입고 먹으며, 어디서 살고, 무슨 일을 할 것인가에 대해서는 강한 규제를 받지만, 계층제적 사회와는 달리 그들의 삶을 지배하는 결정을 내리는 집단의 멤버십으로부터는 벗어나 있다. 따라서 이러한 사회는 전체주의적(totalitarian)인 정치·사회체제와 상당한 공통점이 있다.

공공조직의 관리·운영과 관련한 주요 사안에서, 위의 네 문화유형별로 다음과 같은 현상이 나타날 수 있다.[25] 첫째, 조직의 목표와 조직구성원 간의 관계에서, 계층주의적 문화에서는 조직의 목표가 구성원 개인들의 존재에 우선한다. 조직의 목표를 달성하기 위해서 경우에 따라 개인의 희생이 요구될 수 있으며, 조직구성원은 전체로서의 조직목표 달성을 위한 도구로 간주된다(Wildavsky, 1987b: 284). 조직구성원들은 높은 집단 소속감을 지니고 '중심부'(center)[26]의 권위를 인정하고 있기 때문에, 자신이 조직을 위한 수단으로 활용되는 것을 받아들일 것으로 여겨진다. 조직구성원이 조직의 목표를 달성하기 위한 도구로 간주된다는 점은 운명주의 문화에서도 발견된다. 그러나 운명주의 문화에서 조직구성원들은 집단 정체감이 취약하기 때문에, 자신의 활동과 조직의 목표달성 간의 관계를 주체적으로 연계시키지 못한다. 단지 스스로 통제하지 못하는 조직 내 삶의 현실에서 상관의 명령을 무기력하게 수행할 뿐이다. 개인주의 문화에서, 조직 구성원들은 자신들의 성공에 우선적인 관심을 두며, 조직은 구성원 개인들의 성공을 위한 도구로 인식된다. 개인들은 집단 소속감이 약하므로 자신의 성공에 도움을 주지 못하는 조직을 떠나는 데 큰 부담을 느끼지 않는다. 집단 정체성이 높은 평등주의자들에게 조직의 목표달성은 의미 있는 사안이다. 그러나 그들은 자발적인 희생의 경우를 제외하고는, 조직목표 달성을 위해 조직구성원을 도구로 사용할 수 있다는 생각을 갖지 않는다. 구성원의 희생을 강요할 수 있는 강제적 권위를 지닌 '중심부'가 존재하지 않으며, 인간 개개인의 존엄성을 강조하기 때문이다.

둘째, 조직 내 인간관계에 있어, 계층주의적 문화는 상관과 부하 간의 명령-복종관계를 기본으로 한다. 상관은 부하에게 복종을 요구하지만, 동시에 부하에 대한 가부장적 애정과 관심을 보이며, 부하는 상관에 대한 신뢰와 존경을 토대로 상관의 명령을 수행할 것으로 기대된다. 그러나 계층주의적 문화에서 상정하는

25) 행정학 분야에 '문화이론'을 전파하는 데 큰 공헌을 한 Wildavsky(1985; 1987b; 1989)는 정부팽창, 리더십, 책임(responsibility) 등의 주제에 문화이론을 적용했으며, Coyle(1997)은 조직의 유형론에 문화이론을 적용한 바 있으나, 전반적으로 볼 때 공공조직의 관리·운영에 '문화이론'을 적용한 문헌은 아직 제한된 수준에 머물고 있다. 여기서는 이상의 문헌에서 본 저술과 관련된 논의를 참조하되, 기존 문헌의 도움을 받기 어려운 부분에 대해서는 '문화이론'의 기본적 내용을 토대로 추론하는 방식을 취한다.

26) 조직 또는 사회의 권위와 권력이 집중된 지역 또는 집단, 즉 기득세력(establishment)을 말한다.

집단 정체감이 조직 내 하부집단(sub-group)별로 특히 강하게 나타나는 현상도 발견될 수 있다. 특히 출신과 배경을 기준으로 해서 형성된 조직 내 하부집단의 정체감이 강해서 이들 하부집단 내에서 밀접한 인간관계가 형성될 수 있다.[27] 운명주의 문화에서도 상관과 부하 간에 명령-복종관계가 강하게 나타나지만, 여기서는 상관과 부하 간의 신뢰와 교류가 결여되어 있다. 스스로 자신의 삶을 지배할 수 있다고 믿지 못하는 운명주의자들은 상하관계를 이탈하기 위해 조직을 떠나는 모험을 감행하지 못한다. 한편 개인주의 문화에서는 모든 인간관계가 개인간 합의에 의해 형성되고 해체될 수 있다. 상관이 부하에게 업무에 관한 명령을 내리고 부하는 이 명령에 복종해야 하지만, 이는 계약이나 합의를 전제로 한 관계이다. 집단 정체감이 취약하기 때문에 어느 한 쪽이 언제든 조직을 떠날 수 있고, 그렇게 되면 이들간의 관계는 종료된다. 평등주의 문화에서는 상하관계보다 동료의식이 인간관계의 기본이 된다. 조직구조로서의 계층제상의 상하관계가 존재하지만, 상관이 부하를 대하는 태도는 여타 문화들에 비해 훨씬 더 인간적이다. 부하는 상관의 존재를 인정하지만 그가 범접할 수 없는 권위를 지닌 존재로 보는 경향은 약하다. 평등주의 문화를 지닌 조직은 비교적 평등하고 상호 존중하는 분위기를 특징으로 한다(*cf.* Wildavsky, 1989: 100-107).[28]

이러한 조직 내 인간관계의 성향은 조직과 그 외부인 간의 관계에도 반영된다. 정부부문의 경우, 정부조직과 일반시민 간의 관계는 특히 계층주의 문화와 평등주의 문화 간에 상당한 차이를 보일 수 있다. 계층주의 문화에서 정부조직은 일반시민들이 넘볼 수 없는 권위와 권한을 지니는 것으로 여겨진다. 따라서 정부조직과 공무원은 일반시민보다 우월한 위치에 있는 것으로 간주되며, 시민들에게 필요한 서비스를 시민들의 요구가 아닌 정부조직 스스로의 판단에 따라 결정하고 전달하는 것이 바람직한 것으로 여겨진다. 만약 일반시민들도 계층주의적 삶의

27) 출신과 배경을 근거로 해서 선후배 관계가 형성되고, 이들간에 도움을 주고받는 현상이 나타날 수 있다. 따라서 계층주의적 문화에서는 주로 도움을 베풀 수 있는 위치에 있는 선배는 후배로부터 대접을 받을 만하다는 인식이 형성되게 된다. 선배를 존중하는 이러한 인식은 소집단의 영역을 넘어 조직 전체로 확장되었으며, 이에 계층주의적 문화에서는 일반적으로 연장자를 존중하는 현상이 나타난다.

28) 평등주의자들은 기본적으로 인간들간의 상하관계, 나아가 리더(leaders)와 대중(mass)의 구분을 배격하고자 한다. 그러한 구분이 불평등의 한 형태라고 보기 때문이다. 그러나 평등주의자들도 필요시(예: 위기상황 등)에는 리더가 필요함을 인정한다. 이 경우 리더는 전통적 권위나 합리적·법적 권위보다는 카리스마적인 권위를 지닌 이들로 이해된다(Wildavsky, 1987b: 290; 1989).

양식으로 살아가고 있다면, 정부조직과 공무원의 이러한 태도는 시민들에게 수용될 것이다. 그러나 시민들의 삶의 양식이 평등주의에 가까운 경우에는 정부조직과 공무원의 이러한 태도는 상당한 비판을 받게 될 것이다.[29] 한편 평등주의 문화에서는 정부조직 및 공무원과 일반시민 간의 거리감은 매우 좁혀진다. 정부가 지닌 모든 정보를 시민들에게 공개하기는 힘들지만, 정부와 공무원은 시민들이 요구하는 정보를 최대한 공개하여 정부와 시민 간의 괴리를 극복하고자 한다. 공무원과 시민 모두 사회 전체적인 집단 정체감이 높다는 점이 양 부문 간의 상호 접근을 용이하게 한다.

셋째, 조직 내 의사소통 패턴은 인간관계를 반영한다. 계층주의적 문화와 운명주의 문화에서는 상의하달(top-down)식의 의사소통이 주를 이룬다. 상관의 의사는 부하들에게 의미 있게 수용될 것으로 기대되나, 보고를 제외한 하의상달(bottom-up)식의 의사소통은 매우 제한된 경우에만 허용되며, 그나마 그런 기회들도 적절하게 활용되지 않는다. 반면 개인주의 문화와 평등주의 문화에서는 조직의 하층에 위치한 구성원이 상관들에게 자신의 의사를 표출하는 데 심리적 제약을 받지 않는다. 개인주의자들은 합의된 규칙의 틀 내에서 상관의 의사를 수용하고 자신의 의견을 위로 전달하는 것을 당연한 것으로 여기며, 평등주의자들은 조직 내 계층의 상·하에 무관하게 동료의식이 강하기 때문에 수평적인 의사소통은 물론 상·하계층 간 쌍방향 의사소통도 활발하게 진행될 수 있다.

넷째, 이러한 의사소통 패턴은 조직 내 의사결정과정과도 밀접히 관련된다. 상의하달식 의사소통이 일반화된 계층주의적 문화와 운명주의 문화에서는 주로 조직의 상층부가 주요 정책을 결정한다. 일반 조직구성원들이 의사결정과정에 참여할 수 있는 공식화된 통로가 마련되어 있으나, 이는 대체로 형식적인 수준에서 운영된다. 그러나 개인주의자들은 자신에게 부여된 권한의 범위 내에서 공식적인 의사결정과정에 참여하여 자신의 의견을 제시하는 것을 자연스러운 것으로 여긴다. 단 개인주의자들은 집단 정체성이 약하기 때문에, 자신의 업무나 이익과 직접 관련된 사안 이외의 경우에는 적극적으로 자신의 의견을 상부에 표출할 것으로 기대하기 힘들다.[30] 조직 내 의사결정과정이 개방될 가능성이 가장 높은 문화

---

29) 정부조직과 공무원의 태도는 시민들에게 '고압적'인 것으로 해석될 수 있다. 계층주의적 삶의 양식을 지닌 시민들은 공무원의 '고압적'인 태도를 수용할 가능성이 높으나, 평등주의적 삶의 양식을 지닌 시민들은 그러한 태도에 도전하고 시정을 요구할 가능성이 높다.

30) 같은 맥락에서 개인주의자들은 자신의 업무와 관련이 없는 타 구성원의 업무에 대해서는 별 관

는 평등주의이다. 평등주의 문화에서는 일반 조직구성원들이 의사결정과정에 참여하는 것을 당연한 것으로 받아들인다. 이에 더해서 조직 상층부가 일반 구성원들의 참여를 바람직한 것으로 여기고, 그들의 참여를 조장할 수 있다. 일반 구성원들의 참여를 통해서 집행부와 일반 구성원 간의 괴리를 막을 수 있다고 여기기 때문이다(*cf.* Wildavsky, 1987b: 289).

다섯째, 인사관리의 측면에서 계층주의적 문화는 채용·승진·보수 등의 주요 사안에서 계급제를 토대로 한 보수적인 관리방식을 지향한다. 즉 조직의 구조와 직무가 지니는 특성보다는 공무원의 인적 특성을 기준으로 계급구조를 형성·운영한다. 따라서 계층주의적 문화에서는 조직 외부의 인사가 중간 관리직으로 진입하는 개방형 임용제는 활성화되기 힘들다. 또한 승진 여부는 기본적으로 교육수준이나 교육훈련 정도, 근무연수, 경력 및 보직관리 정도 등의 요인에 토대를 두고 결정된다. 교육수준·훈련·근무연수·경력 등 각종 자격조건을 충족시킨 연장자나 선배가 연소자나 후배에 앞서 승진하는 것이 조직의 안정적 운영에 긴요한 조건이라고 여겨지기 때문이다. 개인적인 능력이 중요시되는 경우는 대체로 동기나 동급자 간의 경합으로 한정된다. 한편 조직 내 하부집단(sub-group)의 존재도 승진에 영향을 미칠 수 있다. 각종 연줄(지연·혈연·학연 등)이나 임용출신 구분 등에 의해 형성된 하부집단은 그 내부의 선·후배관계를 토대로 승진결정에 영향력을 행사할 수 있다. 선배가 소집단 내 후배를 다른 이들보다 우선적으로 승진시키고자 힘쓸 수 있기 때문이다. 계층주의적 문화의 집단 응집성이 조직 내 소집단에서 활성화되는 경우 이러한 현상이 나타날 수 있다. 보수 수준의 결정 역시 기본적으로 계급을 토대로 하며, 같은 계급 내에서는 경력·직급·연령·학력 등의 요인이 세부적인 차이를 야기한다.

운명주의 문화에서 채용·승진·보수 등 주요 사안은 모두 조직 최상층부에 속한다. 누구를 채용할지, 어느 부서에 배치할지, 누구를 승진시킬지, 어느 정도의 보수를 줄지 등에 관한 결정은 전적으로 최상층부가 알아서 할 일이다. 일반 조직구성원들은 어떤 기준에 의해서 결정이 이루어지는지, 어떤 내부 메커니즘이 작동하는지 등에 대해 알기 어렵고, 혹 알게 된다고 해도 이에 대해 영향력을 행사할 수 없다. 모든 것은 일반 구성원들의 관여 범위를 넘어선 영역에서 행해지

심을 기울이지 않는다.

며, 그들은 그러한 결정 내용들을 수용할 뿐이다. 평등주의 문화는 주요 인사관리 영역에 대한 조직구성원들의 관여를 허용한다. 특히 정보의 공개는 일반적인 것으로 받아들인다. 조직구성원 모두의 참여와 합의에 의해서 기준을 정하고, 그러한 기준을 정당하게 적용해서 채용과 승진, 그리고 보수 수준이 결정되며, 그 결정과정을 일반 조직구성원들이 알 수 있어야만 조직운영의 정당성을 확보할 수 있다고 여겨진다.

개인주의 문화는 채용·승진·보수 등 주요 인사 관련 사안에서 개인의 실력·능력·실적 등을 가장 중요한 고려사항으로 한다. 여기서는 학력수준, 연령, 경력, 연줄 등으로 인해 유능한 인사가 채용·승진·보수 등에서 불이익을 받는 일은 생각하기 힘들다. 각 개인은 자신의 성공을 위해 타인들과 경쟁하고 있으며, 개인의 실력·능력·실적 등이 아닌 다른 요인에 의해서 경쟁의 결과가 결정되는 것이 받아들여지지 않기 때문이다. 계층주의적 문화와 달리, 개인주의 문화에서는 개인의 실적에 근거한 조직에의 진입과 퇴거가 손쉽게 이루어지며, 성과에 의해서 승진 여부와 보수 수준의 차등이 결정된다.[31] 개인주의 문화에서 조직의 안정성과 동료의식은 중요한 가치가 아니다. 경쟁체제로 인해 조직의 안정성과 동료의식은 훼손될지 모르나, 궁극적으로 경쟁은 조직의 목표달성에 더욱 크게 기여할 것으로 기대된다.

개인주의 문화는 과정과 절차보다는 성과와 결과를 중요시한다. 목표를 달성하기 위해서 가장 적합한 수단을 선택하면 될 뿐, 수단이 목표를 대체해서는 안 되는 것으로 판단된다. 따라서 목표달성 정도에 대한 성과평가를 실시하고, 이 평가결과를 승진여부와 보수 수준을 결정하기 위한 자료로 활용한다. 개인주의 문화에서는 수단 선택의 재량을 비교적 넓게 허용함으로써 조직 내 융통성·변화적응성과 창의성 수준을 높일 수 있고, 혁신적인 아이디어를 지닌 외부 인사를 조직으로 유치하는 것이 용이하다. 이러한 개인주의 문화와 가장 대척점에 서 있는 것은 계층주의적 문화이다. 성과와 결과를 도외시하지는 않으나 계층주의적 문화는 과정과 절차를 매우 중요시한다. 과정과 절차는 조직의 안정적인 운영을 위한 규정에 토대를 두고 있고, 이 규정은 오랜 기간 쌓아온 조직의 집단적 지혜와 전통의 결집으로 이해되기 때문이다. 이 전통적 규정의 내용은 대체로 위에서

31) 같은 수준의 성과를 냈다면 담당한 업무의 중요도와 난이도가 높은 이에게 더 많은 보상이 지급될 것이다.

서술한 계급제적 관리방식으로 구성된다.

<표 4-2>는 위의 논의를 정리한 것이며, 각 문화유형별 공공조직 관리·운영상의 특징은 경험적인 연구를 위한 구체적인 지표로 발전될 수 있다.

〈표 4-2〉 문화유형별 공공조직 관리·운영상의 특징

	계층주의	운명주의	개인주의	평등주의
조직목표와 조직구성원 관계	-구성원은 조직목표 달성을 위한 수단 -개인 수단화에 대한 구성원들의 긍정과 수용 -높은 조직소속감	-구성원은 조직목표 달성을 위한 수단 -개인 수단화에 대한 구성원들의 무기력한 수용	-조직은 개인의 성공을 위한 도구 -자유로운 조직 진입과 퇴거	-구성원의 도구화에 대한 부정 -인간 개개인의 존엄성 강조
조직 내 인간관계	-상관-부하간 명령-복종관계 -상관-부하간 상호관심과 신뢰 -조직 내 하부집단 안의 집단정체감 (정부조직과 일반시민 간 괴리)	-상관-부하간 명령-복종관계 -구성원간 신뢰와 교류의 결여	-계약과 합의에 의한 인간관계 -자유의지에 근거한 관계형성과 종료	-동료의식이 조직 내 인간관계의 기본 -상호존중과 평등성에 기반한 인간관계 (정부조직과 일반시민 간 높은 상호접근)
조직 내 의사소통 패턴	-하향식 의사소통	-하향식 의사소통	-자유로운 의사표출 인정(구성원 개개인의 관심영역에 한정)	-수평적 및 수직적 차원의 쌍방향 의사소통
조직 내 의사결정 과정	-조직 상층부 중심의 의사결정 -제도화된 의견수렴의 형식적 수행	-조직 상층부에 의한 의사결정 -제도화된 의견수렴의 형식적 수행	-조직구성원 일반의 의사결정과정 참여 (구성원 개개인의 관심영역에 한정)	-조직구성원 일반의 의사결정과정 참여 -조직 상층부의 일반구성원 참여 독려·조장
인사관리	-계급제를 토대로 한 보수적 관리방식 -자격요건과 연공서열 중심 -조직 내 하부집단(연줄)의 영향력 -과정과 절차의 가치를 우선시	-조직 최상층부의 임의적인 인사관리 -이에 대한 일반 구성원들의 무기력한 수용	-개인의 실력·능력·실적 중심의 관리 -성과 차이에 의한 차등인정 (경쟁체제) -과정이나 절차보다 결과와 성과의 중시(재량과 창의성 강조)	-인사관리 사안에 대한 조직구성원의 관여 인정 (정보의 공개)

이상 살펴본 바와 같이 Grid-Group 문화이론은 인간들이 구성하는 조직과 사회에 존재하는 삶의 양식 또는 문화의 가능성을 네 가지의 이념형으로 정리하고 있다. 조직과 사회마다 이러한 네 개의 삶의 양식 중에서 강조하는 삶의 양식이 다르다. 그러나 실제 존재하는 각 조직이나 사회가 하나의 삶의 양식만을 지니고 있는 것은 아니다. 모든 조직 · 사회에는 네 개의 삶의 양식들이 병존하고 있으나, 그중 하나 혹은 두 개의 삶의 양식이 그 조직 · 사회의 중심적인 문화를 구성하고 있다.[32)]

4) Grid-Group 문화이론의 적용

(1) 고전적 행정문화 내용의 재구성

여기서는 먼저 Grid-Group 문화이론의 분석틀을 적용하여 고전적 행정문화 연구의 내용을 재구성한다. 이를 통해 근대화 이론의 굴레에서 벗어난 행정문화 연구의 토대를 마련하고자 한다. 앞서 언급한 대로 고전적 행정문화 분석은 한국 행정문화가 일반적으로 운명주의, 가족주의, 권위주의, 정적 인간주의, 의식주의, 비물질주의 등의 요소(가치관)를 지니는 것으로 보았다(백완기, 1982; 조석준, 2004). 박종민 · 김영철(2001: 455-457)은 이러한 고전적 행정문화 분석의 내용을 문화이론의 분석틀을 적용해서 재구성하였다.[33)]

각 요소의 내용은 다음과 같다. 첫째, 운명주의는 인간생활에서 모든 것이 인간의 의지보다는 행운 · 우연 · 초자연적인 힘에 의해서 결정되고, 미래의 세계는 희망과 약속보다는 위험과 공포로 가득 차 있으며, 모험에 도전하는 것보다는 모험을 피하는 것이 훨씬 좋고, 모든 인간이라는 것은 타고난 자기의 길을 가게 되어 있다는 믿음이다. 둘째, 가족주의는 가족은 물론 출생지 · 본적지 · 씨족집단 · 출신학교 등의 1차적 집단에 대한 충성심으로 규정된다. 셋째, 권위주의는 다른 사람의 상이한 의견에 대하여 관용적인 태도를 취하지 않고, 다른 사람을 늘 지배하려고 하며, 선배나 연하자가 자기에게 복종적인 태도를 취하는 것을 좋아하는 복합적 성향으로 규정된다. 넷째, 정적 인간주의는 타인과 정적 유대관계를 계속해서 유지하려는 성향으로 규정되며, 이것의 주된 구성요소에는 상호 내포

---

32) 앞서 언급한 바와 같이, 문화이론은 문화(삶의 양식)에 대한 정태적 유형화뿐 아니라 어떻게 문화가 변화되는지에 대해서도 이론적인 설명을 제시하고 있다(Thompson *et al*.(1990) 참조).

33) 단 각 요소(가치관)가 하나 이상의 문화유형에 해당될 수 있다.

성, 밀착성, 신의, 전체적 결합성 등이 있다. 다섯째, 의식주의는 인간의 사회적 위치나 권위 또는 위신을 지키고 체면을 유지하기 위해서 전통적 관습이나 선례 또는 의식(儀式)에 집착하려는 성향을 말한다. 여섯째, 비물질주의는 돈・부・물리적 편의 및 풍요 등의 물질적 가치보다는 명예・위신・의리・덕성 등의 정신적 가치에 역점을 두는 성향을 말한다.

[그림 4-3]은 고전적 행정문화 분석의 6개 가치관을 Grid-Group 문화이론의 문화유형에 자리매김한 것이다. 고전적 행정문화 분석의 내용을 받아들일 경우 한국 행정문화에서 발견되는 문화유형은 계층주의, 운명주의, 평등주의이다. 이러한 결과는 먼저 한국 행정문화에는 다양한 문화유형이 공존하고 있다는 것을 보여준다. 특히 계층주의 외에 평등주의가 매우 중요한 문화요소를 구성하고 있다는 점과 운명주의가 행정문화의 한 축을 담당한다는 점은 주목을 요한다. 다음으로 위의 결과는 한국 행정문화가 개인주의 문화유형과는 그 정합성이 그리 높지 않다는 점을 알려준다. 이는 개인주의 문화에 토대를 두고 있는 행정개혁(관료제 통제) 수단들이 효과적으로 집행될 수 있을지에 대한 의문을 야기한다. 그러나 동시에 그러한 개혁 수단들의 도입에 따라 개인주의 문화가 양성되었을지의 여부를 검토할 필요성이 제기된다.

[그림 4-3] 행정문화의 6개 가치관에 대한 문화이론 적용

		집단	
		강	약
격자	강	**계층주의적 문화유형** – 가족주의 – 권위주의 – 의식주의	**운명주의 문화유형** – 운명주의 – 의식주의
	약	**평등주의 문화유형** – 가족주의 – 정적 인간주의 – 비물질주의	**개인주의 문화유형**

자료: 박종민・김영철(2001: 457).

(2) 한국 행정문화와 행정개혁의 효과성

1990년대 중반 이후, 우리나라 행정개혁, 즉 관료제 통제기제의 도입을 뒷받

침해온 이론적 정향들은 신공공관리론(New Public Management: NPM)과 뉴거버넌스론(New Governance)이다.[34] <표 4-3>은 NPM과 뉴거버넌스 접근의 주요 특징을 정리하고 있다. NPM은 신자유주의 이념을 토대로 여러 형태의 경쟁기제를 도입하여 행정의 능률성을 제고하고 관료들의 직업 안정성에 도전을 가하는 접근으로서, 개인주의 문화유형을 주된 문화적 기반으로 하고 있다. 반면 뉴거버넌스는 공동체주의 이념을 토대로 연계망(network)과 협력(partnership) 기제를 도입하여 관료들의 자발적인 역량을 제고하려는 접근으로서, 평등주의 문화유형을 주된 문화적 기반으로 한다.

〈표 4-3〉 신공공관리와 뉴 거버넌스의 주요 특징

구분기준	신공공관리	뉴거버넌스
인식론적 기초	신자유주의	공동체주의
관리 기구	시장	연계망(network)
관리 가치	결과(outcomes)	신뢰(trust)
정부 역할	방향잡기(steering)	방향잡기(steering)
관료 역할	공공기업가 (public entrepreneur)	조정자(coordinator)
작동 원리	경쟁(market mechanism)	협력체제(partnership)
서비스	민영화, 민간위탁 등	공동공급(시민, 기업 등 참여)
관리 방식	고객 지향	임무 중심
분석 수준	조직내(intra-organization)	조직간(inter-organization)
주요 관료제 통제기제[1)]	경쟁, 경쟁×감독, 경쟁×비항상성 등	상호성, 상호성×감독, 상호성×비항상성 등
주된 문화유형[2)]	개인주의	평등주의

자료: 이종수・윤영진 외(2005: 178)의 표에 '주요 관료제 통제기제'와 '문화유형' 항목을 추가함.
주: 1) '주요 관료제 통제기제'는 Hood(1996; 1998)의 논의를 참조.
2) '주된 문화유형'은 문화이론의 문화유형을 말함.

앞에서 정리한 내용을 고려해보면 다음과 같은 추론이 가능하다. 첫째, 개인주의 문화가 취약한 한국 행정문화의 특성으로 인해, NPM에 토대를 둔 행정개혁 방안들의 성공(효과적인 관료제 통제)은 쉽지 않아 보인다.[35] 둘째, NPM 개혁

34) 신공공관리론과 뉴거버넌스론에 대한 좀 더 자세한 내용은 7장과 8장을 참조.

방안들의 도입에 따라 한국 행정문화에도 개인주의 문화요소가 양성되었을 수 있고, 이에 따라 NPM 개혁방안들의 효과가 점진적으로 개선될 수 있다.

2. 한국 행정문화의 실제

1) 연구 설계

Group-Grid 문화이론을 한국 공직사회에 적용하여 행정문화의 특징과 변화를 파악하기 위해, 한국행정연구원이 장기간에 걸쳐 정기적으로 실시 중인 공무원 설문조사 자료를 활용하였다. 주재현(2011)의 연구는 1990년대 초와 2000년대 후반 행정문화의 비교를 위해 1992년부터 3년 간격으로 진행된 한국행정연구원의 공무원과 국민 인식조사에서 일부 설문 문항을 추출하여 문화이론의 틀에 맞춰 재해석하는 방식(2차 분석 방식)으로 적용하였다.[36] 이 책에서는 주재현(2011)의 연구에서 제시된 1992년과 2007년 연구 결과와 함께, 2021년 한국행정연구원에서 실시한 공직생활실태조사의 유사 문항을 추가하여 비교 분석한다. 이로써 1992년, 2007년, 그리고 2021년 공무원의 행정에 관한 인식을 비교하게 되므로[37] 약 30년 동안 한국 행정문화의 변화를 탐색해볼 수 있을 것이다.

이 조사에서 분석된 항목은 크게 세 개로 다음과 같다.

첫째, 세 시기의 조사에 모두 포함된[38] '공무원의 승진 결정 요인'에 대한 질

35) 한국 행정문화에 평등주의 문화가 존재한다는 점은 뉴거버넌스에 토대를 둔 행정개혁 방안들이 NPM보다는 성공 가능성이 높을 수 있다는 추론을 가능하게 한다. 그러나 한국의 평등주의 문화요소가 뉴거버넌스에서 필요로 하는 신뢰나 협력 개념과 조응한다고 보기는 어렵다. 따라서 뉴거버넌스 행정개혁 방안들의 성공 여부에 대해서도 신중하게 접근해야 할 것으로 판단된다.

36) 여기서는 2차 분석(secondary analysis) 방법을 사용한다. 행정에 대한 행정 공무원과 일반시민의 인식과 사고방식에 대한 선행연구의 자료와 분석결과를 재분석한다. 사전적인 기획에 의해 장기간에 걸친 인식조사를 체계적으로 수행하는 것이 독자적인 자료작성과 분석을 위해 가장 바람직한 접근이지만, 그러한 접근이 불가능한 상황에서 비교적 장기간에 걸친 인식의 지속과 변화에 대해 연구하기 위해서는 2차 분석 방법이 사실상 유일한 접근방법이라고 할 수 있다. 이러한 연구의도에 가장 적합한 선행연구는 1992년부터 3년 간격으로 공무원과 국민의 인식을 조사한 한국행정연구원의 연구이다.

37) '행정에 관한 공무원 인식조사'와 '공직생활실태조사'는 공무원 모집단을 대상으로 유사한 문항이 중복되었었는데 이것이 2021년 조사부터 재조정 및 분리되었다. 이 책에서 분석하려는 행정문화를 파악할 수 있는 공직사회의 관리방식, 가치 및 관계 등에 관한 문항들은 2022년 '행정에 관한 공무원 인식조사'에서 제외되었고 '공직생활실태조사'에서만 조사되었다. 따라서 공무원 인식조사 자료로서 가장 최근 자료인 2021년 '공직생활실태조사' 자료를 활용하였다.

38) 3년 단위로 조사를 실시하는 동안 설문문항들이 계속 변화되었으며, 이로 인해 인식의 변화를 확인하는 데 상당한 제약이 있었다. <표 4-4>에서 보듯이 2021년 공직생활실태조사의 공무

문을 분석하였다. 공무원 승진에 영향을 주는 요인을 문화이론의 유형에 따라서 분류한 후, 어떤 문화유형이 강한 영향력을 발휘하고 있다면 그것이 한국 행정문화의 특징일 수 있다고 전제하였다.

승진결정 요인으로 제시된 항목들은 근무연수(경력), 교육수준(교육훈련 이수여부), 연줄(지연·혈연·학연 등), 대인관계(평판), 실력(업무능력 및 실적), 금력, 운, 임용출신구분(채용경로) 등이다. 이 중에서 근무연수(경력), 교육수준(교육훈련 이수여부), 연줄(지연·혈연·학연 등), 임용출신구분(채용경로) 등은 계층주의적 문화, 실력(업무능력 및 실적)은 개인주의 문화, 금력과 운 등은 운명주의 문화, 그리고 대인관계(평판)는 계층주의적 문화 및 평등주의 문화와 관련될 것이다(표 4-4).[39]

위에서 논의한 바와 같이 근무연수(경력)가 더 많은 이들(대개 연장자)이 상대적으로 더 적은 이들보다 승진이 빨라야 한다는 생각, 교육수준이 더 높거나 필요한 교육훈련을 이수한 이들이 그렇지 못한 이들보다 승진이 빨라야 한다는 생각은 전형적인 계층주의적 문화의 한 단면이다. 또한 지연·혈연·학연 등의 연줄이나 고시출신 여부 등의 임용출신구분이 승진결정의 중요한 요인이 된다고 받아들이는 것도 계층주의적 문화를 반영할 수 있다. 계층주의적 문화의 주요 특징인 '집단(group)의 폐쇄성이나 응집성' 개념에 근거해서, 조직의 상층부에 있는 이들이 자신과 동일한 하부집단(sub-group)에 속하는 하위자들을 우선적인 승진 대상자로 검토할 수 있음을 인정하고 있기 때문이다.

실력(업무능력 및 실적)이 앞선 이들이 그렇지 못한 이들보다 먼저 승진된다는 생각은 기회의 균등과 경쟁, 그리고 개인적인 성공을 강조하는 개인주의 문화를 반영할 수 있다. 금력과 운, 성별에 의해 승진 여부가 결정된다는 생각은 자신과는 무관한 힘 -자신이 어떻게 할 수 없는 힘-에 의해 자신의 미래가 결정된다고 생각한다는 점에서 운명주의 문화와 관련되는 것이다.[40]

원승진요인에 관한 질문도 1992년, 2007년과 유사하지만 다른 선택항목들이 포함되어 있다.

39) 대인관계의 중요성은 평등주의 문화와 계층주의적 문화에서 모두 나타난다. 두 문화형태 모두 '집단' 일체감이 높은 문화이기 때문이다. 다만 평등주의 문화에서는 보다 평등한 인간관계를 전제한 대인관계가 중요시되는 반면, 계층주의적 문화에서는 상하관계를 전제로 한 대인관계가 중요시된다.

40) 재력을 갖춘 이들이 자신의 재력을 활용해서 다른 이들보다 먼저 승진하는 경우에도 운명주의자들은 이를 무기력하게 수용한다. 자신이 조직 상층부의 결정에 영향을 미칠 수 있는 부를 갖추지 못한 것이 안타깝지만, 이 역시 어떻게 할 수 없는 숙명적인 자신의 조건으로 받아들이기 때문이다. 운명주의자들은 결국 넓게 보면 인생의 대부분이 '운'에 속하는 영역이고, 자신이 주도적으로 변화시킬 수 있는 것은 매우 제한되어 있다고 인식한다.

원활하고 친밀한 대인관계는 집단 일체감을 보여주는 핵심지표가 될 수 있다는 점에서 '집단성'(group)이 높음을 의미하므로 평등주의 문화 및 계층주의적 문화와 관련될 것으로 간주하였다.

〈표 4-4〉 행정문화 2차 분석 대상 문항 1: 승진 결정 요인

	1992년	2007년	2021년
계층주의	연줄, 근무연수, 교육수준	경력 및 보직관리, 임용출신구분, 지연·혈연·학연 등, 교육훈련이수	학연·지연, 정치적 연줄, 재직년수, 기관장 판단, 기관장 주요 정책에 협력, 상급자 충성, 학력·자격요건, 채용경로, 근무부서
개인주의	실력	업무능력 및 실적	업무수행 실적, 업무수행 태도, 상위직 업무수행 잠재력
평등주의/계층주의	대인관계	대인관계	평판
운명주의	금력, 운	–	성별

두 번째로, 1992년, 2007년, 2021년 조사에서 네 문화유형과 관련된 설문 문항을 선택하여 어떤 유형이 상대적으로 강하게 인식되고 있는지를 간접적으로 추론하였다. Group-Grid의 네 가지 문화유형에 정확히 분류되는 항목을 선택하기 어렵다는 한계가 있으나 비교적 관련된다고 여겨지는 문항들을 선택하였다. 해당 질문들이 각 문화유형을 측정하기에 타당하다고 할 수 없으므로 비교의 결과는 보완적인 추론과 해석일 것이다. 1992년과 2007년, 2021년 조사 문항 중에서 각 문화유형과 관련된 문항은 <표 4-5>와 같다.[41)] 다음에서는 추출한 설문 항목별로 인식조사 결과를 검토·정리하여, 지난 30여 년 동안 한국 행정문화에서 나타난 지속과 변화를 살펴보도록 한다.

한편 세 시기에 진행된 설문조사의 개요는 다음과 같다. 1992년의 공무원 인식조사는 전체 공무원을 모집단으로 하였으며, 표본집단은 직종별·직급별·기관별 구성비에 따른 비율적 층화 표본추출법(proportional stratified sampling)에 의해서 공무원 2,944명을 선정했다. 현지조사는 1992년 8월 27일부터 1992년 10월

41) 1992년과 2007년의 항목은 주재현(2011)의 내용이며, 여기에 2021년 공직생활실태조사의 관련 항목을 추가한 표이다. <표 4-5>의 설문문항이 각 문화유형을 반영하는 논거에 대해서는 공공조직의 관리·운영에 관한 주요 사안들을 문화유형과 관련지어 추론한 앞의 논의를 참조.

〈표 4-5〉 행정문화 2차 분석 대상 문항 2

문화유형	설문문항	비고
1992년의 조사		
개인주의	관련 없는 동료업무에 대한 무관심 정도	높을수록 개인주의적
	결과가 좋으면 수단은 상관없다는 판단에 대한 동의 정도	
	타부처로 옮길 의향	클수록 개인주의적
	성과급제 실시에 대한 찬성 정도	높을수록 개인주의적
평등주의	부서 정책결정과정 참여 정도	높다고 인식할수록 평등주의적
	공무원에 대한 시정요구 여부 (시민의식 조사)	'있다'의 경우 평등주의적
계층주의	직장 내 선배대접에 대한 동의 정도	높을수록 계층주의적
	상관의견 수용에 대한 동의 정도	
	비판 회피적 자세에 대한 동의 정도	
	연줄·배경의 필요성에 대한 동의 정도	
	상관에 대한 충성심 정도	
	'공무원이 고압적'이라는 데 대한 동의 정도 (시민의식 조사)	
2007년의 조사		
개인주의	공무원 보수결정요인으로 업무의 중요도·난이도, 성과, 능력 선택	선택 시 개인주의적
	조직의 융통성과 변화적응성 동의 정도	높을수록 개인주의적
	조직의 개방성과 변화민감성 동의 정도	
	조직의 혁신인사 인정에 대한 동의 정도	
	조직의 창조성 추구에 대한 동의 정도	
평등주의	의사결정참여에 대한 만족 정도	만족할수록 평등주의적
	지위·직급에 무관한 상호존중과 평등한 대우에 대한 동의 정도	높을수록 평등주의적
계층주의	공무원 보수결정요인으로 경력, 학력, 직급, 연령과 부양가족수 선택	선택 시 계층주의적
	관리자에 대한 신뢰와 존경 정도	높을수록 계층주의적
	출신배경 등에 따른 인사상 차별대우에 대한 동의 정도	

2021년 조사		
개인주의	이직의향	높을수록 개인주의적
	경쟁력, 성과, 실적 중시	
	다양한 개성 존중	
평등주의	부서원들이 잘 어울리는 분위기	높을수록 평등주의적
	견해 차이 있는 동료간 협조 분위기	
	조직사기, 팀워크 강조	
	의사결정에 이의제기 가능성	
계층주의	안정성, 일관성, 규칙준수 강조	높을수록 계층주의적
	문서화, 책임, 통제, 정보관리 중시	

30일까지 실시하였고, 우편과 인편을 통해 설문지를 수거하였다. 국민 인식조사는 다단계 군집표본추출법(multistage cluster sampling)을 사용하여 국민 2,500명을 추출하였다. 실제 설문조사는 1992년 5월 25일부터 1992년 6월 13일간에 실시했다(서원석 · 김광주, 1993). 2007년의 공무원 인식조사는 전국의 중앙 및 지방공무원을 모집단으로 하여 비율적 층화 표본추출법으로 2,048명의 표본을 추출하였다. 표본 구성은 49개 중앙행정기관 공무원 1,568명과 16개 광역자치단체 지방공무원 480명으로 하였고 1,739부를 회수하였다(장지원, 2007a: 11-12). 국민 인식조사는 유효표본의 크기를 1,000명으로 하고, 인구비례에 의한 층화 무작위추출법(stratified random sampling)을 사용하여 표본을 추출하였다(서성아, 2007: 15-17). 2021년 공직생활실태조사는 47개 중앙행정기관 및 17개 광역자치단체의 본청 소속 일반직 공무원을 모집단으로 하여 표본으로 추출된 과/팀에서 조사대상자를 선정하는 층화 집락추출 방법을 적용하였으며 유효표본의 규모는 4천명으로 설정하고 진행되었다(한국행정연구원, 2022).

2) 분석 결과

(1) 승진 결정 요인에 대한 공무원 인식조사 결과의 비교[42)]

1992년 조사에서 조사대상 공무원들은 공무원 승진결정에 가장 중요한 영향

42) 1992년은 서원석 · 김광주(1993a), 2007년은 장지원(2007)에서 해당 부분을 검토하여 재정리하였다.

을 미치는 요인을 연줄(36%), 근무연수(26%), 대인관계(15%), 실력(12%), 금력(6.5%) 등의 순으로 인식하였다. 이를 문화유형별로 재정리하면 계층주의적 문화(연줄, 근무연수, 교육수준의 합 62.5%), 평등주의/계층주의 문화(대인관계 15%), 개인주의 문화(실력 12%), 운명주의 문화(금력, 운의 합 8%)의 순이다. 다시 말해 1990년대 초 한국의 공무원 사회는 승진결정과 관련하여 계층주의적 문화를 주된 요소로 하였고, 개인주의·평등주의·운명주의 문화는 매우 제한적인 영향만을 미쳤다고 볼 수 있다. 물론 계층주의적 문화로 분류될 수 있는 요인들이 여타 문화의 요인들보다 많았기 때문에 이러한 결과가 나왔다고 볼 수도 있으나, 설문작성 당시 연구자들에 의해 가설적으로 고려될 수 있었던 요인들 중에서 계층주의적 요인들이 가장 많이 선정되었고 이는 조사결과에 의해 어느 정도 확인되었다고 해석하는 것이 보다 적절할 것이다.

2007년 조사에서 조사대상 공무원들은 공무원 승진결정에 가장 중요한 영향을 미치는 요인을 경력 및 보직관리(30.5%), 업무능력 및 실적(21%), 대인관계(16%), 임용출신구분(16%), 지연·혈연·학연(15%) 등의 순으로 인식했다. 문화유형별로 정리하면, 계층주의적 문화(경력 및 보직관리, 임용출신구분, 지연·혈연·학연, 교육훈련 이수여부의 합 62%), 개인주의 문화(업무능력 및 실적 21%), 평등주의/계층주의 문화(대인관계 16%)의 순이다. 2000년대 들어서도 여전히 계층주의적 문화요소가 공무원 승진결정에서 가장 중요한 요인으로 인식되고 있으며, 개인주의 문화와 평등주의 문화 등의 영향은 부차적인 것으로 나타났다. 1992년의 조사와 마찬가지로 설문작성 당시 가설적으로 고려될 수 있는 요인 중 계층주의적 요인들이 가장 많이 선정되었고 이는 조사결과에 의해 어느 정도 확인되었다고 하겠다.

2021년 조사에서는 공무원 승진결정에 가장 중요한 영향을 미치는 요인으로 업무수행 실적(22.56%), 업무수행태도(14.1%), 상사·동료·부하의 평판(11.5%), 재직년수(9.5%), 근무부서(9.4%) 등의 순으로 인식되었다. 문화유형별로 재분류하면 계층주의적 문화(학연·지연, 정치적 연줄, 재직년수, 기관장의 재량적 판단, 현 기관장 주요 정책에 공감·협력 수준, 상급자에 대한 충성도, 학력·자격요건, 채용경로(공채·경채), 근무부서의 합 48.6%)가 가장 높았고, 개인주의 문화(업무수행실적, 업무수행태도, 상위직 업무수행의 잠재력의 합 37.3%), 평등주의/계층주의 문화(상사·동료·부하의 평판 11.5%), 운명주의(성별 2.4%) 순이다. 2020년대에 들어서도 계층주의적 요소가 가장 중요한 요인으로 인식되었으나 그 정도는 이전 조사에 비

〈표 4-6〉 공무원 승진결정 영향요인에 대한 공무원 인식 비교

문화	1992년		2007년		2021년	
	영향요인	응답자 비율	영향요인	응답자 비율	영향요인	응답자 비율
계층주의	연줄	35.7%	경력 및 보직관리	30.5%	학연 · 지연	3.8%
					정치적 연줄	1.7%
	근무연수	26.1%	임용출신구분	15.9%	재직년수	9.5%
	교육수준	0.7%	지연 · 혈연 · 학연 등	15.1%	기관장 판단	3.2%
					기관장 주요 정책에 협력	4.7%
			교육훈련 이수 여부	0.7%	상급자 충성	7.4%
					학력 · 자격 요건	3.2%
					채용경로	5.7%
					근무부서	9.4%
	계	62.5%	계	62.2%	계	48.6%
개인주의	실력	12.3%	업무능력 및 실적	21.3%	업무수행 실적	22.56%
					업무수행 태도	14.1%
					상위직 업무수행 잠재력	0.7%
					계	37.3%
평등주의/계층주의	대인관계	14.7%	대인관계	16.0%	평판	11.5%
운명주의	금력	6.5%	–	–	성별	2.4%
	운	1.5%				
	계	8.0%				
기타		2.5%	기타, 무응답	0.5%	기타	0.2%
총 2,896명			총 1,739명		총 4,133명	

해 줄어들었으며 특히, 개인주의 문화에 해당하는 '업무 실력' 항목에 대한 응답이 22.56%로 가장 높은 비율이 차지했다는 것은 개인주의 문화 요인이 상당히 강해졌다고 볼 수 있다.

1992년, 2007년, 2021년의 조사에서 공통적으로 계층주의적 요인이 가장 중요한 공무원 승진결정 영향요인으로 인식되었으므로 한국 행정문화에서 계층주의적 요소가 지속적으로 핵심적인 위치를 차지하고 있다고 추론할 수 있다. 그러나

이러한 지속성에도 불구하고, 개인주의 문화요인의 증가 등 몇 가지 주목할 만한 변화가 관찰된다.

첫째는 계층주의 문화가 과거에 비해 줄어든다는 점이다. 1992년에 62.5%, 2007년에는 62.2%였으나 2021년은 48.6%로 낮아져 과거에 비해 계층주의적 행정문화의 감소 가능성을 추정해볼 수 있다. 또한 계층주의 문화요소 내에서의 변화도 나타났는데, 1992년 조사에서는 '연줄'이 가장 높은 지지를 얻은 반면(35.7%), 2007년 조사에서 연줄은 15.1%로 크게 낮아졌고 계층주의 문화요소 중에서 '경력 및 보직관리'가 30.5%로 가장 높았으며, 2021년 조사에서 연줄은 학연·지연과 정치적 연줄을 합치더라도 5.5%에 그쳤다.

둘째는 개인주의 문화요소의 중요도가 높아지고 있다는 점이다. '실력'(또는 업무능력 및 실적)으로 대변되는 개인주의 문화요소는 1992년의 12.3%에서 2007년에는 21.3%로 증대되었고 2021년에는 37.36%(업무수행실적, 업무수행태도, 상위직 업무수행 잠재력의 합)로 증가하였다.[43] 이러한 변화는 조직운영과 통제의 방향이 개인성과 기반의 합리주의적 방식으로 변화될 가능성을 보여준다.

그러나 공무원 승진결정 영향요인에 대한 공무원의 인식조사 결과만으로 계층주의적 문화의 지속과 개인주의 문화를 포함하는 서구식 합리주의로의 변화가능성을 단정하기는 힘들다. 따라서 제한된 범위에서나마 다른 조사항목을 추가적으로 검토함으로써 이상 발견한 한국 행정문화의 지속과 변화 경향의 타당성을 검토해볼 필요가 있다.

(2) 공무원과 시민 인식조사 결과의 문화이론적 분석[44]

문화유형별로 관련된 문항들을 추가로 검토한 결과는 다음과 같다. 1992년의 인식조사 결과는 계층주의적 문화가 공무원 승진관련 영향요인뿐 아니라 공무원 조직의 운영에 광범하게 자리 잡고 있었음을 보여준다. 직장 내에서 선배에 대한

---

43) 2007년 조사는 1992년 조사보다 승진결정에 관한 변수의 수가 적었고, 특히 운명주의 문화를 측정할 수 있는 변수들이 삭제되었다. 이러한 변수 상의 차이가 개인주의 문화의 상승에 일부 기여했을 수 있으나, 후술하는 여타 조사결과와 관련지어 살펴볼 때, 개인주의 문화의 확장은 어느 정도 신뢰할 만한 결과로 판단된다.

44) 1992년은 서원석·김광주(1993a; 1993b) 중 이 장의 분석과 관련된 부분을 검토하여 재정리하였다. 2007년은 장지원(2007)과 더불어 공무원 인식조사의 Code Book(한국사회과학자료원, 2010)을 활용했다. 공무원 인식조사 Code Book 활용에는 한국행정연구원과 한국사회과학자료원의 동의가 필요했다. 양 기관의 협력에 감사한다.

적절한 대접이 필요하다는 인식(68%), 상관과의 의견상충시 상관의 의견을 수용한다는 견해(79%), 출세를 위해서는 연줄·배경이 필요하다는 인식(84.5%), 상관에 대한 충성심이 높다는 인식(37.5%, 충성심이 낮다는 인식은 7%) 등으로 알 수 있듯이, 계층주의적 문화는 중추적인 행정문화로 볼 수 있었다.[45] 일반 시민들의 평가에서도 시민 응답자의 63%가 공무원이 고압적이라는 데 대해 동의했으며, 그렇지 않다는 응답은 14%에 머물러 공무원과 그 조직을 계층주의적 문화로 인식한다고 볼 수 있었다.

한편 1992년 조사에서 개인주의 문화와 평등주의 문화의 정도를 측정할 수 있는 여타 문항들의 조사결과는 다음과 같다. 개인주의 문화 정도를 측정할 수 있는 문항들과 관련해서, 기회가 주어진다면 타 부처로 옮길 의향이 있느냐는 질문에 33.5%의 응답자가 긍정적으로 대답했으나, 부정적이거나 미온적인 응답자(66.5%)에는 크게 미치지 못했다. 또한 자신의 업무와 관련이 없는 동료의 업무에 무관심하다고 응답한 이들은 26%였던 반면, 그렇지 않다는 응답은 74%에 이르렀으며, 결과가 좋으면 수단은 상관없다는 판단에 동의한 이들은 9%에 불과했다. 이러한 결과는 대체로 개인주의 문화가 취약한 지지기반을 지니고 있었음을 의미한다. 다만 성과급제 실시에 대한 찬성(45.5%)이 반대(34%)보다 높게 나타나고 있어, 여타 조사결과와는 반대로 개인주의 문화의 가능성을 보여주고 있다. 그러나 이는 성과급제도가 아직 본격화되기 이전인 1990년대 초에, 성과급제도가 보수 인상을 가져오리라는 기대를 반영한 것으로 보인다. 실제 성과급제도가 실시된 이후 나타난 공무원들의 부정적인 반응(*cf.* 강인재 외, 1998; Im, 2003)이 이러한 해석의 타당성을 방증한다고 하겠다.

평등주의 문화 정도를 측정할 수 있는 문항들에서는, 부서 정책입안 과정에 많이 참여하고 있다는 응답이 21%에 그쳤지만, 잘 참여하지 못한다는 응답은 55%에 이르렀다. 일반 시민들을 대상으로 한 조사에서도 만족하지 못한 행정업무 처리에 대해 공무원에게 시정을 요구한 경험이 있는 응답자(31%)보다 요구한 경험이 없는 응답자(67%)가 훨씬 많아, 일선 행정 현장에서도 시민들의 의사표현이 매우 제한되어 있었음을 알 수 있다. 결국 1990년대 초의 한국 행정문화에서 평등

45) 가능한 한 조직 내에서 비판을 회피하고자 하는 자세(48%; 비판을 회피하지 않는다는 인식은 52%)의 경우는 계층주의적 문화에서 기대할 수 있는 것보다 낮은 수치가 나왔으나 이는 다소 예외적인 결과이며, 이 단일 항목을 토대로 해서 한국 행정문화에서 계층주의적 문화가 주된 문화형태가 아니라고 판단내리기는 어렵다고 하겠다.

주의 문화는 개인주의 문화와 더불어 매우 제한적인 부분만을 담당했다고 하겠다.

〈표 4-7〉 문화유형 관련한 조사결과(1992년)

계층주의 문화의 정도에 대한 항목					
설문문항	매우 긍정	긍정	보통	부정	매우 부정
직장 내 선배대접에 대한 동의 정도	267 (9.2%)	1,720 (59.0%)	–	841 (28.8%)	88 (3.0%)
상관의견 수용에 대한 동의 정도	100 (3.4%)	2,205 (75.5%)	–	592 (20.3%)	23 (0.8%)
비판회피적 자세에 대한 동의 정도	69 (2.4%)	1,324 (45.7%)	–	1,410 (48.7%)	95 (3.3%)
연줄·배경의 필요성에 대한 동의 정도	788 (27.0%)	1,677 (57.5%)	–	425 (14.6%)	27 (0.9%)
상관에 대한 충성심 정도	137 (4.7%)	958 (32.8%)	1,617 (55.3%)	185 (6.3%)	25 (0.9%)
공무원이 고압적이라는 데 대한 동의 정도 (시민의식조사)	380 (15.2%)	1,205 (48.2%)	552 (22.1%)	315 (12.6%)	35 (1.4%)
개인주의 문화의 정도에 대한 항목					
설문문항	긍정적 응답		보통 or 모름	부정적 응답	
	매우 그렇다	그렇다		아니다	전혀 아니다
기회부여시 타부처로 옮길 의향	357 (12.5%)	602 (21.0%)	869 (30.4%)	589 (20.6%)	443 (15.5%)
관련없는 동료업무에 대한 무관심 정도	31 (1.1%)	732 (25.1%)	–	2,026 (69.4%)	131 (4.5%)
결과가 좋으면 수단은 상관 없다는 판단에 대한 동의 정도	6 (0.2%)	257 (8.8%)	–	2,246 (76.9%)	410 (14.0%)
성과급제 실시에 대한 찬성 정도	162 (6.1%)	1,054 (39.4%)	559 (20.9%)	765 (28.6%)	133 (5.0%)
평등주의 문화의 정도에 대한 항목					
설문문항	긍정적 응답		보통	부정적 응답	
	매우 긍정	긍정		부정	매우 부정
부서의 정책입안 과정에의 참여 정도	135 (4.7%)	462 (16.0%)	693 (23.9%)	903 (31.2%)	702 (24.2%)
공무원에 대한 시정요구 여부 (시민의식 조사)	777 (31.1%)		–	1,685 (67.4%)	

요컨대 1990년대 초, 한국 공무원 조직 내의 인간관계와 조직운영에 있어서, 그리고 공무원과 일반 시민간의 관계에 있어서, 계층주의적 문화가 기본적인 행정문화였으며, 여타 삶의 양식들은 제한적인 부분에서만 작동하고 있었다고 볼 수 있다.

그렇다면 2007년 조사에서 나타난 한국 행정문화의 특징은 어떠한가? 우선 계층주의적 문화 정도를 파악할 만한 설문항목을 검토해보면 다음과 같다. 41%의 응답자들이 관리자에게 신뢰와 존경을 보낸다고 답했지만, 그렇지 않다는 응답자는 13%에 그쳤다. 정치적 성향이나 개인특성(출신지역, 성별, 나이, 신체적 조건 등)에 따라 인사상 차별대우가 있는지를 묻는 질문에 대해서 21%의 응답자가 그렇다고 대답했고, 40%의 응답자가 그렇지 않다고 대답했다. 문항 자체가 지니는 부정적 함의를 고려해볼 때 21%의 응답자가 정치적 성향이나 개인특성에 따라 인사상 차별을 받는다고 인식하고 있으며, 미온적인 응답을 한 사람들도 39%에 달한다는 점은 결코 가볍게 볼 수치는 아니라고 하겠다. 여전히 다수의 공무원은 계층주의적 행정문화를 주된 문화형태로 받아들이고 있다고 추론할 수 있다.

그러나 한국 행정문화에서 개인주의 문화의 속성이 성장하고 있음을 보여주는 조사 결과도 나타났다. '조직의 융통성과 변화적응성', '조직의 개방성과 변화민감성', '조직의 혁신인사에 대한 인정' 등의 문항에 대해서 40% 정도의 응답자가 일관성 있게 긍정적인 답변을 하였고, 부정적인 답변은 17～21% 선에 머물렀다. '조직의 창조성 추구' 정도에 대해서는 27%가 긍정적으로 대답했고 부정적인 응답은 31%로 나타났다. 한국 행정조직의 융통성·변화적응성·개방성·변화민감성·혁신성·창조성 등은 개인주의 문화의 핵심적 특성과 밀접한 지표이므로 이러한 결과는 개인주의 문화의 기반을 보여준다고 할 수 있다.

또한 평등주의 문화도 성장하고 있음을 시사하는 조사결과도 나타났다. 응답자의 33.5%가 의사결정에 참여하는 정도에 대해 만족감을 표시했고, 36%의 응답자들은 자신의 조직 내에서 지위·직급에 무관하게 상호존중하고 평등한 인간관계가 이루어진다고 응답했다. '지위·직급에 무관한 상호존중과 평등한 대우'가 실제로 이루어지는지는 확실하지 않으며 응답자들의 희망사항을 반영하고 있을 가능성도 있다. 그러나 개인주의 문화가 점차 강화되어 가는 가운데 일부 조직구성원들이 이에 대응하는 의미에서의 평등주의 문화 확대 의지를 보일 가능성을 배제할 수는 없다고 하겠다.

〈표 4-8〉 문화유형 관련한 조사결과(2007년)

계층주의 문화의 정도에 대한 항목					
설문문항	매우 긍정	긍정	보통	부정	매우 부정
관리자에 대한 신뢰와 존경 정도	96 (5.5%)	615 (35.4%)	790 (45.4%)	193 (11.1%)	33 (1.9%)
정치성향 · 개인특성 등에 따른 인사상 차별 대우에 대한 동의 정도	38 (2.2%)	321 (18.5%)	673 (38.7%)	590 (33.9%)	110 (6.3%)
개인주의 문화의 정도에 대한 항목					
조직의 융통성과 변화적응성 동의 정도	77 (4.4%)	618 (35.5%)	728 (41.9%)	272 (15.6%)	30 (1.7%)
조직의 개방성과 변화 민감성 동의 정도	90 (5.2%)	586 (33.7%)	689 (39.6%)	324 (18.6%)	38 (2.2%)
조직의 혁신인사 인정 동의 정도	98 (5.6%)	606 (34.8%)	720 (41.4%)	265 (15.2%)	36 (2.1%)
조직의 창조성 추구 동의 정도	45 (2.6%)	419 (24.1%)	731 (42.0%)	459 (26.4%)	73 (4.2%)
평등주의 문화의 정도에 대한 항목					
의사결정 참여에 대한 만족 정도	57 (3.3%)	526 (30.2%)	926 (53.2%)	196 (11.3%)	26 (1.5%)
지위 · 직급에 무관한 상호존중과 평등한 대우에 대한 동의 정도	83 (4.8%)	546 (31.4%)	745 (42.8%)	326 (18.7%)	32 (1.8%)

한편 2021년의 공직생활실태조사에서 관련 문항을 찾아서 추가로 비교한 결과, 앞서 2007년 조사결과의 특징이 강화되는 방향으로 해석되었다. 주로 조직문화와 관련된 항목으로부터 문화유형을 추론해보았는데, 계층주의적 문화와 관련하여 조직이 안정성 · 일관성 · 규칙 준수를 강조하는 정도(50.1%)와 문서화 · 책임 · 통제 등을 강조하는 정도(53.8%)에 긍정하는 응답이 절반 이상의 응답자에게 나타났다. 따라서 조직의 업무수행 구조와 방식에서 드러나는 계층주의적 특성은 여전히 강하게 인식하는 것으로 볼 수 있었다.

개인주의 문화와 관련해서는 이직 의향, 조직의 경쟁력 · 성과 · 실적 중시 분위기, 구성원의 다양한 개성 존중 분위기에 관한 질문으로 파악하였다. 이직을 원한다는 응답은 33.5%로 나타났으며 이는 앞서 1992년 조사에서 기회 부여시 타부처로 옮길 의향에 긍정하였던 응답(33.5%)과 거의 비슷하였다. 경쟁과 실적 중시 분위기에 긍정하는 응답은 58.5%로 절반 이상으로 나타났고 개성 존중 경향은 31.1%가 긍정하고 있었다. 특히 조직이 경쟁과 성과, 실적을 강조하는 분위기가 있다는 응답이 높게 나온 것에 근거할 때 개인주의 문화가 강화되고 있을 가능성이 크다.

평등주의 문화와 관련해서는 부서원 사이의 어울림, 견해 차이 있는 동료간 협조, 조직의 사기 및 팀워크 강조, 의사결정에 이의제기 가능성 항목으로 파악하였다. 조직 사기와 팀워크가 강조되는 분위기라는데 긍정하는 응답이 42.7%로 가장 높았고 견해 차이 있는 동료 간에도 협조하는 분위기라는데 긍정하는 응답은 35.2%, 부서원 사이 잘 어울리는 분위기는 응답은 34.3%, 의사결정에 이의제기할 수 있다고 긍정하는 응답은 29.8%도 나타났다. 3분의 1 이상의 응답자가 평등주의적 속성을 의미할 수 있는 항목에 긍정하는 것으로 나타난 것이다.[46]

이상에서 논의한 한국 행정문화와 관련해 분석된 행정현상을 정리하면 다음과 같다. 행정조직 내 인간관계, 의사소통 및 의사결정에서, 계층주의적 문화의 요소

〈표 4-9〉 문화유형 관련한 조사결과(2021년)

설문문항	매우 긍정	긍정	보통	부정	매우 부정
계층주의 문화의 정도에 대한 항목					
안정성, 일관성, 규칙준수 강조	8.2%	41.9%	40.6%	7.9%	1.4%
문서화, 책임, 통제, 정보관리 중시	10.2%	43.6%	39.1%	6.3%	0.7%
개인주의 문화의 정도에 대한 항목					
이직의향	9.4%	24.1%	30.1%	24.9%	11.5%
경쟁력, 성과, 실적 중시	9.2%	49.3%	34.5%	6.5%	0.5%
다양한 개성 존중	4.8%	26.3%	44.2%	20.7%	4.1%
평등주의 문화의 정도에 대한 항목					
부서원들이 잘 어울리는 분위기	5.4%	28.9%	44.9%	17.5%	3.3%
견해 차이 있는 동료간 협조 분위기	5.2%	30%	46.1%	15.5%	3.2%
조직 사기, 팀워크 강조	6.5%	36.2%	41.2%	13.4%	2.8%
의사결정에 이의제기 가능성	3.9%	25.9%	46.2%	19.5%	4.5%

46) 한편 주재현 외(2017) 연구는 305명의 사회복지전담공무원을 대상으로 하여 Group-Grid 문화이론을 적용한 바 있는데 주로 평등주의가 이들의 주된 삶의 양식으로 나타났고 개인주의 유형이 그 다음이었으며 운명주의와 계층주의는 상대적으로 소수로 나타난 바 있다.

인 조직 내 상하관계에 대한 인정과 강조는 1990년대 초부터 현재에 이르기까지 지속되고 있다. 상관에 대한 충성심·신뢰·존경 등을 토대로 상관의 의견을 수용하고 선배에 대한 대접을 중시하는 계층주의적 문화는 한국 행정문화의 가장 중요한 구성요소인 것으로 보인다. 이러한 계층주의적 문화는 주로 공무원 조직 외부의 일반시민들과의 관계에서 권위주의적 태도로 나타났던 것으로 파악된다. 한편 조직구성원간의 무관심의 정도는 낮은 편이고, 의사결정과정에 대한 참여는 활성화되어 있지 않아, 개인주의와 평등주의 문화의 정도는 상대적으로 낮았으나 최근 들어 의사결정과정 참여에 대한 만족도와 조직 내 상호존중과 평등한 대우에 대한 인식이 증가하고 있어, 행정문화의 변화 가능성을 발견할 수 있다.

인사행정 및 조직관리에서, 공무원의 승진은 근무연수(경력), 교육수준(교육훈련 이수여부), 연줄(지연, 혈연, 학연, 임용출신 등) 등의 요인에 의해 주로 결정되는 것으로 인식되고 있어 역시 계층주의적 문화가 인사행정의 주된 배경을 구성하는 것으로 판단된다. 그러나 1992년에 비하여 2007년이나 2021년은 승진결정 영향요인 인식에서 업무실적·담당업무·능력 및 자격 등의 개인주의적 요소가 경력·직급·연령·학력 등의 계층주의적 요소보다 더 중요한 것으로 인식되었으며, 조직관리 상의 융통성·개방성·창조성 등이 강조되는 등 개인주의 문화가 점차 확대되는 변화가 나타나고 있다.

이러한 행정문화의 변화에 관한 추론은 근래 젊은 신입 공무원과 기성세대 공무원의 갈등에 관한 경험과 연구를 통해서 더욱 지지될 수 있다. 사회 전반에 걸쳐서 발생되고 있는 가치관과 인식의 변화가 세대 간 갈등으로 나타나는 것에 주목하는 '세대론'이 공직사회에서도 활발히 논의되고 있다(임성근, 2022; 행정안전부, 2020). 이러한 논의는 1980년대 이후 출생한 이들에게 과거 세대와 다른 가치와 행태상의 특징을 찾아 제시하며 그 사회적, 조직적 영향을 분석하고 있다. 기성세대와 구별되는 가치와 행태 상의 특징을 Group-Grid 문화이론의 유형에 맞춰 본다면, 개인주의 성향과 평등주의 강화로 해석할 수 있을 것이다. 1981년 이후 출생한 세대(MZ세대)가 1980년을 기준으로 이전 출생한 기성세대에 비하여 동료나 조직에 대한 관심, 조직에 헌신하려는 의지, 과중한 업무 분담의지, 의무 아닌 회의에 자발적으로 참여하려는 의사 등 조직시민행동 관련 인식이 전반적으로 낮게 나타나(공직생활실태조사, 2022), 행정문화에서 개인주의 문화유형이 강화되었다고 추론된다. 또한 공정성 인식에서도 MZ세대는 절차적 및 분배적 공정성이 충분히 보장된다고 인식할 때 조직에 적극 참여하고 조직에 대한 소속감과 자부심을 느끼는 것으로 나타나(김정인, 2021), 행정문화에서 평등주의 문화유형의 강화 가능성도 추론된다.

따라서 이러한 문화성향을 가진 세대의 등장으로 향후 행정문화의 변화 방향도 개인주의와 평등주의가 보다 강화될 것인지, 그에 따른 행정의 관리와 통제의 방향은 어떻게 전개되어야 할지 등에 주목할 필요가 있을 것이다.

3. 한국 행정문화의 지속과 변화

이 절은 Grid-Group 문화이론을 적용하여 한국 행정문화의 지속과 변화를 분석하고자 하였다. 그러나 이러한 문제의식을 풀어나갈 연구방법 상의 어려움으로 인하여 선행연구의 조사결과와 자료를 이 절의 연구목적에 맞게 재분석하는 이차분석 방법을 적용할 수밖에 없었다. 한국행정연구원의 공무원 및 국민 인식조사(1992년, 2007년)와 공직생활실태조사(2021년)가 가장 적합한 이차분석 자료라고 판단하여, 세 시기의 조사결과를 재분석하였다. 그러나 해당 조사들은 동일한 설문문항을 유지하지 않았고, 앞에서 재정리된 네 가지 삶의 양식(문화) 관련 문항들도 그 수와 형식에 있어서 균등하지 않아, 이 절의 분석은 한계를 지니고 있다. 하지만 이러한 한계에도 불구하고, 지금까지 살펴본 이차분석 결과를 통해서 우리는 지난 30여 년에 걸쳐 한국 행정문화가 보였던 지속과 변화의 큰 흐름을 어느 정도 파악할 수 있을 것이다.

1992년, 2007년, 2021년에 공통으로 조사되었던 공무원 승진결정 영향요인에서 계층주의적 문화요소가 가장 중요한 영향요인으로 나타난 점은 한국 행정문화의 지속성을 보여준다. 승진결정 요인 외에도 조직 내 인간관계와 업무행태, 그리고 공무원 조직과 시민 간의 관계를 보여주는 조사결과에서 계층주의적 문화의 특성들이 강하게 지속되고 있음을 알 수 있다. 1990년대부터 현재까지 있었던 다양한 행정개혁 노력과 인적 구성의 변화에도 불구하고, 한국 행정문화는 여전히 계층주의적 문화를 기본적인 구성인자로 한다고 추론된다.

그러나 승진결정 영향요인과 관련해서, 계층주의적 문화요소 내에서의 중요도 인식에는 변화가 있었다. 1992년 조사에서는 '연줄'이 가장 높은 지지를 얻은 반면, 2007년 조사에서는 '경력 및 보직관리'가, 2021년에는 '재직년수'가 가장 높게 나타났는데 이는 계층주의적 문화요소 내에서도 '집단(group)의 폐쇄성이나 응집성'과 같은 요소보다 좀 더 관료제적인 요소가 중요하게 인식되고 있음을 방증한다고 하겠다.

무엇보다 2021년 조사에서는 승진영향요인으로 업무수행 실적과 태도가 가장 높게 나타나 개인주의 문화요소의 중요도가 높아진 것도 이런 맥락에서 해석될 수 있다. '실력'(업무능력 및 실적)으로 대변되는 개인주의 문화요소는 1992년에 비해 2007년에는 주목할 만한 증가를 보였고 2021년에서 이르러 가장 중요한 요인이 된 것이다. 업무실적, 업무수행태도, 상위직 업무수행 잠재력 등의 개인주의 문화요소가 학연 및 지연, 정치적 연줄, 재직년수 등의 계층주의적 문화요소보다 더 중요한 요인으로 인식되었다는 점은 주목할 만하다. 이 밖에도 조직관리 전반에서 융통성·개방성·혁신성 등 개인주의 문화요소에 대한 인정 정도가 확산되고 있음도 언급되어야 한다.

거시적인 사회변화 속에서 한국 행정의 전반적인 조직문화는 '관료제화' 또는 '합리화'라는 변화를 동반한 것으로 해석될 수 있다. 특히 김대중 정부 및 노무현 정부를 거치며 본격적으로 전개된 신공공관리 행정개혁이 공무원들의 인식 변화에 영향을 미쳤을 것이라는 가설도 성립 가능할 수 있다.[47] 합리성·능률성과 경쟁을 주된 가치로 하는 신공공관리는 도입 당시의 한국 행정문화와 조응하기 어려운 상황이었다. 해외 성공사례에 대한 벤치마킹(Benchmarking)을 매우 선호했던 국내의 개혁 주도세력과 IMF로 대변되는 해외 세력들은 한국 행정문화에 대한 심각한 고려 없이 외국의 주요 제도들을 도입했으며, 그 결과는 대체로 성공적이지 못했다(*cf.* 박천오, 2002). 그러나 일단 도입된 제도들이 나름의 변형을 거치면서 한국 공공조직에 지속해서 적용됨에 따라 공무원들의 인식에도 변화가 발생하기 시작한 것으로 짐작된다. 성과평가와 경쟁 및 그에 따른 차등 보상, 민간부문 엘리트의 공직 진입, 부처간 고위직의 인사교류 등 신공공관리 접근에 영향받은 다수의 제도는 여러 한계에도 불구하고 변형을 거치면서 한국 정부조직 관리와 운영의 한 축으로 자리 잡았다. 이러한 제도화 과정은 이 제도들이 상정하고 있는 행위자들의 행태와 인식의 변화를 동반하게 된다. 제도와 문화의 상호작용은 보편적인 현상이며, 한국 행정현상도 이에 대한 예외라고 보기 힘들기 때문이다.

---

47) 물론 사회전반의 가치와 인식, 문화의 변화가 공직사회에도 반영되었을 것이라는 외부적 요인도 고려해야 할 것이다.

앞서 문화이론에서 제시한 문화의 변화 가능성에 근거할 때 개인주의 문화의 확산에 따라 경쟁에 뒤처지는 이들을 중심으로 운명주의 문화가 나타날 수 있고, 또한 개인주의 문화 확산에 대한 반감으로 평등주의 문화가 성장할 수 있다. 현재까지 나타나고 있는 한국 행정문화는 계층주의적 문화를 주된 구성요소로 하고, 개인주의 문화가 점차 그 지지 세력을 확대하는 상황이라고 하겠다. 이를 고려할 때, 1990년대 후반부터 한국 행정관리에 적극적으로 도입되었으나 한국 행정문화와 정합하지 않아서 형식주의적으로 운영된다고 비판받았던 경쟁(competition) 기제들 -성과급제도, 민간위탁 등-이 관료제 통제에서 향후 더 나은 효과를 거둘 가능성이 커졌을 수 있다. 또한 여전히 전통적인 감독(oversight) 기제 -다원적인 내・외부 통제-의 의의를 과소평가할 수 없을 것이다. 더불어 과거에 비해 증가한 것으로 추정되는 평등주의 문화에 대응하는 네트워크 기제 -파트너십 방안들-의 중요성도 앞으로 더욱 강화될 수 있으므로 주목이 필요하다.

행정개혁과 관료제 통제의 성과와 한계에 영향을 미칠 한국 행정문화의 지속과 변화가 앞으로 어떤 방향으로 전개될지에 대해 계속 관심을 기울여야 할 것이다. 한국 행정의 문화적 기반에 근거하여야 더 효과적인 행정책임의 확보와 정부 관료제의 통제방식을 찾을 수 있기 때문이다.

제 5 장

재량에 대한 다원적 감독

행정통제 수단에 대한 종래의 논의는 관료조직 내·외의 다양한 기관과 행위자들을 동원해서 관료와 그들의 조직을 감시·감독하는 데 집중되어 있었다. 하지만 앞서 논의한 바와 같이, 복잡화·다양화·전문화되는 현대사회에서 행정 공무원의 재량이 확대되고 있으며 이들의 재량행위를 배제하는 것은 사실상 어려워지고 있다. 이러한 상황에서 공무원과 그들의 조직이 자신들의 이익을 우선 추구할 가능성을 통제하기 위해서는 행정부 내·외의 다원적 감독 주체들을 동원하는 것이 필요하다.

이 장은 그러한 다원적 감독 주체의 위치에 따라서 통제의 방식을 구분하여 살펴본다. 먼저 행정부 내부통제는 행정을 감독하는 주체가 행정부 내부이며 자체적으로 감독을 수행하는 통제방식이다. 여기에는 선출직과 정무직을 의미하는 정치적 집행부가 직업관료를 통제하는 정치적 통제방식과 함께, 관리기구·자체감사·상사에 의한 관리적 통제방식으로 나누어 살펴본다. 정부 내부의 통제는 행정부에 속하지 않으나 범(凡)정부 기관에 해당하는 기관에 의한 견제·균형 방식으로 통제된다. 여기서는 옴부즈만·최고감사기구·사법기제·입법부 등을 중심으로 살펴본다. 마지막으로 정부 외부의 통제는 감독하는 주체가 정부 외부에 있으며 이들이 행정을 향해 발언하거나 행정에 참여하는 방식으로 통제가 이뤄지는데 압력단체와 언론 등을 중심으로 살펴볼 것이며, 효과적 외부 통제를 가능하게 하는 투명성 제도를 살펴본다(표 5-1).

〈표 5-1〉 행정에 대한 다원적 감독의 주체

구분	감독의 주체
행정부 내부 통제	행정부 내부에서 자체 감독 －정치적 통제: 정치적 집행부 －관리적 통제: 관리기관, 자체감사, 상사
정부 내부 통제	행정부 외부에 있는 정부 기관에 의한 감독 －옴부즈만, 최고감사기구, 사법기제, 입법부
정부 외부 통제	정부 외부로부터의 감독 －참여적 통제: 압력단체, 언론 등 －투명성 통제: 정보공개청구, 정책실명제, 알고리즘 투명성 통제 등

제1절 행정부 내부의 통제

관료와 그 조직을 감시·감독하는 가장 기본적 수단은 관료들이 스스로 자신을 감찰하도록 하는 것으로, 행정부 내부에서 스스로 수행하는 행정을 감독하고 평가하며 통제해 나간다. 여기서는 재량행위를 공식적으로 감독할 수 있는 주요 감독 주체를 중심으로 정치적 통제와 관리적 통제로 구분한 후 각각에 해당하는 통제 수단과 방식을 검토한다. 정치적 통제는 행정부 내부의 가장 상층부에 위치하는 정치적 집행부와 직업관료를 구분하여 전자인 정치적 집행부가 후자인 직업관료를 통제하는 수단과 방식이다. 관리적 통제에서는 다른 부처를 지원 및 관리하는 기능을 맡는 관리기구에 의한 행정통제, 각 부처에서 스스로 수행한 행정을 자체적으로 감사하는 방식, 그리고 계층제의 상관에 의한 통제방식에 대하여 검토한다. 먼저 이러한 수단들에 대한 일반적 논의를 정리한 후, 각 수단의 현황을 살펴본다.

1. 내부통제 수단 개요

공식적 내부통제는 행정의 효율성을 증대시키고 관료들의 기능적 책임을 함양하는 데 초점을 둔다는 점에서 관리통제(managerial control)의 특성이 있으며, 행정부 내의 계층제를 토대로 한다는 점에서 계층적 통제(hierarchical control)의 성격을 지닌다(구자용, 1995: 70). 공식적 내부통제는 후술할 정부 내·외의 여타 통제수단에 비해서 통제에 소요되는 시간과 제도적 차원의 비용 면에서 경제적인 수단으로 볼 수 있다. 집행하는 주체가 스스로 통제하므로 세부 정보 파악이 쉽고 판단이 신속하게 이뤄질 수 있기 때문이다. 이 수단은 계층제 상의 책임 있는 자리에 있는 이들이 관료의 이익이 아닌 공익을 증진 시키려는 가치관을 지니고 있다는 가정을 전제로 한다(Peters, 2000: 310).

공식적 내부통제 수단들은 통제의 주체에 따라 정치적 집행부에 의한 통제, 관리기관에 의한 통제, 기관 내 감찰부서에 의한 자체통제(감사), 그리고 계층제 상의 상관에 의한 통제 등으로 분류할 수 있다(*cf.* 이광종, 2005; 구자용, 1995). '정치적 집행부'는 대통령이나 수상, 장관, 차관 등의 선출직(또는 정무직) 공무원과 그들로 구성된 조직(내각, 내각 내 위원회 등)을 말한다. 이들은 관료들의 성과를 관리하기에 가장 좋은 위치에 있으며, 관료통제를 위한 권위와 수단 -인사, 조사, 조직재편, 예산배정 개입 등-을 지니고 있다(Peters, 2000: 323-327). '관리기관'은 정부 내의 인적·물적 자원을 관리하는 기관과 정부기관들에 대한 평가를 담당하는 기관을 말한다. 이 기관들은 평가활동이나 정부의 제한된 자원에 대한 관리 권한을 토대로 여타 정부기관들의 행태에 영향력을 행사할 수 있다. '자체감사'는 감사의 주체가 감사대상기관의 내부에 속한 경우로서 자기조직을 감사하는 것을 말한다(신열, 2011: 3). '계층제상의 상관'은 조직 최상층부의 정치적 집행부 바로 아래서 시작되는 직업관료들로 중·상위층의 관리직 관료를 의미한다. 관리직 관료들은 부하직원에 대한 평가와 징계 과정상의 관여를 통해서 영향력을 행사한다.

그러나 공식적 내부통제 수단들의 활용에는 일정한 한계가 존재한다. 첫째, 행정부 내부에서 통제가 수행되기 때문에, 강력한 조치를 적용하지 못할 가능성이 있다. 현실의 관료조직은 스스로 통제하는 대신에 내부 관계에 따른 봐주기, 온정주의적 대처와 은폐 행태가 발생할 수 있는 것이다. 관리기관이나 감사담당관료가 여타 행정부처나 동료 관료들을 대상으로 강력한 통제수단을 적용하기 힘들 수 있기 때문이다. 이는 동료 의식이 바람직하지 않은 방향으로 작용하는 것으로 해석될 수도 있고, 또는 현재 통제 주체의 위치에 있는 이들의 기회주의적인 동기가 작용하는 것으로 해석될 수도 있다. 후자의 경우 현재의 통제 주체가 나중에는 자신도 피통제자의 위치에 있을 수 있다는 판단을 토대로, 전반적인 통제의 정도를 낮은 수준으로 유지하려는 동기가 작용할 수 있다는 것이다.

둘째, 공무원 노동조합의 활동이 내적 통제수단을 강하게 집행하는 데 어려움을 야기할 가능성이 있다. 노조 구성원의 이익을 위해 활동한다는 노조의 설립 취지가 넓은 맥락의 공익 증진과 상충되는 경우, 공무원 노조가 그 구성원들의 이익을 우선시하는 현상이 나타날 수 있기 때문이다(Peters, 2000: 310-311). 반대로, 노조를 통하여 행정의 문제 관행이나 구조의 개선 가능성도 기대할 수도 있으나, 우리나라의 현실에서는 아직 그러한 활동이 두드러지지 못하고 있다.

셋째, 자체감사나 정치적 집행부에 의한 통제의 경우에는, 관료제 내에서의 관료정치(bureaucratic politics)로 인해 조직 관리자들의 통제 의지가 약화될 수 있다. 각 행정기관은 예산·인력·의회의 지지 등 여러 자원을 두고 다른 기관들과 경쟁 중인데, 자기 기관 내에 문제가 있다는 것이 외부에 알려지게 되면 경쟁에서 불리한 처지에 놓이게 된다. 조직 관리자들이 이러한 결과를 바라지 않음은 물론이다. 또 장・차관뿐 아니라 고위 관료들은 조직 내적 규율을 세우는 것보다는 주로 책임지고 있는 조직의 목표 달성 능력에 의해서 평가받기 때문에, 조직 구성원들의 행태나 문제를 조사하고 처벌하는 데 많은 시간과 노력을 투입할 동기를 갖기 어렵다. 특히 장・차관들은 자신의 부하 관료들을 과도하게 통제・감찰하게 되면 그들로부터 적절한 지원과 조언을 얻기 힘들 가능성이 커지기 때문에, 부하들의 문제점을 적극적으로 밝히고 이를 기관 외부에 노출할 유인을 갖기 힘들다(Peters, 2000: 310-311, 323).

이러한 한계 사항들이 우리나라의 공식적 내부통제 현실에서도 나타나고 있음은 물론이다. 아래에서는 이 점을 염두에 두면서 우리나라 공식적 내부통제의 현황에 대해 살펴본다.

2. 우리나라 행정부 내부통제의 현황

1) 정치적 집행부에 의한 통제

정치적 집행부(political executive)는 행정수반이나 장・차관 등의 정무직 공무원과 그들로 구성된 내각, 내각 내의 위원회 등의 형태로 존재하며(Hague & Harrop, 2004) 이들에 의하여 행정 공무원에 대한 통제가 이뤄지고 있다. 대통령제인 우리나라에서 정치적 집행부는 국민에 의해 선출된 대통령과 대통령이 임명한 정무직 공무원(장관・차관, 대통령실 보좌관・비서관 등)을 의미한다.

(1) 대통령의 관료제 통제수단[1)]

대통령이 정부 관료제를 통제할 수 있는 주요 수단은 국가나 시기에 따라 다를 수 있으나 우리나라의 경우 고위공직자의 임면, 대통령 직할기구(대통령실)를 통한 개입, 정부 조직개편, 부처 예산통제, 그리고 성과관리 전략 등이 주요 수단으로 활용되었다(한승주 외, 2022; 양재진, 2003). 무엇보다 고위공직자의 임면은 대통령의 관료 통제에서 핵심 수단으로 활용되었다. 대통령은 집권과 함께 국무총리를 비롯한 집행부의 최고위직에 자신의 정책을 성실하게 집행해갈 정치적 충성도가 높은 인물을 배치하고 이들을 통해서 부처를 제어해 왔던 것이다. 우리나

1) 해당 부분은 한승주・최흥석・이철주(2022)의 일부를 수정, 요약하였음을 밝힌다.

라는 대통령의 공직자 임명 범위가 넓고 공직사회에 미치는 영향력이 지나치게 강하다고 평가되고 있으며 그로 인한 행정에 부정적 영향을 미친다는 우려가 크다(이선우, 2019).

대통령 직할의 기구 및 참모진을 확대하고 이들이 부처를 앞서서 정책 결정을 주도하는 방식은 대통령의 아젠다를 직접 관리해갈 수 있다는 장점이 있다. 직할기구가 정책 결정을 주도할수록 부처는 결정 과정에서 배제되므로 행정 관료에 의한 정책 왜곡 가능성이 줄어들 수 있다. 우리나라는 대통령 직할기구인 대통령실을 통해서 행정부처의 정책입안과 집행을 강하게 통할해왔다고 평가되는 데 핵심 아젠다를 관리하는 대통령실의 정책실장을 중심으로 국정의 주요 아젠다가 주도되고 있다는 것이다. 또한 물리적으로도 대통령실의 예산 및 인원 규모는 지속해서 증가했으므로 대통령실의 영향력 강화를 방증한다(박상훈, 2018).

정부 조직의 개편은 대통령이 자신의 의도에 맞춰 행정부처를 재정렬하는 것으로 부처의 신설 및 폐지, 통합 등을 의미한다. 이를 통해 행정부처에 대한 대통령의 통제를 강화하고 관료조직의 복종을 유도하는 효과가 기대된다(Peters, 1995; 양재진, 2003). 그동안 우리나라는 신임 대통령이 집권 초반에 대규모 정부조직개편을 자신의 국정 방향에 맞춰 해왔는데 그 효과에 대해서는 비판과 의문이 존재한다(박중훈, 2016). 정부 조직개편이 내세웠던 개혁의 효과보다 권력 재편이나 정치적 공약 가시화라는 상징으로 활용되고 있다고 지적된다.

부처 예산의 통제는 대통령이 관료조직을 효과적으로 통제할 수 있는 핵심 수단인데, 대통령은 관료조직의 가장 중요한 권력자원인 예산을 편성할 최종 책임자이기 때문이다. 특히 관료들에게 소속 부처의 예산 규모는 자신의 영향력과 승진기회에 큰 영향을 미치므로 대통령의 예산 편성에 종속될 수 있다. 현재 예산편성과정을 주도하는 주체가 행정부처인 기획재정부이므로 대통령의 직할기구로 예산관리부서를 두고 있는 미국과 비교할 때 제도적 측면에서는 대통령실의 예산통제권이 상대적으로 크지 않고 기획재정부를 향한 통제가 중요하게 부각된다.

성과관리는 대통령의 예산통제 수단과 밀접하게 연결되어 작동될 수 있는데 부처가 국정과제를 수행하는 성과를 평가하고 이 결과를 차년도 부처 예산의 증감에 반영할 수 있기 때문이다. 부처의 성과를 평가하는 지표에 대통령의 주요 정책과제 수행 여부를 반영함으로써 성과관리는 대통령이 관료제를 통제하는 수단으로 정치적 영향력을 미칠 수 있다.

이와 같은 수단은 정치적 집행부가 관료조직을 통제하는 데 활용되는 수단 중 일부이며, 각 수단은 나름의 특징과 논점이 존재하는 데, 이를 정리한 것이 <표 5-2>이다. 한승주 외(2022)의 연구는 중·상위직 공무원 257명에게 대통령이 정부 관료제를 통제하는 각 수단을 얼마나 활용 또는 강화하였는지를 7점 척도에서 평가하도록 하였다. 분석 결과 항목 간 큰 인식 차이가 나타나지는 않았지만, 인사권 강화(평균 4.89), 대통령실의 직할관리 강화(평균 4.83), 예산통제 강화(평균 4.78), 성과관리 강화(평균 4.64), 조직개편 강화(평균 4.44)의 순으로 높게 응답되어, 인사권 강화와 대통령실 직할관리가 대통령의 관료제 통제수단으로 적극 활용되었다는 것이 추론되었다. 또한 고위공무원에 대한 인사, 부처 예산의 규모 및 우선순위 통제, 대통령실의 역할 및 기능 강화와 같은 전형적인 관료제 통제수단은 각 부처의 정책 기조나 내용을 새 정권이 원하는 방향으로 전환하는 데는 효과적으로 나타났지만, 정책집행의 구조나 사회구조의 혁신, 성과 창출과 추진 속도 등에는 의미 있는 효과가 없거나 오히려 부정적 영향을 미칠 수 있는 것으로 나타났다. 반면 성과관리는 사회구조의 혁신을 도출하거나 국정과제의 성과 창출 및 추진 속도에는 긍정적 영향을 미치는 수단으로 나타났다. 이러한 결과는 통제수단별의 효과를 추론하는 근거 자료가 될 수 있을 것이다.

〈표 5-2〉 대통령의 관료제 통제수단별 특징과 논점

통제수단	특징	논점	정부별 특징
공직자 임면	- 부처 고위직의 정치적 임명을 통해서 부처 정책결정 및 집행이 현임정권의 지향에 맞도록 정치적 대응성 확보 - 정무직을 통해서 정치적 지향에 부합하는 공무원을 주요 보직에 임명하는 등 인사 개입함으로써 대통령 아젠다에 부합하도록 관료 행태의 변화 유도	- 공무원의 정치적 편향과 도구적 행태 발생 문제 - 행정의 불안정성과 위축 문제	- 핵심 통제수단으로 활용 - 김대중 정부 시기 인사청문회 도입, 노무현 정부 시기 모든 국무위원으로 확대되어 이전 시기보다 인사권 제약
직할기구 강화	- 국정 아젠다를 대통령 직속기구에서 담당하여 관리함으로써 효과적인 정책집행과 정치적 책임 확보 가능 - 부처를 압도할 전문성을 가진 자원을 대통령이 직	- 결정에서 배제된 부처의 소극적 행태 및 정책과정의 갈등 우려 - 대통령실과 국무총리로 국정관리 기능이 이원화되어 정치적 책임성 분산 문제 - 중요 국정 아젠다 관리보	- 지속적 강화 경향 - 노무현 정부 시기 대통령실 인원수 가장 많았음

	할 관리하면서 집권적인 정책결정력 행사	다는 포괄적인 행정부 감독체계라는 비판	
조직 개편	- 관료제의 재조직화를 통해 대통령 아젠다의 효율적 집행을 위한 제도 구축	- 행정조직 법정주의로 의회 의결을 통해야 하므로 유연성 제약 - 조직개편의 정책적 효과는 불확실하며 상징적 효과 - 행정적 비효율과 정치적 갈등 유발	- 개편 횟수는 노무현·문재인 정부가 가장 많았으나, 개편 정도는 김대중·이명박 정부가 강했다고 평가
예산 편성	- 대통령을 중심으로 한 예산 조정과 전략적 기획의 중요성 증가 - 국정방침에 따른 범정부적 예산편성 필요. 예산총책으로의 대통령 책무 강조	- 대통령 직할기구가 아닌 기획재정부처를 통한 예산편성으로 대통령과 부처 사이의 긴밀한 협조 필요 - 그러나 부처로서의 정책적 관점과 대통령 지시의 상충 발생, 정책 갈등과 지연 한계	- 김대중 정부에서 대통령의 예산편성 개입 강화
성과 관리	- 부처 업무 과정 및 결과의 가시적·체계적 통제 가능성 높음 - 관료제 통제의 외견적 합리성 확보	- 신속한 위계적 통제약화 가능 - 성과평가의 정치적 영향 및 활용 문제 - 성과평가로 인한 행정부담과 경직성	- 김대중 정부에서 도입, 노무현 정부부터 본격 확대, 활용

자료: 한승주 외(2022: 15) 일부 수정.

(2) 장관의 통제 권한과 자원

행정수반인 대통령은 국무총리의 제청으로 자신이 임명한 행정 각 부처의 장을 통해서 행정 공무원에 대한 통제를 수행한다. 행정 각 부처의 장(이하 장관)은 공무원 통제와 관련해서 다음의 권한을 갖는다.

첫째, 부령 제정에 관한 권한이다. 장관은 소관 사무에 관해서 법률이나 대통령령의 위임에 따라 위임명령을 발하거나 직권에 의해서 집행명령을 발할 수 있다.[2] 둘째, 행정감독권이다. 장관은 소관 사무를 통할하고, 소속 공무원을 지휘·감독하며, 소관 사무에 관한 지방행정기관의 장을 지휘·감독한다. 셋째, 행정처분과 행위에 관한 권한이다. 장관은 소관 사무에 관한 법령을 집행하기 위해 각종 행정처분과 행위[3]를 한다. 또한 예산의 편성과 집행 등 각종 재정에 관한 권

2) 행정 각 부의 장관만이 부령을 발할 수 있으며, 처의 장(이나 청의 장)은 부령을 발할 수 없다. 처의 장은 필요한 경우 총리령을 발할 수 있다.
3) 청원에 대한 심사, 통지, 행정심판 재결, 하부기관의 주관행위 결정, 감독 처분 등.

한을 행사한다. 넷째, 인사상의 권한이다. 장관은 각종 법령에 의거하여 소속 공무원의 임용제청권(5급 이상), 임용권(6급 이하), 징계권, 영전수여 상신권 등을 갖는다. 다섯째, 조사권한이다. 장관은 소관 사무에 관해 조사권을 지니며, 이는 후술할 자체감사의 형태로 수행된다(이광종, 2005: 292-296; 구자용, 1995: 77-78).

이와 같은 제도적 권한 중에서도 관료조직에 자신을 지원할 인물을 배치하고 활용할 수 있는 수단인 임기제 공무원의 임명과 정책보좌관제도에 관하여 살펴보면 다음과 같다.

① 임기제 공무원의 임명

행정수반인 대통령에 의하여 임명되는 장관 등 정무직 공무원은 전문계약직 또는 별정직 공무원을 임용할 수 있다. 이들은 직업공무원제[4]와는 대조적으로 신분(고용)이 보장되지 않으므로 자신의 임용과 임기의 지속 및 승진이 모두 임명자의 결정에 의해 이루어진다. 이러한 상황에서는 피고용인의 이익 -임용, 임기의 지속 · 승진 등- 은 기본적으로 정무직 임명자의 명운에 달려있게 된다. 즉 특정 공무원을 현재의 직위에 임명한 대통령 및 정무직 공무원이 선거에서 패하거나 실각하는 등의 사건으로 인해 자신의 자리를 보전할 수 없게 되면, 그가 임명했던 임기제 공무원은 자리를 지킬 수 없게 된다. 이와 같은 조건에서 임기제 공무원이 자신의 직위를 보전하고 나아가 더 좋은 보직을 획득하기 위해서는, 자신의 정치적 '주인'에게 인정받아야 함은 물론 그 정치적 '주인'이 최소한 현재의 자리를 유지할 수 있도록 공무원 자신도 '주인'이 성과를 내는 데 기여해야 한다. 이러한 체제에서 공무원은 자신에게 허용되는 재량을 가능한 한 최대로 활용해서 '주인'의 이익을 위해 노력하게 되며, 이는 곧 공무원 자신의 이익을 위해 노력하는 것이 된다. '주인(정치적 집행부)'의 이익과 '대리인/수하(임기제 공무원)'의 이익이 같은 방향으로 직결되기 때문이며, 이 경우 '대리인/수하(임기제 공무원)'의 재량이나 기회주의가 '주인(정치적 집행부)'을 위해 쓰이게 된다고 볼 수 있다.

이 접근방식은 일종의 엽관인사로서 일반적으로 엽관제에서 집권 정치인들은 공무원들의 충성심을 확보하고, 그들을 보다 직접적으로 통제 · 통솔할 수 있었다

4) 젊은 인재들이 공직에 들어와 평생에 걸쳐 근무하도록 조직 · 운영되는 인사제도를 말한다. 직업공무원제에서는 젊은 인재를 중간 이하 직급으로 임용하여 단계적으로 승진시키기 때문에, 응시자의 학력과 연령이 제한되며, 선발 기준으로는 전문적인 직무 수행능력보다 장기적인 발전가능성이 중시된다(이종수, 2000: 304).

(오석홍, 2008: 517). 오늘날 엽관인사는 행정수반이나 정무직 공무원들이 책임정치의 구현을 위해 상위보직에 자신과 정치적 신념이 갖거나 자신이 신뢰할 수 있는 사람을 정치적으로 임용하는 형식으로 운영된다. 엽관인사의 강화는 이런 식으로 임명하는 계약직·별정직 공무원들의 수를 증대시킴으로써 행정기관과 관료들을 장악하려는 접근방식이다.

정치적으로 임용되는 공무원들은 자신을 임용한 집권 정치인의 정책이념이나 정책방향에 충실하고자 한다. 그것이 자신을 임용한 정권이 다음 선거에서 승리할 수 있게 하고 자신의 기득권을 유지할 수 있는 길이기 때문이다. 따라서 엽관인사의 핵심적 요소는 정치적 '주인'인 정권의 명운과 정치적으로 임용된 공무원의 임기 또는 보직을 연계시키는 것이라고 할 수 있다.

선출직 공직자 -특히 대통령제의 대통령, 의원내각제의 수상·장관 등- 의 입장에서는 자신에게 전달되는 정보의 원천이 직업관료들에 국한될 경우, 정보협착(information impactedness)[5]으로 인해 부하 관료들에 대한 통제를 수행하는 데 제한을 받을 수 있다. 이 경우 정치적으로 임용된 임기제(계약직, 별정직) 공무원은 경력직 관료들과는 구분되는 또 하나의 정보 원천이 됨으로써 관료들에 대한 집권층의 권력을 증대시키고 통제력을 높이는 기능을 수행할 수 있다.

그러나 계약직·별정직 공무원들은 주로 정치적 이유에서 임용되기 때문에 사회적 배경이 다양한 반면, 해당 정책영역에 관한 전문지식이 부족하거나 자신들이 속한 행정기관과 관련된 경험을 갖추지 못한 경우가 많아 부하 관료들을 제대로 통제하기 어려울 수 있다. 그뿐만 아니라 미국에서 보듯이 별정직 공무원의 수를 증가시킬 경우 직업관료들의 반발을 불러일으킬 위험이 크다. 독일이나 핀란드에서처럼 장관에게 더 많은 개인 보좌관(personal advisory staff)을 제공함으로써 직업관료들에 대한 통제력을 강화하려는 시도는 어느 정도 효과를 거둘 수 있겠으나 이 경우 보좌관들 자체에 대한 책임문제가 수반된다(박천오·주재현, 2007: 239-240; Hague & Harrop, 2004: 299-300).

한편 정무직 공직자의 재임기간은 대부분 매우 짧아 선진국에서도 이들의 재임기간은 평균 2~3년을 넘는 경우가 드물다. 때문에 Heclo는 이들을 '정치적 철새'라고 부른다. 철새처럼 잠시 머물다 떠나는 일과성이 이들의 신분상 특징이라

---

5) 정보협착은 '주인'(master or principal)이 '대리인'(agent) 또는 '수하'(servant)의 행태를 평가·통제하는 데 필요한 정보가 평가·통제를 받아야 할 대리인(수하)으로부터 나오는 상황을 말한다.

는 것이다. 선출직 및 정무직 공직자들이 지니고 있는 시간적 제약은 행정기관에 대한 그들의 통제력을 특히 더 감소시킨다. 짧은 재임기간으로 인해 임용되는 순간부터 레임덕(lame ducks)이 된다고 한다. 때문에 선출직 및 정무직 공무원의 정책 방향에 동의하지 않는 직업관료들은 그와 그가 임용한 계약직·별정직 공무원들이 떠나기만을 기다리면 되며, 그 기간은 그리 길지 않는 것이 일반적이라는 근본적인 문제점이 있다. 이렇게 볼 때 엽관인사를 강화함으로써 행정기관과 직업관료들을 통제하고 그들의 대응성을 증진시키기는 쉽지 않다고 할 수 있다. 또한 정치적 임용의 증대는 정부 관료제가 수행하는 정책·행정업무의 능률성과 효과성을 저해하는 부작용을 가져올 수 있다. 정치적으로 임용되는 공무원의 비율이 직업관료들과 비교하여 어느 수준일 때 정부 관료제 활동의 대응성과 능률성이 균형이 이룰 수 있는지에 대한 해답은 아직 제시되지 않고 있다(박천오·주재현, 2007: 240).

② 장관정책보좌관

현재 우리나라에서 활용되고 있는 장관정책보좌관 제도는 노무현 정부 때 도입된 제도이다.[6] 장관정책보좌관은 장관의 전략적 정책수립기능을 강화하고 각 부처의 주요 정책과제에 대하여 장관을 전문적으로 보좌하기 위해서 설치되었다. 임용형태는 4급 이상의 대우를 받는 전문계약직 공무원으로 함이 원칙이나, 특별한 사유가 있는 경우에는 4급 이상 일반직·별정직공무원, 고위공무원단에 속하는 일반직·별정직공무원 또는 특정직공무원으로 대체할 수 있다.[7] 구체적인 담당 직무는 ① 해당 부처소관 업무 중 장관이 지시한 사항의 연구·검토, ② 해당 부처소관 정책과제와 관련된 외부전문가·이해관계자 및 일반국민 등의 국정참여의 촉진과 의견수렴, ③ 관계부처 정책보좌업무 수행기관과의 원활한 업무협조 등이다.

장관정책보좌관들은 주로 민간에서 충원되는 데, 이들의 민간분야 배경은 의원 보좌관이나 정당 경력자(정무분야 보좌 시), NGO/주요 관련단체 출신이나 언론인(대외협력, 이해관계 조정 시), 학자 등 해당 분야 전문가(장기적 계획 수립 및

---

6) 장관정책보좌관제도의 기본 내용은 행정안전부(2008)를 참조함.

7) 일반직·특정직 공무원으로 임용하는 경우는 기관내 또는 기관간 전보에 의해 임용하는 경우이다. 외부 인사를 임용하고자 하는 경우, 정책보좌관은 임용당시 장관과 진퇴를 함께 하기 때문에 신분보장이 되는 일반직·특정직공무원으로 신규 채용할 수 없다.

특정 사업 추진 시) 등이 일반적이다.

장관정책보좌관에게는 정원 범위 내에서 직무수행상 필요한 최소한의 행정실무인력을 배치해서 본연의 정책연구업무에 집중할 수 있도록 지원해야 한다. 또한 장기적인 전략적 정책 방향 설정 등을 위하여 필요한 경우에는 장관정책보좌관이 중심이 되어 기관내·외부 전문인력으로 특정정책 T/F를 구성하여 운영할 수 있다. 물론 장관정책보좌관의 담당업무 등을 고려하여 예산을 지원할 수 있다.

계약직 또는 별정직공무원으로 임용된 정책보좌관은 임용당시 장관의 임기만료와 함께 계약이 해지 또는 면직된다.[8] 한편 타부처 전입에 의해서 일반직·특정직공무원으로 임용된 경우, 임용 당시 장관이 퇴임하는 때에는 원 소속부처에 최초 결원발생시 우선하여 임용한다. 또한 겸임 또는 파견으로 임용된 경우는 임용당시 장관의 임기만료와 함께 겸임 또는 파견사유가 소멸되므로, 원 소속기관으로 조속히 복귀하는 것을 원칙으로 한다.

전문성을 지닌 장관정책보좌관이 원래의 취지대로 활동한다면 장관정책보좌관 제도는 긍정적인 효과를 낳을 수 있다. "공무원 부처는 피라미드식 계층구조로 의사[결정이] 이뤄지기 때문에 직언을 하기 힘든 분위기[인 반면] 정책보좌관은 장관에게 내부 실정을 '직언'할 수 있는 것이 가장 큰 장점[이며], 정치권에서 왔다고 하더라도 부처 소속이 아니다 보니 다른 실·국장 눈치를 보지 않고 직언하는 기능은 분명히 있다"[9]는 것이다. 그러나 다수의 장관정책보좌관들은 소위 '낙하산 인사'이고, 관련 단체들의 로비창구로 인식되고 있으며, 부처 내 기존 공무원들로부터 전문성과 역량을 인정받지 못하고 있다.

현재 대다수의 정책보좌관 자리는 장관의 측근이 임명되거나 정치권 또는 대통령실의 청탁으로 임명되고 있다. "장관과 가까운 측근이 기용되면 사실상 비서실장 노릇을 할 때가 많은 반면 정치권이나 청와대 부탁으로 온 보좌관들이나 선거캠프 출신 인사들은 주로 국회와 접촉하는 일을 맡는다."[10] 장관과 함께 손발을 맞추다가 '동반 입성'한 정책보좌관들은 그래도 국회나 대민업무 등에서 장관을 보좌한다는 점에서 일정 부분 인정할 여지가 있다. 그러나 정치권이나 대통령실의 부탁을 통해서 진입한 이들은 전형적인 '낙하산' 인사로 여겨질 수 있다.

---

8) 정책보좌관을 계약직공무원으로 채용하는 경우 채용계약서의 해지조건에 「채용당시 장관의 임기만료와 함께 채용계약이 해지된다」는 내용을 명시해야 한다.

9) 전직 장관정책보좌관 A씨의 신문 인터뷰 내용(매일경제신문, 2012: A13면에서 인용).

10) 전직 장관정책보좌관 B씨의 신문 인터뷰 내용(매일경제신문, 2012: A13면에서 인용).

장관정책보좌관들은 장관을 대신해서 소속 부처 산하기관이나 관련 단체 기관장을 만나거나 각종 모임에 참석하는 일을 수행하기도 한다. 산하기관이나 관련 단체 기관장에게 장관의 뜻을 전하고, 그들로부터 정책 조언을 구하는 것이다. 그런데 이러한 활동으로 인해 정책보좌관은 자칫 장관에게 통하는 로비창구나 민원창구로 인식될 수 있다(매일경제신문, 2012: A13). 로비 시도의 대상이 된 정책보좌관은 본인은 물론 장관의 정치적 명운에 심대한 영향을 미칠 수 있다.

한편 장관정책보좌관에 대한 직업관료의 인식은 부정적이다. 장관정책보좌관 제도에 관한 신문 기자의 인터뷰에 응했던 한 공무원은 "[장관정책보좌관들의] 전문성이 떨어져 말 그대로 정책보좌 기능을 하고 있는지 의심스러울 때가 있다"고 말했으며, 또 다른 공무원은 "장관을 따라 들어오는 보좌관들은 '어차피 나갈 사람'이라는 인식이 깔려 있어 정책을 놓고 깊이 있는 대화를 하기가 쉽지 않다"고 했다(매일경제신문, 2012: A13). 이상 살펴본 대로, 우리나라의 대표적 엽관인사 방식이라 할 수 있는 장관정책보좌관 제도는 아직 그 도입 취지에 부응할 만한 효과를 내지 못하고 있어, 앞으로 운영상의 개선사항을 모색해야 할 것으로 보인다.

(3) 정치적 집행부에 의한 통제의 특징

우리나라의 정치적 집행부와 직업관료 간의 관계에 대해서는 다음과 같은 명제가 널리 받아들여졌다(박동서, 1991; 조석준, 2004; 안병영, 1992; 박천오, 1993; 김성수, 2006). 우선 장·차관은 물론 관료들도 주요 결정시에 최고 정책결정자인 대통령의 선호나 의중을 최우선시하는 경향을 보였다. 즉 장·차관을 포함하는 행정부의 구성원들은 기본적으로 대통령의 선호와 의중이 무엇인지 파악한 후 그에 부합하는 정책 내용을 구체화하고 이를 실행에 옮기려는 성향을 보였으며, 이는 특히 대통령이 높은 관심을 보이는 정책사안인 경우에서 두드러졌다. 다음으로 관료들은 대체로 상관의 의도에 영합하려는 사고방식과 태도를 지녔으며, 이러한 성향은 계층제의 상층부로 갈수록 강화되는 경향을 보였다. 따라서 각 부처 내에서는 장·차관으로 대변되는 정치적 집행부의 의지가 정책결정과 집행과정에서 매우 중요한 요인이 될 수 있다는 것이다.

위의 논의를 달리 해석하면 장관은 대통령이 관심을 갖지 않는 정책에 대해서, 관료는 장관이 관심을 갖지 않는 정책에 대해서 영향력을 행사할 가능성이 있다는 것이다. 대통령의 권한이 강한 우리의 상황에서 장관은 기본적으로 대통령의 관심 분야에서는 대통령의 의지를 실현하게 된다. 그러나 대통령의 직접적 관심이 미치지 않는 여타의 잔여 영역 중에서 장관의 의지가 중요하게 작용하는 정책 사안이 있게 되고, 그 외의 영역에서 관료의 영향력이 발휘될 수 있다는 것이다(김성수, 2006: 6). 이상의 논의는 우리나라의 정책과정에서 대통령・장관・차관 등의 정치적 집행부가 행정 관료들의 행태에 대해 매우 높은 수준의 통제를 가할 수 있음을 시사한다. 그러나 동시에 이는 정치적 집행부의 역량과 도덕성 등의 변수가 공익의 실현에 결정적인 요인이 될 수 있음도 시사한다.[11)]

1980년대 후반 이후의 정치적 민주화와 더불어 위의 명제에 대한 도전이 제기되고 있다. 정치적 집행부의 의지와 차별화된 정책성향을 보이는 고위관료들이 나타나고 있다는 것이다(박천오, 1993; 2011). 물론 우리나라의 경우 아직은 행정 관료들이 자신의 의사를 부담 없이 표출한다고 보기는 어렵다. 그러나 중・상위직 관료 사이에서 정치적 충성 의무를 우선시 하면서도 전문직업적 접근을 강화하고자 하는 인식이 성장하고 있다는 것이다. 앞으로 한국 사회에서 민주적 가치의 중요성이 증대될수록 공직사회에서도 업무수행 과정에서 자신들의 독자적 판단을 적용하려는 태도나 의지가 상대적으로 강해질 수 있다(박천오, 2011: 45). 이러한 변화는 행정통제의 관점에서 심대한 의미를 지니고 있으며, 앞으로 한국 행정조직에서 정치적 집행부와 관료 간의 관계가 어떻게 변화하는지에 대해서 지속적인 관심을 기울일 필요가 있다.

2) 관리적 통제

(1) 관리기관에 의한 통제

행정부 조직은 수호조직과 주창조직이라는 기준으로 분류될 수 있다(김윤권, 2019; 2022). 행정자원을 정부 전체 차원에서 지키는 수호조직(guardian organization)과 수호조직에게 해당 조직의 미션과 전략을 이행하기 위해 행정자원을 요구하는 주창조직(advocate organization)으로 구분되는 것이다. 행정통제의 관계로 볼 때 수호조직은 주창조직을 통제하는 관리기관의 역할을 맡게 된다. 우리나라 중앙 행정부 내의 관리기관에는 인력과 조직을 관리하는 기관(행정안전부)[12)], 재정을 관리

11) 이 쟁점은 본 저술의 직접적인 관심사를 넘어선다. 따라서 여기서는 이에 관한 심도 있는 논의는 전개하지 않도록 한다.

하는 기관(기획재정부), 평가를 담당하는 기관(국무조정실) 등이 있다.[13] 여기서는 이들을 '관리기관'이라 칭하는 데 주로 정부 내의 인적·물적 자원을 관리하는 기관, 정부기관에 대한 평가를 담당하는 기관에 해당한다. 대표적인 관리기관으로 행정안전부, 기획재정부, 국무조정실의 관리 권한을 정리하면 다음과 같다.

① 행정안전부

행정안전부[14]는 국무회의의 서무, 법령 및 조약의 공포, 정부조직과 정원, 상훈, 정부혁신, 행정능률, 전자정부, 정부청사의 관리, 지방자치제도, 지방자치단체의 사무지원·재정·세제, 낙후지역 등 지원, 지방자치단체간 분쟁조정, 선거·국민투표의 지원, 안전 및 재난에 관한 정책의 수립·총괄·조정·비상대비, 민방위 및 방재에 관한 사무를 관장한다(정부조직법, 2021: 34조). 이 중 특히 행정통제와 관련된 것은 정부 조직과 정원 및 공무원의 인사, 지방자치단체의 관리 등에 관한 사무인데, 여기서는 중앙 행정조직과 인사에 대한 제도적 권한을 살펴보도록 한다.

중앙정부 조직과 정원의 관리 목표는 행정기관의 조직과 정원이 그 업무의 성질과 양에 따라 업무수행을 위한 적정규모가 유지되도록 하고, 특정 행정기관의 조직이 다른 행정기관의 조직과 기능상의 중복이 없도록 종합적이고 체계적으로 편성되어야 하며, 행정기관의 기능과 업무량이 변경될 경우에는 그에 따라 행정기관의 조직과 정원도 조정되도록 하는 데 있다(행정기관의 조직과 정원에 관한 통칙,[15] 2022: 3조).

이러한 관리목표를 달성하기 위해, 행안부장관은 매년 3월 말일까지 당해 연도의 정부 행정조직의 관리·운영방침과 다음 연도의 기구개편안 및 소요정원안의 작성에 필요한 기준을 정한 정부조직관리지침을 수립하여 국무총리의 승인을 얻어 중앙행정기관의 장에게 통보해야 한다. 그리고 중앙행정기관의 장은 당해 기관과 그 소속기관의 기구와 정원을 조정할 필요가 있다고 판단할 때에는 위의

12) 인사관리 조직으로 인사혁신처가 설치되어 있지만 인력 규모를 평가하고 통제하는 권한은 행정안전부에 있으므로 다른 행정기관에게 인력통제 측면에서 영향력을 미칠 수 있는 조직은 행정안전부에 해당한다.
13) 정권의 변화에 따라 각 기관의 명칭, 조직형태, 기능 등에 크고 작은 변화가 있었지만, 여기서는 원고 작성 시점인 문재인 정부의 해당 조직에 초점을 두고 서술한다.
14) 이하 '행안부'로 표기함.
15) 이하 '행조정통칙'으로 표기함.

지침에 따라 다음 연도의 기구개편안과 소요정원안을 작성해서 당해 연도 4월 말일까지 행안부장관에게 제출하여야 하며, 행안부장관은 이를 검토하여 다음 연도의 기관별 소요기구와 정원을 책정해야 한다.[16]

조직관리에 있어, 행안부장관은 각 중앙행정기관의 계급별 정원, 직무의 특수성 등을 고려하여 보조기관 및 보좌기관의 상한 및 설치기준을 정한다.[17] 중앙행정기관의 장은 한시적으로 발생하는 행정수요에 대처하기 위하여 필요하거나 기존의 보조기관・보좌기관으로 그 목적을 달성하기 곤란한 중요한 업무가 발생한 때에는 한시적 보조기관 또는 보좌기관(한시조직)을 설치・운영할 수 있으나, 중앙행정기관의 장이 한시조직을 설치하고자 할 때는 관련 서류를 갖추어 행안부장관에게 제출해야 하며, 행안부장관은 한시조직의 타당성 여부를 검토하여 그 결과를 통보한다. 또한 각 행정기관은 그 기관에 부속하여 이를 지원하는 부속기관을 둘 수 있으나, 부속기관의 장의 직무등급은 직무의 곤란성 및 책임도를 고려하여 행안부장관이 배정한다(행조정통칙, 2022: 12, 14, 17조의 3, 19조).

정원관리에서 공무원의 정원은 행정기관별・계급별・직급별(또는 고위공무원단에 속하는 공무원의 경우에는 공무원의 종류별)로 배정하는 데, 파견 등으로 인해 별도정원을 운용할 필요가 있다고 인정되는 중앙행정기관장은 기관별・계급별(또는 고위공무원단에 속하는 공무원의 경우에는 공무원의 종류별) 별도정원에 관하여 미리 행안부장관과 협의해야 한다. 중앙행정기관의 장은 소속기관 및 실・국별로 정원을 배정한 후, 정원배정표를 작성해서 행안부장관에게 통보해야 하며, 행안부장관은 기구개편 및 정원조정에 따라 초과현원이 발생하는 경우에는 관계기관장과의 협의를 거쳐 인사관계 법령이 정하는 바에 따라 초과현원을 다른 중앙행정기관에 재배치할 수 있다. 행안부장관은 정부행정조직을 효율적으로 관리・운영하기 위하여 각급 행정기관의 행정수요 및 업무량 판단, 기구 및 정원의 운영실태,

16) 한편 행안부장관은 직제 등을 제정하거나 개정되는 직제 등이 다수 중앙행정기관과 관련되는 등 소관 중앙행정기관이 분명하지 않은 경우에, 중앙행정기관의 장의 기구개편안과 소요정원안의 제출절차 없이 직제 등의 제정 또는 개정에 필요한 조치를 할 수 있다(행조정통칙, 2022: 8조).

17) '보조기관'은 행정기관의 의사 또는 판단의 결정이나 표시를 보조함으로써 행정기관의 목적달성에 공헌하는 기관을 말하며, '보좌기관'은 행정기관이 그 기능을 원활하게 수행할 수 있도록 그 기관장이나 보조기관을 보좌함으로써 행정기관의 목적달성에 공헌하는 기관을 말한다. 보좌기관은 특히 전문적 지식을 활용하여 정책의 기획, 계획의 입안, 연구・조사, 심사・평가 및 홍보와 행정개선 등에 관하여 행정기관의 장이나 그 보조기관을 보좌한다(행조정통칙, 2022: 2조, 12조).

기능배분의 적정성, 다수 중앙행정기관과 관련되는 기능의 수행체계 등을 분석·평가할 수 있다. 이러한 조직진단 결과, 시정 또는 보완이 필요하다고 판단되는 사항에 관하여 행안부장관은 관계 중앙행정기관장의 의견을 들은 후 이에 대한 시정 또는 보완을 요청할 수 있으며, 시정 또는 보완요청을 받은 중앙행정기관의 장은 정당한 사유가 있는 경우를 제외하고는 필요한 조치를 하고 그 결과를 행안부장관에게 통보해야 한다. 나아가 행안부장관은 조직관리상 필요하다고 인정하는 때에는 행정기관에 대하여 정원감사를 실시하고, 그 결과를 해당 기관에 통보해야 하며, 중앙행정기관장은 그 기관의 업무량 증감과 그에 따른 인력수요의 변화 등을 감안하여 부처별 중기인력운영계획을 수립해서 매년 4월 말까지 행안부장관에게 제출해야 한다(행조정통칙, 2022: 24, 24조의2, 26조의2, 27, 30, 33조).

이처럼 행정안전부는 정부 부처의 기구 남설을 방지하고 과도한 인력 증원을 통제하는 역할을 맡고 있다. 이경호·박현신(2016)의 연구는 행정안전부로 대표되는 중앙관리기구에 의한 정부조직의 통합관리는 기본적으로 효율성 원리에 기반을 둔 통제지향적 정부조직 관리를 원칙으로 하고 있어서, 개별 부처나 계선기관의 관리 자율성을 제약하는 요인이 될 수 있음을 지적하고 있다.

② 기획재정부

기획재정부[18]는 중장기 국가발전전략수립, 경제·재정정책의 수립·총괄·조정, 예산·기금의 편성·집행·성과관리, 화폐·외환·국고·정부회계·내국세제·관세·국제금융, 공공기관 관리, 경제협력·국유재산·민간투자 및 국가채무에 관한 사무를 관장한다(정부조직법, 2021: 27조). 특히 재정정책의 수립·관리 및 예산·기금의 편성·집행·성과관리와 공공기관 관리 등의 사무가 행정통제와 밀접하게 관련된다.

정부는 재정운용의 효율화와 건전화를 위하여 매년 당해 회계연도부터 5회계연도 이상의 기간에 대한 '국가재정운용계획'을 수립해서 회계연도 개시 90일 전까지 국회에 제출해야 하는데, 기재부가 이 업무를 담당한다. 이와 관련해서 기재부장관은 필요시 관계 국가기관 또는 공공단체의 장에게 중·장기/대내·외 거시경제전망 및 재정전망 등에 관한 자료의 제출을 요청할 수 있다. 한편 지방자치단체의 장은 국가의 재정지원에 따라 수행되는 사업으로서 일정 규모 이상인

18) 이하 '기재부'로 표기함.

사업의 계획을 수립할 때에는 미리 관계 중앙관서의 장과 협의해야 하는데, 이 경우 중앙관서의 장은 기재부장관과 협의해야 한다(국가재정법, 2022: 7조). 기재부는 국가재정운용계획에 기반해서 매 회계연도 예산배분의 기본방향을 설정하고, 세입 및 세출예측을 통해 예산의 전체 규모를 설정하며, 각 부문별・부처별 지출 상한선 설정 및 예산 조정의 역할을 담당한다(하연섭, 2010: 97).

예산의 편성과 관련해서 기재부는 예산의 구체적인 분류기준 및 세항과 각 경비의 성질에 따른 목의 구분을 정한다. 기재부는 각 부처가 요구한 예산안을 재정여건, 재원배분의 우선순위 등을 고려해서 정부 전체적인 차원에서 검토・조정하는 기능을 담당한다. 기재부는 대규모사업에 대한 예산을 편성하기 위해서 미리 예비타당성조사를 실시할 수 있는데, 조사 대상사업은 총사업비가 5백억원 이상이고 국가의 재정지원 규모가 3백억 이상인 신규 사업을 대상으로[19] 실시하여야 한다(국가재정법, 2022: 3장 2절).

기재부는 국회에서 예산안이 통과된 후 각 부처에 예산을 배정하고 예산집행을 모니터링하는 기능을 수행한다. 이와 관련해서 기재부는 예산집행의 효율성을 높이기 위해 매년 예산집행에 관한 지침을 작성해서 각 중앙관서의 장에게 통보한다. 그러나 기재부는 예산의 효율적인 집행관리를 위하여 필요한 때에는 분기별 예산배정계획에도 불구하고 개별사업계획을 검토하고 그 결과에 따라 예산을 배정할 수 있으며, 재정수지의 적정한 관리 및 예산사업의 효율적인 집행관리 등을 위하여 필요한 때에는 분기별 예산배정계획을 조정하거나 예산배정을 유보할 수 있고, 배정된 예산의 집행을 보류하는 조치를 취할 수 있다. 각 중앙관서의 장이 예산을 전용(轉用)[20]하거나 이용(移用)[21]하기 위해서는 기재부장관의 승인을 얻어야 한다(국가재정법, 2022: 42～47조; 하연섭, 2010: 98).

중앙관서의 장은 소관 사무와 관련하여 특별회계 또는 기금을 신설하고자 하

19) 총사업비 5백억 이상, 국가 재정지원 3백억 이상인 신규사업으로서 다음 어느 하나에 해당하는 대규모사업에 대한 예산 편성을 위해서 예비타당성 조사를 실시해야 한다. 1. 건설공사가 포함된 사업, 2. 「지능정보화 기본법」 제14조제1항에 따른 지능정보화 사업 3. 「과학기술기본법」 제11조에 따른 국가연구개발사업 4. 그 밖에 사회복지, 보건, 교육, 노동, 문화 및 관광, 환경 보호, 농림해양수산, 산업・중소기업 분야의 사업

20) 예산의 전용(転用)은 행정과목(세항 또는 목) 간의 융통을 의미한다.

21) 예산의 이용(移用)은 장, 관, 항 간의 융통을 말한다. 각 중앙관서의 장은 예산이 정한 각 기관 간 또는 각 장・관・항 간에 상호 이용(移用)할 수 없도록 되어 있다. 다만 예산집행상 필요에 따라 미리 예산으로써 국회의 의결을 얻은 때에는 기재부장관의 승인을 얻어 이용(移用)하거나 기재부장관이 위임하는 범위 안에서 자체적으로 이용(移用)할 수 있다.

는 때에는 해당 법률안을 입법예고하기 전에 특별회계 또는 기금의 신설에 관한 계획서를 기재부장관에게 제출하여 그 신설의 타당성에 관한 심사를 요청해야 하며, 기재부장관은 심사 결과 특별회계 또는 기금의 신설이 심사기준에 부합하지 않는다고 인정하는 때에는 계획서를 제출한 중앙관서의 장에게 계획서의 재검토 또는 수정을 요청할 수 있다. 한편 기재부장관은 자문회의의 자문과 국무회의의 심의를 거쳐 대통령의 승인을 얻은 다음 연도의 기금운용계획안 작성지침을 기금관리주체에게 통보해야 하며, 기금관리주체는 그 작성지침에 따라 다음 연도의 기금운용계획안을 작성해서 기재부장관에게 제출해야 한다. 기재부장관은 회계연도마다 전체 기금 중 3분의 1 이상의 기금에 대해서 그 운용실태를 조사·평가하며, 3년마다 전체 재정체계를 고려해서 기금의 존치 여부를 평가한다(국가재정법, 2022: 14, 66, 82조).

기재부는 예산운영의 결과에 대한 평가와 성과관리에도 권한을 가진다. 기재부장관은 다음 연도 예산의 성과계획서 및 전년도 예산의 성과보고서에 관한 지침을 작성해서 각 중앙관서의 장과 기금관리주체에게 각각 통보한다. 각 중앙관서의 장은 예산요구서를 제출할 때에 위의 성과계획서와 성과보고서를 기재부장관에게 함께 제출해야 하며, 기금관리주체는 기금운용계획안을 제출할 때에 다음 연도 기금의 성과계획서 및 전년도 기금의 성과보고서를 기재부장관에게 함께 제출해야 한다. 기재부장관은 주요 재정사업에 대한 평가를 실시하고 그 결과를 재정운용에 반영할 수 있다(국가재정법, 2022: 85조6, 85조의7, 85조의8).

김윤권(2019; 2022)은 기획재정부를 대표적인 수호조직으로 분류하였는데 기획재정부는 예산의 수호자이며 다른 행정기관들은 예산을 요구하는 주창조직으로 볼 수 있다는 것이다. 또한 오재록(2009)의 연구는 기획재정부는 실질적으로 다른 부처를 압도하는 수석부처로서의 역할을 수행하며 금융관련 공공기관들을 대상으로 정책지배와 인적지배가 가능한 위치에 있음을 주장한 바 있다.

③ 국무조정실

국무조정실은 국무총리를 보좌하고, 각 중앙행정기관의 지휘·감독, 정책의 조정, 사회위험·갈등의 관리, 정부업무평가, 규제개혁 및 국무총리가 특별히 지시하는 사항에 관한 사무를 관장한다(국무조정실과 그 소속기관 직제, 2022: 3조). 이 중 정부업무평가에 관한 사무는 행정기관에 대한 사후통제의 의의를 지닌다.

2006년 3월 '정부업무평가기본법'이 국회를 통과함으로써 그해 4월부터 통합 정부업무평가제도를 도입 · 시행하게 되었다. 이에 국무총리 소속하에 정부업무평가위원회를 두었으며, 이 위원회는 국무총리와 민간위원장을 공동위원장으로 하여 민간 전문가 등을 포함한 위원 외에 국무조정실장, 기획재정부장관, 행정안전부장관이 정부위원으로 참석한 총 15인 이내의 위원(위원장 2인 포함)으로 구성된다. 이들은 전반적인 평가제도의 설계, 자체평가 결과의 확인 · 점검 및 다수 부처 관련 시책에 대한 평가를 추진하며 정부업무 평가 관련 사항에 대한 최종 심의 · 의결 기능을 담당한다(*cf.* 이윤식, 2010: 199).[22)]

각 정부부처는 해당 부처 업무평가의 효율성을 높이기 위해 각 부처 장관을 위원장으로 하여 자체평가위원회를 구성한다. 이 위원회는 해당 분야에서 전문지식과 경험이 풍부한 민간위원과 관련 공무원 중에서 장관이 위촉 또는 지명하는 이들을 구성원으로 하는 10인 이상 30인 이내(위원장 1인 포함)의 자체평가위원들로 구성된다.

국무조정실에서는 정부업무평가실이 이러한 정부업무 평가에 대한 총괄 기능을 담당한다. 정부업무평가실은 정부업무평가 제도 및 운영, 정부업무평가계획 수립 및 시행, 정책분석 제도 및 운영, 정부 주요정책 등에 대한 분석 및 평가, 성과관리계획 및 제도 운영, 정부업무평가 및 정책분석의 조사 · 연구, 공공기관 및 지방자치단체 평가, 정책품질 관리, 정부업무평가와 관련된 위원회의 운영, 주요 국정과제의 관리 및 점검 등에 관한 업무를 수행한다(국무조정실과 그 소속기관 직제, 2013: 7조).

각 행정기관이 평가받은 등급은 대외적으로 공개되고 평가 결과는 기관의 조직 · 예산 · 인사 등에 연계되는 데 특히 부처의 예산편성에 반영된다. 또한 평가 결과에 따라서 자체 시정조치 및 자체 감사가 이뤄져야 하고 우수결과에 대해서는 포상, 성과급 지급, 인사상 우대가 이뤄진다. 그러므로 정부업무평가는 행정부처에 강한 영향력을 미치며 행정을 통제하는 중요한 수단이 될 수 있는 것이다.

④ 개별평가제도의 주관기관

앞서 본 행안부, 기재부, 국무조정실이라는 대표적인 관리기관들 외에도 중앙

---

22) 정부업무평가는 중앙행정기관에 대한 자체평가와 함께 특정평가를 실시하며, 국가 당면 현안과제에 대한 집행의 점검과 개선방안 도출이 시급한 경우에는 수시 현안평가를 행하기도 한다.

행정기관에 대한 평가를 시행하는 다수의 기관이 존재한다. 특정평가와 자체평가 외에도,[23] 특정 부처에서 주관하여 다른 중앙행정기관 및 소속기관이 수행하는 관련 사업·정책을 대상으로 평가가 실시되고 있는 것이다. 2023년 기준으로 16개 부처의 27개 개별평가제도가 시행 중에 있으며 개별평가제도의 목록은 <표 5-3>과 같다. 이렇게 특정 행정기관에서 주관하여 실시하는 개별평가는 개별법에 근거하고 있으며, 주관기관의 장이 정부업무평가위원회 협의를 거쳐 평가실시계획을 수립·시행하고 결과를 위원회에 제출하고 있다. 개별평가를 신설할 때에는 사전 심의가 이뤄지는 데 개별평가가 지나치게 늘어나는 것을 방지하기 위함이다.

다른 기관을 평가할 수 있는 권한을 통해 다른 기관의 자원배분에 직·간접적으로 개입할 수 있는 권한을 가진 주관기관은 타 기관을 향해 강한 영향력을 행사할 수 있다. 주관기관은 평가권을 통하여 타 기관의 행정을 통제할 수 있으므로 행정기관은 자신이 주관하는 평가제도를 개설 운영하려는 유인이 강할 수 있다. 그러므로 유사한 평가제도가 중복되거나 남설되어 평가대상기관에게 큰 부담을 주는 비효율이 발생할 수 있으며 형식적인 평가지표 관리에 그칠 뿐 평가의 목적을 제대로 달성하지 못할 수 있다. 또한 평가의 성과가 (평가대상기관의 노력보다) 외부적 환경에 영향을 받아 결정되는 경우는 평가의 공정성과 평가결과의 수용성이 우려되고 형식주의적으로 운영될 수 있다. 이와 같은 평가제도가 정부 관료제의 내부적 통제수단으로 체계적으로 작동하기 위해서는 평가의 타당성과 실효성 등 관련된 문제에 관한 검토와 해결이 필요할 것이다.

23) 자체평가와 특정평가의 경우도, 특정평가 및 주요정책 자체평가는 국무조정실의 주관으로 이뤄지지만, 자체평가의 일반재정사업은 기획재정부, 재난안전 재정사업과 조직 및 정보화 부문 행정관리역량은 행정안전부, 인사 부문 행정관리 역량은 인사혁신처, R&D재정사업은 과학기술정보통신부, 균형발전 재정사업은 국가균형발전위원회가 주관하고 있다.

〈표 5-3〉 중앙행정기관의 업무 평가부문 및 주관기관

구분			평가주관 기관
자체평가 (46개)	주요 정책		국무조정실
	재정사업	일반재정사업	기재부
		R&D	과기부
		재난안전	행안부
		균형발전	국가균형발전위
	행정관리 역량	조직	행안부
		인사	인혁처
		정보화	행안부
특정평가 (45개)	주요 정책		국무조정실 등
	규제 혁신		
	정부 혁신		
	정책 소통		
	적극 행정		
개별평가 (27개)	공공기관 개인정보보호 관리수준 진단		개인정보보호위
	재정지원 일자리사업 평가		고용부
	소비자정책에 관한 시행계획 추진실적 평가		공정위
	국가지식재산 시행계획 추진실적 평가		과기부
	과학관 육성 시행계획 추진실적 평가		
	국가초고성능컴퓨팅 시행계획 추진실적 평가		
	도로정비평가		국토부
	공공기관 부패방지교육 실적 점검		권익위
	공공기관 청렴도 측정		
	보조사업 연장평가		기재부
	부담금 운용평가		
	재정사업 심층평가		
	외국인정책 시행계획 추진실적 평가		법무부
	법제업무평가		법제처
	사회보장기본계획 추진실적 평가		복지부
	지방자치단체 에너지이용합리화 시행결과 평가		산업부

긴급구조지원기관 능력평가	소방청
중앙행정기관 적극행정 종합평가	인혁처
공직윤리제도 운영실태 지도점검	
정부물품관리 종합평가	조달청
기록관리 평가	행안부
민원서비스 종합평가	
재난관리 평가	
국가핵심기반 재난관리 평가	
공공데이터 제공 운영실태 평가	
안전교육 실태점검 및 평가	
공공부문 온실가스 · 에너지 목표관리제 이행결과 평가	환경부

자료: 정부업무평가 포탈(2023.1.29) 일부 수정.

(2) 자체감사에 의한 통제

① 자체감사의 주요 내용

감사대상기관의 내부에 속한 감사 주체가 자기 조직을 감사하는 자체감사가 있다. 구체적으로는 중앙행정기관, 지방자치단체 및 공공기관의 감사기구의 장이 소속되어 있는 기관(소속기관 및 소관단체를 포함) 및 그 기관에 속한 자의 모든 업무와 활동 등을 조사 · 점검 · 확인 · 분석 · 검증하고 그 결과를 처리하는 것을 말한다. 이를 위해 중앙행정기관 등에는 자체감사기구를 둔다. 이 감사기구의 장은 자체감사활동에서 독립성이 최대한 보장되어야 하며, 중앙행정기관 및 지방자치단체의 경우, 감사기구의 장은 개방형 직위로 임용된다(공공감사에 관한 법률, 2021: 2, 5, 7, 8조).

감사기구의 장은 자체감사 대상기관에 대한 감사계획을 수립하여 자체감사를 해야 하며, 자체감사를 위해서 필요할 때에는 자체감사 대상기관 또는 그 소속 공무원이나 직원에 대해 출석 · 답변의 요구나 관계 서류 · 장부 및 물품 등의 제출을 요구할 수 있다. 한편 중앙행정기관 등의 장은 특별한 사정이 없으면 자체감사가 종료된 후 60일 이내에 그 감사결과를 자체감사 대상기관의 장 및 감사원에 통보해야 한다. 감사결과를 통보받은 자체감사 대상기관의 장은 정당한 사유가 없으면 감사결과의 조치사항을 이행하고 그 이행결과를 자체감사를 한 중앙행정기관 등의 장에게 통보해야 하며, 그 이행결과를 통보받은 중앙행정기관 등의 장은 그 내용을 검토한 후 검토한 내용과 함께 이행결과를 감사원에 지체 없이 통보해야 하고 감사결과는 공개하는 것을 원칙으로 한다(공공감사에 관한 법률, 2021: 19, 20, 23, 26조). 중앙행정기관 등의 장 및 감사담당자가 자체감사활동을 할 때에 감사기구의 장은 감사기구의 독립성과 전문성을 확보해야 하며, 감사담당자는 준법·성실 등의 자세를 견지해야 함은 물론 청렴과 보안유지의 의무를 준수해야 한다(중앙행정기관 및 지방자치단체 자체감사기준, 2010: 2장).

한편 감사원은 중앙행정기관 등의 자체감사활동에 대한 심사계획을 수립하고 심사기준을 설정한 후 심사를 실시한다. 심사 후에 감사원은 우수기관 및 직원에 대하여 감사원장 표창 및 부상을 수여하거나 해당기관의 장 또는 감독기관의 장에게 표창 등을 수여하도록 권고할 수 있으며, 우수기관에 대해서는 결산 확인 등에 지장이 없는 범위에서 감사원 감사의 전부 또는 일부를 하지 않을 수 있다. 반면 심사결과가 부진한 기관에 대해서는 자체감사활동 전반에 대한 감사를 실시할 수 있으며, 해당 감사기구의 장의 임용권자 또는 임용제청권자에게 감사기구의 장의 교체를 권고할 수 있다. 또한 필요시 해당기관의 자체감사 관련 규정의 제정·개정 및 제도의 개선 등의 조치를 하도록 요구하거나 자체감사 개선대책을 수립·시행하도록 권고할 수 있다. 나아가 감사원은 자체감사활동 심사결과를 정보통신망을 이용하는 등의 방법으로 외부에 공개할 수 있다(자체감사활동의 심사에 관한 규칙, 2022: 3장, 6장).

중앙행정기관 및 지방자치단체, 공공기관 등의 자체감사활동은 감사원에 의해 심사되는 데 심사 분야는 감사인프라(감사인력 비율, 감사부서 근무경력, 감사교육 이수시간), 감사활동(일상감사 의견 제시율, 감사담당자 1인당 연간감사 참여실적), 감사성과(신분상 조치실적, 개선요구 실적), 사후관리(내외부감사 지적사항 집행률, 감사결과 공개제도) 분야로 나뉘어 실시된다.

2022년 심사결과는 220개 실지심사 대상에 145개 중앙부처 및 지방자치단체, 75개 공공기관이 포함되었으며 그 감사 결과는 다음의 <표 5-4>와 같다.[24] 감사 인프라 분야에서 기관현원 대비 감사인력의 비율은 평균 1.19%, 감사부서에 근무한 경력은 약 32개월, 감사교육 이수시간은 약 73시간으로 나타났다. 감사활

24) 전체적으로 2021년 LH직원 땅투기 사건으로 공공기관들의 내부통제가 강화되어 관련 지표 실적이 상대적으로 높게 나타난 특징이 있었다.

동 분야에서는 1인당 일상감사 평균이 36.3건이었고 일상감사에서 의견제시율은 40% 정도였으며 감사담당자 1인당 감사 참여일수는 약 50일이었다. 감사 성과 분야에서는 기관현원 대비 신분상 조치 비율이 6.49%, 감사연인원 1인당 개선 요구 조치 실적은 0.33건이었다. 마지막으로 사후관리 분야에서는 자체감사 지적 사항 집행률이 98%, 외부감사 지적사항 집행률이 93%, 감사결과 공개율은 96%에 해당하였다.[25)]

〈표 5-4〉 자체감사활동 심사 결과(2022년)

분야	지표	심사 결과							
		평균	중앙	광역	교육	시군	공기업	준정부	금융(연기금)
감사 인프라	기관현원 대비 감사인력비율	1.19 (%)	1.47	1.18	0.96	1.15	1.23	1.01	1.36
	감사부서 근무경력	32.48 (개월)	32.11	32.12	33.14	27.26	35.26	34.79	32.66
	감사교육 이수시간	73.83 (시간)	52.79	49.62	57.46	43.71	104.09	114.55	94.56
감사 활동	1인당 일상감사 평균실적	36.3 (건)	9.15	23.20	4.60	34.14	72.49	66.74	43.49
	일상감사 의견제시율	40.17 (%)	41.80	49.96	67.04	39.01	32.40	28.24	22.76
	감사담당자 1인당 감사 참여실적	50.52 (일)	61.58	43.83	81.39	46.20	35.49	43.65	41.49
감사 성과	기관현원 대비 신분상 조치비율	6.49 (%)	21.16	10.05	5.33	4.48	5.85	6.52	4.99
	감사연인원 1인당 개선요구 조치 실적	0.33 (건)	0.26	0.20	0.16	0.33	0.40	0.53	0.40

25) 감사 인프라 분야에서는 중앙행정기관, 광역자치단체, 금융기관(연기금)의 감사인력 비율이 높고 감사부서 근무경력이나 감사교육 이수시간은 공공기관에서 상대적으로 높게 나타났다. 감사활동 분야는 행정기관이 일상감사 건수가 적고 의견제시율이 높은 반면, 공공기관은 일상감사 건수가 많고 의견제시율이 낮은 경향이 있다. 교육자치단체와 중앙행정기관은 전체 평균보다 감사담당자 1인당 연간감사 참여실적이 높았다. 감사성과 분야에서는 기관현원 대비 신분상 조치 비율이 행정기관 쪽이 더 높았으며 감사 연인원 1인당 개선요구조치 실적은 행정기관에 비해 공공기관 쪽에서 더 높았다. 사후관리 분야에서는 중앙행정기관이 상대적으로 감사결과 공개율과 감사지적 사항 집행률이 낮게 나타났다(감사원, 2022).

사후 관리	자체감사 지적사항 집행률	98.59 (%)	94.34	94.35	98.10	99.21	99.47	99.90	98.14
	외부감사 지적사항 집행률	93.51 (%)	76.13	93.59	97.69	95.83	98.57	96.45	96.34
	감사결과 공개율	96.48 (%)	78.59	99.62	99.42	98.29	99.96	99.67	99.84

자료: 감사원(2022).

자체감사활동은 그 효용성과 의의에도 불구하고, 아직 성과가 미흡한 것으로 인식되고 있다. 2008년 피감기관의 감사업무 담당 공무원 설문조사 결과에 의하면, 가장 부담이 되는 감사는 감사원감사(46%)인 반면에 가장 부담 없는 감사는 자체감사(35%), 지방의회의 행정사무감사(30%), 국회의 국정감사(23%) 등으로 나타났다. 2009년의 자체감사기구 실태조사결과에 의하면 자체감사기구의 독립성과 전문성 수준은 감사결과의 객관성과 신뢰성을 담보하기에 전반적으로 미흡한 것으로 나타났다(이영균, 2011; 신열, 2011: 2). 또한 행정기관들의 자체감사 활동에 대한 감사원의 심사에 대해서도 평가인력, 평가조직, 평가도구, 평가과정과 결과의 공개 등에 있어 개선이 필요한 것으로 조사되었다(신열, 2011).

② 공익신고의 주요 내용

한편 '공익신고'는 조직내부 구성원에 의한 자기조직 감시의 특별한 경우로서 감시의 주체가 감사담당자가 아닌 일반 조직구성원이다. '공익신고자'는 국민의 건강과 안전, 환경, 소비자의 이익 및 공정한 경쟁을 침해하는 행위 등 공익을 침해하는 행위에 대해 소속 단체의 대표자나 특정 국가기관 등에 신고·진정·제보·고소·고발 등을 한 사람을 의미하며, 흔히 내부고발자(whistleblower)의 순화된 표현으로 사용되고 있고, 공익제보자라고도 불린다. 후술할 '공익신고자보호법'은 특히 공직자가 자신의 직무를 수행하면서 공익침해 행위를 알게 된 때에는 이를 조사기관, 수사기관 또는 국민권익위원회에 신고해야 함을 명료하게 규정하고 있다(공익신고자보호법, 2021: 7조).

공익신고자에는 다음과 같은 요건이 따른다. 첫째, 공익적 목적으로 행해져야 한다. 둘째, 양심에 따른 도덕적 관점에서 이뤄져야 한다. 셋째, 기관의 내부대표자나 외부기관에 자신의 의견을 표출하는 신고·진정·제보·고소·고발의 행위가 있어야 한다. 그리고 위와 같은 요건을 가진 자가 인사상의 불이익이나 경제적·정신적 손실을 입었을 경우 또는 입을 가능성이 있는 경우 국가기관에 적절한 보호조치를 강구해줄 것을 요청할 수 있으며, 보복을 방지하기 위해 신분 등의 비밀보장을 해주고, 신고·진정·제보·고소·고발로 인해 국가가 이득을 본 경우, 그에 합당한 보상이나 포상을 해야 한다(조수영, 2011: 138-140).

2011년 9월 30일부터 시행된 '공익신고자보호법' 이전의 우리나라의 공익신고자보호제도는 신고자의 비밀보장, 신분보장, 신변보호, 책임감면 등의 쟁점에서 취약점을 지니고 있었다(김수갑·김민우, 2009; 박경철, 2008). '공익신고자보호법'은 이러한 약점들을 보완하려는 시도를 담고 있으며, 특히 공익신고자 보호조치를 마련하고 있다. 먼저 입법의 취지에 맞게 공익신고자 등[26]의 신분이 그들의 동의 없이 공개되지 않도록 하는 신분비밀보장제를 운영하며, 누구든지 공익신고자가 동의한 경우를 제외하고 고의로 공익신고자의 비밀을 누설하지 못하도록 비밀보장의무를 규정하고 있다. 또한 공익신고자와 그의 친족 또는 동거인 등이 신고·진정·제보·고소·고발을 이유로 생명·신체에 중대한 위해를 입거나 입을 가능성에 대비해 신변보호조치를 마련하고 있으며, 신고를 독려하고 신고의 진입장벽을 낮춰 공익성을 제고한다는 차원에서 공익신고자의 책임감면규정을 두고 있다. 이외에 공익신고자 등에게 인사상의 불이익을 포함한 불이익조치를 금하는 규정을 두고 있으며, 공익신고자 등이 인사 조치에 관해 우선적 고려를 요청할 수 있도록 하고 있다. 더불어 보호조치의 신청이나 신청시 처리 절차 등을 규정해 놓고 있다(조수영, 2011: 151-152; 공익신고자보호법, 2021: 3장).

내부 공익신고자는 공익신고로 인하여 국가 또는 지방자치단체에 직접적인 수입의 회복이나 증대를 가져왔다면 보상금을 받을 수 있고, 보상금심의위원회는 포상금 및 포상 추천을, 공익신고로 인한 피해를 받거나 비용을 지출한 경우 구조금의 지급을 신청할 수 있다(공익신호자보호법, 2021: 4장). 국가나 지방자치단체의 수입 회복 또는 증대는 가져온 경우는 보상금을, 직접적 재산상 이익을 가져오지 않아도 손실방지, 제도개선 등 공익에 기여한 경우 포상금이 부여된다. 보상금의 지급한도액이 30억으로 포상금은 최고 2억으로 규정되어 있어서 최대 한도액을 더 높이거나 정액이 아닌 정률로 정할 필요성도 논의되고 있다.

---

26) '공익신고자 등'이란 공익신고자와 공익신고에 대한 조사·수사·소송 및 공익신고자 보호조치에 관련된 조사·소송 등에서 진술·증언하거나 자료를 제공한 사람을 말한다.

(3) 계층제의 상관에 의한 통제

행정조직 계층제의 중·상위층에 있는 관료들은 자신의 부하직원들에 대한 평가와 징계과정에 관여한다. 그리고 이 과정에서 그들에 대해 직·간접적인 통제력을 행사하게 된다. 국가공무원은 공무원에게 소속 상관의 직무상 명령에 복종해야 할 의무가 있음을 명시하고 있어서(제57조 복종의 의무), 상사의 통제력을 공식화하고 있다.

한국 공무원들에 대한 평가는 근무성적평정으로 불린다. 근무성적평정은 공무원의 능력과 실적뿐 아니라 가치관과 태도도 평가한다. 5급 이하 일반직 및 기능직 공무원을 대상으로 하는 근무성적평정('근무성적평가')은 근무실적·직무수행능력·직무수행태도 등을 평가하고, 1~4급 공무원에 대해서는 '성과계약평가'[27]에 의한 근무성적평정제도를 운영한다(박천오 외, 2010: 328).

'성과계약평가제'에서는 장·차관↔실·국장↔과장 간에 성과목표·지표 등에 관해서 합의하고 성과계약을 체결한 후, 개인의 근무성적을 평가하고 평가결과를 성과급 및 승진 등에 반영한다. 평가자의 평가결과는 확인자에 의해 검토되는 절차를 거친다. '근무성정평가제'에서 5급 이하 일반직 및 기능직 공무원은 상급자/상위자와 합의한 성과목표를 설정하고 성과계획서를 작성한 후, 평가항목 및 구성비율을 확정한다. 이를 토대로 평가자(상급자)가 평가를 실시하고, 확인자는 평가단위별로 평가결과를 확인한 후 근무성적평가위원회에 제출하며, 근무성적평가위원회는 전체 평가대상 공무원들을 상대평가하여 평가점수를 결정한다. 여기서의 평가결과 역시 성과급 및 승진 등에 반영된다(박천오 외, 2010: 339-351). 공무원의 성과평가등에 관한 규정 제8조는 공무원의 업무수행 과정 및 성과를 관찰하고 평가할 자로서 '상급 또는 상위 감독자'로 규정하고 있다. 따라서 계층제상의 상관에 의한 하급자 평가는 하급자들의 행태를 통제하는 데 큰 영향을 미칠 수 있다.

공무원에 대한 징계도 그들의 행태를 규율하는 데 영향을 미치는데, 특히 6급 이하의 공무원 징계에 있어서는 조직 내 중·상위층 공무원의 역할이 강조된다. 징계란 공무원의 업무실적 저하나 소속기관의 규율위반 행위에 대해서 해당 공무원을 제재함으로써 그릇된 행태가 재발하지 않고 교정되도록 하기 위한 인사절차

---

27) 성과계약에 의한 목표달성도의 평가.

이다(박천오 외, 2010: 480). 국가공무원법에 의한 징계사유에는 국가공무원법 및 이 법에 의한 명령을 위반한 경우, 직무상의 의무를 위반하거나 직무를 태만히 한 경우, 직무의 내외를 불문하고 그 체면 또는 위신을 손상하는 행위를 한 경우가 해당된다(국가공무원법, 2013: 78조).[28] 공무원 징계를 위해서 징계위원회가 설치되어 있는데, 1~5급 공무원에 대해서는 국무총리소속하의 제1 및 제2중앙징계위원회가 관장하고, 6급 이하 및 기능직공무원에 대해서는 5급 이상의 공무원을 장으로 하는 행정기관에 설치된 보통징계위원회가 관장한다. 보통징계위원회의 경우, 징계대상자보다 상위계급의 공무원 중에서 4~7인의 위원이 임명된다(박천오 외, 2010: 484).

공무원징계령 시행규칙은 비위행위자와 감독자 문책의 책임을 규정하고 있어서 상사가 하급자의 업무수행을 일상적으로 통제해야 할 책임과 필요성을 명확히 하고 있다. <표 5-5>에서 보듯이 비위행위 당사자의 단독행위인 경우에도 직근 상급 감독자의 책임을 규정하고 있다.

〈표 5-5〉 비위행위자와 감독자에 대한 문책기준

<table>
<tr><th colspan="3">업무 관련도
업무의 성질</th><th>비위 행위자
(담당자)</th><th>직근 상급
감독자</th><th>2단계 위의
감독자</th><th>최고감독자
(결재권자)</th></tr>
<tr><td rowspan="3">정책
결정
사항</td><td rowspan="2">중요사항
(고도의
정책사항)</td><td>고의 또는 중과실이 없는 경우</td><td>–</td><td>3</td><td>2</td><td>1</td></tr>
<tr><td>고의 또는 중과실이 있는 경우</td><td>4</td><td>3</td><td>2</td><td>1</td></tr>
<tr><td colspan="2">일반적인 사항</td><td>3</td><td>1</td><td>2</td><td>4</td></tr>
<tr><td rowspan="2">단순·
반복
업무</td><td colspan="2">중요 사항</td><td>1</td><td>2</td><td>3</td><td>4</td></tr>
<tr><td colspan="2">경미한 사항</td><td>1</td><td>2</td><td>3</td><td></td></tr>
<tr><td colspan="3">단독 행위</td><td>1</td><td>2</td><td></td><td></td></tr>
</table>

* 비고

1. 1, 2, 3, 4는 문책 정도의 순위를 말한다.
2. "고도의 정책사항"이란 국정과제 등 주요 정책결정으로 확정된 사항 및 다수 부처 관련 과제로 정책조정을 거쳐 결정된 사항 등을 말한다.
3. 고의 또는 중과실이 없는 경우란 제3조의2제2항에 해당하는 경우를 말한다.

28) 징계에는 파면, 해임, 강등, 정직, 감봉, 견책이 있다(국가공무원법, 2013: 79조).

제2절 정부 내부의 통제

정부 내부의 통제 주체에는 옴부즈만, 최고감사기구, 사법부를 주축으로 하는 사법기제, 입법부 등이 있다. 2절은 이 통제 주체별로 개념적인 논의를 정리하고 우리나라의 현황을 살펴본다.[29)]

1. 옴부즈만에 의한 행정통제

1) 옴부즈만제도

(1) 개 요

옴부즈만(ombudsman)제도는 "행정 관료들이 직무상 행한 행위나 부작위에 의하여 권익을 침해받았다고 생각하는 시민이 그 구제를 호소하면 의회나 행정부에 의하여 임명된 사람이 일정한 권한의 범위 내에서 이를 조사하여 잘못된 점에 대해 시정을 촉구하고 건의 또는 공표함으로써 시민의 권익을 보호하는 역할을 하는 제도"를 말한다(이광종, 2005: 268). 옴부즈만은 1809년 스웨덴에서 최초로 관료와 법관의 법규준수 및 임무수행을 감독하기 위한 의회의 대리인으로 설치되었다.[30)] 이처럼 스웨덴에서 시작된 옴부즈만제도는 북구지역 국가들을 거쳐 1980년대에 이르러 거의 모든 서유럽국가에 전파되었으며, 2000년대 초까지 전 세계에서 100개가 넘는 국가들이 옴부즈만제도를 도입하였다(홍완식, 2005: 133-134).

일반적으로 옴부즈만의 조치는 관료에 대해 명령을 발하거나 시민의 피해를 복구하는 형태를 취하지는 않는다. 옴부즈만의 주요 활동은 조사, 관료와의 협상, 의회에의 보고, 또는 입법의 유도 등을 행할 수 있다. 여러 국가에서 운영되고 있는 옴부즈만제도 간의 차이를 보여주는 주요한 기준 중 하나는 옴부즈만이 독립적으로 활동할 능력을 보유하고 있느냐의 여부이다. 또 옴부즈만이 입법을 유

29) 우리나라의 유사 옴부즈만인 국민권익위원회(고충민원처리)와 최고감사기구인 감사원은 집행부에 속해 있어 제2절의 취지와 일치하지 않는다. 그러나 여기서는 일반적으로 옴부즈만과 최고감사기구가 집행부 외에서 행정통제 기능을 수행하고 있다는 점에 주목하고, 우리나라의 예외적인 특성을 부각시키고자 한다.

30) 스웨덴어 'ombud'는 대표(representative), 대행자(agent), 대리인(attorney), 법무관(solicitor), 대리(deputy) 등을 의미한다(이광종, 2005: 267).

도할 권한이 있는가, 관여할 수 있는 정책의 범위가 어디까지인가 하는 것도 기준이 될 수 있다(Peters, 2000: 319-320; Bertelli, 2005: 143-144).

(2) 유형과 특성

옴부즈만제도의 유형을 분류하는 가장 대표적인 기준은 옴부즈만이 설치된 기관이 의회인가 행정부인가이고, 이 기준에 따라 의회형 옴부즈만과 행정부형 옴부즈만으로 구분된다. 의회형 옴부즈만은 행정과정의 적정성 보장을 목표로 해서 독립성과 공정성을 유지하면서 사안을 철저히 조사하고 궁극적으로 관료주의를 시정하고 행정부를 통제한다. 그러나 대량의 민원에 대해서는 신속하게 대응하기 어려울 수 있다. 반면 행정부형 옴부즈만은 신속한 처리를 필요로 하는 대량의 사안을 비교적 간편하게 처리할 수 있으나, 독립성과 공정성이 결여될 우려가 있다. 옴부즈만의 소속 문제는 논의 대상이 되는 국가의 통치구조와 법제도 및 옴부즈만을 필요로 하게 된 배경 등을 종합적으로 고려해서 이해할 필요가 있다(홍완식, 2005: 136-137).

옴부즈만이 관할하는 업무를 기준으로 일반 옴부즈만과 특수 옴부즈만으로 분류할 수도 있다. 일반 옴부즈만은 전체 행정기관의 행정 전반을 관할대상으로 하는 반면, 특수 옴부즈만은 군, 경찰, 세무, 정보보호 등의 한정된 업무를 대상으로 한다. 예컨대 독일은 군사 옴부즈만과 정보보호 옴부즈만을 두고 있고, 스웨덴은 군사 옴부즈만, 소비자 옴부즈만, 공정거래 옴부즈만 등의 특수 옴부즈만을 두고 있다. 특수 옴부즈만은 특수한 목적이나 기능을 갖는 예외적이고 제한적인 옴부즈만이다(홍완식, 2005: 137-138; 구자용, 1995: 101).

옴부즈만제도는 국가별로 제도의 내용과 운영상에 차이가 있지만, 일반적으로 다음과 같은 특징을 지닌다(최우용, 2005: 1078; 이광종, 2005: 273-274).

첫째, 옴부즈만은 의회, 수상, 대통령, 국왕 등에 의해서 임명되어 높은 권위를 가지며, 임기가 길고 임기보장이 엄격하게 적용된다. 옴부즈만의 자격요건은 법률적 지식과 소양을 중요시하는 데, 행정적 경험·재능·정직성을 중시하는 경우도 있다.

둘째, 옴부즈만은 국민으로부터의 민원신청이나 직권에 의하여 행정관료 또는 법관의 위법 내지 횡포로부터 국민의 자유와 권리를 보호할 것을 목적으로 한다. 옴부즈만에게 민원을 신청할 수 있는 사안은 명백한 불법행위로부터 재량권을 일탈한 부당행위, 비능률, 부정행위, 태만, 신청에 대한 불응답, 답변의 지연, 결정의 편파성 등으로서 그 대상이 불법행위뿐 아니라 부당행위에도 미친다.

셋째, 옴부즈만은 행정기관이나 법원에 대해서 지휘·명령할 권한을 갖고 있지 않으며, 행정기관의 결정이나 법원의 판결에 대해서 직접 취소·변경할 수 있는 권한을 갖고 있지 않다. 그러나 일반적으로 옴부즈만의 권고와 의견은 신뢰할 수 있고 객관성이 높은 것으로 받아들여지기 때문에 그 영향력이 크다.

넷째, 옴부즈만제도는 업무처리에 있어 절차상의 제약이 크지 않으므로 일반 시민들이 옴부즈만에 접근하기 용이하고 경비 부담이 적다. 비교적 사소한 문제까지 취급함으로써 경비와 시간 면에서 행정쟁의 절차에 의한 행정구제보다 이점이 크다.

다섯째, 옴부즈만은 직무 수행을 위하여 소추권·조사권·조정권·건의권·공개비판권 등을 가질 수 있다. 강제권의 부여는 점차 감소되고 있으며, 소추권의 경우도 일부 국가에서만 인정되고 있는 실정이다. 옴부즈만은 조사의 결과에 따라 필요한 경우 관계 공무원에게 시정 조치를 권고하거나 발견한 사실을 공표할 수 있다.

<표 5-6>은 후술할 우리나라의 고충민원처리제도와 주요 외국의 옴부즈만제도를 비교하고 있다. 표에서 알 수 있는 바와 같이, 옴부즈만제도는 주로 의회형으로 운영되고 있으나, 미국의 여러 주와 프랑스 및 우리나라는 행정부형으로 운영되고 있다. 관할대상은 대체로 중앙행정기관을 포함하는 공공기관으로 하고 있는데, 스웨덴의 관할대상이 가장 광범위하다. 옴부즈만이 보유한 권한에 있어서는 스웨덴과 오스트리아가 가장 포괄적인 반면, 미국은 소추권, 프랑스는 직권조사권, 영국과 우리나라는 직권조사권·소추권·징계요구권이 결여되고 있다. 여러 국가에서 공통적으로 인정되고 있는 대표적인 권한은 시정권고권, 제도개선요구권, 그리고 조치결과 요구권 등인 것으로 나타났다.

〈표 5-6〉 옴부즈만제도의 비교

구분	스웨덴	영국	오스트리아	프랑스	미국(州)[1]	한국
유형	의회형	의회형	의회형	행정부형	행정부형(20); 의회형(4)	행정부형
임명권자	의회선출	수상추천; 국왕임명	교섭단체별 1인씩 지명	대통령	주지사; 의회	대통령

관할대상	국가기관, 자치단체, 법원, 군대	중앙행정 기관, 기타 공공기관	연방9개주 중 7개주 관할[2]	중앙행정 기관, 지방자치 단체, 공공기관	주 정부의 모든 행정기관	중앙행정기관, 지방자치단체, 행정권한수임 수탁 기관, 공공법인
직권 조사권	○	×	○	×	○	×
소추권	○	×	○	○	×	×
징계 요구권	○	×	○	○	–	×
시정 권고권	○	○	○	○	○	○
제도개선 요구권	○	○	○	○	○	○
조치결과 요구권	○	○	○	○	○	○

자료: 최우용(2005: 1079)의 표를 일부 재구성.
주: 1 미국은 연방정부가 아닌 주정부 중 일부에서 옴부즈만제도 운영.
2 나머지 2개 주는 독자 옴부즈만 설치.

(3) 기 능

옴부즈만제도는 위에서 살펴본 바와 같이 국가마다 다른 형태로 수용되었으나, 현대 행정국가에서 행정에 대한 사전통제 및 사후통제를 보완하여 국민의 요구를 수용하고 권익을 보호하기 위한 기능을 담당하고 있다(홍완식, 2005: 134). 옴부즈만제도의 기능은 대의적 기능, 치유적 기능, 징벌적 기능으로 정리되거나 (Rowe & Gottehrer, 1997; 박재창, 2010), 더 자세하게 행정통제기능, 중재기능, 행정정보 공개기능, 행정개혁기능, 민주적·정치적 대변기능으로 정리될 수 있다(최우용, 2005). 아래에서는 옴부즈만제도의 기능을 '대의-치유-징벌'로 포괄적·체계적으로 분류하고 있는 전자의 입장에서 논의를 전개한다.

옴부즈만제도의 첫 번째 기능은 대의적 기능이다. 대의적 기능은 민원인의 의견을 청취하는 것으로부터 시작된다. 옴부즈만은 민원인의 진술을 경청하고 겸손하게 질문하는 과정에서 문제의 핵심을 파악하고 문제를 보는 관점이나 시각을 정립하게 된다. 이 과정에서 정부 내지 행정과정에 무엇을 전달해야 할 것인지를 파악하게 된다. 의견 청취 후 옴부즈만은 민원인에게 문제해결에 필요한 정보를 얻거나 제공할 수 있는데, 정보제공은 일종의 교육효과를 동반하게 된다. 또한 옴부즈만은 의견 청취와 정보 습득을 통해서 문제를 재규정하거나 재해석할 수 있게 된다. 의견 청취 후 해당 문제가 옴부즈만의 관할범위 내에 있지 않은 경우에는 민원인에게 도움을 줄 수 있는 곳이 있는지를 알아보고 소개하는 과정을 통해 민원해소에 기여한다(박재창, 2010: 18-21).

두 번째 기능은 치유적 기능이다. 치유적 기능은 문제에 대한 조사(investigation)를 통해 주로 수행된다. 옴부즈만은 일반적으로 행정 관료가 속한 기관의 장이 보유한 정보에 대해 접근권을 갖는 것이 일반적이다. 이러한 사실조사는 조사결과를 기초로 문제의 소재를 파악하고 시정조치하려는 것이기도 하지만, 조사과정을 통해 문제를 치유하거나 개선하려는 것이기도 하다. 조사결과를 토대로 옴부즈만은 관련 당사자(민원인, 행정관료/기관) 간에 중재를 통해 그들이 스스로 해결책을 발견하도록 지원한다. 또한 다수의 옴부즈만들은 빈발하는 문제의 재발을 막기 위해서 관련 조직이나 제도의 시스템 변경을 지원하고, 나아가 민원유발 행위가 발생하지 않도록 기관의 작업과정을 바꾸는 총괄적인 접근을 택하기도 한다. 총괄적인 접근은 민원 유발자가 같은 행위를 반복하지 않도록 유도하는 데 효과적일 뿐 아니라 유사한 문제의 발생을 예방하는 데에도 기여한다(박재창, 2010: 21-24).

세 번째는 징벌적 기능이다. 이는 징계처분과 관련되어 있는데, 민원 유발자에 대한 사전고지 및 민원인에게 공식적인 소명 기회를 알려주는 등의 공정한 과정을 필요로 한다. 옴부즈만은 공식적인 갈등처리 과정의 장·단점을 파악하고, 민원인에게 공식적인 민원처리 과정을 설명·안내할 수 있어야 한다(박재창, 2010: 24-25).

옴부즈만은 행정기관과 민원인 사이에서 개입의 순서나 강도에 있어 대체로 대의적 기능, 치유적 기능, 징벌적 기능을 단계적, 순차적으로 강조하는 경향을 보인다. 대의적 기능을 주로 강조하는 단계에서는 시민의 국정과정에 대한 참여를 조장·지원하는 일에 강조점을 둔다면, 치유적 기능을 강조하는 단계에서는 관련자들 사이의 이해를 높이도록 의사소통을 확대하는 데 주력하고, 징벌적 기능을 수행하는 단계에서는 보다 광범위한 네트워크를 통해 문제의 핵심에 대한 공유와 공분을 촉발하는 데 초점을 둔다(박재창, 2010: 25).

그러나 옴부즈만제도가 스웨덴 등 북구권의 정치사회 문화에서 발전되었고,

특히 행정법원의 설치가 전형적이지 않은 국가들에서 주로 활용된 제도라는 점에서 도입의 효과성에 의문이 제기된 바 있다. 또한 제도 자체에도 다음과 같은 약점들이 언급된다. 첫째, 입법부 및 사법기관 등 관련기구의 직무와 중복이 있어, 옴부즈만제도는 옥상옥(屋上屋)이라는 점, 둘째, 옴부즈만에게 시정권은 없고 건의권이나 공개권만 주로 허용되고 있어, 그 실효성이 의문시된다는 점, 셋째, 옴부즈만은 주로 시민들의 민원에 의거한 사후적인 활동에 한정되며, 시민들의 권리의식 수준이 낮은 경우에는 그 활용이 저조할 수 있다는 점, 넷째, 옴부즈만의 활동이 자칫 관료들의 행정행위를 위축시킬 수 있다는 점 등이다(구자용, 1995: 115-116; Bertelli, 2005: 144). 그럼에도 전문성·다양성·복잡성으로 특징지어지는 현대 행정국가에서, 옴부즈만제도는 정부 관료제를 통제하는 데 있어서 후술할 입법부와 사법제도의 단점을 보완할 수 있는 긍정적인 의의를 지니고 있다.

2) 우리나라 고충민원처리제도의 현황

우리나라에서 옴부즈만의 기능을 수행하는 대표적인 제도·기관은 국민권익위원회에 의한 고충민원처리제도이다. 그러나 이외에도 행정심판제도, 행정기관 자체의 민원처리제도, 대통령실(민원담당), 감사원 감사제도, 지방자치법상 주민의 감사청구제도, 국회 청원제도 등도 옴부즈만의 기능을 내포하고 있다. 중앙행정 각 부는 물론 지방자치단체들은 기관 자체 민원실에서 각종 민원을 처리하고 있으며, 인터넷 홈페이지에 온라인민원실도 함께 운영하고 있다. 대통령실에는 다수의 민원이 접수되고 있는데, 대부분의 민원은 일선 행정기관의 처리사항에 속하기 때문에 해당 기관으로 이첩되어 처리되고 있다. 국회는 제출된 민원을 청원과 진정으로 구분해서,[31] 청원은 소관 위원회별로 청원심사소위원회를 두고 심사규칙에 따라 처리하며, 진정은 소관 위원회에서 전문위원 등이 진정 처리에 관한 규정에 따라 처리한다. 중앙행정부처의 장관이나 시·도지사는 지역주민들이 조건을 갖춰 청구한 감사에 대해 감사를 실시해야 한다(홍완식, 2005: 142-154; 구자용, 1995: 119-120; 이은기, 2007: 371; 지방자치법, 2022: 21조). 아래에서는 우리나라의 대표적인 옴부즈만 유사제도인 고충민원처리제도에 대해 살펴본다.[32]

31) 국회의원의 소개로 제출되는 민원을 '청원'으로 하고 기타는 '진정'으로 구분한다(홍완식, 2005: 143).
32) 행정심판제도와 감사원 감사제도는 항을 달리해서 살펴본다.

(1) 국민권익위 고충민원처리제도

'고충민원'이란 행정기관 등[33]의 위법·부당하거나 소극적인 처분(사실행위 및 부작위 포함) 및 불합리한 행정제도로 인하여 국민의 권리를 침해하거나 국민에게 불편 또는 부담을 주는 사항에 관한 민원[34]을 말한다(부패방지 및 국민권익위원회의 설치와 운영에 관한 법률[35], 2022: 2조 5호). 구체적으로 고충민원은 ① 행정기관 등의 위법·부당한 처분(사실행위 포함)이나 부작위 등으로 인하여 권리·이익이 침해되거나 불편 또는 부담이 되는 사항의 해결요구, ② 민원사무의 처리기준 및 절차가 불투명하거나 담당 공무원의 처리지연 등 행정기관 등의 소극적인 행정행위나 부작위로 인하여 불편 또는 부담이 되는 사항의 해소요청, ③ 불합리한 행정제도·법령·시책 등으로 인하여 권리·이익이 침해되거나 불편 또는 부담이 되는 사항의 시정요구, ④ 그 밖에 행정과 관련한 권리·이익의 침해나 부당한 대우에 관한 시정요구에 관한 민원을 말한다(국민권익위법 시행령, 2022: 2조).

고충민원의 처리를 담당했던 기관은 국민고충처리위원회였으나, 해당 기능은 2008년 신설된 국무총리 소속의 국민권익위원회에 흡수되었다. 한편 국민권익위법(32조)은 지방자치단체 및 그 소속 기관에 관한 고충민원의 처리와 행정제도의 개선 등을 위하여 각 지방자치단체에 '시민고충처리위원회'를 둘 수 있도록 했다. 누구든지(국내에 거주하는 외국인 포함) 고충민원이 있는 사람은 문서(전자문서 포함)나 구술로 국민권익위원회 또는 시민고충처리위원회에 고충민원을 신청할 수 있다.

국민권익위원회는 정부 행정과정에서 발생하는 고충이나 권리침해를 다루는 일반 옴부즈만 형태로 시작되었으나, 특정 분야의 민원을 전문적으로 다루는 전문 옴부즈만을 추가 설치하여 일반 및 전문 옴부즈만이 혼합된 형태로 운영되고 있다. 2006년 12월에 국방옴부즈만(국방, 보훈, 군사 관련 고충민원), 경찰옴부즈만(수사, 교통, 치안, 경찰일반 관련 고충민원)이 설치되었으며, 2017년 12월 기업옴부즈만(경영일반, 공공계약, 공공사업, 인허가 및 특허 관련 고충민원)을, 2020년 1월에

---

33) 여기서 '행정기관 등'이란 중앙행정기관, 지방자치단체, 「공공기관의 운영에 관한 법률」 제4조에 따른 기관 및 법령에 따라 행정기관의 권한을 가지고 있거나 그 권한을 위임·위탁받은 법인·단체 또는 그 기관이나 개인을 말한다(부패방지 및 국민권익위원회의 설치와 운영에 관한 법률, 2013: 2조 2항).

34) 현역장병 및 군 관련 의무복무자의 고충민원을 포함한다.

35) 이하 '국민권익위법'으로 표기한다.

는 금융옴부즈만(금융 관련 행정기관을 대상으로 하는 금융소비자의 고충민원)을 설치하여 특화된 분야의 고충민원을 담당하고 있다.

국민권익위는 고충민원이 신청되면, 다른 법령에 특별한 규정이 있는 경우를 제외하고는 그 접수를 보류하거나 거부할 수 없으며, 접수된 고충민원서류를 부당하게 되돌려 보내서는 안 된다. 하지만 국민권익위는 접수된 고충민원 중 취급이 부적절한 사항이나 관계 행정기관 등에서 처리하는 것이 타당하다고 인정되는 사항은 각하(却下)하거나 관계 행정기관 등에 이첩할 수 있으며, 고충민원에 해당하지 않는 경우 등을 포함해서 국민권익위가 조사하는 것이 적절하지 않다고 인정하는 사항에 대해서는 조사에 들어가지 않을 수 있다. 이러한 예외적인 경우를 제외하면, 국민권익위는 고충민원을 접수한 후 지체없이 그 내용에 관해서 필요한 조사를 해야 한다. 조사에 있어서 필요한 경우, 국민권익위는 ① 관계 행정기관 등에 대한 설명요구 또는 관련 자료·서류 등의 제출요구, ② 관계 행정기관 등의 직원·신청인·이해관계인이나 참고인의 출석 및 의견진술 등의 요구, ③ 조사사항과 관련이 있다고 인정되는 장소·시설 등에 대한 실지조사, ④ 감정의 의뢰 등을 할 수 있다(국민권익위법, 2022: 39~43조).

국민권익위는 조사 중이거나 조사가 끝난 고충민원에 대한 공정한 해결을 위하여 필요한 조치를 당사자에게 제시하고 합의를 권고할 수 있다. 또한 국민권익위는 다수인이 관련되거나 사회적 파급효과가 크다고 인정되는 고충민원의 신속하고 공정한 해결을 위하여 필요시 당사자의 신청 또는 직권에 의하여 조정을 할 수 있다. 한편 고충민원에 대한 조사결과, 처분 등이 위법·부당하다고 인정할 만한 상당한 이유가 있는 경우에는 국민권익위는 관계 행정기관 등의 장에게 적절한 '시정을 권고'할 수 있으며, 신청인의 주장이 상당한 이유가 있다고 인정되는 사안에 대하여는 관계 행정기관 등의 장에게 '의견을 표명'할 수 있다. 나아가 국민권익위는 고충민원을 조사·처리하는 과정에서 법령 그 밖의 제도나 정책 등의 개선이 필요하다고 인정되는 경우, 관계 행정기관 등의 장에게 이에 대한 합리적인 '제도개선'을 권고하거나 의견을 표명할 수 있다. 시정 또는 제도개선의 권고를 하기 전에 해당 행정기관 등과 신청인 또는 이해관계인에게 미리 의견을 제출할 기회를 주어야 하며, 관계 행정기관 등의 직원, 신청인 또는 이해관계인은 국민권익위가 개최하는 회의에 출석하여 의견을 진술하거나 필요한 자료를 제출할 수 있다(국민권익위법, 2022: 40~48조).

국민권익위는 고충민원의 결정내용을 지체없이 신청인 및 관계 행정기관 등의 장에게 통지해야 하며, 권고 또는 의견을 받은 관계 행정기관 등의 장은 이를 존중해야 하고, 그 권고 또는 의견을 받은 날부터 30일 이내에 처리결과를 국민권익위에 통보해야 한다.[36] 고충민원의 조사·처리과정에서 관계 행정기관 등의 직원이 고의 또는 중대한 과실로 위법·부당하게 업무를 처리한 사실을 발견한 경우, 국민권익위원회는 감사원에, 시민고충처리위원회는 당해 지방자치단체에 '감사를 의뢰'할 수 있다. 또한 국민권익위는 권고 또는 의견의 이행실태를 확인·점검할 수 있으며, 필요시 권고 또는 의견표명의 내용, 처리결과, 권고내용의 불이행 사유를 공표할 수 있다[37](국민권익위법, 2022: 49~53조).

<표 5-7>에서 볼 수 있는 바와 같이, 2015년부터 고충민원의 접수 건수는 증가추세를 보이고 있고 연간 3만건 이상을 접수 및 처리되고 있다. 접수 건수의 증가로 인해 민원제기자의 주장이 받아들여지는 비율인 인용률(認容率)도 낮아지는 추세를 보인다. 고충민원 처리기간은 접수일로부터 민원인에게 회신된 날까지 소요된 기간인데(공휴일 산입 제외) 2021년 기준으로 27일이며 점차 증가되는 것을 알 수 있다. 고충민원의 증가에 대응할 자원의 투입이나 처리 과정의 효율화 노력이 필요할 것으로 보인다.

〈표 5-7〉 고충민원처리 현황(2015~2021)

연도	접수	다수인 민원*	처리	인용*					단순 안내*	평균 처리일
				건수	인용률 (%)*	시정 권고	의견 표명	조정 합의		
2015	31,308	255	31,112	3,195	10.27	205	346	2,644	10,212	18
2016	30,252	231	30,625	3,031	9.9	212	252	2,567	9,845	17
2017	26,533	201	26,623	2,586	9.71	174	211	2,201	5,886	19
2018	30,712	229	29,609	2,413	8.15	210	238	1,965	4,325	19
2019	56,189	266	42,031	2,452	5.83	317	316	1,819	6,092	23
2020	49,390	299	45,657	2,245	4.92	292	434	1,519	6,081	24

36) 권고를 받은 관계 행정기관 등의 장이 그 권고내용을 이행하지 않는 경우에는 그 이유를 권익위원회에 문서로 통보해야 한다.

37) 단 다른 법률의 규정에 따라 공표가 제한되거나 개인의 사생활의 비밀이 침해될 우려가 있는 경우에는 공표할 수 없다.

2021	56,423	310	58,880	2,120	3.6	191	367	1,562	6,455	27

자료: e-나라지표. http://index.go.kr/고충민원 접수 처리 현황(2023.1.30.)
* 다수인 관련 민원: 5세대(世帶) 이상의 공동이해와 관련되어 5명 이상이 연명으로 제출하는 민원.
* 인용: 처리결과가 시정권고, 의견표명, 합의해결 또는 조정해결된 고충민원 건수.
* 단순안내: 처리결과가 종결, 취하 등인 고충민원 건수.
* 인용률은 인용건수/처리건수로 계산함.

(2) 중소기업 옴부즈만제도

중소기업옴부즈만은 불합리한 중소 및 중견기업 규제 및 애로를 상시적, 체계적으로 정비하는 독립기관으로 2008년 중소기업기본법 개정을 통해서 법적 근거(제22조)[38]가 마련되며 설치되었다. 국무총리가 중소기업 전문가를 규제개혁위원회의 동의를 받아서 위촉하고, 중소벤처기업부 옴부즈만지원단이 옴부즈만의 활동을 지원하는 구조이다.

주요 기능 및 역할은 중소·중견기업의 경영을 제한하는 불합리한 규제의 개선을 위한 규제 발굴, 개선(건의 및 권고), 애로사항 해소, 규제 애로 조사·분석, 개선사례 평가 및 분석이다. 중소기업옴부즈만은 규제개혁위원회, 국무회의, 국회에 활동을 보고하고, 직무수행관련 관계기관 조사 및 의견청취, 처리결과 공표 권한을 가진다.

중소기업옴부즈만에 신고할 수 있는 사항은 첫째, 중소기업 규제애로 사항으로 중소 및 중견기업에 영향을 미치는 기존 규제 등에 따른 기업의 고충사항, 정부 및 지방자치단체, 공공기관, 중소기업정책자금 운용기관 관련하여 제기되는 애로 사항이며 둘째, 기업민원 피해신고 사항으로, 기업민원인이 규제애로를 제기하였다는 이유로 행정기관으로부터 불이익이나 차별을 받았다는 내용의 진정 셋째, 적극행정 면책 건의로 공무원 및 업무담당자가 적극적인 규제개선을 위한 직무집행으로 인해 발생한 위법행위 등으로 인해 징계를 요구받았을 때 징계 감경 또는 면제를 건의할 수 있다.

(3) 지역의 옴부즈만제도

지방자치단체와 그 소속기관에 설치된 지방옴부즈만제도는 시민고충처리위원

38) 중소기업기본법 제22조(중소기업 옴부즈만의 설치) ① 중소기업에 영향을 주는 기존 규제의 정비 및 중소기업 애로사항의 해결을 위하여 중소벤처기업부장관 소속으로 중소기업 옴부즈만을 둔다.

회[39], 시민감사관제도, 청렴계약옴부즈만, 민원배심제도 등과 같이 다양하고, 업무 면에서도 감사청구, 부패감시, 민원조정, 시정모니터, 민원후견인 등 다양한 활동을 수행하고 있다.

전반적으로 볼 때 실제 지역주민들의 이용실적이 높지 않은 경우가 다수이다. 지방옴부즈만제도의 실적이 저조한 이유는 무엇보다도 지자체의 사무범위가 주로 위임사무 처리에 치중되어 있는데서 찾을 수 있다. 지자체가 자체적으로 처리할 수 있는 자치사무의 범위가 협소하기 때문에, 주민들은 대부분의 민원을 지자체보다 중앙행정기관에 먼저 접수하는 것이 효율적이라고 믿고 있다. 또한 일부 지방자치단체장과 행정 관료들이 옴부즈만제도를 부담스럽게 생각하기 때문이라는 점도 들 수 있다. 제대로 된 옴부즈만제도가 도입되면 그간의 폐쇄적이고 행정편의적인 행정 관행을 버려야 한다는 부담감 때문에 제도의 도입과 운영에 소극적일 수도 있다(최우용, 2005: 1086-1087; 이은기, 2005: 364).

고충민원처리제도가 발전하기 위해서는 뒤에서 논의할 행정심판제도와 유기적으로 연계되어 실행될 필요가 있다. 특히 접수 및 상담기능의 통합적 운영은 상당한 시너지 효과를 거둘 수 있을 것이다(선정원, 2011). 그 밖에도 위원회의 직권에 의한 조사권이나 문제가 된 공무원에 대한 징계 요구권 등의 보장을 검토해볼 필요가 있으며, 위원들의 전문성과 책임성을 확보하기 위한 노력이 배가되어야 한다(최우용, 2005). 나아가 제도에 대한 홍보와 행정과정에 대한 국민의 참여의식을 높이기 위한 다양한 노력도 필요하다.

2. 최고감사기구에 의한 행정통제

1) 최고감사기구

(1) 개념과 역할

민간부문에서 감사(auditing)는 일반적으로 조직의 재정활동 및 그 수입·지출의 결말에 관한 사실을 확인·검증하고 나아가 그 결과를 보고하기 위해 장부·기타의 기록을 체계적으로 검사하는 행위를 말한다. 그러나 공공부문의 감사는

---

39) 지자체에서 발생하는 고충민원의 처리에 있어 시민고충처리위원회와 국민권익위원회 간의 업무중복이 있을 수 있다는 쟁점을 비롯해서 시민고충처리위원회와 관련된 몇 가지 논점들이 존재하나, 여기서는 취급하지 않도록 한다. 해당 논점들에 대해서는 이은기(2007: 364-369)와 길준규(2010: 715-717)를 참조.

이러한 민간부문의 감사 개념보다 포괄적이다. 정부기관을 포함한 공공부문의 감사는 기관이 생산·제공하는 서비스의 이용자인 국민에 대한 해당기관의 책임성을 확보하기 위한 제반의 행정활동이고, 회계검사는 그러한 활동을 구성하는 주요 요소들 중 하나이다. 그리고 이러한 행정활동을 대표하는 주체 기관이 최고감사기구이다. 최고감사기구는 비대칭적 정보(information asymmetry) 상황 하에 놓여 있는 '주인'(국민)들을 지원하기 위한 독립적인 제3자적 기관으로서, 국민을 위한 비판적 검증·보고활동을 하도록 제도화되어 있으며, 이를 통해 국민의 '대리인'인 공무원들의 도덕적 해이(moral hazard)를 억제하는 효과를 가져올 수 있다(공병천, 2010: 43-44; Peters, 2000: 321-322).

최고감사기구는 다음과 같은 네 가지의 목표를 추구한다. 첫째, 객관적인 보고서의 발행을 통해 공공기관과 일반 국민에게 정보를 전달한다. 둘째, 건전한 재정관리의 발전에 기여한다. 셋째, 행정활동의 올바른 집행에 기여한다. 넷째, 공공자금의 올바르고 효과적인 사용에 기여한다. 이러한 목표 하에서 최고감사기구의 감사활동은 합규성 감사(regularity audit), 성과감사(performance audit), 특별조사(investigation)와 포렌식 감사(forensic audit) 등으로 구성된다. 합규성 감사는 다시 재무감사(financial auditing)와 합법성 감사(compliance auditing)로 구분될 수 있는데, 재무감사는 정부기관들이 사용한 회계절차와 그들이 생산한 재무제표의 정확성과 공정성을 평가하는 것이고, 합법성 감사는 자금이 입법부에서 승인한 목적을 위해 사용되었고 관련 법률과 규정을 준수하며 사용되었는지를 평가한다. 따라서 합규성 감사는 피감기관의 재정 책임성과 관련된 내용을 망라하며, 최고감사기구의 핵심 업무라고 할 수 있다. 성과감사는 비용효과성(cost-effectiveness), 경제성(economy), 운영능률성(operational efficiency)을 포함하는 전반적인 효과성의 관점에서 정부 프로그램들의 목표달성 노력을 분석하는 감사이다. 성과감사는 특히 능률성과 결과지향성을 강조하는 신공공관리[40] 행정개혁 조류의 부상과 조응해서 그 의미가 강조되고 있다. 한편 특별조사와 포렌식 감사[41]는 부정행위와 남용의 탐지를 추구하는 감사이다. 부패방지와 척결이 최고감사기구의 명시적 책임은 아니지만, 최고감사기구의 재무감사 강화를 통해 정부활동이나 프로그램의

40) 신공공관리 행정개혁에 대해서는 7장에서 상술한다.

41) 부정조사에 있어서 회계기법을 활용하여 확인, 관찰, 그리고 관련 정보를 분석하는 것이 포렌식 감사이다(박희정, 2010: 7). 대체로 디지털로 관리되는 회계장부를 대상으로 재무제표 정보 등에서 부정적 요소가 있는지를 조사한다.

투명성과 책임성을 증진시킬 수 있다는 점에서, 이러한 활동의 중요성이 부각된다(박희정, 2010: 5-7).

최고감사기구와 관련해서 특히 부연되어야 할 이론적 쟁점은 기구의 유형과 최근 감사동향이다. 기구의 유형은 최고감사기구의 독립성 확보에 있어 매우 중요한 변수라는 점에서, 최근 감사동향은 전술한 성과감사의 효용성과 관련한 논의라는 점에서 주목을 요한다. 여기서는 이 두 쟁점에 대해 간략하게 검토한 후, 우리나라의 최고감사기구인 감사원에 대해 살펴보도록 한다.

(2) 최고감사기구의 유형

최고감사기구를 어떤 형태로 운영하는가의 문제는 각 국가의 전통, 정치・경제적 환경, 법률체계 등에 의해 결정되는 데, 대체로 입법부형・집행부형・독립형으로 분류되거나 웨스트민스터형・위원회형・사법부형으로 분류된다(이광종, 2005; 허전・송석록, 2009; 박희정, 2010). 여기서는 소속을 중심으로 한 전자의 분류방식에 의해 최고감사기구의 유형을 정리한다.

입법부형은 최고감사기구를 입법부 소속에 두는 형태로서 미국과 영국의 경우가 대표적이다. 미국과 영국의 최고감사기구는 정부의 회계를 검사하고 그 결과를 의회에 보고한다. 미국의 최고감사기구(GAO: Government Accountability Office)[42]는 의회의 조사기관으로서 감사사항의 90% 이상이 의회의 요청에 의한다. 영국 최고감사기구(NAO: National Audit Office)의 장의 임명 발의 권한은 하원이 지니며, 최종 임명된 수장은 하원의 관리가 된다(허전・송석록, 2009: 178- 179).

집행부형은 감사기관을 집행부 소속하에 두는 형태로서 제2차 세계대전 이전의 독일, 프랑스, 일본, 그리고 현재의 우리나라[43] 등이 여기에 속한다. 최고감사기구는 행정수반 소속이며, 기구 수장의 임명권한은 행정수반에게 있다. 감사기구는 감사 실시 및 처분결과를 행정수반에게 보고한다. 그러나 예산의 집행과 이에 대한 감사가 모두 집행부에 속하게 되면, 감사기구의 독립성과 중립성이 훼손될 가능성이 높다(허전・송석록, 2009: 179).

독립형은 최고감사기구가 입법부・집행부・사법부의 어디에도 속하지 않고,

---

42) 미국의 최고감사기구는 종래 회계검사원(General Accounting Office)이었으나, 2004년 7월 이후 공식명칭을 Government Accountability Office로 변경하였다(공병천, 2010: 41).

43) 우리나라 최고감사기구(감사원)의 형태를 후술할 독립형으로 보기는 사실상 어렵다고 하겠으며, 집행부형으로 보는 견해가 일반적이다(허전・송석록, 2009: 186; 이광종, 2005: 304).

독립된 기관의 형태를 취하는 유형으로서, 현재의 독일, 프랑스, 일본 등이 여기에 해당한다. 이들은 종래 집행부형에 속해 있었으나 최고감사기구의 독립성을 확보하는 과정에서 집행부 소속에서 벗어나게 되었다. 독일 최고감사기구는 연방의회와 연방정부에 대한 독립적인 지원기능을 담당하며, 프랑스 최고감사기구의 판정과 결정은 재판관의 결정과 같은 특성을 지닌 것으로 처리된다(허전 · 송석록, 2009: 180; 이광종, 2005: 305).

이들 유형 중 입법부형과 독립형은 감사대상인 집행부 소속 기관들로부터 독립적으로 활동할 가능성이 높은 반면, 집행부형은 독립성 면에서 상당한 약점을 지닌다. 한편 입법부형은 정치적 중립성 측면에서는 문제를 드러낼 소지가 있다. 정당으로 대변되는 정치적 세력의 변동에 따라 의회에 소속된 최고감사기구의 활동이 영향을 받을 가능성이 높기 때문이다.

(3) 최고감사기구의 역할 변화: 성과감사

전술한 대로 1980년대부터 강조되어온 결과지향적 행정개혁 조류에 부응해서 최고감사기구의 역할에도 변화가 나타났다. 전통적으로 최고감사기구는 감사자(auditor)의 역할을 수행했으나, 이제는 감사자의 역할에 더해서 조언자(advisor), 연구개발자(researcher & developer), 그리고 모범적인 기관운영자(organization model)의 역할도 수행할 것으로 기대된 것이다. 이런 맥락에서 공공감사가 합규성(regularity)뿐 아니라 성과(performance)도 감사하는 것으로 확대되는 감사 패러다임의 변화가 나타난 것으로 이해될 수 있다(공병천, 2010: 44-45). 성과감사는 경제성 · 능률성 · 효과성에 대한 검토와 평가를 위주로 특정사업이나 정책에 대해 수행하는 감사로서, 감사대상기관이 사용한 자원이 경제적 · 능률적 · 효과적으로 사용되었는지를 검토하여 효과적인 행정에 기여하고자 한다(류춘호, 2009: 87).

〈표 5-8〉 합법성 감사와 성과 감사의 접근법 차이

구분	합법성 감사	성과 감사
감사대상	기관운영 · 집행 중심	정책 · 사업 · 제도 중심 (계획, 집행, 결과 전 과정)
감사기준	합법성	경제성, 효율성, 효과성
감사준비기간	단기간	장기간
감사결과	감사지적사항수가 많음	감사지적사항수가 적어짐

감사증거	관련규정, 서류, 확인서(문답서) 중심	외국사례, 연구보고서, 전문가의견, 설문조사결과 포함
감사전문성	법률지식, 회계지식 중심	조사방법론, 해당분야에 대한 지식 중심

자료: 임보영(2017).

우리나라에서 성과관리 개념을 도입한 것은 최근의 일이며, 다른 선진국에서도 성과관리가 도입된 지는 그리 오래지 않아, 1993년에 GPRA(Government Performance Result Act)를 제정한 미국이 가장 빨랐으며, 이후 영국·호주·캐나다 등이 뒤를 이었다. 각국의 최고감사기구는 의회 또는 행정부의 요구에 부응하기 위해 성과관리 가이드 개발·지원, 성과계획서 검토, 성과보고서 검토 등의 활동을 하고 있다(공병천, 2009: 301-303). 성과감사는 대체로 성과목표와 성과평가정보를 포함한 성과측정시스템을 검토하고, 개선안을 포함한 검토보고서를 의회에 제출하는 것으로 구성된다(표 5-9).

〈표 5-9〉 주요 외국 최고감사기구의 성과감사 관련 역할 비교

국가	성과관리 도입시기	역할 시기 및 범위	검사초점
미국	1993년	1999년, 성과관리계획 검토보고서 작성, 의회제출 및 성과관리계획 개발 가이드 제공	-성과목표체계의 명확성 -전략과 자원의 충분성 -성과평가정보의 신뢰성
영국	1998년	2001년, 성과보고서 작성기준 공동개발 및 의회보고서 작성	-성과목표와 성과데이터 포함 성과측정 시스템의 개선
호주	1999년	2003년, 성과보고서 검사기준 개발 및 성과보고서 검토	-성과정보틀의 적정성 -성과데이터의 신뢰성 -결과표현의 타당성
캐나다	2000년	2002년, 성과보고 검사보고서 작성 및 의회제출	-조직맥락과 전략적 효과의 명확성 -성과기대의 명확성 및 구체성 -핵심성과 기대를 반영한 핵심결과 도출 -성과정보의 신뢰성 -성과정보의 활용

자료: 공병천(2009: 303).

그러나 성과감사는 종래의 회계검사 중심의 감사방식과 조응하기 어려운 요소를 지닌다. 특히 능률성과 성과를 강조하는 행정개혁의 추진과 더불어 공공부문

이 민간부문 관리 아이디어의 영향을 받게 됨에 따라, 전통적인 책임성 개념의 비중이 상대적으로 약화될 가능성이 증대되었다. 즉 최고감사기구를 포함한 감사기관들이 전통적인 지출의 합법성이나 회계방식만을 고려하는 것이 아니라 산출물이 생산되는 데 있어서의 능률성이나 금전적 가치(value for money)에 더욱 관심을 기울이게 된 것인데, 이는 자칫 통제와 책임의 회색지대가 될 소지가 있다. 왜냐하면 투입(inputs)이나 산출(outputs) 및 효과(outcomes)를 정의하고 측정하는 것이 실질적으로 쉽지 않아서, 정부의 능률성이나 효과성을 특정하는 것이 매우 어려워질 수 있기 때문이다(Peters, 2000: 322).[44]

2) 우리나라 감사원의 행정통제 현황

우리나라의 최고감사기구는 감사원이다. 감사원은 대통령에 소속하되, 직무에 관하여는 독립의 지위를 가지며, 감사원 소속 공무원의 임면(任免), 조직 및 예산의 편성에 있어서는 감사원의 독립성이 최대한 존중되어야 하는 것으로 규정되어 있다(헌법, 1988: 97조; 감사원법, 2020: 2조). 감사원은 감사원장을 포함한 7명의 감사위원으로 구성되며, 감사원장은 국회의 동의를 받아 대통령이 임명하고, 감사위원은 원장의 제청으로 대통령이 임명한다(감사원법, 2020: 3~5조). 감사원은 국가의 세입・세출의 결산검사를 하고, 관련 법률에서 정하는 단체의 회계를 상시 검사・감독하여 그 적정을 기하며, 행정기관 및 공무원의 직무를 감찰하여 행정 운영의 개선과 향상을 기하는 것을 임무로 한다(헌법, 1988: 97조; 감사원법, 2020: 20조). 이를 법령내용에 근거해 살펴보면 아래와 같다.

먼저 감사원은 국가와 지방자치단체의 회계, 한국은행의 회계 및 국가 또는 지방자치단체가 자본금의 2분의 1 이상을 출자한 법인의 회계, 그리고 법률에 따라 감사원의 회계검사를 받도록 규정된 단체 등의 회계를 검사한다. 또한 감사원은 스스로 필요하다고 인정하거나 국무총리의 요구가 있는 경우에는 해당하는 기관들의 회계를 검사할 수 있다. 회계검사는 수입과 지출, 재산(물품・유가증권・권리 등을 포함)의 취득・보관・관리 및 처분 등의 검사를 포함한다. 그리고 감사원은 회계검사의 결과에 따라 국가의 세입・세출의 결산을 확인한다(감사원법, 2020:

---

44) 정부예산 개념이 투입을 강조하는 예산(input budgeting)으로부터 산출을 강조하는 예산(output budgeting, bulk and frame budgeting)으로 이전하는 것도 재정적 책임성(fiscal accountability)의 확보 문제를 더 악화시켰다. 예산이 적절하게 사용되었는지의 여부가 약속되었던 산출물이 실제로 전달되었는지의 여부를 가려낼 수 있는지에 달려있게 되었기 때문이다.

21-23조). 감사원은 국가 세입·세출의 결산 확인 내용, 회계검사에서 발견된 각종 위배 사항과 그에 따른 징계·문책·시정·개선 등의 요구 및 권고사항과 그 결과 등의 내용을 매년 대통령과 차년도 국회에 보고해야 한다(헌법, 1988: 99조; 감사원법, 2020: 41조).

다음으로 감사원은 헌법상 행정기관 및 공무원의 직무에 관해 감찰할 권한을 갖고 있다. 감사원의 직무감찰 대상은 '정부조직법' 및 기타 법률에 따라 설치된 행정기관의 사무와 그에 소속한 공무원의 직무,[45] 지방자치단체의 사무와 그에 소속한 지방공무원의 직무, 감사원법 내 관련 조항[46]에 규정된 자의 사무와 그에 소속한 임원 및 감사원의 검사대상이 되는 회계사무와 직·간접적으로 관련이 있는 직원의 직무, 법령에 따라 국가 또는 지방자치단체가 위탁하거나 대행하게 한 사무와 기타 법령에 따라 공무원의 신분을 가지거나 공무원에 준하는 자의 직무이다(감사원법, 2020: 24조). 감사원은 '국가공무원법'과 기타 법령에 규정된 징계 사유에 해당하거나 정당한 사유 없이 감사원법에 따른 감사를 거부하거나 자료의 제출을 태만히 한 공무원에 대하여 그 소속 장관 또는 임용권자에게 징계를 요구할 수 있다(감사원법, 2020: 24, 32조 1항).

한편 감사원의 감사를 받는 자의 직무에 관한 처분이나 그 밖의 행위에 관하여 이해관계가 있는 자는 감사원에 그 심사를 청구할 수 있다. 심사청구는 청구의 취지와 이유를 적은 심사청구서를 청구의 원인이 되는 처분이나 기타 관련 행위를 한 기관의 장을 거쳐 제출해야 한다. 그러나 청구서를 접수한 해당 기관의 장이 이를 1개월 이내에 감사원에 송부하지 않은 경우에는 그 기관을 거치지 않고 감사원에 직접 심사를 청구할 수 있다. 감사원은 심리 결과 심사청구가 타당하다고 인정되는 경우에는 관계기관의 장에게 시정이나 기타 필요한 조치를 요구한다. 해당 기관의 장은 시정이나 기타 필요한 조치를 요구하는 통지를 받으면 그 결정에 따른 조치를 해야 한다. 청구인은 심사청구 및 결정을 거친 행정기관의 장의 처분에 대하여는 해당 처분청을 당사자로 해서 결정의 통지를 받은 날부터 90일 이내에 행정소송을 제기할 수 있다(감사원법, 2020: 43~47조).

또한 국회는 감사원의 직무범위에 속하는 사항 중에서 사안을 특정해서 감사

45) 행정기관에는 군기관과 교육기관이 포함된다. 단, 군기관 중 소장급 이하의 장교가 지휘하는 전투를 주된 임무로 하는 부대 및 중령급 이하의 장교가 지휘하는 부대는 제외한다. 공무원에서 국회·법원 및 헌법재판소에 소속한 공무원은 제외된다.

46) 제22조 제1항 제3호 및 제23조 제7호.

원에 감사를 청구할 수 있으며, 이 경우 감사원은 감사청구를 받은 날로부터 3개월 이내에 감사결과를 국회에 보고해야 한다(국회법, 2021: 127조의 2). 이에 더하여, 19세 이상의 국민은 공공기관의 사무처리가 법령위반 또는 부패행위로 인하여 공익을 현저히 해하는 경우 3백명 이상의 국민의 연서로 감사원에 감사를 청구할 수 있다.[47] 단 국가의 기밀 및 안전보장에 관한 사항을 포함한 일부 사항들은 감사청구의 대상에서 제외되며, 지방자치단체와 그 장의 권한에 속하는 사무의 처리에 대한 감사청구는 '지방자치법'(제21조)에 따른다(국민권익위법, 2022: 72조; 시행령, 2022: 84조).

우리나라의 감사원 제도는 다른 나라의 최고감사기구가 일반적으로 수행하는 회계검사(audit) 기능에 더해서 직무감찰(inspection) 기능도 수행하고 있는 것이 특징이다. 또한 감사원은 헌법 편제상 대통령 소속으로 되어 있는데 이 점도 우리나라의 독특한 정치적 환경에서 기인한 것이라고 하겠다(방동희, 2010: 195-196).

그러나 집행부형에 속하는 우리나라의 감사원 제도는 그 독립성과 효과성 면에서 상당한 논란을 불러일으키고 있다. 감사원이 대통령실을 중심으로 한 권력의 외압에 의해 공직사회의 비리를 조사하지 못하거나 적절한 감사를 수행하지 못하고 있으며, 심지어 내부적인 부정과 비리로부터 자유롭지 못하다는 지적은 1990년대 초부터 명시적으로 제기되기 시작했다.[48] 그리고 이러한 문제는 2000년대 들어서도 지속되고 있어, 감사원 감사가 정치권력의 의지에 의해 영향을 받는다는 정치감사 논란이 제기되거나, 감사원이 당대 권력에 코드를 맞추고 있다는 지적이 나오고 있다(허전·송석록, 2009; 차진아, 2009).[49][50] 이러한 문제제기와 지적은 지속되고 있으며, 주로 문제의 원인을 감사원이 대통령 직속기관으로 되어 있는 우리나라 감사원의 위상에서 찾고 있다. 행정부 수반인 대통령과 그 측근들의 영향이나 압력으로 인해 감사원이 객관적이고 중립적인 감사를 수행하기

---

47) 국회·법원·헌법재판소·선거관리위원회·감사원의 사무에 대하여는 국회의장·대법원장·헌법재판소장·중앙선거관리위원회위원장·감사원장에게 감사를 청구해야 한다.

48) 시사월간지에 게재된 전미숙(1991), 정지환(1996), 현준희(1997), 이태준(2004) 등을 참조하였다. 특히 감사원의 내부비리에 관한 기사나 감사원이 한약조제시험의 감사결과를 축소·은폐했다는 기사, 효산그룹의 비리에 대한 감사원의 감사중단 기사 등이 주목할 만하다.

49) 감사원이 청와대의 압력에 의해 조선일보, 쌀직불금 파문 등에 대한 감사결과를 은폐한 반면, 우익단체의 청구에 의해서 KBS에 대한 감사를 신속하게 추진했다는 등의 지적이 있었다.

50) 이명박 정부에서 추진한 4대강사업을 대상으로 한 감사원 감사는 이명박 정부(2011년), 박근혜 정부(2013년 1월과 7월), 문재인 정부(2018년)에 걸쳐 4차례 진행되면서 감사 결과가 번복된 바 있다.

어렵다는 것이다(허전 · 송석록, 2009; 차진아, 2009; 공병천, 2010). 따라서 우리나라 최고감사기구인 감사원의 위상 제고를 위한 제도변화 노력이 요망되고 있다.

한편 우리나라 감사원도 1990년대 이후 성과감사 개념을 도입 · 운영하고 있다. <표 5-10>에서 볼 수 있는 바와 같이, 1980년대까지는 주로 전통적인 회계검사와 직무감찰 위주의 감사방식을 견지했으나, 1990년대 이후에는 성과감사 또는 시스템감사[51]를 통해서 행정운영 및 제도개선에도 관심을 기울이고 있다. 1980년대까지의 산업화 시대에는 경제개발 · 사업추진 · 부정부패척결 등이 중요시되어 감사원도 회계질서와 공직기강 확립에 주력하였으나, 1990년대 들어 신공공관리 행정개혁의 영향을 받으면서부터 정책과 사업의 효율성을 분석하는 성과감사 방식의 도입과 확충에 대한 관심이 높아진 것이다. 특히 2010년대에 들어서는 성과감사의 연장선상에서 공무원의 무사안일 행태를 극복하고, 적극적인 업무처리의 활성화를 조성하는 감사방식에까지 관심이 확장되고 있다(김윤권 외, 2011).

〈표 5-10〉 우리나라 감사원의 감사기조 변화

시기	감사기조
1960년대	-경제개발계획을 추진하는 경제부처, 사업관서 집중 감사 -각종 감사제도의 정비에 힘써 총 132개의 규정 제정
1970년대	-사회전반에 만연된 부정부패 척결 및 회계질서 확립에 주력 -자체기강 확립 및 인사관리 개선
1980년대	-공직사회정화와 올림픽 등 정부사업의 차질 없는 추진 지원 -자체감사기구와 협력체계 구축 및 국제협력 강화
1990년대	-성역 없는 감사수행 및 경제난 극복에 감사역량 집결 -정책 · 사업의 효율성을 분석하는 성과감사 도입 · 확대
2000년대	-정책 · 사업의 근본적 개선을 목표로 하는 시스템감사에 주력 -국민감사청구제도, 기업불편신고센터 설치 등 업무외연 확대
2010년대	-소극적 업무처리 감사강화 및 적극적 업무처리 활성화 조성 -업무효율성과 생산성 제고 및 사회통합성 조성

자료: 감사원(2010); 김윤권 외(2011: 837)의 표를 일부 수정.

51) 감사원의 성과감사를 '시스템감사'로 부르기도 한다. 시스템감사는 '정부의 주요 정책 · 사업 · 제도 · 업무시스템 등 감사대상 업무를 시스템적인 기준과 절차 및 방법에 따라 체계적으로 진단 · 분석하고, 발견된 문제점의 발생 원인을 사람 · 업무 · 환경 및 제도 등 다양한 내외적 요인을 분석 · 검토하여, 종합적이고 체계적이며 근원적인 개선대책을 모색하는 활동'으로 정의된다(노화준 외, 2004: 48; 류춘호, 2009: 86에서 재인용).

시대에 따라 감사원의 역할 변화도 나타났는데, 해방 이후부터 2007년까지 141개 감사 사항에 대한 내용 분석을 통해 본 감사원의 역할 변화는 다음과 같았다(윤기웅 · 유승현, 2018). 감사원의 역할을 회계질서 및 공직기강 확립, 행정 및 재정운영의 개선 향상, 주요 시책 · 사업의 성과 제고, 정책실패에 대한 행정 책임성 확보라는 네 가지로 분류했을 때, 합법성 감사에 해당하는 회계질서 및 공직기강 확립은 초기 감사원의 가장 큰 역할이었지만, 점차 그 비중이 줄어들고 있고 그에 비해 성과감사에 해당하는 주요 시책 · 사업의 성과 제고 역할은 초기에는 미미하다가 1980년 이후 등장해 그 비중이 조금씩 확대되는 것을 알 수 있다(그림 5-1).

통계에 의하면 감사원이 2000년부터 2007년까지 실시한 감사 사항은 총 1,518개인데, 이 중에서 성과감사는 122개로서 총 감사 대비 약 8%에 해당한다. 또한 같은 기간 동안 피감사기관의 수는 총 11,124개이며, 성과감사는 2,079개 기관을 대상으로 실시되어 약 19%에 해당한다. 영국의 경우 2005년~2006년간 성과감사의 비율이 27%로 나타나서, 대체로 우리나라보다 성과감사의 비중이 높은 것으로 보인다. 미국 감사원은 1960년대 이후 주로 합목적성 감사를 내용으

[그림 5-1] 감사원 역할의 변화

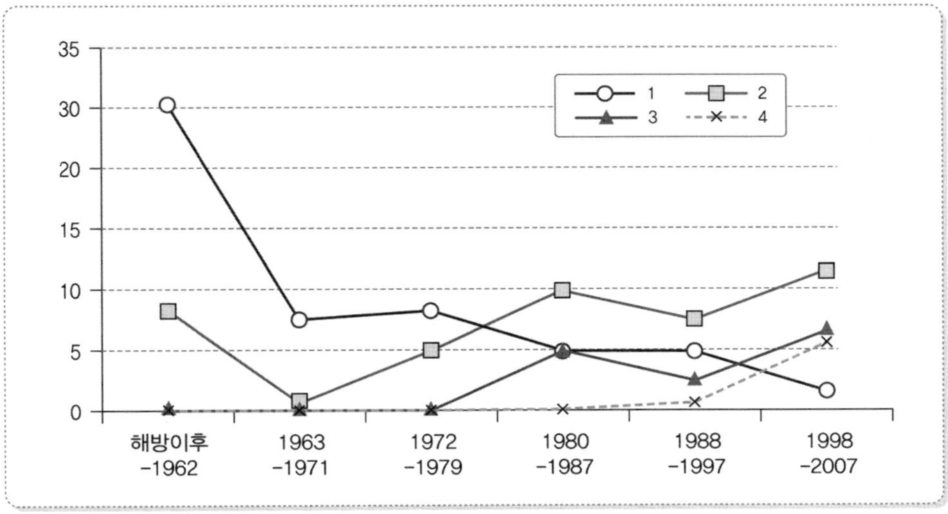

자료: 윤기웅 · 유승현(2018: 22).
주: 1 회계질서 및 공직기강 확립 2 행정 및 재정운영 개선 향상
3 주요시책 · 사업의 성과 제고 4 정책실패에 대한 행정책임성 확보

로 하는 성과감사를 시작하였고 오늘날 합법성에 관한 법적 결정 이외에 대부분의 업무는 성과감사와 관련되어 있다(김유환, 2019). 우리나라 감사원의 감사활동에서 성과감사가 차지하는 양적 비중은 아직 높지 않은 상태인데, 이는 성과감사 실시에 장기간이 소요되는 등 성과감사가 감사원의 업무에 상당한 부담을 주기 때문인 것으로 보인다(류춘호, 2009: 90-91).

감사원의 성과감사는 질적·내용적인 면에서도 많은 약점을 지니는데, 이는 특히 성과관리의 각 구성요소에 있어 성과정보의 신뢰성에 의문이 제기된다. 첫째, 성과관리의 기초가 되는 목표체계와 성과지표 간의 타당성 문제이다. 일반적으로 성과목표의 추상성이 높고 성과목표와 성과지표 간의 연계성이 불분명할 수 있다. 둘째, 목표치와 실적치의 적정성에 문제가 있다. 성과 목표치와 실적치의 설정에 있어 나름의 근거가 제시될 필요가 있으나 그렇지 못한 경우가 많다. 셋째, 성과 데이터의 품질에 관한 문제이다. 기관별 성과 데이터 관리체계가 잘 정비되어야 하며 성과 데이터의 통계적 정확성을 강화해야 한다. 넷째, 이상의 약점들로 인해, 목표달성에 대한 정책의 기여도를 보여주는 증거의 과학적 합리성에 문제가 야기될 수 있다(신상훈, 2009: 91-96).

앞으로 우리나라 감사원이 국민의 신뢰를 회복하기 위해서는 다음의 세 가지 조건을 갖추어야 한다. 첫째, 감사활동의 객관성과 공정성을 확보해야 한다. 이 조건이 확보되지 않는다면 사실상 감사의 의미를 찾기 어렵게 된다. 둘째, 감사활동의 효율성을 확보해야 한다. 감사에 들어가는 시간과 비용이 과도하거나 성과가 적을 경우에는 감사의 의의가 약화된다. 셋째, 감사활동의 기능과 성과를 국민에게 잘 알려야 한다. 감사에 대한 국민의 이해가 증진되고 국민들이 다양한 통로를 통해 감사결과에 쉽게 접근할 수 있을 때 감사기구에 대한 신뢰가 높아질 것이다(차진아, 2009: 90). 그리고 이 조건들을 갖추기 위한 첫 단계는 감사원의 소속과 위상을 제고하는 것이라는 점은 앞서 지적한 바와 같다.[52)]

또한 성과감사가 원래의 취지대로 운영되기 위해서는 먼저 성과관리 시행주체인 행정기관들이 정책·사업의 핵심 특성을 제대로 반영한 목표체계와 성과지표를 구축하고, 적정한 수준의 목표치와 실적치를 설정하며, 정확도 높은 성과 데이터를 확보함으로써 성과정보의 신뢰도를 높여야 한다. 그리고 감사원은 객관적

52) 감사원을 국회 소속으로 하자는 견해가 있으나, 우리나라의 경우 감사원이 국회 소속이 되면 자칫 정쟁의 수단으로 이용되고, 감사원의 정치적 중립성과 독립성이 훼손될 우려가 있다.

판단자(및 조언자)로서 성과정보의 유의미성 여부에 대해 종합적이고 심층적인 검사를 수행하고, 행정기관들의 성과관리 역량 제고에 기여할 수 있는 결과를 제시해야 할 것이다(신상훈, 2009; 공병천, 2009).

3. 사법기제에 의한 행정통제

1) 사법기제에 의한 행정통제의 의의

사법기제에 의한 행정통제 논의는 행정국가화에 따라 정부 관료제가 정책형성을 주도하고, 다양한 사회적 이익들 사이에서 심판관의 권한을 행사하는 정도가 높아지는 것에 대해 법적 제약이 필요하다는 인식을 배경으로 한다. 사법기제는 민주주의를 제도적으로 보장하기 위하여 마련된 기제이며, 국민 개인의 권익을 존중하고 보장함으로써 법치국가의 이념을 구체화하는 기능을 수행하고, 국가권력이 특정 지배계층에 의하여 남용되는 것을 방지하는 역할을 담당한다. 법치행정의 실현을 위해서는 행정이 지켜야 할 법이 제대로 만들어져야 할 뿐 아니라, 행정에 의해서 그 '법'이 제대로 지켜지고 있는지를 확인·검토할 수 있는 가능성이 확보되어야 하는데, 이를 위한 제도에는 행정소송, 행정심판, 행정절차[53]가 대표적이다(Peters, 2000: 328-329; 이광종, 2005: 261; 박정훈, 2006: 306).[54]

행정소송은 법원을 중심으로 이뤄지는 사후적 행정통제이며, 행정심판은 행정부 내부의 준사법기관을 통해서 이뤄지는 사후적 행정통제이고, 행정절차는 행정부 내부에서 행정이 수행되는 과정을 사전적으로 통제한다. 통제 주체의 위치는 다르지만 '행정의 합법성을 공식적으로 판단하는 기제'라는 점에서 동일하다.

행정소송, 행정심판, 행정절차 제도와 관련된 개념적 쟁점으로 법의 실체적 정당성과 절차적 정당성에 관한 비교법적 논의가 있다. 독일의 경우, 법의 실체적 정당성 이념에 근거하고 있는데, 독일은 근본적으로 민주주의의 불완전성을 자연법 내지 이성법, 그리고 법관국가를 통해 보완하고자 하였다. 즉 국가권력을 민주적으로 통제하기보다는 법정에서 법의 실체적 정당성이 법관에 의해 확정되는 이념을 토대로 한다. 따라서 행정심판과 행정절차에 비해 행정소송이 압도적

53) 행정심판과 행정절차는 행정부 내부에서 수행되는 활동이지만, 그 성격상 행정소송과 분리해서 취급하는 것이 적절하지 않아 여기에서 논의한다.

54) 행정부의 정책결정 주도를 견제하기 위한 주요 사법적 수단으로 위헌법률심판도 고려될 수 있다. 그러나 엄밀하게 말하면 위헌법률심판은 입법기관인 국회에 대한 사법적 견제수단이기 때문에 여기서는 논의에서 배제하도록 한다(*cf.* 표시열, 2005).

인 지위를 가지며, 행정소송이 법치행정의 주 무대가 된다. 행정심판은 행정절차의 일환으로 파악되는 데, 행정심판의 결과로 확정된 행정행위가 행정소송의 대상이 되고 모든 법적 쟁점이 행정소송에서 해결된다(박정훈, 2004: 198-199; 2006: 323-325).

프랑스는 민주주의 혁명이 성공함으로써 의회가 우월한 민주적 정당성을 획득한 역사적 경험을 가지고 있다. 이에 법의 실체적 정당성이 법관에 의해 확정되는 독일의 방식은 성립되기 힘들었다. 한편 사법부로부터 완전히 분리된 행정재판권이 비교적 높은 지위를 지녔다. 행정부에 속하지만 행정활동을 하는 부서와 행정재판소 간에 권력분립이 매우 강조되었고 행정의 제1차적인 판단권이 존중되었으며, 행정재판의 기능은 일차적으로 행정에 대한 객관적 법적 통제로 이해되었다. 이는 행정심판과 행정절차의 비중이 어느 정도 강화된 것을 의미한다. 그러나 합리주의 사상(rationalism)을 토대로 하고 있는 프랑스의 법이념은 여전히 법의 실체적 정당성을 신뢰하고 있어 행정소송의 비중이 상당하며, 후술하는 영국과 같은 정도의 절차적 정당성 인정으로 나아가지 않았다. 요컨대 프랑스에서는 행정소송이 행정절차를 전부 흡수하지 않고, 행정절차의 독자적인 영역이 인정된다고 할 수 있다(박정훈, 2004: 199; 2006: 326-328).

영국은 의회주권(parliamentary sovereignty)[55] 이념 및 경험과 무관하게 존재하는 일체의 실체적 정당성을 부정하는 경험주의 사상(empiricism)의 영향으로 인해 독일과 같은 법관국가로 발전하기 어려웠다. 한편 영국은 법의 실현에 관해 일반법원의 기능을 강조하였으며, 따라서 행정사건에 대해서도 일반법원이 관할권을 갖게 되었다. 행정활동은 전통적으로 일종의 사법적 활동으로 이해되었고, 이에 행정청도 하급법원의 일종으로 파악되었다. 따라서 법원은 행정결정을 마치 상고심이 하급법원의 판결을 검토하듯이 심사하게 되었으며, 법원의 심사대상이 행정결정의 법적 하자에 한정되게 되었다. 이러한 맥락에서 영국은 행정소송보다 행정심판과 행정절차의 비중이 커졌으며, 특히 영국이 절차를 강하게 지향하게 된 것은 취소사유를 확대하기 위한 노력의 일환으로 절차적 하자가 가장 손쉽게 동원될 수 있었기 때문이라고 볼 수 있다(박정훈, 2004: 200; 2006: 328-331).

---

55) 의회의 입법이 어떠한 상위법의 제약도 받지 않는다는 것을 의미한다. 의회는 스스로의 뜻에 따라 헌법을 수정할 수 있으며 이러한 의회의 결정에 대해 사법부가 비헌법적이라고 선언할 수 없다(Rose, 2006).

미국은 행정법에 있어 실체적 내용의 기본권들이 행정활동에 직접 적용되지 않는 것으로 이해되었기 때문에, 법의 적정절차 위반이 행정활동에 대한 유일한 심사척도가 되었다. 1946년에 제정된 미국의 행정절차법은 실체적 위법성(재량권 남용 기타 법의 위반, 헌법상 권리의 침해, 실질적 증거의 흠결 등)과 더불어 절차적 하자를 독자적인 취소사유로 명시하고 있다. 이처럼 행정절차가 매우 중시되게 된 이유는 '행정'에 대한 특유의 이해에서 찾을 수 있다. 행정의 조직과 임무는 대부분 개별 법률에 의해 부여되는 데, 법적인 결정을 내릴 수 있는 권한은 원래 법원에 속하는 것으로서, 입법자에 의해 행정기관(당해 법률에 의해 설치된)에게 위임된 것으로 파악된다. 권한을 부여받은 행정은 그 권한을 가능한 한 재판절차에서와 유사하게 행사해야 하고, 여기서 행정의 '준(準)사법권' 개념을 이해할 수 있다. 따라서 법원의 심사는 원칙적으로 당해 결정을 위해 행정청이 작성한 기록의 검토에 한정되고, 이러한 심사에서 절차적 하자가 중요한 역할을 하게 된다. 따라서 미국에서는 사법권이 행정청에 위임되었다는 관념으로 인해 절차적 정당성이 가장 높은 수준으로 강조되고 있다(박정훈, 2004: 200-201; 2006: 331-333).

이상의 비교법적 논의를 통해 독일과 프랑스는 행정의 실체적 적법성을 심사하고 행정에 대한 객관적 통제를 강조하는 행정소송의 비중이 상대적으로 크지만, 영미법에서는 행정절차의 비중이 크고 행정절차를 재판절차와 대등한 법적 절차로 이해하고 있음을 알 수 있다.

2) 우리나라의 사법기제에 의한 행정통제 현황

우리나라에서는 행정소송법이 1951년에 제정·시행되었다. 행정소송은 행정의 합리성 통제수단으로서 행정법의 주된 과제이지만 행정부의 정책결정 주도에 대한 중요한 '사후적' 견제수단이다. 행정심판은 1951년에 소원법(訴願法)의 형태로 제정되었으나 그 시행은 1965년부터였으며, 1981년의 제5공화국 헌법에서 '행정심판'으로 개칭되었고, 1985년 행정심판법이 시행됨으로써 종래의 소원법은 폐지되었다. 행정절차법은 1998년에 시행되었으며, 공정하고 민주적인 행정을 실천하고자 하는 주요 수단이라 할 수 있다. 또한 2021년 제정된 행정기본법은 행정의 원칙 및 절차적 기본사항을 규정하며 행정절차법과 함께 행정의 민주성과 적법성을 통제하고 있다.

이처럼 우리나라에서는 행정소송·행정심판·행정절차의 순으로 발전해왔다.

국민의 권리구제와 행정의 법률 적합성 통제를 위해서 행정기관과 독립된 국가기관(법원)에 의한 행정소송이 가장 먼저 발전했고, 다음으로 행정 내부에서 상급 감독기관이 소송에 앞서 행정결정을 심사하는 행정심판이 발전했으며, 마지막으로 행정기관 스스로 사전적으로 행정결정의 적법성을 확보하기 위한 과정을 거치는 행정절차가 발전했다(박정훈, 2006; 표시열, 2005).

(1) 행정소송

행정소송법은 행정소송 절차를 통해서 행정청[56]의 위법한 처분 그 밖에 공권력의 행사・불행사 등[57]으로 인한 국민의 권리 또는 이익의 침해를 구제하고, 공법상의 권리관계 또는 법적용에 관한 다툼을 적정하게 해결함을 목적으로 한다. 행정소송은 항고소송, 당사자 소송, 민중소송, 기관소송으로 구분되는 데, 이 중 처분의 상대방인 국민의 권리・이익보호・구제를 목적으로 행정청의 처분 등이나 부작위[58]에 대해 제기하는 소송이 항고소송이다. 항고소송에는 행정청의 위법한 처분 등을 취소 또는 변경하는 소송(취소소송), 행정청의 처분 등의 효력 유무 또는 존재여부를 확인하는 소송(무효 등 확인소송), 행정청의 부작위가 위법하다는 것을 확인하는 소송(부작위위법확인소송)이 있는데, 이 중에서 취소소송이 가장 전형적인 항고소송이다. 위에서 언급한 대로 취소소송은 처분 등을 대상으로 하지만, 재결취소소송은 재결 자체에 고유한 위법이 있음을 이유로 하는 경우에 한한다. 한편 판례는 행정청으로 하여금 일정한 행정처분을 하도록 명하는 이행판결을 구하는 소송이나 법원으로 하여금 행정청이 일정한 행정처분을 행한 것과 같은 효과가 있는 행정처분을 직접 행하도록 하는 형성판결을 구하는 소송은 허용하지 않고 있다(김훈, 2011: 155-156; 행정소송법, 2017: 1, 2, 3, 4, 19조).

취소소송은 처분 등이 있음을 안 날로부터 90일 이내에 제기해야 한다. 다만 행정심판을 거친 경우에는 그 재결서의 정본을 송달받은 날로부터 기산한다. 취

---

56) '행정청'이란 행정에 관한 의사를 결정하여 표시하는 국가 또는 지방자치단체의 기관, 그 밖에 법령 또는 자치법규에 따라 행정권한을 가지고 있거나 위탁을 받은 공공단체나 그 기관 또는 사인(私人)을 말한다.

57) '처분 등'이란 행정청이 행하는 구체적 사실에 관한 법집행으로서의 공권력의 행사 또는 그 거부와 그 밖에 이에 준하는 행정작용 및 행정심판에 대한 재결(裁決)을 말한다. '재결'은 행정심판의 청구에 대하여 행정심판위원회가 행하는 판단을 말한다.

58) '부작위'란 행정청이 당사자의 신청에 대하여 상당한 기간 내에 일정한 처분을 하여야 할 법률상 의무가 있음에도 불구하고 이를 하지 않는 것을 말한다.

소소송은 원칙적으로 처분 등이 있는 날로부터 1년(행정심판을 거친 경우에는 재결이 있은 날로부터 1년)이 경과하면 제기하지 못한다. 위 두 기간 중 어느 하나의 기간이라도 경과하게 되면 소송을 제기하지 못하지만, 제소기간에 대해서 개별 법령에 특별한 규정이 있으면 그에 의한다(김훈, 2011: 156; 행정소송법, 2017: 20조).

1994년 행정소송법이 일부 개정되어 1998년 3월부터 시행되었는데, 개정의 핵심은 행정심판전치주의[59]의 폐지 및 행정심판의 임의절차화[60], 그리고 행정소송의 3심제이다. 이에 행정소송의 제1심으로 서울행정법원과 각 지방법원 행정재판부가 활동을 개시하였고, 행정소송의 접근성과 전문성이 제고되었는데, 이는 법원으로 하여금 행정소송에 관해 적극적인 태도를 갖게 하는 주요 원인이 되었다(박정훈, 2006: 312-313).

행정소송에 대해서는 다음과 같은 문제점들이 지적된다. 첫째, 행정소송은 기본적으로 사후적인 조치이며, 과다한 시간과 비용을 요하는 약점을 지닌다. 둘째, 전문성과 기술성 면에서 취약한 일반 법원의 법관들이 행정재량권의 부당한 행사에 대해 얼마나 올바른 판단을 할 수 있을지에 대한 의문이 제기된다. 셋째, 행정소송은 잘못된 행정행위에 대한 취소를 할 수는 있지만, 특정 행위를 행하도록 적극적으로 명령하기는 어렵다(이광종, 2005: 266; Peters, 2000: 329-330). 행정심판과 행정절차제도는 행정소송제도의 이러한 문제점들에 대응할 수 있는 요소를 담고 있다.

(2) 행정심판

행정심판이란 행정청의 위법 또는 부당한 처분 또는 부작위에 대해서 국민의 청구를 전제로 하여 행정심판위원회를 통하여 권리구제를 강구하는 행정쟁송절차를 말한다. 행정심판은 주로 개별 공무원의 개별 결정행위에 대한 통제를 목적으로 하는 것으로서 행정통제 수단들 중에서 법적 접근방법을 취하면서 가장 미시적인 접근방법에 속한다고 할 수 있다. 행정심판은 '행정청 스스로가 처분청이 내린 결정의 적법성 또는 타당성의 관점에서 자기통제를 하면서 권리구제를 실현하는 것'으로서, 외부 통제인 행정소송과는 구분된다.

59) 행정소송(특히 항고소송)을 제기함에 있어서 전심(前審)으로서 행정심판을 경유하도록 하는 것을 말한다.

60) 행정심판위원회의 재결을 기다리지 않고 행정소송을 바로 제기할 수 있음을 의미한다.

현재 행정심판의 주요 대상은 운전면허 정지 취소 처분(중앙행정심판위원회 관할), 면허자격 정지 취소 처분, 영업정치 처분 및 과징금 부과, 각종 국가시험 불합격 처분, 정보공개 거부 처분, 학교폭력 관련 교육장의 조치(시도 교육청 행정심판위원회 관할) 등이다.

행정심판에는 행정청의 위법 또는 부당한 처분을 취소하거나 변경하는 행정심판(취소심판), 행정청의 처분의 효력 유무 또는 존재 여부를 확인하는 행정심판(무효 등 확인심판), 그리고 당사자의 신청에 대한 행정청의 위법 또는 부당한 거부 처분이나 부작위에 대하여 일정한 처분을 하도록 하는 행정심판(의무이행심판)이 있는데 이 중 취소심판이 가장 대표적이고 많이 청구되는 유형이다. 행정심판위원회는 감사원이나 국가정보원과 같이 해당 조직 내에 그 조직의 일부 형태로 두는 경우, 중앙행정기관의 장, 특별시장이나 광역시장의 처분에 대한 행정심판처럼 중앙행정심판위원회가 담당하는 경우,[61] 그리고 시·군·자치구의 장의 처분에 대한 행정심판처럼 시·도지사 소속의 행정심판위원회가 담당하는 경우의 셋으로 구분된다(김용섭, 2008: 201; 선정원, 2012: 1-2; 김훈, 2011: 150-151; 행정심판법, 2020: 1, 3, 5, 6조).[62]

취소심판은 일반적으로 처분이 있음을 알게 된 날부터 90일 이내에 청구해야 하며, 또한 취소심판은 정당한 사유가 있는 경우를 제외하고는 처분이 있었던 날부터 180일이 지나면 청구하지 못한다. 행정심판위원회는 사건 심리에 필요하면 관계 행정기관이 보관 중인 관련 문서, 장부, 그 밖에 필요한 자료를 제출할 것을 요구할 수 있으며, 사건과 관련된 법령을 주관하는 행정기관이나 그 밖의 관계 행정기관의 장 또는 그 소속 공무원에게 위원회 회의에 참석하여 의견을 진술할 것을 요구하거나 의견서를 제출할 것을 요구할 수 있고, 사건을 심리하기 위하여 필요하면 직권으로 또는 당사자의 신청에 의하여 증거조사를 할 수 있다. 행정심판위원회는 행정심판의 청구가 타당하다고 인정하면, 처분의 취소·변경·

61) 이명박 정부는 종래 분리되어 있던 국가청렴위원회, 국민고충처리위원회와 국무총리행정심판위원회를 통합해서 국민권익위원회를 설치하고, 지방자치단체에서의 국민권익구제를 위해서 시민고충처리위원회를 신설하였다. 또한 국무총리행정심판위원회의 명칭을 중앙행정심판위원회로 변경하였다.

62) 행정심판법 제4조에 규정된 특별행정심판은 행정심판과 구분되는 개념이다. 특별행정심판은 조세심판, 특허심판, 중앙노동위원회의 재심 등 특정 분야의 행정심판으로서 개별법에서 따로 정한 특별절차 및 특례절차에 의해서 행해지는 행정심판이다(김용섭, 2008). 중앙행정부처와 그 산하기관 내에 70여개의 특별행정심판기구들이 존재하고 있다(선정원, 2012: 5-6).

시행을 피청구인에게 명하거나, 처분의 효력유무·존재여부를 확인한다(행정심판법, 2020: 23, 27, 35, 36, 43조).

헌법 제107조 3항은 "행정심판의 절차는 법률로 정하되, 사법절차가 준용되어야 한다."고 하여 행정심판에도 사법절차가 준용되도록 했다. 따라서 행정심판은 행정청에 의한 행정작용이기는 하지만 일종의 준사법적 행정작용이라고 할 수 있으며, 또한 행정심판은 행정소송과 행정절차의 중간에 존재하는 절차로 볼 수 있어, 행정심판은 준사법적 요소와 행정절차적 요소 모두를 갖추고 있다(정형근, 2010: 128; 김용섭, 2008: 202).

행정심판은 기업과 민원인의 권리보호 기능을 지니며, 특정된 민원인을 위한 권익의 보호를 제도의 일차 목적으로 한다는 특징을 지닌다. 국가와 지방자치단체의 주요 결정은 행정처분으로 나타나는데, 행정처분에는 일방성과 권력성이 커서 자칫 권력남용으로 귀결될 위험을 지닌다. 따라서 행정심판은 행정기관에 의한 권력남용을 통제하고 국민의 권익을 보호하는 중요한 의미를 지닌다. 한편 행정심판 절차는 재판절차와 달리 변호사 선임이 불필요하므로 비용이 매우 저렴하고, 서면심사가 주된 심사방법이므로 쟁점이 명확한 유사 대량사건의 처리를 신속하게 진행할 수 있는 장점이 있다(선정원, 2012: 1-2).

2014년 이후 중앙행정심판위원회의 연도별 사건처리 현황은 <표 5-11>과 같다. 행정심판 사건은 증가하다가 약간 감소하는 추세에 있고, 각하 건수가 늘어났지만 인용 건수는 줄어들어, 인용(認容)[63]률은 하락추세에 있음을 알 수 있다. 2019년 인용률은 7.28%, 2020년 6.92%, 2021년 7.9%, 2022년 8.6%로 낮은 편인데, 이렇게 낮은 인용률은 행정심판을 통한 분쟁해결기능과 권리구제기능이 약화되고 있는 것은 아닌지 해석의 여지를 남긴다.

차후 행정심판제도는 전술한 고충민원처리제도와 유기적으로 연계되어 실행될 필요가 있다. 국민권익위원회로 통합된 후에도 행정심판제도와 고충민원처리제도는 상호분리 운영되었는데, 양 제도는 사실상 그 추구하는 목적에 있어서는 유사하다.[64] 따라서 제도의 실질적인 효과를 높이기 위해서는 연계가 강화되어야 할 필요가 있다. 또한 특별행정심판 중 그 존립의 타당도가 낮은 것들은 중앙행정심판위원회의 심판대상으로 전환시키는 등 행정심판의 대상을 확대할 필요가 있다

63) 인용(認容)이란 심판청구자의 주장을 받아들인다는 의미이다.
64) 행정심판과 고충민원처리의 유사점과 차이점에 대해서는 길준규(2010: 718-721)를 참조.

〈표 5-11〉 중앙행정심판위원회의 사건처리 현황(2014~2020년)

연도	접수 건수	심리 · 의결				인용률 (%)	취하 · 이송
		계	인용[1]	기각[2]	각하[3]		
2014	25,301	25,270	4,131	19,164	1,975	16.35	1,068
2015	24,425	24,947	3,933	18,627	2,387	15.77	1,433
2016	26,730	26,080	3,901	19,315	2,864	14.96	1,699
2017	27,918	25,775	3,584	19,105	3,086	13.9	1,307
2018	23,043	25,153	3,814	18,928	2,411	15.16	1,401
2019	24,076	21,534	1,567	14,166	5,801	7.28	1,271
2020	22,367	22,727	1,573	16,783	4,371	6.92	1,094
2021	19,229	18,873	1,710	14,892	2,271	7.9	1,140
2022	21,460	21,159	1,468	15,581	4,110	8.6	1,527

자료: 공공데이터포탈(data.go.kr) 국민권익위원회 행정심판 처리현황 데이터.
주: 1 심판청구자의 주장 인정 2 심판청구자의 주장 불인정 3 심판청구가 적법하지 않아 심리를 거절함.

(선정원, 2011; 2012: 6-11). 한편 행정절차, 행정심판, 행정소송의 단계를 간소화해서 -예컨대 행정심판을 '제대로' 거친 때에는 행정소송의 1심을 생략하고 바로 2심으로 갈 수 있도록 함- 절차의 낭비를 완화할 필요가 있다(김광수, 2008: 111).

(3) 행정절차

행정절차는 행정청이 행정적 결정을 하는 과정에서 거치게 되는 일련의 과정을 말하는 것으로서, 절차적 정당성의 확보를 통해서 행정의 민주화, 행정작용의 적정화, 행정의 능률화를 도모하고, 사전적 권리구제를 수행해서 사법기능을 보완한다. 즉 행정절차는 행정청이 행정적인 최종 결정을 내리기에 앞서서 관련자들에게 의견진술이나 자료제출 기회를 부여하여 행정의 민주화와 행정작용의 적정화를 확보하는 데 기여할 수 있다. 또한 일정 절차를 거치는 과정을 통해 잘못된 결정의 도출을 막고 적절한 결정에 이름으로써 행정의 능률성 확보에 기여하며, '사전적인 구제기능'을 수행함으로써 사법기능의 결함을 보완할 수 있다(김용섭, 2008: 204-205).

행정절차법은 행정청이 각종 처분을 하거나 법령 · 정책 · 제도 등을 제정 · 수립·변경하는 경우, 이에 대한 합리적 기준과 공정한 절차를 마련해서 국민의 의견을 직접 듣고 반영할 수 있는 기회를 보장하여 국민의 권익을 보호하고 행정의 공정성·투명성을 확보하는 것을 목적으로 한다. 행정절차법은 처분절차, 신고절차,[65] 행정상 입법예고절차,[66] 행정예고절차,[67] 행정지도절차,[68] 국민참여절차 등 6개 분야를 규정하고 있다. 이 중에서 처분절차가 가장 핵심적인 부분을 구성한다. 처분과 관련되는 주요 절차로는 국민의 권리·이익을 제한하거나 의무를 부과하는 처분을 하는 경우 이를 반드시 알려야 하는 행정처분의 '사전통지', 행정과정에 국민이 직접 참여해서 자신의 권리·이익에 대한 위법·부당한 침해를 방지하기 위한 의견진술 기회를 갖는 '의견제출', 국민이 가지는 절차적 기본권의 한 형태로서의 '청문',[69] 이해당사자의 권리구제에 한정되지 않고 널리 의견을 구해서 다중의 공통적 이익을 도모하고자 하는 '공청회' 등이 있다(김용섭, 2008: 205; 행정절차법, 2022).

행정절차와 행정심판은 국민의 권익보호를 위한 절차법적 권익보호제도라는 점에서 공통점을 지니지만, 행정심판이 당사자간 분쟁을 준사법절차를 통해서 해결하는 쟁송제도인데 반해 행정절차는 행정청이 행정작용을 하면서 지켜야 할 절차를 말한다. 전자는 심판청구의 제기가 있어야 개시되는 수동적인 절차이지만, 후자는 일정한 행정작용을 하려는 행정청이 거쳐야 하는 능동적인 절차이다(김기표, 2003: 55; 김용섭, 2008: 206에서 재인용).

그러나 우리나라의 행정절차법은 적용 범위 상 넓은 예외를 인정하는 한계를 지닌다. 적용 예외로 열거된 항목은 다음과 같은데, 국회 또는 지방의회의 의결을 거치거나 동의 또는 승인을 받아 행하는 사항, 법원 또는 군사법원의 재판에

---

65) 법령 등에서 행정청에 일정한 사항을 통지함으로써 의무가 끝나는 신고를 규정하고 있는 경우, 신고를 관장하는 행정청은 신고에 필요한 구비서류, 접수기관, 그 밖에 법령 등에 따른 신고에 필요한 사항을 게시(인터넷 등을 통한 게시를 포함)하거나 이에 대한 편람을 갖추어 두고 누구나 열람할 수 있도록 해야 한다.

66) 법령 등을 제정·개정·폐지하고자 할 때에는 당해 입법안을 마련한 행정청은 이를 예고해야 한다(행정절차법 41조 1항에 규정된 예외사항들은 제외).

67) 행정청은 국민생활에 매우 큰 영향을 주는 사항 등에 대한 정책·제도·계획을 수립·시행·변경하려는 경우에는 이를 예고해야 한다(단 예고로 인하여 공공의 안전 또는 복리를 현저히 해칠 우려가 있거나 그 밖에 예고하기 곤란한 특별한 사유가 있는 경우는 예외).

68) 행정지도는 행정절차법에 규정된 행정지도의 원칙(48조)과 방식(49조)에 의해서 수행되어야 한다.

69) 청문은 다른 법령 등에서 청문을 실시하도록 규정하고 있는 경우와 행정청이 필요하다고 인정하는 경우에 실시한다.

의하거나 그 집행으로 행하는 사항, 국가안전보장·국방·외교 또는 통일에 관한 사항 중 행정절차를 거칠 경우 국가의 중대한 이익을 현저히 해칠 우려가 있는 사항 등 아홉 개 사항에 이른다(행정절차법, 2022: 3조).[70)]

한편 '행정기본법'은 2021년 제정되었으며, '행정의 원칙과 기본사항을 규정하여 행정의 민주성과 적법성을 확보하고 적정성과 효율성을 향상시킴으로써 국민의 권익 보호에 이바지함을 목적으로 한다. 이 법은 행정의 법 원칙과 기본사항을 담은 기본법으로, 그동안 다수의 행정법령이 존재하지만 행정법의 원칙이나 기준이 되는 총칙 또는 기본규정이 없었기에 체계적 파악이 어렵다는 오랜 지적에 근거하여 마련되었다(배병호, 2021). 행정기본법 제정을 통해서 행정법의 일반원칙 명문화, 적극행정의 토대 강화, 입법 및 법집행의 원칙 기준 제시, 개별법상 공통제도 체계화 및 절차 간소화, 그 밖에 현행 행정 법령상 입법 공백이 있는 사항 등이 담겼다는 의미가 있다(배병호, 2021).

법률의 구성을 보면 행정의 법 원칙(법치행정, 평등, 비례, 성실의무 및 권한남용금지, 신뢰보호, 부당결부금지 원칙), 기간의 계산, 행정작용으로 처분, 인허가의제, 공법상 계약, 과징금, 행정상 강제, 그 밖의 행정작용, 처분에 대한 이의신청 및 재심사에 관하여 규정하고 있으며, 행정의 입법활동 등에 관한 구체적인 내용을 담고 있다.

하지만 입법 목적이 행정절차법과 유사하므로 향후 두 법률의 체계화가 과제로 남아 있다. 김대인(2020)에 따르면 두 법은 다음과 같이 구분되는 데 첫째, 행정절차법은 처분의 절차 위주로 규율하지만, 행정기본법은 처분 이외의 행정작용(예: 공법상 계약)에 대한 실체와 절차에 관해 규율하고, 처분과 관련해서도 실체적인 규율이 있으며, 입법지침 및 해석지침 등에 관한 규율을 두고 있다. 둘째, 행정기본법은 행정절차법의 규율에서 제외된 부분을 보완해주는 역할을 하며(실권의 법리, 공법상 계약 등), 행정절차법과의 결합을 통해 행정절차를 보다 강화하는 역할을 한다(제재처분의 기준, 입법절차 등). 이러한 구분에 근거하여 쟁점에 따라 두 법의 통합과 행정법 전반의 체계화가 필요할 것으로 보인다.

---

70) 그 외에도 일선공무원들과 국민들이 행정절차에 대해 소극적으로 인식하고 있으며, 전문지식을 지닌 청문주재자를 선정하기 어렵고, 청문절차가 충실하게 시행되지 못하고 있는 문제가 존재한다. 행정절차제도의 효과성을 제고하기 위해서는 이러한 문제점들의 해소방안에 대해 심도 있는 논의가 있어야 할 것이다(표시열, 2005: 180-181).

(4) 행정입법에 대한 사법통제

사법기제를 통한 행정통제에 관한 추가적인 논의로서, 행정입법의 합법성을 사법기제를 통하여 효과적으로 통제할 수 있는가가 검토될 수 있다. 행정입법은 사회변화에 신속 대처하고 기술적이며 전문적인 사항을 규율하기 위해 행정청이 일반 및 추상적인 규정을 정립하는 것으로, 입법부가 아닌 행정부가 사실상의 입법행위를 수행하는 것이다. 행정입법이 국민의 권리 및 의무에 관한 사항을 다루는 경우 대통령령이나 총리령, 부령 등 법규명령의 형식이 되고, 행정부 내부의 사무준칙 등을 정립하는 데 그친다면 고시나 훈령 등 행정규칙의 형식으로 위임된다. 행정입법 제정의 기본 원칙은 상위 법률의 위임근거가 명확히 있어야 하며 그러한 상위 법률이 행정입법의 범위를 포괄적으로 위임하는 것도 금지된다. 따라서 행정입법은 상위 법률의 범위를 벗어나서 제정되어서는 안 된다. 그러므로 사법기제를 통해서 이와 같은 원칙이 훼손되었는지, 행정입법의 위헌·위법성을 판단하고 통제하는 것은 매우 중요하다.

헌법 제197조 2항은 '명령, 규칙, 처분이 헌법이나 법률에 위반되는 여부가 재판의 전제가 된 경우에는 대법원은 이를 최종적으로 심사할 권한을 가진다'고 규정하고 있으므로 행정입법의 위법성을 통제하는 주체는 대법원이다. 대법원이 위헌 및 위법의 명령·규칙에 대한 최종적 통제권을 가지고 있는 것이다. 대법원 판결에 따라 명령·규칙이 헌법이나 법률에 위반된다고 확정되면 대법원은 그 사유를 행정안전부 장관에게 통보하고 행정안전부 장관은 이를 관보에 게재한다.

그러나 명령·규칙이 위헌이나 위법으로 확인된 경우 법원은 당해 사건에 한해 그 적용을 거부할 수 있을 뿐, 현행법상 명령·규칙의 무효를 선언할 수 없으므로 그 실효성이 문제가 된다. 위헌·위법이 판결된 명령·규칙의 무효, 폐지, 신규입법 등의 시스템이 현재 제대로 마련되지 못한 채, 단지 행안부장관에게 통보하고 판결문 전문을 게재하는 데 그치고 있는 것이다.

그동안 한국 행정은 행정입법을 국정운영의 주요 수단으로 활용해 왔는데, 1970년대 전후 개발연대 당시 관료들은 헌법에 규정된 행정입법권을 통해서 국회의 견제와 복잡한 입법 절차를 회피하고 정책 과정을 주도할 수 있었다. 민주화 이후 1990년대부터 입법부의 권한이 커지고 행정입법의 비율이 줄어드는 추세에 있으나 감소 폭은 크지 않고 여전히 시행령과 시행규칙으로 정책의 중요

내용이 결정된다고 평가된다(윤견수 · 김다은, 2020). 이를 고려할 때, 행정입법에 대한 사법통제 시스템의 강화가 필요하며 그 한 예로 판결의 결과를 행안부장관 및 법제처장 등 관계기관의 장에게 통보하여 신속히 법령을 정비하는 입법 피드백 시스템을 갖추도록 할 필요가 있을 것이다.

4. 입법부에 의한 행정통제

1) 입법부에 의한 행정통제의 의의와 통제 수단

입법부에 의한 행정통제는 국민의 대표로 구성되는 의회에 의한 주기적 · 제도적인 통제이다. 행정부에 대한 의회의 통제 기능은 서구 근대 국가의 성립 초부터 의회에 부여된 권한으로서, 국민의 대표로 구성되는 의회가 행정활동이 적절하게 수행되는지를 감독하고 필요시 문책이나 시정조치를 취하는 것은 당연하다고 하겠다. 의회에 의한 행정통제는 민주주의의 기본 이념에 부합하는 것이며, 전술한 행정조직 내부의 통제보다 민주적 통제의 성격이 강하다(이광종, 2005: 249-250; 구자용, 1995: 48).

의회의 행정통제는 입법권에 의한 통제, 재정권에 의한 통제, 국정에 관한 조사권에 의한 통제가 대표적이며, 기타 장관 책임의 원칙, 지역구민의 민원해결, 이차입법(secondary legislation)에 대한 검토 등을 통해서 수행된다. 2장에서 논의한 행정국가화 경향과 더불어 의회에 의한 행정통제의 영향력은 약화되었으나 이념적 · 상징적인 차원에서 그리고 여전히 실질적으로도 의회의 행정통제는 큰 의의를 지닌다(Peters, 2000: 315-323; 이광종, 2005: 250-254; 구자용, 1995: 49-51).

(1) 입법권

의회는 그 고유기능인 입법활동 -법률의 제정 또는 개정-을 통해서 공공정책의 방향을 제시하거나 수정할 뿐 아니라, 행정의 조직과 절차에 대해서도 그 윤곽을 결정 또는 변경한다. 또한 국민의 권리와 의무에 관한 사항을 법률에 의해 규제함으로써 행정권의 남용이나 재량권의 자의적 행사를 제한할 수 있다(구자용, 1995: 49-50; 이광종, 2005: 253).

법률은 민주주의와 법치주의의 핵심을 구성한다. 민주적으로 선출된 국민의 대표가 입법권을 행사함으로써 민주주의의 이념을 실현하고 법치주의가 유효하게 작동할 수 있는 근거가 된다. 따라서 민주적 법치국가는 의원입법에 의해서 구현되며, 의원입법은 행정입법보다 상위에서 더 강력한 힘을 발휘하게 된다. 의원입법을 통해서 국가기구 및 정부의 주요 임무를 정하고 정책방향을 제시할 수 있으며, 행정이 법률에 근거해서 국가업무를 수행하도록 한다(김광수, 2005: 28, 32).

그러나 의원들의 전문지식·기술의 부족과 행정부의 정보독점은 입법권의 행사에 한계가 되고 있으며, 행정부에 의한 이차입법(준입법권이나 위임입법제도)의 확대는 의회의 행정통제 역량을 제한하는 요인이 되고 있다.

(2) **재정권**

의회는 정부예산에 대한 심의·확정권, 예비비의 총액의결 및 지출승인권, 정부의 국채모집에 대한 동의권, 예산집행에 대한 사후심사인 결산심사권 등을 통해서 행정부를 통제할 수 있다(구자용, 1995: 51-52; 이광종, 2005: 253). 의회의 이러한 권한은 재정민주주의에 근거를 두고 있으며, 재정민주주의는 국민의 재정적 부담에 대해서 사전적·사후적인 통제가 필요하다는 요청을 내용으로 하며, 구체적으로는 국가기관의 지출행위를 규율대상으로 한다(전광석, 2007: 4-5).

의원내각제 체제의 경우에는 의회가 정부 지출의 우선순위를 정하는 데 적극적으로 개입하기보다는 사후에 지출을 검토하는 형태를 위주로 한다. 대통령제 체제에서는 의회가 정부의 예산안 작성과 집행을 견제하는 수단으로 효과적으로 활용할 수 있다. 하지만 대통령제 체제에서도 행정부가 제출한 예산안에 대해 의회가 효율성이나 감축을 지향하기보다는 의회에서 정치적 타협을 통해서 비효율적 예산배정이나 증액이 발생할 수 있다.

전반적으로 1990년대의 재정위기 이후에 예산에 대한 감독이 중요해짐에 따라 의회의 재정통제권 활용의 필요성과 가능성이 더 커졌다. 그러나 정부재정 측면에서 의회의 행정통제는 강력한 잠재력을 지니고 있음에도 불구하고 효과적으로 사용되기가 쉽지 않고, 최근 들어 거시 경제정책의 중요도가 증가함에 따라 예산통제 권한의 상당부분이 의회로부터 행정부와 중앙은행으로 넘어가고 있다고 평가된다(Peters, 2000: 316-317).

(3) **조사권**

의회는 청문·조사권 등을 발동하거나 행정부 구성원을 대상으로 질의나 질문을 행할 수 있다. 이러한 활동을 통해 의회는 주요 관심 사안에 대해서 구체적인 세부 사항이나 각종 범법·비행을 밝혀내고, 일반 국민에게 정보를 제공할 수 있으며, 궁극적으로 행정부를 감시하고 통제할 수 있다(이광종, 2005: 253).

의회가 행하는 조사는 의회 회기 중 단순한 질문에서부터 조사관 임명을 통한 본격적인 상임위 조사활동(committee investigations)까지 포괄한다. 가장 단순한 형태는 의회의 질문시간(question time)이다. 이는 행정수반이나 장·차관들에 대한 여·야당 의원들의 질문을 말하며, 질문의 대상에는 정책결정에 관한 것뿐 아니라 정부 부처 내의 행정에 대한 사안들도 포함된다. 이러한 질문행위는 특히 영국식의 웨스트민스터(Westminster) 체제에서 활발하며, 일반대중들을 상대로 한 정보제공의 의미를 지닌다. 그러나 의회 회기 중의 질문이 심각한 의미를 지니는 조사활동으로까지 나아가는 경우는 많지 않다. 미국의 경우에는 의회의 분야별 상임위원회와 그 아래의 전문화된 위원회(sub-committees, special committees, select committees)를 통한 청문활동이 주된 형태이다. 미국만큼은 아니지만 다른 국가들에서도 의회의 위원회 체계를 통한 조사활동과 행정감독이 수행된다. 그러나 그러한 감독행위의 성과가 반드시 높은 것은 아니며, 정부기관과 압력단체 간의 경우와 유사하게 의회 각 위원회와 정부부처·기관 간의 관계가 너무 밀접해지는 부작용이 나타날 수도 있다(Peters, 2000: 317-319).

(4) 기타 수단들

장관 책임(ministerial responsibility)의 원칙[71)]은 의원내각제 정부에서 의회가 관료제를 통제하는 핵심 기제의 하나이다. 의원내각제 정부에서의 책임성 문제는 기본적인 헌정의 맥락에서 이해되어야 하는데, 이 체제에서 장관은 원칙적으로 부처 내 관료들의 활동에 대한 의원들의 질문에 대해 의회에서 대답해야 한다. 한편 각 부처의 행정 관료들은 자신이 속해 있는 부처의 장관에게 충성하는 동시에 정치적 중립성을 지킬 것이 요구된다. 장관과 행정 관료의 역할 상 차이는, 장관들이 해당 부처의 모든 활동에 대해서 책임을 지는 반면, 관료는 장관을 보좌하되 해당 부처 내에서 발생한 일에 대해 비밀을 유지하고, 의회와 일반 시민들 앞에 직접적으로 노출되지 않는다는 것이다.

그러나 이 원리는 미국과 같은 대통령제 체제에서는 큰 의미가 없다. 여기서는 장관이 의회에서 대답할 의무가 규정되어 있지 않다(Smith, 1999: 100-108;

71) 'A minister is responsible to parliament for what occurs within his or her ministry'.

Freedman, 1996: 155-157; Peters, 2000: 315-316). 우리나라의 경우, 장관에 대한 의회 통제는 헌법 상 해임 건의와 탄핵이 가능하지만 탄핵은 직무집행에서 헌법이나 법률을 위반한 상황에 한정되며(헌법 제65조 1항) 해임 건의는 그 사유가 명확히 규정되어 있지 않으며 법적 구속력이 없다(헌법 제63조 1항). 그로 인해 장관을 향해 특정한 정책 책임을 묻기는 어렵고 해임 건의의 의미는 임기 중 정치적 책임을 묻기 어려운 대통령을 향한 간접적 견제에 가깝다고 평가된다.[72)]

지역구민의 민원해결(constituency service)은 의원들의 지지기반인 지역구민들이 해당 지역 의원의 도움을 통해 관료제에 대항하고, 자신들의 문제 -크고 작은 행정적 불편과 문제들-를 해결하는 것을 말한다. 이 방안은 개별 지역이나 주민의 입장에서는 유용한 관료통제 수단일 수 있으나, 일반적·보편적인 대응방안을 마련하는 것이 아니기 때문에 사회 전체적으로 볼 때는 비효율적인 통제수단일 수 있다. 이 방안은 관료들에게 비교적 사소한 문제로 자신들을 괴롭히는 것으로 인식될 수 있어 관료에 대한 의원들의 권위를 낮추게 하는 등 장기적으로는 효과적이지 못할 수 있다.

한편 의회는 이차입법(secondary legislation, 행정입법)[73)]을 검토할 수 있는 권한을 지니며, 이를 통해 행정부의 과도한 재량권 행사를 제어할 수 있다. 문제는 이차입법의 수가 너무 많고, 문제가 있는 이차입법을 무효화하기가 쉽지 않다는 점이다(Peters, 2000: 320).

그 외에도 인사청문회 등 정부 내각 구성에 대한 국회의 인선 동의 권한도 대통령제 체제에서는 영향력을 크게 미치는 통제 수단이 될 수 있다. 대통령의 고위공직자 인선에 대한 국회의 동의 권한과 범위는 국가에 따라 차이가 있을 것이나, 대통령이 역량이 부족한 자신의 정치적 동지를 고위공직자로 임명할 가능성을 사전에 검증하여 역량 높은 전문가에게 행정을 맡길 수 있도록 견제하는 효과가 있다. 하지만 대통령이 인준을 요청하는 공직 후보자의 검증 과정이 아닌 여당과 야당 사이의 정치적 공방과 거래의 자리가 되거나 내각 구성을 지연시킬 수 있다. 그러므로 이러한 수단은 정부 관료제를 대상으로 한 통제라기보다는 대

72) "우리 헌법 내에서 해임건의권의 의미는 임기 중 아무런 정치적 책임을 물을 수 없는 대통령 대신에 그를 보좌하는 국무총리·국무위원에 대하여 정치적 책임을 추궁함으로써 대통령을 간접적이나마 견제하고자 하는 것에 지나지 않는다"(헌법재판소 2004.5.14. 선고 2004헌나1 결정).

73) 미국의 규제(regulations)나 영국의 행정법적 수단(statutory instruments), 우리나라의 행정입법(시행령·시행규칙 등)을 말한다.

통령을 포함한 정치적 집행부를 향한 통제를 목적으로 활용된다.

아래에서는 이상 정리한 여러 통제수단 중에서 우리나라 입법부의 행정부 통제에서 가장 널리 논의되며 그 중요도가 높다고 볼 수 있는 입법권, 재정권, 조사권 행사의 현황에 대해 검토한다.

2) 우리나라 국회의 행정통제 현황

권위주의 체제로부터 자유민주주의 체제로 전환된 1980년대 말 이후 우리나라 국회의 행정통제 활동 -법안심사, 예·결산심사, 국정감사 등-은 국회의 다수당이 대통령이 속한 정당과 같은 당인지의 여부에 따라 달리 나타나는 성향을 보였다. 같은 정당인 경우에는 대통령과 집권당에 우호적인 환경이 제공됨에 따라 행정부 발의 법안의 가결이 용이하고, 정부예산의 수정률이 낮아지며, 국정감사에서 행정부 정책집행에 대한 지적이 상대적으로 낮은 경향을 보였다. 반면 국회 다수당과 대통령이 속한 정당이 다른 경우에는 대통령과 집권당에게 비우호적인 환경이 조성됨에 따라 행정부 발의 법안의 가결이 어려워지고, 정부예산의 삭감비율이 높아지며, 국정감사에서 행정부에 대한 시정요구가 늘어나는 경향이 나타났다(오승용, 2010a). 이러한 전반적인 경향성을 고려하되, 아래에서는 각 활동에서 최근의 동향을 검토하도록 한다.

(1) 입법 활동

입법 활동은 국회의 정책문제 인지와 그에 대한 해결방안을 제시하려는 노력을 보여준다는 점에서 중요한 의미를 지닌다. 또한 국회는 입법권을 통해서 행정의 조직과 운영 등의 여러 행정 활동을 통제·제한하거나 지원·조정할 수 있다. 한편 우리나라 국회의 입법권은 행정부의 법률안 제출권 및 대통령의 긴급처분·명령권과 법률안에 대한 재의 요구권 등에 의해서 제한되고 있다.[74)]

입법 활동과 관련해서, 국회가 행정부보다 법률안을 활발하게 발의한다면 이는 국회가 정책 및 국정관리 측면에서 행정부를 이끌 수 있음을 의미하지만, 만약 그 반대라면 국회가 행정부의 영향력을 벗어나기 힘든 것으로 해석될 수 있다. 아래의 <표 5-12>는 제헌국회 이래 20대 국회에 이르기까지 의원 발의

74) 이는 우리나라의 통치구조가 대통령중심제임을 보여주는 것들이지만, 반면에 국회는 국정에 관한 감사·조사권, 국무총리·국무위원 해임건의권 및 대통령 등에 대한 탄핵소추의결권을 가짐으로써 대통령 및 행정부를 견제할 수 있다(김광수, 2005: 23-24).

법률안과 행정부 제출 법률안의 통계를 정리한 것이다.

<표 5-12>는 정치적 민주화가 시작된 13대 국회 이전에는 법률안의 발의 건수에 있어 국회가 행정부에 크게 못 미쳤으나, 13대 국회 이후에 의원 발의 법률안의 수가 행정부 발의 법률안의 수를 넘어서기 시작해서 16대 국회부터는 전자가 후자를 압도하고 있음을 보여준다. 이에 더해서 행정부가 제출한 법안들이 원안대로 통과되지 않고 국회에서 수정되는 비율이 점점 증가하고 있다.[75] 행정부 제출 법안에 대한 수정은 의원들의 입법 의도를 보여주는 것이기 때문에 의원들이 행정부에 대해 어느 정도의 비판과 견제 역할을 수행하는지를 보여주는 지표가 될 수 있다. 따라서 이상의 통계자료는 우리나라 의원들의 행정부에 대한 견제활동이 활발해지고 있음을 방증한다. 이러한 변화는 국회법 및 국회입법지원 조직의 강화, 의원들의 의정활동 평가에 있어 입법 활동을 중시하는 사회적 변화 등에 기인한 것으로 분석된다(가상준, 2006: 76; 서현진·박경미, 2009: 94).

〈표 5-12〉 의원 발의 법률안과 행정부 제출 법률안의 비교

시기구분(연도)	전체 법률안수	의원 발의 법률안			행정부 제출 법률안		
		제출 건수	가결 건수	가결률	제출 건수	가결 건수	가결률
제헌국회(48-50)	234	89	43	48%	145	106	73%
제2대(50-54)	398	182	77	42%	216	137	63%
제3대(54-58)	410	169	72	43%	241	85	35%
제4대(58-60)	322	120	31	26%	202	44	22%
제5대(60-61)	296	137	30	22%	159	40	25%
최고회의(61-63)	1,162	554	514	93%	608	501	82%
제6대(63-67)	658	416	178	43%	242	154	64%
제7대(67-71)	535	244	123	50%	291	234	80%
제8대(71-72)	138	43	6	14%	95	33	35%
제9대(73-79)	633	154	84	55%	479	460	96%
제10대(79-80)	129	5	3	60%	124	97	78%
입법회의(80-81)	189	33	33	100%	156	156	100%

75) 10대 국회 41%, 11대 국회 52%, 12대 국회 53%, 13대 국회 57%, 14대 국회 51%, 15대 국회 67%, 16대 국회 73%, 17대 국회 79%(가상준, 2006: 63).

제11대(81－85)	489	202	83	41%	287	257	90%
제12대(85－88)	379	211	66	31%	168	156	93%
제13대(88－92)	938	570	171	30%	368	321	87%
제14대(92－96)	902	321	119	37%	581	537	92%
제15대(96－00)	1,951	1,144	461	40%	807	659	82%
제16대(00－04)	2,507	1,912	514	27%	595	431	72%
제17대(04－08)	7,489	6,387	1,350	21%	1,102	563	51%
제18대(08－12)	13,913	12,220	1,663	14%	1,693	690	41%
제19대(12－16)	17,822	16,728	2,414	14%	1093	379	35%
제20대(16－20)	24,141	23,047	2,890	13%	1,094	738	67%

자료: 국회의안정보시스템(2023.1.30.).
주: 의원발의는 의원과 위원장 발의 포함, 가결은 원안가결과 수정가결을 합침.

그러나 <표 5-12>는 우리나라 국회의 입법 활동이 지니고 있는 약점도 보여준다. 법률안의 가결률에 있어서는 행정부 제출 법률안이 월등히 높은 수준을 나타내고 있다. 11대 국회 이후 의원 발의 법률안의 가결률은 40%를 넘지 못하고 있으며, 특히 최근 들어서는 가결률이 10～20%대로 떨어진 상황이다. 의원 발의 법률안의 가결률이 저조한 원인으로는 현실성·타당성에 대한 검증이 취약한 법안을 제출한다는 점, 지역구 민원해결이나 이익단체의 로비에 의해서 법안이 제출되기도 한다는 점, 대외적으로 법안제출 실적을 높이기 위해서 무리하게 법안을 제출한다는 점, 법제 기술 상의 완성도가 미흡한 법률안을 제출한다는 점 등이 지적되었다(홍완식, 2008: 107; 서현진·박경미, 2009: 96-97). 행정부 제출 법률안이 의원 발의 법률안보다 더 높은 가결률을 보이는 이유는 행정부의 정보능력이나 입법기술이 국회보다 월등하다는 점에서 찾을 수 있다.

요컨대 1990년대 이후 자유민주체제로의 이전과 더불어 국회의 법안 발의 증가와 행정부에 대한 영향력 증대를 보이고 있으나, 입법 활동 면에서 국회의 행정통제 역량은 여전히 제한된 상태에 놓여 있다.[76]

76) 앞으로 국회의 입법 역량을 높이기 위해서는 다음과 같은 조건들이 보완될 필요가 있다. 첫째, 입법지원 기구의 강화이다. 국회사무처 법제실, 국회입법조사처, 위원회 전문위원, 국회도서관, 국회예산정책처, 정책연구위원, 정당소속 전문위원, 의원 개인의 보좌관 및 비서진 등의 분산성·중복성·연계체계의 결여를 극복해야 한다. 둘째, 입법예고와 의견청취 절차의 강화이다. 심도 있는 법안심사를 통해 입법이 졸속으로 단기간 내에 이루어지는 것을 막아야 한다. 셋째,

입법 관련 활동과 관련해서 추가 지적되어야 할 사항은 행정입법에 대한 국회의 검토권한이다. 다른 국가들과 마찬가지로 우리나라에서도 다수의 이차입법이 행해지고 있으며, 이를 행정입법이라고 부른다.[77] 행정입법은 구체적인 정책집행을 가능하게 한다는 점에서 필요성이 인정된다. 그러나 행정입법 중 일부는 법률의 위임이 없이 제정되거나 위임의 한계를 벗어나서 제정되며, 행정편의적 관점에서 제정되기도 한다는 데 문제가 있다. 이에 국회법은 행정입법에 대한 통제를 규율하고 있다. 즉 중앙행정기관의 장은 행정입법을 제정·개정 또는 폐지한 때에는 10일 이내에 이를 국회 소관상임위원회에 제출하여야 하고, 대통령령의 경우에는 입법예고를 하는 때에도 그 입법예고안을 10일 이내에 제출하여야 한다. 국회의 상임위원회는 위원회 또는 상설 소위원회를 정기적으로 개회하여, 제출된 행정입법에 대해서 전문위원의 검토 등을 토대로 법률의 위반여부 등을 검토한 후, 행정입법이 법률의 취지 또는 내용에 합치되지 않는다고 판단될 때, 대통령령과 총리령의 경우라면 검토의 경과와 처리 의견 등을 기재한 검토 결과 보고서를 의장에게 제출해야 하고, 의장은 이를 본회의에 보고하고 본회의 의결로 이를 처리하고 정부에 송부한다. 정부는 송부받은 검토결과에 대한 처리여부를 검토하고 그 처리결과를 국회에 제출하여 검토결과에 따르지 못하는 경우는 그 사유를 포함해야 한다. 부령의 경우라면 소관 중앙행정기관의 장에게 그 내용을 통보할 수 있고, 이 경우 중앙행정기관의 장은 통보받은 내용에 대한 처리 계획과 그 결과를 소관 상임위원회에 보고하여야 한다(국회법, 2021: 98조의2).

이러한 통제형태는 직접적 통제이기는 하지만 행정입법이 제·개정되고 난 후의 사후적이고 취약한 형태의 통제이다. 국회 상임위원회에서 행정입법을 검토한 후 문제점을 통보하더라도 중앙행정기관들이 이를 제대로 따르지 않는 경우가 많은 것이 현실이다. 행정부처 공무원들의 이러한 태도는 국회의 통보에 응하지 않더라도 아무런 불이익이 없다는 데 기인한다. 앞으로 행정입법에 대한 국회의 통제를 강화하기 위해서는 행정입법 과정에 대한 절차적 통제를 강화하는 등의 사전적 통제기제를 개발하고, 법률 제정단계에 행정부로 하여금 행정입법에 담고

의정활동 평가에 있어 의원안 가결비율이 중요한 평가기준이 되도록 하는 등 의원의 입법 활동에 대한 합리적인 통제방안을 마련한다(가상준, 2006: 72-74; 서현진·박경미, 2009: 97-98; 홍완식, 2008).

77) 법률에서 위임한 사항이나 법률을 집행하기 위하여 필요한 사항을 규정한 대통령령·총리령·부령·훈령·예규·고시 등을 말한다(국회법, 2013: 98조의2).

자 하는 내용을 국회에 송부하도록 하며, 행정입법의 상시적 검토와 통제를 위한 기구를 국회에 설치하고 전문인력을 확충할 필요가 있다(김용섭, 2012).

(2) 재정권 행사

우리나라 국회는 정부예산에 대한 심의·확정권, 예비비의 총액의결 및 지출 승인권, 정부의 국채모집에 대한 동의권, 정부의 예산집행에 대한 결산심사권 등을 통해 행정부를 통제한다(이광종, 2005: 256; 구자용, 1995: 51-52). 우리나라 국회의 예산·결산 심의과정은 다음과 같다.

현행 헌법(54조 2항)은 행정부가 편성한 예산안을 회계연도 개시 90일 전까지 국회에 제출해야 하고, 국회는 회계연도 개시 30일 전까지 이를 의결하도록 규정하고 있다. 따라서 행정부는 9월 초까지 국회에 차년도 예산안을 제출해야 하고, 국회는 12월초까지 해당 예산안의 심의·의결을 완료해야 한다. 국회에 행정부의 예산안이 제출되면 이는 대통령의 시정연설 후 소관 상임위원회에 회부되어 예비심사과정을 거치게 된다. 소관 상임위원회는 각 해당 부처의 제안 설명과 전문위원의 검토의견을 듣고, 내부 소위원회를 구성한 후 예산안을 심사하여 그 결과를 예산결산특별위원회에 통보한다. 각 상임위원회는 정부기관의 예산을 심사하고, 상임위원회에서의 예산심사는 대체로 증액지향적인 성향을 보인다. 이러한 현상은 상임위원회별 심사에서 소속 의원의 지역구 관련 사업, 관련 부처 및 이해집단에 대한 지원과 배려 등이 정치적으로 고려되는 데 기인한다. 각 상임위원회의 심사는 소관 부처의 세출에만 집중하게 되고, 전체적인 예산의 규모나 배분의 조정과 같은 거시적인 쟁점은 배제되는 경향을 보인다(김준석, 2006: 23-24).

예산결산특별위원회의 예산심사는 각 상임위원회가 부처별로 나누어 심사한 내용을 종합적인 시각에서 검토하며, 주로 예산항목 간의 증액과 삭감, 경합사업 간의 조정을 중심으로 이루어진다. 전문위원의 검토보고, 종합 정책질의, 부처별 예산안 심사 후, 예산안 및 기금운용계획안조정 소위원회를 구성해서 계수조정 작업을 수행한다. 예산안조정소위원회는 예결위 심사에서 결정적인 역할을 하며, 위원회의 조정결과는 전체회의의 심사를 거쳐 국회 본회의에 상정된다. 예산안을 확정하는 국회 본회의는 특별한 경우가 없는 한 예산결산특별위원회의 결정에 큰 수정을 가하지 않고 통과시키고 있다(김준석, 2006: 24).

세입·세출 및 기금 결산의 국회 심의절차는 다음과 같다. 먼저 정부는 감사원의 확인을 거친 결산을 국회에 제출해야 하며, 국회는 정기국회의 개회일 전까지 결산을 심의·의결해야 한다. 국회의 세입·세출 및 기금 결산 절차 또한 개별 상임위를 통한 예비심사와 예산결산특별위원회를 통한 종합심사의 이원적 구조로 이루어진다. 정부의 결산보고서가 접수되면 먼저 해당 상임위별로 나누어져 예비심사 과정을 거치게 된다. 상임위 예비심사 과정은 소관부처장의 제안 설명, 전문위원의 검토 보고, 소위원회 구성·심사를 거치며, 상임위 전체회의를 통해 의결된다. 상임위원장은 국회의장에게 서면으로 결과를 보고하고, 국회의장은 각 상임위의 결과보고를 수집하여 예산결산특별위원회에 회부한다. 예결위는 결산심사소위원회를 구성하고, 결산심사소위원회의 평가내용에 근거해서 의결한 후, 본회의에 회부한다. 본회의에 상정된 정부의 결산내용은 예결위의 심사보고를 거쳐, 토론 및 의결과정을 거치게 되는데, 예산 심의과정과 마찬가지로 대개 예산결산특별위원회의 결정을 큰 수정 없이 받아들이는 형식을 취한다. 본회의에서 의결된 결산안은 정기국회의 개회 전까지 행정부로 이송된다(김준석, 2006: 24-26).

국회의 재정권 행사에 있어 가장 일반적인 지적은 헌법상 국회에 부여된 재정통제 기능이 효율적으로 수행되지 못하고 있다는 것이다. 예산과 관련해서는 특히 예산이 법률의 형태로 의결되지 않는다는 점(예산비법률주의)이 제기된다. 이로 인해 행정부가 예산편성권을 독점하게 되었으며, 국회는 예산안에 새로운 항목을 설치할 수 없는 등 예산제도가 행정부를 중심으로 운영된다는 것이다. 또한 국회가 충분히 예산심의를 할 수 있는 시간적 여유가 없다는 점과 예산심의를 위한 국회의 전문성이 제한되어 있다는 점도 지적되고 있다. 한편 결산에 있어서도 국회의 통제가 충분히 수행되지 못하고 있다. 그 이유로는 첫째, 국회의 판단능력과 의지 상의 한계로 인해 이미 집행된 행정부의 지출을 구체적으로 심사하지 못하고 있다는 점과 둘째, 현실적으로 결산의 정치적 의미가 예산에 미치지 못하기 때문에 일반국민은 물론 국회도 결산에 대한 관심이 높지 못하다는 점을 들 수 있다(전광석, 2007: 6-8).

앞으로 예산법률주의의 채택 가능성, 예산결산특별위원회의 기능강화 등을 검토할 필요가 있다. 특히 예결위 위원의 임기가 1년으로 제한되어 있는데, 이는 재정통제의 일관성·계속성·전문성 확보를 어렵게 하는 요인이 되고 있어 재고할 필요가 있다(전광석, 2007; 강주영, 2008).

(3) 조사권 행사

국무총리·국무위원이나 정부위원[78)]은 국회나 그 위원회에 출석해서 국정처리 상황을 보고하거나 의견을 진술할 수 있으며, 국회나 그 위원회의 요구가 있을 때 출석·답변해야 한다(대리로 국무위원이나 정부위원을 출석·답변하게 할 수도 있다).[79)] 그러나 우리나라 국회의 조사권에서 핵심적인 요소는 국정감사·국정조사권이다.

<표 5-13>은 국정감사와 국정조사를 비교한 것이다. 국정조사가 특정한 국정사안을 대상으로 불특정기간에 부정기적으로 행해지는 것과 달리 국정감사는 감사대상 범위의 포괄성, 정기적인 감사실시, 상임위원회 중심의 활동, 공개의 원칙, 감사의 강제성 등을 특징으로 한다(김준석, 2006: 12; 정만희, 2009: 138). 국정감사는 국정조사보다 실시하기가 용이하며,[80)] 훨씬 많은 정보를 국민에게 제공할 수 있다. 국정조사권만을 규정하고 있는 서구의 민주주의 국가들에서는 국정조사

〈표 5-13〉 국정감사와 국정조사의 비교

구분	국정감사	국정조사
대상	국정 전반	특정 사안
실시 시기	매년 9월 10일부터 20일간*	국정조사 요구시 교섭단체간 협의로 결정
실시 요건	법정(매년 1회)	국회 재적의원 1/4 이상 요구+본회의 심사
실시 위원회	소관 상임위원회	상임위원회+예산결산특별위원회
활동기간 및 연장여부	20일간, 연장불가	조사계획서에 정한 기간, 연장시 본회의 의결 필요
지적사항에 대한 조치	시정지시, 감사원 감사의뢰	시정건의 (사안의 정확한 파악 목적)

자료: 김준석(2006: 12)에서 발췌.
주: *본회의 의결에 의해 시기변경 가능.

---

78) 정부위원이란 국무총리나 국무위원을 보좌하기 위해 국회에 출석해서 의견을 진술하고 질문에 응하는 국무조정실의 실장 및 차장, 부·처·청의 처장·차관·청장·차장·실장·국장 및 차관보 등을 의미한다(정부조직법, 2020: 10조).

79) 이러한 국회의 출석 요구 및 질문권은 의원내각제 국가에서는 당연한 것이나, 대통령제 국가에서는 예외적인 것이다.

80) 현행법상 국정조사는 국회 재적의원 1/4 이상의 요구가 있어야만 행해질 수 있고, 그 경우에도 조사위원회는 조사계획서를 본회의에 제출해서 승인을 얻어야만 조사권을 발동할 수 있기 때문에, 실질적으로 국정조사권의 발동은 쉽지 않다(국정감사 및 조사에 관한 법률, 2012: 3조).

권이 매우 활성화되어 있지만, 국정조사권이 활성화되어 있지 않은 우리의 경우에는 국정감사가 행정부에 대한 중요한 통제기능을 수행하게 된다(정만희, 2009: 138-139). 이에 여기서는 국정감사를 중심으로 살펴보도록 한다.

국정 전반을 감사의 대상으로 하는 국정감사는 우리나라에만 있는 고유한 제도이다. 미국·일본·독일 등은 특정 사안에 대한 의회의 조사권을 인정하고 있으나, 국정 전반에 대한 의회의 감사는 인정하지 않는다. 제헌헌법에서 규정된 국정감사는 1949년에 최초로 실시되었으나, 1972년의 유신헌법에서 폐지되었다가, 민주화 항쟁의 결과인 1987년 제9차 개정 헌법에서 부활되었다(김준석, 2006: 11-12).

국정감사는 헌법이 국회에 부여한 입법권·재정권·국정통제권 등을 유효·적절하게 행사할 수 있도록, 국회가 정부기관의 행정전반에 대해서 감독하고 검사하는 활동을 말한다. 즉 국회는 국정감사를 통해서 행정기관의 업무수행 상의 문제점을 밝혀내고, 그 행위의 적법성·합목적성 등을 검증함으로써 행정부의 자의적인 공권력 행사를 방지한다. 또한 국정감사는 국회와 행정기관 간의 관계에서 국정통제, 행정정보 입수, 국민의 알권리 충족 등의 기능을 수행한다. 국회는 국정감사를 통해서 입법 활동과 예산안 심의에 필요한 정보를 수집하고, 국정감사 과정과 결과를 통해 궁극적으로 행정정보에 대한 국민의 접근성을 강화한다(김준석, 2006: 11). 요컨대 국정감사제도는 매년 상임위원회별로 국정 전반에 걸쳐 조사활동을 수행함으로써 행정권 행사에 대한 통제기능을 수행하는 것이며, 행정부는 매년 실시되는 국정감사를 의식하여 행정의 합법성·민주성·합목적성 등을 유지하고자 노력하기 때문에, 국정감사는 행정의 책임성을 보장하는 수단이 된다고 하겠다(정만희, 2009: 138).

국회의 국정감사 활동에 대한 문제점으로는 다음과 같은 사항이 지적된다. 첫째, 국정감사 대상기관의 수가 너무 많다. 국정감사는 매년 20일 내에서 실시되는 데 감사 대상기관의 수는 증가 추세를 보이고 있어, 일정에 쫓기는 감사를 하게 됨으로써 부실감사에 그치고 있다는 비판을 받고 있다.

둘째, 자료제출요구가 과다하다. 실질적으로 제대로 검토하지도 못할 정도로 많은 양의 자료를 요구함으로써 예산낭비와 피감기관의 행정마비라는 부작용을 낳고 있다.

셋째, 증인채택을 둘러싼 문제이다. 증인채택에 관한 여야간 이견으로 인해 국정감사 자체가 파행으로 치닫거나 증인이 출석하지 않는 문제가 발생하고 있으며, 불출석이나 위증 등으로 국회에서 고발된 증인 중 실형을 받은 이가 없다는 점이 문제의 심각성을 보여준다.

넷째, 정책감사가 수행되지 못하고 있다. 지금까지의 국정감사는 정부정책에 대한 비판이나 대안제시 등의 정책지향적인 감사라기보다는 위법성 감사에 치중해 왔다.

다섯째, 감사결과 사후처리가 취약하다. 국정감사에서 지적된 사항에 대해서 해당기관이 적절한 시정조치를 하지 않으며, 국회의원들도 처리 상황에 대해서 신경을 쓰지 않고 있다는 지적이다.

이러한 문제점들을 개선하기 위해서는 결국 국정감사 대상기관의 축소, 과다한 서류제출의 해소, 증인채택 방법의 개선, 정책감사의 강화, 국정감사 지적사항에 대한 사후검증 등을 모색해야 할 것이다. 나아가 감사원 감사와의 연계를 통해 감사범위를 줄이고 실효성을 높이는 방향으로의 조정을 검토해볼 필요가 있다.

제3절 정부 외부의 통제

정부 외부로부터 행정에 접근 및 참여하는 기회가 제도적으로 확대되고, 기술적으로도 참여의 노력과 비용이 크게 낮아지면서 정부 외부의 통제는 더욱 활발해지고 있다. 여기서는 정부 외부로부터의 '참여적 통제' 주체로서 압력단체와 언론을 중심으로 우리나라의 현황을 검토한다. 정부 외부의 통제 주체에는 이익단체와 공익단체로 구성되는 압력단체와 언론, 그리고 일반 시민과 전문가 등이 있다. 이 중 전문가와 일반 시민은 정부 관료제에 영향을 미칠 수 있는 주요 경로는 여타 통제 주체와 관련된 사항들 -개인 및 집단 수준에서의 민원제기, 압력단체의 참여, 언론을 통한 여론조성과 대중운동 참여 등- 에 대부분 포함된다. 이와 더불어서, 정부 외부의 통제가 효과적으로 작동하기 위해서 필요한 제도적 조건으로서 '투명성' 통제제도의 의미와 현황을 함께 살펴본다.

1. 참여적 통제

1) 압력단체

(1) 압력단체의 개념과 유형

압력단체(pressure groups)는 특정 사익이나 공익을 옹호하기 위해 결속한 여러 개인들의 자발적 결사체로서, 정부나 정당으로부터 어느 정도의 자율성을 지니고 공공정책에 영향을 미치고자 하는 조직을 말한다(이광종, 2005: 206; 주재현, 2008a: 27). 압력단체의 유형은 비결사적(customary)·제도적(institutional)·방어적(protective)·촉진적(promotional) 집단으로 구분되거나(Hague *et al*., 1998: 115-117), 이익집단·공익집단·단일쟁점집단·정부유도집단 등으로 구분된다(Peters, 2000: 313-314).

Hague *et al*.(1998)의 유형론에서 '비결사적 집단'은 1차 집단 -혈연·지연·학연 등을 토대로 하는 집단-의 성격을 지닌 비공식적 조직을 말하며, '제도적 집단'은 원래 이익표출 이외의 기능을 목적으로 구성된 조직이 이익표출 기능을 수행하게 된 경우를 말한다(예: 군부, 의회, 행정부 등). '방어적 집단'은 노동자·고용주·전문가·농민 등 특수한 이익을 공유하고 있는 이들을 대변하는 조직이며, '촉진적 집단'은 환경이나 소비자보호 등 공익을 옹호하고자 하는 조직을 말한다.

Peters(2000)의 분류 중 이익집단과 공익집단은 앞의 유형 중 방어적 집단과 촉진적 집단에 해당한다. '단일쟁점집단'(single-issue groups)은 하나의 쟁점(예: 생태, 반핵, 평화 등)과 관련하여 생성·소멸되는 집단으로서 이념적으로 주로 자유주의적 좌파이지만, 납세자들의 조직과 같은 우파도 존재한다. 한편 정치적 집행부가 행정 관료제를 견제하는 조직의 형성을 조장·촉진하기도 한다(정부유도집단). 예컨대 미국 존슨 행정부의 '빈곤과의 전쟁'(War on Poverty) 프로그램 추진에 있어, 정부가 지역사회주민들이 사회프로그램의 형성과 집행에 참여하도록 유도하고('maximum feasible participation' 원리 제시) 주민들의 조직화를 주도했는데, 이는 사회프로그램들이 과도하게 관료제화되는 것을 막기 위함이었다. 또한 영국의 대처정부도 국가보건서비스(NHS: National Health Service) 체계를 재조직화함에 있어 지역사회보건조직(Community Health Councils)의 발전을 조장해서

의료전문가들이 의료서비스를 지배하는 것을 막고 지역사회주민들의 의사를 더 반영하고자 시도한 바 있다.

이러한 여러 유형 중 비교적 지속성을 지니고 있고, 자유민주주의 체제가 제도화된 국가의 정책과정에서 주목되는 집단은 이익집단(방어적 집단)과 공익집단(촉진적 집단)이다. 여기서는 주로 이 두 유형의 압력단체를 중심으로 논의를 전개한다.

(2) 영향력 행사 통로와 조건

압력단체는 다음과 같은 몇 가지 통로를 통해 정부에 영향력을 행사하고자 한다. 첫째, 정부 구성원에 대한 직접적 접촉의 시도이다. 이는 구체적으로 압력단체 구성원들의 직접적인 행정 관료제 접촉이나 압력단체 지도부의 정치적 집행부와의 개인적 접촉유지 등을 통해 나타난다. 한편 압력단체가 의회에 접근하는 정도는 의회가 정책과정에서 차지하는 영향력의 정도에 따라 결정된다. 둘째, 정당을 통한 간접적인 영향력 행사이다. 압력단체들은 정치자금 지원이나 정보제공 등을 통해 정당에 영향력을 행사해서 자신의 이익이나 입장을 실현하고자 한다. 셋째, 여론을 통한 간접적인 영향력 행사이다. 언론의 구미에 맞춰야 한다는 점에서 사용자 단체에 유리할 수 있다는 지적도 있지만, 공익집단들도 많이 사용하고 있는 수단이다. 넷째, 시위나 폭력을 통한 영향력 행사이다. 이는 주로 정부에의 공식적 접근이 부정된 집단이나 일반대중이 주로 사용하는 수단이지만, 제도화된 압력단체도 자신의 요구를 제시하는 강력한 수단으로 사용하기도 한다(주재현, 2008a: 28; Hague *et al.*, 1998: 117-122).

이익집단이나 공익집단과 같은 압력단체가 행정 관료와 관료조직에 영향력을 행사하고 통제기능을 수행하기 위해서는 다음과 같은 조건들을 갖출 필요가 있다(이광종, 2005: 210-211, 216-218). 첫째, 재정력 확보를 통해서 집단의 자주성을 유지해야 한다. 재정력이 취약하면 집단의 존립을 위해 행정부로부터 지원받을 가능성이 커지는데, 그렇게 되면 관료와 관료조직에 압력을 행사하기보다 오히려 그들로부터 압력이나 관리를 받는 존재가 될 수 있다. 이처럼 자주성이 떨어지는 조직이 행정 관료제를 통제하는 역량을 가지기는 어려울 것이다. 재정력을 갖추기 위해서는 단체 구성원(회원)들의 회비, 사업수행을 통한 수익 창출, 후원금 확보(특히 공익단체의 경우) 등의 수단을 강화해야 한다.

둘째, 전문성을 갖춰야 한다. 압력단체가 행정 관료제를 통제하기 위해서는 관련 영역에서 관료에 버금가는 전문지식이나 정보 · 자료를 지니고 있어야 한다. 행정 관료와 관료조직이 제시하는 정책 · 프로그램의 타당성을 독립적으로 평가할 수 있는 능력을 보유하지 못한다면, 행정통제 주체로서의 역할을 적절히 수행하기 어려울 뿐 아니라 자칫 관료들의 의도대로 따를 수밖에 없게 된다.

셋째, 사회 구성원들의 자발적 참여를 끌어내고 압력단체의 응집력을 높은 상태로 유지해야 한다. 집단 구성원들이 집단의 설립 취지와 목표를 이해함은 물론, 집단 내 의사결정과 조직관리 활동 전반에 걸쳐 적극적인 자세로 임할 수 있도록 유도해야 한다. 이러한 특성을 잘 갖추고 있는 집단일수록 구성원들의 금전적 · 물리적 기여 수준도 높아질 수 있고, 관료들로부터 높은 수준의 존중을 끌어낼 수 있다. 특히 공익집단의 경우 조직 내 의사결정 과정에 집단 구성원들이 적극적으로 참여할 수 있는 여건을 조성해야 한다. 행정 관료제의 권위주의적인 태도를 비판하는 공익단체가 조직 내 민주주의를 구현하고자 하는 노력을 등한히 하는 것은 자기모순이 될 것이기 때문이다.

(3) 다원주의와 조합주의의 관점

압력단체가 정치 · 행정과정에서 작동하는 기제와 관련해서 주류 정치 · 행정이론은 다원주의(pluralism) 모형과 조합주의(corporatism) 모형을 제시하였다(Carnoy, 1984; Dunleavy & O'Leary, 1987).

다원주의에 대해서는 앞의 4장에서 논의한 바 있다. 다원주의는 정치 · 사회적 권력이 사회 내의 다양한 이익과 입장을 대변하는 다수의 집단들 사이에 광범하게 분산되어 있다고 본다. 정부는 중립적인 존재로서 여러 집단 간의 경쟁을 감독하고 규칙을 제정하는 기능을 담당하지만, 다른 한편으로는 이 집단들에 의해 영향을 받는 존재로 파악된다.[81] 그러나 어떤 집단도 정부의 의사결정과정을 지속해서 지배할 수는 없으며, 각 집단의 주장은 다른 집단들에 의해서 거부될 수 있다는 점에서 집단 간에 평형상태가 존재하는 것으로 이해된다. 다원주의에 따르면, 한 정치체제 내의 권력이 여러 집단에 완전히 공평하게 배분된 것은 아니

81) 4장에서 논의한 바와 같이, 다원주의 내의 일부 분파는 정부의 역할이 이처럼 수동적인 상태에 머무는 것으로 보지 않고, 정부가 좀 더 적극적 · 능동적으로 사회 내 소외된 이들의 입장을 대변하는 역할을 수행하는 것으로 보기도 한다.

지만, 특정 집단의 상대적으로 우월한 권력행사는 특정 쟁점에 한정해서 발생하며, 권력의 불평등은 '비누적적'(non-cumulative)인 것으로 여겨진다(*cf.* Prewitt & Stone, 1973: 119).

다원주의의 관점에서 볼 때, 정치는 서로 다른 이익 또는 선호를 지닌 집단들 간의 경합이다. 그리고 공공정책은 특정 시점에서 이러한 집단 간 경합의 결과로 도달하게 된 균형점을 나타낸다. 다만 다원주의는 정치과정에 참여하는 집단들이 민주적 절차를 포함한 게임의 규칙을 수용해야 한다고 전제한다. 그리고 이 전제 조건이 충족되는 자유민주주의체제에서는 집단 간의 공정한 경합과 균형점에의 도달이 가능해진다고 본다(Marger, 1981: 43-48). 다원주의 모형은 자유주의적인 정치문화가 활성화되어 있는 구미 국가들(특히 미국)의 정치·행정과정을 이해하는 데 강점을 지닌다.

조합주의적인 정치·행정과정 이해는 압력단체(집단)의 역할에 주목한다는 점에서 다원주의와 맥을 함께 하지만, 권력의 중심이 특정 집단 -주로 사용자단체와 노동자단체- 에 집중되어 있다고 인식하는 점과 정부의 리더십 역할을 강조하는 점에서 다원주의와 차별성을 지닌다. 또한 권력이 집중되된 소수의 집단들 간에는 경쟁보다 협력과 공조가 더 강조되고, 이들 집단의 대표(엘리트)는 정부 엘리트와 함께 의견 및 정보교류와 협의를 토대로 국가의 거의 모든 주요 정책영역에서 정책내용의 형성에 관여한다.[82] 이들 집단은 정부에 의해서 해당 영역을 독점적으로 대변하는 권한을 부여받는 대신, 자신의 지도자 선정이나 요구사항 제시 등에 있어 정부의 통제를 수용한다. 각 집단 내에서는 계층제적 조직구조가 안정적으로 유지되고, 일반 조직 구성원들은 대표(엘리트)의 권위를 수용하며, 엘리트 수준에서의 협상과 타협과정을 거쳐 결정된 정책내용에 순응하는 경향을 보인다. 오랜 기간을 거치면서 형성된 높은 수준의 사회적 신뢰가 엘리트들간의 관계 및 엘리트와 대중 간의 관계를 안정적으로 유지하는 데 기여한다. 조합주의 모형은 주로 북구권 국가들(스웨덴, 덴마크, 노르웨이, 핀란드)의 정치·행정과정을 배경으로 구축되었으나, 여타 국가들에서도 모형의 일부 요소들이 발견되고 있다(Schmitter, 1974; Dunleavy & O'Leary, 1987: 193-194). 조합주의 관점은 행정 관료제에 대한 압력단체의 통제라는 쟁점을 부각하기가 쉽지 않다는 특징을 지닌다.

---

82) 정부, 사용자, 노동자 측 엘리트들의 협의로 주요 정책이 결정된다는 점에서 'corporatism' 개념을 '3자주의'로 번역할 수도 있다(송호근, 1997).

(4) 우리나라 압력단체 활동의 현황

① 정부와 압력단체의 관계

우리나라 이익집단의 형성과 정치·행정과정 상의 역할에 결정적인 영향을 미친 요인은 산업화를 위한 정부의 공공정책이다. 특히 사회·경제적 집단에 대한 정부의 정책은 사용자단체나 노동조합과 같은 핵심적인 기능 이익집단에 집중되었는데, 그 이유는 이 집단들이 급속한 산업화에서 차지하는 비중이 컸기 때문이다. 이러한 집단 중에서 정부의 재가와 특혜를 받은 집단만이 합법적 집단으로 간주되었으며, 이러한 패턴은 1987년의 시민사회 분출시까지 지속되었다. 국가주도적 산업화는 기본적으로 관료세력에 의한 희소재원의 독점적 사용권 부여를 기본으로 하는 공공정책으로 이뤄졌으며, 정부에 의한 자원배분적 정책결정은 경제적 이익집단의 형성에 다음과 같은 영향을 미쳤다. 첫째, 정부에 의한 특혜의 선별적 적용과 이에 따른 소수 재벌의 독과점적 산업 지배현상이 초래되었다. 둘째, 정부와 사용자 세력 간의 유착이 제도화되었다. 사용자 세력은 국가주도적 경제개발의 전위부대로 행동했으며 그 결과 정경유착을 통한 권위주의 체제형성의 기반을 제공했다. 셋째, 이익집단별 차별화가 일상화되었다. 전경련과 같은 사용자단체에 대해서는 간접적인 통제와 상호협력을 중심으로 하는 융합적 정책이 적용됐지만, 노동자단체에 대해서는 직접적 통제와 억압을 주로 하는 배제적 정책이 적용되었다. 요컨대 우리나라는 정부의 권력구조 형태와 상관없이 하나의 특징적인 국가-이익집단 관계를 발전시켜 왔는데, 이는 이익집단이 국가권력에 순응하는 종속관계였다(장달중, 1996; 이대희, 2004).

1987년 이후 정치적 민주화가 제자리를 찾아가면서 이익집단의 수는 급격히 증가했다.[83] 이는 전통적인 사회·경제적 이익집단의 수가 증가한 데 더해서, 환경운동·경제정의운동·여성운동과 같은 '신'사회운동의 기치를 표방하는 (공익)집단들[84]의 수가 획기적으로 증가한 데 힘입은 바 크다(Lee, 1993). 이러한 양적인 성장 못지않게 질적인 발전도 있었다. 즉 이익집단의 분야가 확대되고, 이익

83) 1959년에 426개에 불과했던 이익집단의 수는 1994년에는 2,181개로 증가하였고(이대희, 2004: 401), 2020년에는 등록된 비영리 민간단체의 수는 15,051개에 이르렀다.

84) 이러한 집단들을 한국에서는 일반적으로 NGO(nongovernmental organization) 또는 시민단체라고 부르는 경향이 있다.

집단의 영향력이 증대되었으며, 사회・환경・문화・종교 관련 집단의 영향력 또한 증대되었다.[85] 한편 '환경운동연합', '행정개혁시민연합', '참여민주사회시민연대' 등과 같은 연합이나 연대의 성격을 지닌 단체들이 늘고 있다. 이는 압력단체들이 쟁점별로 연대하고 있음을 보여준다. 나아가 같은 분야에서 이념을 달리하는 두 개 이상의 이익집단들이 형성되기도 하였다. 교육 분야의 예로서 '한국교총'과 '전교조'가 그러하다. 노동 분야에서도 단순 제조업 차원에서 벗어나 전문직과 공공부문에도 노조가 조직되었으며, 한국노총 외에도 민주노총이나 재야노조와 같은 경쟁적 조직들이 결성되었다. 이러한 현상은 과거 권위주의 정권 시절 일종의 조합주의적 통제에 놓여 있던 이익집단들이 민주화의 진전과 더불어 변화하고 있는 것으로 해석될 수 있으나(이대희, 2004), 권위주의 정권하에서 확립되었던 국가권력에의 순응적 종속이라는 패턴이 완전히 소멸되었다고 보기는 힘들다고 하겠다.

권위주의 체제의 유산은 특히 정부와 사회・경제적 이익집단 -노동자단체, 사용자단체- 간의 이익중재 체제인 조합주의의 실행 노력과 관련하여 두드러진다. 권위주의 체제하에서 국가는 대체로 노동자의 이익을 배제하고 사용자의 이익을 확장하는 방식으로 사회・경제적 이익의 수용체제를 형성했다. 따라서 조합주의의 일반적 형태인 삼자주의라기보다는 정부와 사용자단체 간의 이원적인 조합주의 형태가 형성되었다(장달중, 1996). 이에 제도적인 이익대변 통로를 적절하게 확보하지 못한 노동세력은 집단행동을 주된 수단으로 사용하는 이익표출 방식을 채택하였으며, 이는 정부 억압기제와의 충돌이라는 패턴을 구축하였다. 그런데 이러한 패턴은 1990년대 후반, 외환부족으로 야기된 국가적인 위기상황 하에서 변화를 요구받게 되었다. 정부와 사용자, 그리고 노동자의 대표들은 '노사정위원회'라는 새로운 제도적 틀을 구축하고, 여기서 그동안 시도된 바 없었던 사회적 협약의 구축을 시도하였다. IMF 관리체제라는 특수한 상황에서 3자간에 일정 정도의 합의도출에 성공하기도 하였으나, 이러한 시도는 노사간 및 노정간의 신뢰 부족과 대결로 인해 결국 실패로 돌아가고 한국적 사회협약 체제의 구축은 여전히 어려움에 처해 있다. 이는 권위주의 체제의 유산이 한국사회에 내재되어 있음을 보여주는 예라고 하겠다.

---

85) 한 예로 참여연대는 김대중 정부의 '국민기초생활보장제도' 형성에 심대한 영향력을 행사한 바 있다(안병영, 2000).

② 압력단체와 정부 정책과정

제3공화국에서 제5공화국까지의 정부 정책결정은 대부분 행정부의 내부구조, 즉 대통령과 관계부처들 간의 구조적 · 기능적 연계를 주축으로 이루어졌다. 행정부 우위의 이러한 통치권력 배분은 정책과정에서 이익집단이나 시민단체에 의한 의견개진이나 요구투입을 제약하였으며, 일반국민을 통제와 관리의 대상으로 전락시켰다(김호진, 1992).

전반적으로 볼 때 압력단체는 자신들의 이익이나 입장을 정책과정에 적절하게 반영시키지 못하였다. 위에서 살펴본 대로 압력단체들은 자발적으로 결성되기보다 정부의 필요성에 의해 피동적으로 조직화되는 경우가 많았으며 대부분 재정능력이나 정보개발능력을 결여하였던 탓에 정책과정에 자신들의 이익이나 입장을 투입하는 데 한계를 지니고 있었다(안병영, 1994). 다만 전경련, 대한상공회의소, 무역협회 등 일부 기업이익집단들만이 나름대로 정부 관료제에 대한 영향력을 행사하였을 뿐이다.

박정희 · 전두환 두 권위주의 정부 하에서 운영되었던 정책체제의 일반적 특성을 정리하면 다음과 같다. 첫째, 행정부가 정책결정권을 사실상 독점하였다. 당시 의회 · 정당 · 압력단체 · 기타의 정치단체들의 상태는 매우 미흡한 발전단계에 머물러 있었으며 적절한 역할을 수행하지 못하였다. 반면 정부 관료제는 조직적인 안정성과 체계성을 갖추고 활동하고 있었으며, 당시의 정부 관료들은 경제발전 · 사회변동 · 국가안전보장 · 국방 · 외교 등 모든 분야에서 국가정책을 수립하고 집행하는 책임이 자신들에게 있는 것으로 여겼다. 이러한 상황에서 정부 관료제는 대통령의 지휘 아래, 국가의 목표설정이나 정책결정권을 전유하였다(백완기, 1989; 김호진, 1992).

둘째, 정책과정이 비공개적이고 비밀주의적인 성향을 지녔고, 이에 따라 정책과정에 사회 전체적인 관점과 공정성이 반영되기 힘들었다. 위에서 정리한 대로 당시 한국사회는 이익집단이나 공익집단들이 정책과정에서 적절한 역할을 수행하지 못하였다. 그러나 재벌 등의 일부 특수 이익단체들은 이러한 공백기를 이용해서 정치권력의 최상층부와 깊은 유착관계를 형성하였으며, 이러한 유착관계를 토대로 정책과정에 상당한 영향력을 행사하였다. 이 특수 이익집단들은 자신들의 사적 · 개별적 이익을 달성하기 위해 내밀하고 비공식적인 통로를 통해 권력 상층부 및 정부 관료제에 접근하였으며, 이들이 사용한 수단은 설득과 정보제공을 넘어 뇌물의 공여와 암묵적인 거래 등 부정적인 형태를 띠었다. 따라서 정책과정은 비공개적·비밀주의적 성향을 지닐 수밖에 없었고, 행정의 목표가 전사회성과 공정성을 보이기 힘들었다(백완기, 1989; 김호진, 1992).

자유민주체제로의 전환이 일기 시작한 1980년대 후반 이후, 여러 정부를 거치면서 민주적 정치공간이 확대되기 시작하였고 이에 따라 그간 권위주의적 정권 아래에서 억압되었던 여러 세력이 목소리를 내기 시작하였다. 의회와 정당이 행정부와 정부 관료제에 대해 비판적인 입장을 취하는가 하면, 이익집단을 비롯한 각종 사회단체들도 과거의 피동성에서 벗어나 독자적인 이익을 표출하였으며, 일반시민들도 집단행동 등을 통해서 자신들의 요구를 관철하려는 현상이 나타났다. 특히 이익집단과 공익집단을 중심으로 한 사회세력들은 크게 다원화되고 활성화되었다. 이처럼 사회세력들의 영향력이 강화됨에 따라 종래 정부 관료제가 누렸던 정책과정상의 독점적 지위가 흔들리는 현상이 나타나고 있다(박천오, 2004).[86)]

특히 노무현 정부 이후 이러한 정치·사회적 변화를 반영하여 정책과정을 개선하고자 하는 노력이 제도적 개혁으로 구체화되고 있다. 특히 정책공동체의 활성화가 주목된다. 정책공동체(policy network)는 참여집단의 이해를 최대한 반영하여 사회적 합의를 추구하는 사회적 합의주의가 그 이론적 모태이다. 정책공동체는 정책의 형성·집행·평가 등의 각 단계에서 정부·이익집단·전문가·시민 등과 공동으로 합의를 도출하거나 의견을 수렴하는 다양한 형태의 협의체를 의미한다. 특정한 정책을 둘러싸고 다양한 이해관계자가 일정한 상호작용을 하면서 정책 과정에 참여하는 관계망이므로 국가나 시기, 정책 유형 등에 따라 나름의 특징과 유형을 달리할 수 있다. 과거 정부와 일부 관련 부처 중심의 정책 결정이 아니라 정부 내외의 다양한 참여자가 관여하는 정책공동체이므로 대학, 연구기관 등 전문가 집단이 적극적으로 활동할 수 있다. 구체적으로는 각종 연구회, 위원회, 뉴스레터, 정책고객관리(PCRM) 등 off-line/on-line 차원의 다양한 형태를 지닌다.[87)]

---

86) 김대중 정부에서 있었던 의약분업 쟁점이라든가, 노무현·이명박 정부에서 제기되었던 여러 사안들(한미 FTA 쟁점, 핵폐기장건설 쟁점, NEIS관련 쟁점, 광우병 쟁점 등)은 사회세력들의 영향력 증대에 따른 정부 관료제의 취약한 모습을 보여준 좋은 예들이라 하겠다.

87) 특히 노무현 정부는 360여개의 각종 위원회, 뉴스레터 및 브리핑 제도 등 on-line과 off-line 차원에서 여러 종류의 정책공동체를 운영한 바 있다.

이 중 위원회 제도는 정부의 정책결정에 전문가 및 이해관계자의 의견을 반영하기 위한 수단으로 활용되어 왔다. 각 부처에서 정책 자문을 위해 운영하는 위원회는 특정 정책에 관련된 외부 전문가가 참여하여 전문지식을 제공하고 실무자 등과 동등한 입장에서 토론과 타협을 통해 이해관계를 조정하는 참여 채널이라는 의미가 크다. 또한 특정 문제에 대응하여 한시적으로 운영되는 독립 위원회 방식의 민간 참여도 가능하다. 특정 문제를 연구하여 정책 변경 및 권고를 목적으로 꾸려진 전문가 및 시민위원회는 주로 정부 기관장으로부터 임명되고 정치사회적 영향으로부터 벗어나 사실 조사, 분석 등 연구를 수행하는 독립적 임시 조직으로 활동한다.[88)]

하지만 위원회 제도와 같은 정책공동체의 활용은 의사결정 지연, 비용과다, 형식적 운영, 무책임한 결정 등이 우려되기도 한다. 우리나라의 현황 역시, 이들 정책공동체는 아직 정부 정책과정에서 적절히 활용되지 못하고 형식적으로 운영되는 한계를 보인다. 특히 각종 위원회에 참여하고 있는 이들의 대표성 및 책임성 문제와 운영 미숙이 정책공동체의 활성화를 어렵게 하고 있다. on-line 상의 정책공동체도 정부기관의 일방적인 정책홍보에 그쳐 심층적인 토론의 장이 되지 못하고 쌍방향의 의사소통이 행해지지 못하고 있는 등 취약점의 개선이 요망된다 (하연섭 외, 2006: 28-29; 정부혁신지방분권위원회, 2008a). 그 외에도 일반 국민의 행정 접근성을 높이 위해서 대통령실에서 국민청원을 운영하거나[89)] 국회에서 국민동의청원제도를 운영하고 있다.[90)] 이상의 여러 노력은 다원화되고 있는 사회의 변화를 수용하기 위한 바람직한 움직임으로 볼 수 있다.

우리나라 정책결정 거버넌스에서 정책공동체가 활성화된다는 것은 절차적 정당성과 민주적 책임성의 확보라는 점에서 의미 깊은 변화라고 평가된다. 그러나 이러한 변화가 권위주의 체제하에서 성립되었던 정부 관료제 중심의 폐쇄적 정책 패턴이 완전히 새로운 개방적·다원적 정책 패턴으로 대체되었음을 의미하는 것

88) 블루리본 위원회(Blue Ribbon Committee) 등으로 불리기도 하며 케네디 암살조사를 담당했던 워렌위원회나 911테러를 조사했던 911위원회 등이 그 예가 된다.

89) 청와대 국민청원은 문재인 정부 동안 운영된 국민소통플랫폼으로, 청원 등록 후 30일 동안 20만명 이상의 동의가 있을 경우 장관과 수석비서관 등 정부 관계자가 직접 답변하는 방식으로 운영되었다.

90) 국회법 제123조의2 제1항에 따라 전자청원시스템에 청원서를 등록날부터 30일 이내에 100명 이상의 찬성을 받으면 청원서가 일반국민에게 공개되고 그로부터 30일 이내에 5만명 이상의 동의를 받으면 국민동의청원으로 성립되어 접수된다.

은 아니다. 앞서 검토한 대로 의회가 국정의 중심부를 차지할 만한 역량을 보유하지 못하였다는 비판과 함께, 압력단체의 활동은 정책의 전 과정에 충분히 반영되지 못한다는 평가도 있기 때문이다. 빠르게 변하고 있는 정치·사회적 환경에서 정책적 쟁점을 둘러싼 정치·사회적 혼란을 줄이기 위해서는 다양한 의견을 수렴하고 합의에 이를 수 있는 조정력이 상당히 중요해지고 있다.

2) 언 론

언론은 정치·행정적 권력에 대한 비판기능을 수행하거나 여론의 조성을 통해서 행정 관료제의 활동에 직·간접적인 영향을 미칠 수 있다. 각종 행정현상에 대한 언론 보도는 국민들에게 정보를 제공하고, 여론의 형성에 이바지하여 정부 관료제에 대한 통제기제로 작동할 수 있다. 즉 언론은 특정 행정활동을 비판하거나 강조함으로써 공공의제(public agenda)의 형성을 도울 수 있으며, 정책의 실패나 공무원의 부정을 국민에게 알림으로써 국민의 문제의식 조성에 기여할 수 있다. 따라서 행정통제의 관점에서도 언론자유의 보장은 중요한 의미를 지닌다(구자용, 1995: 64; 이광종, 2005: 232).

전통적으로 신문·잡지·라디오·TV 등이 주요 대중 언론매체로서의 역할을 수행했지만 주로 일방적인 정보 전달의 특성을 지녔던 반면, 최근에는 각종 인터넷 매체들이 복합적인 정보 확산의 통로를 제공함으로써 상당한 영향력을 행사하고 있다. 전통적인 매체들의 지속과 새로운 통로의 활성화를 통해서 사회 내 여론형성이 전보다 빠른 속도로 진행됨으로써 관료제에 대한 영향력도 더 신속하게 행사될 수 있게 되었다. 더불어 언론매체를 통한 정부 비판이 증가할수록 사회 전체적으로 정부에 대한 신뢰가 낮아질 가능성이 커지게 되었다.

그만큼 언론의 부작용이 나타날 가능성도 커졌는데, 자본주의 사회에서 언론기관이 가지고 있는 가장 큰 문제점은 상업성으로 인해 책임성이 약화될 수 있다는 것이다. 언론기관은 정확한 정보를 신속하게 전달할 의무를 지니지만, 타 언론기관이나 매체들과의 경쟁으로 인해 부정확한 정보를 전파할 수 있다. 물론 부정확한 정보는 결국 걸러지고 그러한 오류를 자주 범하는 기관은 도태되겠지만, 잘못된 정보의 유통은 많은 부작용을 가져올 수 있다. 또한 상업성 쟁점은 언론의 다른 약점인 흥미위주의 보도 또는 선정성과도 연결된다. 상업적인 성공을 위해서 언론기관들은 독자, 시청자 또는 네티즌들이 흥미를 가질 만한 선정적인 주제에 관심을 갖게 되는데, 이는 언론의 행정통제가 지속성을 갖지 못하고, 일시적인 활동에 머물게 되는 한계로 귀결된다.

한편 정부와 언론과의 관계는 전자에 대한 후자의 통제로만 파악되는 것은 아니다. 오히려 정부의 각 부처와 기관들이 언론을 활용해서 자신의 입장이나 이익을 널리 알리려 할 수 있다. 다원주의론이나 공공선택론에서 제시하듯이, 정부기관들은 관련 이익집단과 의회 상임위원회 및 일반 유권자들과 일종의 연립(coalition)을 형성함으로써 자신의 이익이나 입장을 관철시키고자 한다. 이러한 시도에 있어 언론매체의 활용은 매우 긴요하다. 언론을 통해 자신들이 추진하고 있는 정책을 홍보함으로써 자신들이 매우 중요한 일을 하고 있다는 점을 잠재적인 지지세력에게 각인시킬 필요가 있기 때문이다(박치성 외, 2012: 150).

그런데 이 과정에서 언론이 정부 관료제를 통제하기보다 정부기관의 홍보수단으로 활용될 수 있다는 점이 지적되어야 한다. 나아가 언론이 자신의 '언론보도 프레임'을 통해서 특정 기관의 입장을 더 우호적으로 대변하는 역할을 수행할 수도 있다. '언론보도 프레임'이란 언론기관이 사실관계를 파악·전달하는 과정에서 사실관계를 독자적으로 재구성하는 틀로서, 이를 거친 정보들은 그 수용자의 현상 이해와 해석에 상당한 영향을 미친다(박희제, 2011; 김지윤·성민정, 2009). 정부 정책의 경우, 일반 유권자들이 관련 정보에 직접 접근할 수 있는 가능성이 낮기 때문에, 언론매체의 보도는 유권자와 이익집단, 그리고 여론지도자들의 현상인식에 큰 영향을 미치게 된다. 대체로 관료정치에서 우월한 위치를 차지하고 있는 기관들이 자신들에게 유리한 언론보도 프레임의 편익을 누릴 가능성이 높다(박치성 외, 2012: 150-151).

우리나라에서 언론·출판의 자유에 대한 보장은 자유주의 체제로의 전환이 행해진 1980년대 후반 이후에 큰 진전을 이뤘으며, 이전의 권위주의 체제에서는 언론에 대한 정권의 통제가 매우 높은 수준으로 행해졌기 때문에 언론이 행정을 통제하는 수단으로 작동할 가능성이 크게 제한되었다.

권위주의 정권의 언론 통제는 법적 수단을 통해서 정당화되었다. 이승만·박정희·전두환 정권은 다수의 언론관계법에서 애매하거나 추상적인 규정을 마련한 후 행정기관들이 이를 자의적으로 해석하고 재량을 발휘해서 언론·출판의 자유를 제한할 수 있도록 하였다. 또한 신문·통신·출판사 등의 시설기준 요건을 높게 설정함으로써 새로운 간행물이 발행되지 못하거나, 기존의 간행물도 정간이나 폐간 조치를 당하게 하는 등 헌법상 언론・출판의 자유를 과도하게 제한하는 위헌적인 규정들을 많이 두었다. 이는 정당성이 취약한 정권을 유지하기 위해 언론을 자신들의 통제 아래 두려는 당시 집권세력의 동기를 반영한 것이었다(이희훈, 2010).

현재 우리나라는 헌법에서 모든 국민이 언론・출판의 자유와 집회・결사의 자유를 가지며, 언론・출판에 대한 허가나 검열 및 집회・결사에 대한 허가를 인정하지 않고 있다. 그러나 동시에 언론・출판은 타인의 명예나 권리 또는 공중도덕이나 사회윤리를 침해해서는 안 된다고 규정하고 있다(헌법, 1988: 21조).

언론・출판의 자유에는 특히 신문(인터넷신문 포함), 방송 등의 매스컴을 통한 보도의 자유도 포함된다. 따라서 관련 법률은 신문 및 인터넷신문에 대한 언론의 자유와 독립을 보장하고, 신문 및 인터넷신문의 편집의 자유와 독립을 보장하며, 신문 및 인터넷신문이 정보원에 대해 자유로이 접근할 권리와 그 취재한 정보를 자유로이 공표할 자유를 보장한다(신문 등의 진흥에 관한 법률, 2020: 3, 4조). 마찬가지로 방송 편성의 자유와 독립이 보장되어 있으며, 법률에 의하지 않고는 누구도 방송편성에 관해서 규제나 간섭을 할 수 없도록 정하고 있다(방송법, 2022: 4조).

그러나 신문 및 인터넷신문은 인간의 존엄과 가치 및 민주적 기본질서를 존중하도록 규정되어 있고, 방송도 같은 공적 책임을 지녀야 함은 물론 공정성과 공익성을 견지해야 하는 것으로 규정되어 있다. 이러한 신문과 방송의 책임성 유지와 관련해서, 신문을 발행하거나 인터넷신문 또는 인터넷뉴스서비스를 전자적으로 발행하려는 자는 주사무소 소재지를 관할하는 특별시장・광역시장・도지사 또는 특별자치도지사에게 등록하도록 되어 있고, 방송사업을 하고자 하는 자는 관련 기관(방송통신위원회)의 허가나 승인을 받아야 한다. 이에 대해서 방송통신위원회는 여러 기준을 잣대로 해서 심사한 후 허가나 승인을 한다(신문 등의 진흥에 관한 법률, 2020: 9조, 방송법, 2022: 9, 10조).

상당한 수준의 자유를 누리고 있는 한국의 언론기관들이 행정 관료와 관료조직의 부정・부패, 무능과 무사안일 등의 부정적 측면을 지적하고, 개선을 촉구하는 역할을 수행하고 있다. 이는 과거 권위주의 정권 시절의 언론과 비교하면 행정통제 분야에서 언론의 역할이 크게 진전된 것을 의미한다. 그러나 언론의 행정통제 활동은 흥미위주의 단편적이고 피상적인 수준에 머물고 있으며, 체계성・심층성 면에서 취약하다. 오히려 학계의 주된 시선은 주류 언론기관들이 정치인, 기업인, 행정 관료, 전문가 등과 연대해서 기득권층의 이익을 실현하는 데 기여하는 것으로 보고 있다(임도빈, 2007; 강남훈, 2009; 임석민, 2010). 특히 관료들은 주류 언론과 친정부적인 전문가들을 동원해서 자신들의 정책이나 입장을 정당화하기 위해 적극적이고 능동적인 활동을 전개한다는 것이다. 관료들이 자신들에 유리한 방향으로 언론의 보도 프레임을 형성하고 있고, 이는 관료정치에서 우월한 위치에 있는 기관들에서 두드러진다(임도빈, 2007: 11-12; 박치성 외, 2012).

이런 맥락에서 볼 때 행정통제에 있어서는 최근 그 역할이 급속히 증대된 인터넷 매체들이 전통적인 언론매체들을 능가하는 영향력을 행사하고 있다는 진단이 가능하다. 인터넷 매체들은 보도기능을 수행하는 것에 머물지 않고 네티즌들 상호간에 의견을 교류할 수 있는 공간까지 제공함으로써, 특정 사안에 대한 시민들의 여론 형성에 크게 기여하고 있다. 이는 인터넷 매체에 토대를 둔 시민들의 활동이 행정기관에 대한 통제에 한정되지 않고, 정부 자체에 대한 통제력을 높일 가능성을 보여준다. 한편 이러한 새로운 성격의 언론매체가 가져올 수 있는 부작용 -부정확한 정보에 근거한 시민활동의 무책임성 문제-을 지적하며 사이버 스페이스(cyber space)에 대한 정부의 규제를 정당화하는 논리 또한 강력하게 대두되고 있는 가운데, 인터넷 공간에서의 언론자유를 옹호하는 세력도 적극적인 반론을 제시하고 있어, 앞으로 이 쟁점을 둘러싼 논쟁과 관련 정책 논의가 상당 기간 지속될 것으로 예상된다(*cf.* 이용근, 2008). 이러한 논쟁과 정책 논의가 행정관료와 관료제에 대한 통제 문제와 높은 관련을 지니고 있음은 물론이다.

2. 투명성 통제

1) 외부 통제를 위한 투명성 제도

다양한 외부 주체가 행정과정에 쉽게 접근하고 적극적으로 참여하는 행정통제(참여적 통제)가 효과적으로 운영되기 위해서는 투명성의 제도화가 필요하다. 정부 외부에서 쉽게 행정에 관한 정보에 접근할 수 있도록 투명한 공개시스템이 구축되어야 행정에 대한 민주적 통제와 예측 가능성이 증가할 수 있기 때문이다. 이를 위해서 가장 기본이 되는 제도로서 행정정보의 공개와 청구에 관련된 여러 법제가 마련되어 시행 중이다.

1998년 제정된 '공공기관의 정보공개에 관한 법률'(정보공개법)은 행정정보 공개의 확대 및 접근성 제고에 있어서 기본이 된 제도이다. 이 법률은 공공기관이 보유·관리하는 정보에 대한 국민의 공개 청구 및 공공기관의 공개 의무에 관한 필요 사항을 규정하여 국민의 알권리를 보장하고 국정에 대한 국민 참여와 국정 운영의 투명성 확보를 목적으로 하고 있다(정보공개법, 2022: 1조). 이 법에 따라서, 모든 국민은 정보의 공개를 청구할 권리를 가지고(5조) 공공기관의 정보공개 담당자는 공개 여부를 자의적으로 결정하거나 고의적으로 처리 지연, 위법한 공개 거부 및 회피 행위를 하여서는 안 된다(6조의2).

법률에 따라 사전에 정기적으로 공개되어야 정보로는 국민생활에 매우 큰 영향을 미치는 정책, 국가 시책으로 시행하는 공사 등 대규모 예산 투입 사업, 예산집행의 내용과 사업평가 결과 등 행정감시를 위하여 필요한 정보 등이 규정되어 있다(7조). 또한 공공기관은 보유 관리하는 정보목록을 작성하여 비치하고 정보공개시스템을 통하여 공개하여야 하며, 국민의 청구가 있을 때 일정한 절차에 따라 정보를 공개해야 한다.

그러나 국민이 체감하는 정보공개 수준은 그리 높지 못한 상황이다. 핵심적이고 민감한 사안에 대해서는 여전히 비밀주의의 관행이 잔존하고 있고, 정보공개에 관한 세부적 기준이 미비하며, 국민의 편의를 충분히 고려하지 못한 제도의 특성이 작용하기 때문이다. 정보공개 제도를 지속해서 내실 있게 추진하기 위해서는 단순한 정보공개에서 벗어나 지식공유 및 제도개선을 위한 참여형 정보공개 체계를 구축해야 하고, 점검 및 평가체계의 강화를 통해 정보공개 제도를 내실화해야 한다. 나아가 중앙행정기관과 지방자치단체 및 각종 공공단체 등 정보공개의 주체가 되는 기관과 국민을 대상으로 한 교육과 홍보 등 정보공개 문화의 확산을 통해 제도가 실질적으로 자리잡을 수 있도록 하며, 공개된 정보에 대한 각종 제안 및 제도개선 반영기회의 확산이 이루어지도록 하여야 할 것이다(하연섭 외, 2006: 29-30; 정부혁신지방분권위원회, 2008a).

2) 정책실명제

투명성을 확보하여 행정을 통제하기 위한 제도적 노력의 하나로서 정책실명제도가 운영되고 있다. 정책의 투명성과 신뢰를 높이기 위해 정책을 집행하는 과정에서 담당자 및 참여자의 실명과 의견을 기록 관리하는 제도이다. 이 제도는 '행정효율과 협업촉진에 관한 규정'에 근거하며, 행정기관의 장은 주요 정책의 결정이나 집행에 참여한 관련자의 소속, 직급 또는 직위, 성명과 그 의견, 관련된 각종 계획서, 보고서, 회의·공청회·세미나 관련 자료 및 그 토의내용 등을 기록 관리해야 한다(행정효율과 협업촉진에 관한 규정, 2021: 63조).

정책실명제는 1998년 사무관리규정의 개정을 통해서 도입되어 기안문, 시행문, 보도자료, 정책자료집 등에 관련자 실명 의무화로 시작되었으며 2007년 업무관리시스템(온나라시스템)이 도입된 이후 결재, 메모 보고 시 관련자의 실명과 내용이 자동으로 기록 관리되었으나, 이때까지는 주요 사업의 정책 관련자의 기록이 본격적으로 관리되지 못하였다. 2014년에 이르러 '행정효율과 협업촉진에 관한 규정'에 근거 규정이 마련되면서 본격적으로 실시되기 시작하였고 2017년 정책실명제 강화 계획이 마련되면서 국민신청실명제 등이 도입되었다.

모든 정책을 대상으로 시행되는 것은 아니며 정책실명제 중점관리 대상사업을 선정하여 이를 대상으로 시행 중이다. 중점관리 대상사업의 선정기준은 주요 국정현안에 관한 사항(국정과제, 업무보고, 대통령지시사항 등), 대규모 예산이 투입되는 사업, 일정 규모 이상의 연구용역, 제정·개정 및 폐지하는 법령 등이며 국민의 요청(국민신청실명제)에 의해서도 정책실명제 대상 사업이 선정될 수 있다.

특히 정책실명제의 시행은 정부 공무원의 순환보직으로 인하여 정책의 전 과정을 전담하여 일관되게 관여하는 책임자를 찾기가 어려운 상황에서 그 필요성이 크다. 전임자와 후임자 간 책임이 분산되는 문제에 대응할 수 있으며, 사후에 특정 정책에 관여한 책임자를 명확히 할 수 있다는 점에서 외부 통제의 효과성을 높일 수 있는 제도적 기반이 된다. 향후 제도의 확대와 내실을 확보할 수 있도록 제도 발전이 필요할 것이다.

3) 알고리즘 투명성 통제

한편 앞으로 행정과정에서 본격 확대될 인공지능 기술 기반의 정책 결정과 집행에 대한 통제 시스템이 마련되어야 할 필요가 큰데, 그러한 통제의 방향은 알고리즘 투명성(algorithmic transparency) 통제를 통해서 이뤄질 수 있다. 이미 민간부문은 인공지능에 의해 각종 서비스 제공 여부와 방식이 활발히 이뤄지고 있으며, 공공부문에서도 이러한 시도가 시작되고 있다. 여러 공공기관이 효율성과 합리성을 향상하기 위해 인공지능 기술을 도입하고 있으며 일부 인공지능 알고리즘의 경우는 국민에게 법률적이고 행정적인 처분을 내리는 의사결정 절차에 사용될 수 있다. 국민에게 영향을 미치는 각종 정책과 공공서비스가 정부 관료에 의한 결정되는 것이 아니라 알고리즘이라고 불리는 자동화된 기준에 따라 결정된다면 보다 효율적이고 객관적이며, 국민 개개인의 선호에 맞춘 다양화된 서비스 제공이 가능할 것으로 기대되는 것이다.

이러한 흐름에 근거하여 2021년 제정된 행정기본법에서도 인공지능 기술을 적용한 시스템에 의한 행정처분이 가능하다고 공식적으로 규정하였다. 제20조(자동적 처분)의 내용을 보면 '행정청은 법률로 정하는 바에 따라 완전히 자동화된 시스템(인공지능 기술을 적용한 시스템을 포함한다)으로 처분을 할 수 있다. 다만 처분에 재량이 있는 경우는 그러하지 아니하다.'라고 규정되어 있다. 이 조항에 따라서 공무원의 의사 개입 없는 조세 및 교통 범칙금 처분 등 행정행위가 합법적으로 가능해진 것이다. 또한 정부가 발표한 지능형 정부 기본계획(2017)에 따르면 '사전에 해결하는 정부'의 목표 중 하나로 '인공지능이 기존 정책 데이터분석을 통해 숨은 정책 수요를 발굴하여 제안'하는 시스템을 조성하겠다고 밝히고 있다.

인공지능 기술이 앞으로 더욱 발전 및 확대될 것으로 예견되는 가운데, 행정통제의 관점에서 주목해야 할 것은 알고리즘의 투명성이다. 알고리즘의 투명성은 행정 영역에서 설계 및 적용되는 구체적인 알고리즘에 대한 접근가능성(accessibility)과 설명가능성(explainability)을 통해서 확보될 수 있다(Grimmelikhuijsen, 2023). 알고리즘의 공개를 통해 접근가능성을 확보하는 것뿐 아니라 알고리즘에 근거해 도출된 의사결정의 내용과 논리를 충분히 '설명할 수 있어야 한다'는 것이다. 이와 관련되어 '설명가능한 인공지능'(Explainable AI) 개념이 제시되는 데 인공지능 판단 근거와 이유를 제시하고, 사람이 최종적 판단하도록 하여야 이용자와 이해당사자 간 신뢰 구축이 가능하다는 것이다.[91] 더불어 알고리즘에 근거한 판단과 결과의 책임이 누구에게 귀속되느냐에 관한 제도 설계가 필요하다. 국민에게 취해진 행정처분이 인공지능 알고리즘에 근거한 결정일 경우 그 처분의 부당함에 관한 문제 제기를 어떻게 할 수 있으며, 공정성을 확보하기 위해서는 무엇이 필

91) 네덜란드 암스테르담과 핀란드 헬싱키 시는 알고리즘 등록부를 2020년 9월 공개하였다. 훈련 데이터셋에 대한 정보, 데이터 처리에 대한 정보, 차별 방지에 대한 정보, 인간감독에 대한 정보, 위험성에 대한 정보 등을 읽기 쉬운 평문으로 공개한 것이다. 등록부는 시에서 사용하는 알고리즘의 도입을 책임지는 공직자의 이름, 부서, 연락처를 공개하고 시민들이 의견은 제출할 수 있도록 하였다(정보인권연구소, 2020).

요한가에 관해 기준이 모색되어야 하는 것이다.

이미 인공지능 도입으로 발생가능한 문제가 다양하게 논의되고 있는데 대표적인 위험으로는 비합법적인 편견이나 차별, 프라이버시에 대한 위협, 감시, 투명성 보장의 어려움 등이 지적되고 있다. 영국 국가 전문연구기관인 앨런 튜링 연구소에서 2019년 발표한 공공부문 인공지능 시스템의 위험성에는 편향과 차별, 개인 자율성・권리구제・권리행사 거부, 불투명성・설명불가능성・부당한 결과, 프라이버시 침해, 사회적 관계 단절 및 고립, 신뢰할 수 없고 안정되지 않으며 품질이 낮은 결과 등이 포함되어 있다. 또한 영국 공공생활윤리위원회가 2020년 발표한 보고서에 따르면 인공지능이 위협하는 공공영역의 문제는 공개성 문제(관련 정보를 충분히 제공하지 않을 경우 투명성 저해 위험), 책임성 문제(조직의 책임체계 모호, 공직자 의사결정의 책임소재 불분명, 의사결정 설명 불능으로 인한 책임성 불명확 위험), 객관성 문제(데이터 편향으로 차별의 확산과 증폭 위험)가 제시되어 있다. 실제로 미국 일부 주에서 인공지능을 활용한 치안사법서비스, 교육평가서비스 등이 인간의 의사결정보다 오히려 더 강한 편견이 반영되었다고 불공정성 문제를 일으킨 바 있다.[92)]

이러한 문제를 대비하기 위하여 알고리즘의 투명성이 확보되어야 하는 것이다. 알고리즘 관련 정보의 공개 의무와 설명의무를 구체적으로 기관 및 기업에 부여해야 한다. 알고리즘 개발 시 준수해야 할 윤리적 기준을 마련하고, 작동하고 있는 알고리즘의 작동 원리에 관하여 공개하고 기본 부분을 설명하는 것, 알고리즘에 활용되는 데이터에 관한 공개와 점검 등이 요청된다. 즉 블랙박스와 같은 알고리즘의 의사결정 과정에 대한 투명성 요건 마련이 중요한 것이다. 인공지능 관련 법령 및 규범, 지침 제정이 본격화되고 있는 가운데 미국, 호주, EU에서는 인공지능에 사용된 데이터와 알고리즘의 주요 요소의 일반 공개 및 설명을 규정하고 있으며, 우리나라도 과학기술정보통신부가 2020년 인공지능 윤리 기준을 마련하는 등 국내외에서 여러 기준이 발표되고 있다.

---

92) 네덜란드는 2020년 중앙정부 및 지방자치단체가 분리보관하고 있던 데이터를 광범위하게 결합하여 인공지능 기반 분석 후 부정수급 소지가 있는 사람을 발견하는 사회복지위험발견시스템에 대하여 지방법원이 프라이버시 침해 보호조치가 충분하지 않으며 그 작동 원리에 대한 투명성이 중대하게 결여되었으므로 사용을 중단하라고 판결하였다. 미국 위스콘신 주대법원에서 2016년 피고인의 재범 위험성을 평가할 때 참고하는 인공지능 시스템의 평가지수가 법원 결정의 유일한 요소가 되었다면 위법이라고 보았다. 하지만 보조적인 수단으로 사용되는 경우는 적법절차 위반은 아니라고 판결하였다.

제4절 소결론

행정통제론의 주류적 접근법은 행정 관료의 재량행위를 배제하는 것이 사실상 어려워지고 있는 상황에서 관료와 관료조직이 자신들의 이익을 추구하는 방향으로 재량권을 활용할 가능성을 인정하고, 정부 내 · 외의 다원적 감독 주체들을 동원해서 이에 대응하는 것이었다. 이 장은 그러한 다원적 통제(감독) 노력을 집행부 자체의 내부통제, 정부 내부의 통제, 그리고 정부 외부의 통제로 구분해서 살펴보았다. 이러한 각 접근의 한계점을 간략히 살펴보면 다음과 같다.

집행부 내부의 통제 수단들은 정치적 집행부에 의한 통제, 행정부 내 관리기관에 의한 통제, 각 행정기관 내 감찰부서에 의한 자체감사, 그리고 계층제상의 상관에 의한 통제로 분류된다. 행정조직 내부의 통제 중 정치적 집행부에 의한 통제는 관료제의 정치적 행태에 영향을 미쳐 행정의 성과 및 공정성 등에 부정적 영향을 미칠 가능성이 우려된다. 또한 장 · 차관이나 고위 관료들은 자기 기관 내에 문제가 있다는 것을 외부에 알리는 것을 선호하지 않는다. 이런 이유로 인해 행정조직 내부 통제는 제한적인 효과만을 거두고 있다. 특히 자체감사 활동은 감사담당 공무원들 사이에서 아직 성과가 미흡한 것으로 인식되고 있으며, 자체감사기구의 독립성과 전문성 수준은 감사결과의 객관성과 신뢰성을 담보하기에 전반적으로 미흡하다. 또한 공익신고자보호제도도 신고자 보호 등에 있어서 아직 여러 가지 약점을 지니고 있다.

정부 내부의 통제주체와 제도에는 옴부즈만, 최고감사기구, 사법기제(행정소송, 행정심판, 행정절차), 입법부 등이 있지만, 정부 내부의 통제 수단이 효과를 거두기에 일정한 한계가 있다. 고충민원처리제도는 북유럽의 옴부즈만 제도에 비해서 행정에 대한 통제권한이 매우 제한되며, 국민권익위원회는 행정부에 소속되어 있는데, 이러한 점들이 이 제도가 여타 행정기관의 행태를 통제하기에 미흡한 요인이 되고 있다. 감사원은 대통령 직속기관으로 되어 있어 그 독립성과 효과성 면에서 상당한 논란을 불러일으키고 있으며, 감사원의 성과감사는 질적 · 내용적인 면에서 많은 약점을 지닌다. 한편 행정소송은 기본적으로 사후적인 조치로서 과다한 시간과 비용을 필요로 하는 한계를 지니고 있고, 행정심판은 시간과 비용 면에서의 장점에도 불구하고 분쟁해결과 권리구제 상의 실질적인 효력이 의문시되고 있으며, 행정절차법은 광범위한 적용 예외를 인정하는 한계를 포함해서 다수의 문제점을 지니고 있다. 국회의 행정부 견제는 권위주의 정부 시대에 비하면 크게 신장되었지만, 실질적인 입법역량과 재정통제의 효율성, 그리고 국정감사의 실효성 면에서 상당한 한계를 보이고 있다.

정부 외부의 통제주체에는 압력단체와 언론이 대표적이다. 우리나라의 압력단체는 1987년 이후 정치적 민주화가 진행되면서 그 수와 영향력이 크게 증대되었다. 이러한 변화에 따라 종래 정부 관료제가 누렸던 정책과정상의 독점적 지위가 흔들리는 현상이 발견되고 있다. 또한 언론·출판의 자유에 대한 보장도 1980년대 후반 이후에 큰 진전을 이뤘으며, 한국의 언론기관들이 행정 관료와 관료조직의 부정·부패, 무능과 무사안일 등의 부정적 측면을 지적하고, 개선을 촉구하는 등의 통제역할을 어느 정도 수행하고 있는 것은 사실이다. 그러나 이러한 변화가 권위주의 체제하에서 형성된 정부 관료제 중심의 폐쇄적 정책패턴이 개방적·다원적 정책패턴으로 대체되었다고 평가하기에는 한계가 있다. 압력단체의 활동은 일부에 편중되어 있어서 정책의 전 과정에 충분히 반영되지 못하고 있으며, 큰 맥락에서 볼 때 언론기관들은 정치인·기업인·행정관료·전문가 등과 연대해서 기득권층의 이익을 실현시키는 데 기여하고 있거나 행정부와 밀착 관계에 있다는 비판이 크다.

또한 정부 외부의 주체들에 의한 행정통제가 효과를 거두기 위해서는 투명성을 확보할 수 있는 제도적 기반이 필요하며, 정보공개 및 청구 강화, 정책실명제 실효성 확보, 그리고 향후 인공지능 알고리즘에 의한 행정을 통제할 방안 등이 마련되어야 할 것이다.

이 장에서 검토한 다원적인 통제수단의 효과성을 높이기 위해서는 개별 통제수단의 약점을 개선함과 더불어 관련된 수단들의 연계성을 높일 필요가 있다. 앞서 논의한 대로 고충민원처리와 행정심판, 그리고 행정심판과 행정소송의 연계성을 높이는 방안, 국정감사·감사원감사·자체감사의 연계를 통해 중복과 비효율을 줄이는 방안 등을 모색함으로써 다원적 통제수단 사이의 시너지 효과를 기대할 수 있을 것이다(*cf.* 선정원, 2011; 김현구, 1990; 라영재, 2009).

앞서 검토한 대로 우리나라의 행정문화는 계층주의를 중심으로 하고 있다. 이런 문화에서는 행정 관료들은 조직 내의 상관과 장·차관 및 감사담당자, 행정부 내의 관리기관, 감사원, 사법부, 의회 등이 수행하는 감독과 명령에 민감하게 반응한다. 관료제 조직에서 명령에 복종하는 것은 그 타당성을 따지는 것보다 훨씬 중요하게 받아들일 뿐 아니라, 이를 준수하지 않았을 때 자신이 받게 될 제재를 두려워하기 때문이다. 또한 관료들은 정부 외부의 행위자인 압력단체와 언론의 요구와 견제도 자신들의 삶에 직·간접적으로 영향을 미칠 수 있다고 판단되면 주의를 기울인다. 이렇게 볼 때, 한국의 정부 관료제를 대상으로 종래의 다원적인 행정통제 수단을 '제대로' 적용할 때 나타날 수 있는 효과는 매우 클 것으로 판단된다. 행정을 통제할 권위를 가진 상위기관 및 외부기관의 감독은 계층주의 문화 기반에서 강한 영향력을 가진 수단이 될 수 있기 때문이다.

그러나 1980년대 이후 이러한 전형적인 통제수단들이 가진 여러 약점과 한계를 부각하면서 신공공관리론에 토대를 둔 통제수단에 더 큰 기대와 가치를 부여하는 경향이 전개되었다. 즉 경쟁, 평가, 보상의 원리로 행정을 통제하려는 노력이 확대된 것이며 이를 7장에서 살펴볼 것이다. 다만 계층적이고 집단주의적 문화 특성이 강하다고 평가되어왔던 한국 행정문화를 고려해보면, 이 장에서 살펴본 감독과 통제를 통한 행정통제의 노력은 현실적으로 통제효과를 신속하고 직접적으로 확보하는 수단이 될 수 있음을 간과해서는 안 될 것이다.

제 6 장

재량의 제약

윤리 규범과 공식화

정부의 행정과정에서 행정 관료의 기회주의적 속성과 재량행위를 완전히 배제하는 것은 사실상 불가능한 과제일 수 있다. 그럼에도 불구하고 고전적인 행정모형은 관료의 기회주의적 속성과 재량행위의 발현을 가능한 한 제약함으로써 행정책임성의 수준을 높이려는 상당한 노력을 기울였다. 비록 그러한 노력을 통해서 행정 관료와 관료조직을 완벽하게 통제하기는 어려울지 모르나, 일정 수준의 성과가 있을 것으로 기대할 수는 있다. 여기서는 관료의 기회주의 발현을 제약하고 재량행위의 발현 가능성을 제한하는 접근방안에 대해 논의한다. 1절에서는 윤리 중심의 인사관리와 윤리 의무의 강화를 통한 기회주의 발현을 제약하는 통제방식을, 2절에서는 공식화를 통해 자율적 재량 발현의 여지를 축소하는 통제방식을 살펴본다.

제1절 윤리의식에 의한 기회주의 발현 제약

행정 관료가 자신의 이익 실현에 골몰하는 기회주의적인 행위자가 아니라 주인(시민과 그들의 대표)의 이익 -공익- 실현을 위해서 노력하는 이들이라면 그들에게 상당한 정도의 재량을 부여해도 괜찮을 것이다. 관료가 자신들의 사적인 이익보다 공익을 앞세우며 그 실현을 위한 방향으로 자신에게 부여된 재량을 활용할 것을 기대할 수 있기 때문이다.

이러한 기대는 고전적 행정모형에서 특히 부각된다. 고전적 행정모형은 공무원들의 소명 의식과 윤리성을 강조하고 그들을 성직자에 비유할 정도였다.[1] 이는 관료제와 개별 행정 관료의 내부에서 공익을 위한 행정을 수행하는 메커니즘이 형성될 수 있다고 기대한다. 서양의 플라톤 철학 전통에서 강조하였던 '수호자(Guardian)로서의 공직자'상, 고대 중국의 이상사회에서 그린 '무사적(無私的) 공복상(公僕像)'이 그러하다(전주상 외, 2018).

그러나 그러한 공무원상을 현실의 공무원에게 기대하는 것은 환상에 가깝고 현실의 공무원은 강한 사익 추구 동기가 있음을 경험적으로 알고 있다. 하지만 공익을 지향하는 행정을 위해서 공무원이 반드시 순수 이타적인 동기구조를 가진 행위자일 필요는 없다. 자기 이익의 실현에 관심을 두는 공무원도 기회주의의 발현을 제약하는 제도에 의해서 공익지향적으로 활동할 수 있게 된다.

이 책은 앞서 4장에서 살펴본 대로, 공무원을 기회주의적 속성을 가진 행위자로 전제하고 있다. 공무원의 이러한 속성을 이해하기 위해서 이기주의를 이기성의 정도와 질에 따라 구분해볼 필요가 있는데 '자기중심적 이기주의', '개인적 이기주의', '보편적 이기주의'의 셋으로 분류될 수 있다. 첫째, '자기중심적 이기주의'는 타인의 행위도 나의 이익만을 위해 존재해야 한다는 것으로서 가장 낮은 수준의 이기주의로 볼 수 있다. 둘째, '개인적 이기주의'는 타인의 행위와 상관없이 자신의 이익만을 추구하는 행위로서 자기중심적 이기주의보다는 그 이기성의 정도가 약하다. 셋째, '보편적 이기주의'는 자신의 궁극적인 이익을 증대시키는데 도움이 된다면 타인의 이익에 봉사하는 이타적인 행동도 수행하는 높은 수준

1) '목자가 교회를 사랑하는 것처럼 국가를 사랑할 사람이 공직에 들어와야 된다'는 것이다(Hood, 1986: 110).

의 이기주의를 말한다. 선견지명이 있는 이들은 경우에 따라 자신의 이기적 욕망을 억제하고 집단전체의 이익을 실현하기 위해 노력할 수 있게 된다는 것이다. 이렇게 볼 때, '보편적 이기주의'는 '윤리적 이기주의'로 해석될 수 있다(박흥식, 2003: 215-216). 이 책에서 상정하는 기회주의적 공무원은 '자기중심적 이기주의자'와 '개인적 이기주의자'에 근접한 반면, 바람직한 행정 공무원의 모습은 순수 이타적인 행위자뿐 아니라 '보편적(윤리적) 이기주의자'를 포괄한다. 따라서 공무원들이 자신의 좁은 이익에 매몰되지 않고, 넓고 장기적인 안목에서 공동체의 이익을 자신의 이익으로 바라볼 수 있도록 유도하는 것이 기회주의 발현을 제약하여 행정 책임성을 확보하려는 접근법의 취지라고 하겠다.

행정 공무원의 기회주의 발현가능성을 제약하는 노력의 하나가 공무원의 윤리성을 높이기 위한 노력이다. 공무원의 기회주의를 제약하기 위한 수단, 즉 공무원 윤리를 강화하기 위한 방안에는 미시적 · 거시적 접근이 있다. 채용과정에서부터 윤리의식이 높은 공무원을 모집하고 공무원들의 가치관과 윤리수준을 향상시키기 위해 윤리교육을 강화하는 것은 미시적인 접근에 해당되고, 공무원 윤리가 활성화될 수 있는 제도와 문화를 구축하는 것은 거시적 접근에 해당된다. 미시적 접근은 채용과 교육을 통해서 공무원 윤리를 강화하려는 관리적 방식이며, 거시적 접근은 법령을 통해 윤리 의무와 준수를 강조하는 제도적 접근이다.

이 수단들은 다음의 세 가지로 재정리될 수 있다(*cf.* Hood, 1986: 110-111; 박천오 외, 2010: 46-461). 첫째, 기회주의적인 성향이 상대적으로 더 낮은 (즉 보다 더 윤리적인) 이들을 공직에 유치하기 위한 방향으로 채용을 관리한다. 둘째, 공직에 유치된 공무원들의 기회주의가 발현되는 것을 억제하고 윤리의식을 고양 시키기 위해 윤리 교육을 실시한다.[2] 또한 제도적(institutional) 접근(윤리 관련 법제도 및 가치체계 구축)을 통해 기회주의의 발현을 억제하고 윤리의식을 고양한다. 아래에서는 공무원 윤리의 기본적인 내용을 정리한 후, 이 수단들에 대해 차례로 살펴보고, 우리나라 공무원 윤리의식의 실제를 검토한다.

---

2) 윤리교육 또는 윤리훈련이 도덕적인 행태를 고양하는 데 기여할 수 있는지에 대해서는 논쟁이 존재한다. 윤리교육 · 훈련이 공무원들의 행태변화를 유도하기 힘들다는 주장(Callahan, 1980)과 윤리교육 · 훈련이 공무원의 도덕적인 행태를 유도할 수 있다는 주장(Lee, 1990)이 맞서고 있다. 이 책에서는 국내 선행연구의 주류 입장(문태현, 2000; 박흥식, 2001; 이영균, 2003; 박흥식 외, 2010)을 수용하여, 공무원 윤리교육이 공무원의 행태변화에 기여할 수 있다는 입장에서 논의를 전개한다.

1. 공무원 윤리의 기본 내용

1) 공무원 윤리의 개념과 특징

(1) 공무원 윤리의 개념

일반적으로 '윤리'(ethics)는 "인간이 사회생활 속에서 마땅히 지켜야 할 도덕(도리) 혹은 행동규범"(박천오 외, 2010: 451) 혹은 행동해야 하는 옳고 그름을 정의하는 원칙을 의미한다. 이러한 맥락에서 공무원 윤리[3]는 공무원들이 공직을 수행하는 과정에서 마땅히 지켜야 할 도덕 혹은 행동규범이라 할 수 있으며, Waldo(1974: 269)는 공무원 윤리에 대해 "자신, 가족, 친구의 이익보다 일반대중의 이익 즉 공익에 봉사하는 윤리적 행위"라고 정의한 바 있다(박천오 외, 2010: 451에서 재인용). 그러나 공무원 윤리 개념과 관련해서는 다양하고 세부적인 입장이 존재하며, 이는 다음과 같은 네 입장으로 정리될 수 있다.

첫째, 올바른 행정이 무엇인지에 대한 해답을 찾는 과정으로 파악하는 입장이다. 공무원 윤리는 공무원들이 국민의 요구에 대응하기 위해서 무엇을 어떻게 해야 할지에 대해서 탐구하고 성찰하는 활동이라는 것이다. 둘째, 행정 의사결정과 관련해서 둘 이상의 가치 간에 갈등이 발생한 상황에서 이 가치들에 질서를 부여하고 어떤 것이 더 중요한 가치인지를 구분해주는 지침으로 파악하는 입장이다. 여기에서 강조점은 올바른 의사결정을 하기 위한 가치기준에 있다. 셋째, 행정윤리를 정직성과 책임성 등 공무원 개인이 갖추어야 할 덕목의 관점에서 파악하는 입장이다. 여기서는 공직이 사적 이익을 위해 이용되지 않도록 하는 공무원의 덕목에 초점을 둔다. 넷째, 공무원들이 공공의 신뢰를 얻도록 하는 내부통제장치로 파악하는 입장이다. 행정윤리는 공무원들의 행위에 정당성을 부여해주는 공식적·비공식적 제약으로 이해된다(문태현, 2000: 6-7).

이러한 다양한 개념적 논의를 토대로 여기서는 공무원 윤리를 "국민 전체에 대한 봉사자로서의 공무원이 행정 업무를 수행할 때 행정이 추구하는 공공 목적

---

3) 유사하게 공직 가치(public service values)는 공공부문이 달성하려는 사회 수준의 결과 혹은 정부 운영과 정책의 기초가 되는 원리인 공공가치(public value)와 조화를 이루는 행정을 수행함에 있어 공무원이 준수해야 할 행동 기준 혹은 그에 관해 갖추어야 할 신념(박천오·박시진, 2018)으로 표현되기도 한다. 여기서는 '공무원 윤리', '공직윤리', '행정윤리', '공직 가치' 등의 개념을 세부적으로 구분하지 않고, 병용하고자 한다.

을 달성하기 위해 마땅히 지켜야 할 행동규범"으로 정의한다.

(2) 특 징

위와 같이 정의되는 공무원 윤리는 다음과 같은 특징을 지닌다. 첫째, 행정 업무와 관련된 윤리이다. 일반적인 윤리에서 사람이 지켜야 할 도리로서의 윤리는 사적인 일과 관련된 차원에서 논의될 수도 있고, 공적인 업무와 관련해서 논의될 수도 있다. 그러나 공무원 윤리는 공무원의 신분을 가진 이가 자신의 공적인 업무와 관련해서 지켜야 할 가치 기준을 의미한다. 둘째, 공무원은 국민 일부의 봉사자가 아니라 국민 전체에 대한 봉사자로서 공익을 추구해야 한다. 따라서 공무원에게는 일반 국민보다 더 높고 엄격한 수준의 윤리의식이 요구된다. 셋째, 공무원 윤리는 부정부패의 배척과 같은 소극적 측면뿐 아니라 행정이 추구하고자 하는 바람직한 가치까지 포함하는 적극적인 측면도 함축하고 있다. 넷째, 공무원 윤리의 개념 속에는 공무원이 지켜야 할 직업윤리는 물론이고, 공무원이 입안하고 집행하는 정책 내용이 윤리적이어야 한다는 의미까지 내포되어 있다. 후자와 관련해서는 업무 수행에 필요한 전문적 지식을 함양해서 행정의 질을 높여야 한다는 적극적인 요청이 포함되어 있다(이종수 외, 2001: 221).

이러한 특징을 지니는 공무원 윤리의 중요성은 아래와 같은 이유로 인해서 앞으로 더욱 중요해질 것으로 보인다. 먼저 정부의 민간부문에 대한 개입이 확대·심화되면서 정부 규제가 민간부문의 이해관계에 미치는 영향이 더욱 커지고 있기 때문이다. 정부 규제가 공익의 증진을 목표로 해야 하고 특정 이해집단만을 위한 것이 되어서는 안 되기 때문에 공무원 윤리는 정부 규제가 올바른 목적에 올바르게 사용되어야 함을 강조하게 된다. 다음으로 행정 권력의 확대가 공무원의 부패로 이어질 가능성이 크기 때문이다. 공무원들이 자신에게 부여된 재량권을 사적인 이익의 추구를 위해 사용할 가능성은 재량권의 확대와 비례해서 커진다. 따라서 이를 방지하기 위한 공무원 윤리의 강화가 중요해진다. 마지막으로 공무원 윤리가 확립되어 있지 않으면 행정 권력이 자의적으로 사용되거나 남용될 수 있는데, 이는 시민들의 정부에 대한 불신감을 높이고 궁극적으로 정부의 정당성을 약하게 만들 수 있다. 현대 사회에서 점차 약화되고 있는 정부의 정당성 문제를 개선하기 위해서도 공무원 윤리를 중요하게 취급하게 된다고 하겠다(박천오 외, 2010: 453-454).

(3) 공무원의 공공봉사동기와 윤리

공익에 봉사하는 공무원의 윤리를 개인의 동기 구조 및 행태 차원에서 접근하는 한 흐름이 공공봉사동기에 관한 연구이다. 공공봉사동기(public service motivation)는 1990년대 본격적으로 제기된 개념으로 공공가치 실현과 공익 증진을 위하여 노력하려는 동기이며 국가와 사회를 위하여 봉사하려는 욕구로 정의된다(김상묵, 2018). 또한 "개인으로 하여금 의미 있는 공공봉사를 하도록 조장하는 동기부여적 영향력"(Brewer & Selden, 1998: 417), "사회와 이웃을 위하려는 목적으로 국민에게 봉사하려는 개인적 성향"(Perry & Hondeghem, 2008) 등 학자마다 다양하게 정의하고 있지만, 그 핵심은 공공성과 타인지향성이다(Perry, 2021). 현실적으로 민간분야에 비하여 대우가 열악한데도 공무원이 되려는 사람들에 관한 연구로부터 발전된 개념으로, 공익을 위해 봉사하려는 윤리의식과 공직을 단순한 밥벌이 이상의 소명으로 인식하는 성향으로 여겨진다(Perry & Wise, 1990).

공공봉사동기의 구성 차원에 관하여 Kim & Vandenabeele(2010)의 연구는 자기희생과 수단적 동기, 가치기반적 동기, 동일시 동기로 구성된다고 제시하였다. 물질적·비물질적 손해를 감수하면서도(자기희생), 국가와 국민을 위하여(동일시 동기), 공익과 공공가치를 실현하고자(가치기반적 동기), 의미 있는 일을 하려는(수단적 동기) 경향이라고 본다. 따라서 자기희생을 감수하면서도 사익을 넘어선 공익을 추구하려는 성향이 강한 이들이 공직사회를 구성하고 있다면 보다 윤리적 행정의 가능성, 행정의 기회주의 억제의 가능성이 더 커질 것을 기대할 수 있다. 그러므로 공공봉사동기가 강한 공무원을 선발하거나 공공봉사동기의 강화를 위한 교육훈련은 공무원 윤리의식의 강화를 위한 관리라고 할 수 있다.

이러한 기대를 전제로 하며 공공봉사동기가 발생시킬 수 있는 긍정적인 효과에 관한 연구가 진행되어왔다. 공공봉사동기 수준이 높을수록 공무원들의 행태(개인성과, 직무만족, 조직몰입, 조직시민행동, 이직의도 등)가 긍정적으로 변화하는 것을 지지하는 결과가 주로 제시되었는데, 이타심과 공익지향적 성향은 조직에서 실제 직무를 수행하는 과정에서 성실하고 윤리적으로 수행하려는 중요한 근무 동기가 될 수 있기 때문이다. 한 예로, 우리나라 공무원을 대상으로 한 김상묵(2005)의 연구는 공무원의 직업 선택 동기를 직업 안정성, 채용 공정성, 공직의 보람, 사회적 평가라는 4개 응답 집단으로 구분한 후, 각 집단의 태도와 행동을 비교한 결과, 공직의 보람 때문에 공무원이 된 집단은 다른 집단에 비하여 공공봉사동기, 직무만족, 정서적 몰입, 조직시민행동에 있어서 보다 긍정적인 성향을 보였다고 밝히고 있다.

공공봉사동기가 이처럼 긍정적 효과를 발생시킬 수 있다면, 공공봉사동기가 높은 개인을 공무원으로 선발하려는 노력과 공무원의 공공봉사동기를 지속적으로 높일 수 있는 제도 마련이 중요할 수 있다. 특히 교육훈련과 같은 제도적 사회화를 통해서 공공봉사동기가 강화될 가능성에 주목할 수 있다. 정부조직에 들어와서 여러 경험과 직무수행을 통해서 개인이 변화해가는 과정을 조직 내 사회화 과정이라 한다. 공공조직 내 사회화 과정을 통해서 개인의 상태가 변화될 수 있다는 전제로부터 공무원의 공공봉사동기를 강화할 제도 마련이 요청되는 것이다.[4)]

2) 공무원 윤리의 유형

공무원 윤리는 공무원의 윤리적 행태와 정책의 도덕적 내용으로 구성되며, 세부적으로는 다음의 여섯 가지로 구분된다.[5)]

(1) 정직과 준법

공무원은 도덕적으로 진실을 말해야 하고 약속을 지켜야 하고 타인의 인격과 재산을 존중해야 하며 법률의 요구를 지켜야 한다. 공무원은 국가의 권력을 위임받고 있다. 따라서 보다 많은 윤리적 위험요인을 지니고 있고 기본 도덕률을 어길 가능성이 크다. 공공재화에 접근할 수 있고 국가로부터 위임받은 권한을 행사할 수 있는 상황이므로 보다 많은 유혹에 빠질 수 있기 때문이다. 이러한 연유로 공무원은 특히 더 도덕적으로 진실을 말해야 하고 법률을 지켜야 한다.

(2) 독직(瀆職)의 금지

공무원은 지위나 신분을 남용해서 비리를 저질러서는 안 된다.[6)] 이러한 독직

---

4) 김상묵의 연구(2016)는 학교 교육을 통하여 공공봉사동기의 증진 가능성을 밝히면서 구체적으로 초등교육과 중등교육에서 창의적 체험활동 수업을 활용한 체험주의 교육, 대학의 봉사학습을 전공 교육과정에 반영할 것을 주장하고 있다.

5) 공무원 윤리의 유형에 관한 이하의 내용은 Willbern(1990: 10-21)을 정리한 김성기(2000: 22-28)를 인용함.

6) 이런 점에서 독직의 금지는 '부패행위의 방지'와 밀접한 관련을 갖는다. '부패행위'는 '부패방지

의 금지는 타인의 재산 존중과 준법의 윤리에도 부합한다. 공금횡령, 뇌물수수, 경비 부풀리기 등은 명백히 공익에 반하여 사익을 추구하는 것이고 동시에 법률을 위반하는 것이다.

이런 맥락에서 공무원 윤리의 실행규칙은 선물 수수, 금전적인 독직, 국가재산 횡령, 외부 취업 제한 등의 쟁점을 관장하는 행동 기준을 제시한다. 또한 사적인 이익을 위해 또는 가족적 · 업무적 · 재정적으로 연계된 자들의 이익을 위해 공직을 활용하는 것을 금지하고 있다. 즉 공무원은 본인이나 가족 또는 친척이 금전적 이해관계를 갖는 일에 관한 의사결정 · 지원 · 추천 · 자문 등에 관여하지 말도록 요구받는다.

공무원 윤리는 공무원의 가외 수입, 선물의 수수, 식사나 향응, 호의의 접수 등도 제한하고 있다. 또한 퇴직 공무원에게도 재임 중 관여했던 업무와 관련된 기관에 취업하는 것을 일정 기간 제한할 수 있다. 그리고 행정 공무원들의 재산 공개를 통해서 독직의 가능성을 감소시키고자 할 수 있다.[7)]

(3) 공공서비스의 제공과 절차적 공정성

정부활동의 목표는 국민에게 공공서비스를 제공하는 것이다. 이는 그 활동이 권위적 · 규제적 · 통제적인 경우에도 그러하다. 예컨대 경찰공무원이나 특수기관원들과 같이 통제기능을 수행하는 이들도 국민을 위해 해당되는 공공서비스를 제공하고 있다. 이처럼 공무원은 서비스를 제공하기 위해 권한을 행사한다. 문제는 그러한 권한의 행사가 자칫 서비스의 제공이라는 긍정적 측면을 상쇄할 만큼 큰 부정적인 효과를 산출할 수 있다는 것이다. 이러한 윤리적 위험의 가능성에 직면해서 제시될 수 있는 개념이 절차적 공정성이다. 절차적 공정성은 공무원이 범할

및 권익위원회의 설치 및 운영에 관한 법률' 제2조(4호)에 정의 내려져 있다. 그 내용은 다음과 같다:

> '부패행위'란 다음 각 목의 어느 하나에 해당하는 행위를 말한다.
> 가. 공직자가 직무와 관련하여 그 지위 또는 권한을 남용하거나 법령을 위반하여 자기 또는 제3자의 이익을 도모하는 행위
> 나. 공공기관의 예산사용, 공공기관 재산의 취득 · 관리 · 처분 또는 공공기관을 당사자로 하는 계약의 체결 및 그 이행에 있어서 법령에 위반하여 공공기관에 대하여 재산상 손해를 가하는 행위
> 다. 가목과 나목에 따른 행위나 그 은폐를 강요, 권고, 제의, 유인하는 행위

7) 독직의 금지와 관련된 세부사항들은 후술하는 '제도적 접근' 부분에서 자세하게 논의한다.

수 있는 잘못된 권한행사로부터 국민을 보호하는 장치로 기능할 수 있다. 한편 절차적 공정성은 공공정책이 모든 관련 집단들을 만족시킬 수 있는 내용으로 구성될 수 없는 상황에서, 공무원 의사결정 행위에 정당성을 부여하는 수단으로 활용될 수 있다.

(4) 민주적 책임

민주주의 체계의 행정 공무원은 국민의 의지를 따라야 하는 윤리적 책임을 지니고 있다. 이러한 책임의 한 측면은 행정 공무원이 국민으로부터 정당성을 부여받고 있는 선출직 공무원의 교시를 실현하도록 규율된다는 것을 포함한다. 행정 공무원들은 집권 정당에 상관없이 그 정당이 구성한 정부의 정책을 집행해야 하는데, 그 정책들이 국민이 원하는 것이라고 간주되기 때문이다. 따라서 만약 행정 공무원들이 정치과정을 거쳐서 결정된 정부정책을 자신들의 정책의도를 반영하는 대안으로 대치하는 행위를 한다면 이는 비윤리적인 행위가 될 수 있다. 반대로 정부정책이 현저히 부당하거나 불공정한 상황에서는 행정 공무원이 이를 문제 제기하거나 개선하려는 노력이 윤리적 행위로 요구될 수 있다.

(5) 의사결정에서의 윤리: 형평성과 정의

공공정책의 결정에서는 비용과 부담을 누구에게 지울 것인가의 쟁점을 고려해야만 하며, 여기에서 형평과 정의, 그리고 공정성의 문제가 제기된다. 그런데 이러한 규범적인 의사결정이 의회에서만 이루어지는 것은 아니다. 행정부 고위직부터 일선 관료를 포함한 행정의 모든 수준에서 규범적인 결정이 이루어진다. 따라서 행정 공무원들은 형평성과 정의라는 준거를 활용해서 의사결정을 수행해야 한다.

(6) 타협과 사회통합의 윤리

사회 내에는 다양한 집단들이 있으며 이들은 가치체계와 이해관계에서 상충관계에 처할 수 있다. 이러한 상황에서 서로 다른 가치를 유지하기 위해서는 타협을 유도하고 사회통합을 지향하도록 하는 제도적 장치를 구축해야 한다. 이러한 제도적 장치는 대체로 절차적인 것으로서 정책담론과 상호설득을 통해 궁극적으로는 집단 간의 차이를 완화, 해소하려 한다. 시민과 공무원, 특히 공무원들은 그러한 장치를 지지하고 이에 참여할 윤리적 의무를 지닌다.

2. 윤리 중심의 인사관리

공무원의 채용 과정과 교육훈련 과정에서 공직 윤리와 공직 가치의 중요성을 강조하는 인사관리 방향이 강조된다. 근래 정부 및 공공기관에서 근무하는 개인의 직업 가치나 동기 구조가 민간기업에 종사하는 개인과 차이가 크지 않고 과거에 비해 직업안정성, 직업위세 등의 세속적 가치를 더 중시하는 경향이 뚜렷해진다고 지적된다(박정호, 2015). 이에 따라, 공익적 가치를 함양할 수 있는 교육훈련 강화 등 다양한 방법이 강구되고 있으며 5급 공채 채용의 면접 과정에서 공직 가치관에 대한 면접과 집단토론이 이뤄지고 있다(박정호, 2017). 아래에서는 공무원 선발과 교육훈련 과정에서 강조되는 윤리적 측면에 대해서 살펴본다.

1) 공무원 채용과 윤리

(1) 공무원 선발제도의 개요 및 변화

공무원 임용은 '정부조직에 필요한 사람을 채용하고 이동시키는 활동'으로서 구체적으로는 '신규채용, 승진임용, 전직, 전보, 겸임, 파견, 강임, 휴직, 직위해제, 정직, 복직, 면직, 해임 및 파면'(공무원임용령 제2조 1항)이 모두 해당된다. 그러나 여기서는 공무원의 신규채용에 초점을 두고 논의를 전개한다.

신규채용은 실적주의와 공개성의 원리에 따라 시험 등을 통해서 이루어지며, 채용방식으로는 공개경쟁채용시험과 경력경쟁채용시험이 있다. 공개경쟁채용제도는 불특정 다수인을 대상으로 경쟁시험을 실시해서 공무원으로 채용하는 제도이며, '적절한 공고, 지원기회의 개방, 현실적 자격기준, 차별금지, 능력기준의 선발, 결과의 공개'를 주요 요건으로 한다. 경력경쟁채용제도는 공개경쟁채용시험에 의해서 충원이 곤란한 분야에 우수한 전문 인력 및 유경험자를 채용·활용하기 위해 실시하는 제도이다(박천오 외, 2010: 195-199).

선발은 모집 후에 응모한 후보자들 중에서 해당 직위에 가장 적합한 이를 선택하는 활동이다. 선발시험의 목적은 지원자가 직무를 수행함에 있어 나타낼 수 있는 성과를 예측하여 유효한 정보를 얻기 위한 것이므로 선발시험을 통한 모든 검사는 타당성·신뢰성·객관성이 확보되어 있어야 하고 적정한 난이도를 유지해야 한다. 시험은 형식을 기준으로 필기시험·실기시험·면접시험 등으로 구분되고, 내용을 기준으로 적성검사 · 지능검사 · 업적검사 · 성격검사 · 신체검사 등으로 구분된다(박천오 외, 2010: 209-211).

선발시험 방식의 다양성에도 불구하고[8] 우리나라의 공무원 선발시험은 필기시험에 치중되어 있었고, 이는 노무현 정부에서 수행된 제도개선 이전에 더욱 두드러졌다. 노무현 정부 이전 시기 공무원 시험제도[9]의 문제점을 정리하면 다음과 같다. 첫째, 학교교육과의 연계성이 미약했다. 평가내용이 대학생활을 통해서 습득한 지식 및 소양과 동떨어져 있어, 지원자들은 대학교육을 무시하고 고시원과 학원 위주로 수험준비를 해야 했다. 따라서 공직자로서 갖추어야 할 교양지식과 전문지식 등을 함께 측정할 수 있는 제도 도입이 필요했다. 둘째, 암기식 위주의 시험이 실제 업무에 도움이 되지 못했다. 암기력과 단편적인 지식을 평가하는 것만으로는 실제 직무수행에 필요한 소양과 자질을 검증할 수 없었다. 따라서 문제

---

8) 필기시험은 가장 오래된 보편적인 시험방법으로서 시험관리가 용이하고 시간 · 경비가 절약되며 채점이 상대적으로 더 객관적이고 고도의 채점기술을 필요로 하지 않는다는 장점이 있다. 실기시험은 직무수행에 필요한 지식과 기술을 실습 · 실기의 방법에 의해 검증하는 것으로서 실제 직무내용을 그대로 시험의 내용으로 해서 테스트하는 장점을 지니나 다수의 응시자를 일시에 테스트하기 어렵다는 단점을 지닌다. 면접시험은 필기시험이나 기타 시험방법에 의해서 측정하기 어려운 사람의 자질이나 직무수행에 요구되는 능력 · 적격성을 알아보기 위한 시험방법이지만, 면접관의 정실이나 주관이 개입되기 쉽고 신뢰도와 객관성을 보장하기 어려우며 외압의 영향을 받을 수 있다는 문제점을 지닌다(박천오 외, 2010: 211). 적성검사는 개인이 어떤 과업이나 학습에서 효과를 나타낼 수 있는 잠재적인 역량이 있는지를 측정하기 위한 검사이다. 지능이나 지각력과 같은 인지적 지성, 신체를 활용하여 사물을 조작하는 데 관련된 동적인 적성, 사교성이나 설득력과 같은 언어적 적성 등을 측정할 때 사용된다. 지능검사는 지능 또는 정신적 능력을 측정하는 시험이고, 업적검사는 교육이나 경험에 의해 후천적으로 획득된 지식과 기술 또는 능력을 평가하는 시험이다. 성격검사는 직무의 성격이 그 직무를 수행하는 사람의 성격과 잘 맞는가를 살펴봄과 동시에 같이 일하게 될 동료들과 조화를 이룰 수 있는지를 파악하기 위한 검사이다. 신체검사는 공직 지원자들이 지원한 분야의 업무를 수행하기에 충분한 건강상태인지를 확인하는 검사로서 분야에 따라 검사의 유형에 차이가 있다(박천오 외, 2010: 212-213).

9) 5급 시험(행정고시)의 경우, 4~5과목 정도의 1차 선택형 필기시험, 4~6과목의 2차 논술형 필기시험, 그리고 3차 면접시험의 단계로 구성되어 있었다. 2004년에 제도개편이 있기 전까지 법학과 사회과학 과목, 직류별 전문지식에 관련되는 과목에 대한 지식을 묻는 시험 중심이었다. 특히 1차 객관식 시험은 사고력 · 이해력 등과는 거리가 먼 암기형 지식을 평가했다. 행정고시 응시자격 연령은 20세에서 32세로 한정되어 있었으며, 전문성이 필요한 연구 · 지도직을 제외하고 학력 제한은 없었다. 1차 선택형 필기시험은 OMR 채점을 하여 점수를 산정하고, 2차 논술형 필기시험은 과목당 3~4인의 시험위원들의 채점결과를 평균해서 점수를 내며, 3차 면접시험은 2인 이상의 위원을 1개조로 편성해서 평가했다(함성득, 2000: 6-9; 박준하, 2010: 520-521). 7 · 9급 시험은 1차 선택형 필기시험과 2차 면접시험으로 구성되어 있었는데, 필기시험은 국어 · 영어 · 한국사를 공통으로 하고, 직류(직렬)별 전문지식과 관련되는 과목에 대한 암기형 지식을 묻는 형식이었다. 응시자격 연령은 7급은 20~35세, 9급은 18~28세를 기본으로 하며, 학력제한은 없었다.

해결과 업무수행 능력을 측정할 수 있는 방향으로 시험과목과 출제방식이 개선될 필요가 있었다. 셋째, 시험과목이 너무 많고, 외워야 할 지식이 너무 많아서 공직 지원자의 시험 준비기간이 장기화되었다. 따라서 시험 과목간 통합을 통해서 종합적인 사고와 지식을 측정할 수 있는 방안의 검토가 필요했다. 넷째, 면접시험이 너무 형식적으로 수행되었다. 필기시험으로 측정하기 어려운 행정문제 해결능력이나 공직자로서의 공직관이나 봉사정신 등을 평가할 수 있도록 면접시험이 강화될 필요가 있었다(함성득, 2000: 32-33; 김명석, 2008: 114). 전체적으로 볼 때 기존의 공무원 선발제도는 윤리의식이 상대적으로 더 높은 이들을 공직에 유치한다는 측면에서는 많은 약점을 지니고 있었다.

따라서 이와 같은 문제점을 완화시키기 위한 노력의 일환으로 노무현 정부는 공무원 선발시험과 관련해서 몇 가지 주목할 만한 변화를 채택했다. 5급 1차 시험을 공직적격성평가(PSAT: Public Service Aptitude Test)로 대체했고, 3차 면접시험을 강화했다. 또한 중·상위 관리직에 대한 역량평가 제도를 시행했는데, 역량평가는 고위공무원급 개방형 직위[10]에 대한 민간 전문가의 임용 시에는 신규채용을 위한 조건이 되고, 공무원의 경우에는 승진을 위한 조건이 된다. PSAT 도입, 역량평가[11] 시행, 그리고 면접시험의 순으로 주요 개편내용과 제도 도입의 효과를 살펴보면 다음과 같다.

① 공직적격성평가(PSAT)의 도입

공직적격성평가(PSAT) 도입은 특정 과목에 대한 전문적 지식의 성취도 검사를 지양하고, 신임관리자로서 필요한 기본적인 소양과 자질 등을 측정하기 위해 논리적·비판적 사고능력, 자료의 분석 및 정보추론능력, 판단 및 의사결정능력 등 종합적 사고력을 평가하는 시험이다. 기존 암기위주의 단편적 지식평가가 아니라 공직자로서의 기본소양과 종합적 사고력을 검정하고자 하는 시험방식이다(김영정, 2005: 91-92). 21세기 지식기반사회에서는 정치·경제·사회·문화의 급

10) 전문성이 특히 요구되거나 효율적인 정책수립을 위하여 필요하다고 판단되는 직위 중 공직 내·외간의 경쟁을 거쳐 최적격자를 임용하는 직위를 말한다. 개방형직위 제도에 대한 좀 더 자세한 논의는 7장 2절을 참조.

11) 역량평가는 신규채용에만 해당되는 사항은 아니지만, 개방형 직위에 대한 민간 전문가 신규채용 시에 큰 의미를 지니며, 앞으로 면접시험의 개선방향에도 시사하는 바가 큰 평가방식으로 논의되고 있어(행정안전부 관련 업무 담당 고위 공무원과의 인터뷰, 2011년 10월 17일) 여기서 취급하도록 한다.

속한 변화에 신속하게 적응하고, 공직과 관련된 상황에서 발생하는 새로운 문제에 대처할 수 있는 문제해결의 잠재력을 가진 사람을 공직에서 필요로 한다(김영정, 2005: 91). 이러한 배경에서 PSAT는 지식정부에 적합한 지식관료를 채용하고 양성하는 것을 궁극적인 목적으로 한다(김명석, 2008: 110).

PSAT는 1999년에 공식적으로 도입이 제안된 후, 4년간의 연구개발을 거쳐서 2004년 외무고시에 처음 도입되었다. 2005년부터는 행정고시와 지방인재추천채용시험에 확대·시행됐으며 입법고시에서도 동일 명칭의 유사 시험을 사용하고 있다. 현재는 5급, 6급 및 7급 국가공무원 공개경쟁채용시험과 지방인재추천채용시험의 1차 시험은 PSAT로 합격자를 가린다(김명석, 2008: 111-112).

PSAT는 언어논리영역, 자료해석영역, 상황판단영역으로 구성되어 있는데, 세 영역 모두 응시자의 전문지식 습득 정도가 아니라 논리적 사고능력을 평가한다. 언어논리영역은 글을 논리적으로 이해·표현·추론·비판하는 능력을 측정하고, 자료해석영역은 수치자료를 정리·이해·계산·분석·추출하는 능력을 측정하며, 상황판단영역은 상황을 사리에 맞게 이해·분석·추론하고 문제를 해결하는 능력을 측정한다. 각 영역에는 4~5개의 하부 평가항목이 있다.

PSAT가 전통적인 시험방식보다 실제 업무에서 만날 수 있는 과제의 해결능력을 측정하는 데 더 적절한 방법이라고 평가되고 있으나(김기원, 2008) 현재의 PSAT는 공직 수행의 일반적 역량을 기준으로 평가되고 있으므로, 윤리의식이 더 나은 이들을 공직에 유치한다는 측면에서는 그리 주목할 만한 이바지를 하고 있다고 보기 어렵다.

② 역량평가 시행

역량평가(competency evaluation)란 조직 내에서 높은 성과를 올리는 행태(behavior)를 기준으로 개인의 능력을 평가하는 방법으로서, 구체적으로는 평가센터(assessment center) 기법을 의미한다(진종순, 2009: 143-144). 이 경우 역량평가는 실제와 같거나 유사한 직무상황을 제시하고 직무상황 속에서 피평가자가 맡은 역할을 수행하면서 나타내는 행태를 통해서 평가자가 피평가자의 역량을 측정하는 평가방법이다(행정안전부, 2011a: 10). 역량평가의 특징은 다음과 같다. 첫째, 대상자의 과거 성과를 평가하는 것이 아니라 미래행동에 대한 잠재력을 측정한다. 둘째, 구조화된 모의직무상황에서의 행동을 직접 관찰함으로써 평가자의 주관성을 배제한다. 셋째, 다양한 실행과제를 종합・활용해서 개별 평가기법들의 한계를 극복한다. 넷째, 다수의 평가자가 합의에 의해서 평가결과를 도출함으로써 개별 평가자의 오류를 방지하고 평가의 공정성을 확보한다(행정안전부, 2011a: 10).

역량평가는 실행과제(simulation exercises)를 통해서 역량을 측정하는 데, 실행과제는 업무상황에서 나타날 수 있는 갈등구조나 딜레마적 상황을 가상으로 구성한 것이다. 복잡한 현실을 모형화해서 핵심요소만을 고려할 수 있도록 함으로써 짧은 시간 내에 역량을 평가할 수 있도록 설계된다. 고위공무원단 역량평가의 경우, 네 개의 실행과제를 시행한다. 1 : 1 역할수행(interview 등)은 부하직원을 지도하거나 기자와 인터뷰를 하거나 업무대책을 발표하는 등의 상황을 말한다. 1 : 2 역할수행(role play)은 부서간의 업무중복을 조정・통합하는 등의 상황을 말한다. 서류함기법(in-basket)은 여러 가지 현안 과제를 처리해야 하는 상황이며, 집단토론(group discussion)은 3개 부처의 관계관이 모여 합의・조정하는 상황이다. 실행과제는 정답을 요구하는 것이 아니라 피평가자가 업무처리 과정을 적절히 합리적으로 구성하는지를 평가한다(행정안전부, 2011a: 14; 진종순, 2009: 145).

역량평가의 운영에 대한 공무원들의 인식은 대체로 긍정적인 것으로 나타나고 있으나(진종순, 2009: 157) 이러한 긍정적인 조사결과에도 불구하고, 위에서 논의한 PSAT와 유사하게, 역량평가는 응시자들의 윤리의식 정도를 평가하는 데 있어서 약점을 보인다. 피평가자들이 풀어야 하는 실행과제들 중 일부가 부분적으로 공익과 윤리의 쟁점을 다룰 수는 있으나, 이는 피평가자의 윤리성 정도를 검토함에 있어 간접적인 정보를 제공하는 데 그치는 한계를 지닌다.

③ 면접시험 강화

사기업의 경우와 마찬가지로 공무원의 선발수단에서도 면접시험의 중요성이 강조되기 시작했다. 종전의 공무원 채용에서 면접은 단순한 통과의례에 불과했으나, 노무현 정부는 면접시험을 강화했다. 5급뿐 아니라 7급/9급 공채에서도 필기시험으로 판별할 수 없는 능력・역량・태도 -공무 집행자로서 가져야 할 종합적인 사고력과 분석력 및 공직자로서 요구되는 태도-를 최종 시험과정인 면접시험에서 평가함으로써 적절한 인력을 선발하자는 취지였다. 예컨대 2004년에 행해진 행정고시 면접의 경우, 개별 면접시간을 종전의 2배인 20분으로 늘렸고, 찬반토

론 방식의 집단토론을 도입했으며, 프리젠테이션 등 심층 면접을 강화했다.[12)]

2007년도에는 문제분석력 등을 측정하기 위한 '실무과제' 평가방식이 추가되는 등 면접시험이 더욱 강화되었다. 실제 업무현장에서 현안이 될 수 있는 실무과제가 부여되고, 응시자는 주어진 시간 내에 과제를 분석한 후 해결방안을 서면용지에 작성하며, 이 서면작성 내용이 개별 면접에서 관련 질의 · 답변 등을 거쳐 평가에 반영되도록 하였다. 이러한 면접시험 강화에 따라 면접시험 탈락자 비율이 20~30% 정도까지 확대되었다.[13)]

이러한 경향은 이명박 정부에도 이어져서, 공무원에게 기본적으로 필요한 자세인 봉사정신 등의 공직적합성 검정을 면접시험을 통해 강화하고자 했다. 이에 따라 면접시험 평정요소의 하나인 '공무원으로서의 정신자세'의 세부측정 요소로 '봉사정신'을 포함시키고 봉사활동 경험의 동기 등에 대한 탐색적 질문을 하도록 했다. 또한 '공무원으로서의 정신자세'에 윤리의식 · 준법정신 · 역사의식 등 공직자에게 요구되는 가치를 포함시켜 함께 평가했으며, 이러한 가치관 · 태도 측면은 딜레마적 상황에서의 선택과 동기를 질문하거나 간접질문을 통해 평가하도록 했다(고시계 편집부, 2009: 183-184).

전체적으로 면접시험을 강화해서 업무능력 · 봉사정신 · 윤리의식 등 공직자로서 기본적으로 갖추어야 할 태도와 자질을 심층적으로 평가하는 것을 목적으로 한다(박준하, 2010: 522).[14)] 면접에서 질문하는 내용도 '국가와 민족에 봉사하기 위해 공무원이 되고자 한다'는 등의 정형화된 답변이 나오기 힘든 질문, 예컨대 구체적인 상황 속에서 당사자는 어떻게 행동했는지, 또는 어떻게 행동할 것인지

12) 또한 지원자 1명에 3명의 면접관을 배정하고, 면접위원의 구성은 선발기관의 국장급 이상 공무원, 해당 직렬 교수, 전문 헤드헌터로 하였다. 한편 지원자의 출신과 필기시험 점수 등에 대한 사전자료가 없는 무자료 면접으로 진행함으로써 면접관의 선입견을 배제하고자 했다(이형우, 2005: 14).

13) 2007년 서울행정법원은 면접시험 탈락자들이 제기한 불합격처분 취소소송에서 원고패소 판결을 내림으로써(면접시험에서의 합격 또는 불합격 결정은 원칙적으로 면접위원에게 부여된 자유재량) 면접시험 강화의 정당성을 인정했다(고시계 편집부, 2007: 132-133).

14) 면접 운영방식은 면접시간과 면접위원은, 5급과 7급의 경우 3인의 면접위원 앞에서 1인당 40분 또는 35분간, 그리고 9급은 2인의 면접위원에게 25분간 테스트를 받는다. 이는 과거에 비해 2배 이상 늘어난 시간이다. 면접방법은, 5급과 7급은 개별면접(25분 또는 20분)과 개인발표(15분)를 실시하고, 9급은 개별면접만 실시한다. 5급의 경우에는 추가로 집단토론(90분)도 실시한다. 기타 5급 · 7급 · 9급 모두 출신학교, 필기시험 성적, 경력 등을 면접관에게 제공하지 않는 블라인드(무자료) 면접을 실시하고, 5급 응시자들의 집단토론은 1개조 당 7~8명으로 편성하며, 면접위원은 공무원과 민간전문가로 구성된다(정부효, 2010: 1-2).

에 관한 답변을 유도하는 질문들이 제시된다. 면접시험은 공직자로서의 적격성을 판단하는 데 목적을 두고 있다. 불합격 기준은 '공무원 면접 평가기준' 5개 평정요소[15] 중 위원의 과반수가 2개 항목 이상 '하'로 평정한 경우와 위원의 과반수가 어느 하나의 동일 평정요소에 대해서 '하'로 평정하는 경우이다(정부효, 2010: 1-2).

면접을 강화하는 데 대한 공무원들의 지지도 높은 것으로 나타나는 등(양현모·황성원, 2010) 2005년 이후 면접시험의 중요성에 대한 공무원의 인식에 변화가 발생하고 있다는 추정을 가능하게 한다.

(2) 공무원 채용의 윤리 기준

앞서 살펴본 대로 공무원 선발시험의 핵심은 공직 수행 역량의 평가에 있다. 그 가운데 윤리적 역량을 공무원 채용의 핵심 기준으로 강조하고 있는 단계는 응시 자격과 면접시험 단계로 볼 수 있다. 공무원 선발시험에 응시할 수 있는 자격을 규정하는 '공무원 응시의 결격 사유'는 비윤리·비도덕적 범죄와 관련된 기준을 강화하고 있다. 또한 선발시험의 면접시험 단계는 필기시험 등 다른 단계와는 달리 윤리적 소양과 역량을 평가의 핵심으로 하는 '면접시험의 핵심 평정 요소'를 마련하고 있다.

① 공무원 응시의 결격 사유

국가공무원법 제33조(외무공무원은 외무공무원법 제9조, 검찰직 공무원은 검찰청법 제50조)에 임용 결격 사유를 규정하고 있다. <표 6-1>과 같이, 정신적 제약, 재정적 제약, 범죄 여부, 징계 등을 결격 사유로 담고 있으며 이와 같은 기준이 공무원의 기본적 자격으로 요구되는 최소한의 윤리적 기준이라 할 수 있다. 특히 성폭력범죄나 스토킹범죄, 아동 및 청소년 대상 성범죄 등이 공식적으로 공무원의 결격 사유로 포함되는 등 비윤리·비도덕적 범죄와 관련된 자격 여부가 강화되고 있다.

15) ① 공무원으로서의 정신자세, ② 전문지식과 그 응용능력, ③ 의사표현의 정확성과 논리성, ④ 예의·품행 및 성실성, ⑤ 창의력·의지력 및 발전 가능성(공무원임용시험령, 2013: 제5조).

〈표 6-1〉 국가공무원 결격 사유

구분	조문
국가공무원	국가공무원법 제33조(결격사유) 다음 각 호의 어느 하나에 해당하는 자는 공무원으로 임용될 수 없다. 1. 피성년후견인 2. 파산선고를 받고 복권되지 아니한 자 3. 금고 이상의 실형을 선고받고 그 집행이 종료되거나 집행을 받지 아니하기로 확정된 후 5년이 지나지 아니한 자 4. 금고 이상의 형을 선고받고 그 집행유예 기간이 끝난 날부터 2년이 지나지 아니한 자 5. 금고 이상의 형의 선고유예를 받은 경우에 그 선고유예 기간 중에 있는 자 6. 법원의 판결 또는 다른 법률에 따라 자격이 상실되거나 정지된 자 6의2. 공무원으로 재직기간 중 직무와 관련하여 「형법」 제355조 및 제356조에 규정된 죄를 범한 자로서 300만원 이상의 벌금형을 선고받고 그 형이 확정된 후 2년이 지나지 아니한 자 6의3. 다음 각 목의 어느 하나에 해당하는 죄를 범한 사람으로서 100만원 이상의 벌금형을 선고받고 그 형이 확정된 후 3년이 지나지 아니한 사람 가. 「성폭력범죄의 처벌 등에 관한 특례법」 제2조에 따른 성폭력범죄 나. 「정보통신망 이용촉진 및 정보보호 등에 관한 법률」 제74조제1항제2호 및 제3호에 규정된 죄 다. 「스토킹범죄의 처벌 등에 관한 법률」 제2조제2호에 따른 스토킹범죄 6의4. 미성년자에 대한 다음 각 목의 어느 하나에 해당하는 죄를 저질러 파면·해임되거나 형 또는 치료감호를 선고받아 그 형 또는 치료감호가 확정된 사람(집행유예를 선고받은 후 그 집행유예기간이 경과한 사람을 포함한다) 가. 「성폭력범죄의 처벌 등에 관한 특례법」 제2조에 따른 성폭력범죄 나. 「아동·청소년의 성보호에 관한 법률」 제2조제2호에 따른 아동·청소년대상 성범죄 7. 징계로 파면처분을 받은 때부터 5년이 지나지 아니한 자 8. 징계로 해임처분을 받은 때부터 3년이 지나지 아니한 자
외무공무원	외무공무원법 제9조 제2항(외무공무원) · 국가공무원법 제33조 각 호의 어느 하나에 해당하는 자 · 대한민국 국적을 가지지 아니한 자
검찰청 직원	검찰청법 제50조 제3항(검찰청 직원) · 국가공무원법 제33조 각 호의 어느 하나에 해당하는 사람 · 금고 이상의 형을 선고받은 사람

② 면접시험의 평정 요소로서 윤리

공무원임용시험령 제5조에 규정된 면접시험은 해당 직무수행에 필요한 능력 및 적격성을 검정하며 다섯 가지 평정 요소에 대하여 상, 중, 하로 평정하도록 하고 있다. 규정된 평정 요소는 공무원으로서의 정신자세, 전문지식과 그 응용능력, 의사 표현의 정확성과 논리성, 예의·품행 및 성실성, 창의력·의지력 및 발전 가능성이다. 이러한 평정 요소는 공무원의 윤리적 역량을 중요한 선발 기준으로 포함하고 있으며 윤리적 판단이 필요한 상황을 중심으로 질문이 이뤄지고 있다.

그러나 면접시험의 강화를 통해 윤리성이 높은 이들을 공직에 유치하는 데 있어 획기적인 성과를 거둘 수 있을 것인지는 확실하지 않다. 성과가 있다고 할지라도, 면접시험 하나만으로 충분한 효과를 거둘 수 있으리라고 기대하는 것은 무리이다.[16] PSAT나 역량평가를 비롯한 여타 선발시험의 보완 및 후술할 윤리교육과 제도적 방안들이 함께 작동할 때 공무원의 기회주의 발현가능성을 제약하는 접근법이 관료와 관료제를 통제하는 효과를 발휘할 수 있게 된다.

---

16) 행정 공무원 채용업무를 담당하는 인사담당자들은 면접 응시자들의 대답이 대부분 형식적으로는 공익지향성을 지닌 것으로 나타나지만, 이것만으로 그들이 실제로 높은 수준의 공공서비스 정신을 지니고 있는지를 판단하기 어렵다는 의견을 피력했다(고길곤·박치성, 2010: 361).

〈표 6-2〉 공개경쟁채용 면접시험 평정표

공개경쟁채용 면접시험 평정표(예시)

<table>
<tr><td rowspan="3">필적감정용 기재란</td><td colspan="6">(예시문) : 본인은 우측응시자와 동일인임을 서약합니다.</td><td>직렬(류)</td><td></td></tr>
<tr><td colspan="6">본인필적 :</td><td>응시번호</td><td></td></tr>
<tr><td colspan="6"></td><td rowspan="2">성명</td><td>(한글)</td></tr>
<tr><td>생년월일
(주민등록번호 앞자리)</td><td>╳</td><td>╳</td><td></td><td></td><td></td><td></td><td>(한자)</td></tr>
</table>

<table>
<tr><td rowspan="2">평 정 요 소</td><td colspan="3">위 원 평 정</td></tr>
<tr><td>상</td><td>중</td><td>하</td></tr>
<tr><td>가. 공무원으로서의 정신자세</td><td></td><td></td><td></td></tr>
<tr><td>나. 전문지식과 그 응용능력</td><td></td><td></td><td></td></tr>
<tr><td>다. 의사표현의 정확성과 논리성</td><td></td><td></td><td></td></tr>
<tr><td>라. 예의·품행 및 성실성</td><td></td><td></td><td></td></tr>
<tr><td>마. 창의력·의지력 및 발전가능성</td><td></td><td></td><td></td></tr>
<tr><td>계</td><td>개</td><td>개</td><td>개</td></tr>
<tr><td>위 원 서 명</td><td colspan="3">성 명 (서명)</td></tr>
</table>

<table>
<tr><td rowspan="3">타 위원이 “하”로 평정한 항목</td><td rowspan="3"></td><td rowspan="3">판 정</td><td>우 수</td><td></td></tr>
<tr><td>보 통</td><td></td></tr>
<tr><td>미 흡</td><td></td></tr>
<tr><td>타 위원이 “하”로 평정한 항목의 개수</td><td></td><td colspan="2">담 당 확 인</td><td></td></tr>
</table>

2) 공무원 교육훈련과 윤리

(1) 윤리교육 개요

공무원 윤리교육은 공무원 교육훈련 실시체계 내에서 시행된다. 우리나라 공무원 교육훈련 실시체계는 국가공무원인재개발원, 지방자치인재개발원, 각 중앙행정기관별 교육훈련기관 및 각 시·도 인재개발원으로 구성되어 있다. 국가공무원인재개발원은 주로 5급 이상 공무원의 교육훈련과 타 교육훈련기관에 대한 지원을 담당하고, 지방자치인재개발원은 지방공무원의 교육훈련을 담당한다. 두 기관은 '기본교육'과 '전문교육'을 실시하는 데 기본교육은 신규채용후보자 또는 신규채용자, 승진후보자 또는 승진된 자를 대상으로 공무원으로서 필요한 능력과 자질을 함양할 수 있도록 실시하는 훈련이고, 전문교육은 공무원이 현재 담당하고 있거나 담당할 직무분야에 필요한 전문적인 지식과 기술을 배양하는 훈련이다(박천오 외, 2010: 254-259).

우리나라 공무원 교육훈련기관에서 실시하고 있는 윤리교육은 다음과 같은 특징을 지닌다. 첫째, 윤리교육은 주로 기본교육에 편성되어 있다. 둘째, 윤리교육의 내용은 정부 주요시책에 대한 교육을 비롯해서, 민족정기 선양, 동서양의 역사·철학, 반부패 시책 및 의식전환, 공직윤리, 공무원의 책임 등 다양하게 구성된다. 셋째, 행정기관별 직장교육은 의식개혁 교육, 시책(국정현안과제) 교육, 공직윤리 및 부패방지 교육, 친절·봉사 교육 등으로 구성되어 있다(이영균, 2003: 56). 아래에서는 국가공무원인재개발원의 2022년도 기본교육 과정을 중심으로 윤리교육 실태에 대해 검토한다.

(2) 국가공무원인재개발원의 윤리교육 내용

국가공무원인재개발원에서는 신규 채용자를 주요 대상으로 교육을 실시하고 있는데, 교육 대상의 직급과 입직 과정에 따라서 교육과정이 분류된 것을 알 수 있다. 대상에 따라 교육과정을 분류하면 국장급을 대상으로 고위정책과정, 신임국장과정을, 과장급을 대상으로 신임과장과정을, 국·과장급을 대상으로는 개방형직위 임용자 과정을, 5급을 대상으로는 신임관리자과정(공채), 신임관리자과정(경채), 5급승진관리자과정을 운영하고 있다. 6급이하를 대상으로는 7급 신규자과정, 7급 신규자과정(지역인재수습직원), 9급 신규자과정, 9급 신규자과정(지역인재수습직원), 행정실무자 과정이 있다.

이 중 신임관리자 과정, 7급 신규자 과정, 9급 신규자 과정의 주요 교육내용과 운영시간을 정리한 것이 <표 6-3>이며 교육과정별로 교육분야 및 세부 교육내용, 운영시간 및 구성의 차이가 있는 것을 알 수 있다. 신임관리자 과정은 5급 공채시험 합격자를 대상으로 한 17주 프로그램으로 이 과정은 국정철학 및 주요 정책과제의 이해, 공직가치 내재화 및 공직자세 확립, 현장 중심의 정책기획 역량 강화 및 행정직무 지식·기술 습득, 다양한 직급·기관과 소통하는 중간관리자 리더십 함양 및 대국민 소통능력 향상을 중점 교육내용으로 한다.

7급 신규자 과정은 6급 및 7급 신규임용(예정)자를 대상으로 5주간 이뤄지고, 9급 신규자 과정은 9급 신규 임용(예정)자를 대상으로 3주간 진행된다. 두 과정은 동일하게 국정철학의 이해, 공직가치 내재화 및 공직자세 확립, 현장중심의 정책실무 역량 강화 및 행정직무 지식·기술 습득, 원활한 공직적응을 위한 소통·협업역량 등 함양을 중점 교육내용으로 밝히고 있다.

이와 같은 교육내용에서 윤리 관련 교육을 살펴보면, 국정철학 및 공직가치 분야의 교육이 주로 이뤄지고 있으며 전체 교육 시간 중 약 30% 이상을 차지하고 있다. 세부적으로는 국정 주요 정책과제에 관한 교육과 함께, 공직관, 국가관, 윤리관 등 공직가치 내재화 교육이 있으며 공직자의 역할과 책임 등이 토의와 실습 등의 방식으로 이뤄지고 있다.

〈표 6-3〉 신임관리자, 7급 및 9급 신규자 과정의 주요 교육내용(2022)

	교육 분야	운영시간	주요 교육내용
신임관리자	국정철학·공직가치	159(30%)	국정철학의 이해, 공직가치 기초, 공직가치 심화, 공직가치 내재화, 정책 사각지대 현장학습 등
	직무·정책 기획	256(50%)	사무관의 역할 책임, 행정직무 기초강의, 법제예산실무, 직렬별 심화교육(재경/국제통상: 부처간 국제협상, 일반행정: 과학기술, 기술직: 법제심화), 정책기획 일반론적 접근(기초, 심화), 데이터기반 접근(기초, 심화), 정책기획 종합실습
	공직 리더십	106(20%)	사전역량진단, 역량기반 사례실습, 내부소통능력, 국민소통능력
7급	국정철학·공직가치	51(36%)	주요 정책과제, 공직가치 내재화
	직무 전문성	54(38%)	직무교과 기초(법제실무, 예산업무, 보고서, 복무제도, 국회업무, 공문서 작성, 디브레인 등), 직무교과 심화(정책과정의 이해, 보고서 작성 실습 및 피드백, 보도자료 작성 등), 정보화교육, 디지털 리터러시
	공직 리더십	36(26%)	실무자 역량실습, 소통과 협업, 공직선배 멘토링 등
9급	국정철학·공직가치	24(30%)	주요 정책과제, 공직가치 내재화
	직무 전문성	36(44%)	직무교과 기초(법제실무, 예산업무, 복무제도, 공문서 작성 등), 직무교과 심화(보고서 작성 실습 및 피드백), 정보화교육, 디지털 리터러시
	공직 리더십	21(26%)	소통과 협업, 공직선배 멘토링

자료: 국가공무원인재개발원(2022).

교육 수료 후 피교육자들을 대상으로 한 설문조사 결과에 따르면, 일부 피교육자들은 여전히 초임 공직자들이 지녀야 할 것으로 기대되는 공직관과 공동체 의식을 갖추지 못하였고, 기본인성에 문제가 있는 것으로 나타나기도 하였다(중앙공무원교육원, 2011: 62-70). 이는 공직 적합성이 높은 인재를 선발하기 위해 더 큰 노력을 기울이고, 지속적인 윤리교육과 여타 제도적 수단을 동원해야 할 필요성이 존재함을 시사하는 조사 결과라고 하겠다.

한편 신임관리자 과정에 비교할 때 여타 신규 채용자 윤리교육은 교육과정의 운영시간이 짧다. 윤리교육이 성과를 보기 위해서는 비교적 오랜 기간 반복적으로 교육이 이루어져야 할 필요가 있다. 위에서 살펴본 대로, 상대적으로 교육기간이 긴 신임관리자 과정에서도 공직가치를 함양하는 데 한계가 있다는 점을 고려해볼 때, 교육기간이 더 짧은 교육과정에서 피교육자들에게 높은 수준의 공직가치 함양을 기대하는 것은 무리이다.

교육방식 측면에서도 공직 가치 교육은 가치와 규범이라는 추상적 논의를 현실의 판단기준으로 내재화하는 것이 핵심이므로 공직자가 경험할 수 있는 가치판단과 윤리적 갈등 상황을 가상의 시나리오 등으로 제시하고, 다양한 역할과 관점에서 사고하며 토론하는 훈련 방식이 필요하다(한국인사행정학회, 2022). 이러한 약점을 보완하기 위해 새로운 교육방식의 적용, 지속적인 윤리교육과 여타 제도적 수단을 동원하는 것이 필요할 것이다.

3. 윤리 의무의 법제도

1) 제도적 접근의 의의와 유형

여기서 제도(institutions) 개념은 4장 1절의 방법론적 논의에서 제시했던 단계론적 제도 개념과 같다. 제도는 인간행위를 틀 지우는 조직, 공식적인 규칙과 절차(행정적·법적·규제적인 규칙들), 비공식적 규칙과 절차(관행, 규범 및 문화) 등을 의미한다. 따라서 공무원 윤리의 맥락에서 제도적 접근이란 조직, 법·제도, 규범 등의 수단을 동원해서 행정 공무원들의 행위를 규율하는 접근방식을 말한다.

제도적 접근에는 법령적 규제와 자율적 규제가 존재한다. 법령적 규제는 각종 법령에 의존해서 부정이나 부패를 예방하는 것이고, 자율적 규제는 자발적 윤리강령 등을 활성화해서 공무원의 사명과 책임을 강조하는 것이다(박천오 외, 2010:

454-461; Lewis & Catron, 1996: 700-704). 법령적 규제는 다시 처벌규정의 강도를 기준으로 행동강령과 윤리법으로 구분될 수 있어, 제도적 접근은 결국 윤리강령, 행동강령, 그리고 윤리법의 셋으로 세분될 수 있다(표 6-4).

'윤리강령'(code of ethics)은 공무원이 추구해야 할 윤리적 가치와 원리를 비법제적 형식으로 공식화한 것이다. 공무원들에게 윤리적 행동의 기준을 제공하고 있으나 자율적 이행을 원칙으로 하고 있어, 윤리강령을 위반한 공무원을 강제적으로 처벌할 수 있는 구체적 내용은 명시되어 있지 않으며, 추상적인 특성을 지닌다. '행동강령'(code of conduct)은 윤리강령에 비해 공무원들이 특정 상황에서 취해야 할 행동지침을 더 구체적이고 상세하게 명시하고 있다. 또한 공무원들이 반드시 준수해야 할 의무를 규정하고 있어서, 이를 위반할 경우에는 제재조치를 할 수 있는 조항을 포함하기도 한다. 따라서 행동강령은 윤리강령과 아래에서 서술되는 윤리법의 중간 형식을 취한다고 볼 수 있다. '윤리법'(ethics laws)은 법적 강제력을 토대로 공직자의 윤리적 행동을 확보하며, 위반자는 구체적이고 강력한 법률에 의해서 처벌할 수 있음을 주요 내용으로 한다(박홍식, 2008: 243-244).

〈표 6-4〉 공무원 윤리의 제도적 접근 체계

구분	법규 체계	특성
윤리강령	공무원윤리헌장, 공무원헌장 실천강령, 공무원선서	(윤리적 접근) 이타적 · 자율적 · 추상적 ↕ 이기적 · 처벌적 · 구체적 (법적 접근)
행동강령	국가공무원법/공무원복무규정의 의무조항	
윤리법	국가공무원법/공무원복무규정의 금지조항, 공직자윤리법, 부패방지법, 공무원행동강령, 형법(제7장), 청탁금지법, 이해충돌방지법	

자료: 박홍식(2008: 246)에서 일부 수정.

우리나라의 경우 윤리강령에는 공무원윤리헌장, 공무원신조, 공무원윤리헌장 실천강령, 공무원복무선서 등이 해당되고, 행동강령은 국가공무원법의 '복무'에 관한 장 중 '의무조항'들로 공무원복무규정으로 구체화되어 있다.[17] 윤리법에는

17) 우리나라의 '공무원행동강령'은 그 명칭에 행동강령이 포함되어 있지만, 실질적으로는 윤리법의 하나인 '부패방지 및 국민권익위원회의 설치와 운영에 관한 법률'에 의거한 것으로서, 위 법의 시행령이라고 할 수 있다(박홍식, 2008: 244).

국가공무원법 중 '복무'에 명시되어 있는 '금지조항'들로 역시 공무원복무규정으로 구체화되어 있으며, 공직자윤리법, 부패방지 및 국민권익위원회의 설치 및 운영에 관한 법, 부정청탁 및 금품 등 수수의 금지에 관한 법, 공직자 이해충돌방지법, 형법 제7장 '공무원의 직무에 관한 죄'가 해당된다(박흥식, 2008: 244; 박천오 외, 2010: 455). 아래에서는 이 법·제도들의 내용을 살펴본다.

2) 윤리강령

1980년 12월에 제정된 공무원윤리헌장은 공직풍토 개선과 공무원 윤리규범 확립을 목적으로 하였다. 공무원윤리헌장은 전문, 본문, 공무원신조로 구성되었으며 전문에는 공무원에게 요구되는 사명감과 공무원이 갖추어야 할 기본적인 덕목이 밝혀져 있고, 본문에는 공무원이 준수해야 할 정신적인 지표가 선정되어 있었으며, 공무원신조에는 헌장의 이념과 정신을 실천할 때 필요한 개인생활·직장생활·국가생활에서의 정신자세가 명시되어 있었다(박천오 외, 2010: 459).

이러한 공무원윤리헌장은 2016년 '공무원 헌장'으로 개칭되며 제정 35년 만의 전부개정이 이뤄졌다(대통령훈령 제352호). 그간의 사회변화를 반영하고 공무원의 전문성, 창의성, 다양성을 강조하는 방향으로의 변화였는데 과거에 공무원윤리헌장에 포함되지 않았던 전문성, 다양성이 포함되었으며 민족중흥, 겨레 봉사, 불의 등의 표현이 삭제되었다.

공무원헌장에 나타난 기본적인 사항을 실제 공직생활에서 실천해 나갈 수 있도록 세부내용을 정하고, 이를 기준으로 공무원들이 행동하도록 유도하기 위해 마련된 것이 공무원헌장실천강령이며 2016년에 함께 개정되었다(국무총리훈령 제660호, 2015).

공무원선서는 공무원이 취임할 때 소속기관장 앞에서 하여야 할 선서를 말하며 국가공무원 복무규정에 규정되어 있다. 선서의 방법 및 절차 등은 총리령으로 규정되며 2017년에 개정된 현재 공무원 선서문의 내용은 <표 6-5>와 같다.

〈표 6-5〉 공무원 헌장 및 실천강령, 공무원선서

공무원 헌장	우리는 자랑스러운 대한민국의 공무원이다. 우리는 헌법이 지향하는 가치를 실현하며 국가에 헌신하고 국민에게 봉사한다. 우리는 국민의 안녕과 행복을 추구하고 조국의 평화 통일과 지속 가능한 발전에 기여한다. 이에 굳은 각오와 다짐으로 다음을 실천한다. 하나. 공익을 우선시하며 투명하고 공정하게 맡은 바 책임을 다한다. 하나. 창의성과 전문성을 바탕으로 업무를 적극적으로 수행한다. 하나. 우리 사회의 다양성을 존중하고 국민과 함께 하는 민주 행정을 구현한다. 하나. 청렴을 생활화하고 규범과 건전한 상식에 따라 행동한다.
공무원 헌장 실천강령	하나. 공익을 우선시하며 투명하고 공정하게 맡은 바 책임을 다한다. · 부당한 압력을 거부하고 사사로운 이익에 얽매이지 않는다. · 정보를 개방하고 공유하여 업무를 투명하게 처리한다. · 절차를 성실하게 준수하고 공명정대하게 업무에 임한다. 하나. 창의성과 전문성을 바탕으로 업무를 적극적으로 수행한다. · 창의적 사고와 도전 정신으로 변화와 혁신을 선도한다. · 주인 의식을 가지고 능동적인 자세로 업무에 전념한다. · 끊임없는 자기 계발을 통해 능력과 자질을 높인다. 하나. 우리 사회의 다양성을 존중하고 국민과 함께 하는 민주 행정을 구현한다. · 서로 다른 입장과 의견이 있음을 인정하고 배려한다. · 특혜와 차별을 철폐하고 균등한 기회를 보장한다. · 자유로운 참여를 통해 국민과 소통하고 협력한다. 하나. 청렴을 생활화하고 규범과 건전한 상식에 따라 행동한다. · 직무의 내외를 불문하고 금품이나 향응을 받지 않는다. · 나눔과 봉사를 실천하고 타인의 모범이 되도록 한다. · 공무원으로서의 명예와 품위를 소중히 여기고 지킨다.
공무원 선서	나는 대한민국 공무원으로서 헌법과 법령을 준수하고, 국가를 수호하며, 국민에 대한 봉사자로서의 임무를 성실히 수행할 것을 엄숙히 선서합니다.

3) 행동강령

우리나라 공무원의 행동강령은 국가공무원법의 '복무'에 관한 장(국가공무원법 제7장) 중 '의무조항'에 해당하는 것이며 국가공무원 복무규정으로 구체화되어 있다. 행동강령은 신분에 관련된 것과 직무에 관련된 것으로 구분된다. 신분에 관련된 내용은 일반 국민의 신분과는 다른 공무원 신분에 관한 규정으로서 '품위유지의 의무'가 이에 해당된다. 직무에 관련된 내용은 민간부문 직장인의 직무와는 다른 공무원의 직무에 관한 규정으로서 '성실', '친절 · 공정', '직장이탈금지', '청렴', '비밀엄수' 등의 의무가 여기에 해당된다(유민봉 · 임도빈, 2003: 370-373; 박천오 외, 2010: 455-456에서 재인용). 이러한 의무조항을 위반한 공무원들은 징계[18]를 받게 된다.

〈표 6-6〉 공무원 복무규정(의무조항)

의무	내용
성실의무	-모든 공무원은 법령을 준수하며 성실히 직무를 수행해야 한다.
복종의 의무	-공무원은 직무를 수행할 때 소속 상관의 직무상 명령에 복종하여야 한다.
직장 이탈 금지	-공무원은 소속 상관의 허가 또는 정당한 사유가 없으면 직장을 이탈하지 못한다.
친절·공정의 의무	-공무원은 국민 전체의 봉사자로서 친절하고 공정하게 직무를 수행하여야 한다.
종교중립의 의무	-공무원은 종교에 따른 차별 없이 직무를 수행하여야 한다. 공무원은 소속 상관이 이에 위배되는 직무상 명령을 한 경우에는 따르지 않을 수 있다.
비밀엄수의 의무	-공무원은 재직 중은 물론 퇴직 후에도 직무상 알게 된 비밀을 엄수하여야 한다.
청렴의 의무	-공무원은 직무와 관련하여 직접적이든 간접적이든 사례·증여 또는 향응을 주거나 받을 수 없다. 공무원은 직무상의 관계가 있든 없든 그 소속 상관에게 증여하거나 소속 공무원으로부터 증여를 받아서는 안 된다.
외국정부로부터의 영예 등 받을 경우	-공무원이 외국정부로부터 영예나 증여를 받을 경우에는 대통령의 허가를 받아야 한다.
품위유지의 의무	-공무원은 직무의 내외를 불문하고 그 품위가 손상되는 행위를 하여서는 안 된다.

4) 윤리법

앞에서 논의한 대로, 윤리법에는 국가공무원법 중 '복무'에 명시되어 있는 '금지조항', 공직자윤리법, 부패방지 및 국민권익위원회의 설치 및 운영에 관한 법, 부정청탁 및 금품 등 수수의 금지에 관한 법, 공직자 이해충돌방지법, 형법 제7장 '공무원의 직무에 관한 죄'가 해당된다.

국가공무원법의 '복무'에 관한 장 중 '금지조항'에는 '영리업무 및 겸직금지',

18) 징계에 대해서는 아래의 '윤리법' 부분에서 더 자세히 논의한다.

'정치운동의 금지', '집단행위의 금지'가 있다(국가공무원법, 2013: 7장). 금지조항을 위반한 경우에 징계를 받게 되며, 특히 '정치운동의 금지'와 '집단행위의 금지'를 위반할 경우에는 징역이나 벌금형에 처해질 수 있다.

〈표 6-7〉 공무원 복무규정(금지조항)

의무	내용
영리업무 및 겸직의 금지	- 공무원은 공무외에 영리를 목적으로 하는 업무에 종사하지 못하며 소속기관장의 허가 없이 다른 직무를 겸할 수 없다.
정치운동의 금지	- 공무원은 정당이나 그 밖의 정치단체의 결성에 관여하거나 이에 가입할 수 없다. 공무원은 선거에서 특정 정당 또는 특정인을 지지 또는 반대하기 위한 다음의 행위를 하여서는 안 된다. 1. 투표를 하거나 하지 아니하도록 권유 운동을 하는 것 2. 서명 운동을 기도(企圖)·주재(主宰)하거나 권유하는 것 3. 문서나 도서를 공공시설 등에 게시하거나 게시하게 하는 것 4. 기부금을 모집 또는 모집하게 하거나, 공공자금을 이용 또는 이용하게 하는 것 5. 타인에게 정당이나 그 밖의 정치단체에 가입하게 하거나 가입하지 아니하도록 권유 운동을 하는 것 공무원은 다른 공무원에게 위의 사항들에 위배되는 행위를 하도록 요구하거나, 정치적 행위에 대한 보상 또는 보복으로서 이익 또는 불이익을 약속하여서는 안 된다.
집단행위의 금지	- 공무원은 노동운동이나 그 밖에 공무 외의 일을 위한 집단행위를 하여서는 안 된다. 다만, 사실상 노무에 종사하는 공무원은 예외로 한다.

징계란 공무원의 업무실적 저하나 소속기관의 규율을 위반한 행위에 대해서 해당 공무원을 제재함으로써 그릇된 행태가 재발되지 않고 교정될 수 있도록 하기 위한 인사절차를 말한다(박천오 외, 2010: 480). 징계에는 파면, 해임, 강등, 정직, 감봉, 견책이 있다. '파면'과 '해임'은 문제된 공무원을 조직에서 축출하는 것이고, '강등'은 해당 공무원의 직급을 1계급 아래로 내리는 것이며, '정직'은 직무수행을 정지시키는 것이다. '감봉'은 1개월에서 3개월 동안 보수의 1/3을 감하는 처분이고, '견책'은 잘못된 행동에 대해 훈계하고 회개하도록 하는 것으로서 6개월간 승진과 승급을 제한하는 효력을 발생시킨다(국가공무원법, 2022: 10장).

1981년에 제정된 공직자윤리법 상 공무원 윤리 관련 규정은 공무원 개인의 재산·주식·선물 등의 공개, 퇴직 후의 취업제한 등을 통해 공무원이 직무수행

과정에서 부정부패나 비리 등과 연결될 가능성을 사전에 차단하려는 의도를 반영하고 있다(공직자윤리법, 2022). 재산등록 및 공개에 관한 규정(공직자윤리법 제2장)은 재산등록의무자로 하여금 본인, 배우자 및 직계존비속의 보유재산을 등록하고 매년 변동사항을 신고하게 함으로써 재직 중에 재산이 부정하게 증식하는 것을 방지하기 위한 제도이다. 주식의 매각 또는 신탁에 관한 규정(공직자윤리법 제2장의2)은 특정 업종이나 회사의 주식을 가진 공무원으로 하여금 해당 주식과 직무와의 관련성을 심사받은 후 만약 관련이 있다고 판단된 경우에는 주식을 신탁하거나 매각함으로써 사전에 의혹을 해소하려는 제도이다. 선물신고 규정(공직자윤리법 제3장)은 직무와 관련해서 외국정부나 외국인으로부터 일정 금액규모(미화 100달러 또는 국내시가 10만원) 이상의 선물을 받았을 때는 소속기관에 신고하고, 신고된 선물은 국고에 귀속시키는 제도이다. 퇴직 공무원의 취업제한 규정(공직자윤리법 제4장)은 재산등록 의무자인 공무원[19]이 퇴직일로부터 3년간 퇴직 전 5년 이내에 담당했던 업무와 밀접한 관련이 있는 일정 규모 이상의 영리사기업체에 취업할 수 없도록 하는 제도이다. 이상의 규정들을 준수하지 않는 공무원들에게는 징계와 벌칙이 가해질 수 있다(공직자윤리법 제6장).

〈표 6-8〉 공직자윤리법 상 재직자의 직급별 의무

대상자	공직자윤리법상 의무
5급 이하 공무원, 공직유관단체 직원 (재산등록 대상이 아닌 경우)	– 외국으로부터 10만원 이상 선물 수령시 신고 – 퇴직공직자가 부정청탁 · 알선시 신고
2~4급 공무원, 공직유관단체 상근임원	– 본인 및 이해관계자 보유 재산 등록 – 외국으로부터 10만원 이상 선물 수령시 신고 – 퇴직공직자가 부정청탁 · 알선시 신고 – 취업제한기관 상대로 본인의 취업을 위한 청탁 금지
경찰 · 소방 · 감사 · 조세 · 건축 · 회계 등 특정분야 7급이상 공무원, 한국은행 · 예금보험공사 · 원자력발전 공직유관단체 2급이상	– 본인 및 이해관계자 보유 재산 등록 – 외국으로부터 10만원이상 선물 수령시 신고 – 퇴직공직자가 부정청탁 · 알선시 신고 – 취업제한기관 상대로 본인의 취업을 위한 청탁금지

19) 행정 공무원의 경우에는 고위공무원단 소속 공무원을 포함한 4급 이상의 일반직 국가공무원 및 지방공무원과 이에 상응하는 보수를 받는 별정직 공무원(고위공무원단 소속 별정직 공무원 포함)이 재산등록의무자이다.

기획재정부 금융 사무국 및 금융위원회 4급 이상 공무원	－본인 및 이해관계자 보유 재산 등록 －3천만원 초과 주식보유시 매각·백지신탁 또는 심사청구 －외국으로부터 10만원이상 선물 수령시 신고 －퇴직공직자가 부정청탁·알선시 신고 －취업제한기관 상대로 본인의 취업을 위한 청탁금지
정무직 및 1급 이상 공무원, 공개 대상 공직유관단체의 장	－본인 및 이해관계자 보유 재산 등록 및 재산등록사항 공개 (변동신고시 대상기간 중 주식거래가 있었을 경우 주식거래 내역 신고) －3천만원 초과 주식보유시 매각·백지신탁 또는 심사청구 －외국으로부터 10만원 이상 선물 수령시 신고 －퇴직공직자가 부정청탁·알선시 신고 －취업제한기관 상대로 본인의 취업을 위한 청탁금지

자료: 공직윤리실천가이드북(인사혁신처, 2018: 61).

〈표 6-9〉 공직자윤리법 상 퇴직자의 직급별 의무

대상자(퇴직전 직급)	공직자윤리법상 의무
5급 이하 공무원, 공직유관단체 직원 (재산등록 대상이 아닌 경우)	－본인이 재직중 직접처리한 일정 업무 영구히 취급불가 －퇴직 전 소속기관의 임직원에게 공정한 업무수행을 저해하는 부정한 청탁·알선 금지
3~4급 공무원, 경찰·소방·감사·조세·건축·회계 등 특정분야 7급이상 공무원, 한국은행·예금보험공사·원자력발전 공직유관단체 2급이상	－퇴직 후 2개월이 속하는 달의 말일까지 재산변동사항 신고 －퇴직일로부터 3년간 밀접한 업무관련성이 있는 취업제한기관에의 취업제한 －본인이 재직 중 직접 처리한 일정 업무 영구히 취급 불가 －퇴직 전 소속기관의 임직원에게 공정한 업무수행을 저해하는 부정한 청탁·알선 금지
2급 이상 공무원, 공직유관단체 임원, 한국은행·예금보험공사·금융감독원 및 원자력발전 관련 공직유관단체 1급 이상 직원	－퇴직 후 2개월이 속하는 달의 말일까지 재산변동사항 신고 －퇴직일로부터 3년간 밀접한 업무관련성이 있는 취업제한기관에의 취업제한 －퇴직일로부터 10년간 취업제한기관에 취업한 현황을 취업일로부터 1개월 이내에 퇴직당시 소속기관의 장에게 신고 －본인이 재직중 직접처리한 일정 업무 영구히 취급 불가 －퇴직전 2년간 근무한 기관이 취업한 취업제한기관에 대해 처리하는 일정 업무 취급 불가 －취업제한기관의 취업시 퇴직 후 2년간 업무내역서를 퇴직 전 소속기관의 장에게 제출 －퇴직 전 소속기관의 임직원에게 공정한 업무수행을 저해하는 부정한 청탁·알선 금지
정무직 및 1급이상 공무원, 공개대상 공직유관단체의 장	－퇴직 후 2개월이 속하는 달의 말일까지 재산변동사항 신고 및 재산신고사항 공개

	–퇴직일로부터 3년간 밀접한 업무 관련성이 있는 취업제한 기관에의 취업 제한 –퇴직일로부터 10년간 취업제한기관에 취업한 현황을 취업일로부터 1개월 이내 퇴직당시 소속기관의 장에게 신고 –본인이 재직중 직접처리한 일정 업무 영구히 취급 불가 –퇴직 전 2년간 근무한 기관이 취업한 취업제한기관에 대해 처리하는 일정 업무 취급 불가 –취업제한기관에 취업시 퇴직후 2년간 업무내역서를 퇴직전 소속기관의 장에게 제출 –퇴직 전 소속기관의 임직원에게 공정한 업무수행을 저해하는 부정한 청탁·알선금지

자료: 공직윤리실천가이드북(인사혁신처, 2018: 62).

위 규정 내용 중 재산상의 이익과 관련해서는 부동산 관련 규정이 다소 미비하고, 재산상의 이해관계를 넘어선 사익-공익간 충돌 야기요인(예: 정보)이 누락되어 있다는 지적이 존재한다. 또한 선물신고 규정이 외국정부나 외국인에 한정되어 있는 제한이 있고,[20] 퇴직 후 취업제한 제도와 관련해서는 민간기업에 근무했던 자가 개방형임용제 등을 통해 공직에 근무하면서 이전 민간기업의 이익을 위해 활동하는 것을 제한하는 규정이 미흡하다는 지적이 있었다(박흥식, 2008: 248-249). 이러한 공직자윤리법의 한계를 일부 보완하는 추가적인 윤리법령이 마련되었으며 다음과 같다.

공무원의 부패 방지를 효과적으로 수행하기 위해 2001년에 부패방지법이 제정되었는데, 부패방지법에서 새롭게 제시되었던 주요 내용은 다음과 같다. 첫째, 대통령 직속으로 부패방지위원회를 설치해 부패 방지에 대한 종합적인 정책기능을 담당하도록 했다. 2005년의 법 개정으로 부패방지위원회는 국가청렴위원회로 명칭이 바뀌었고, 2009년에 부패방지법이 '부패방지 및 국민권익위원회의 설치 및 운영에 관한 법률'(부패방지권익위법)로 전면 개정됨에 따라 국가청렴위원회가 국민권익위원회로 개편되었다. 둘째, 내부고발자 보호제도를 시행해 부패행위를 신고한 사람에 대한 적극적인 보호와 보상제도를 규정했다. 셋째, 국민감사청구제를 규정해 공공기관의 사무처리에 대해 국민이 연서로 감사를 청구할 수 있도록 했다(이종수·윤영진 외, 2012: 193-194).

20) 후술하는 '공무원행동강령'에 선물관련 규정이 일부 들어 있으나, 구체적 지침이 결여되어 있어 적절한 기능을 수행하지 못하고 있다.

부패방지법의 시행령으로 2003년에 제정된 '공무원행동강령'은 공정한 직무수행,[21] 부당이득 수수의 금지,[22] 건전한 공직풍토의 조성[23] 등의 영역에서 공무원이 준수해야 할 바람직한 행동의 기준을 규정하였다. 부패방지 관련 법이나 공무원행동강령을 위반한 이들은 징계나 벌칙을 받을 수 있다. 그러나 내부고발자에 대한 보호 장치는 마련됐지만 조사과정에서 공익 신고자의 신분이 노출되어 신고자가 피해를 입는 등 신고자에 대한 보호조치가 철저하게 이루어지지 않고 있다는 지적이 지속되었다(박천오 외, 2010: 475-476). 이를 보완하기 위하여 2022년 부패방지권익위법 제58조의2항에 비실명 대리신고를 가능하도록 규정하였다. 신고자가 자신의 인적사항을 밝히지 않고 변호사를 선임하여 신고를 대리할 수 있도록 한 것이다.

2016년에는 공직자에 대한 부정 청탁과 공직자의 금품 수수를 금지하기 위한 '부정청탁 및 금품 등 수수의 금지에 관한 법률'(청탁금지법)이 제정되었다. 당시 빈발하는 공직자 부패 사건이 뇌물수수, 공금횡령과 같은 전통적 의미의 부패와 달리, '스폰서', '떡값', '전별금' 등으로 표현되며 비윤리적 관행임에도 형법 상 직무관련성이나 대가성 입증이 곤란하여 뇌물죄 처벌이 어려웠던 상황에서 제재를 위한 입법이었다. 비윤리적 행위임에도 합법의 영역에서 처벌을 피할 수 있는 범위를 축소하고 법적 공백을 보완하여 국민의 신뢰를 회복하기 위한 목적이었던 것이다(국민권익위원회, 2016).

아래의 <표 6-10>과 같이 기존 형법, 공직자윤리법, 공무원행동강령, 부패방지권익위법의 한계를 보완하기 위한 내용이 청탁금지법에 담겨 있다. 이 법에 따라 공직자 등은 동일인으로부터 1회에 1백만원 또는 매 회계연도에 3백만원을 초과하는 금품 등을 받지 못하도록 규정되었다(청탁금지법, 2022).

---

21) '공정한 직무수행' 관련 조항들은 공정한 직무수행을 해치는 지시에 대한 처리, 이해관계 직무의 회피, 특혜의 배제, 예산의 목적 외 사용 금지, 정치인 등의 부당한 요구에 대한 처리, 인사 청탁 등의 금지 등이다.

22) '부당이득 수수의 금지' 관련 조항들은 이권 개입 등의 금지, 직위의 사적 이용 금지, 알선·청탁 등의 금지, 직무 관련 정보를 이용한 거래 등의 제한, 공용물의 사적 사용·수익의 금지, 금품 등을 받는 행위의 제한, 금품 등을 주는 행위의 금지 등이다.

23) '건전한 공직 풍토의 조성' 관련 조항들은 외부강의·회의 등의 신고, 금전의 차용 금지, 경조사의 통지와 경조금품의 수수 제한 등이다.

〈표 6-10〉 기존 법체계의 한계와 청탁금지법의 보완사항

구분	기존 법체계의 한계점	청탁금지법의 보완 사항
형법	- 직무관련성, 대가성 입증 곤란 시 뇌물죄로 처벌 불가능 - 공직유관단체 임직원은 개별 법률에서 공무원으로 의제 시에만 처벌 - 수뢰죄 등 전통적 부패만 규제, 새로운 부패 규제 곤란	- 직무관련성. 대가성이 없어도 형벌, 과태료 등으로 제재 - 공직유관단체 임직원, 사립학교 교직원, 언론사 임직원까지 적용 - 금품등과 결부되지 아니한 부정청탁 행위 그 자체도 규제
공직자 윤리법	- 법명과 달리 재산신고, 퇴직자 취업제한만 규율 - 적용 대상을 원칙상 재산등록의무자(4급 이상)로 한정	- 부정청탁 및 금품등 수수 금지를 위한 통제장치를 법제화 - 공직유관단체 임직원, 사립학교 교직원, 언론사 임직원까지 적용
공무원 행동강령	- 대통령령으로 형벌, 과태료 등 벌칙조항 신설 불가능 - 임의적 징계로 실효성 확보 곤란 - 헌법기관은 자체 규칙으로 위임	- 형벌, 과태료 규정 신설 - 필요적 징계로 강화 - 모든 공공기관 적용 의무화
부패방지 권익위법	- 권익위 설치·운영, 부패 신고 등 절차적인 사항 중심으로 규정	- 금지의무 부과 및 제재를 통한 부패방지 실체법으로 기능

자료: 청탁금지법 교육자료(국민권익위원회, 2016: 7).

2021년 제정된 '공직자의 이해충돌 방지법'(이해충돌방지법)은 공직자가 직무수행과 관련한 사적 이익 추구를 금지함으로써 공직자의 직무수행 중 발생할 수 있는 이해충돌을 방지하는 것을 목적으로 한다. 당시 공공기관 직원이 내부정보를 활용한 부동산 투기로 재산상의 이득을 보았던 사건이 이 법률의 제정 계기가 되었다. 공직자의 의무로서 이해충돌을 방지할 것이 규정된 것이다(제4조). 주요 내용은 공직자에게 직무관련자가 사적 이해관계자일 경우 이를 신고하고 회피신청을 할 것, 부동산을 직접 취급하는 공공기관의 공직자는 부동산을 보유하고 있거나 매수할 때 이를 신고하고 그 외 공공기관의 공직자에게도 공공기관이 택지개발, 지구 지정 등 부동산 개발 업무를 하는 경우 그 부동산을 보유하거나 매수하면 신고할 의무가 부여되었다. 그 이외에 고위공직자의 민간부문 업무활동 내역 제출, 직무관련자와의 거래 신고, 직무관련 외부 활동의 제한, 가족 채용의 제한, 수의계약 체결 제한, 공공기관 물품 등의 사적 사용·수익 금지, 직무상 비밀 등 이용 금지, 퇴직자 사적 접촉 신고 등 공직자의 이해충돌 방지 및 관리를 위한 제반의 사항과 신고절차, 부당이득의 환수, 징계 등이 포함되어 있다.

〈표 6-11〉 공직자의 이해충돌방지법 상 주요 의무

의무	조문
공직자의 의무	제4조(공직자의 의무) ① 공직자는 사적 이해관계에 영향을 받지 아니하고 직무를 공정하고 청렴하게 수행하여야 한다. ② 공직자는 직무수행과 관련하여 공평무사하게 처신하고 직무관련자를 우대하거나 차별하여서는 아니 된다. ③ 공직자는 사적 이해관계로 인하여 공정하고 청렴한 직무수행이 곤란하다고 판단하는 경우에는 직무수행을 회피하는 등 이해충돌을 방지하여야 한다.
사적이해관계자 신고, 회피/기피 신청	제5조(사적이해관계자 신고 및 회피/기피 신청) 아래직무 수행자는 직무 관련자가 사적 이해관계인이라는것을 알면 14일 내로 서면 신고하고 회피 신청. 1. 인가・허가・면허・특허・승인・검사・검정・시험・인증・확인, 지정・등록, 등재・인정・증명, 신고・심사, 보호・감호, 보상 또는 이에 준하는 직무 2. 행정지도・단속・감사・조사・감독에관계되는 직무 3. 병역판정검사, 징집・소집・동원에관계되는 직무 4. 개인・법인・단체의영업 등에 관한 작위 또는 부작위의의무부과처분에 관계되는 직무 5. 조세・부담금・과태료・과징금・이행강제금등의 조사・부과・징수또는 취소・철회・시정명령등 제재적 처분에 관계되는 직무 6. 보조금・장려금・출연금・출자금・교부금・기금의배정・지급・처분・관리에관계되는 직무 7. 공사・용역또는 물품 등의 조달・구매의계약・검사・검수에관계되는 직무 8. 사건의 수사・재판・심판・결정・조정・중재・화해또는 이에 준하는 직무 9. 공공기관의 재화 또는 용역의 매각・교환・사용・수익・점유에관계되는 직무 10. 공직자의 채용・승진・전보・상벌・평가에관계되는 직무 11. 공공기관이 실시하는 행정감사에 관계되는 직무 12. 각급 국립・공립학교의 입학・성적・수행평가에관계되는 직무 13. 공공기관이 주관하는 각종 수상, 포상, 우수기관 선정, 우수자 선발에 관계되는 직무 14. 공공기관이 실시하는 각종 평가・판정에관계되는 직무 15. 국회의원 또는 지방의회의원의 소관 위원회 활동과 관련된 청문, 의안・청원심사, 국정감사, 지방자치단체의 행정사무감사, 국정조사, 지방자치단체의 행정사무조사와 관계되는 직무 16. 그 밖에 국회규칙, 대법원규칙, 헌법재판소규칙, 중앙선거관리위원회규칙 또는 대통령령으로 정하는 직무
	제6조(공공기관 직무 관련 부동산 보유・매수 신고) ① 부동산을 직접적으로 취급하는 대통령령으로 정하는 공공기관의 공직자

공공기관 직무관련 부동산 보유매수 신고	는 다음 각 호의 어느 하나에 해당하는 사람이 소속 공공기관의 업무와 관련된 부동산을 보유하고 있거나 매수하는 경우 소속기관장에게 그 사실을 서면으로 신고하여야 한다. 1. 공직자 자신, 배우자 2. 공직자와 생계를 같이하는 직계존속·비속(배우자의 직계존속·비속으로 생계를 같이하는 경우를 포함한다) ② 제1항에 따른 공공기관 외의 공공기관의 공직자는 소속 공공기관이 택지개발, 지구 지정 등 대통령령으로 정하는 부동산 개발 업무를 하는 경우 제1항 각 호의 어느 하나에 해당하는 사람이 그 부동산을 보유하고 있거나 매수하는 경우 소속기관장에게 그 사실을 서면으로 신고하여야 한다. ③ 제1항 및 제2항에 따른 신고는 부동산을 보유한 사실을 알게 된 날부터 14일 이내, 매수 후 등기를 완료한 날부터 14일 이내에 하여야 한다. ④ 제1항 및 제2항에 따른 신고 내용·절차 및 방법 등에 필요한 사항은 대통령령으로 정한다.
사적이해관계자의 신고 등에 대한 조치	제7조(사적이해관계자의 신고 등에 대한 조치) ① 제5조제1항에 따른 신고·회피신청이나 같은 조 제2항에 따른 기피신청 또는 제6조에 따른 부동산 보유·매수 신고를 받은 소속기관장은 해당 공직자의 직무수행에 지장이 있다고 인정하는 경우에는 다음 각 호의 어느 하나에 해당하는 조치를 하여야 한다. 1. 직무수행의 일시 중지 명령 2. 직무 대리자 또는 직무 공동수행자의 지정 3. 직무 재배정 4. 전보 ② 소속기관장은 제1항에도 불구하고 다음 각 호의 어느 하나에 해당하는 경우에는 해당 공직자가 계속 그 직무를 수행하도록 할 수 있다. 이 경우 제25조에 따른 이해충돌방지담당관 또는 다른 공직자로 하여금 공정한 직무수행 여부를 확인·점검하게 하여야 한다. 1. 직무를 수행하는 공직자를 대체하기가 지극히 어려운 경우 2. 국가의 안전보장 및 경제발전 등 공익 증진을 위하여 직무수행의 필요성이 더 큰 경우 ③ 소속기관장은 제1항 또는 제2항에 따른 조치를 하였을 때에는 그 처리 결과를 해당 공직자와 기피를 신청한 자에게 통보하여야 한다. ④ 제6조제1항 및 제2항에 따른 부동산 보유 또는 매수 신고를 받은 소속기관장은 해당 부동산 보유·매수가 이 법 또는 다른 법률에 위반되는 것으로 의심될 경우 지체 없이 수사기관·감사원·감독기관 또는 국민권익위원회에 신고하거나 고발하여야 한다. ⑤ 제1항부터 제4항까지의 규정에 따른 조치·확인·점검·통보, 신고·고발의 기록·관리 및 절차와 방법 등에 필요한 사항은 국회규칙, 대법원규칙, 헌법재판소규칙, 중앙선거관리위원회규칙 또는 대통령령으로 정한다.

마지막으로, 형법의 제7장은 공무원의 직무와 관련된 내용을 다루고 있다. 주요 사항들은 다음과 같으며(표 6-12), 이하의 사항에 해당되는 공무원은 징역·금고·자격정지·벌금 등의 형을 받는다(형법, 2021).

〈표 6-12〉 형법 상 공무원의 직무에 관한 죄

의무	조문
직무유기	-공무원이 정당한 이유 없이 그 직무수행을 거부하거나 그 직무를 유기한 경우
직권남용	-공무원이 직권을 남용하여 다른 사람으로 하여금 수행할 의무가 없는 일을 하게 하거나 다른 사람의 권리행사를 방해한 경우
불법체포, 불법감금	-재판, 검찰, 경찰 기타 인신구속에 관한 직무를 행하는 자 또는 이를 보조하는 자가 그 직권을 남용하여 사람을 체포 또는 감금한 때
폭행, 가혹행위	-재판, 검찰, 경찰 그 밖에 인신구속에 관한 직무를 수행하는 자 또는 이를 보조하는 자가 그 직무를 수행하면서 형사피의자나 그 밖의 사람에 대하여 폭행 또는 가혹행위를 한 경우
피의사실공표	-검찰, 경찰 그 밖에 범죄수사에 관한 직무를 수행하는 자 또는 이를 감독하거나 보조하는 자가 그 직무를 수행하면서 알게 된 피의사실을 공소제기 전에 공표(公表)한 경우
공무상 비밀의 누설	-공무원 또는 공무원이었던 자가 법령에 의한 직무상 비밀을 누설한 경우
수뢰, 사전수뢰	-공무원 또는 중재인이 그 직무에 관하여 뇌물을 수수, 요구 또는 약속한 경우; 공무원 또는 중재인이 될 자가 그 담당할 직무에 관하여 청탁을 받고 뇌물을 수수, 요구 또는 약속한 후 공무원 또는 중재인이 된 경우
제3자 뇌물제공	-공무원 또는 중재인이 그 직무에 관하여 부정한 청탁을 받고 제3자에게 뇌물을 공여하게 하거나 공여를 요구 또는 약속한 경우
수뢰 후 부정처사, 사후수뢰	-공무원 또는 중재인이 수뢰·사전수뢰·제3자 뇌물제공의 죄를 범하여 부정한 행위를 한 경우; 공무원 또는 중재인이 그 직무상 부정한 행위를 한 후 뇌물을 수수, 요구 또는 약속하거나 제3자에게 이를 공여하게 하거나 공여를 요구 또는 약속한 경우; 공무원 또는 중재인이었던 자가 그 재직 중에 청탁을 받고 직무상 부정한 행위를 한 후 뇌물을 수수, 요구 또는 약속한 경우
알선수뢰	-공무원이 그 지위를 이용하여 다른 공무원의 직무에 속한 사항의 알선에 관하여 뇌물을 수수, 요구 또는 약속한 경우
뇌물공여 등	-수뢰, 사전수뢰, 제삼자뇌물제공, 수회후부정처사, 사후수회, 알선수뢰의 뇌물을 약속, 공여 또는 공여의 의사를 표시한 경우

몰수, 추징	– 범인 또는 사정을 아는 제3자가 받은 뇌물 또는 뇌물로 제공하려고 한 금품은 몰수. 이를 몰수할 수 없을 경우에는 그 가액을 추징

4. 우리나라 공무원 윤리의식의 실제

공무원 윤리의식의 실제를 검토하기 위해서는 공무원에 대한 인식조사가 필요하다. 이러한 점에서 볼 때, 전국의 중앙 및 지방공무원을 모집단으로 해서 표본을 추출한 한국행정연구원의 공무원 인식조사는 이 책의 의도를 달성하는 데 필요한 자료를 제공해준다. 또한 국민권익위에서 실시하는 부패인식도 조사는 일반국민과 공무원, 기업인과 전문가, 외국인 대상으로 조사되므로 공직사회의 부패수준에 대한 여러 관점을 종합적으로 파악할 수 있는 자료를 제공해준다. 여기서는 2021년에 발표된 한국행정연구원의 공무원 인식 조사 결과[24] 중 공무원 윤리의식과 관련된 항목과 2021년 발표된 국민권익위의 부패인식도 조사 결과[25] 중 일부를 선별하여 제시하고 해석하였다.

먼저 한국행정연구원의 공무원 인식조사 결과(2021)를 통해서 공무원이 스스로 인식하는 윤리의식을 '공직가치'에 관한 인식과 '공공봉사동기'에 관한 인식으로 살펴보았다. 공직가치에 관한 인식은 시민 의견 수렴과 이해관계자 설득의 적극성, 윤리와 규범 준수, 정책목표 달성 중시 여부 등의 총 8개의 문항으로 측정되었으며 2021년 평균 3.65점(5점 척도)으로 나타났다. 2017년에 비해 공직가치 인식 수준은 약간 하락하였고 변화 폭은 크지 않았다(표 6-13). 세부 지표별로도 2017년부터 2021년 사이 대부분 소폭 하락하는 경향을 보이고 있는데 2021년 기준으로 민원인 및 동료의 의견 존중과 공직윤리와 규범 준수가 각각 3.75점으로 가장 높았지만, 조직과 정책목표 지향성은 3.48점으로 상대적으로 낮았다. 한편 어려운 사람을 돕고자 하는 마음은 2017년에는 3.94점으로 가장 높은 지표였지만 2021년에는 3.74점으로 다른 세부 지표에 비해 가장 큰 폭으로 하락하였다.

---

24) 2020년 8월 12일부터 2021년 8월 11일까지 1년 주기로 진행된 조사로서 전국의 중앙행정기관 소속 일반직 공무원(24,441명)과 광역자치단체 소속 일반직 공무원(52,356명)을 모집단으로 해서 층화집락추출방법을 통해 표집되었으며 이메일 웹조사 방식으로 시행되었다. 중앙행정기관 공무원 1,890명, 광역자치단체 지방공무원 2,243명 등 총 4,133명을 표본으로 추출했다.

25) 2021년 6월 24일부터 7월 19일까지, 10월 12일부터 11월 22일까지 두 차례에 걸려 전화조사 방식으로 진행된 연구이며 조사 대상은 일반국민 1천4백명, 기업인 7백명, 전문가 6백30명, 외국인 4백명, 국가직 및 지방직 공무원 1천4백명이다.

이에 근거할 때 우리나라 공무원들은 스스로 공직 가치를 추구하는 태도에 대해 비교적 긍정적으로 평가하고 있으나 과거에 비해 하락하는 경향이 있다고 추론할 수 있다.

〈표 6-13〉 공직가치 인식 수준 시계열 비교

항목	2017년	2018년	2019년	2020년	2021년
나는 시민들의 다양한 의견을 이해하고 갈등을 해결하기 위해 적극적으로 노력한다	3.6	3.59	3.5	3.57	3.55
나는 내 업무의 판단기준을 이해관계자들에게 설득하고 설명한다	3.7	3.68	3.6	3.67	3.65
나는 언제나 개인적 가치보다 공직의무를 중시하며 업무를 수행한다	3.66	3.61	3.53	3.6	3.58
나는 어떠한 경우라도 공무원 윤리와 규범을 준수한다	3.81	3.8	3.72	3.76	3.75
나는 민원인이나 동료들의 의견을 항상 존중한다	3.77	3.78	3.72	3.76	3.75
나는 어려움에 직면한 사람들을 보면 도우려고 한다	3.94	3.94	3.7	3.75	3.74
나는 항상 업무수행 원칙에 따라 업무를 수행한다	3.88	3.89	3.82	3.75	3.72

자료: 한국행정연구원(2021).

이러한 인식은 공공봉사동기에 관한 평가에서도 유사하게 나타나고 있다. 공공봉사동기는 대국민 봉사의 가치 인식, 공공선 추구를 위한 희생 의지, 정책을 통한 사회발전 중요성 인식 등으로 측정하였으며 2021년 평균 3.42점으로 나타났다(표 6-14). 2017년에 비교할 때 공공봉사동기는 소폭이지만 하락한 것을 알 수 있다. 세부 지표를 보면, 대국민 봉사의 가치 인식과 정책을 통한 사회발전 중요성 인식은 각각 3.6점으로 가장 높게 나타났지만, 공공선 추구를 위한 희생 의지는 3.14점으로 가장 낮았다.

이에 근거할 때 우리나라 공무원들은 자신의 공공봉사동기에 대해서 비교적 긍정적으로 평가하고 있으나 과거에 비해 하락하는 경향이 있으며, 공공선 추구를 위한 자기희생 의지는 다른 세부 지표와 비교할 때 지속해서 가장 낮음을 알 수 있다.

〈표 6-14〉 공공봉사동기 시계열 비교

항목	2017년	2018년	2019년	2020년	2021년
국가와 국민을 위한 봉사는 나에게 매우 중요하다	3.78	3.75	3.6	3.62	3.6
비록 웃음거리가 된다고 하더라도 나는 다른 사람들의 권리를 옹호하기 위해 나설 용의가 있다	3.45	3.41	3.31	3.32	3.3
나에게는 사회에 어떤 바람직한 변화를 가져오는 것이 개인적인 성취보다 더욱 큰 의미가 있다	3.5	3.5	3.41	3.42	3.37
나는 사회의 선을 위해서라면 스스로 매우 큰 희생을 감수할 마음의 준비가 되어 있다	3.29	3.27	3.16	3.19	3.14
나는 일상생활을 통해 우리가 얼마나 서로 의존적인 존재인지를 늘 되새기고 있다	3.58	3.53	3.48	3.53	3.51
나는 정책과정에 참여해 사회적으로 의미있는 일을 하는 것에 큰 보람을 느낀다	–	–	–	3.62	3.6
전체	3.52	3.49	3.39	3.45	3.42

자료: 한국행정연구원(2021).

한편 공직사회의 부정부패 수준에 관한 평가를 보면, '공무원의 부정부패가 작년에 비교하여 볼 때 어느 정도라고 생각하는가'라는 질문에 평균 2.03으로 나타났다. 부패가 줄었다는 응답이 전체의 69.3%(매우 덜하다 28.6%+덜한 편이다 40.7%)를 차지하고 있어서 공직사회의 청렴성을 긍정적 수준으로 평가하고 있음을 알 수 있다.

〈표 6-15〉 전년 대비 공무원의 부정부패 인식 정도

	매우 덜하다	덜한 편이다	비슷하다	심한 편이다	매우 심하다	전체
전년 대비 공무원의 부정부패 인식 정도	28.6%	40.7%	29.6%	0.8%	0.2%	2.03

하지만 윤리의식은 심리적이고 주관적인 내용이라 객관적 증거 얻기가 쉽지 않고 설문지를 통한 조사에 한계가 있다. 이 조사는 공무원 응답자가 스스로 평

가한 자기보고의 형식을 취하고 있다는 점을 고려해볼 때, 공무원 윤리와 관련된 의식이 긍정적으로 나타났다고 해도 이는 나름의 한계를 지닌다는 점을 지적해야 한다. 실제로 공직사회의 부패 정도에 대한 국민의 인식과 공무원의 인식은 차이가 크다. 국민권익위의 2021년 부패인식도 조사에서 공직사회에 대한 부패인식을 살펴보면, 공무원이 부패하다고 응답한 공무원은 2.9%인 반면, 일반 국민은 49.8%로 나타나 공무원과 국민 사이의 인식 차이가 크다는 것을 알 수 있다. 한편 11개 행정분야별 부패 수준에 관한 평가에서 가장 청렴한 분야로 '소방' 분야가 꼽혔으며 가장 부패했다고 평가된 분야는 '건설 · 주택 · 토지'분야로 나타났다. 이러한 결과는 사회적 기대에 대응하여 공직사회의 윤리 수준이 더 높아져야 할 필요성을 알려주며, 공무원의 윤리의식과 행태 개선을 위한 노력이 강화되어야 한다는 것을 보여준다.

〈표 6-16〉 공직사회 부패 수준 인식

	2010	2011	2012	2013	2014	2015	2016	2017	2018	2019	2020	2021
국민	54.1	56.7	42.4	54.3	69.4	57.8	51.6	52.0	40.9	40.3	33.1	49.8
기업인	40.9	28.9	36.0	34.5	41.7	37.0	37.7	52.2	52.3	52.8	44.0	63.8
전문가	57.1	41.1	35.7	–	64.9	41.6	37.3	45.4	39.2	35.7	29.4	44.9
외국인	38.0	21.8	16.8	23.4	48.5	30.2	16.0	26.6	29.6	24.5	15.5	29.8
공무원	2.4	2.9	1.7	4.0	5.3	3.4	4.6	8.0	7.7	5.5	1.4	2.9

자료: 국민권익위(2021). 부패인식도 조사 종합결과. '부패하다' 응답 비율(단위: %).

〈표 6-17〉 행정분야별 부패 수준 인식

	교육	경찰	세무	소방	병무 국방	건축 건설 주택 토지	검찰교정출 입국관리등 법무	보건 의료	식품 위생	환경	조달
국민	29.4	43.5	33.6	7.1	55.6	69.6	60.9	18.6	21.7	24.6	32.2
기업인	37.6	52.7	48.9	16.2	54.6	75.8	60.3	23.1	33.9	28.9	51.4
전문가	32.1	45.7	35.4	9.0	53.3	71.6	55.6	22.2	25.6	25.6	40.6
공무원	4.3	13.9	7.1	1.6	22.8	36.7	28.8	2.7	4.9	4.1	6.3

자료: 국민권익위(2021). 부패인식도 조사 종합결과. 행정분야별 '부패하다' 응답 비율(단위: %).

또한 다음의 조사 결과는 우리나라 공무원의 윤리의식에 대한 검토의 필요가 있음을 짐작하게 한다. 공무원들에게 가장 중요한 요건(자질)이 무엇이라고 생각하는가에 관한 질문에서 응답자의 23%가 '전문성(업무능력)'을 가장 중요한 자질로 보았다. 책임성(17%), 청렴성(13%), 성실성(12%), 근무의욕(10%), 친절·봉사성(6.5%), 국가에 대한 충성심(4%) 등이 뒤를 이었다(함종석, 2010: 166). 특히 2000년대 동안 책임성, 성실성, 친절·봉사성 등의 자질에 대한 강조가 대략 줄어드는 추세를 보인 반면, 전문성(업무능력)에 대한 강조가 높아졌음을 알 수 있었다. 이와 함께 2000년대 동안 지속된 성과지향적 행정개혁이 공무원들의 의식에서 고전적 행정이념을 약화시키고 민간기업과 유사한 성과중심적 관리개념을 강화시키고 있음을 고려하여, 이후 공무원들이 갖추어야 할 가장 중요한 자질이 무엇인지에 대한 검토가 필요할 것이다.

나아가 공무원을 직업으로 선택한 가장 큰 이유가 무엇인지를 묻는 질문에 대해 조사대상자들은 '신분보장'(34%)과 '안정된 경제생활'(19%), '역할과 사명'(17%), '부모나 친지의 권유'(12%), '사회적 평가와 인식'(9%), '공정한 인사제도'(5%), '권한과 영향력'(2%) 등의 순으로 응답했다. 가장 중요한 것으로 나타난 '신분보장'과 '안정된 경제생활' 중에서는 '신분보장'의 비중이 다소 하락하였고 '안정된 경제생활'의 비중이 점차 커지고 있음을 알 수 있다. '역할과 사명감'은 2007년 조사까지는 근소하게나마 '안정된 경제생활'보다 높은 비중을 보였으나, 2010년 조사에서는 그 순위가 바뀐 것으로 나타났다. 이 조사 결과는 과반수의 응답자가 공직선택 동기에서 개인적인 이익과 관련된 부분이 가장 중요했음을 보고한 것이어서 더욱 주목할 필요가 있다.[26] 윤리의식이 더 높은(기회주의 속성이 더 낮은) 이들을 공직에 유치하는 것은 지난한 과제이며, 개인적인 이익에 의해 주로 동기부여되는 공무원을 대상으로 한 윤리교육의 강화와 제도적 개선이 지속적으로 요구됨을 알 수 있다.

---

26) 이는 행정 공무원 산출의 주된 원천인 행정학과 및 정치학과 학생들을 대상으로 한 설문조사 결과와도 유사하다. 고길곤·박치성(2010)에 의하면, 공직에 진출하기를 희망하는 학생들에 있어서도 공직 선택의 동기에 있어 '직업 안정성'이나 '높은 봉급' 등과 같은 외재적 동기가 '사회봉사 기회'로 대변되는 공공서비스정신보다 훨씬 높은 것으로 나타났다.

제2절 공식화를 통한 재량행위 발현 제약

이 접근방안은 기회주의 성향이 높은 사람들이 공직에 들어온다고 하더라도, 그들이 기회주의 성향을 발휘할 수 있는 여지를 최소화함으로써 '주인'(유권자, 선출직 공직자)의 뜻이 실현될 수 있도록 하는 방안이다. 구체적으로는 관료들의 재량과 자율, 이익추구 등의 발현을 제한하기 위해 관련 법규 · 규칙 · 절차 등의 내용을 정교화하는 것을 말한다. 아래에서는 공무원에 있어 재량 또는 규칙준수가 어떤 의미를 지니는지에 관해 서술한 후, 재량행위의 제약 수단으로서의 '공식화'(formalization)에 대해 논의한다.

1. 공무원의 재량과 규칙준수

1) 공무원과 재량

오늘날과 같이 복잡 · 다기한 현대사회에서 입법부가 관료제의 재량행위를 대폭 제한할 수 있을 만큼 정교하게 법의 내용을 구축하는 것은 실질적으로 쉽지 않다. 입법부가 전문성과 정보의 한계를 극복하기 어려울 뿐만 아니라, 법의 내용이 구체적일수록 현실의 상황변화에 따라 이를 빈번히 수정해야 하는 정치적 부담을 감당하기 벅차기 때문이다. 그뿐만 아니라 다수 학자들은 정책입안 단계에서는 새로운 정책수단이 어떤 효과를 초래할지에 대한 예측이 어려우므로, 관료들이 정책집행 과정에서 정책내용을 상황에 부합되게 구체화하고 지속해서 재조정할 재량을 가지도록 법의 내용을 추상적이고 개략적으로 규정해야 한다는 점을 강조한다(Elmore, 1980; Ham & Hill, 1993; 주재현, 2008a: 49-54). 법규의 내용을 세부적으로 규정함으로써 현실에 존재할 수 있는 예외적인 상황을 인정하지 않을 경우, 자칫 법 자체의 정당성과 현실적 타당성에 대한 의문이 제기될 우려마저 없지 않다(Hood, 1986: 20-22; 박천오 · 주재현, 2007: 238).

정부 관료제에 대한 행동지침을 정교화하기 어렵다는 점은 일선관료들(street-level bureaucrats)의 정책집행 현장에서 보다 분명해진다. 여기서 일선관료들은 일반 시민과 직접적으로 접촉하며, 직무수행에 있어서 상당한 재량권을 가진 현장근무 공무원들을 말한다(조일홍, 1996: 171). 일선관료들은 업무수행과 관련하여 조직계층 구조상 상위에 위치한 중 · 상위층 관료들의 통제를 받아야 하지만, 직무의 자율성은 광범위하다. 일선관료들의 경우 집행현장에서 당면하는 상황과 접촉하는 고객의 다양성으로 말미암아 업무수행의 표준화가 어려워 재량적 판단이 불가피하기 때문이다. 법규나 지시가 아무리 정교하여도 일선관료들이 집행현장에서 취해야 할 조치 모두를 획일적으로 규정하기는 어렵다. 일선관료들이 행사하는 재량권에는, 추상적이고 일반적인 정책지침이나 정책내용을 현실에 맞게 구체화시켜서 적용하기 위한 재량권, 구체적인 정책내용이나 지침이 현실에 맞지 않는 경우 광범위하게 예외를 인정할 수 있는 재량권, 현장에서 예상하지 못했던 사태가 발생할 경우를 대비한 재량권 등이 있다(정정길, 2003: 707). 일선관료들은 이러한 재량권 행사를 통해 정책에 입각한 편익과 제재의 적용을 실제로 결정짓기 때문에 현실정책(real policy)의 궁극적인 결정자라고도 할 수 있다(Palumbo & Maynard-Moody, 1991: 123). 정책은 일선관료들에 의한 해석의 프리즘을 통해 여과되는 과정을 거쳐 실행되는 것이 보통이다(박천오 · 주재현: 2007: 238).

2) 공무원의 규칙준수와 재량

일선관료들에게 재량이 부여될 수밖에 없다는 위의 주장과는 별도로 일선관료들이 스스로 규칙을 준수하는 경직된(rigid) 행태를 보인다는 견해가 존재한다. Merton(1957)에 따르면, 공무원들은 사회관계의 내적 체계를 보호하고 그들의 조직 내 위신을 갖게 해주며 비인격성을 강조함으로써 고객과의 갈등을 피하게 해주는 규칙에 특히 더 우호적이다. 따라서 안전을 보장해주는 그와 같은 규칙들은 거의 절대적인 것이 되고, 수단(규칙)이 목적으로 취급되면서 정책목적이 왜곡된다는 것이다. 또한 공무원의 행위는 의회나 법원 등에 의한 공적인 조사에 개방되어 있으므로 그들은 더욱 규칙(규정)에 맞춰서 행위하게 된다는 것이다. 이러한 과정을 거치며 공무원들은 규칙에 의존하는 안전 -비판의 회피, 획일성의 추구-을 높은 보상보다 중요시하게 되고 경직되게 된다는 것이다.

한편 일선관료의 규칙의존적인 행태에 대한 '안전'추구적인 해석을 넘어서서 공무원들의 행태는 그들이 자신의 업무상황에 완전히 몰입되는 것을 피하려고 노력하는 과정에서 나타나는 현상이라고 보는 견해가 있다. 만약 그들이 규칙에 의존하는 행태를 보인다면 그렇게 하는 것이 그들의 상황관리에 도움이 되기 때문에 그렇게 한다는 것이다. 이 관점은 공무원들에게 가해지는 압박(pressures)에 초점을 두고, 자신의 삶에 질서를 부여하고자 하는 공무원들의 노력에 의해서 정책이 어떻게 재형성되는가를 탐구한다. 이러한 연구경향은 Lipsky를 중심으로 하는데 이 연구경향은 공무원들이 완전한 규칙순응(rule conformity)을 보인다기보다는 그들이 규칙을 집행하면서 선택을 하고 있으며 그 선택은 특히 그들 자신을 보호하고 타인들에 대해서는 무관심한 결과로 나타난다고 보고 있다.

Lipsky(1980: xii)는 '일선관료들이 내리고 있는 결정과 그들이 정립해 놓은 일상적 업무 및 과정(routines), 그리고 불확실성과 과중한 업무부담에 대처하기 위해서 그들이 고안한 수단들이 모두 그들이 수행하는 공공정책'이라고 주장한다. 이러한 주장에는 두 가지 요소가 들어 있다. 하나는 일선관료들이 일상화되고(routine) 정형화된(stereotyped) 형태로 사람들을 다루는 방식을 발전시킨다는 것이고, 다른 하나는 그들이 내리는 정책결정은 고객에 대한 서비스를 제공한다는 이상(ideal)을 진전시키는 것이라기보다는 그들이 봉착하고 있는 압박에 대처하고자 하는 실행의 발전이라는 것이다. 그런데 이 두 가지 요소는 일선공무원의 업무에서 나타나는 일종의 패러독스를 보여주고 있다.

일선관료들은 거대한 관료제 내에서 하나의 구성원에 불과하지만, 동시에 그들은 상당한 정도의 재량적 자유와 자율성을 지니고 있다. Lipsky는 일선관료들이 쉽사리 상관의 통제 아래 놓이지 않는다고 본다. 일선관료들이 제공하는 서비스의 주요 부분은 인간적 판단이 필요하고 기계적 프로그램화에 의해서 대치될 수 없는 요소로 되어 있으므로 그들이 상당한 재량권을 갖게 된다는 것이다. 그리고 그 재량은 특히 사회복지사(social workers)나 교사와 같이 공적으로 채용된 준전문가의 경우에 두드러진다. 한편 고객과의 관계에 있어, 일선관료들은 고객에 대해 우월한 위치에 있게 되고 고객은 관료들이 정한 업무절차에 순응해야만 효과적으로 서비스를 제공받을 수 있는 상황에 처하게 된다. 특히 국가복지를 포함한 사회복지서비스를 받아야만 삶을 유지할 수 있는 저소득층 주민들은 복지서비스 수급을 몹시 강하게 필요로 하므로 그들에 대한 복지서비스의 분배와 전달을 담당하는 관료들과 접할 때 자유로운 의사표시를 하지 못하고 관료들이 원하는 방식대로 따를 수밖에 없게 된다. 요컨대 일선관료들은 고객인 주민의 삶에 대한 엄청난 통제권을 지니게 된다는 것이며, 관료와 주민 간의 관계를 권력관계로 파악할 수 있다는 것이다.[27] 이런 면에서 Lipsky는 일선관료들이 정책을 결정

27) 우리나라의 경우, 국민기초생활보장대상자를 선정하는 권한이 각 주민센터(읍·면·동)에서 사회복지사 자격증을 가지고 사회복지업무에 종사하는 일선공무원들에게 부여되어 있다. 기초생활

하고 사회 내의 특정 재화와 용역의 배분을 결정하는 정치적 역할을 수행하고 있다고 보았다(주재현, 2008a: 55-56).

그런데 Lipsky는 위의 주장과 병행하여 일선관료들에 대한 전혀 다른 해석도 제공하고 있다. 즉 일선공무원들은 자신의 업무수행 효과나 자신의 고객이 처해 있는 상황에 대해서 사실상 적절한 통제를 하지 못하고 있으며, 심지어 자신이 수행하는 업무의 속도에 대해서도 제대로 통제하지 못하고 있다는 것이다. 이러한 통제권의 한계는 업무수행에 필요한 자원의 동원가능성이 불확실하고, 업무수행 상황과 업무수행의 결과를 예측하기 힘들며, 수요는 무한한 데 반해 시간과 재원은 늘 부족하다는 압박상태로부터 연유한다고 볼 수 있다. 이처럼 제한된 자원 아래서 수요는 쇄도하는 상황[28] 속에 일선관료들은 자신의 생존을 위해 자기 나름의 대처방안을 모색하게 된다. 즉 그들은 우선 고객들의 요구를 우선순위화하고 이에 근거해서 자원을 배분하는 합리적 방식을 개발한다. 그런데 이러한 방식은 자칫 고객에 대한 비인격적이고 권위주의적인 태도로 표출될 위험성을 지니고 있다(주재현, 2008a: 56).[29]

일선관료들이 업무상황의 압박에 대처하는 또 하나의 방안은 고객을 유형화하고 유형별로 정형화된 방식을 적용하여 그들의 요구에 대처하는 것이다. 이는 일종의 자기부과적인 규칙준수(rule-confirmity)인데, 경찰이나 사회복지공무원이 시민을 유형 분류하여 그에 따라 대처하는 행위가 이 방안의 예가 될 수 있다. 경찰관들이 사회질서를 유지하려는 시도로서 주민들을 대상으로 불심검문을 행하는 경우, 경찰관은 자기 나름의 경험과 업무방식에 근거하여 특정의 외모의 주민들만을 대상으로 조사를 하게 된다. 길거리에서 보행하고 있는 모든 주민을 다 조사하는 것은 불가능하기 때문이다. 이때 경찰관들은 나름의 기준에 의해 주민들을 유형화하고 각 유형에 정형화된 방식(예: 조사; 자유보행허용 등)을 적용하고 있

보장대상자로 선정되어야 할 필요를 지니고 있는 저소득층 주민들의 입장에서 볼 때, 이들 일선공무원들은 어떤 의미에서 그들에 대한 일종의 '생사여탈권'을 지니고 있는 것으로 생각될 수 있다.

28) 이러한 상황은 특히 사회복지서비스와 관련된 기관에서 자주 나타나게 된다.

29) 예를 들어, 우리나라 읍·면·동에서 사회복지업무를 담당하는 공무원들은 제한된 자원(예: 복지예산, 업무시간)으로 다수의 저소득층 주민들을 상대해야 하므로 이들에 대한 과도한 정서적 몰입을 할 수 없는 상황에 처해 있다. 따라서 그들은 자칫 개별 고객에 대한 심도 있는 조사와 이해를 갖추지 못한 상태에서 업무규정과 자신의 업무처리 방식을 기계적으로 적용하게 될 수 있고, 이 경우 고객들은 이러한 현상을 사회복지공무원들의 권위주의적인 태도로 받아들이게 된다.

는 것이다. 마찬가지로 '복지기만행위'(welfare fraud)[30]를 줄여야 할 사회복지공무원들도 자신이 접촉하는 주민들을 나름의 노하우와 기준을 적용하여 분류한 후, 이러한 선입견에 근거하여 그들을 대응하게 된다. 그런데 일선관료들의 이러한 대응방식 또한 자칫 자신들의 편견으로 인해 무고한 주민들에 대한 적절하지 않은 대우로 귀결될 수 있다(주재현, 2008a: 57).[31]

이상 Lipsky가 제시하고 있는 일선관료의 상반된 이미지는 결국 일선관료들은 압박을 받는 상황에서 희소한 자원의 사용에 대한 결정을 내리게 되고 이때 그들의 자의적인 판단과 규칙적용이 행해질 수 있는데, 그것이 고객의 입장에서는 관료들에 의한 권력행사로 해석될 수 있다는 것으로 정리된다. 보다 근본적으로 일선관료들의 재량이 문제가 되는 것은 일선관료들이 우월한 입장에서 행동하고 고객들은 종속적 입장에서 이들의 임의적 처분에 따르는 경우가 많아, 일선관료들은 고객과의 관계에 있어서 자기이익 중심적 행태나 목표대치(goal displacement)와 같은 행정편의적 행태와 병리현상을 보인다는 데 있다. 더 나아가 이들이 상급자들의 직접적 감독이 물리적으로 불가능한 원거리에서 고객에 대한 서비스나 제재와 관련된 의사결정을 한다는 사실이 문제가 된다. 최근 디지털화된 관리체제에 힘입어 일선관료들에 대한 관리적 통제력이 증대되고는 있지만 여기에도 일정한 한계가 있다(Palumbo & Maynard-Moody, 1991: 123; 박천오 · 주재현, 2007: 238-239).

이러한 맥락에서, Finer(1941)를 계승한 Lowi(1979)는 정부 관료제가 정책과정상 너무 많은 재량권을 보유하여 정책의 공식성과 방향성을 저해한다고 지적하면서, 입법부가 보다 세밀한 법규를 제정하고자 노력함으로써 집행과정에서 관료제가 가진 재량과 협상 범위를 축소할 수 있다고 주장하였다. Lowi의 이러한 주장은 행정에 대한 정치의 우선 내지 우월성을 전제로 정치가 행정을 통제해야 한다는 논리를 강조하는 정치 · 행정이원론적 입장에 입각한 것이라고 할 수 있다.

일반적으로 공무원의 재량을 야기하는 요인에는 법규관련 요인, 업무환경관련

30) 국가복지의 수혜를 받을 조건을 갖추지 못한 이들이 의도적으로 자신의 상태를 위장하여 수혜를 받는 행위.

31) 국내 사회복지직 공무원을 대상으로 일선관료의 어려움을 질적 분석한 연구는 위계적 · 몰인격적 · 분업화된 전형적인 정부 관료제 구조는 통합적 · 비정형적 · 대면적 · 가치지향적인 사회복지라는 휴먼서비스를 제공하기에 적합한 구조가 아니라고 지적한다(이철주 · 한승주, 2014). 이러한 본질적 상충 속에서 사회복지업무를 수행하는 공무원들은 결국 자신들의 재량을 '전문성을 상실하고 표준화된, 자기방어를 동반한, 서비스가 아닌 규제행위'라고 인식하고 있다는 것이다.

요인, 업무특성 요인, 그리고 공무원 성향관련 요인 등이 있다(김순양, 2002; 이환범 · 이수창, 2007). 아래에서는 이 네 요인 중 전통적으로 가장 강조되어 왔으며 가장 보편성을 지니고 있는 '법규관련 요인'에 논의를 한정하고, 공무원의 재량을 축소시키려는 노력을 '공식화'의 관점에서 서술한다.

2. 공식화

1) 공식화의 개념, 형태 및 결정요인

공식화는 조직 내의 직무 · 구조 · 절차가 문서화된 규칙과 규정들로 공식적으로 정립되어 있는 정도를 말한다(Rainey, 2009: 209).[32] 공식화는 조직구성원 및 관련자들이 언제, 무엇을, 어떻게 해야 하는가를 규정하고 명시한 정도이다. 직무가 고도로 공식화되어 있으면 직무 수행자가 이미 정형화된 규정에 따라 업무를 수행해야 하므로 직무 수행자의 재량이 낮게 된다. 반면에 공식화의 정도가 낮으면 사전에 규정된 절차나 규칙이 적으므로 직무 수행자가 높은 수준의 재량을 발휘할 수 있게 된다(이영남 · 신현기, 2003: 98-99). 공식화 개념의 주요 구성 요소 중 하나로 볼 수 있는 것이 표준화(standardization)이다. '공식화'가 '누가, 언제, 무엇을, 어떻게' 해야 하는가에 관한 포괄적인 개념이라면 '표준화'는 '어떻게' 해야 하는가에 집중한 것이라고 할 수 있다. 표준화는 비슷한 일을 같은 방식으로 처리하는 정도를 말한다(김병섭 외, 2000: 91).

행정조직에서 공식화는 헌법, 법률, 행정명령 등뿐 아니라 하위 수준에서는 절차, 내규, 규정 등의 형태를 취한다. 공식화를 측정할 때는 직무기술서와 규정의 구체화 정도, 감독의 정도, 하위자나 관리자에게 부여되는 재량의 정도, 작업의 표준화 정도, 문서화 정도 등의 지표를 사용하는 데(민진, 1996: 101), 이를 객관적인 측정 수단을 마련해서 실제적으로 측정하거나, 조직 구성원들의 인식을 조사하는 방법으로 측정한다(Rainey, 2009: 209).

위에서 나열한 공식화의 여러 형태를 이 책의 취지에 맞춰서 재개념화한 형태에는 역할 자격요건(role requirement)과 규칙 · 절차 · 방침(rules, procedures,

---

32) 모든 규칙과 규정들이 문서화되어 있는 것은 아니다. 제도론(Institutionalism)에서 주장하는 바와 같이, 문서화되어 있지 않은 규범이나 표준적인 요령 등도 문서화된 것 못지않게 조직 구성원들의 행위를 구속할 수 있다. 그러나 공식화에 관한 대부분의 정의는 문서화된 규칙과 규정으로 공식화를 한정하고 있다(김병섭 외, 2000: 91).

policies) 등이 있다.[33] 먼저 역할요구와 관련해서 살펴보면, 조직 내의 모든 구성원들에게는 각자의 직무가 주어진다. 모든 직무에는 각 역할 담당자가 어떻게 행동해야 하는지에 대한 기대가 내재되어 있다. 직무분석은 조직에서 수행되어야 할 직무를 정의하고, 그 직무를 수행하는 데 필요한 행동의 윤곽을 결정한다. 이러한 직무를 규정하고 그 직무의 수행을 위해 바람직한 행동을 규정하는 것은 역할 기대에 의해서 조직 구성원들의 행동을 규제하는 것을 의미한다. 다음으로 규칙은 모든 조직 구성원들이 해야 할 행동과 하지 말아야 할 행동을 명문화한 것이다. 절차는 과업의 달성을 위해 조직 구성원들이 따라야 할 일련의 과정을 말한다(절차의 규정으로 작업과정의 표준화가 이루어진다). 방침은 규칙보다는 좀 더 광범위하다. 방침은 특정한 행태를 규정하기보다는 행태의 범위나 방향만을 제시해 준다. 이 모두는 조직 구성원들의 행동을 규제하기 위해 조직이 사용하는 공식화의 기법이다. 규칙은 특정하게 구체적으로 요구되는 행동양식을 밝혀주기 위해서, 절차는 업무처리 과정의 표준화를 확보하기 위해서, 방침은 구성원의 재량행위를 통제하기 위해 설정된다(박경원 · 김희선, 1998: 112-113; 이영남 · 신현기, 2003: 103).

공식화의 정도를 결정하는 요인은 다음과 같다(이영남 · 신현기, 2003: 101-102). 첫째, 직무 수행에 요구되는 전문성의 정도가 공식화에 영향을 미친다. 일반적으로 단순하고 반복적인 비숙련 직무일수록 공식화의 정도가 크고, 반대로 고도로 전문화된 직무일수록 공식화할 수 있는 가능성이 낮다.

둘째, 조직 내의 계층의 차이가 공식화에 영향을 미친다. 조직의 상위계층에 속하는 구성원일수록 덜 반복적이고 독특한 해결책이 요구되는 직무를 수행하기 때문에 그들이 수행하는 직무에는 재량이 증가하고 공식화의 정도가 낮다. 반면 조직 내 계층이 낮을수록 수행하는 직무의 공식화 정도가 높아질 수 있다.

셋째, 종사하는 직무의 유형도 공식화 정도에 영향을 미친다. 계선조직의 직무는 대체로 안정적이고 반복적인 활동과 관련되어 있어 표준화하기 용이한 반면, 막료(참모)조직은 주로 정책의 개발과 연구에 치중하고 창의와 혁신을 필요로 하는 직무특성을 지니고 있어 환경의 변화에 민감하게 대응해야 하기 때문에 직

33) 공식화의 형태 또는 기법을 좀 더 포괄적인 입장에서 파악할 경우, 선발(조직 구성원의 충원관련 규정과 절차), 훈련(직무 내외의 훈련을 통한 작업 행태와 태도의 주입), 의례 · 의식(특정 조직 구성원의 여타 구성원들로부터 인정취득 과정) 등의 형태가 포함될 수 있다.

무를 표준화하기 쉽지 않다. 따라서 계선조직의 직무는 막료(참모)조직의 직무보다 더 공식화될 수 있다.

넷째, 기술의 영향력은 일률적으로 파악하기 쉽지 않다. 그러나 기술을 일상적(routine)인 기술과 그렇지 않은 것으로 구분했을 때, 좀 더 일상적이고 단순하며 자동화된 기술을 사용하는 조직이 그렇지 않은 조직보다 공식화를 추진하기 용이하다.

기타 조직의 환경이 안정적일수록, 조직의 규모가 클수록 공식화를 추진할 수 있는 가능성이 높다.

2) 공식화의 효용

공식화의 정도가 높아지면 조직 효과성이 높아질 것인지 여부에 대해서는 논쟁이 존재한다. Zeitz(1983)를 포함한 일군의 학자들은 공식화의 증가는 조직 구성원의 사기와 만족에 부정적 효과를 미친다고 주장하는 반면, Organ과 Greene (1981)을 비롯한 또 다른 학자들은 공식화가 긍정적 효과를 낳을 수 있다고 주장한다(김호정, 2004: 28). 이러한 상충하는 주장에도 불구하고 다수의 경험적 연구들은 공식화와 조직효과성(조직 구성원의 직무만족, 조직몰입) 간에 긍정적인 상관관계가 존재하는 것으로 보고하였다(김호정, 2004: 29). 이 책은 다수 선행연구들의 연구결과를 반영해서, 공식화의 증가가 조직효과성에 긍정적 효과를 낳을 수 있다는 입장을 취한다. 즉 조직은 공식화를 통해서 조직 구성원의 행동을 규제하고, 조정을 촉진하며, 서비스의 공평성을 확보하고, 조직활동의 안정성과 예측가능성을 높여 줌으로써 조직의 효과성을 높일 수 있다(민진, 1996: 101-102; 이창원·최창현, 1996: 451-452; 이영남·신현기, 2003: 100-101; 김병섭 외, 2000: 99-100).

첫째, 조직은 공식화를 통해서 조직 구성원들의 행동을 규제할 수 있다. 조직 구성원들은 욕구·성격·능력·가치관·사회적 배경 등의 차이로 인해 조직목표나 조직방침에 거스르는 행동을 할 수 있다. 공식화의 정도가 높아지면 조직 구성원들이 규정 등에 맞추어 행동하게 될 가능성이 커지기 때문에 그들간의 편차(variations)를 줄일 수 있다. 또한 조직 내 활동을 고도로 표준화할 경우 업무관련 혼란을 최소화하고 조정을 촉진할 수 있으며 조직 내 업무에 관한 관할권 분쟁이 사라지고 책임의 한계가 분명해진다.

둘째, 조직의 공식화를 통해서 조직의 활동비용을 줄일 수 있다. 표준운영절차(SOP: standard operational procedure)가 잘 갖춰져 있으면 시행착오를 줄이고 짧은 시간 내에 적은 노력으로 업무를 수행할 수 있다. 또한 내규 · 규정 · 절차 등을 잘 정비하면 불필요한 감독이나 관리 작업을 줄일 수 있어 비용을 절감하고, 조직 효과성을 높일 수 있다. 이에 더해서 일반적으로 재량이 높아지면 직무 수행 시에 더 많은 판단력이 요구되고, 이런 직무를 수행할 수 있는 인물에 대한 인건비가 상승하지만, 공식화의 정도가 높아지면 이러한 성격의 비용을 줄일 수 있다.

셋째, 조직의 공식화는 관리의 예측 가능성과 안정성을 높여 준다. 법규 · 규정 · 편람 등을 통한 일관성 있는 업무 수행은 관리의 안정성을 높일 수 있고, 미래 활동에 대한 조직 내외에서의 예측 가능성을 높일 수 있다.

넷째, 조직의 공식화는 고객에 대한 평등한 서비스를 촉진한다. 서비스 제공자의 자의성이나 개인적인 특성 · 상황(연고성 포함), 서비스 제공지역의 차이, 또는 고객 특성의 차이 등에 의해서 고객에게 제공되는 서비스의 품질이 달라지는 것은 평등한 서비스 제공이라는 이상의 실현에 장애가 된다. 공식화의 정도가 높아지면, 서비스 제공자 개인이나 제공지역의 차이에 따른 서비스 품질의 차이를 줄일 가능성이 높아진다.

3) 공식화의 문제

기회주의적인 공무원의 행태를 통제하려는 목적은 조직의 공식화 정도를 높이려는 방향으로 나타나게 되고, 조직 내 직무와 구조, 절차는 표준화되고 문서화되면서 조직 내 질서가 부여된다. 하지만, 이러한 공식화의 효능은 경직된 행정의 문제로 -문서과다, 업무지연 절차복잡 등- 이어질 가능성이 크다. 지나친 표준화와 문서화는 형식주의와 경직화를 발생시키는 등 관료제의 병리현상으로 오랜 기간 비판받아왔다. 특히 공식적 표준과 문서에 집착하는 형식주의는 레드 테이프(red tape)로 불리며[34] 조직성과에 부정적인 영향을 미친다고 평가되었다. 많은 행정개혁의 목표 중 하나가 레드 레이프의 감축에 있었고, 지난 신공공관리적

34) 레드 테이프를 조직 레드 테이프(organizational red tape)와 이해관계자 레드 테이프(stake-holder red tape)으로 나누기도 한다(Bozeman, 2000; Bozeman & Freeney, 2011). 조직 레드 테이프는 규칙이 기능적 목적을 달성하지 못하면서 준수 부담을 주는 경우이고 이해관계자 레드 테이프는 규칙이 이해관계자들에 도움을 주지 못하면서 준수 부담을 주는 경우이다.

행정개혁(NPM) 역시 공공조직에 존재하는 레드 테이프를 감축하기 위해서 임파워먼트와 분권화를 적극적으로 추진한 바 있다.

Van Loon *et al.*(2016)은 규칙의 기능적 비효율성과 준수 부담에 따라 네 가지 상황을 분류하는 데, 공식적으로 존재하는 규칙이 준수 부담이 높고 기능적 효율이 떨어질 경우를 레드 테이프로 정의한다. 이에 비해 규칙 준수 부담이 높지만 기능적 목표를 달성하고 있다면 관료제의 필수적 규칙(necessary bureaucracy), 규칙 준수 부담은 낮지만 기능적 목표 달성에 기여하지 못하고 있다면 불필요한 규칙(unnecessary rule), 그리고 규칙 준수의 부담이 낮고 기능적 목표를 달성하고 있다면 고품질의 규칙(high quality rules)으로 분류하였다.

〈표 6-18〉 규칙의 차원

		기능 부족	
		높음	낮음
준수 부담	높음	레드 테이프	관료제 필수적 규칙
	낮음	불필요한 규칙	고품질 규칙

자료: Van Loon *et al.*(2016), 안병철(2020)에서 재인용.

조직의 목표 달성을 위한 기능은 부족하면서 이를 준수해야 할 부담만 높은 레드 테이프의 상황은 표준과 문서를 통해서 행정을 통제하려는 초기의 목적과는 달리 오히려 조직에 새로운 부담과 피해를 주게 되는 것이다. 행정을 통제하기 위해 도입하는 규칙이 오히려 행정 성과를 낮추는 악순환을 낳게 되는 것이다.

하지만 행정통제를 위한 공식화의 중요성은 여전히 크다. 부정적 결과를 초래하는 절차와 규칙이 레드 테이프라면, 정부 관료제의 원활한 업무 수행을 위해서 순기능을 발휘할 수 있는 규칙과 절차도 필요한 것이다. 이렇게 레드 테이프와 대조되는 개념으로서 효과적이며 필요한 규칙은 그린 테이프(green tape)라고 표현된다(DeHart-Davis, 2008; 2009).

안병철(2012)은 정부 관료제에서 규칙과 절차가 불필요한 부담과 업무 지연 초래하는 등 부정적 기능을 낳을 수 있지만 효율적인 조직 관리 수단으로 작동하는 순기능이 있다고 강조한다. 국가직 및 지방직 공무원 21명을 대상으로 면접조사한 결과를 바탕으로, 레드 테이프를 그린 테이프로 전환하기 위한 필요 조건으로 규칙 공정성, 부분적 재량성, 외부통제 최소화, 관료 신뢰를 주장하였다. 관료제 규칙이 공정하게 적용되고 절차가 공개되는 등 일관성이 있으며, 관료들이 규칙에 관하여 전문지식을 가지고 있고, 규칙을 상황에 따라 신축적으로 적용할 공무원의 재량이 부여되는 상황이 중요하다고 주장한다. 또한 이를 위한 맥락적 조건으로 외부통제 기관(상위정부, 의회 언론 등)이 관료에 대한 불신으로 지나치게 규칙을 만드는 상황을 막기 위해 외부통제의 최소화와 공무원에 대한 신뢰를 강조하였다.

정부 조직은 민간조직에 비하여 외부 환경으로부터 더 많은 통제가 가해지고 정부는 이를 따라야 하는 책임이 있으므로 적법절차, 윤리규정 등 다양한 규정을 마련하고 준수하여 그 책임을 다하려 한다. 따라서 공식화를 통한 행정통제의 순기능을 확보하기 위해서는 규칙이 효과적으로 작동할 수 있는 조직관리적 조건을 찾는 것이 필요하다. 이러한 신중함이 없는 공식화의 강화는 기대했던 통제의 효과보다 오히려 조직성과를 낮추는 악순환에 놓일 수 있음을 유념해야 한다.

3. 공식화를 통한 행정통제의 실제

1) 행정업무의 표준화 관련 규정

행정과정의 공통 표준을 운영하기 위해서는 법령을 통해서 그 근거를 명확히 할 필요가 있다. 현재 한국 행정에서 이와 관련된 대표적인 법령은 행정기본법, 행정절차법, 행정규제기본법, 행정조사기본법 등이며 그 외에도 다수의 법령이 행정과정 및 절차를 법령으로 명문화하고 있다. 이렇게 공식화된 법령을 통해서 행정과정을 공식화하고 체계화하는 것이다.

이 중 특히 '행정효율과 협업촉진에 관한 규정'은 행정기관의 행정업무 운영에 관한 사항을 구체적으로 규정함으로써 행정업무의 간소화 · 표준화 · 과학화 및 정보화를 도모하고 행정기관 간 협업을 촉진하여 행정의 효율을 높이는 것을 목적으로 한다. 행정의 구체적 과정과 절차의 표준을 마련한 것이므로 이 규정을 중심으로 행정의 공식화를 법령에서 어떻게 세밀하게 규정하고 있는지를 살펴보면 다음과 같다.

'공문서 관리 등 행정업무의 처리'(제2장)와 관련하여 공문서의 작성 및 처리(공문서의 종류, 구체적인 작성 양식 및 표기법, 결재 방식과 과정, 문서 접수 및 처리

절차, 문서의 쪽 번호 등 표시 방식 등), 업무관리시스템의 구축 및 운영 방식(업무관리시스템의 구성과 운영, 표준 고시, 정부전자문서유통지원센터 등), 서식의 제정 및 활용(서식의 제정, 승인, 제공 등), 관인의 관리(관리의 종류, 규격, 등록, 전자이미지 관인의 제출 및 관리, 공고, 공인 등)가 구체적으로 규정되어 있다. '행정업무의 효율적 수행'(제3장)과 관련하여 행정협업의 촉진(행정협업과제의 등록, 추가발굴, 점검 등, 협의체 구성 및 업무협약 체결, 행정협업시스템의 구축과 운영, 행정협업조직의 설치 등), 지식 행정의 활성화, 정책연구의 관리, 영상회의 운영이 규정되어 있다. 또한 '행정업무의 관리'(제4장)와 관련해서는 업무의 분장, 업무 인계·인수 방식, 업무편람의 작성·활용, 정책의 실명관리, 정책실명제 등이 명시되어 있다.

이처럼 '행정효율과 협업촉진에 관한 규정'은 행정의 실제 집행과정에서 필요한 표준적 절차가 상당히 구체적으로 규정되어 있어, 행정과정에서 재량의 여지를 상당히 제약하고 있다는 것을 알 수 있다.

2) 재량준칙의 정립과 공개

법령에 따라 행정부에게 재량이 부여되었더라도 행정부 내에서 재량행위를 표준화하여 일관된 행정을 제공하는 제도를 마련하려는 유인이 존재한다. 재량이 일탈·남용되거나 개별적으로 해석될 경우 직면하게 될 비난과 책임을 회피하고 재량행위의 모호함을 줄이기 위해서, 일정한 규칙이 필요하기 때문이다. 따라서 행정부 내부에서 공무원이 재량을 행사할 때 따라야 할 준칙을 내부 행정규칙으로 정립하고 이를 따르려고 시도하게 되는데 이를 재량준칙이라 한다. 행정부 내에서 스스로 행정 재량을 표준화하여 재량의 영역을 축소하려는 제도적 조치인 것이다.

현재 포괄적 위임 입법은 제한되어 있어서 행정부가 법률을 자의적으로 해석하는 행정입법을 할 수 없도록 제한하고 있지만 현실에서는 그 한계를 명확히 하기 어렵다. 따라서 재량의 기준을 준칙으로 객관적으로 정립함으로써 재량 영역을 한정하고 재량행위를 규제할 수 있다. 재량기준 정립은 상당한 어려움이 있지만 행정의 실례가 축적되고 공개된다면 점진적으로 보완 및 구체화될 수 있다. 이를 통해 행정의 예측 가능성을 높이고 광범위한 행정재량이 사전에 통제됨으로써 자의적 행정을 예방할 수 있는 것이다.

예를 들어 경찰관의 재량 행사에 통일성을 부여하기 위해서 재량준칙을 설정하고 경찰의 행동을 표준화함으로써, 경찰의 자의적인 행동을 제한하고 부패의 가능성을 줄일 수 있다. 이를 위해 경찰재량을 통제하기 위한 경찰 조직 내부에서 재량준칙, 행동강령 등 자율규범에 의한 통제방안이 마련된다면 외부 통제로 인한 거부감 없이 효과적인 통제가 가능할 것이다(김태진, 2010).

하지만 법학에서는 재량준칙의 대외적 구속력 문제를 제기해왔다. 재량준칙이 행정부 내부의 가이드라인에 그치는 행정규칙인지, 아니면 국민의 권리와 의무관계에 중요한 영향을 미치는 법규명령으로 취급해야 하는지 법적 성격에 대한 논쟁이다. 행정부 내부의 사무처리 가이드라인에 그친다면 법원의 통제 대상에서 제외되지만, 사실상 법규명령의 영향력을 미치고 있다면 법원의 통제 대상에 포함되어야 하기 때문이다. 재량준칙이 행정청의 재량 영역에서 외부적인 행정 결정을 위한 최종적인 기준이 되고 공무원이 이 준칙에 따라 행정처분을 하고 있다면, 국민 등 외부에 직접적인 효력을 가질 수 있을 것이다(김용욱, 2020). 이런 경우는 재량준칙이 단순히 내부 사무처리 기준에 그친다는 주장은 책임회피일 수 있다.

판례는 대통령령의 형식으로 제정된 재량준칙은 법규명령으로 간주되고, 부령 등의 형식으로 제정된 재량준칙은 행정부 내부의 사무처리준칙으로 간주하고 있다(강현호, 2017).[35] 재량준칙이 행정 내부의 기능적 필요로 제정된 것이며 재량준칙은 공무원에게 유도적이고 권고적인 기준이라는 것이 기본 성격이다. 그러므로 절대적 구속력을 발하는 것이 아니라 다른 결정의 가능성을 내포하고 있는 기준이며 변경될 수 있는 기준이어야 할 것이다. 따라서 이러한 행정규칙의 목적과 성격에 부합하는 범위에서 준칙이 마련되어야 할 것이며 그 법적 효력에 대

35) '…재량준칙은 일반적으로 행정조직 내부에서만 효력을 가질 뿐 대외적인 구속력을 갖는 것은 아니므로 행정처분이 이를 위반하였다고 하여 그러한 사정만으로 곧바로 위법하게 되는 것은 아니고, 다만 그 재량준칙이 정한 바에 따라 되풀이 시행되어 행정관행이 이루어지게 되면 평등의 원칙이나 신뢰보호의 원칙에 따라 행정기관은 상대방에 대한 관계에서 그 규칙에 따라야 할 자기구속을 받게 되므로, 이러한 경우에는 특별한 사정이 없는 한 그에 반하는 처분은 평등의 원칙이나 신뢰보호의 원칙에 어긋나 재량권을 일탈·남용한 위법한 처분이 된다…'(대법원 2019. 7. 25. 선고 2017두55077 판결). '…이 사건 고시조항은 위와 같은 형식과 내용에 비추어, 과징금 산정과 그 부과에 관한 재량권 행사의 기준으로 마련된 행정청 내부의 사무처리준칙 즉 재량준칙이고, 이러한 과징금 산정과 부과에 관한 기준을 정하는 것은 행정청의 재량에 속하므로 그 기준이 헌법 또는 법률에 합치되지 않거나 객관적으로 합리적이라고 볼 수 없어 재량권을 남용한 것이라고 인정되지 않는 이상 행정청의 의사는 가능한 한 존중되어야 한다…'(대법원 2017. 6. 19. 선고 2013두17435 판결).

한 판단이 문제가 된 경우에는 상위법에 기초하여 재량준칙을 적용한 것이 정당한지 판단하고, 정당하다면 재량준칙에 의거한 처분이 재량권의 일탈 남용에 해당하는지를 심사하는 단계로 구별할 필요가 있다(강현호, 2017).

3) 공식화의 수준 인식

우리나라 정부조직의 경우 공식화가 어느 정도 되어 있고, 공식화가 조직효과성의 증대에 얼마나 기여하는가? 이와 관련하여 지방자치단체 소속 공무원을 대상으로 한 연구들은 의미 있는 시사점을 제공해준다.

우리나라 3개 지역 하위직 공무원 225명을 대상으로 인식조사를 실시한 한 연구는 분업의 정도와 업무절차의 명세 정도를 지표로 해서 공식화의 정도를 측정했다. 리커트 5점 척도(5점이 가장 높음)로 공무원 인식을 조사한 결과, 분업 정도는 3.65, 업무절차명세 정도는 3.94로 나타나서, 공식화의 정도가 대체로 높은 편으로 인식되었다. 공식화의 정도를 상황변수로 하고, 중간관리자의 리더십 행태가 부하 직원들의 직무성과(문제해결의 숙련성, 솔선수범과 혁신 등)에 미치는 영향을 분석한 결과, 공식화의 수준이 높을 때 리더십이 직무성과에 긍정적인 영향을 미치는 것으로 나타났다(정상현, 2002).

또한 부산광역시의 시청, 구청(6개소), 주민자치센터(8개소), 교육청, 교육구청(4개소), 경찰청, 경찰서(4개소) 등 총 25개 기관에서 주의 깊게 선정한 386명의 중·하위직 공무원을 대상으로 인식조사를 실시한 한 연구는 규정의 명문화(규칙과 절차의 존재) 정도와 규정준수의 엄격성(규칙과 절차를 강요하는 조직통제) 정도를 지표로 해서 공식화의 정도를 측정했다. 리커트 5점 척도(5점이 가장 높음)로 공무원 인식을 조사한 결과, 규정의 명문화 정도는 3.25, 규정준수의 엄격성 정도는 2.82로서, 규정의 명문화 정도는 중간 이상이었으나, 규정준수의 엄격성은 다소 약한 것으로 나타났다. 공식화의 정도가 조직효과성(조직몰입, 직무만족)에 미치는 영향을 분석한 결과, 대체로 규정 명문화의 정도가 조직효과성에 긍정적인 영향을 미치는 반면, 규정준수의 엄격성 정도는 조직효과성에 부정적인 영향을 미치는 것으로 나타났다(김호정, 2004).

위의 두 연구 결과를 살펴보면[36] 우리나라 지방정부 조직의 공식화 정도는 일

---

36) 위의 연구들은 풍부한 연구 성과를 담고 있으며, 이 책에서 인용한 부분은 그중의 일부를 매우 간략한 형태로 축약한 것임을 밝힌다.

정 수준 이상으로 진전이 되어 있으나, 규칙과 절차를 강요하는 조직통제의 수준이 매우 높지는 않은 것으로 인식됨을 알 수 있다. 한편 업무절차의 명세 정도나 규정 명문화의 정도가 높을수록 조직효과성(직무성과, 조직몰입·직무만족)이 높은 것으로 분석된 점을 고려해볼 때, 앞으로 공식화의 정도가 조직효과를 높일 수 있도록 설계하는 것도 중요하다. 규칙과 절차를 강요하는 조직통제의 정도에 있어서는 적정한 수준을 찾기 위한 노력이 필요한 것이다. 과다한 조직통제가 오히려 조직효과성에 부정적인 영향을 미칠 수 있기 때문이다.[37)]

제3절 소결론

행정 관료의 재량을 제약하는 접근법은 관료의 재량이 바람직한 방향으로 발휘될 수 있도록 윤리의식과 윤리적 의무를 강화하는 차원과 관료 재량의 여지를 축소하기 위해 공식화를 강화하는 차원으로 나누어 살펴보았다.

윤리적 규범 강화의 차원에서는 윤리 성향이 강한 이들을 공무원으로 선발하며 윤리의식을 고양하기 위한 공무원 윤리교육을 강화하는 관리적 측면과 함께, 윤리 관련 법제를 구축하고 활용하려는 제도적 측면으로 나눌 수 있었다.

그동안 공무원 선발에 있어서 우리나라는 노무현 정부 이후, 5급 공무원시험의 1차 시험을 공직적격성평가(PSAT)로 대체하고, 면접시험을 강화했으며, 고위공무원 임용에 있어 역량평가 제도를 도입하는 등 공무원 선발제도의 변화를 모색해 왔다. 주로 공무원으로서의 역량을 효과적으로 평가하기 위한 변화였으나, 그 가운데서도 공무원으로서 응시 자격요건에서 비윤리적·비도덕적 범죄 기준을 강화해왔고, 면접시험에서 윤리적 요소를 중심으로 평가를 강화해왔다. 또한 국가공무원인재개발원 등에서 공무원 기본교육 중 윤리교육을 지속적으로 실시하고 있다. 이에 더하여 윤리강령(공무원헌장, 공무원선서), 행동강령(국가공무원법 중 복무 관련 의무조항), 그리고 윤리법(국가공무원법 중 복무 관련 금지조항, 공직자윤리법, 부패방지권익위법, 부정청탁금지법, 이해충돌법, 형법 제7장 '공무원의 직무에 관한 죄')으로 구성된 제도적 수단을 동원에서 공무원의 윤리수준을 고양하기 위해 노력하고 있다.

---

37) 지방정부 조직을 대상으로 한 이러한 조사결과와 시사점을 중앙정부 조직에 적용한다고 해도 큰 무리는 없을 것으로 판단된다.

PSAT는 전통적인 시험방식보다 실제 업무에서 만날 수 있는 과제의 해결능력을 측정하는 데 더 효과적인 것으로 기대되고 있으나 윤리의식이 더 나은 이들을 공직에 유치한다는 관점에서는 그리 주목할 만한 기여를 하지 못하고 있다. 역량평가도 이와 유사해서, 역량평가는 피평가자의 윤리성 정도를 검토함에 있어 간접적인 정보를 제공하는 데 그치는 한계를 지닌다. 면접시험의 강화를 통해 윤리성이 높은 이들을 공직에 유치하는 데 성과를 낼 것으로 기대할 수 있으나 면접시험 하나만으로 충분한 효과를 거둘 수 있으리라고 기대하는 것은 무리이다.

한편 공무원 윤리교육은 공무원 기본교육의 일부에 그치고 그나마도 대다수의 교육과정이 단기간으로 구성되어 있어 윤리교육의 효과를 기대하기 힘든 약점을 지니고 있다. 비교적 교육기간이 긴 국가공무원인재개발원의 신임관리자과정의 경우에도 여전히 그 효과성에 의문이 제기되고 있는 등 한계를 보이고 있다. 제도적 수단들 또한 여러 형태로 적용되고 있으나, 공무원 윤리의식의 제고에 어느 정도로 기여하고 있는지는 확실하지 않다.

특히 2000년대 들어 공무원의 의식에서 민간기업과 유사한 성과중심적 관리 개념이 강화되고, 공직선택 동기에서 개인적인 이익(신분보장과 안정된 경제생활)이 차지하는 비중이 커지고 있다는 점은 전통적인 공직윤리에 대한 도전이라 할 수 있어, 선발제도의 변화, 윤리교육, 제도적 수단 등의 효과를 높여야 할 필요성을 제기하고 있다.

행정 관료의 재량을 제약하는 접근법은 기회주의 성향이 높은 이들이 공직에 들어온다고 하더라도, 공식화의 수준을 높여서 그들이 기회주의 성향을 사용할 수 있는 여지를 최소화함으로써 '주인'의 뜻이 실현될 수 있도록 하는 방안을 말한다. 우리나라 정부 조직의 공식화(규정 명문화) 정도는 일정 수준 이상으로 진전되어 있으며, 규정 명문화의 정도가 높을 때 조직효과성도 긍정적으로 나타났다. 그러나 지나친 규정과 절차의 강조로 인하여 발생할 수 있는 레드 테이프 문제의 우려도 크다. 앞으로 규칙과 절차를 강요하는 조직통제의 적정 수준을 찾기 위한 노력이 필요하다.

한국 정부조직의 행정문화가 계층주의를 주된 요소로 하고 있다는 점을 고려해볼 때, 재량행위를 제약하는 통제 유형은 행정 관료와 관료제의 통제에 있어 의미 있는 일정한 성과를 거둘 가능성이 크다. 조직과 상급자에 대한 복종과 충성 및 공식적·비공식적 제도의 규율을 당연한 것으로 여기고, 조직에 대한 일체감이 높은 계층주의 행정문화는 공식화된 규정에 따라 충실한 업무수행을 이룰 수 있을 것이다. 다만 규정 준수라는 과정의 합법성을 확보할지라도 실질적이며 적극적인 공공서비스 제공까지 가능할지는 의문이다. 앞서 살펴본 대로 부여된 규정과 의무를 형식적으로 준수하는 데 그칠 가능성도 있다. 또한 개인주의 요소가 과거에 비해 증가하는 상황에서는 공공봉사동기와 같은 윤리의식의 약화 가능성이 추정되므로, 윤리의식 강화를 위한 효과적인 제도 마련이 필요할 것으로 보인다.

제 7 장

재량의 활용

경쟁기제

여기서는 행정 공무원의 기회주의 속성과 재량행위의 발현가능성을 인정하되, 이 기회주의와 재량행위가 부정적인 결과가 아니라 긍정적인 결과를 산출하도록 유도 및 활용하는 통제방안을 검토한다. 이러한 접근은 경쟁기제의 도입으로 시도되었으며 성과중심적 관리와 기관간 경쟁유도로 나눌 수 있다. 이하 1~3절에서는 이 통제방안들에 대한 개념적 검토와 더불어 우리나라에 도입된 관련 제도들의 현황에 대해 살펴본다.

제1절 경쟁기제 도입과 신공공관리론

경쟁기제 접근은 공무원 및 공공조직 간의 경쟁을 제도화하고, 그 경쟁의 결과로 양질의 공공서비스를 절감된 비용으로 확보하려는 의도에서 공공조직 운영에 경쟁기제를 도입하는 것을 말한다. 경쟁을 통해 더 나은 성과를 보인 개인과 조직이 그에 상응하는 보상을 받도록 제도를 설계하면, 자신의 이익을 추구하는 (기회주의적인) 공무원 개인과 그들의 조직은 경쟁에서 우수한 성과를 내기 위해 노력하고, 그 결과 '주인'(시민)의 이익(공익)이 제고될 수 있다. '주인'과 '대리인'(공복)의 이익이 동시에 실현될 수 있도록 제도를 설계하는 것이 이 접근법의 핵심이 된다. 공무원이 공익지향적이지 않으며 사익(보상)을 추구하더라도 공익이 실현될 수 있는 제도를 설계하는 것이라고 하겠다.

이러한 제도에서는 성과의 산출이 강조되고 그 성과를 평가하는 것이 필요하며 이를 위해서는 업무 추진 과정에서 공무원 재량의 허용이 요구된다. 업무 추진과정을 과도하게 규제하게 되면, 창의적이고 자기주도적인 업무 수행이 쉽지 않고 이는 경쟁의 취지를 무색하게 만들기 때문이다. 따라서 관료와 관료조직의 '기회주의 성향'을 활용하기 위한 경쟁기제 도입은 그들의 재량 허용을 동반하게 된다.

행정통제와 관련해서 경쟁기제 도입과 관료 재량 허용을 가장 적극적으로 옹호한 이론적 · 실천적 접근은 신공공관리론(New Public Management: NPM)이다. 아래에서는 신공공관리론에 대해 논의한 후, 다음 절에서 개인 및 조직차원에서 적용되는 경쟁기제들에 대해 살펴본다.

전통적으로 행정조직은 관료제 방식에 의해서 운영되었다. M. Weber에 의해서 정립된 관료제적 조직운영은 다음의 특징을 지닌다. ① 각 부서 업무의 영역이 명백하게 규정된다. ② 조직의 상부에 하부에 대한 감독과 책임이 부여된다(계층제). ③ 공 · 사의 구분이 철저하다.[1] ④ 선출이 아닌 임명에 의해 보임되며, 조직과 구성원 간의 관계는 계약에 근거한다. ⑤ 관료들은 객관적인 자격요건(훈련, 시험, 자격증 등)에 의해서 선발된다. ⑥ 관료들은 자의적인 해고로부터 보호되며, 서열 및(또는) 업적에 의해 승진한다(직업공무원제). ⑦ 관료 활동에 대한 규제는 일

1) 업무 외의 영역에서 상급자에 복종할 필요가 없다.

반적이고 일관성 있는 추상적 규칙에 의한다. ⑧ 공적 의무는 증오·선의 등과 무관한 비사인성(impersonality)에 기반해서 수행된다. ⑨ 관료제적 조직은 종종 비관료적인 총수(지위승계, 피선출 등에 의해 보임됨)에 의해서 지휘된다(Etzioni-Halevy, 1983: 27).

위의 특징을 지니는 행정 관료조직에 대한 통제는 주로 '감독'(oversight) 기제를 중심으로 수행되었고 부수적으로 윤리의식의 내재화를 통한 '상호성'(mutuality) 기제가 적용되면서 여러 내·외부 통제수단을 통해 책임성을 확보하는 것을 기본으로 하였다.2)

이러한 전통적 행정조직 운영에 관한 핵심적인 주장(doctrines)은 첫째, 공공부문은 시장부문과 명백히 구분된다는 것과 둘째, 공식적인 규칙과 절차를 준수해야 한다는 것이다. 공공부문이 기본정신, 사업방식, 조직설계, 채용인력, 보수와 승진 등의 조직운영 면에서 시장부문과 구분된다고 본 배경에는 시장부문이 공공부문보다 부패와 비리의 정도가 크기 때문에 그러한 부정적인 요소가 공공부문에 침투되어서는 안 된다는 의식이 가로 놓여 있었다. 또한 공식적인 규칙과 절차를 강조한 것도 정치인과 관료들의 부당한 재량행위나 자의적인 개입에 의한 부패와 부당한 처사 등을 방지해야 한다는 의식에 토대를 둔다(Hood, 1994: 126-127). 전통적 행정조직에 대한 통제가 감독과 윤리의식 내재화에 중점을 두었던 것은 이러한 맥락에서 이해될 수 있다.

위의 두 주장에 대해 신공공관리론은 전통적 행정조직 운영에 관한 직접적인 반론을 제기하고 있다. NPM은 공공부문과 시장부문 간에 조직운영상의 차이가 존재하지 않는다고 보고 있으며, 공공부문의 작업방식이 절차와 규칙을 강조하는 것으로부터 '결과'(성과)에 주목하는 것으로 전환되어야 한다고 주장한다. 그리고 이 과정에서 '경쟁'(competition) 기제를 관료와 관료조직 통제의 핵심적인 수단으로 채택하고 있다(Hood, 1994: 129; Dunleavy & Hood, 1994: 9-10; Kettl, 2005).

NPM은 공공부문에 광범한 낭비와 비능률이 존재하고, 관료와 관료조직은 무능하며 문제해결 역량이 취약하다는 비판을 배경으로 대두되었고, 그 영향력을 강화했다. 제2차 세계대전 이후 20세기의 중반을 거치면서 구미 선진국들을 중심으로 자리를 잡은 '복지국가'는 국가 재정지출의 증대를 가져왔다. 그러나 1973년

---

2) 제3장 1절 참조.

에 발생한 제1차 오일쇼크[3]로 인해 경기침체 및 실업률 증가와 물가급등이 동시에 발생하는 스태그플레이션이 나타나면서 국가 재정위기가 대두되었다. 이러한 변화는 신우파(the New Right) 사상가와 정치인의 주장이 득세할 수 있는 여건을 조성했으며, NPM은 이 신우파 정치사상의 득세와 맥을 같이 한다. 정부의 무능과 방만한 운영이 경제 및 재정위기를 일으킨 주된 요인이라는 신우파의 주장이 시민들의 광범한 지지를 얻게 되고, 정부에 대한 시민들의 신뢰가 저하되는 현상을 배경으로 해서 NPM이 행정개혁의 주된 조류를 형성하게 되었던 것이다.

NPM에서 시장부문과 공공부문이 다르지 않다고 보는 것은 시장부문에서 개발되고 검증된 관리기법들이 공공부문에도 적용될 수 있음을 의미한다. 시장부문이 공공부문보다 효율적이기 때문에 기업조직을 관리하는 데 활용되는 관리기법들을 공공조직에 적용하면 공공부문의 효율성이 제고될 수 있다는 것이다. 또한 법적 절차나 규칙보다 결과를 중시하는 것 역시 비용절감이나 효율성을 강조하는 시장부문의 영향력이 공공부문에 미치게 됨을 의미한다.

NPM은 공공선택론(신제도주의 경제학)과 관리주의(managerialism)에 지적 원천을 두고 있다(Aucoin, 1990; Pollitt, 1993; Hood, 1994; Kettl, 2005).[4] 관료들도 공익보다 자신의 이익을 우선시하는 존재라는 주장을 담고 있는 공공선택론(특히 Niskanen의 예산극대화론)은 관료(제) 통제를 모색하던 신우파 정치인들의 구미에 맞는 이론적 논거가 되었으며, 민간부문에서 개발된 탈관료제적인 관리기법과 원칙들이 공공부문 조직에도 적용될 수 있다는 관리주의론자들의 주장은 관료(제) 통제와 동시에 능률과 경제성을 추구하던 신우파 정치인들에게 대안을 제시해줄 수 있었다.[5] 이 두 지적 원천이 혼재된 것이 NPM의 원리이다.

NPM이 전제하는 정치-행정 간의 관계에 대한 원리는 집중화(centralization), 조정(coordination), 통제(control) 등으로서 이는 주로 공공선택론의 영향을 받았다. '집중화'는 대통령 · 수상 · 장관 등 정치적 집행부의 권력을 강화하고, 이들이 적극적으로 정책을 주도하며 행정 관료들을 장악해야 한다는 원리이다. '조정'은

---

3) 1970년대 들어 석유산업국유화와 자원무기화를 추진하던 중동의 산유국들이 1973년 말 원유의 수출가격을 일시에 급등시킨 사건을 말한다. 이로 인해 유가가 폭등하였으며, OPEC(석유수출국기구)의 국제정치 · 경제적 영향력이 크게 커졌고, 세계 경제는 큰 어려움에 직면했다.

4) NPM의 지적 원천에 대한 논의는 주재현(2010: 58-60)을 인용함.

5) 공공선택론과 관리주의는 관료제를 비판한다는 점에서 공통점을 지니고 있어, 신우파 정치인들에게 매력적인 이론적 논거를 제시할 수 있었다.

정부 전체 차원에서는 중앙의 통합·조정력을 강화하여 각 부처가 개별화되고 상호모순적인 기관이 되지 않도록 하는 것이며, 개별 부처 차원에서는 장관의 역량을 강화하여 부처 내 및 산하의 여러 기관이 모(母) 부처로부터 괴리되어 독자적인 행위자로 귀결되는 것을 차단하는 것을 말한다. '통제'는 정치적 집행부가 인사·조직·전달체계 상의 수단을 통해 관료(제)를 정치적 집행부의 의도 아래 묶어 두고, 관료조직이나 고위 관료의 자율성과 권력을 약화시키는 것을 말한다(Aucoin, 1990: 119-122).

NPM이 추구하는 관리구조에 대한 원리는 분권화(decentralization), 탈규제(deregulation), 대리(delegation) 등이 있으며, 이는 주로 관리주의의 영향을 받았다. '분권화'는 중앙의 통제를 기본방향 설정에 한정하고, 구체적인 목표달성과 관리활동은 중간 관리자(managers)에 맡겨야 한다는 원리이다. 거대 복합조직에서 이 분권화는 반드시 필요한 것으로 논의되며, 이를 위해서는 계층제 상 수준(levels)의 수를 줄여야 한다고 주장된다. '탈규제'는 계선 상의 관리자가 재정 및 인사관리 측면에서 자유로워야 한다는 원리이다. 이를 위해서 정부조직 내의 규제(regulation inside government)를 대폭 줄이되, 관리자에게 결과에 대한 책임을 묻는 접근법을 채택해야 한다는 것이다. '대리'는 조직의 목적을 명료하게 하여 각 조직구성 부분들이 명확하게 정의되고 일관된 임무를 수행하도록 하고, 나아가 조직의 활동이 시민이나 조직의 고객에 대한 대응성을 높여야 한다는 원리를 말한다(Aucoin, 1990: 122-125).

다소 단순화시켜 정리하면 공공선택론과 관리주의는 관료(제)를 보는 관점, 정치-행정의 관계에 대한 관점, 대표성과 대응성에 대한 강조점의 차이 등에서 일부 상충한다. 공공선택론이 관료(제)가 지나친 권력을 지니고 있다고 보는 반면, 관리주의는 관료제 속의 관료들이 지나치게 속박되어 있다고 본다. 공공선택론은 정치인이 주도하고 행정은 이에 부응하는 의미에서의 정치행정일원론을 지지하는 반면, 관리주의는 정치행정이원론의 입장에서 최상위 정책결정에서만 정치의 역할을 인정하고 그 이하의 수준에서는 계선의 관리자들에게 자율적인 결정권을 부여하고자 한다. 공공선택론은 정부 대표성 확보의 차원에서 관료조직이 이익집단 세력들에 포획되지 않도록 노력해야 함을 강조하는 반면, 관리주의는 행정의 대응성을 강조하여 관료들이 자신의 정책고객들에 잘 대응해야 함을 내세운다(Aucoin, 1990: 126-128).

따라서 공공선택론과 관리주의에 토대를 두고 있는 NPM의 원리들간에 긴장과 모순이 존재하는 것은 불가피하다. 다만 정부의 정치·행정 엘리트들이 이러한 갈등적인 요소들을 현실 정치와 행정에 잘 조절하여 적용할 수 있는 역량과 의지를 지닌다면, NPM의 내부 모순에 따른 복합적인 효과의 부작용을 최소화할 수 있을 것이다.

이상 논의한 복합적인 지적 원천과 원리들로부터 NPM의 핵심 주장을 도출하면 다음과 같다(*cf.* Hood, 1994: 129-132). 첫째, 공공부문 내 조직들간은 물론 공공조직과 민간조직들(기업뿐 아니라 비영리조직도 포함) 간의 경쟁(competition)을 강조한다. 경쟁을 조장하기 위한 수단은 '시장성 테스트'와 '민간위탁' 등이다.[6] 경쟁이 효율성의 증진과 서비스 질의 향상을 가져온다고 믿기 때문이다. 이러한 경쟁은 정책조언 영역보다는 정책집행 영역에서, 특히 사회 및 복지서비스 전달 영역에서 두드러진다.

둘째, 공공조직 내 구성원들간의 경쟁을 조장하기 위해 인센티브 제도를 도입하고, 성과평가 기제를 강화한다. 성과평가 결과를 토대로 차등적인 임금이 지급되는 것이 정당한 것으로 받아들여진다. 이를 위해서 명백하고 측정가능한 성과기준(performance standards)을 설정하고 이를 준거로 평가를 시도한다. 성과기준은 상관의 자의적이고 일관성 없는 명령이 아니라 적절한 조사와 토의를 통해 미리 설정된 산출지표(output measures)를 위주로 한다. 이러한 접근은 '주인-대리인' 이론의 주장을 수용한 것으로 볼 수 있으며, NPM에서 관료들은 더 이상 신뢰의 대상이 아니라 통제의 대상으로 인식되고 있음을 알 수 있다.

셋째, 공공부문 조직의 상층 관리부가 외부의 관찰에 쉽게 노출될 수 있고, 보다 적극적으로 조직의 운영에 관여하도록 하는 조직관리 스타일을 지향한다. NPM은 전통적 행정조직의 상층 관리부가 조직의 관리에 적극적이지 않았고 외부에 잘 노출되지 않았으며, 그 여파의 하나로서 상층부 관료들의 조직관리가 느슨하게 전개되었다고 본다. 따라서 이제는 조직 상층부 관료들이 직접적인 조직관리에 더 적극적으로 관여하도록 유도하고 그들에게 조직관리 상의 책임을 물어야 하며, 이를 위해서 상층부 관료가 더 잘 노출되도록 제도를 구축하되, 그들에게 더 많은 관리상의 재량권을 부여해야 한다고 주장한다.

6) 민간위탁과 관련된 '경쟁' 기제 논의는 8장에서 취급되며, 여기서는 그 외의 공공기관간, 공공기관과 민간기관 간 경쟁에 대해 살펴본다.

넷째, 상층 관리부의 노출과 책임을 조장하는 수단의 하나로서, 종전의 대규모 공공조직들을 여러 세부조직들로 분할한 후 각 조직들에게 단일의 미션을 부여하는 조직구성 접근을 채택한다.7) 각 세부조직의 관리자들은 경쟁을 통해서 선발되어 조직의 운영을 책임지고 그 성과에 따라 보상과 진퇴여부가 결정되며, 외부의 관찰에 쉽게 노출된다. 관리자들은 조직의 성과를 높이기 위해 시장부문에서 검증된 관리기법들을 적절히 활용할 것으로 기대되며, 해당 기법들은 적절히 적용될 경우 비용절감이나 서비스 품질 향상을 가져올 것으로 기대된다.

제2절 성과중심의 인사관리

대리인(agent)의 급여와 승진이 연공서열에 의해서 결정된다면, 그들이 공금을 절약하거나 산출을 늘려도 그들에게 추가적인 이득이 부여되지 않으며, 그 반대가 된다 해도 특별한 제재를 받지 않는다. 이 경우 기회주의적인 대리인은 공금을 절약하거나 서비스의 질을 늘릴 동기가 부여되지 않는다. 반면 대리인에 대한 보상(임금 및 승진 등)을 실적(merit)에 의해서 차등화하면, 대리인은 업무실적을 높이는 것이 자신의 보상을 높이는 것이므로 동기가 부여되고 그 결과는 주인이 기대하는 이익과 부합한다. 즉 성과에 따른 보상을 높이면, 대리인의 재량과 기회주의가 주인의 이익을 높이는 방향으로 나타날 것으로 기대할 수 있다.8)

성과중심 인사관리는 관료들의 자기이익 추구활동이 정무직 공직자들의 정책실현에 기여하도록 유도함으로써 책임성을 확보하고자 하는 접근방안으로 주로 성과급제도(pay-for-performance system)로 대표된다. 인사행정에 있어서 성과주의는 목표의 실현과 결과를 중시하고 절차와 수단에 의한 목표대치를 배격하는 산출중심적 관리를 뜻한다. 성과주의는 관료들의 업무와 활동을 평가할 때 조직전체의 임무완수나 정책의 구체적 실현 등을 강조함으로써, 관료들이 우수한 성과를 내고 그에 따라 상대적으로 높은 수준의 급여를 받거나 승진하려고 노력하는 활동의 자연스러운 결과로서 집권층의 정책추진이 강화될 수 있게 한다.9) 즉

7) 이러한 원리에 의해 형성된 기관들이 책임운영기관(Executive Agencies)이나 비정부부처공공기관(Non-departmental Public Bodies; Quangos)이다.

8) 이러한 논리에 있어서는 A. Smith가 원조이다. 그는 외부기관과의 계약에 의한 서비스 생산보다 직접고용에 의한 서비스 생산이 더 나은 결과를 낳을 것이라고 생각되는 경우에 그 고용관계 내에 성과기반의 동기부여 구조를 도입하고자 했다.

성과주의 인사제도는 보수와 승진을 정책지향적인 직무수행실적과 결부시킴으로써 관료들에게 집권층의 정책실현에 협력하도록 동기를 부여하는 제도적 장치라고 할 수 있다. 관료들의 입장에서 본다면 집권층의 정책추진에 공헌하는 것이 곧 수입 증대와 승진이라는 자신의 효용을 극대화하는 길인 것이다.

아래에서는 성과급제도와 관련한 개념적·이론적 논의에 대해 살펴본 후 우리나라 성과급제도의 연혁과 내용, 그리고 그 실제 운영현황에 대해 검토한다. 마지막으로 공공부문 인사관리에서 경쟁기제를 적용하고 있는 관련 제도들 -고위공무원단제도, 개방형직위제도 및 직위공모제도, 책임운영기관- 에 대해 논의한다.

1. 성과급 관련 개념적·이론적 논의

1) 성과급의 개념, 유형, 기대효과

성과급제도는 직무수행의 실적을 보수결정의 기준으로 삼는 제도이다. 측정가능한 직무수행 실적 또는 직무수행의 결과에 보수를 직접 연계하는 제도이다. 성과급은 기본적인 보수 위에 추가해서 지급하는 것이다. 직원들에게 기본적인 보수를 지급하되, 그들의 생산성이 일정한 기준을 초과하는 경우 추가적인 보수를 지급하는 것이 일반적이다. 성과급은 명확한 성과지향적 목표가 설정되고 그에 대한 직무수행실적이 측정될 수 있는 직무에 대해서만 효과적으로 적용될 수 있다. 또한 직원의 직무수행 노력과 직무수행 성과 사이의 인과관계를 확인할 수 있어야 한다(오석홍, 2000: 194-195).

성과급에는 개인차원, 집단차원, 조직차원에 따른 세 유형이 존재한다. 개인차원의 성과급은 개인을 대상으로 하고, 집단차원의 성과급(팀별성과급 또는 집단성과급)은 작업집단(team)을 대상으로 하는 성과급이다. 집단성과급제를 시행하려면 직원들이 작업집단을 구성하게 하고 집단별로 집단목표를 설정한 다음 그들이 집단목표를 성취할 수 있도록 지원한다. 직무수행 성과는 집단을 단위로 측정·평가하며, 성과급의 지급도 집단을 단위로 시행한다. 집단 구성원들은 집단에 주어진 성과급을 분배한다. 조직차원의 성과급은 조직 전체의 생산성 향상이나 비용절감에 대한 조직 구성원들의 기여를 인정하여 모든 구성원들에게 주기적으로 지

9) 이러한 성과주의에 입각한 성과급(pay-for-performance)은 직무수행의 실적을 결정기준으로 삼는 보수로서, 기본적인 보수(base pay) 위에 추가하여 지급하는 보수를 말한다.

급하는 성과급이다. 조직차원의 성과급은 대개 이윤증가, 노동비용절감, 노동비용에 대비한 부가가치 증가 등을 기준으로 결정한다(오석홍, 2000: 195-197).

성과급제도를 통해서 얻을 수 있을 것으로 기대하는 효과를 세부적으로 나열하면 다음과 같다(황성원, 2007: 40-42; 오석홍, 2000: 200; 유규창 · 박우성, 2001).

첫째, 성과급제도는 조직 구성원들의 동기부여를 통해서 조직의 생산성과 효과성을 제고할 수 있다. 경제적 인센티브가 조직 구성원들의 욕구충족을 통해서 만족도를 제고하고, 이러한 만족도를 추구하는 조직 구성원들은 더 많은 노력을 투입하여 조직의 성과와 생산성을 높이는 방향으로 힘쓰게 될 것으로 기대된다.

둘째, 성과급제도는 우수한 인력을 확보하고 유지하는 데 기여할 수 있다. 우수한 인력들은 다른 조건이 같다면 성과가 높은 직원에게 더 많은 보상을 부여하는 조직을 선호하고, 그러한 직장에 계속 남아 있고자 하는 동기가 부여될 것이므로 성과급제도가 우수인력확보와 보전에 효과적일 것으로 기대된다.

셋째, 성과급제도는 조직 구성원들간의 경쟁을 조장하여 그들의 경쟁력 제고를 유도할 수 있다. 성과급제도는 일반적으로 상대평가를 통해서 성과등급을 부여함으로써 구성원들간의 경쟁을 유발한다. 따라서 구성원들은 경쟁에서 우위를 점하기 위해 노력할 것이며, 이 과정에서 그들의 역량이 개발되는 효과가 발생할 수 있어 개인과 조직의 경쟁력이 제고될 것으로 기대된다.

넷째, 성과급제도는 인건비의 효율적 관리를 가능하게 한다. 연공형 보수체계에서는 인건비와 조직의 능률성 · 효율성 간의 연계가 취약하다. 그러나 성과급체계에서는 실적과 보상 간의 연계가 높아지고, 인건비 예산의 투입이 조직의 성과를 제고하는 효과를 낳을 수 있다. 나아가 전체 인건비 예산을 일정 수준으로 억제하면서 조직의 효과성을 높일 수 있을 것으로 기대된다.

다섯째, 성과급제도는 조직의 변화와 혁신을 유도할 수 있다. 성과급제도는 경쟁지향적이고 성과지향적인 조직문화를 조장할 수 있다. 성과지향적인 보상체계에서는 직원들의 재량과 자율성 및 분권화 정도가 높아지게 되며, 창의적인 문제해결 능력을 지닌 이들이 조직의 운영에 큰 영향을 끼칠 수 있게 되어, 조직의 변화와 혁신이 발생할 가능성이 높아질 것으로 기대된다.

여섯째, 성과급제도는 보수지급의 공정성을 구현하는 수단이 될 수 있다. 사람들은 자신이 이룬 성과에 대한 보상이 타인의 그것과 비교해서 공정하다고 인식해야만 조직을 신뢰하고 추가적인 노력을 투입할 동기가 부여된다. 성과급은 실제 발생한 성과를 보상과 직접적으로 연결시킨다는 점에서 가장 실제적인 공정성 구현수단이 될 수 있을 것으로 기대된다.

2) 성과급 관련 해외연구 동향

주인-대리인 이론에 의하면 정보의 비대칭성 때문에 대리인(피고용인)이 주인(고용주)을 기만하고 자신의 이익을 추구할 수 있다. 주인이 대리인의 업무를 직접 관찰하고 통제하는 것이 어렵기 때문에 대안적인 통제의 수단 또는 책임성 확보의 수단이 필요하게 되고, 성과급제도는 이처럼 직접적인 통제가 비효과적일 경우에 사용할 수 있는 대안이 된다.

(1) 이론적 근거

대리인이 주인의 이익을 실현하는 방향으로 행동하도록 유도하기 위해서는 성과급제도를 어떻게 설계해야 할 것인가? 이에 대해서는 토너먼트(tournament) 이론이 의미 있는 시사점을 제시한다.[10] 토너먼트 이론은 조직 구성원의 업무수행 상황을 1인의 주인과 다수의 대리인들 간의 관계로 상정한 후, 주어진 상금을 획득하기 위해서 행위자들(대리인들)간의 경쟁이 이루어지고 상대(relative)평가에 따라 등급(rank)이 결정된다. 등급 서열이 높게 매겨진 이들에게 많은 상금을 수여하고 서열이 낮게 매겨진 이들에게는 적은 상금을 부여하거나 상금을 주지 않는 것을 기본으로 하는 인센티브 체계를 제시한다. 성과 상위자와 하위자 간의 상금 차이가 커질수록 참가자들의 노력이 증가한다고 전제하는 데, 성과 상위자와 하위자 간의 보상격차를 크게 할수록 구성원들의 경쟁이 높아지고 조직성과가 향상될 것으로 기대된다. 성과 상위자는 더 높은 상금을 받게 되므로 업무 동기가 부여되고 성과 하위자는 자신도 높은 상금을 차지하기 위해 업무 동기가 부여된다는 것이다(김영호, 2008: 172; 한승주, 2010: 31; Lazear, 1996).[11]

---

10) 토너먼트 이론에 대한 자세한 논의는 황성원(2003), 김영호(2008) 등을 참조.

11) 토너먼트 참가자들은 자신의 노력을 투자하여 성과 상위자가 될 확률을 높이고자 한다. 그러나 이 노력은 참가자들에게 일정한 비용을 초래한다. 이에 각 참가자는 자신의 기대효용을 최대화하고자 한다. 그런데 경기의 결과물(output)은 참가자들의 투자에 의해서만 결정되는 것이 아니라 불확실성을 내포하고 있다. 따라서 참가자들의 경기에 대한 투자는 승리 시의 상금과 패배 시의 상금 차이에 영향을 받게 된다. 이는 조직 내의 성과급 결정에 중요한 시사점을 제공한다. 즉 조직 구성원이 업무에 대한 투자를 크게 하도록 유도하기 위해서는 성과급의 차이를 크게 해야 한다는 것이다(하미승 외, 2004: 4; Lazear & Rosen, 1981).

토너먼트 방식은 주인이 대리인 개개인의 성과에 대한 절대적인 평가를 통해서 인센티브를 부여하는 방식이 아니라, 다수 대리인을 전제로 그들간의 경쟁을 유도하고 그들의 성과에 대한 '상대적인 평가'를 시도한다는 점이 특징적이다. 다수의 대리인이 일하고 있는 대규모 조직에서 개별 업무들은 상호의존적이고 복잡하게 관련되어 있는 것이 일반적이다. 이러한 상황에서 각 업무에 대한 절대적인 평가를 토대로 인센티브를 부여하는 것은 실질적으로 어려운 반면, 사전에 보상격차를 제시한 후 대리인간의 경쟁을 유도하고 성과에 대한 상대평가를 실시하며 그에 따른 보상을 제시하는 방식은 성과급제도의 실현가능성을 높여준다(김영호, 2008: 182).

포괄적으로 토너먼트 방식의 성과급제도는 다음의 특징을 갖는다. 첫째, 상금은 사전에 결정되는 데, 이는 개별 근로자들의 절대적 성과와는 무관하며, 근로자간 상대적 성과평가 결과에 따른 서열에 의해서 상금의 크기가 달라진다. 둘째, 근로자들이 성과 상위자 또는 하위자로서 받게 되는 인센티브는 성과가 좋았거나 나빴거나(good or bad)에 의해서 결정되는 것이 아니라 경쟁자보다 잘했거나 또는 못했거나(better or worse)에 의해서 결정된다. 셋째, 근로자의 노력수준은 성과 상위자와 하위자 간 보상의 차이에 달려 있다. 보상격차가 커질수록 근로자의 노력수준이 더 높아지게 된다(김영호, 2008: 172-173).

한편 토너먼트이론과 함께 성과급제도의 이론적 기반을 제공하는 것은 기대이론(expectancy theory)이다. Vroom(1964)은 타산적이고 합리적인 인간에게 조직목표에 부합하는 행동을 요구하기 위해서는 외적 보상으로 업무동기가 유인되어야 한다고 주장하였는데 특히 임금이나 성과급과 같은 금전적 보상의 필요성을 강조하였다. 그의 주장에 따르면 개인의 동기부여는 세 측면의 기대가 합쳐진 결과이다. 노력한 만큼 성과가 나올 것이라는 기대(expectancy, 기대가), 성과에 따라 보상받을 가능성(instrumentality, 수단성), 보상이 개인에게 주는 매력 정도(valence, 유인가)에 의해 업무 동기가 부여된다는 것이다. 따라서 성과에 따라 보상이 주어지고 그 보상이 구성원들에게 매력적인 수준이 되도록 성과급제도가 설계된다면 구성원의 업무 노력은 향상될 것이라고 주장된다.

(2) 연구 결과

성과급제도가 기대한 효과를 내고 있는지에 대해서 해외 연구들은 일관된 결과를 보여주고 있지 않다. 토너먼트 방식에 의한 성과급제도에 대해서 Malcomson (1984)은 직업공무원제를 근간으로 하는 정부 관료제와 같이 대리인의 행동 및 성과에 대한 측정이 곤란하고 다수의 대리인이 존재하며 다기간의 계약(장기간의 고용관계)이 이루어지는 상황에서는 서열화된 등급을 통한 토너먼트 방식의 인센티브가 대리인들의 노력 수준을 높이는 데 효과적이라고 주장한다(김영호, 2008: 183). 또한 Ha(1989)는 성과연계적인 급여가 비연계적인 급여보다 높은 성과를 가져온다는 주장들을 정리하고 있는데, 예컨대 성과연계적인 급여를 통해 Roethlisberger는 개인의 생산성이 12% 이상 상승했음을 보고했고, Locker는 30%, Viteles는 39%까지 생산성이 향상되었다고 보고했으며, Lawler는 개인적인 인센티브 체계가 개인의 생산성을 10～20% 정도 증대시킬 수 있다고 결론내고 있다는 것이다(하미승 외, 2004: 5).

같은 맥락에서, OECD(1997)는 호주, 덴마크, 아일랜드, 영국, 미국 등 회원국가의 11개 공공부문 기관에 근무하는 중간관리자 이상의 근무자(965명)를 대상으로 조사한 결과, 성과급제도가 긍정적인 효과를 가져왔다고 보고했다. OECD의 연구는 비록 모든 기관에 동일한 수준으로 나타나지는 않았지만, 분명 성과급제도는 공공부문 관리자들에게 더 높은 수준의 노력을 끌어낼 수 있을 만큼 충분한 동기부여 기능을 수행함을 보였다(하미승 외, 2004: 6).

그러나 성과급제도가 기대했던 효과를 가져오지 않았거나, 심지어 부정적인 효과를 냈다고 보고한 연구들도 상당수 존재한다. 미국 고위공무원 성과급제도의 효과를 분석한 Pearce 등(1985)은 공직에 남아 있으려는 동기에 있어 직무의 책임성・중요성, 동료들과의 친분관계, 퇴직수혜 등의 요인이 금전적인 보상요인보다 더 중요하다고 보았다. 성과급 지급을 위한 성과평가체계가 고위공무원들의 직무성과를 향상시키는 데 별로 도움을 주지 못한다고 보고하여, 미국 연방 고위공무원들에 있어 성과급제도는 성과향상을 위한 동기부여 효과가 거의 없다는 결론을 도출했다(하미승 외, 2004: 5-6).

Deci(1975)는 공익지향성에 의해 내적으로 동기화된 행정 관료들은 금전적인 요인과 같은 외적인 요인에 의해 영향받지 않는 것으로 보고했다. 또한 Kohn (1993)은 성과급제도의 기본 원리인 경쟁이 오히려 공익지향성이라는 내적인 동기유발 요인을 파괴할 수 있다고 주장하였다. 경쟁이 인간관계를 훼손하거나 부정행위를 초래해서 조직 전체적으로 부정적인 효과를 가져올 수 있다는 것이다.

또한 자신의 일로부터 소외되어 있는 사람들에게만 외적 보상이 효과를 발휘하고 스스로 일 그 자체를 즐긴다면 외적 보상을 통한 동기부여의 효과가 미미하다고 주장하였다. Pfeffer(2001)도 성과급의 효과가 낮음에도 불구하고 경영현장에서 성과급제도가 확산되는 것을 우려하면서 성과급제도는 다음과 같은 문제점이 있다고 지적한다. ① 실제 성과보다 대인관계 수완에 따라 보상수준이 결정될 수 있다. ② 차등적 성과보상에 의해 팀워크가 훼손될 수 있다. ③ 개인과 집단을 넘어선 조직전체 차원에서의 성과가 무시될 수 있다. ④ 단기적인 성과에 치중함으로써 장기적인 계획의 중요성이 간과될 수 있다(한승주, 2010: 31; 황성원, 2003: 125).

한편 성과급의 효과성이 공공부문의 특성으로 인하여 제한된다는 것을 주장하는 연구도 있다. 1970년대 후반 미국은 Civil Service Reform Act의 실시로 공무원을 대상으로 한 성과급제도가 시작된 이후 1990년 인사관리처(Office of Personnel Management)가 전 연방공무원을 대상으로 성과급제도의 효과성을 검증한 결과, 기대에 미치지 못하는 결과를 발견하였다(Milkovich & Wigdor, 1991). 이러한 결과는 다음과 같은 공공부문의 특수성 때문으로 분석되었는데, 첫째, 조직산출물에 대한 경제적 시각이 존재하지 않으며 성과와 보상의 연계가 명확하지 않다는 점 둘째, 조직이 추구하는 가치가 다차원적이고 추상적이며 서로 상충된다는 점 셋째, 다양한 이해관계자가 관여하는 복잡하고 역동적인 정치적 과정 및 정책과정이라는 점 넷째, 과정 및 절차를 중시하는 외부감시기구가 있다는 점, 다섯째, 최근 더욱 부정적인 시각으로 돌아선 외부 정치적 환경이 존재하는 점 등으로 인하여 이런 특수성이 무시된 관리는 부작용과 폐해를 낳을 수 있다고 보았다. 강한 관료제 구조와 복잡하고 상호의존된 업무, 계량적 측정이 쉽지 않은 공공조직에서 성과급은 효과적으로 작동하기 어렵다는 것이다(Perry & Porter, 1982; Rainey, 2003; 한승주, 2010 재인용).

3) 성과급제도의 성공 및 실패요인

이상의 해외연구 결과를 통해서 우리는 성과급제도가 모든 환경과 조직에서 항상 성공하거나 실패하는 것은 아니며, 그 성공과 실패에는 여러 요인이 작용하고 있음을 알 수 있다. 성과급제도의 성공과 실패에 영향을 미치는 요인들은 다음과 같이 정리될 수 있다(하미승 외, 2004: 7-8; 황성원, 2007: 43-46; Hood, 1986).

성과급제도를 실패로 이끌 수 있는 요인들은 다음과 같다. 첫째, 성과목표 설정과 측정 상의 어려움이다. 전체적으로 성과주의 인사관리는 직원들의 업무와 활동을 평가함에 있어서 조직 전체의 임무완수나 정책의 구체적 실현 등을 강조하므로, 직원들의 재량과 자의적 행태를 정책목표의 추진으로 유도하는 유용한 수단이 될 수 있다. 그러나 성과주의는 명확한 성과지향적 목표가 설정되고 그에 대한 직무수행실적이 측정될 수 있을 때 효과적으로 적용될 수 있는데, 공공조직에 있어서는 이에 대한 객관적인 측정과 계량화가 어려운 경우가 많으며 조직임무 완수나 정책추진 성과에 대한 개인별 기여도를 구분하기 곤란하다는 한계가 있다.

그뿐만 아니라 평가지표는 원래 성과를 측정하기 위한 수단적 의의를 지닌 것이지만, 평가의 대상이 되는 직원들은 평가지표 그 자체를 활동의 목표로 삼을 수 있다. 따라서 그들은 성과평가를 통해서 궁극적 가치(공익의 증진, 책임성의 제고 등)를 추구하기보다 자신들의 행위동기 즉 급여의 증대에 도움이 되는 활동에 주력할 수 있고, 이는 공익의 증진이나 책임성의 제고와는 거리가 먼 결과를 가져올 수 있다. 이는 좁은 영역에서의 생산성 개선에도 불구하고 성과급제도가 실패로 귀결될 수 있음을 의미한다.[12)]

둘째, 정보의 실패이다. 성과평가 체계는 평가자들이 피평가자의 업무성과에 대해서 높은 수준의 신뢰성과 타당성을 지닌 정보를 획득할 수 있음을 전제로 한다. 그러나 평가에 필요한 정보는 얼마든지 왜곡될 수 있다. 특히 평가에 필요한 정보가 피평가자들로부터 제공되는 상황에서는 제대로 된 평가가 시행되지 않을 가능성이 크다. 대리인의 기회주의를 역이용해서 주인의 이익을 실현하고자 하는 성과급제도도 대리인의 기회주의 문제로부터 완전히 자유로울 수는 없다고 하겠다.[13)]

셋째, 조직문화 문제이다. 기존의 조직문화가 권위주의적이고 계층주의적인 경우, 직급과 연공서열에 기초한 보수체계에 익숙한 직원들에게 능력과 실적에

---

12) 지표가 적절하게 설정된 경우라고 하더라도, 개별적인 지표들의 달성이 곧 조직 전체의 목표달성에 기여하지 못할 수 있다. 조직 전체의 성과가 개인 업무성과의 단순 총합이 아닐 수 있기 때문이다. 이에 개인 성과급을 넘어서는 집단이나 조직 차원 성과급의 효과를 기대하게 된다.

13) 이러한 정보의 왜곡 가능성에도 불구하고, 피고용인들간의 경쟁을 전제로 하는 성과급제도는 피고용인 상호간의 견제를 이용해 정보의 왜곡을 최소화하는 등의 방편을 동원해서 상황을 관리할 수 있는 여지를 지닌다고 볼 수 있다.

토대를 둔 성과급제도는 기존 질서를 파괴하는 것으로 인식되어 저항을 불러일으킬 수 있다. 제4장에서 논의한 대로, 성과급제도는 개인주의 문화와 정합성이 높다. 따라서 개인주의적인 문화요소가 취약한 조직에서는 문화와 제도 간의 불일치로 인해, 조직구성원들의 제도에 대한 수용성이 낮은 불응현상이 나타날 수 있다.

넷째, 재정자원의 한계 문제이다. 성과급의 경제적 인센티브는 직원들의 직무행동에 영향을 줄 수 있을 정도로 충분히 높은 수준에서 설정되어야 한다. 재원의 제약으로 인해 높은 성과를 거둔 이들에게 충분한 보상을 제공하지 못할 경우, 성과급제도는 직원들에게 의미 있는 수준의 동기를 부여하지 못하게 된다.

반면 다음과 같은 요인이 갖춰질 경우, 성과급제도의 성공 가능성은 높아질 수 있다. 첫째, 조직의 문화적 조건을 구비한다. 기존의 조직문화가 개인주의 문화요소를 충분히 지니고 있지 않은 경우, 성과급제도와 정합성을 갖도록 조직문화를 변화시킬 필요가 있다. 조직을 위해서 더 많은 기여를 한 구성원이 그렇지 않은 구성원보다 많은 보상을 받아야 한다는 인식이 조직 구성원들 사이에 널리 받아들여질 수 있도록 꾸준한 홍보와 설득노력을 하게 되면, 시간의 경과에 따라 조직문화가 개인주의적인 성향을 지니게 될 가능성이 높아지고 이는 성과급제도의 성공을 위한 토양을 제공하게 된다.

둘째, 평가체계의 합리성을 확보한다. 성과관리에서 조직 구성원의 성과를 공정하고 객관적으로 측정하는 것은 제도의 성패를 좌우하는 핵심적인 요소가 된다. 성과평가는 피평가자의 능력이나 업적을 관찰하여 그의 성과를 양적 또는 질적 방법으로 판단·결정하는 행위로서, 성과급제도가 성공하기 위해서는 평가체계를 합리화·체계화하여야 한다.

셋째, 직무분석에 바탕을 둔 직급체계가 확립되어야 한다. 이는 평가체계의 합리화와 관련된 조건으로서, 객관적이고 철저한 직무분석을 통해서 각 직위의 직무내용으로부터 명확한 성과요소와 지표를 도출한 후, 성과산출의 정도에 따른 성과평가가 수행되도록 해야 한다. 직무분석에 따른 직급체계를 확립함으로써 성과 외적인 요소에 의해서 성과급이 영향받는 문제를 해소할 수 있게 된다.

넷째, 조직 구성원에 대한 다양한 지원이 있어야 한다. 관리자들은 업무지침의 부여, 업무수행 방법의 지도, 교육훈련 기회의 부여 등 조직 구성원들의 능력발휘와 능력개발을 위한 지원 역할을 수행해야 한다. 또한 직원들이 능력을 최대한 발휘하고 자율적·창의적으로 업무를 수행할 수 있도록 그들에게 충분한 권한과 재량을 부여할 필요가 있다. 그러나 동시에 이러한 다양한 지원에는 구성원들의 책임성 제고가 동반된다는 점을 그들에게 인식시키고, 체계적인 성과평가와 성과급 부여를 통해 모니터링을 실천에 옮겨야 한다.

2. 우리나라 성과급제도의 도입과 운영현황

1) 성과급제도의 도입과 발전

우리나라는 1995년에 '특별상여수당'이라는 명칭으로 공무원 성과급제도를 처음 도입하였다. 행정부 소속 전 공무원을 대상으로 업무실적평가 상위 10% 이내에 해당하는 이들에게 본인 월 기본급의 100~50% 상당액을 연 1회 일시불로 지급하는 것이었다. 이 제도는 1999년에 두 종류로 구분되어 개편되었다. 하나는 3급(과장) 이하 전 공무원을 대상으로 하는 '성과상여금'이며, 다른 하나는 3급(국장)부터 1급까지를 대상으로 하는 '성과연봉'이었다. 성과연봉은 계급별 연봉 범위 내에서 개인별 업무평가 결과에 따라 차등 지급되었다(손상식, 2009: 389-391).[14] 1999년 제도 개편의 배경은 당시의 외환위기였다. IMF 외환위기를 겪으면서 공직사회의 경쟁력을 높이기 위해서는 공무원 인사관리 체계를 직무와 성과 중심으로 신속하게 전환해야 한다는 주장이 제기되었으며, 이에 따라 김대중 정부 출범과 함께 공무원 보수제도 개혁이 추진되었다(황성원, 2007: 46).

1999년에 3급 국장급 이상의 공무원에게 적용된 성과연봉제는 2000년부터 호봉승급 대신 전년도의 성과평가가 연봉에 반영되도록 하였고, 2005년부터는 4급(과장급)까지 확대되었다. 성과연봉 지급대상과 지급률에 있어, 조직 내 위화감을 최소화하고 성과연봉이 다수의 공무원들에게 인센티브로 작용할 수 있도록 2001년과 2003년에 걸쳐 지급대상은 확대하고 지급률 격차는 완화하였다(황성원, 2007: 47).

---

14) 성과평가 방법은 2005년부터 직무성과계약제(performance agreement)를 활용하고 있다. 직무성과계약제는 장·차관 등 기관의 책임자와 실·국장, 과장 간에 성과목표와 지표 등에 관하여 합의하여 공식적인 성과계약을 체결하고, 그 이행도를 평가지표 측정결과를 토대로 계약당사자 상호간 면담을 통해 평가하고, 결과를 성과급, 승진 등에 반영하는 인사관리시스템이다. 직무성과계약 대상은 중앙부처 4급 이상 일반직·별정직·특정직·계약직 공무원이며, 기관장은 부기관장과, 부기관장은 실·국장과, 실·국장은 과장과, 과장은 복수직 서기관과 성과계약을 1년 단위로 체결한다(정부혁신지방분권위원회, 2008b: 271-272).

성과연봉과 성과상여금은 지급기준, 지급방법과 절차 등에서 동일하다. 단 성과연봉의 전부 또는 일부는 다음 연도 기준급에 누적되지만, 성과상여금은 다음 연도에 누적되지 않는다는 점에서 차이가 있다(손상식, 2009: 391).

성과상여금제도는 근무실적이 우수한 50%의 공무원에게 계급별 기준봉급액의 200~50%에 해당하는 상여금을 4단계로 차등하여 지급하였다. 그러나 제도운영 초기에 과장급 이하 공무원의 절반이 성과상여금을 받지 못하게 되어 조직 내 위화감과 상대적 박탈감이 조성될 우려가 제기되면서 제도 일부가 변경되었다. 즉 2001년에는 지급대상을 90%로 확대하고, 지급률도 110~40%로 축소했으며, 부서별 성과급의 지급이 가능하게 했다. 2004년에는 성과에 대한 보상을 강화하기 위해 최상위 성과우수자의 범위를 10%에서 20%로 확대하고, 특히 성과가 현저한 자에게는 특별휴가나 해외연수 등의 추가적인 인센티브를 부여하도록 했다(황성원, 2007: 48).

하지만 2005년 이후 성과평가체계 및 성과급제도가 강화되기 시작하는 데 2006년 '정부업무평가기본법' 제정과 함께 성과관리시스템이 중앙부처에 본격 확대되었다. 성과평가를 통해서 조직업무를 개선하고 조직 전체의 목표와 개인의 목표를 연동시키기 위한 성과관리 체계가 구축되는 과정에서 성과급은 성과평가 결과를 환류하는 단계에 해당하였다. 도입 초기 나타났던 성과평가의 체계성과 공정성에 대한 불만을 보완하기 위해 균형성과표, 다면평가 등 객관적이고 합리적인 평가체계를 도입하는 한편 성과 등급 간 보상격차를 심화하는 방향으로 나아갔다. 이것은 성과급 제도의 토너먼트적 특성을 강화한 것으로 등급 간 보상격차가 크면 개인의 업무 동기가 더욱 유발될 것을 전제로 한 것이다. 2006년을 기점으로 등급 간 보상격차는 크게 확대된다.

이후 부처 자율적 조정 권한을 부여하면서 현재는 성과상여금의 지급등급과 등급률은 소속 장관이 기관 특성을 고려하여 예산의 범위 아래 달리 정할 수 있는데, 지급 등급별 인원비율은 15%p 범위에서 지급률은 20%p 범위에서 조정하되 지급 등급 간 지급률 간격은 20%p 이상이어야 한다. 다만 C등급의 인원비율은 0이 되어서는 안 되고 C등급의 지급률은 조정할 수 없도록 하고 있다.

개인성과급제의 기본 설계 상 특징은 평가등급 상승에 따른 성과급 격차가 증가한다는 점과 상대평가방식을 통해 정해진 등급 순에 따라 차별적 지급된다는 점이다. 각 등급 간 보상격차를 확대해 경쟁을 유도하려는 기획이므로, 우리나라의 성과급제도는 보상격차가 클수록 개인의 노력 투자가 증가할 것이라고 주장하는 토너먼트 이론에 따른다고 볼 수 있다(김영호, 2008).

〈표 7-1〉 성과연봉 지급등급별 인원비율 및 지급률 변경내용

시기		S등급	A등급	B등급	C등급
도입당시	인원비율	상위10%	20%	40%	하위30%
	지급률*	150%	100%	50%	0%
2001년변경	인원비율	상위10%	30%	50%	하위10%
	지급률	110%	80	40%	0%
2003년변경	인원비율	상위20%	30%	40%	하위10%
	지급률	100%	70%	40%	0%
2006년변경	인원비율	상위20%	40%	30%	하위10%
	지급률	180%	120%	70%	0%
2007년변경	인원비율	상위20%	40%	30%	하위10%
	지급률	230%	160%	90%	0%
2023년현재	인원비율	상위20%	40%	30%	하위10%
	지급률	172.5%	125%	85%	0%

자료: 공무원보수등업무지침(2022).
주: *성과연봉기준액 기준.

2) 성과급제도의 내용[15)]

성과급제도의 법적 근거는 국가공무원법 제40조의 2(승진방법) 및 제51조(근무성적의 평정), 공무원 성과평가 등에 관한 규정(대통령령), 공무원 성과평가 등에 관한 지침, 공무원보수 등의 업무지침(인사혁신처 예규) 등이다.

이에 근거하여 2023년 현재 정부에서 운영하는 성과급에는 고위공무원 및 4급 이상 공무원을 대상으로 하는 성과연봉과 5급 이하 공무원을 대상으로 하는 성과상여금이 있다(표 7-2).

15) 이 절의 내용은 박천오 외(2010: 387-391)를 인용함.

〈표 7-2〉 연봉제와 성과급의 종류

구분		적용대상	
연봉제의 종류	고정급적 연봉제	정무직 공무원	고정연봉
	성과급적 연봉제	1급 내지 5급(상당) 공무원 치안정감부터 경정까지 경찰공무원, 소방정감부터 소방령까지 소방공무원	기본연봉 성과연봉
		국립대학의 교원(국립대학의 장 제외)	
		임기제공무원(한시임기제공무원 제외)	
	직무성과급적 연봉제	고위공무원단 소속 공무원(연구직 공무원과 지도직 공무원 등 호봉제가 적용되는 공무원 제외)	기본연봉 (기준급, 직무급), 성과연봉
성과급의 종류	성과연봉	고위공무원 및 4급 이상 공무원 → 성과계약 등 평가	
	성과상여금	5급 이하(우정직군은 우정1급 이하) 공무원 → 근무성적평가	

(1) 성과연봉제도

성과연봉제도의 유형 중 고정급적 연봉제는 업무실적에 따른 성과측정이 곤란한 장・차관 등 정무직 공무원에게 적용하는 제도로서, 성과연봉체계를 따르지 않고 직무의 곤란도와 책임도에 부합하는 일정액의 고정연봉을 지급한다.

성과급적 연봉제는 계급별로 정해지는 기본연봉과 개인의 실적에 따라 차등 지급되는 성과연봉으로 구성된다. 기본연봉에는 기본급, 가계지원비, 관리업무수당, 명절휴가비 등의 연액이 포함된다.

직무성과급적 연봉제는 현재 고위공무원단 소속 공무원을 대상으로 실시되고 있다. 직무성과급적 연봉제는 계급제와 이에 기초한 연봉제를 폐지하고 직무분석을 실시하여 각 직위의 직무값과 성과에 따라 연봉이 결정되는 제도로서, 기본적인 운영체제의 형식은 성과급적 연봉제와 비슷하나, 연봉결정의 기초가 공무원 개개인의 계급이 아니라 담당하는 직무의 난이도와 책임도인 점에서 차이가 난다. 직무성과급적 연봉제도 기본연봉과 성과연봉으로 구분된다. 그러나 기본연봉은 다시 기준급과 직무급으로 나뉜다. 기준급은 개인의 경력 및 누적성과가 반영된 기본급여이며, 직무급은 직무의 곤란도・책임도에 따라 직무등급별로 차등 지급된다.

평가 절차를 보면, 성과계약은 전략계획 수립(기관임무로부터 전략목표 도출) → 성과계약 체결(성과목표와 지표 등에 대한 합의) → 중간점검(추진실적 점검 및 성과 향상 방안 논의) → 최종평가(목표달성 등 평가 후 인사에 반영)로 진행된다. 고위공무원단의 평가 결과는 적격심사에 활용되는 데, 최하위등급을 총 2년 이상 받거나 최하위 등급을 1년 이상 받고 정당한 사유없이 6개월 이상 직위를 부여받지 못하면 부적격으로 고려된다.

지급 절차를 보면, 매년 12월 31일을 기준으로 성과계약의 평가 결과에 따라 최종평가 등급을 결정하고, 기관 실정에 맞는 평가요소를 반영하여 서열화하여 성과급 심사위원회를 통해 성과연봉의 지급 등급을 결정한다. 전년도 업무성과의 평가결과에 따라 지급되는 당해연도 성과연봉은 다음 연도에 그 일부를 연봉액에 합산하여 누적하는 방식을 적용한다.[16] 책임운영기관의 장과 책임운영기관에 임용되는 일반임기제공무원에 대해서는 소속 장관 또는 책임운영기관의 장이 따로 정하는 성과연봉 기준에 따라 성과연봉을 지급할 수 있다.

(2) 성과상여금제도

성과상여금제도는 5급이하 일반직·별정직 공무원, 기능직 공무원 및 3급 상당 이하 특정직 공무원 전원에게 적용되며, 전년도 업무성과를 평가하여 12월 31일을 지급 기준일로 하여 연 1회 이상 지급한다.

지급방법은 해당기관의 업무와 구성원의 특성을 감안해서, ① 개인별로 차등지급, ② 부서별로 차등지급, ③ 앞 두 방법의 병용, ④ 부서별 차등지급 후 부서 내에서 개인별로 차등지급하는 네 방법 중 자율적으로 선택·운영할 수 있다.

성과평가는 공무원 성과평가 등에 관한 규정 제4조에 의한 근무성적평정결과(근무실적)에 의하여 결정하되, 소속장관은 필요한 경우 정부업무평가, 부서업무평가 등 다양한 기준을 반영하여 지급등급을 결정할 수 있으며 다면평가자료를 활용할 수 있다. 근무성적평가결과에 의하며 평가결과에 따라 <표 7-3>과 같이 직급별 지급기준액(월 기준봉급액)의 0~172.5%를 차등해서 지급할 수 있으며 등급수는 3개 이상, 인원비율 및 지급률은 부처에서 조정 가능하다. 지급된 성과상여금은 성과연봉과 달리 기본급 등에 누적되지 않는다.

---

16) 당해연도 기본연봉과 성과연봉을 합산 총연봉액이 연봉상한액을 초과하더라도 당해 연도에는 성과연봉을 전액지급할 수 있으나 다음 연도에 기본연봉에 산입할 때에는 당해 연도의 연봉 상한액을 초과하지 않는 금액만 산입한다.

〈표 7-3〉 성과상여금 지급등급별 인원비율 및 지급률(개인별 지급시)

평가등급	S등급	A등급	B등급	C등급
인원비율	20%	30%	40%	10%
지급률 (기준액 기준)	172.5%	125%	85% 이하	0%

자료: 공무원보수등의업무지침(2022).

3) 성과급제도의 실제와 효과[17)]

성과상여금제도가 도입된 이후, 이 제도에 대한 공무원의 인식조사가 꾸준히 시도되었다. 도입 초기 단계의 조사였던 하미승 외(2004) 연구는 2003년 45개 행정기관의 본부 및 소속기관에 근무하는 성과상여금 대상자 중 2,854명을 대상으로 설문조사 한 결과, 제도의 도입취지에 대해서는 대다수 응답자가 긍정적으로(70%) 인식하였지만 도입취지에 부합하여 시행되고 있다는 응답은 11%에 불과하였다. 공정성에 대한 평가는 대체로 보통으로(55%) 응답한 가운데 공정하다는 인식(18%)보다 불공정하다는 인식(27%)이 더 높았으며 지급 결과에 부정적으로 수용한 응답자(25%)가 수용하겠다는 응답자(14%)보다 높았다. 근무의욕이나 업무성과 향상에 대한 효과에 대해서도 대부분 응답자가 보통 수준의 유보적 응답을 하였다.

성과상여금 제도가 본격 확대된 직후인 2009년 실시된 이희태(2010)의 연구는 일반직 공무원 214명과 특정직(경찰직 및 소방직) 공무원 199명 등 총 413명을 설문 조사한 결과는 다음과 같다. 제도의 필요성은 다수(47%)가 긍정하였으나 현 제도를 지지하는 응답(30%)은 그보다 낮게 나타났다. 하미승 외(2004)의 연구 결과와 연결하면, 제도의 도입 초기에 유보적 판단을 했던 이들이 비교적 제도의 취지에 공감하게 되었지만 실제 운영되는 제도에 대해서는 만족과 불만으로 분화되었다고 볼 수 있으며, 비교적 부정적 의견이 높게 나타나고 있었다.

비슷한 시기의 장지원(2007)의 연구는 중앙과 지방공무원 1,739명을 대상으로 진행된 설문조사 결과, 성과급제도에 대한 불만족 수준이 높게 나타나(불만족 39.55, 만족 19.3%) 인사제도 중 불만수준이 가장 높았으며, 불만의 원인으로 공

17) 여기서는 대다수 공무원의 보수에 영향을 미치고 있는 성과상여금에 한정해서 그 운영현황을 검토한다. 성과연봉(직무성과계약제)과 관련해서는 고위공무원단제도를 서술하는 곳에서 부분적으로 논의하도록 한다.

직내부 위화감 조성, 평가방법의 객관성 결여, 나눠먹기식 지급, 연공서열순 변칙 지급 등이 꼽혔다.

심층 인터뷰를 통해 성과상여금제도에 대한 공무원 인식을 조사한 한승주(2010)에 의하면 성과급제도의 취지와 공무원들의 제도인식에 상당한 괴리가 존재하는 것으로 나타났다. 공무원들은 제도와 현실의 충돌을 모순으로 인식하지만 어쩔 수 없는 현실로 받아들이고 있으며, 그들이 통제할 수 없는 현실 속에서 가능한 방식으로 순응한 것으로 볼 수 있다는 것이다. 성과상여금제도에서 나타나는 등급격차에 대해 공무원들은 정서적으로 반발하고 있으며, 제도로 인하여 공무원의 업무동기가 유발되지 않았다고 진단한다.

이러한 부정적 결과에 대하여 이수영(2011)은 성과급제도가 성공하기 위한 전제 조건이 마련되지 못하고 있음을 지적하였다. 현 성과급제도의 미비점으로 공정하고 객관적인 성과평가 시스템 구축과 지속적 개선, 실질적 동기부여 효과 산출을 위한 충분한 성과급 재원의 마련, 그리고 경쟁과 차별적 보상이 수용될 수 있는 공직문화 조성이 필요하다고 주장하고 있다.

박순애 외(2018) 연구는 공공부문 성과보상의 효과성을 중앙부처 1,077명 대상으로 설문조사한 결과, 성과보상이 직무몰입에 미치는 영향이 통계적으로 유의미하지 않음을 발견하였다. 또한 공공기관을 대상으로 성과급 효과를 분석한 정민기(2016)의 연구도 공공기관의 성과연봉제와 경영성과는 통계적으로 관련이 없었다고 보고하였다.

포괄적으로 보면 우리나라의 성과급제도는 다음과 같은 문제점을 지닌 것으로 지적된 바 있다(오석홍, 2000: 201-204; 황성원, 2003: 129-132). 첫째, 성과측정상의 문제이다. 성과급제도가 효과를 발휘하기 위해서는 직무분석, 조직 업무목표 설정, 객관적·합리적인 평가기준 구비, 공정한 기준적용 등이 전제되어야 한다. 그러나 공공부문에서는 이러한 조건들이 갖춰지기 힘들고, 성과측정의 신뢰성에 대한 의문이 제기되었다.

둘째, 동기유발 효과에 대한 의문이 제기된다. 우리나라 공무원의 경우에도, 성과급 등의 외재적 보상보다 조직이나 타인으로부터의 인정이나 업무를 통한 성취감 등과 같은 내재적 보상과 공직동기(public service motivation)가 업무성과에 더 유의미한 영향을 끼치는 것으로 조사되었다(이근주·이혜윤, 2007). 특히 체면을 중시하는 우리나라 문화에 비춰볼 때, 낮은 평가를 받은 이들이 겪게 될 불명예와 심리적 손상이 대단히 클 것이기 때문에, 평가자와 피평가자 모두 소극적으로 행동하게 될 가능성이 커진다는 것이다. 한승주(2010)의 연구는 성과급제도가 동기유발에 부정적 영향도, 긍정적 영향도 미치지 않고 있다고 주장하여 동기부여 수단으로서 성과급제도의 무용 가능성을 제기하였다.

셋째, 경쟁으로 인한 소외와 직장 내 위화감 조성의 문제이다. 성과급제도의 부작용으로서, 일부 조직 구성원들은 자신의 성과는 부풀리고 약점을 감추면서 다른 사람들의 업적은 깎아내리고 약점은 부풀리는 이기적 행태를 보였다. 또한 개인의 성과에만 치중하면서 공동목표나 조직전체의 목표에 대한 기여가 약화되기도 했다.[18] 그리고 일부 기대 이하의 평가를 받은 사람들이 무엇인가 비난할 대상을 찾게 되면서 관리층(평가자)의 의도를 의심하거나 냉소적인 행태를 보였다.

그로 인해 부정적인 조직분위기를 비판하며 성과급을 내부적으로 균일하게 나누려는 행태가 암묵적으로 나타나기도 하였다. 소위 '나눠먹기'식 행태는 도입 초기에 나타났는데, 예를 들어 성과급 지급기준에 따르면, 하위 10%에 해당하는 이들에게는 성과급을 지급하지 않는 것으로 되어 있으나, 실제로는 이들에게도 성과급이 지급된 바 있으며, 어떤 기관에서는 성과급을 직급별로 균등배분하기도 했다.

넷째, 법체계와 재정적인 제약의 문제이다. 민간기업과 달리 정부는 예산이 한정되어 있고 재정적 경직성이 크기 때문에 성과급제도의 원활한 운용이 쉽지 않다. 또한 보수체계의 통일성을 지향하는 법체계도 보수의 차등지급에 장애가 된다.

위에서 지적된 문제들이 아직 우리나라 공공조직의 실제에서 적절한 정도로 해소되었다고 보기는 힘들다. 그러나 앞의 조사에서 발견한 대로, 공무원들의 인식에서 성과급제도의 효과를 인정하는 방향으로 변화의 조짐이 나타나고 있다는 점도 부정하기 힘들다. 성과급제도가 관료(제) 통제의 효과를 제대로 발휘하기 위해서는 행정문화의 변화, 합리적인 직급체계와 평가체계의 구비, 적절한 성과측정, 조직 구성원에 대한 다양한 지원 등이 지속해서 모색되어야 할 것이다.

특히 MZ세대의 인식과 행태에 관한 근래의 연구들은 이들이 개인의 성과에

---

18) 이와 관련하여, 공무원들이 측정되고 보상되는 업무에만 치중하고, 측정되지 않거나 보상되지 않는 업무는 기피하게 되었으며, 나아가 선호하는 부서와 기피하는 부서 간의 불균형 문제를 악화시키기도 했다.

기반한 보상을 강하게 선호하고 있음을 밝히고 있으며 기존 세대 공무원과 비교하면 보상의 적정성에 대한 불만이 크게 나타났다. 절차적 공정성과 배분적 공정성 요구가 높게 나타나고 있음에 고려할 때(김정인, 2021; 임성근, 2022) 성과급 제도가 그간의 연구 결과와는 달리 향후 공직사회에서는 업무 동기를 유발할 가능성도 크다고 추론된다. 개인주의 문화 성향이 강한 구성원이 증가하는 조직에서 그들의 업무동기를 유발하기 위한 수단으로 성과급은 효과적일 수 있기 때문이다.

4) 저성과자의 관리

성과평가에 따라서 성과가 높은 공무원에게 더 높은 보상을 부여하여 업무 동기를 높이려는 것이 성과중심 인사관리의 초점이 되었지만, 한편으로 성과가 낮은 공무원에 대한 재교육이나 재배치 등 관리 방안은 상대적으로 소홀하였다고 평가된다(이민호 · 김윤권, 2012; 박천오 · 박시진, 2017; 박시진, 2017). 탁월한 성과의 공무원에게 높은 성과급을 지급하는 방안과 함께 저성과자의 관리 방안이 병행되어야 할 필요가 있음에도 관련 제도와 연구는 미흡하였다. 조직 내 저성과자들은 항상 존재할 수밖에 없고, 이들의 존재가 여러 가지 부정적 결과를 초래하므로 조직성과의 개선을 위해서는 저성과자들에 대한 적극적 관리가 필요하다.

인사혁신처는 2015년 능력과 성과 중심의 인사관리 강화 방안을 발표하고 저성과자의 성과 개선 기회를 부여하고 개선 가능성이 낮다고 판단되는 공무원에게 직위해제나 직권면직의 조치를 검토하겠다고 발표한 바 있다. 현재 고위공무원단 인사규칙(인사혁신처 예규 제40호, 2017.5.1. 일부 개정)은 고위공무원의 성과계획서 대비 실제 성과목표 달성도가 현저히 낮은 경우 최하위 등급을 부여하고 총 2년 이상 최하위 등급을 받은 경우는 적격심사에서 부적격으로 의결하고 소속 부처의 장관이 직권면직을 제청할 수 있도록 규정하고 있다.

저성과자를 대상으로 한 적극적 관리 사례가 많지는 않지만 중앙부처의 경우, 2015년 기획재정부가 공공기관을 대상으로 업무 저성과자 퇴출제도를 검토한 바 있는데 저성과자에게 교육훈련 또는 배치전환의 기회를 부여하고 역량과 성과향상의 기회를 제공한 후 반복적으로 저성과자로 분류될 시 직위해제 방안을 제시하였다. 2016년 중앙부처 고위공무원 2명이 저성과자로 분류된 후 성과향상 시범 교육 대상으로 선정된 후 사표를 제출한 사례가 있다. 지방자치단체의 경우에는 2007년부터 2010년까지 서울특별시 신인사시스템의 현장시정추진단이 운영된 바 있다(박시진, 2017; 조윤직 외, 2014).

박시진(2017)에 따르면 저성과자 관리상의 문제점으로는 첫째, 관리자들은 저성과자에 대한 공식적 조치(교육훈련, 제재, 시정조치, 퇴출 등)의 결과로 나타날 수 있는 조직 내 부정적 분위기를 우려하는 데 특히 온정주의 조직문화가 강할수록 이런 문제가 더 강할 수 있다. 둘째, 관리자들이 저성과자와 대면을 통해 성과상담을 실시하고 저성과에 관한 정확한 피드백을 제공한 후 공식적 조치를 취하는 과정에 대해서 심적 부담을 느낄 수 있다. 셋째, 저성과자 조치과정에서 다양한 실무상 문제가 있는데 저성과자 선정을 위한 평가의 공정성과 객관성 문제에 직면한다는 것이다.

공직 현장에서 저성과자의 문제를 조사한 사례를 보면, 경기도 2개 기초자치단체 공무원 245명을 대상으로 한 연구 결과, 저성과 공무원이 적지 않게 존재하였고 이로 인한 부작용이 크다고 나타났다(박천오 · 박시진, 2017). 저성과자와 함께 일한 경험이 있다는 응답이 60% 이상으로 나타났고, 조직에 존재하는 저성과자의 비율을 주관적으로 평가하도록 하였을 때 평균 9.89%로 나타났다. 저성과자의 존재로 인해 스트레스, 업무 과부하, 직장 만족도 감소, 업무 열의 저하 등의 부정적 영향을 받는다는 응답이 64.2%로 다수를 차지하였다.

〈표 7-4〉 저성과자 존재가 조직구성원에게 미치는 부정적 영향

	전체 그렇지 않다	그렇지 않다	보통	그렇다	매우 그렇다
정신적 스트레스	1명 (0.4%)	15명 (6.1%)	63명 (25.7%)	143명 (58.4%)	23명 (9.4%)
업무 과부하	2명 (0.8%)	10명 (4.1%)	49명 (20%)	166명 (67.8%)	18명 (7.3%)
직장 만족도 감소	3명 (1.2%)	18명 (7.3%)	56명 (22.9%)	147명 (60%)	21명 (8.6%)
업무 열의 감소	4명 (1.6%)	23명 (9.4%)	67명 (27.3%)	128명 (52.2%)	23명 (9.4%)
부서 성과부진으로 자신의 근무성적평정에 악영향	3명 (1.2%)	25명 (14.3%)	90명 (36.7%)	107명 (43.7%)	10명 (4.1%)
전체	13명 (1.1%)	101명 (8.2%)	325명 (26.5%)	691명 (56.4%)	95명 (7.8%)

자료: 박천오 · 박시진(2017: 117).

또한 실제로 상관이 저성과자에 대해 어떤 대응조치를 하느냐는 질문에 대해, 수월한 업무 부여(64.5%), 업무량 축소(58%), 동료직원이 돕도록 함(44.5%), 다른 부서로 인사이동 시킴(42%), 상담 등 비공식적 도움을 줌(33.9%) 등이 높게 나타났고, 적극적 관리에 해당하는 항목들 -성과개선 계획 수립(13.1%), 직장훈련(9.8%), 교육전문기관 훈련(9.8%), 공식적 제재 조치(7.8%)-은 낮은 비율로 응답하였다. 즉 저성과자의 업무성과 개선을 위한 공식적 시정조치나 제재는 드물고 비공식적이고 비교적 온건한 조치가 이뤄지고 있는 것으로 나타났다(표 7-5).

이와 같은 결과를 통해 볼 때, 성과중심의 인사관리를 강화하여 행정통제를 효과적으로 하기 위해서는 저성과자를 대상으로 적극적인 교육훈련과 재배치 등의 관리 방안이 구축되어야 할 것으로 보인다.

〈표 7-5〉 상관의 저성과자에 대한 대응조치(중복응답)

	문항	응답
훈련	직장훈련을 받게 한다	24명(9.8%)
	공무원교육원등 교육전문기관에서 교육을 받게 한다	24명(9.8%)
보상	좀 더 수월한 일을 부여한다	158명(64.5%)
	업무량을 줄여 준다	142명(58%)
	상담을 하는 등 비공식적인 도움을 준다	83명(33.9%)
	동료직원이 돕도록 한다	109명(44.5%)
동기부여	근무성적평정에 저성과를 반영한다	80명(32.7%)
	업무감독을 강화한다	56명(22.9%)
	함께 성과개선 계획을 수립한다	32명(13.1%)
거부	다른 부서로 인사이동 시킨다	103명(42%)
	공식적인 제재조치를 취한다	19명(7.8%)
기타	어떤 조치도 취하지 않는다	26명(10.6%)

자료: 박천오 · 박시진(2017: 124).

3. 성과 중심의 고위공무원 관리

고위공무원을 대상으로 한 경쟁 기제의 적용은 앞서 소개한 성과연봉제와 함께 여러 관련 제도를 통해서 폭넓게 추진되었는데, 그러한 제도들로는 고위공무원단의 설치, 개방형직위제도 및 직위공모제도 운영을 들 수 있다. 우리나라에서 개방형직위제와 직위공모제는 직무성과계약제와 함께 현재 고위공무원단 제도의 구성요소로 활용되고 있다. 여기서는 고위공무원단 제도를 중심으로 개방형직위제도 및 직위공모제도의 현황을 살펴보도록 한다.

1) 고위공무원단 제도의 내용

고위공무원단 제도는 고위직 공무원을 중・하위직 공무원과 구분하여 통합적으로 관리하는 제도로서, 고위직 공무원들을 적재적소에 활용할 수 있도록 개방과 경쟁 및 성과책임 개념을 중심으로 정부인사체계를 개혁하려는 의도에서 도입되었다. 1978년 미국의 공무원개혁법에 의해 처음 도입되었으며(Senior Executive Service: SES), 이후 호주와 뉴질랜드에서 미국식 SES를 채택하였고 영국은 SCS (Senior Civil Service)를 운영하는 등 OECD 소속의 여러 국가에서 고위공무원단 제도가 활용되고 있다. 미국은 행정의 전문성보다는 오히려 다양한 행정경험을 갖춘 고위공무원을 양성하고 인사운영의 융통성을 확보하는 것을 주요 목적으로 하였다면, 영국은 정부 전체의 연계성, 통합성, 전문성을 향상시켜서 일반행정가 중심에서 전문가 중심의 관료사회로 바꾸고 정치적 통제를 강화하기 위해 만들었다는 차이가 있다(김정곤, 2013 재인용). 국가별 맥락 차이는 있지만 여러 국가들이 고위공무원단 제도를 채택한 주요 이유는 폐쇄적인 공직구조와 부처 할거주의를 극복하여 공직사회의 활성화를 도모하고, 이를 토대로 행정의 생산성・효율성・대응성을 높여서 정부의 국가경쟁력을 높이기 위함이다(박영원, 2008: 148-149; 김연수・김근세, 2007: 32).

우리나라의 경우 기존 공무원제도는 계급제에 기초해서 운영되었고, 고위공무원에 대한 별도의 관리가 이루어지지는 않았다. 보수・정원관리・승진・전보 등과 같은 인사 관련 사항은 계급기준에 따라 중앙집권적인 운영체계에 의해 관리되었고, 충원과 보직이동도 부처 내의 연공서열에 따라 승진・전보시키는 방식을 취했다. 그러나 1990년대 중・후반부터 잦은 순환보직으로 인한 고위공직자의 전문성 결여가 문제점으로 지적되었고, 부처 할거주의로 인해 자기부처 출신자 위주의 폐쇄적인 고위직 임용 관행이 지속됨으로써 고위공무원들의 시야가 협소하고 부처 간의 협력이 어렵다는 문제점이 제기되었다. 이러한 문제를 배경으로 노무현 정부는 2006년 7월부터 고위공무원단제도를 시행했다(김연수・김근세, 2007:

53-54).

고위공무원단 제도는 "정부 정책에 핵심적 역할을 수행하는 실·국장급 공무원을 개방과 경쟁을 통해 범정부적 차원에서 적재적소에 활용하고, 직무와 성과 중심으로 인사관리하며, 책임성을 강화함으로써 역량 있는 정부를 구현하려는 목적을 가진다"(정부혁신지방분권위원회, 2008b: 214). 부연하면 고위공무원단은 신분 중심의 계급제도를 탈피하여 계급을 폐지하고 직무와 성과 중심의 인사관리를 실시하는 데, 이에 따라 종전 1~3급에 해당하는 공무원들은 계급을 폐지하고 고위공무원단으로 진입 시에 역량 심사를 거치게 되었으며, 성과연봉제 체제하에 놓이게 되었다.

2) 개방형직위제도의 운영

부처 중심의 폐쇄적인 인사 운영에서 벗어나 공직 내부와 외부에서 경쟁을 통해서 해당 직무의 적임자를 선발하는 제도가 고위공무원을 중심으로 마련되었다. 이것이 개방형직위 및 직위공모제도이며 고위공무원단을 대상으로 시작되어 과장급 등으로 점차 확대되고 있다.

직위공모제도는 일정한 직위를 지정하고 그 직무수행 요건을 미리 설정하여 결원이 발생 시 다른 부처의 공무원도 해당 직위에 지원할 수 있도록 한 제도로서 공직 내부의 공개경쟁을 통해서 임용하는 제도이다. "정부 내 또는 부처내 우수 인력을 균형적으로 배치·활용하고 이를 통해 유기적인 업무협조와 조정능력 등을 강화"(정부혁신지방분권위원회, 2005: 96)하려는 정책방안으로서, 김대중 정부에서 채택되었으며 노무현 정부는 이를 더욱 확대하였다. 직위공모 적용대상 직위는 3급 이상의 실·국장급 직위(개방형직위 제외)이며, 4급 이하 직위에 대해서도 소속장관의 판단으로 시행할 수 있다. 직위공모제도는 해당 직위의 직무내용과 특성 등을 반영한 임용자격요건을 설정하고 정부 내에서 공모를 거쳐 해당 직위에 가장 적합한 자격과 능력을 갖춘 자를 선발·임용하는 것이 주된 내용이라는 점에서 관료제 내부의 경쟁 유도를 핵심으로 한다. 그러나 이에 더하여 직무수행에 대한 평가가 뒤따른다는 점, 부처간 정책협조·조정을 추구한다는 점 등의 부수적 특징을 지닌다. 또한 폐쇄적 인사운영을 지양하고 타부처 인력을 유입시킴으로써, 해당 직위를 포함하고 있는 조직 내 여타 구성원들에게는 상관 또는 동료로 누가 보임될 것인지에 대한 예측가능성을 낮춰 조직통제의 효과를 높일 수 있다.

개방형직위제도는 공직사회의 경쟁력 향상을 위해 전문성이 특히 요구되거나 효율적인 정책 수립을 위하여 필요하다고 판단되는 직위에 공직 내외를 불문하고 공개모집에 의한 선발시험을 거쳐, 직무수행요건을 갖춘 최적격자를 선발·임용하는 제도이다. "전문성이 특히 요구되거나 효율적인 정책수립을 위하여 필요하다고 판단되는 직위를 대상으로 공직 내·외간의 경쟁을 거쳐 최적격자를 임용하는 제도"(정부혁신지방분권위원회, 2008b: 201)로서 "종래의 인사제도 하에서 누적·심화되어 온 공무원의 무사안일, 복지부동, 전문성 부족과 같은 여러 문제점들을 해소시켜 정부의 생산성을 제고"(정부혁신지방분권위원회, 2005: 335)하는 데 정책목표가 있다. 직위공모제도와 마찬가지로 1999년 김대중 정부에 의해 도입되었으며, 노무현 정부는 이 제도를 고위공무원단 제도에 편입시켰다.

그간 개방형직위 및 직위공모제도의 주요 변화를 보면, 개방형직위의 지정 대상이 2006년 고위공무원단에서 과장급으로 확대되었고 2011년에는 과장급 개방형직위가 의무 지정되었다. 선발심사와 관련하여 2014년 중앙선발시험위원회가 설치되어 기존 부처별 선발시험 및 소수 채용방식에서 인사혁신처가 중앙에서 관장하는 방식으로 변경되었다. 중앙선발시험위원회는 5~7명의 민간위원으로 구성되며 응시자별 1시간 정도의 심층면접 방식을 통하여 선발하고 있다. 민간임용자는 최소 3년, 총 5년 범위에서 임기제로 근무하고 성과가 우수한 경우 일반직으로 전환이 가능하다. 2014년에는 민간스카우트제도를 도입하여 실장급에 대해 공모 없이 민간 인재를 초빙할 수 있도록 하였고 2015년에는 민간스카우트제도가 전체 개방형직위로 확대되었으며 같은 해, 개방형직위 중 일부를 민간인만으로 선발하는 경력개방형 직위를 도입하였다. 2020년에는 민간임용자의 연봉 자율 책정범위의 상한을 높이는 등 민간 인재의 도입을 확대하는 방향으로 제도가 변화되어왔다.

도입 초기 제기되어온 문제점은 저조한 외부 인재 임용, 직위 지정의 부적절, 소극적인 모집활동, 선발심사의 공정성 확보 미흡 등이며 이를 극복하기 위해 개방형직위 임용자의 처우개선, 개방형직위 임용기간 연장, 공직내부의 경쟁 촉진, 모집방법의 개선, 선발심사의 공정성 제고, 개방형직위의 조정, 개방형직위의 과장급 확대 유도 등의 조치가 이뤄져 왔다.

개방형직위제도는 경쟁 제고를 핵심으로 하며, 직무수행 성과에 대한 평가를 강조하고, 외부전문가의 유치나 부처간 인사교류를 통해 공직임용의 가변성·유동성을 높이는 개혁방안이라 하겠다. 또한 민간 전문가들이 정부의 정책결정과 집행과정에 직접 참여할 수 있게 되어 다양한 요구와 시각을 행정에 반영하고, 공직사회의 인적 구성이 다양하고 유연화될 수 있다고 기대된다.

3) 성과중심의 고위공무원 관리제도의 특징

이와 같은 성과중심의 고위공무원 관리제도로 인한 주요 변화를 정리하면 다음과 같다(김연수·김근세, 2007: 54). 첫째, 기존의 고위공무원 관리방식이 보수·정원관리·승진·전보 등의 인사 운영에 계급제적인 기준을 적용했던 반면, 고위공무원단제도는 소속된 고위공무원들의 계급을 모두 폐지하고 직위 또는 직무등급에 따라서 각각의 인사운영기준을 적용하도록 했다.

둘째, 충원방식의 경우 기존 제도에서는 부처내부 공무원을 연공서열에 따라 승진·전보시키는 폐쇄적인 운영을 했던 반면, 고위공무원단은 공무원간 또는 공무원과 민간 인사 간의 경쟁을 통해 부처 내외에서 고위공무원을 충원할 수 있도록 하는 개방적인 운영을 한다.

셋째, 보수 및 성과관리에 있어 기존 제도는 계급에 따라 보수를 차등 지급하는 계급제적 연봉제를 실시하고 형식적인 목표관리제를 운영했던 반면, 고위공무원단은 직무값의 차이에 따라 보수를 차등 지급하는 직무성과급제를 실시하며, 직무성과계약제에 의해서 성과계약을 체결하고 평가결과에 따라 신분상의 불이익을 주도록 하는 등 성과관리를 강화했다.

넷째, 교육·훈련방식에서 기존 제도는 근무연한에 따라 획일적인 교육기회를 부여했던 반면, 고위공무원단은 개인 상황에 따라 부족한 자질과 역량을 파악해서 필요한 교육을 제공받도록 했다.

다섯째, 인사심사의 경우 기존 제도는 채용 및 계급승진 시에만 인사심사를 했던 반면, 고위공무원단은 채용 및 직위승진 시는 물론이고 5년마다 정기적으로 적격성 심사를 시행하고 부적격 사유가 발생하는 경우 수시 적격성심사를 실시하도록 했다.

4) 운영현황

고위공무원단의 규모는 2021년 기준으로 현원 총 1,600명이며 일반직 1,310

명, 특정직 255명, 별정직 35명으로 구성되어 있다. 고위공무원의 충원 절차를 일반적인 공무원 승진을 통해서 고위공무원으로 진입하는 경우와 개방형직위 및 공모직위로 진입하는 경우의 차이가 있지만 모두 역량평가를 거쳐 임용심사위원회를 통해 대통령이 임용한다. 개방형직위제도의 운영 절차를 구체적으로 살펴보면, 선발계획 및 모집공고 이후 선발시험(1차 서류전형, 2차 면접)과 역량평가를 거쳐 인사심사 후, 임용(제청)의 단계를 거친다. 중앙선발시험위원회는 1차 서류전형과 2차 심층면접을 통해 적격자를 선발하여 임용직위별 복수 후보자를 역량평가를 통해 추천하며, 고위공무원은 인사심사를 거쳐 대통령이, 과장급은 소속장관이 임명(제청)한다. 중앙선발시험위원회는 전원이 민간인으로 고위공무원단 직위는 7명, 과장급 직위는 5명으로 구성된다.

[그림 7-1] 고위공무원단 직위별 충원 방식

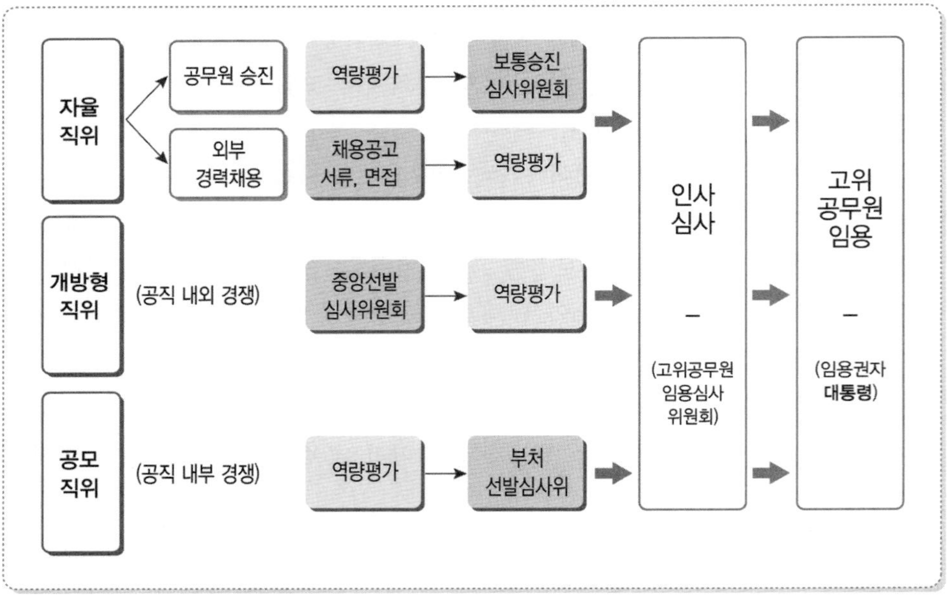

자료: 인사혁신처 홈페이지(2023.1.14.).
https://www.mpm.go.kr/mpm/info/infoBiz/hrSystemInfo/hrSystemInfo01/

'개방형직위 및 공모직위 운영지침'에 따르면 개방형직위의 지정 기준은 전문성, 민주성, 변화필요성, 중요성, 조정성으로 제시된다. 전문성, 민주성, 변화필요성이 높은 직위를 대상으로 개방형직위로 지정하며 부처 내에서 중요성이 높은 직위를 포함해야 한다는 것이다. 다만 공직사회 내부의 이해를 바탕으로 부처 또는 부서 간의 이해관계 조정이 필요한 업무라면 부처 내부에서 담당하는 것이 바람직할 수 있으므로 개방형직위로 지정하지 않을 수 있도록 하고 있다.

〈표 7-6〉 개방형직위 지정 기준

	지정 기준
전문성	-직무수행에 요구되는 경험적 또는 학문적 전문지식이나 기술의 수준 정도를 말함 -고도의 전문성이 요구되는 직위 중 최신 지식·기술을 도입할 필요가 있거나 업무환경의 변화속도가 빠른 직위는 우선하여 지정함 -해당직무의 오랜 경험에 의한 전문성이 높게 요구되는 직위는 후순위 처리함
민주성	-정책결정 또는 집행에 객관성·공정성이 요구되어 다양한 국민시각의 반영이나 국민의 참여가 요구되는 정도를 말함 -민주성이 높게 요구되는 직위는 우선하여 지정함
변화 필요성	-행정환경의 변화 등으로 인하여 제도나 행태의 신속한 개선 또는 개혁이 요구되는 정도를 말함 -변화필요성이 높게 요구되는 직위는 우선 지정함
중요성	-직무내용이나 성격상 해당 직위의 업무가 해당기관의 전체업무 중에서 차지하는 비중 및 직위 업무수행 결과의 대국민 영향과 파급효과의 정도를 말함 -부처 내에서 중요성이 높은 직위 중 일부 직위를 개방형 직위에 포함시킴
조정성	-공직사회 내부의 이해를 바탕으로 부처 또는 부서 간의 이해관계 조정의 필요성 정도를 말함 -전문성, 민주성, 변화필요성 또는 중요성이 높게 요구되는 직위라 하더라도 조정성이 높게 요구되는 직위는 개방형 직위로 지정하지 않을 수 있음

자료: 개방형직위 및 공모직위 운영지침.

개방형직위의 규모는 1999년 11월에 38개 부처 129개였던 개방형직위가 2020년에는 469개로 늘어났고, 고위공무원단에서 174개, 과장급에서 295개가 지정되어 있다. 부처 외부로부터 임용한 비율인 외부 임용률은 2020년 기준으로 60.2%에 이르고 있어 운영 범위와 정도가 활성화되어 온 것으로 볼 수 있다.

〈표 7-7〉 개방형직위 충원 현황

<table>
<tr><th rowspan="3">구 분</th><th rowspan="3">총직위</th><th colspan="5">충원직위</th><th rowspan="3">미충원 직위</th></tr>
<tr><th rowspan="2">계</th><th rowspan="2">내부 임용</th><th colspan="3">외부임용</th></tr>
<tr><th>계</th><th>민간인</th><th>타부처</th></tr>
<tr><td rowspan="2">합계</td><td>469</td><td>405</td><td>161</td><td>244</td><td>208</td><td>36</td><td>64</td></tr>
<tr><td>11.4%</td><td>86.4%
(100.0%)</td><td>34.3%
(39.8%)</td><td>52.0%
(60.2%)</td><td>44.3%
(51.4%)</td><td>7.7%
(8.9%)</td><td>13.6%</td></tr>
<tr><td rowspan="2">고위공무원단</td><td>174</td><td>159</td><td>72</td><td>87</td><td>68</td><td>19</td><td>15</td></tr>
<tr><td>16.5%</td><td>91.4%
(100.0%)</td><td>41.4%
(45.3%)</td><td>50.0%
(54.7%)</td><td>39.1%
(42.8%)</td><td>10.9%
(11.9%)</td><td>8.6%</td></tr>
<tr><td rowspan="2">과장급</td><td>295</td><td>246</td><td>89</td><td>157</td><td>140</td><td>17</td><td>49</td></tr>
<tr><td>9.7%</td><td>83.4%
(100.0%)</td><td>30.2%
(36.2%)</td><td>53.2%
(63.8%)</td><td>47.5%
(56.9%)</td><td>5.8%
(6.9%)</td><td>16.6%</td></tr>
</table>

자료: 한국인사행정학회(2021). 2020년 12월말 기준. 괄호 안은 충원 직위 대비 비율.

한국인사행정학회의 연구(2021)에 따르면 개방형직위제도의 운영 통계 분석 결과, 과장급에 비하여 고위공무원 직위의 모집과 선발에 더 오랜 시일이 소요되어 실국장급 인재 선발에 어려움이 있다고 평가되었다. 개방형직위의 지정에 있어서는 직위 변경과 해제 빈도가 높았는데 그 이유로는 민간 인재 충원의 어려움으로 인한 변경, 승진 등 내부 인사관리를 고려한 변경, 개방에 적합한 직위를 탐색하는 이유 등이 원인으로 추론되었다. 또한 경쟁률이 지속해서 증가했으며 민간인 응시자 수가 증가하고 있다는 점에서 제도운영은 비교적 활성화되었다고 평가되었다.

도입 초기에는 개방형직위제도에 대한 부정적 평가가 적지 않게 존재하였는데 '행정문화와의 부적합'(39%), '행정의 안정성 · 공공성 · 일관성 약화'(32%), '신분보장의 약화'(14%), '승진기회의 축소로 사기저하'(13%), '신규임용을 어렵게 함'(2%) 등이 부정적 평가의 이유로 나타났다(배귀희, 2009: 194). 그러나 다수의 관련 연구들과 보고서들은 정부의 개방성, 공무원의 역량 강화와 조직의 전문성 향상 등을 개방형직위제도의 주요 성과로 파악하고 있다. 이들 연구는 대체로 제도의 도입 취지를 긍정적으로 평가하면서 제도를 유지 및 확대하는 것이 바람직하다는 의견을 담고 있다(박천오 외, 2002; 배귀희, 2009; 최순영 · 조임곤, 2014; 박천오 외, 2016).

박천오·한승주(2017)에 따르면 415명의 중앙행정기관 공무원을 대상으로 한 설문 결과는 개방형직위제도의 효과성에 대해 대체로 긍정적인 인식 수준을 보여주었다. 5점 척도로 평가된 효과성 항목을 보면, 공무원 역량강화(평균 3.414), 행정의 전문성 확보(평균 3.347), 인사관리 개선(평균 3.19), 공직문화 개선(평균 3.159), 공직사회의 개방성 증가(평균 3.149), 효율적인 정책수립 기여(평균 3.143), 우수 민간인 유입(평균 3.034) 순으로 나타났다. 세부 문항으로 비교하면 특히 높은 평가를 받은 문항은 경력직 공무원의 관계 역량 강화(평균 3.523), 공무원의 역량 강화(평균 3.431), 공직사회 내부의 폐쇄성 완화(평균 3.422) 등이었다.

〈표 7-8〉 개방형직위제도의 성과에 대한 인식

차원	평가 항목	평균 (표준편차)	빈도/비율					
			전혀 그렇지 않다	그렇지 않다	보통이다	그렇다	매우 그렇다	합계
전문성 (평균3.347)	전문적 직무수요 증가에 부응	3.377 (.9832)	20	50	139	164	41	414
			4.8%	12%	33.3%	39.2%	9.8%	99%
	조직의 전문성 향상 기여	3.317 (.9945)	19	60	147	145	42	413
			4.5%	14.4%	35.2%	34.7%	10%	98.8%
효율적 정책수립	효율적 정책 수립 기여	3.143 (.9355)	22	65	182	120	24	413
			5.3%	15.6%	43.5%	28.7%	5.7%	98.8%
개방성 (평균3.149)	공직사회 내부 폐쇄성 완화	3.422 (.9025)	11	46	154	165	39	415
			2.6%	11%	36.8%	39.5%	9.3%	99.3%
	정부와 민간 간 소통 원활화	3.014 (.8938)	23	77	201	97	16	414
			5.5%	18.4%	48.1%	23.2%	3.8%	99%
	부처 간 교류 원활화	3.010 (.783)	15	71	229	89	8	412
			3.6%	17%	54.8%	21.3%	1.9%	98.6%
공직문화 개선 (평균3.159)	성과와 경쟁 중심 공직문화 기여	3.01 (.9152)	24	79	200	91	20	414
			5.7%	18.9%	47.8%	21.8%	4.8%	99%
	혁신과 쇄신에 긍정적 영향	3.308 (.9163)	15	54	163	151	30	413
			3.6%	12.9%	39%	36.1%	7.2%	98.8%

공무원 역량강화 (평균3.414)	공무원 역량 강화	3.431 (.977)	14	56	129	166	48	413
			3.3%	13.4%	30.9%	39.7%	11.5%	98.8%
	경력직 공무원의 관계 역량 강화	3.523 (.8785)	10	41	123	204	37	415
			2.4%	9.8%	29.4%	48.8%	8.9%	99.3%
	공무원 전반적 자질 향상	3.287 (.9652)	14	67	160	132	41	414
			3.3%	16%	38.3%	31.6%	9.8%	99%
우수 민간인 유입	우수한 민간인 다수 유입	3.034 (1.0198)	31	88	158	110	27	414
			7.4%	21.1%	37.8%	26.3%	6.5%	99%
인사관리 개선 (평균3.19)	탄력적이고 유연한 인력 관리 기여	3.217 (.9748)	16	79	152	133	34	414
			3.8%	18.9%	36.4%	31.8%	8.1%	99%
	인사관리의 공정성 및 투명성 제고	3.162 (.8842)	15	68	185	125	20	413
			3.6%	16.3%	44.3%	29.9%	4.8%	98.8%

자료: 박천오 · 한승주(2017).

개방형직위제도 및 운영을 둘러싼 문제점으로는 민간인 임용자 확대 과정에 공직사회 내부의 불만과 우려가 지적되었는데 개방형직위로 임용된 민간인의 능력과 태도에 대한 불만을 크지 않지만 기존 공무원의 승진 기회를 외부인에게 뺏겼다는 박탈감이 존재한다는 것이다(박천오 · 한승주, 2017). 그 외에도 개방형 임용자와 기존 조직 구성원 사이의 소통과 연대의 문제가 제기되었는데 개방형직위 임용자들이 업무상 협업이 곤란하다고 느낄수록 이직 의도가 강하게 나타나기도 하였다(유상엽 · 한승주, 2017). 또한 지방자치단체의 경우에는 선출된 지자체장의 정치적 측근이 전문성이 부족한데도 개방형직위에 임용되는 등 개방형직위의 임용이 정치적으로 이용되고 있다는 우려도 나타나고 있다.

최근 행정환경 변화는 기존에 없거나 융합된 새로운 성격의 업무를 발생시키고 있으므로 이에 대응할 인재를 정부 내 · 외부에서 적극적으로 모집해야 할 필요가 더 커지고 있다. 따라서 새로운 직위 및 직무의 발굴과 이를 담당할 적임자를 공공과 민간부문을 막론하고 적극적으로 찾고 지원하는 것이 향후 더욱 중요해질 것이다. 행정의 폐쇄성과 경직성을 통제하기 위한 관료제 개방이라는 실험이 소기의 성과를 산출하도록 제도의 발전이 필요하다.

4. 책임운영기관

책임운영기관제도 역시 고위직을 대상으로 한 성과 중심적 인사관리의 하나로 볼 수 있다. 기관장의 임명과 평가가 책임운영기관의 성과에 근거하여 이뤄지기 때문이다. 책임운영기관은 '책임운영기관의 설치 · 운영에 관한 법률'에 따라 운영되고 있는데, '정부가 수행하는 사무 중 공공성을 유지하면서도 경쟁 원리에 따라 운영하는 것이 바람직하거나 전문성이 있어서 성과관리를 강화할 필요가 있는 사무에 대하여 책임운영기관의 장에게 행정 및 재정상의 자율성을 부여하고 그 운영성과에 대하여 책임을 지도록 하는 행정기관'(제2조)이다.

정부 부처에서 담당하는 사업 중에서 집행적 · 사업적 성격이 강한 업무를 따로 분리하여 기관 운영의 자율성과 독립성을 보장하며 행정과 재정상의 재량을 부여하되, 성과에 따른 보상과 책임을 부여한 것이다. 1980년대 후반과 1990년대 초반 신공공관리 개혁 흐름 속에서 1988년 영국은 Next Step 개혁을 추진하면서 집행기관(Executive Agency) 제도를 도입하였는데 이것이 책임운영기관제도이다. 우리나라는 1998년 외환위기 이후 행정의 효율성, 생산성, 대국민 서비스의 향상을 위해 1999년 법률을 제정하고 2000년부터 시행되었다.

책임운영기관으로 지정되는 기준으로는 ① 기관의 주된 사무가 사업적, 집행적 성질의 행정서비스를 제공하는 업무로서 성과측정기준을 개발하여 성과를 측정할 수 있는 사무, ② 기관운영에 필요한 재정수입의 전부 또는 일부를 자체적으로 확보할 수 있는 사무로 규정되어 있다(제4조). 책임운영기관의 지위에 따라 분류하면, 중앙행정기관의 소속기관으로 설치된 소속책임운영기관과 정부조직법에 따른 청으로서 설치된 중앙책임운영기관이 있으며, 2021년 기준으로 소속책임운영기관은 52개 기관이며, 중앙책임운영기관은 1개 기관(특허청)으로 총 53개 기관이 운영 중이다.[19]

이러한 책임운영기관은 기관장이 비교적 자율적으로 사업을 운영하되 그 책임을 지도록 하고 있다. 규정을 보면, 책임운영기관의 장은 소속행정기관에서 공개

---

19) 사무성격에 따라 분류하면 조사연구형 책임운영기관(국립종자원, 화학물질안전원, 국립재난안전연구원 등), 교육훈련형 책임운영기관(국립국제교육원, 국립통일교육원, 한국농수산대학교 등), 문화형 책임운영기관(국립중앙과학관, 국립중앙극장, 국립현대미술관 등), 의료형 책임운영기관(국립정신건강센터, 경찰병원, 국립재활원 등), 시설관리형 책임운영기관(해양경찰정비창, 국방전산정보원, 국립자연휴양림관리소 등), 기타 유형으로 나누고 있다.

모집 절차에 따라서 행정이나 경영에 관한 지식, 능력 또는 관련 분야의 경험이 풍부한 사람 중 선발하고 5년 범위에서 근무기간을 정하고 사업성과의 평가 결과가 우수하다고 인정될 때 근무 기간을 연장할 수 있으며 기관장의 보수도 경영성과를 반영하여 정하도록 규정되어 있다.

하태수(2019)에 따르면 우리나라의 책임운영기관제도는 김영삼 정부와 김대중 정부가 OECD 가입과 외환위기에 대처하기 위해 국내외 환경으로부터 정당성을 획득하고자 도입하면서 제도가 가진 본래 취지와 다르게 운용되었다고 지적한다. 고객 만족도의 향상과 같은 긍정적 결과도 있었지만, 제도에 대한 명확한 이해 없이 도입되면서 부적절한 기관 선정, 불충분한 관리 권한 위임, 선임된 기관장의 자격 문제 등이 있었다는 것이다. 이러한 비판을 반영한 여러 차례 개정이 이뤄지면서 초기에 비해 개선이 이뤄졌지만, 영국에 비교할 때 적용 범위나 소속 인력 비율이 낮고, 중앙총괄기관인 행정안전부 장관이 사실상의 통제권을 보유하고 있어서 책임운영기관장의 자율성이 상대적으로 적다는 점, 영국은 독립기금인데 비해 우리는 특별회계로 중앙예산기구가 통합 관리한다는 점 등의 차이가 있다. 문명재・이명진(2010)의 연구는 책임운영기관제도가 자율적 운영과 성과평가 개념을 외형상으로나마 정부조직에 적용하여 자율성과 책임성에 기초한 조직운영 원리의 토대를 구축했다는 점에서 긍정적이라고 평가하면서도 책임운영기관의 핵심 사항인 자율성을 강화가 숙제로 남아 있다고 평가하였다.

자율성과 독립성을 부여한 조직을 만들어 성과 중심의 통제를 도모한 책임운영기관은 나름의 체계를 갖추며 행정통제의 한 방안으로 운용되고 있지만, 중앙행정기관으로부터의 자율성 확보, 기관 특성에 맞는 평가체계 구축, 장기적이며 공공가치 중심의 평가지표 마련 등이 요구되고 있다.

제3절 기관간 경쟁유도

1. 기관간 경쟁유도의 의의

공공서비스의 효율성을 제고하고 질적 수준을 높이기 위한 접근법에 있어 두 개의 학설(doctrines)이 상충하는 주장을 제시하고 있다.[20] 하나는 서비스 제공 상

20) 학설(doctrines)은 제한된 사실과 증거에 토대를 두고 있는 규범적・처방적인 언명(statements)

의 중복을 제거하고 일사불란한 관료제적 조직구조의 구축을 통해서 효율성을 높일 수 있다는 관점이고, 다른 하나는 공공부문에도 '소비자 선택'이 가능하도록 복수의 경쟁적인 서비스 제공기관이 있어야 한다는 것이다(Hood & Jackson, 1991).

첫 번째 학설은 독점적인 공공서비스 제공기관의 필요성과 의의를 주장하는 유럽 행정학의 전통으로서 관료제에 대한 통제가능성과 관료제의 대응성에 대해서 비교적 낙관적인 견해를 지닌 입장이다. 이러한 관리 사상에 있어, 소비자 선택과 경쟁은 사적 서비스의 영역에서만 적절한 것으로 이해되며, 공공서비스는 단일기관에 의해서 독점적으로 제공되어야 한다고 주장된다. 그렇게 되어야 하는 논거는 다음과 같다. 첫째, 공공영역에서 한 기관이 다른 기관이 행한 작업을 훼손하거나 무효화시켜서는 안 되기 때문에 공공영역은 단일의 행위자(unitary actor)로 행동해야 한다는 것이다. 둘째, 고객의 성격이 기업과는 다른 경우가 많기 때문이다. 사회서비스의 대부분은 서비스 이용자인 고객이 긍정적인 범주가 아니라 부정적인 범주를 통해서 파악되는 사람들이다(예: 장애인, 실업자 등). 따라서 이러한 서비스 이용자들을 대상으로 기관들이 경쟁을 하는 경우, 자칫 기관들 간에 떠넘기기 경쟁이 발생할 수 있다. 셋째, 복수의 기관들이 유사한 공공서비스를 생산하고 소비자 선택을 받기 위해 경쟁하는 것은 자원의 낭비로 귀결된다는 것이다. 이는 시장에서 자원의 낭비가 발생하는 것과 같은 이치이다(Hood, 1986: 117-118).[21)22)]

두 번째 학설은 경쟁이 공공조직의 도덕적 해이를 줄이고 소비자의 편익을 높

을 말한다. 사회현상을 다루는 사회과학의 '이론'(theory)들은 대부분 '학설'의 특성을 지니고 있기 때문에, 이러한 이론과 학설에 기반한 정책·제도는 완벽할 수 없으며 거의 언제나 성과와 한계를 동시에 드러내게 된다. 연구자와 제도설계자가 이러한 한계를 인식하지 못하고, 자신의 주장이나 제도가 절대적인 진리나 성과를 지닌다는 입장을 취하게 될 때, 그들은 독단(dogma)에 매몰되어 있다고 볼 수 있다.

21) 복수의 기관들이 유사한 서비스를 제공하고, 서비스 이용자들이 제한 없이 중복적으로 서비스를 이용하는 경우에는 분명 서비스 남용과 낭비의 여지가 존재한다. 이런 경우에는 두 경쟁적인 학술 중 하나의 방향으로 개선을 모색할 필요가 있다. 즉 중복적인 서비스를 제거하거나, 복수의 기관들 간에 경쟁기제를 명확하게 도입하는 것이 바람직하다.

22) 이 입장은 경쟁관계에 있지 않은 복수의 기관이 서비스의 생산과 제공에 관여하는 것도 바람직하지 않은 것으로 본다. 다수의 비경쟁적인 제공자들이 한 서비스를 제공하는 경우는 그 여러 기관들 사이에 합의와 협력이 있어야 하는데 여기서 거래비용 문제가 야기될 수 있고 그 결과는 사업성공 가능성의 저하로 나타날 수 있다. 이는 정책집행 연구 상의 '집행흠결'(implementation deficit) 개념과 같은 맥락에서 이해될 수 있다(Pressman & Wildavsky, 1973).

일 수 있는 방법이라고 보면서 고전적인 경제학의 전통을 반영한다. 이 입장은 독점적인 서비스 제공기관을 효과적으로 통제하고, 소비자에 대한 독점적 생산자의 대응성을 높일 수 있다는 주장에 대해 회의적이다. 반면 이 학설은 복수의 기관들이 소비자의 선택을 받기 위해 경쟁하게 되면 어떠한 방법에 의해서건 비용이 절감되고 서비스의 질이 높아질 것으로 기대한다. 기관들 간에 경쟁이 있게 되면, 관료들이 정한 과업이 아니라 시민들이 필요로 하는 서비스가 종종 '예기치 않았던' 방법을 통해 성취될 가능성이 높아진다는 것이다. Niskanen이나 Ostrom 같은 공공선택론자들이 이러한 입장의 주된 대변자라고 하겠다(Hood, 1986: 120-122). 이 경쟁지향적인 관리사상은 경쟁기제의 활력을 활용해서 관료들의 기회주의와 재량이 비용절감과 서비스 품질 제고라는 긍정적인 효과를 낳을 수 있도록 유도한다는 점에서 앞서 다룬 성과중심적 인사관리와 동일한 맥락에서 이해될 수 있다.

경쟁지향적 관리사상은 Hirschman(1970)에게 개념적으로 힘입은 바 크다. 일반적으로 소비자가 자신이 사용하는 상품·서비스의 질이 점점 떨어지고 있는 상황에 직면했을 때, 그가 택할 수 있는 행동 대안에는 어떤 것들이 있을까? 이 질문에 대해 Hirschman은 소비자의 행동 대안으로 '이탈'(exit)과 '발언'(voice)의 대안을 제시한다. 이탈은 더 이상 기존의 상품·서비스를 이용하지 않고 그것과 경쟁관계에 있는 다른 상품·서비스를 이용하는 것을 말하며, 발언은 현재 이용 중인 상품·서비스의 생산기관에 대해 불평·불만을 제기하고 품질의 개선을 요구하는 것을 말한다.

일반적인 시장 상황에서 소비자들은 이탈(exit)할 수 있고, 이는 소비자들이 지닌 본질적인 능력이다. 그러나 재화·서비스가 독점적으로 제공될 경우, 소비자들은 이탈할 대상을 찾을 수 없게 되고, 단지 발언(voice)만을 사용해서 품질의 개선을 모색할 수밖에 없게 된다. 하지만 이탈의 가능성이 막혀 있는 상황에서 발언의 효과가 클 것을 기대하기는 어렵다고 하겠다. 이러한 현상은 공공서비스의 경우에 더욱 빈번하게 나타날 수 있다. 즉 공공서비스는 독점적인 단일기관에 의해 제공되는 경우가 많은데, 이러한 조건에서는 독점시장의 경우와 마찬가지 현상이 발생할 수밖에 없으며, 발언을 통한 공공서비스의 질적 개선이나 효율성 개선 효과가 발생하기 어렵게 된다.

공공부문에서 유사한 서비스를 제공하는 복수의 기관을 형성하고 이들 서비스 제공기관 간의 경쟁을 유도하려는 접근은 위와 같은 상황을 극복하고, 서비스 이용자인 시민들에게 이탈의 가능성을 열어주려는 것이다. 마치 경쟁적인 시장에서의 소비자-공급자 관계와 유사한 관계를 공공서비스의 영역에서도 만들자는 것으로서, 유사한 서비스를 제공하는 복수의 기관들이 소비자인 시민들의 선택을 받기 위해 경쟁하게 되며, 그 결과로서 양질의 서비스가 상대적으로 저렴한 비용으로 생산될 수 있을 것으로 기대되고 있다. 또한 이탈의 가능성이 커지면, 발언의 효과도 높일 수 있을 것으로 기대된다(Parsons, 1995: 525-527).

그런데 위의 두 학설 중 한국 정부는 주로 전자를 수용하고 있는 것으로 보인다. 한국 정부는 공공기관 간 또는 공공기관과 민간기관 간의 경쟁을 유도하는 방안을 제도화하기보다는 유사한 서비스 제공기관들의 중복을 제거하기 위해 노력하고 있다. 특히 중앙정부 소속기관과 자치단체에서 제공하는 서비스가 중복된다고 판단되는 경우, 자치단체 쪽으로 기능을 재조정하고자 한다(주재현, 2008b). 따라서 이 절에서 기관간 경쟁에 관한 한국의 사례를 논의하기는 어렵다. 그러나 이 접근방안은 외국(예: 영국, 미국 등)에서 적극적으로 활용된 바 있으며, 우리나라에서도 행정통제의 한 수단으로 언제든 활용될 가능성이 있으므로, 여기서 개괄적으로 취급하도록 한다. 아래에서는 영국과 미국의 사례를 소재로 해서 공공기관간 경쟁과 공공기관과 민간기관 간 경쟁에 대해 살펴본다.

2. 공공부문 내에서의 경쟁

공공부문 내에서 기관들 사이의 경쟁을 높여야 한다는 입장을 관료제 통제의 관점에서 해석하면, 하나의 관료조직을 통제하기 위해서는 또 다른 관료조직을 형성해야 한다는 것이다. 즉 관료조직을 통제하기 위해서는 '중복'(redundancy; duplication; overlap)과 그들 간의 경쟁(competition) 및 '내재화된 갈등'(built-in conflict)이 필요하다는 것이다. 이러한 주장은 앞서 논의한 대로 중복을 최소화하려는 관리 사상과는 반대의 입장이지만, 이 입장은 민간부문 시장과 달리 경쟁이 없는 공공부문은 무능하고 비효율적인 행위자도 퇴출될 위험이 없기에 그러한 행위자들에게 긴장과 적극성을 부과하기 위해서 의도적인 중복과 경쟁을 적용해야 한다고 주장한다.

이 접근방식의 원형은 민간기업(1920년대의 General Motors사와 Du Pont사)에서 찾아볼 수 있다. 이들 기업은 '중복조달'(double-sourcing)이나 '다부문조직형태'(multi-divisional form of enterprise: M-form)라는 관리기법을 활용했다. 전자는 중요한 생산품이나 서비스를 한 공장에만 의존하지 않고 여러 중복적인 공장에서 조달하는 방식을 말한다. 후자는 단일기업형태(unitary-form of enterprise)와 같은 전형적인 계층제적·명령통일적인 조직이 아니라, 한 기업이 마치 하나의 산업부문처럼 되어서 중복적인 업체들 간에 경쟁을 벌이며, 기업의 중심 운영부는 마치 재원을 분배해주는 은행처럼 하부업체들에 대해 그 실적에 따라 자원을 배분하고 관리자를 해고하거나 승진시키는 조직형태이다(Hood, 1986: 112-114). 이러한 관리기법을 적용함으로써 대규모 조직에서 발생할 수 있는 무사안일과 무책임 문제에 효과적으로 대응할 수 있을 것으로 기대했던 것이다.

공공부문에 이 관리방식을 적용하는 것은 먼저 유사 기능을 수행하는 다수의 행정기관들이 존재하도록 유도한 후, 이들 기관간에 경쟁을 유발하여 보다 높은 경제성과 서비스의 품질을 확보하는 방안으로 구체화될 수 있다. 여기서 주목해야 할 점은 서비스 이용자들에게 직·간접적으로 서비스 제공자를 선택할 수 있는 권한을 부여하는 것이다. 이는 마치 민간시장에서 성립되는 소비자-생산자 관계와 유사한 관계를 공공부문에도 구축하는 것으로 볼 수 있다. 그러나 공공부문에서 성립될 수 있는 시장은 사적재를 거래하는 민간시장과 완전히 같을 수는 없다. 재화와 서비스의 성격이 근본적으로 다르기 때문이다. 따라서 공공부문에서 의도적으로 조성되는 이러한 시장에 대해서는 '준시장'(quasi-market), '의사시장'(pseudo-market) 또는 '내부시장'(internal market) 등의 용어가 사용되며, 구매자와 판매자를 의도적으로 형성하고자 했다는 점에서 '구매자-판매자 구분'(purchaser-provider split)이라는 개념을 사용하기도 한다. 이러한 접근방식의 사례는 영국의 국가의료체계와 미국의 공립교육 제도에서 찾아볼 수 있다.

영국의 국가의료서비스(National Health Service: NHS)는 1945년 종전 후 노동당 정부에 의해 도입된 보편주의적인 의료체계이다. 한국의 건강보험과 달리 영국의 NHS는 일반조세에 의해 운영되는 것으로 설계되었다. 따라서 기본적으로 의사와 간호사 등 의료전문직의 대부분은 국가에 의해 고용된 공무원이며, 이들에 대한 보수와 병원의 설립·운영에 드는 모든 비용은 국가가 감당하였다. 시민들은 세금을 납부하는 것 외에 의료서비스의 이용과 관련해서는 추가적인 비용을 지불하지 않았다. 그러나 의료체계의 단계가 명확하게 정립되어 있어, 시민들은 우선 1차 진료기관인 일반의(General Practitioners: GPs)의 진료를 받았으며, 추가적인 진료・치료가 필요한 경우에는 GP를 거쳐서 상급의 지역 종합병원이나 중앙 종합병원으로 이전될 수 있었다.

전통적인 NHS 체계에서는 환자의 GP 선택권이나 GP의 종합병원 선택권이 부여되지 않았기 때문에, GP들에게 환자들이 대체로 균등하게 배분되었고, GP는 가장 가까운 종합병원으로 자신의 환자를 이송해야 했다. 또한 의사・간호사 등에 대한 보상이나 병원의 운영비 지급은 중앙부처를 거쳐 지역 보건청(Health Authorities)에서 획일적으로 처리되었다. 이러한 체제에서 비용 절감이나 서비스 품질 향상은 개별 행위자들의 선의에 주로 의존할 수밖에 없었다.

영국의 NHS는 공유재(즉 의사, 간호사, 병원시설 등) 사용에 대한 서비스 이용자들의 공동체의식에 크게 의존하는 체계이다. 의사・간호사・병원시설 등에 대한 공동체 구성원들의 남용이 있을 때, 공유재의 질이 떨어지는 것을 막기 위해 추가로 상당한 비용이 요구될 수 있기 때문이다. 그러나 제2차 세계대전 중 형성되었던 공동체의식은 시간의 경과에 따라 전쟁을 겪지 않은 세대가 주된 사회구성원이 되면서 약화되었으며, 또한 불가피하게 노령인구가 증가함에 따라 NHS를 유지하는 데 드는 비용은 급격하게 증대되었다.

1979년에 집권한 영국 보수당과 Thatcher 수상은 공공부문 개혁에 박차를 가하였고 NHS도 주요 개혁대상 중의 하나였다. NHS를 국가보험체계로 바꾸는 데 실패한 보수당 정부가 동원한 수단이 바로 내부시장 형성 방안, 즉 의료서비스 공급에 시장 기제를 도입하는 방안이었다. 이를 위해서는 '구매자'와 '판매자'가 있어야 했고, 서비스 이용자의 '선택권'이 부여되어야 했다. 의료 분야에는 이미 다수의 서비스 제공자와 서비스 이용자가 존재하고 있었다. 다만 서비스 이용자들에게 선택권이 부여되지 않았기 때문에 다수 제공자들 간에 경쟁이 성립될 수 없었던 것이다. 이에 1차적으로 지역주민들에게 GP 선택권을 부여했다. 이에 따라 주민들의 선택 정도를 기준으로 GP들 간에 차이가 발생하게 되었다. 다음 단계에서 GP들에게 자신의 환자를 이송할 종합병원을 선택할 권한을 부여했다.[23] 서비스 이용자들의 입장에서는 GP를 통해 간접적으로 선택권이 부여된 셈이었

23) GP들의 병원 선택을 돕기 위해 정보가 제공될 필요가 있었다. 이에 지역사회 병원들에 대한 실적 일람표(league tables)가 작성・활용되었다. 이에 각 부문(예: 내과, 외과 등) 순위, 종합적 지표(진료시간, 대기시간, 수술대기 기간, 사망률, 재진료율 등) 등이 제공되어 GP의 병원 선택을 도왔다.

다. 이에 더해 일정 수(7,000명) 이상의 환자를 지닌 GP들에게는 이에 상응하는 예산을 부여했다. GP들은 이 예산을 활용해서 자신의 환자를 이송한 병원에 비용을 지불하게 되었다(Self, 1993: 138-140; Pollitt, 1993: 180-181).

GP들이 자신이 보유한 환자의 수에 따라 차등적인 보상을 받게 되고, 지역 종합병원들이 이송되는 환자의 수 및 연계된 실적에 따라 차등적인 예산 지원을 받게 되자, GP와 병원은 환자의 수에 관심을 갖게 되었고 더 많은 환자 유치라는 경쟁의 대열에 서게 되었다. 보수당의 NHS 체제가 개혁 이전의 체제보다 더 효율적이었다고 단정하기는 힘들다. 그리고 1997년의 선거에서 승리한 노동당은 NHS의 내부시장 체계를 해지하였다. 그러나 노동당 정부도 보수당 정부가 제기했던 효율성 제고의 문제로부터 자유로울 수 없었으며, 노동당은 성과관리 강화를 통해서 이 문제에 대응하고자 했다. 영국 보수당의 NHS 개혁은 공공부문에 경쟁기제를 도입하는 접근이 전국적인 규모로 활용될 수 있음을 보여주는 사례로 남아 있다.

이러한 내부시장 접근은 미국 주정부의 공립교육에도 적용되었다. 전통적으로 미국의 공립학교 체제에서 학생과 학부모들은 학교 선택권을 갖지 못했으며, 학생들은 자신의 주거지 주변 학교에 할당·배정되었다. 이 점에서 미국의 공립학교는 학생들에 대해 독점적인 지위를 지녔다고 볼 수 있었으며, 학교가 학생들을 유치하기 위해 경쟁할 필요는 없었다. 그러나 미네소타 주를 필두로 해서 1988년 이후 아이오와, 아칸소, 오하이오, 네브래스카, 아이다호, 유타, 매사추세츠 주 등에서는 학생들에게 다른 지역에 소재하는 학교에 다닐 수 있는 선택권을 부여했다. 또한 버몬트와 메인 주는 학생들에게 사립학교에 다닐 수 있는 바우처(voucher)를 발급했고, 캘리포니아, 워싱턴, 콜로라도 주 등은 고등학교에 대한 제한적인 선택권을 부여했으며, 로체스터, 뉴욕, 몬트클레어, 뉴저지, 시애틀, 새너제이를 포함한 다수의 도시들도 학생들에게 학교 선택권을 부여했다.

미국의 교육바우처에 대한 학부모의 만족도는 매우 높으며 특히 교육바우처의 학업 향상 효과는 흑인집단과 산수 과목에서 두드러진 것으로 나타난 바 있다(정광호, 2010). 하지만 학교 선택제의 확대가 공교육을 시장논리로 재편하고 기존 불평등을 심화시킬 것이라는 우려도 존재하고 있다(이제봉, 2007). 이러한 선택권 부여는 많은 경우에 있어 공립학교들 간의 경쟁을 야기했으며, 이 경쟁이 학교들로 하여금 개혁을 추진하도록 동기부여한다는 점을 보여 줬다는 점에서 함의가 있다(Osborne & Gaebler, 1992; 삼성경제연구소, 1994: 128-145).

3. 공공기관과 민간기관 간의 경쟁

경쟁기제의 도입이 공공기관들 간의 경쟁으로 한정되는 것은 아니다. 그보다 심각한 성격을 지닌 경쟁은, 공공기관과 민간기관 간에 경쟁을 거친 후 더 적절하다고 평가받은 기관에게 공공서비스의 생산·전달 권한이 부여되는 경우이다. 민간기관에게 공공서비스 생산·전달 권한을 넘겨준 공공기관은 일정 기간(민간기관의 계약[24] 기간) 이후에 다시 민간기관과 경쟁할 수 있는 기회를 갖게 되지만, 한 번 넘어간 권한을 다시 찾기가 쉽지 않다는 데 그 심각성이 있다. 이러한 형태의 경쟁을 보여주는 대표적인 사례는 영국 보수당 정부에 의해 도입되었던 의무경쟁입찰제도(compulsory competitive tendering: CCT)이다.[25]

영국의 우파 사상가와 정치인들은 영국의 지방정치와 행정이 정당간의 과열경쟁과 관료주의로 인해 그 기능과 재정이 확대되어 심각한 비효율의 문제에 봉착해 있다고 보고 있었다. 특히 그들은 다수의 지방정부가 노동당에 의해 장악되면서, 과도한 복지정책의 추진으로 인한 심각한 재정적자에도 불구하고 관리상의 무능과 노동조합과의 결탁 때문에 그대로 방치할 경우 회복 불능상태에 빠질 것으로 보았다(Gray & Jenkins, 1991: 472). 이러한 배경에서 Thatcher 수상과 보수당 정부는 그동안 경쟁 없이 독점적 지위를 보장받았던 지방정부 조직들이 더 이상 그러한 특권적 지위를 누릴 수 없도록 공공서비스 생산과 제공에 민간기업의 참여를 유도하는 의무경쟁입찰제도(CCT)를 도입하였다. 지방정부들이 민간기업과 경쟁하게 함으로써 납세자인 주민에게는 양질의 서비스를 저렴한 가격으로 제공하고 민간기업에게는 새로운 기회를 제공하며 폐쇄적 행정환경을 기업환경과 접목함으로써 행정문화를 쇄신할 수 있다는 것이었다(양형일, 1997: 110).

공공부문에 경쟁기제를 도입하는 것은 다음의 몇 가지 점에서 보수당 정부에게 매력적이었다. 첫째, 정부조직에 대한 업무의존도를 낮추고 기업 등 외부조직이 저렴한 비용으로 업무를 수행하게 된다면 공공지출을 절감할 수 있다. 둘째,

24) 공공-민간기관 간 경쟁은 서비스 생산·제공기관으로 선정된 기관에게 일정 기간 동안 서비스를 독점적으로 제공할 권한을 부여하는 계약을 체결한다는 점에서 일반적인 시장경쟁이나 내부시장의 경우와 차이를 보인다. 따라서 이 경우 경쟁은 주기적으로 발생하는 것으로 기대할 수 있다.

25) CCT는 이후 1991년의 백서('Competing for Quality')를 통해서 시장성 테스트(marketing test) 개념으로 재정립되었다.

정부 또는 민간조직 중 어느 쪽이 서비스 제공기관으로 결정되건 간에 CCT 과정은 사업의 내용과 비용을 명확히 하는 유용한 수단이 될 수 있다. CCT 과정에서 직무기술서와 서비스 공급의 실질적인 비용을 명확히 할 필요가 있는데, 이러한 정보는 서비스 공급에 대한 책임의 이전이 비용 면에서 효과적인지를 확인하는 데 긴요했다. 셋째, CCT는 공공부문에 계약주의(contractualism)의 도입을 가져왔는데, 여기서 정부는 만족스럽지 못한 서비스 공급자에 대해 계약을 철회할 수 있는 권리를 가지고 있었기 때문에 공공서비스의 공급에 대한 새로운 규제의 틀을 발전시킬 수 있었다(서필언, 2005: 445-446).

CCT는 경쟁원리를 적용해서 공공서비스의 생산 및 공급자를 결정하는 제도였다. 공공서비스의 생산·공급에 있어 정부조직에 독점적 지위를 부여하는 것이 아니라 민간조직(주로 기업)에게도 기회를 제공하고, 정부조직과 민간조직 중에 가장 경쟁력 있는 입찰자에게 공공서비스의 생산 및 공급 기능을 부여하자는 것이다. CCT는 공급가격의 비교를 강제규정하고 있다는 의미이지, 해당 서비스의 공급을 반드시 민간 공급자가 담당해야 한다는 것은 아니다. 상업적 기준에 따라 민간조직이 서비스 공급자로 선정될 수 있지만, 동일한 기준에 의해서 정부조직이 공급자로 선정될 수도 있다. CCT 체제에서 지방정부가 입찰에 부쳐지는 기능을 계속 수행하고자 할 경우, 지방정부는 해당 기능의 수행(또는 서비스의 제공)을 담당할 '직접 서비스 조직'(direct service organization)을 구성한 다음 입찰에 참여할 수 있었다. 요컨대 CCT는 '민간'에 초점을 두는 것이 아니라, '경쟁'에 초점을 두는 제도였다. 경쟁 없이 정부독점이 민간독점으로 형태만 바뀌게 된다면, 여전히 비용절감과 서비스 질의 향상은 기대할 수 없게 된다고 보았다. 종전의 공공서비스 제공에서 비효율성이 문제가 되었던 것은 정부조직이 비경쟁적 환경에서 독점적인 지위를 유지했다는 데 기인했던 바가 컸기 때문에, 정부가 독점해 온 서비스 영역 가운데 상당 부분을 경쟁 입찰에 부치자는 것이 CCT의 기본취지라고 하겠다(김종순, 2000: 192; Gray & Jenkins, 1991: 472).

보수당은 1980년 '지방정부의 계획 및 토지에 관한 법률'을 제정해서 공공서비스 제공에 대한 경쟁 입찰을 의무화했다. 당시의 CCT는 지방정부 주관의 시설건설과 관리 영역에 한정해서 적용되었는데, 일부 지방정부들은 폐기물 수거와 같은 여타 서비스 영역에 CCT를 자발적으로 적용하기도 했다. CCT의 영역은 1988년(및 1989년의 2차 입법)과 1992년의 '지방정부법'에 의해 확장되었다. 1980

년의 입법이 CCT를 도입하였고, 1988년 입법이 '근로 분야'(blue collar services)[26]에 중점을 둔 것이라면 1992년의 입법은 '전문 분야'(white collar services)[27]에 이르기까지 경쟁 입찰의 대상 기능이 확장된 것이다[28](Patterson & Pinch, 2000; 양형일, 1997: 111-112).

1997년에 수행된 조사에 의하면, CCT는 서비스의 질보다는 제공 가격에 초점을 두고 수행되었던 것으로 나타났다. 전체 계약의 91%가 1차 입찰에서 가장 낮은 가격을 제시한 기관에게 낙찰되었으며, 2차 입찰에서는 최저 가격 제시기관에게 낙찰된 비율이 85%에 이르렀다(Patterson & Pinch, 2000: 270). 한편 경쟁 입찰에 부쳐졌던 공공서비스의 낙찰기관 구성을 살펴보면, 1997년도의 경우 정부조직이 '근로 분야' 전체 계약(수)의 56.5%를 차지했다. 또한 계약의 규모에서도 정부조직이 체결한 계약의 규모가 상대적으로 컸던 것으로 나타났다. 그러나 전반적인 추세는 민간조직의 성공비율이 점차 커지고 있었던 것으로 나타났다(Patterson & Pinch, 2000: 271).[29] CCT 역시 1997년의 노동당 집권 이후 폐지되었으나, 지방정부의 효율성과 서비스 품질향상이라는 주제는 노동당 정부에서도 지속되었다.

제4절 소결론

관료의 기회주의와 재량을 인정하되 그 효과가 '주인'의 이익(즉 공익)을 실현하도록 제도를 설계하는 접근방식에 있어, 우리나라는 공공조직간 또는 공공조직과 민간조직 사이의 경쟁을 제고하는 정책수단을 본격 채택하고 있지 않다. 그러나 조직 내·외의 구성원 및 잠재적 구성원 간의 경쟁을 유도해서 정책효과를 높이고자 하는 성과중심적 인사관리 방안과 경쟁적 공직 임용 방안은 비교적 활발하게 사용하고 있다.

특히 고위공직을 중심으로 적재적소의 인재를 찾기 위해 정부 내·외에서 공

---

26) 건물청소, 거리청소, 쓰레기수거, 학교 및 사회복지 급식, 정원·공원관리, 차량관리, 스포츠·여가 서비스관리 등.

27) 극장·박물관 관리, 도서관 서비스, 설계서비스, 토목계획 서비스, 공공주택관리, 자산관리, 건설관리, 행정관리서비스, 법률서비스, 재무관리서비스, 인력관리서비스, 전산정보서비스 등.

28) 단 1988년과 1992년의 입법은 해당 기능의 시행을 일률적으로 규정하지 않고, 내각에 권한을 위임하여 지방정부의 사정을 고려해서 단계적으로 시행할 수 있도록 했다.

29) 근로분야 계약(수)의 경우, 1991년의 30%로부터 1997년의 43.5%로 증가했다.

직임용에 관한 개방과 경쟁을 유도하는 제도(개방형직위제, 직위공모제)는 비교적 의미 있는 효과를 거두고 있는 것으로 보인다. 고위공무원단으로의 진입을 위해 적용되고 있는 역량평가도 신뢰도와 타당도 면에서 관련 당사자들로부터 그 정당성을 인정받고 있어, 면접 평가를 통한 역량 중심의 승진이라는 새로운 가능성을 열어가고 있다.

한편 성과상여금을 중심으로 한 성과급제도는 아직 기대효과를 충분히 달성하지 못하고 있는 것으로 판단된다. 직무분석의 미비와 계층주의적인 행정문화로 인해, 합리적인 성과평가체계를 구축하고 이를 체계적으로 운영하는 데 있어 한계를 보이고 있다. 그러나 제도 도입 후 시간의 경과에 따라 성과급제도를 지지하는 목소리가 젊은 세대를 중심으로 급속하게 진행되고 있어, 성과급제도에 대해 부정적인 태도를 견지하는 세력과의 갈등이 잠재되어 있다. 차후 더욱 합리적인 제도를 구축하고 이를 적절하게 운영하려는 노력이 신속하게 뒷받침되어야 이러한 잠재적 갈등을 완화할 수 있을 것으로 판단된다.

경쟁기제를 적용해서 관료의 기회주의와 재량을 적극적으로 활용하려는 접근방식은 기본적으로 개인주의 행정문화와 정합도가 높은 관료제 통제수단이다. 따라서 그동안 계층주의적 문화가 강하다고 평가된 우리나라 정부조직에 적용하는 데 한계가 있었으나 새로운 제도의 도입과 젊은 세대의 문화성향 변화에 근거할 때 제도의 효과를 기대할 수 있다. 신공공관리적 행정개혁 수단들이 대거 도입된 2000년대 들어 한국의 행정문화에도 개인주의 문화 요소가 성장하고 있다. 따라서 이러한 개인주의 문화 요소를 적절히 수용할 수 있는 합리적인 제도를 구축하고 이를 제대로 운영하게 되면, 경쟁기제를 활용한 통제수단들은 한국 관료와 관료조직을 통제할 수 있는 새로운 도구로 기능할 수 있을 것이다.

제 8 장

재량영역의 이전

권한의 위임 위탁

정부조직과 공무원을 통해서 공공서비스를 생산하고 전달하는 한, 기회주의와 재량의 일탈 문제에서 완전히 벗어나는 것은 사실상 불가능하며, 이에 따라 행정 책임과 통제의 문제를 해소하는 것도 지난한 작업이 된다. 따라서 만약 정부조직과 공무원 외의 다른 수단으로 공공서비스를 생산 · 전달할 수 있게 된다면, 공무원의 직접고용으로 초래되는 기회주의와 재량 문제는 원천적으로 제한될 수 있다. 이와 같은 기대로 정부조직과 공무원의 재량영역을 원천적으로 이전할 하나의 대안이자 전략으로 민간부문이 주목될 수 있다.[1]

여기서는 이러한 가능성을 민간부문 활용, 특히 민간위탁 방안에 초점을 두고 검토해보고자 한다.[2] 먼저 1절은 정부와 민간부문이 관여할 수 있는 공공서비스 제공방식의 유형에 대해 살펴본다. 2절은 민간위탁과 관련된 이론적 논의를 검토한다. 민간위탁의 형태 및 개념, 민간위탁(계약) 방식의 채택을 위해 필요한 조건, 정부-민간 간 파트너십 프로그램으로서의 민간위탁의 성립 및 운영을 위한 조건, 민간위탁 사업의 단계, 민간위탁 방식의 장 · 단점 등이 검토된다. 3절은 앞의 이론적 논의를 토대로 우리나라 민간위탁의 실제에 대해 살펴본다.

---

1) 조직에 불만을 가진 구성원, 서비스에 불만족하는 소비자에게 활용 가능한 전략 중 하나가 이탈(Exit)이다. 소속 조직에서 나오거나, 다른 회사의 제품을 구매하는 선택인 것이다. 시민 역시, 공공서비스에 불만족할 때, 공공기관이 아닌 민간기관을 선택하는 이탈 전략을 활용할 수 있으며 이것이 이번 장에서 주목하는 민영화나 민간위탁에 해당할 수 있다.

2) 민간기관을 활용한 공공서비스의 생산과 전달은 행정 책임성 논의의 영역을 민간기관으로까지 확장시킨다(*cf.* Bovens, 2005: 200-202; Skelcher, 2005: 361-362). 그러나 여기서는 행정 관료의 기회주의와 재량의 관리에 초점을 두고 논의하며, 이 쟁점은 다루지 않기로 한다.

제1절 공공서비스 제공방식의 유형

공공서비스의 생산과 전달을 정부조직과 공무원에 전적으로 의존할 필요는 없다. 민간부문이 공공서비스의 생산·전달에 기여할 수 있기 때문이다. 공공서비스 생산·전달에 대한 민간부문의 관여는 여러 형태를 취할 수 있다. 그중에서 가장 기본적인 형태는 서비스 수혜자인 시민들이 서비스 생산을 직접 담당하는 방식이다(Hood, 1986: 90-93). 서비스 사용자가 서비스의 생산을 직접 담당한다는 점에서 'DIY'(Do-It-Yourself) 방식으로 불리기도 하는 이 접근은 자발적인 참여자들을 활용해서 공공서비스를 생산·전달하거나 또는 시민들이 자체적으로 규칙을 정하고 이를 근거로 공공서비스의 생산과 전달을 위한 업무수행에 모든 시민의 참여를 의무화하는 방식을 취한다. 행정학의 개념 중에는 공공서비스 이용자들이 자신들이 사용하는 서비스의 생산에 기여함을 가리키는 '공동생산'(co-production)이 이러한 접근에 해당한다. DIY 방식의 예로는 주민들에 의한 쓰레기 분리, 제설작업, 치안유지(자경단), 개병제 방식에 의한 군복무 등을 들 수 있다.

DIY 방식, 공동생산 방식의 장점은 첫째, 생산자와 소비자, 주인과 대리인, 고객과 업자 간에 야기될 수 있는 갈등 -임금, 요금, 서비스의 공급량, 업무상의 성실도 등을 둘러싼 갈등-을 예방할 수 있으며, 둘째, 수요가 없어진 서비스를 지속시키려는 기득 이익 세력 문제나 새로운 서비스 수요에 대한 무반응 또는 늦장대응 문제 등이 최소화된다. 생산자가 곧 소비자이므로 생산자와 소비자(또는 주인과 대리인, 고객과 업자)의 구분이 없어지기 때문이다. 따라서 X-비효율성 등 주인과 대리인 간의 관계에서 발생할 수 있는 모든 문제가 원칙적으로 해소된다. 또한 공무원이나 정부조직이 하나의 기득 이익 세력이 되어 더 이상 존재할 필요가 없는 기관을 존속시키려고 하거나, 새로운 수요에 민감하게 대응하지 않는 문제 등은 DIY 방식, 공동생산 방식에서는 최소화된다. 시민들이 불필요한 서비스 생산을 지속할 이유가 없으며, 새로운 서비스 생산을 늦출 이유가 없기 때문이다.

그러나 이러한 방식에도 단점이 있다. 모든 시민의 참여를 강제할 경우, 자칫 비효율(allocative inefficiency)이 커질 수 있다. 예컨대 의사들이 의무적으로 마을 청소에 참여하도록 할 경우, 의사의 전문성을 활용할 수 있는 시간은 줄어들게 되고 이는 사회 전체적인 차원에서 비효율적인 자원 활용일 수 있다. 특히 사회가 전문화되면 될수록, 전문적인 장비가 요구되는 일일수록 비효율의 문제가 커질 수 있다. 전문적인 훈련이 되어 있지 않은 일반시민들이 전문성을 요하는 작업에 투입될 경우 효율적인 서비스 생산·전달을 기하기 어렵기 때문이다. 이러한 문제 때문에 현대사회에서는 공공서비스의 생산과 전달에서 DIY가 크게 주목받기 힘들다고 볼 수도 있으나 현대행정에도 무시할 수 없는 의미를 지닌다. 특히 대규모적인 재앙이나 비상시에는 문제에 대처하고 사회의 질서를 회복하는 데 시민들의 자발적인 참여가 필수적이며, 서비스 생산에 들어가는 비용절감을 위해서도 '공동생산'이 필요로 된다.

공공서비스 생산·전달에서 시민들의 직접 생산 형태 외의 민간부문 참여에는 각종 단체나 조직(영리 및 비영리조직)이 서비스 생산·전달에 관여하는 방식이 있다. 정부부문과 민간부문 조직들을 포함한 공공서비스 생산·전달방식을 포괄적으로 검토한 논의들에는 Glennerster(1997)와 Savas(1987) 등이 있다. 공공서비스 중 특히 사회복지서비스를 주된 논의의 대상으로 했던 Glennerster(1997: 5-8)는 서비스 제공 주체와 재원 출처의 두 기준을 사용하여 공공부문과 민간부문 간의 역할분담 형태를 정리하였다(표 8-1).

〈표 8-1〉 공공·민간부문의 역할 분담 형태

<table>
<tr><th colspan="2" rowspan="2">구분</th><th colspan="4">제공주체</th></tr>
<tr><th colspan="2">공공기관</th><th colspan="2">민간기관</th></tr>
<tr><td rowspan="2">재원</td><td>공공</td><td>Ⅰ.공공제공
공공재원</td><td rowspan="2">Ⅲ.
부분공공/부분민간
재원에 의한
공공제공</td><td rowspan="2">Ⅳ.
부분공공/부분민간
재원에 의한
민간제공</td><td>Ⅴ.민간제공
공공재원</td></tr>
<tr><td>민간</td><td>Ⅱ.공공제공
민간재원</td><td>Ⅵ.민간제공
민간재원</td></tr>
</table>

자료: Glennerster(1997: 6); 박광덕(1997: 176)에서 수정하여 재인용.

공공기관이 서비스 제공주체가 될 경우, 재원출처에 따라 완전공공, 완전민간, 그리고 부분공공·부분민간의 세 가지로 구분이 가능하다. 민간기관이 서비스 제공주체가 될 때에도 마찬가지로 세 가지의 구분이 가능하다. 이러한 여러 유형 중 1980년대 이후의 행정개혁에서 많은 관심을 받고 연구의 주요 대상이 된 것은 민간기관에 의한 공공서비스의 제공과 관계된 유형들이며, 그중에서도 공공재원에 의한 민간제공(유형Ⅴ)과 부분공공・부분민간 재원에 의한 민간제공(유형Ⅳ)이다. 물론 여전히 공공기관에 의한 공공서비스의 제공이 사회 전반에 있어 주요부문을 차지하고 있으며, 특히 민간재원에 의한 공공기관 제공(유형Ⅱ)과 공공재원뿐 아니라 민간의 재원을 끌어들여 공공기관이 제공주체의 역할을 수행하는 방식(유형Ⅲ)은 사회복지서비스 제공의 주요 유형 중의 하나라는 점은 주목을 요한다. 그러나 유형Ⅳ와 Ⅴ를 중심으로 한 공공과 민간부문의 파트너십 프로그램은 후술하는 바와 같이 신공공관리론과 뉴거버넌스론을 복합적으로 적용하고 있는 접근법으로서, 민간부문을 활용한 공공서비스 생산・전달을 논의하는 이 장의 취지를 반영하는 핵심적인 유형이라 하겠다.

한편 Savas(1987)는 공공서비스 생산・전달에 있어, '생산자와 소비자를 연계시키는 '계획자(arranger)'와 '생산자(producer)'라는 두 차원을 활용해서 공공서비스 제공의 제도적 대안을 분류하였다(표 8-2).

〈표 8-2〉 공공서비스 제공의 제도적 대안

구분		생산자	
		정부	민간
계획자	정부	-정부 직접생산 -정부간 협정	-민간위탁(계약) -지정・허가(면허) -보조금 지급 -바우처 지급
	민간	-정부 서비스판매	-시장공급 -자원봉사 -자가생산(자급자족)

자료: Savas(1987: 63)을 참조하여 재구성.

정부가 계획자와 생산자를 모두 담당하는 경우에는 '정부 직접생산(정부공급)'과 '정부간 협정'이 해당된다. 정부간 협정이란 특정 정부가 서비스 공급을 위해 여타 정부로부터 해당 서비스를 구매하는 경우를 말한다. 규모의 경제를 통해 서비스 생산에 소요되는 비용을 줄이기 위해 사용되는 데, 후술할 민간위탁과 차이를 보이는 점은 특정 정부를 대신해서 서비스를 생산하는 주체가 민간기관이 아니라 타 정부라는 점이다. 지방자치단체 간 협정으로 공공시설이나 서비스를 공동 활용하는 방식 등이 그 예가 된다. 다음으로 민간이 계획자이고 정부가 생산자인 경우에는 '정부의 서비스판매'가 속한다. 이는 누군가 자발적으로 정부가 생산하는 서비스를 구매하는 경우인데, 민간(개인이나 조직)이 계획자로서 정부를 생산자로 지정하고, 이에 따라 민간기업과 같이 서비스 공급자로 활동하게 된 정부가 소비자에게 선택되어 서비스를 제공하고 그에 따른 대가를 받는 것을 말한다. 정부가 생산주체이긴 하나 그 서비스에 대한 선택은 전적으로 시장기구와 소비자에 의해 자발적으로 이루어진다. 세 번째로 민간이 계획자이고 생산자인 경우에는 '시장공급', '자원봉사', '자가생산(자급자족)'이 해당된다. 부연하면 시장에 의한 자유로운 서비스 생산과 소비(시장공급), 앞서 논의한 DIY 방식에 준하는 자가생산(자급자족), 서비스 생산·전달 및 대가의 지불을 민간단체가 자발적으로 수행하는 자원봉사 등을 말한다(이현우 외, 2009: 25-26).

한편 정부가 계획자이고 민간이 생산자인 네 번째 경우가 우리의 주된 관심대상이 된다. 여기에는 '민간위탁(계약)', '지정·허가(면허)', '보조금 지급', '바우처 지급'이 속한다. 보조금 지급은 특정 재화나 서비스의 생산·공급을 민간에 맡기되, 그것의 소비를 촉진하기 위해 정부가 민간기업(개인)에게 보조금을 제공하는 방식을 말한다. 보조금을 통해서 특정 재화나 서비스의 가격을 낮춤으로써 공중이 저렴한 비용으로 해당 재화·서비스를 충분히 향유할 수 있게 하는 효과를 낸다. 바우처 지급은 정부(행정기관)가 특정 형태의 소비자에게 화폐에 준하는 증서(예: 식품구매권, 학교등록권, 의료카드 등)를 제공해서 해당 소비자가 시장에서 비교적 자유로운 선택으로 재화·서비스를 구매할 수 있도록 지원하는 방식을 말한다. 민간위탁(계약)은 공공서비스 생산을 위해서 정부(행정기관)가 민간조직과 계약을 체결하여 생산비용을 지불하고,[3] 해당 민간조직이 서비스를 생산하는 방식이며, 지정·허가(면허)는 정부가 민간기업으로 하여금 특정 서비스를 생산·공급할 수 있는 권리를 부여하되, 서비스 이용에 따른 비용은 소비자가 직접 부담하게 하는 방식이다. 정부가 계획자이고 민간이 생산자인 네 번째 유형 중에는 민간위탁이 가장 광범위하고 일반적으로 이용되는 방식이라 할 수 있다(이현우 외, 2009: 16, 23-24).

생산자가 민간인 경우 중 시장공급을 제외한 여섯 가지 방식의 개념과 활용

---

3) 이는 민간위탁의 가장 전형적인 경우에 한정된 협의의 정의이다. 민간위탁의 다양한 형태와 정의에 대해서는 다음 절을 참조.

예를 정리하면 <표 8-3>과 같다. 다음 절에서는 이상 Glennerster와 Savas의 공공서비스 제공형태 중 이 장의 취지에 가장 부합하면서 또한 가장 일반적으로 사용되는 민간 활용방안인 '민간위탁(계약)'과 관련된 이론적 논의를 검토하도록 한다.

〈표 8-3〉 민간부문에 의한 공공서비스 생산의 유형

생산유형	개념	활용 예
민간위탁 (계약)	계약에 의해 민간의 생산자가 공공서비스를 생산	공공사업, 건강 및 대민서비스
지정·허가 (면허)	일정구역내에서 공공서비스를 제공하는 권리를 인정하는 협정을 통한 공급	폐기물 수거·처리, 공공시설 관리, 자동차 견인/보관, 구급차 서비스 등
보조금 지급	민간조직/개인의 공공서비스 제공활동에 대한 재정 혹은 현물 지원	민간 복지시설 및 기타 공익목적의 시민단체들 지원
바우처 지급	시민들에게 공공서비스 이용권 지급	교육, 탁아 및 아동복지서비스 등
자원봉사	직접적인 보수 없이 공공서비스생산을 위해 봉사하는 인사들의 활용	공익사업상의 자원봉사자, 민간자율방범대, 안전모니터 등
자가생산 (자급자족)	공공서비스의 수혜자가 생산 활동에 참여	이웃감시, 보육사업, 고령자대책, 문화예술사업 등

자료: 박노욱(2009: 30); 현승현·윤성식(2010: 1936)에서 수정후 재인용.

제2절 민간위탁에 관한 이론적 논의

1. 민간위탁의 형태와 개념

민간위탁은 민영화(privatization)의 한 형태이다. 민영화는 활동이나 자산의 소유(ownership)에 있어 정부의 역할을 축소시키거나 민간부문의 역할을 증대시키는 것으로 정의된다(Savas, 1987: 3).[4] 이렇게 볼 때 민간위탁은 민영화 전략의 하나가 된다.

정부가 비용을 부담하지만 직접 공급하지는 않는다는 의미에서 민간위탁은 구매자-공급자 분리모형(purchaser-provider split)이라 불리기도 하며, 민간자본을 동원해서 공공재적 성격의 건설 사업을 추진하는 경우 민간자본사업, 민간투자사

4) 좀 더 협의로는 상업성이 매우 높고 정책적 기능이 약한 공기업을 민간에 매각하여 정부의 통제에서 벗어나도록 하는 것으로 정의될 수 있다(고영선, 2010: 6).

업(public private partnership: PPP)이라 불리기도 한다. 따라서 광의의 민간위탁은 다양한 형태를 취할 수 있다(표 8-4). 첫째, 민간위탁 대상 서비스의 수혜자가 정부일 수도 있고, 민간일 수도 있다. 둘째, 서비스 공급에 필요한 자산의 소유권이 정부에 속할 수도 있고, 민간 서비스 공급자에게 속할 수도 있다. 셋째, 서비스의 직접적 수혜자가 민간일 때, 서비스 공급자를 선정하는 주체가 정부일 수도 있고, 소비자일 수도 있다.[5] 넷째, 서비스에 대한 대가를 정부가 지불할 수도 있고, 직접 수혜자인 소비자가 지불할 수도 있으며, 서비스 수혜자와 정부가 공동으로 지불할 수도 있다(고영선, 2010: 8-9).[6]

〈표 8-4〉 민간위탁의 다양한 형태

기준	형태
서비스의 직접적 수혜자	– 정부 (예: 정부 전산업무의 민간위탁) – 민간 (예: 쓰레기 수거업무의 민간위탁)
서비스 생산자산의 소유자	– 정부 (예: BTO[7] 또는 BTL 형태의 민간투자사업) – 민간 서비스 공급자 (예: 쓰레기 수거장비)
서비스 공급자 선정주체	– 정부 (예: 쓰레기 수거업무) – 민간 서비스 수혜자 (예: 건강보험환자의 병원선택)
서비스 대가의 지불	– 정부 (예: BTL 사업[8]) – 민간 서비스 수혜자 (예: BTO 사업[9]) – 정부 · 민간 공동 (예: 병원진료비[10])

자료: 고영선(2010: 8).

5) 전자의 경우 흔히 정부는 경쟁입찰을 활용함으로써 비용 최소화와 서비스 품질개선을 도모한다. 후자의 경우 바우처라는 수단이 활용되기도 한다.

6) 소비자들이 직접 대가를 지불할 경우, 위에서 언급했던 지정 · 허가(면허)와 유사성이 나타난다.

7) BTO(Build-Transfer-Operate) 방식이란 프로젝트의 민간사업주가 필요한 자금을 조달하여 시설(설비)을 완공한(Build) 후, 발주자(정부)에게 양도하고(Transfer), 일정 기간(일반적으로 30년) 동안 당해 프로젝트를 운영하여(Operate) 그 수익으로 채무상환 및 지분출자자에 대한 배당을 실시하는 프로젝트 금융기법이다. BTO 방식의 핵심은 프로젝트 시공 및 운영을 위한 자금조달 및 상환은 전적으로 프로젝트 전담회사가 책임을 지며 프로젝트 자산의 소유권은 정부에 귀속시키는 것이다. BTO 사업에서 중요한 것은 정부와 민간사업자 간의 역할분담 및 정부의 보증이며, 이는 정부와 민간사업자간의 양허협정(concession agreement)을 통해서 결정된다. BTO 방식은 공공재적 성격이 강한 프로젝트, 사업의 추진에 있어 국가의 개입이 필요한 프로젝트, 국가경제에 미치는 영향 때문에 국가가 개입을 원하는 프로젝트의 경우에 사용될 수 있는 비소구금융(非訴求金融) 방식으로서 발전소, 도로, 철도, 교량 등 상당수의 지역개발사업에서 활용되고 있다(박원석, 1998: 5-7). BTO 방식은 프로젝트의 특성에 따라 여러 가지 변형기법들로 발전되었다. BTL(Build-Transfer-Lease)은 그중의 하나이다. BTL은 정부에 소유권을 이전하고 임대료를 징수하는 방식이며 BTO는 소유권 이전하고 시설물을 운영하며 투자금액을 회수하

이상의 다양한 민간위탁 형태 중에서[11] 이 장의 주된 관심사는 서비스의 직접적인 수혜자가 민간부문(시민)이면서, 정부가 주로 서비스 생산자산의 소유자, 서비스 공급자의 선정주체, 그리고 서비스 대가의 지불을 담당하는 경우이다. 이 경우, 민간위탁은 정부가 시민에게 제공하던 서비스를 민간기업 또는 비영리조직이 대신 제공하도록 하고, 정부는 그에 대한 금전적인 대가를 해당 민간기업 또는 비영리조직에게 지불하는 계약유형으로 볼 수 있다(PUMA, 1997; 이근주, 2010: 121; 황혜신, 2005a: 67). 단순화해서 말하면, 민간위탁은 서비스 공급의 세 가지 요소 -서비스의 공급결정, 서비스의 생산, 서비스의 대가지불(재정부담)- 중 서비스의 공급결정과 대가지불은 정부가 담당하고 서비스의 생산만을 민간부문이 담당하는 방법이다. 바꿔 말해서 민간위탁은 정부가 최종적인 관리책임과 비용부담을 보유하면서 재화나 서비스의 생산·공급기능을 민간부문에 맡기는 것을 말한다.

민간위탁 개념과 관련된 이상의 논의를 통해서 부각되는 사안은 민간위탁에서는 '계약'과 '파트너십'이 핵심적인 요소가 된다는 것이다. 민간위탁을 위해서는 정부가 민간기업 또는 비영리조직과 공공서비스의 생산·전달에 관한 '계약'을 체결하고, 정부와 해당 민간기업 또는 비영리조직 간에는 일종의 '파트너십'이 성립된다. 정부가 서비스 공급자를 선정하고 계약을 체결함에 있어서는 복수의 서비스 제공 가능 기관들 사이에 경쟁이 전제되지만, 일단 계약이 성립된 후에는 목적으로 하는 공공서비스가 성공적으로 생산·전달될 수 있도록 정부와 민간기

는 방식이다. BTO 사업은 수익형 민자사업, BTL 사업은 임대형 민자사업이라 불리기도 한다.

8) 정부가 군막사 임대료를 민자 사업자에게 지불하는 경우.

9) 민자 고속도로 통행자가 통행료를 민자 사업자에게 지불하는 경우.

10) 병원 진료서비스의 비용을 건강보험과 환자본인이 분담하는 경우.

11) 한편 근래 사회복지 분야를 중심으로 민간을 통한 서비스 전달의 새로운 방식으로 시도되고 있는 유형으로 사회성과보상사업이 있다. 사회성과보상사업(Social Impact Bond: SIB)은 개인, 비영리조직, 사회적기업, 주식회사 등 민간부문이 투자재원을 마련하여 사회적 성과를 창출한 후, 정부는 민간이 달성한 사회적 성과를 '사후'에 구매하는 사업이다. 정부의 예산이 직접 투입되는 것이 아니라 민간의 투자자금을 투입하여 사업을 시행한 뒤, 그 성과 결과에 맞도록 정부가 재원을 지급하는 방식인 것이다. 일반적으로 사회성과보상사업(SIB)은 교육·복지·주거·고용·환경·문화 등 지역사회에서 발생하는 다양한 분야의 문제를 예방 및 개선함으로써 사회적 편익을 증대시키는 방식으로 활용된다. 사회성과보상사업의 일반적인 사업구조는 ① 추진사업의 기획·운영·관리를 맡은 중간운영기관, ② 사업에 필요한 자금을 조달하는 투자자, ③ 서비스를 제공하는 수행기관, ④ 서비스나 프로그램의 수혜자, ⑤ 사업수행 성과에 대한 보상을 지급하는 성과지급인(기관), ⑥ 성과를 측정하기 위한 검증·평가자 등으로 구성되고 있다(OECD, 2016).

관 간에 파트너십이 필요하다.

이 점에서 민간위탁에 의한 공공서비스 제공 방식에는 최근 행정개혁의 주된 패러다임을 구성하는 신공공관리론(NPM)과 뉴거버넌스론(new governance)의 요소가 모두 포함되어 있다. 다수 민간기관들간의 경쟁을 통해 선정된 기관이 공공서비스를 제공하면 정부가 직접 서비스를 제공하는 것에 비해 효율성이 높아질 것이라는 기대에서 신공공관리론의 주장을 발견하게 되고, 정부 단독이 아니라 정부와 민간기관 간의 협력을 통해서 양질의 서비스가 제공될 수 있으리라는 기대는 뉴거버넌스론의 주장을 반영한다.

아래에서는 계약 방식과 파트너십 방식의 채택과 운영을 위해 필요한 조건에 대해서 검토한다.

2. 민간위탁의 조건

1) 계약 방식의 채택 조건

이 장은 정부 조직과 공무원을 활용한 공공서비스의 생산·전달이 지니는 책임과 통제의 문제를 민간기관을 활용하는 것으로 전환하려는 대안적 방안을 검토하고 있다. 그러나 모든 종류의 공공서비스를 대상으로 민간위탁 방식을 적용할 수 있을지는 의문이 크기에 민간위탁 방안이 성공적으로 적용될 수 있는 조건들을 검토해볼 필요가 있다.

일부 논자들은 민간기관에 의해 생산·전달되는 공공서비스가 정부에 의한 것보다 항상 효율적이고 질적 수준이 높다고 주장한다. 그러나 이러한 주장이 타당성을 갖기 위해서는 이론적·경험적 근거를 확보해야 한다. 이론적인 차원에서 민간위탁의 성공가능성을 검토하기 위한 접근방법의 하나는 민간위탁(계약) 방식을 적용하는 데 필요한 조건이 존재하는지를 검토하는 것이다. 이러한 맥락에서 Bartlett & Le Grand(1993), Gönenç *et al.*(2001), Shleifer(1998) 및 Williamson (1975) 등의 논의를 검토하는 것은 의미 있는 작업이다.

먼저 Bartlett & Le Grand(1993)은 민간위탁이 효율적으로 작동하기 위해서는 다음의 조건들이 필요하다고 주장한다. 첫째, 민간 서비스 시장에 다수의 공급자가 존재하는 경쟁적 시장구조가 형성되어 있어야 한다. 둘째, 민간 서비스 제공자들이 대상자를 선택해서 서비스를 제공하거나, 조건이 열악한 이들에 대한 서비스를 소홀히 하는 현상을 방지할 수 있는 제도적 장치를 갖춰야 한다. 셋째, 민간위탁 사업에 대한 민간 서비스 제공자들의 참여를 유도하고, 양질의 서비스를 지속적으로 생산할 수 있는 동기부여 기제를 갖춰야 한다. 넷째, 사업의 위탁자와 수탁자가 모두 정확한 정보를 낮은 비용에 획득할 수 있어야 한다. 다섯째, 민간 서비스 제공기관의 선정과 모니터링 및 성과평가 등 민간위탁의 거래비용이 너무 높지 않아야 한다.

다음으로 Gönenç *et al.*(2001)과 Shleifer(1998)의 논의를 정리한 고영선(2010: 12-14)에 따르면 민간위탁 방식이 적절한지를 판단하기 위해서는 유인체계 거래비용, 그리고 시장구조를 고려해야 한다. 첫째, 유인체계에서 민간이 서비스를 공급하도록 하려면 서비스의 질을 포함한 여러 특성을 구체적으로 계약에 담을 수 있어야 하고, 공급자의 혁신능력이 중요한 고려사항이어야 한다. 둘째, 거래비용 면에서 민간 공급자에 대한 감시·감독에 들어가는 비용이 낮고, 공직자가 사적 이익을 추구할 가능성이 높으며, 계약을 체결하고 이를 이행하는 과정이 법적·제도적으로 잘 갖추어져 있는 사회에서 민간에 의한 서비스 생산·전달이 정부에 의한 공급보다 바람직하다. 셋째, 시장구조 면에서 공급자 간의 경쟁이 치열하고, 평판을 유지하기 위해 공급자가 노력하지 않을 수 없는 상황이며, 기업경영에 대한 자본규율이 잘 발달되어 있는 경우에는 민간에서 서비스를 공급하는 것이 바람직하다(표 8-5).

〈표 8-5〉 서비스 공급의 소유형태에 영향을 미치는 요인

요인		세부요인	특성	
내부요인	유인체계	계약이 불가능한 특성의 존재	일부에 국한	광범위
내부요인	유인체계	공급자의 혁신능력	매우 중요	중요치 않음
내부요인	거래비용	감독 비용	낮음	높음
내부요인	거래비용	공직자의 사적이익추구 가능성	높음	낮음
외부요인	거래비용	법적·제도적 환경	잘 발달	미발달
외부요인	시장구조	공급자간의 경쟁가능성	높음	낮음
외부요인	시장구조	평판유지를 위한 공급자 노력	높음	낮음
외부요인	시장구조	기업경영에 대한 자본시장 규율	잘 발달	미발달
바람직한 소유형태			민간	정부

자료: 고영선(2010: 13).

이상의 논의들에서 공통으로 지적되는 조건은 민간 서비스 시장에 다수의 공급자가 존재하고 있어 경쟁 가능성이 높아야 한다는 점과 민간 서비스 제공기관의 선정과 모니터링에 과다한 거래비용이 들지 않아야 한다는 점 등이다. 사실상 이러한 조건들은 '계약'에 의한 서비스 제공에 대한 Williamson(1975)의 고전적인 논의와 관련된다.

Williamson의 논의는 거래비용(transaction costs) 개념에 토대를 두고 있다. 거래비용은 계약이나 거래를 체결하기 위해 필요한 정보수집, 계약 · 거래의 체결, 체결된 계약 · 거래의 유지에 드는 비용 등을 말한다. Williamson은 거래비용을 토대로, '계약' 방식에 의한 서비스 생산과 '직원 직접고용' 방식에 의한 서비스 생산이라는 두 수단 중 어떤 수단을 선택하는 것이 바람직할 것인지를 판단할 지침이 되는 두 기준을 제시하고 있다.

첫 번째 기준은 불확실성과 제한된 합리성이다. 계약 방식으로 특정 서비스를 제공하려 함에 있어, 해당 서비스를 생산하는 데 필요한 과업이 불확실성을 내포하고 복잡한 특성을 지니면 서비스의 생산과 전달과정에서 발생할 수 있는 다양한 상황들을 계약내용에 모두 담는 것은 불가능하다. 인간의 합리성이 제한되어 있다는 조건을 전제하게 되면, 이런 경우에는 계약내용을 확정하는 데 드는 비용이 오히려 피고용인을 고용해서 서비스를 생산하고 관리하는 데 드는 비용을 초과하는 상황이 발생할 수 있다. 왜냐하면 피고용인은 상황에 맞는 방식으로 문제를 다루도록 지시할 수 있는 반면, 계약은 모든 가능한 상황을 미리 고려하여 이를 계약내용에 포함시켜야 하는 어려움이 있기 때문이다. 그런데 이러한 불확실성과 제한된 합리성은 특히 공공서비스의 경우에 두드러진다. 예컨대 군사행동, 외교, 치안, 통화관리 등의 업무는 불확실성이 높은 특성을 지니며, 이런 업무들을 계약 방식으로 처리하기는 어렵다. 반면 거리청소, 분뇨처리, 전력공급, 교통서비스제공 등은 그 불확실성의 정도가 상대적으로 낮으며, 따라서 일의 수준과 내용에 대한 계약을 정하기가 용이하다.

불확실성 개념은 '일반적 불확실성'과 '행태적 불확실성'으로 구분될 수 있다. 일반적 불확실성은 위에서 살펴본 인간의 제한된 합리성에 기인한 것이고, 행태적 불확실성은 인간의 기회주의에 기인한 것으로서 계약 당사자간의 신뢰의 부재를 의미한다. 일반적 불확실성은 거래 대상인 재화나 서비스의 특성에 의해서 초래되지만, 행태적 불확실성은 거래당사자의 특성에 따라 결정된다. 그러나 두 불확실성 현상이 현실세계에서 완전히 구분되는 것은 아니다. 거래 당사자들은 일반적 불확실성이 높은 경우에 기회주의적으로 행동할 가능성이 높기 때문이다(김재훈, 2005: 208). 이러한 불확실성을 낮추고 더 나은 공공서비스 생산을 위해서는 정부조직과 수탁기관 간 상호작용하며 협력적 존재로 인식하고 지속적 협력 관계를 이끌어갈 조직 간 신뢰가 구축되어야 한다고 주장된다(O'Toole *et al.*, 2005).

두 번째 기준은 계약과 관련된 행위자(즉 구매자와 판매자)의 수에 관한 것이다. 구매자와 판매자의 수가 많을 때는 활발한 경쟁을 전제로 해서 거래를 완성시키는 과정이 단순화되고 표준화될 수 있어 계약을 체결하기가 용이하다. 반면 그 수가 적을 때에는 경쟁이 성립되지 않고, 거래 당사자가 합의에 이르기 쉽지 않다. 민간위탁의 경우는 특히 판매자인 민간기관이 자신에게 유리한 쪽으로 계약내용을 형성하기 위해 무리한 요구를 할 수 있고, 이 기관을 대체하기 위한 다른 기관을 찾기가 쉽지 않으면 서비스의 생산에 들어가는 비용을 절감하기가 어려워질 수 있다. 따라서 이런 경우에는 직원을 직접 고용해서 서비스를 제공하는 것이 비용을 절감하고 문제에서 벗어날 수 있는 수단이 될 수 있다. 판매가능 기관의 수가 소수일 때도 계약 방식을 택하게 되면, 자칫 공공서비스가 독점기업이나 카르텔에 의해서 제공될 수 있고 이 경우 해당 서비스는 다른 공급자에게 넘어가기 힘들게 되어, 결과적으로 직접 고용방식의 이점은 물론 계약방식의 이점도 지니지 못하게 된다.

위의 두 기준을 교차시키면 네 가지 가능성이 도출된다(표 8-6). 여기서 해당 서비스의 생산과 관련된 불확실성의 정도가 낮고, 거래에 연관된 기관의 수가 많을 때(Ⅳ분면)는 계약 방식(민간위탁)에 의한 공공서비스의 제공이 의미 있는 정책수단이 될 수 있다. 반면 서비스와 관련된 불확실성의 정도가 높고 공급자의 수가 적을 때(Ⅰ분면)에는 민간위탁보다 직원 직접고용에 의한 서비스 생산·전달 -정부조직과 공무원에 의한 서비스 제공- 이 오히려 바람직한 정책수단이 된다. 두 기준 중 하나씩만 성립되는 나머지 두 경우(Ⅱ와 Ⅲ분면)에는 민간위탁과 공무원조직에 의한 방법 중 하나를 상황에 맞춰 선택하는 접근을 취할 수밖에 없을 것이다.[12]

---

12) 이러한 점에서 행정은 엄격한 과학(science)이나 이론(theory)보다 다소 느슨한 학설(doctrine)과 인문/기술(art)의 영역에 해당된다는 판단을 내리게 된다.

〈표 8-6〉 계약과 직접고용 방식 선택의 조건

	거래에 연관된 행위자의 수가 적을 때	거래에 연관된 행위자의 수가 많을 때
업무에 관한 불확실성이 높을 때	I (공무원 고용)	II
업무에 관한 불확실성이 낮을 때	III	IV (민간위탁)

자료: Hood(1986: 103)에서 재구성.

2) 파트너십 방식의 성립과 운영 조건[13)]

국가와 사회를 대립적인 존재로 파악하는 관점에서는 한 국가 내의 자원을 권위적으로 배분하고 통제와 조정을 행사하는 통치구조를 계층제와 시장의 이분법으로 파악한다(Lindblom, 1977; Wolf, 1988). 그러나 이러한 이분법을 극복하고 계층제와 시장에 더하여 네트워크(networks)를 또 하나의 통치구조로 파악하는 새로운 관점이 대두하였으며, 이 관점에서는 국가와 사회가 대립적인 존재가 아니라 서로 협력하고 신뢰하는 존재로 파악된다(Rhodes, 1996; Kooiman, 1993a; 2003). 세 개의 통치구조를 제시하고 있는 관점에서 지적하고 있는 점은 이 세 통치구조 중 하나를 선택하는 것은 이념적인 선택의 문제가 아니라 실질적인 필요성에 근거한다는 것이다(Rhodes, 1996: 653). 따라서 역동성·복합성·다양성을 그 특징으로 하는 현대사회(Kooiman, 1993b)에 있어 가장 효과성이 높은 통치구조는 계층제나 시장이 아니라 바로 네트워크라는 진단과 이에 대한 믿음이 이 새로운 통치구조의 등장 배경에 있다. 이처럼 네트워크를 강조하고 협력과 신뢰 형성을 중요시하는 관점은 뉴거버넌스 개념과 밀접한 연관성을 지니고 있다(김정렬, 2000; 김석준, 2000; 박영주, 2000).

거버넌스[14)]에 대한 다양한 정의 중에서, 여기서는 Rhodes의 정의를 받아들여

---

13) 주재현(2004b: 153-158)을 일부 수정하여 인용함.

14) Rhodes(1996: 653-659)의 정리에 따르면 거버넌스라는 개념은 최소한 다음과 같은 여섯 가지 의미로 사용되고 있다. 첫째, 거버넌스를 최소국가(minimal state)로 이해하는 것이다. 둘째, 거버넌스를 기업거버넌스(corporate governance)로 이해하는 것으로서 이는 민간부문과도 같은 정보의 개방, 완결성, 그리고 책임있는 역할 수행을 공공부문에 적용하는 것을 의미한다. 셋째, 거버넌스를 신공공관리(New Public Management)로 파악하는 것이다. 넷째, 거버넌스가 '바람직한 국가운영'(good governance)을 의미하는 경우로서, 이는 개발도상국이 갖춰 나가야 할 자유민주주의체제를 신공공관리 개념과 접맥시켜 놓은 것을 말한다. 다섯째, 거버넌스를 사회적 사이버네틱스 체계(socio-cybernetic system)로 이해하는 것이다. 여섯째, 자기조직화 네트워크

거버넌스를 '자기조직화하는 조직간의 네트워크'로 정의한다(Rhodes, 1996: 660). 이렇게 정의된 거버넌스의 특징은 첫째, 조직들간의 상호의존성이다. 거버넌스는 정부(government)보다 폭넓은 개념으로서 정부 외의 행위자들도 포함한다. 이에 따라 정부부문·시장부문·자원부문 간의 경계가 불분명해진다. 둘째, 자원을 교환하고 목적을 공유할 필요성을 지닌 네트워크 참여자들간에 지속적인 상호작용이 존재한다. 셋째, 이러한 상호작용은 신뢰와 협조에 그 뿌리를 두고 있으며, 또한 네트워크 참여자들간의 협상과정을 거쳐 동의된 게임의 규칙에 의해서 규제된다. 넷째, 정부가 네트워크를 조정(steering)할 수는 있지만, 그것은 간접적이고 불완전한 형태에 머문다. 네트워크는 정부로부터 상당한 정도의 자율성을 지니고 있으며 자기조직화한다. 네트워크 내에서의 정부의 역할은 사회·정치적 상호작용을 가능하게 하고, 문제해결을 위한 다양한 노력을 조장하는 것이다.

네트워크의 활성화를 가능하게 하는 구체적인 조건들과 관련하여 Kooiman (1993c: 251)과 Vliet(1993: 109-110)은 다음과 같은 객관적·주관적 조건들을 제시하고 있다. 먼저 '객관적'인 조건들을 살펴보면, ① 전통적인 권위와 문제해결 수단들의 실패 또는 쇠퇴, ② 이익의 중재를 가능하게 하는 조직형태와 패턴이 아직 제대로 정립되어 있지 않은 새로운 사회정치적 활동 영역의 등장, ③ 특정의 공공부문과 민간부문 행위자 모두에게 관련되는 커다란 관심사항들의 부각, ④ 여러 행위자들의 목적 및 이익의 수렴과 그들간의 협력을 통한 시너지 효과 산출가능성의 존재 등이 있다. 한편 네트워크에 관여하고 있는 행위자들의 심리 상태와 관계된 '주관적' 조건들에는 ① 상호신뢰와 이해(理解)의 존재, ② 책임을 공유할 준비성 등이 있다. 이러한 객관적·주관적 조건들이 특정의 촉발요인이나 중개요인의 도움을 받을 경우, 네트워크의 활성화가 가능하다는 것이다.

한편 Kouwenhoven(1993: 119-121)은 특히 정부와 기업 간에 존재하는 파트너십에 초점을 맞추고 이를 공공-민간기관 간 협조(public-private partnerships: PPP)라는 개념으로 정립하고 있다. PPP란 ① 정부와 기업 간에 상호작용이 존재하고, ② 그들이 추구하는 목적이 수렴하고 있고 그 목적을 달성하는 데 있어서의 강조점은 시너지효과를 내는 것이며, ③ 그 목적은 사회적이고 상업적인 특성을 지니고 있고, ④ 참여하는 정부기관과 민간기업의 행위자가 가지고 있는 각각

(self-organizing networks)로 거버넌스를 해석하는 관점이다.

의 신분과 책임성에 변화가 발생하지 않는 경우에 성립될 수 있는 개념이라는 것이다.[15] 이러한 PPP가 대두되게 된 배경에는, 현대사회 내의 특정 문제는 정부와 기업의 개별적 접근보다 공동접근에 의해서 더 효과적이고 능률적으로 해결될 수 있다는 인식이 놓여 있다. Kouwenhoven(1993: 124-127)은 이러한 PPP가 성립하기 위한 조건들을 시작단계와 과정단계로 나누어 정리하고 있다. 이 중 PPP의 성립을 위해서 반드시 필요한 조건들인 시작조건으로는 상호의존성, 목적의 수렴, 네트워크나 중개인의 존재 등을 들고 있으며, PPP에 의한 효과적이고 능률적인 거버넌스를 실현하는 데 있어 중요한 역할을 수행하는 과정조건으로는 상호신뢰와 상호의존성의 지속, 목적과 전략의 명확성, 비용·위험부담 정도의 명확성, 책임과 권한 배분의 명확성, 사업의 단계구분, 갈등관리에 대한 사전협의, 적법성(행정절차의 투명성)의 확보, 제3자의 이익과 권리의 보호, 적절한 지원 및 통제시설 확보, 기업적이고 시장지향적인 사고와 행위, '내적' 조정, 적절한 사업조직의 형성 등을 들고 있다.

시작과 과정단계의 PPP에 관한 Kouwenhoven의 논의는 비록 정부와 기업 간의 파트너십을 그 대상으로 하고 있으나 이 장의 주제인 파트너십 프로그램으로서의 민간위탁에 대해서도 그 시사하는 바가 크다고 판단된다. 특히 시작단계에서 필요한 조건들은 일반적인 파트너십에 관한 위의 Kooiman, Vliet의 논의와 상당부분 일치하고 있다. 또한 과정단계에서 필요조건들 중 상호신뢰와 상호의존성의 지속, 책임과 권한 배분의 명확성, 행정절차의 투명성 확보 등은 민간위탁을 성공적으로 운영하는 데 필요한 조건들로도 고려될 수 있다. 이 조건들 중 '상호의존성의 지속'에서 파생될 수 있는 또 다른 조건으로 '대화의 질'을 들 수 있다(Wallace, 1995). 정보공유 노력이나 접촉 정도 등 후술할 하위 요소로 구성된 '대화의 질'은 상호의존성을 지속하고 궁극적으로 파트너십을 강화하는 데 필요한 기본조건의 하나라고 하겠다.

또한 파트너십 프로그램을 운영하는 데 필요한 조건의 하나는 참여기관들이 각각 독립성을 유지해야 한다는 것이다. 이는 정부가 민간 수탁사업자의 의지에 의해 좌우되지 않아야 함은 물론 정부와 수탁사업자의 협력이 후자의 전자에 대

15) 그러나 PPP에는 여러 가지 차원이 혼재되어 있다. 좁은 의미의 PPP는 공공부문과 민간부문 참여자 간에 법적으로 정형화된 형태의 협조체제를 말하며, 넓은 의미의 PPP는 덜 정형화된 자문관계를 포괄한다. 또한 정책과정과 관련하여 '정책 PPP'는 정책의 개발과 기획을 의미하며, '행정적 PPP'는 정책의 집행과 그에 따른 재정지원을 의미한다.

한 복속으로 귀결되어서는 안 된다는 것을 의미한다. 민간 수탁기관이 정부에 복속될 때 수탁기관의 방향감각 상실이 야기될 수 있으며, 이는 결코 건전한 파트너십이라고 볼 수 없을 것이다(Parsons, 1995; 이근주, 1999). 이에 더하여 파트너십의 성립단계에서 필요한 목적의 수렴이 프로그램의 운영단계에서는 구체적이고 의미 있는 목표 수준의 설정으로 발전되어야 한다. 그렇게 되어야 파트너십에 참여하는 조직과 행위자들의 동기를 유발하고, 사업수행 후에 그 성과와 효과성을 평가할 수 있게 된다. 또한 정부와 민간 수탁기관 간의 파트너십에 근거한 프로그램이 하나의 프로그램으로 정체성을 확보하기 위해서는 나름대로 독자성을 지니고 있어야 한다. 그렇지 못할 경우 그 프로그램은 유사한 여타 프로그램들과의 경쟁에서 살아남아 지속 운영될 가능성이 줄어들게 된다.

이제 이상의 논의로부터 네트워크 참여자 간의 파트너십에 토대를 둔 민간위탁 프로그램의 성공을 위해 필요한 조건들을 추출하고, 이를 성립단계에 필요한 조건과 운영단계에 필요한 조건으로 구분하도록 한다.

(1) 성립단계

파트너십에 토대를 둔 프로그램의 성립단계에 필요한 조건들은 ① 참여자들간의 상호의존성과 목적의 수렴, ② 참여자들간의 상호신뢰와 이해, ③ 촉발요인 (또는 중개인) 등을 들 수 있다.

참여자들, 즉 정부기관과 민간기관 간에 상호의존성이 존재해야 파트너십 프로그램이 시작될 수 있다.[16] 이러한 상호의존성 여부를 파악하기 위해서는 각 참여기관들이 처해 있는 전체적인 상황에 대한 이해와 더불어 각 기관들이 구체적으로 어떤 의도를 지니고 이 프로그램에 참여하고 있는지를 살펴볼 필요가 있다. 이는 곧 그들이 어떤 공통의 문제에 직면하고 있는지에 대한 분석과 연결되며, 이 과정에서 그들 간에 공동의 이익이 존재하며 목적이 수렴하고 있는지의 쟁점이 대두되게 된다. 참여자들 간의 상호의존성과 밀접한 관련을 지니고 있으나 구별되어 검토되어야 할 또 하나의 중요한 조건은 그들 간의 상호신뢰와 이해이다. 이 조건은 민간기관들이 정부기관의 공적 권위를 수용하고 있는지, 관련 행위자들을 포괄적으로 규정하고 있는 행정문화의 속성이 어떠한지 등의 쟁점과도 연결

16) 상호의존성이 두드러지지 않는 경우라 할지라도 최소한 참여자들이 양립 가능해야만 프로그램의 시작이 가능하다고 하겠다.

될 수 있다. 다음으로는 위의 조건들이 특정의 프로그램으로 구체화되는 것을 가능하게 할 촉발요인이나 중개인(broker)의 존재가 검토되어야 한다.

(2) 운영단계

시작된 프로그램의 운영상태에 대한 검토를 위해서는 다음의 항목들을 분석해야 한다. ① 지속적인 상호작용과 상호의존성의 지속·강화, ② 참여기관들간의 대화의 질, ③ 참여기관의 독립성, ④ 프로그램의 독자성, ⑤ 의미있는 목표 수준의 설정과 프로그램의 긍정적 정책효과, ⑥ 책임과 권한 배분의 명확화, ⑦ 프로그램 운영을 위한 행정절차의 투명성 등이 그것이다.

지속적인 상호작용과 상호의존성의 지속과 강화는 궁극적으로 관련 행위자들간의 네트워크 구축으로 나아가야 한다. 대화의 질은 구체적으로 정부기관과 프로그램 참여 민간조직 간의 정보공유 노력, 접촉 정도와 의사소통의 상태, 그리고 관련 행위자들의 능력 등의 하위요소로 구성된다(Wallace, 1995: 229).[17] 참여기관의 독립성이 지속되어야 한다는 것은 프로그램에 참여하고 있는 정부와 민간조직이 자율성을 지니고 있어야 한다는 것이다. 특히 정부기관은 프로그램 참여 민간조직에 대해 지원을 해야 하지만 기대수준에 어긋난 민간 측의 행위에 대해서는 제재를 가할 수 있어야 하며, 민간조직은 정부기관으로부터 독립성을 지니고 있어야 한다는 것을 말한다. 그 외에도 유사한 여타 프로그램이 존재하는 경우 해당 프로그램의 독자성을 확보할 필요가 있고, 파트너십에 근거를 둔 프로그램이 달성하고자 하는 목표가 실제 문제해결에 도움이 되는 수준에서 설정되어 프로그램의 정책효과가 달성되어야 한다. 또한 프로그램에 참여하고 있는 기관들의 책임과 권한 배분이 명확하게 규정되어 오해의 소지가 없어야 하고, 프로그램 운영을 위한 행정절차의 투명성이 확보되어 프로그램 참여기관들간의 협력이 부정적인 관점에서 해석될 수 있는 여지가 없어야 한다(그림 8-1).

---

17) 특히 정부 위탁업무 담당자의 역량은 매우 중요하다. 업무 담당자의 역량이 미흡하면(행정적, 기술적 지식 측면) 민간 수탁기관이 서비스 제공을 불성실하게 하거나 질 낮은 서비스를 제공할 경우 문제점을 지적할 수 없고 업무의 주도권을 잃게 되어 기술적으로 수탁기관에 의존하게 된다. 특히 우리나라의 경우 공무원의 순환보직으로 인해 이러한 전문성이 현저히 낮을 가능성이 높으며, 특정 업무에 대한 기피현상으로 인해 해당 업무와 민간 수탁기관에 대한 관심이 낮을 수 있다(이철주 외, 2010: 315-316).

[그림 8-1] 파트너십에 근거한 프로그램의 성립 및 운영 조건

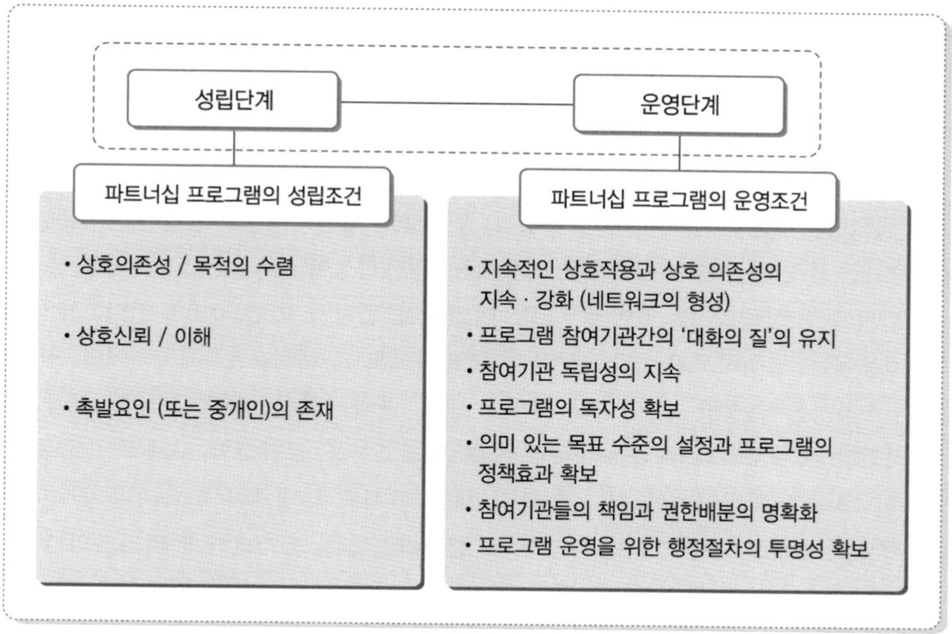

3. 민간위탁 사업의 단계

이상 살펴본 민간위탁의 계약과 파트너십 관련 쟁점들은 결국 민간위탁 사업의 각 단계에 반영된다. 민간위탁의 단계는 ① 입찰과정과 경쟁, ② 수탁자 선정과 계약, ③ 서비스공급 및 지도 · 감독, ④ 결과평가 및 재계약여부 결정의 네 단계로 구분될 수 있다(김순양, 1998; 정윤길, 2000; 손희준 · 최영환, 2003; 박순애, 2009).

첫째 단계인 입찰과정과 경쟁단계에서는 유능한 민간부문을 적극적으로 경쟁과정에 유치할 필요가 있다. 민간위탁을 추진하는 근본 취지 중의 하나는 양질의 서비스를 보다 저렴한 비용으로 공급하는 것이다. 즉 정부기관이 공무원을 통해서 직접 공공서비스를 제공하는 것보다 민간의 영리 · 비영리조직을 통해서 서비스를 제공하는 것이 보다 효율적일 경우 민간위탁의 가치가 발휘될 수 있다. 따라서 이를 위해서는 유능한 민간조직들이 입찰과정에 참여할 수 있도록 정부가 적극적인 노력을 해야 한다. 경쟁을 유치하기 위해서 정부는 계약절차를 널리 광고하고 명확한 명세서를 제시하며 공정한 심사를 보장한다는 확신을 심어주는 노

력을 해야 한다(정윤길, 2000: 159). 또한 자격기준을 명기하되 되도록 이를 개방하여 실질 경쟁을 장려하며, 원하는 서비스의 질과 수준도 구체적으로 제시해야 한다.

다음은 수탁자를 선정하고 계약서를 작성하는 단계로서, 참가한 입찰자들의 제안서는 심사위원회에서 검토되며 그 결과로 수탁자가 선정된다. 이 단계에서 가장 중요한 것은 낙찰과정의 투명성과 공정성을 보장하여 그 결과 가장 유능한 수탁자를 선정하는 것이다. 이를 위해서는 의사결정이 합리적이고 투명해야 하며, 탈락자를 설득할 수 있어야 하고, 이의제기 절차가 마련되어야 한다. 계약서의 내용에는 달성하고자 하는 성과가 명확하고도 구체적으로 제시되어야 한다. 또한 효과성을 측정할 수 있도록 서비스 받을 단위 · 일정 · 통로에 대한 사항 등의 적절한 이행조건과 계약불이행에 따른 벌칙조항을 포함하되 구체적이고 통제 가능한 형태로 작성되어야 하고 양쪽의 책임 한계도 분명해야 한다(김순양, 1998: 91; 정윤길, 2000: 159). 그러나 수탁자의 선정과정에는 불가피하게 평가자의 가치판단이 개입하게 된다. 따라서 이 가치판단의 결과가 보편적인 합리성을 지니고 선정과정에 참여하는 기관들에게 납득되도록 하는 것이 관건이 된다.

위탁계약이 체결되면 계획된 서비스의 공급 및 정부의 지도 · 감독이 시작되는데, 이는 수탁자가 실제로 서비스를 생산하며 정부가 이 과정을 지도 · 감독하는 단계이다. 이 과정에서 정부는 효율적인 감독체계를 구비해야 하며 예산지원을 적기에 해야 한다. 또한 계약내용의 준수 여부, 서비스 수준 등을 정기적으로 면밀하게 모니터해야 한다. 이러한 모니터링은 현재의 문제점을 해결하는 수단일 뿐만 아니라 장래의 계약에 활용될 수 있는 정보를 제공해주는 활동이다. 따라서 이 모니터링을 위해서는 과정평가 장치가 제대로 구비되어야 한다. 한편 수탁자는 적절한 전문성과 프로그램을 구비하고, 직원들의 동기부여를 유지하며, 적절한 교육훈련을 행하고, 할당된 비용을 부담하며, 고객들의 욕구를 수렴하고, 서비스 전달상의 형평성을 유지해야 한다.

마지막으로 위탁기간이 종료되면, 민간위탁의 결과를 평가하여 이를 토대로 재계약 여부를 결정하는 단계를 거치게 된다. 여기에서 평가는 총괄평가이며, 이를 위해서는 적절한 평가기준이 있어야 한다. 평가기관은 적절한 평가인력 · 전문성 · 중립성을 유지해야 한다. 평가결과를 토대로 재계약 여부를 결정해야 하며, 재계약 과정에서도 경쟁을 유지해야 한다. 또한 평가의 결과는 민간위탁체제 전반에 대한 점검의 의미도 지닐 수 있으며, 따라서 민간위탁체제에 대한 개선책의 모색과 환류로 연결되어야 한다(김순양, 1998: 91).

4. 민간위탁 방식의 효과

민간위탁 방식의 긍정적 효과로는 업무 효율성 증진, 비용절감, 서비스 질의 개선, 그리고 민간부문의 활성화 등이 언급되며, 부정적 효과로는 비효율과 서비스 공급비용의 상승, 사회적 비용의 증가, 서비스 질적 수준의 저하, 정부와 민간 간의 관계에서 발생하는 부패와 부정, 정부 책임성과 공공성의 저하 등이 지적된다(DeHoog, 1985; 황혜신, 2005a; 손희준 · 최영환, 2003).

민간부문의 공공서비스 제공 참여를 통해 효율성이 증진되고 비용 절감이 나타날 것이라는 기대가 존재한다. 공공서비스를 정부가 직접 제공하게 되면 정부조직과 관료제의 규모가 커지고 관료의 기회주의 가능성에 기인해서 예산이 증대될 수밖에 없으나, 민간에 위탁할 경우에는 이 부분에서의 경제성을 확보할 수 있으리라고 보기 때문이다. 특히 관료의 기회주의 문제에서 어느 정도 벗어날 수 있으며, 수탁기관 선정과정에서 경쟁기제가 작동하고, 재수탁 여부를 평가하는 과정을 거치면서 효율성을 확보할 수 있다는 것이다. 또한 민간위탁은 서비스 질의 개선을 가져올 수 있다고 기대된다. 민간기관이 지닌 기술 · 경험 · 전문성이 정부보다 우월하고, 사안에 따라 규모의 경제가 존재하며, 위에서 언급한 경쟁과 평가과정을 통해 정부조직보다 민간기관이 제공하는 서비스의 질이 더 높을 수 있다는 것이다. 이에 더하여 민간위탁은 민간부문에 새로운 사업기회를 제공해서 민간의 고용을 증대시키고 민간경제를 활성화시킬 수 있다고 주장된다(황혜신, 2005a: 67; 손희준 · 최영환, 2003: 163-164).

그러나 민간위탁이 이러한 긍정적 효과가 아니라 정반대의 부정적 효과를 야기할 가능성을 배제하기 힘들다. 민간위탁을 통해 비용절감이 나타난다 해도 그것은 경영효율화의 결과라기보다 피고용인의 해고나 임금삭감에 의한 것일 수 있다. 나아가 비용절감이 아니라 비용전가가 발생할 수 있다. 계약당사자인 정부와 민간기관에게는 비용감축이 될 수 있으나 그 비용절감이 서비스 이용자에 대한 비용전가일 수 있다는 것이다. 경우에 따라 서비스 제공과정에서 민간 수탁기관에 손실이 발생할 경우, 정부가 보조금을 지급하거나 서비스 이용자들이 추가적인 부담을 지게 될 수 있다. 그렇게 하지 않으면 서비스의 질적 수준이 저하될 것이기 때문이다(황혜신, 2005a: 68; 손희준 · 최영환, 2003: 165).

또한 민간위탁 과정에서 공무원과 민간 행위자 간에 유착 또는 부패관계가 발생할 수 있다. 공공선택론이 제시하고 있는 바와 같이, 공무원과 민간 행위자들이 기회주의적으로 행동한다면, 민간부문 행위자들의 지대추구(rent-seeking) 행위[18]가 나타나, 그것이 공무원과 민간 행위자 간의 부패로 귀결될 수 있는 가능성은 항상 열려 있다.[19] 한편 민간위탁은 정부의 책임성과 공공성을 저하시킬 수 있다. 민간위탁 방식에서는 서비스 제공 여부와 정도에 대한 결정과 실제 서비스 제공이 분리되어 있기 때문에 문제가 발생할 경우 그 책임의 소재가 불명료할 수 있다. 즉 서비스 제공이 중단되거나 서비스의 질이 떨어져 주민들의 불만이 제기될 경우, 이 현상에 대한 책임을 물어야 할 기관이 복수라는 점이 쟁점이 될 수 있다. 민간 수탁기관들에게 취할 수 있는 조치는 계약서에 나와 있을 것이나,[20] 민간기관들에 대해 조치를 취하는 것이 주민들의 불편과 후생감소에 대한 공공기관과 공무원의 책임을 다하는 것이라고 보기는 어렵다. 이는 오히려 정부와 공무원에게는 책임을 덜어주는 효과로 귀결될 수 있다(황혜신, 2005a: 69; 손희준 · 최영환, 2003: 164).

관련된 사안으로 민간위탁 방식은 공공서비스의 안정성과 형평성을 훼손할 수 있다. 민간기관들(특히 기업)은 효율성과 경제성을 주된 가치로 하여 기관을 운영한다. 따라서 비효율적으로 운영되고 있다고 판단되는 영역이나 지역이 있는 경우, 해당 영역 · 지역에 대한 서비스를 중단하거나 서비스의 질을 낮춰서 효율성

18) 지대(rent)는 어떤 생산요소의 소유자가 그 생산요소의 기회비용을 초과하여 얻을 수 있는 대가를 말한다. 대표적인 예로 독점지대(monopoly rents)를 들 수 있다. 독점지대는 독점기업이 생산을 제약하고 가격을 경쟁적 시장가격 이상으로 올려서 취하는 이득을 말한다. 지대추구(rent-seeking)는 비생산적인 이윤추구 활동을 말한다. 즉 특정의 사회구성원들(특히 이익집단들)이 자기들의 경제적 이익을 증대시킬 목적으로 각종의 정부규제 또는 법률제정 등을 통해서 그 사회의 다른 집단들로부터의 부 이전을 꾀하는 사회적으로 생산적이지 못한 활동이다(예: 기업이나 특정 집단 및 개인들이 정부로부터 각종의 특혜를 받기 위해 정부에 대해서 행하는 각종 로비 등). 또한 정부에 의해 부여되는 독점권뿐 아니라 불완전경쟁기업간의 가격외적 경쟁에서도 지대추구 행위를 찾아볼 수 있다(예: 광고비지출에서의 '죄수의 딜레마상황'). 이는 필요 이상의 광고비 지출로 귀결된다(Dunleavy, 1995: 24-26).

19) 관료의 기회주의 문제에서 자유롭기 위해 민간을 활용하는 접근을 채택하는 경우에 있어서도 규제나 감독 등의 형태를 통한 정부의 관여를 배제하지 못하는 이상, 관료의 기회주의 문제에서 완전히 벗어나는 것은 사실상 실현하기 어려운 과제라고 하겠다.

20) 기업의 경우는 정부로부터의 조치 외에 사실상 해당 업종에서 도태되는 등의 실질적인 벌칙이 부과된다고 볼 수 있다.

을 유지하려 할 수 있다.[21] 이렇게 되면 행정의 주요 가치 중의 하나인 안정성 및 형평성에 훼손이 발생하게 된다. 또한 만약 서비스 제공기관이 파산 등의 이유로 소멸되는 경우에는 서비스의 안정성에 심각한 문제를 발생하게 된다.

이와 같은 민간위탁의 부정적 효과를 의미하는 개념이 '민영화 실패'(privatization failure)로 표현되기도 한다. 민간으로 위탁되거나 민영화된 서비스의 성과 저조, 서비스 제공기관의 부정 및 불법행위 발생, 책임소재의 불분명으로 인한 부실한 관리 감독 등과 같은 현상을 비판적으로 지칭한다. 결국 정부는 사실상 기대했던 순편익을 창출하지 못하는 수많은 민간기관, 비정부조직을 관리하면서 '포획된 구매자'(captive buyer)로 전락한다는 것이다. 그로 인해 사회로부터 해당 서비스를 정부가 직영할 것을 요구받게 되고 민간으로 위탁되거나 위임되었던 공공서비스가 다시 정부로 돌아오는 상황(back-in)이 진행될 수 있다.

제3절 민간위탁 사업의 실제

우리나라의 민간위탁은 1948년 쓰레기수거 위탁을 효시로 해서 일반행정, 보건복지, 환경위생, 문화예술, 지역경제, 교육 등으로 확대되었으며, 특히 1997년 외환위기 이후 공공부문 구조조정 수단의 하나로 널리 적용되었다(현승현 · 윤성식, 2010: 1943).[22] 아래에서는 민간위탁 사업의 실제가 어떠한지를 검토한다.

---

21) 예컨대 산간오지에 대한 우편배달 등의 중지 또는 배달간격의 조절, 주민이 적은 지역의 기차역 폐쇄 등이 있다. 이런 행태는 '크림 스키밍(cream skimming)' -맛있는 크림만 떠먹고 다른 부위는 버림-으로 불린다.

22) 2007년의 조사에 의하면 우리나라 대다수 지방자치단체에서 2,800건이 넘는 민간위탁 사업이 시행된 것으로 나타났다. 이는 2001년의 284건에 비해 약 10배에 해당하는 것으로서, 민간위탁 방식이 짧은 기간 내에 급속하게 증가했음을 보여준다. 사업 분야 중에서는 보건복지 · 의료분야가 40%가 넘어 가장 많았으며, 환경 · 위생분야가 20%를 상회하였고, 세 번째로는 교통안전 분야가 10%를 넘는 것으로 나타났다. 수탁기관 형태에서는 비영리법인이 가장 많았으며(약 47%), 민간기업(약 26%)과 개인(약 14%)이 뒤를 이었다(한국지방행정연구원, 2008; 추병주 · 정윤수, 2009: 8-14에서 재인용). 한편 민간으로의 소유권 이전을 추진했던 민영화 사례로 2015년 행정자치부가 지방공기업 구조개혁의 일환으로 16개 지방공기업의 23개 사업을 민간으로 이양한 바 있다. 당시 민영화의 타당성 판단은 공공성과 효율성 여부를 기준으로 한 평가항목에 근거하였고, 평가 결과 공공성이 낮고 민간경제를 위축시킬 우려가 있는 사업이 민간이양 대상으로 선정되었는데, 구체적으로 그간 지방공기업이 운영해왔던 온천, 목욕탕, 골프장, 골프연습장, 래프팅장, 호텔, 구내식당 등이었다. 또한 2014년 조세재정연구원의 보고서에 따르면 민간의 능력을 활용하는 한국 정부의 민간화 수준은 OECD 국가 중 하위권이며 국내총생산 대비 정부민간위탁 지출비율을 기준으로 볼 때 한국은 6.8%로 28개 국가 중 26위에 해당했고(네

1. 민간위탁의 법적 근거

1) 중앙행정기관의 행정위임위탁 규정

우리나라의 민간위탁 대상사무는 중앙정부에서 정해 놓은 선정기준인 '행정권한의 위임 및 위탁에 관한 규정'에 근거해 규정되고 있다. 이 행정위임위탁규정의 제3장은 민간위탁에 관하여 규정하고 있는데 민간위탁의 기준, 민간수탁기관의 선정기준, 계약 내용, 위탁기관의 지휘 및 감독 의무, 민간수탁기관의 사무편람 작성 의무, 위탁기관의 처리 상황 감사 의무를 담고 있다.[23] 여기서는 현재 '행정권한의 위임 및 위탁에 관한 규정'의 관련 조항을 통해서 구체적인 내용을 사업 단계별로 살펴보면 다음과 같다.

(1) 입찰 및 경쟁 단계

제11조는 민간위탁의 기준으로 행정기관은 법령이 정하는 바에 따라 그 소관사무 중 조사·검사·검정·관리사무 등 국민의 권리·의무와 직접 관계되지 않는 사무를 민간에 위탁할 수 있다고 명시하고 있다. 그러한 사무로 ① 단순 사실행위인 행정작용, ② 공익성보다 능률성이 현저히 요청되는 사무, ③ 특수한 전문지식 및 기술이 필요한 사무, ④ 그 밖에 국민생활과 직결된 단순 행정사무로 열거하고 있다. 행정기관이 여기에 해당하는 사무를 민간위탁하려면 필요성과 타당성을 정기적, 종합적으로 판단해야 한다고 규정하고 있다.

(2) 수탁자 선정과 계약

제12조는 민간위탁 대상기관의 선정 기준을 제시하고 있는데, ① 민간위탁할 대상기관을 선정할 때 인력과 기구, 재정 부담 능력, 시설과 장비, 기술 보유의 정도, 책임능력과 공신력, 지역 간 균형 분포 등을 종합적으로 검토하여 적정한 기관을 수탁기관으로 선정할 것, ② 민간수탁기관을 선정하려는 경우 공개모집을

덜란드 19.4%, 핀란드 13.8%, 영국 13.3% 순) 인가관리의 분권화 수준에서도 30개 국가 중 23위로 평가되었다.

23) 그러나 이러한 법적 근거는 포괄적 규정에 불과하며 현재 광범위한 사무에 적용되고 있는 민간위탁을 체계적으로 관리하기에 부족하다고 평가된다. 민간위탁 전수조사 결과(2016년), 37개 부처 1,750개 민간위탁 사무 중 57개만이 이 규정에 해당하였고 개별법에 규정된 1,693개는 해당 규정의 관리감독 조항을 적용받지 않았으므로 산재된 민간위탁 관련 규정을 포괄할 법령이 필요하다는 것이다.

원칙으로 하고 민간위탁의 목적, 성질, 규모 등을 고려하여 필요시 법령에 위배되지 않은 범위에서 민간수탁기관의 자격을 제한할 것, ③ 행정사무를 민간위탁하는 경우에 사무처리의 지연, 불필요한 서류의 요구, 처리기준의 불공정, 수수료의 부당징수 등 문제점을 종합적으로 검토하여 이를 방지할 보완 조치를 마련할 것을 규정하고 있다.

제13조는 계약 내용에 민간위탁의 목적, 위탁 수수료 또는 비용, 위탁기간, 민간수탁기관의 의무, 계약 위반 시의 책임과 그 밖에 필요한 사항을 포함할 것을 명시하고 있다.

(3) 서비스 공급 및 지도 감독

제14조는 위탁기관의 지휘 감독 권한을 규정하고 있는데 ① 위탁기관은 민간수탁기관을 지휘 감독하며 필요할 때 민간수탁기관에 지시를 하거나 조치를 명할 수 있고, ② 민간수탁기관에게 필요한 사항을 보고하게 할 수 있으며, ③ 민간수탁기관의 사무처리가 위법하거나 부당하다고 인정될 때 취소나 정지시킬 수 있고, 이때에는 ④ 그 취소 또는 정지의 사유를 문서로 통보하고 사전에 의견 진술의 기회를 주어야 할 것을 규정하고 있다.

제15조는 민간수탁기관의 의무로서 수탁사무의 종류별로 처리부서, 처리기간, 처리절차, 처리기준, 구비서류, 서식 및 수수료 등을 구분하여 구체적으로 사무편람을 작성하여 갖춰야 하며, 작성된 편람이 위탁기관의 승인을 받아야 할 것을 규정하였다.

(4) 결과평가 및 재계약 여부 결정

제16조는 위탁기관의 장이 민간위탁사무의 처리 결과에 대하여 매년 1회 이상 감사를 해야 하고 감사 결과, 민간위탁 사무의 처리가 위법하거나 부당하다고 인정될 때 민간수탁기관에 대해 적절한 시정조치를 할 수 있고 관계 임원과 직원에 대해 문책을 요구할 수 있다고 밝히고 있다.

2) 지방자치단체의 민간위탁 조례 및 관리지침

각 지방자치단체는 민간위탁 사무기준을 조례와 시행규칙으로 마련해 민간위탁 사업의 법적 근거를 구축하고 있다. 하지만 지방자치단체의 특성에 따른 규정

차이는 크지 않고 유사하되 구체화한 내용으로 작성되고 있어서 중앙정부부처가 행정위임위탁규정에서 한정 열거한 민간위탁의 대상 범위를 중심으로 민간위탁이 추진되는 것을 알 수 있다.

서울시의 경우를 보면, '서울특별시 행정사무의 민간위탁에 관한 조례'를 통해서 민간위탁 관련 내용을 규정하고 있는데, 민간위탁 사무의 기준은 제4조에서 ① 단순 사실행위인 행정작용, ② 능률성이 현저히 요청되는 사무, ③ 특수한 전문지식이나 기술을 요하는 사무, ④ 그 밖에 시설관리 등 단순행정 관리사무로 제시하여 중앙 규정과 유사하며, 제6조에서 이를 구체화한 위탁사무를 열거하고 있는데 ① 노인・장애인・여성・청소년・노숙인 등 복지시설의 운영에 관한 사무, ② 환경기초시설의 운영에 관한 사무, ③ 문화・체육・관광시설의 운영에 관한 사무, ④ 공원시설의 운영에 관한 사무, ⑤ 시립병원, 보건・건강증진 시설의 운영에 관한 사무, ⑥ 산업지원, 직업훈련, 교통 관련 시설의 운영에 관한 사무, ⑦ 공무원후생복지시설 운영에 관한 사무, ⑧ 영어마을 운영에 관한 사무 등이다.[24]

그 외에도 민간위탁에 관한 보다 구체적인 내용과 기준으로 '서울시 행정사무의 민간위탁 관리지침'을 마련하고 세부 기준과 예시를 명시하고 있다. 그중 민간위탁 사무의 기능과 예시로서 ① 비권력적 시설관리 등 민간참여로 전문성을 높일 수 있는 기능(예: 물재생시설, 쓰레기소각장, 분뇨처리장 운영 등), ② 비영리사회단체를 통해서 운영・관리가 효율적인 기능 등(예: 사회복지시설, 청소년수련시설, 도서관, 박물관 등), ③ 민간이 운영할 경우 보다 활성화되는 기능(예: 문화예술회관, 체육시설 등 주민이용 개방시설 등), ④ 민간이 더 우수한 전문기술을 갖춘 검사・조사기능(예: 교량안전점검, 공사감리 등)을 제시하고 있다.[25]

---

24) 수탁기관의 선정기준으로는 위탁사무의 수행에 필요한 인력・기구・장비・시설 및 기술수준, 재정적인 부담능력, 위탁사무 관련 분야에 대한 전문성 확보여부 및 사무처리 실적, 수탁기관 노동자의 고용・노동조건, 책임능력 및 공신력을 명시하였다(제7조). 또한 민간위탁 사무의 선정 및 운영상황 평가 등을 심의하기 위해 민간위탁 운영평가위원회를 설치하도록 규정(제5조)하는 등 관련 내용을 담고 있다.

25) 이 관리지침에 따르면 서울시는 민간위탁 유형을 예산지원형과 수익창출형으로 나누고, 예산지원형은 시설형 위탁과 사무형 위탁으로 다시 구분하고 있다. 예산지원형의 시설형 위탁 사업은 서울시가 소유하거나 임차한 시설의 운영 및 그에 수반되는 사무를 법인・단체 또는 그 기관이나 개인에게 맡겨 그 명의와 책임 하에 행사하도록 하는 것으로(예: 청소년 수련관, 각종 복지시설, 병원, 자원회수 시설 등) 서울시가 위탁한 시설의 효율적 관리 등으로 이용료 수입이 증대된 경우 증대된 수입의 전부 또는 일부를 수탁기관 수입(인센티브)으로 하는 협약 체결이 가능한 유형이다. 예산지원형의 사무형 위탁 사업은 서울시의 사무를 법인・단체 또는 그 기관이나 개인에게 맡겨 수탁기관의 자기소유 또는 수탁기관 명의로 임차한 시설을 활용하여 그 명의

〈표 8-7〉 민간위탁 사무의 기준과 내용에 관한 규정

	민간위탁 사무
행정권한의 위임 및 위탁에 관한 규정	기준: ① 단순 사실행위인 행정작용, ② 공익성보다 능률성이 현저히 요청되는 사무, ③ 특수한 전문지식 및 기술이 필요한 사무, ④ 그 밖에 국민생활과 직결된 단순 행정사무
서울특별시 행정사무의 민간위탁에 관한 조례	기준: ① 단순 사실행위인 행정작용, ② 능률성이 현저히 요청되는 사무, ③ 특수한 전문지식이나 기술을 요하는 사무, ④ 그 밖에 시설관리 등 단순행정 관리사무 사무: ① 노인・장애인・여성・청소년・노숙인 등 복지시설의 운영에 관한 사무, ② 환경기초시설의 운영에 관한 사무, ③ 문화・체육・관광시설의 운영에 관한 사무, ④ 공원시설의 운영에 관한 사무, ⑤ 시립병원, 보건・건강증진 시설의 운영에 관한 사무, ⑥ 산업지원, 직업훈련, 교통 관련 시설의 운영에 관한 사무, ⑦ 공무원 후생복지시설 운영에 관한 사무, ⑧ 영어마을 운영에 관한 사무 등
서울특별시 민간위탁 사무 관리지침	① 비권력적 시설관리 등 민간참여로 전문성을 높일 수 있는 기능(예: 물재생시설, 쓰레기소각장, 분뇨처리장 운영 등) ② 비영리사회단체를 통해서 운영・관리가 효율적인 기능 등(예: 사회복지시설, 청소년수련시설, 도서관, 박물관 등) ③ 민간이 운영할 경우 보다 활성화되는 기능(예: 문화예술회관, 체육시설 등 주민이용 개방시설 등) ④ 민간이 더 우수한 전문기술을 갖춘 검사・조사기능(예: 교량안전점검, 공사감리 등)

자료: 2022년 기준.

한편 서울시 관리지침 상 민간위탁 적정성 판단 기준은 다음과 같이 제시되어 있는데 '공공성'과 '효율성'을 기준으로 한다. '공공성' 판단에는 서비스의 중요성, 서비스 수혜대상, 서비스 공급의 지속성, 서비스 중단의 파급효과를 분석하도록 하고 있으며, '효율성' 판단에는 민간의 전문성 활용, 경제적 효율성, 사업성과 측정 용이성, 서비스 공급의 경쟁적 시장여건, 관리운영의 투명성을 분석하도록 하고 있다(표 8-8).

와 책임 하에 행사하도록 하는 유형이다(예: 산학연 협력지원사업, 우수정책 해외진출사업 등). 이에 비해 수익창출형 위탁 사업은 시의 예산지원 없이 수탁기관이 운영하는 위탁사무로서, 수익이 발생되는 시설을 일정한 공익적 목적 달성을 위해 법인・단체 등에게 맡겨 그 명의와 책임 하에 운영하도록 하는 것이며, 시의 예산지원 없이 운영하는 것이 원칙이나 예외적으로 지원이 가능하기도 하다. 수익창출을 위해서는 시설위탁이 수반되므로 인센티브 지급과 근거 법령 등은 시설형 위탁과 동일하게 적용된다.

〈표 8-8〉 민간위탁 적정성 분석기준

	분석 기준	분석 내용
공공성	서비스 중요성	민간위탁 서비스의 공공성 정도 및 주민의 일상생활에 미치는 영향의 중요도
	서비스 수혜대상	공급서비스의 수혜대상이 특정 목적의 한정적인 시민인지, 불특정 지역생활권의 시민인지 또는 전 시민인지 등 서비스 수혜대상 시민의 범위
	서비스 공급의 지속성	서비스 공급의 불확정성·중단가능성, 장기 지속적인 서비스 공급 필요성 등
	서비스 중단의 파급효과	공공서비스 공급 중단시 피해의 심각성, 대체적인 서비스 공급 가능성 등
효율성	민간의 전문성 활용	민간부문의 전문성 정도, 민간의 전문성 활용으로 서비스 질 향상 예상효과 및 서비스 공급 확대 가능성 등
	경제적 효율성	민간위탁에 의한 경제적 효율성, 조직 확대 방지, 비용절감(인건비 및 기타 제경비의 절감 등) 정도 등
	사업성과 측정 용이성	공공서비스 공급 목표, 사업계획의 합리성, 공공서비스 공급 목표의 설정과 사업성과 측정 가능성
	서비스 공급의 경쟁적 시장여건	민간의 서비스 공급 가능성, 서비스 공급시장 구조(경쟁, 독·과점 등), 시장에 미치는 파급효과 등
	관리운영의 투명성	수탁기관의 기회주의적 행동 가능성 및 예방 가능성, 서비스 공급 관계자간 유착관계 형성 가능성 등

자료: 서울시 민간위탁사무관리지침(2022).

2. 민간위탁의 효과 검토

2000년대 들어 우리나라에서 민간위탁이 활성화되면서, 민간위탁의 효과를 검토하려는 학계의 관심도 높아졌다. 학계의 노력을 대상 분야별로 예시해보면, 사회복지·의료시설(김만준·김재일, 2013; 강인성, 2008; 황혜신, 2005a; 2005b; 문신용·윤기찬, 2004; 조연숙, 2001; 김경혜, 2001; 허만형·정윤수, 2001 등), 어린이집(김병수·김보영, 2014), 하수처리시설(조서형 외, 2016; 이종구·김태진, 2013; 강황선·김미선, 2010; 이상철 외, 2006; 이삼주·고승희, 2003; 최병대, 2002 등)이 가장 많고, 그 밖에도 생활폐기물처리(정성영 외, 2015; 강은숙 외, 2010), 공공도서관(최성락 외, 2011; 곽동철, 2004), 공설장례시설(김태윤·하현상, 2005), 영어마을(이현우 외, 2009) 등으로 다양하게 나타나고 있다.

민간위탁 방식이 효율적인지를 검토한 연구들은 엇갈린 결과를 내고 있으며 민간위탁의 효과에 영향을 미치는 여러 영향요인들이 제시되어 왔다. 긍정적 결과를 보고하는 연구를 보면, 서울 탄천하수처리장의 성과를 평가한 최병대(2002)는 서울시 직영시기의 성과와 민간위탁후의 성과를 비교한 후, 대부분의 평가항목과 평가지표[26]에서 효율성의 개선이 있었다고 보고했다. 서울시 사회복지시설(여성발전센터와 청소년시설 등)의 효율성을 평가한 허만형・정윤수(2001)는 시설의 경영적인 측면(재정운용, 인력 및 조직관리)에서 상당한 성과가 있었으며, 시설 이용실적이 향상되었고, 프로그램의 전문성과 대응성이 향상되었다고 보고했다. 또한 이성로(2004)는 경상북도 1개시를 대상으로 각종 문헌검토와 관련자(공무원, 시의원, 시민단체 인사, 일반 서비스 이용자) 인터뷰를 실시한 후, 청소년수련원이 민간에 위탁된 후 적자 폭이 줄어들고 전문적인 서비스가 제공되었으며 이용실적이 증가하였음을 발견했다. 황혜신(2005a)도 3개 지방공사의료원(마산, 이천, 군산의료원)이 민간에 위탁된 후 모두 수익이 증대했음을 확인했다.

종합사회복지관의 위탁 사례를 분석한 주재현(2004)의 연구에 따르면 복지관 직원과 공무원을 대상으로 한 설문조사 결과, 복지서비스의 수준 향상에 민간위탁이 어떤 효과를 냈다고 생각하는지를 묻는 질문에 전체 응답자의 65%가 '(매우)긍정적'이라고 답했으며 28% 응답자가 '보통'으로 평가했다. 반면 '(매우)부정적'이라고 평가한 응답자는 6%에 그쳐 민간위탁이 복지서비스 수준을 향상시키는 데 어느 정도 긍정적인 효과를 가져왔으리라고 추론되었고, 그 외에도 서비스 제공상의 능률성과 지역의 자활역량 및 근린의식에도 어느 정도 긍정적 효과가 추론되었다.

한편 지방상수도의 민간위탁 효과를 분석한 김현아・김지영(2017)의 연구는 민간위탁을 수행한 지역이 그렇지 않은 지역에 비해 유수율 개선, 급수량 증가, 인건비 절감과 같은 양적 지표 개선 효과를 확인하였지만 민간위탁으로 비용 증가가 발생가능하며 구조적인 원가 절감 폭이 크지 않다는 점을 확인하고 있다.

---

26) 평가항목과 평가지표는 다음과 같다. ① 제도 및 업무개선(위탁 후 제도・업무개선 실적), ② 재정운용의 효율성(재정 자립도 추이, 인건비 절감실적, 운영비 절감실적, 사업비 등 기타예산 실적), ③ 인력 및 조직관리의 효율성(인력관리의 적정성, 조직관리의 적정성, 정보화 수준), ④ 하수처리의 효율성(하수처리 수질상태, 하수처리관련 예산절감, 에너지 절감상태), ⑤ 님비시설의 친환경성(환경친화적 시설조성 및 환경개선 상태, 시설개방 정도 및 외부주민 활용도, 안전사고 예방대책).

이와 같이 다수의 연구들은 민간위탁 방식이 효율적인지, 특히 정부 직영방식과 비교해서 더 효율적인지에 대해서 확실한 결론을 얻지 못했거나, 부정적인 결과를 보고했다. 조연숙(2001)은 서울시 여성발전센터의 운영방식에 차이[27]가 있음에 주목해서 운영방식의 차이가 성과의 차이를 가져오는지를 보고자 했다. 능률성, 효과성, 서비스의 질, 공공성의 네 측면에서 성과를 검토하기 위해 각종 문헌자료조사와 설문조사를 실시하였으나, 운영방식의 차이에 따른 일관된 성과의 차이를 발견하지 못했다. 이는 이후의 문신용 · 윤기찬(2004)에서도 유사하게 나타났다. 문신용 · 윤기찬(2004)은 운영방식이 시 직영과 민간위탁으로 구분되어 있던 서울시 여성발전센터[28]를 대상으로 자료포락분석(Data Envelopment Analysis: DEA)[29]을 실시하여 기관간 효율성 차이를 분석했으나, 운영방식에 따른 일관된 차이를 발견하지 못했다.

민간위탁 방식의 효율성에 의문을 제기하는 연구결과들은 하수처리시설의 경우에도 많았다. 먼저 이삼주 · 고승희(2003)는 직영과 민간위탁 방식 간의 주목할 만한 효율성 차이가 없음을 보였다. 전국 도시자치단체 53곳의 하수종말처리장과 폐수종말처리장을 대상[30]으로 DEA 기법을 적용해서 상대적 효율성을 분석한 이 연구에 의하면, 민간위탁으로 운영되는 지역의 효율성 평균은 0.696이고, 직영으로 운영되는 지역의 효율성 평균은 0.697이었다.[31] 경상북도 1개시를 사례로 연구했던 이성로(2004)는 청소년수련원의 경우와는 달리 하수처리시설의 민간위탁은 경제적으로 효율적이지 못해 위탁 전과 동일한 수준의 비용이 들었고,[32] 수질개선 효과도 거의 없었다고 보고했다. 민간위탁을 공공부문 구조조정의 수단으로

---

27) 조사 당시, 시 직영의 사업소 형태 1곳(남부여성발전센터), 책임운영기관 형태 2곳(중부, 북부센터), 민간위탁 1곳(서부센터)으로 구분되었다.

28) 문신용 · 윤기찬(2004)의 연구가 있던 시기에는 서울시 여성발전센터가 시 직영형태(남부, 북부)와 민간위탁 형태(동부, 서부, 중부)로 정리되어 있었다.

29) 자료포락분석은 Charnes, Cooper & Rhodes(1978)에 의해서 개발된 경영분석기법으로 이들의 이름을 딴 CCR모형(한 해 동안의 효율성을 규모에 대한 수익불변을 가정)과 BBC모형(규모에 대한 수익변화를 가정)으로 구분된다. 이들 모형은 병원, 공공기관, 정부투자기관 등의 비영리조직에서는 투입과 산출을 결합할 수 있는 시장가격이 존재하지 않으므로 효율성을 상대적인 관점에서 측정할 수밖에 없다고 보며, 의사결정단위(DMU)가 투입과 산출요소의 수를 합한 것보다 많아야 된다고 가정한다(문신용 · 윤기찬, 2004: 204).

30) 민간위탁 운영 22곳, 직영 28곳, 공단 운영 2곳, 민간 · 직영 혼합 운영 1곳이었다.

31) 가장 높은 효율성 평균을 보인 유형은 공단운영 형태(0.782)였다. 그러나 공단운영 형태를 취했던 지역은 2곳에 불과해서, 그 의미가 그리 크다고 보기 힘들다.

32) 인건비와 운영비 등 일체의 경상비뿐 아니라 위탁업체의 이윤과 각종 세금까지 정부 비용으로 충당하는 현상이 나타났다.

활용하면서, 퇴직하는 공무원들의 고용승계를 위해 공개입찰이 아닌 수의계약으로 진행하는 과정에서 이러한 문제가 야기되었다는 것이다.

DEA 기법을 활용하여 경상남북도 30개 시·군 하수처리장의 상대적 효율성을 측정한 이상철 외(2006)의 분석결과는 민간위탁이 직영보다 더 비효율적임을 보여주었다. 직영 형태의 기관은 전체 7곳 중 2곳이 비효율적인 반면 민간위탁 형태의 기관은 23곳 중 12곳이 비효율적인 것으로 조사되었다.[33] 이 연구는 효율성 증진을 목표로 했던 행정조직의 변화로 인해 오히려 비효율성이 높아진 패러독스 현상을 지적하고, 이러한 패러독스가 발생한 원인을 인력의 과다투입에서 찾고 있다. 인력이 목표치에 비해 너무 과도하게 투입되었고, 투입된 요소에 비해 상대적으로 산출물이 부족했다는 것이다. 역시 DEA 기법을 사용해서 경기도 27개 시 단위 기초자치단체를 대상으로 직영 또는 민간위탁으로 운영되는 하수처리시설[34]의 효율성 차이를 분석한 강황선·김미선(2010)도 양 집단 간에 유의한 차이를 발견하지 못했다. 주된 차이점은 민간위탁 방식은 투입자원을 적게 하고 산출물도 적게 생산하는 반면, 직영방식은 투입자원을 많이 소비하고 산출물도 많이 생산하는 것이었는데, 이러한 차이가 효율성 증진을 의미하는 것은 아니라는 것이다.

강황선·김미선(2010)은 하수처리시설 분야에서 민간위탁을 통해 효율성을 높이지는 못해도 비용을 절감할 가능성이 있음을 보여준다. 그러나 위에서 살펴본 바와 같이, 이성로(2004)는 동일 분야에서도 비용을 절감하는 것이 쉽지 않음을 보여줬으며, 사회복지·의료시설 분야에서는 민간위탁이 경비를 절감하지 못한 것으로 조사되었다. 김경혜(2001)는 우리나라 사회복지관의 민간위탁은 시설투자까지 정부가 담당하고 있기 때문에 위탁운영의 비용을 절감하기가 힘든 상황이라고 보았다. 또한 황혜신(2005a)은 지방공사의료원의 민간위탁 후에 오히려 정부가 부담하는 비용이 증가했음을 발견했다. 민간위탁 후 의료원의 수익성이 좋아졌음에도 불구하고 정부의 재정지원은 줄어들지 않았다.

민간위탁 방식의 도입에도 불구하고 정부의 부담이 줄어들지 않거나 오히려 증가한 이유는 먼저 민간위탁의 대상이 된 사업들이 환경이나 복지 분야와 같이 공공재적 성격 또는 재분배적 성격이 강해 정부의 재정적 개입 필요성이 높은

33) DEA 기법 중 CCR 모형의 적용결과이다.
34) 2008년 현재 총 48개 사업소 중 민간위탁 방식이 38개소였고, 직영이 10개소였다.

것들이라는 데서 찾을 수 있다. 이런 분야는 수탁기관들의 비용부담 비율에 비해 정부의 부담이 높을 수밖에 없어 실질적인 비용절감 효과가 나타나기 쉽지 않다(정철현·김정한, 2007: 245). 이에 더해서 민간위탁에서 필요로 되는 계약체결과 계약체결 후 감독에 들어가는 비용(거래비용)이 만만치 않다는 점도 비용절감이 지난한 과제라는 것을 알게 해 준다. 민간위탁 업무담당 공무원을 대상으로 한 인식조사는[35] 이 점에 대해 시사하는 바가 크다. 즉 공무원들은 계약체결과 감독에 드는 비용이 직영 방식의 비용보다 상대적으로 큰 것으로 인식하고 있었고, 그러한 인식은 시간이 지날수록 강화된 것으로 나타났다. 특히 감독비용이 많이 드는 것으로 인식되고 있었으며, 계약체결비용도 상당히 높은 것으로 조사되었다.

또한 민간위탁은 공공성을 저해하는 부정적 효과를 냈으며 이는 사회복지·보건 분야에서 두드러졌다. 허만형·정윤수(2001)는 서울시 복지시설 민간위탁의 효과를 평가한 후, 공공성 측면에서 문제가 있었음을 지적했다. 즉 민간위탁 이전에 시설이 지녔던 저소득층 이용자에 대한 관심과 저소득층의 실제 시설이용실적이 저하되었다는 것이다. 일부 수탁기관의 경우 저소득층을 위한 프로그램 개발이 중요한 운영목표임에도 불구하고 전혀 관심을 보이지 않기까지 했던 것으로 나타났다. 황혜신(2005a)도 지방공사의료원들이 민간에 위탁된 후 대체로 공공성이 저하된 것으로 보고했다. '총환자 중 의료보호(의료급여)환자가 차지하는 비율'과 '100병상 당 외래 및 입원 의료보호환자수'를 지표로 해서 조사한 결과, 대체로 수치가 하락한 것으로 나타났다. 이에 더하여 민간위탁 후 의료원의 수익성이 높아진 것도 실제로는 병원 이용자들에게 비용(입원진료비, 외래진료비)이 전가된 것으로 봐야 한다는 것이다.

정성영 외(2015)의 연구는 생활폐기물 처리의 민간위탁 방식이 효율성을 향상시켰는지 10년간 패널자료를 실증 분석한 결과, 민간위탁 방식이 인적 자원과 물적 자원 측면의 효율성을 증가시켰으나 비용절감의 효과는 얻지 못한 것을 발견하였다. 그에 따라 민간위탁을 통한 효율성 증진 및 생산 비용 절감 주장을 신중하게 받아들여야 하며 민간위탁의 성공적 시행을 위한 환경 조성은 정부의 역할이라고 주장하였다.

---

35) 2005년 조사는 2005년 11월에서 12월 사이에 서울시 25개 자치구의 민간위탁 업무 담당자 125명을 대상으로 실시했으며(실제 분석 96부), 2010년 조사는 2009년 11월 말에서 2010년 5월 초까지 서울시 자치구 25개 구청의 민간위탁 업무 담당자 125명을 대상으로 실시했고(실제 분석 90부), 2005년의 조사와 동일한 설문으로 하였다(이철주 외, 2010: 316).

이상 살펴본 대로 민간위탁 방식은 효율성 · 경비 절감과 공공성 등의 측면에서 기대했던 효과를 충분히 거두고 있다고 평가하기 어렵지만 다른 한편으로, 서비스 이용자들의 만족도 등 일부 차원의 긍정적 효과는 존재하는 것으로 나타나고 있다.[36] 민간위탁의 효과 차이를 가져오는 요인으로는 위탁되는 개별 분야의 특성이나 상황에 따른 차이(김정수, 2015), 정부의 효과적 통제 여부(배성기 · 안영진, 2014), 계약 감독의 법령 근거 마련(김병수 · 김보영, 2014) 등이 나타나고 있었다.

한편 민간위탁의 성과에 대한 부정적 측면 중 박기묵 · 도수관(2020)의 연구는 지방자치단체의 민간위탁이 독과점화되는 현상을 지적하고 그 수준의 평가를 시도하였다. 특정 기초자치단체의 민간위탁 독과점 수준을 평가한 결과 하나의 수탁기관이 3개의 민간위탁 분야에서 5개의 민간위탁 사업을 수탁하여 독과점화 수준이 높게 나타났다고 평가하였으며, 민간위탁 독과점의 관리가 필요하다고 주장하였다. 실제로 2016년 실시된 민간위탁 사무 전수조사에서 나타난 위탁기관의 경쟁성 조사 결과에 따르면 1개 기관 독점사례가 79.8%, 2~3개 기관이 과점하는 경우가 4.8%, 제한경쟁이나 수의계약 등이 9.3%, 완전경쟁 사례는 4.1%에 불과하였다(한국행정연구원, 2020).

근래에는 민간위탁 사업의 기대가 충족되지 못하고 예상치 못한 부작용이 발생하면서 오히려 민간위탁 사업을 재공영화할 것이 주장되기도 한다. 1980년대 이후 민영화 및 민간위탁을 적극적으로 추진하였던 영국과 독일에서도 2010년 이후 지방자치단체 수준에서 재공영화 정책이 적극적으로 추진되고 있는 현상이 발견되며 우리나라 지방자치단체들에서도 민간위탁 사무의 재공영화가 일부 추진되고 있다. 재공영화 현상에서 나타난 법적 쟁점을 고찰한 선정원(2020)의 연구에 따르면 영국과 독일의 지방자치단체들의 재공영화가 공공성을 강화하고 경제성도 강화하는 방안으로 주목받고 있다는 것이다. 문병효(2021)의 연구도 민간위탁으로 공공서비스의 질이 낮아지거나 예산 낭비가 나타났으며 민간위탁 업체들

---

36) 조연숙(2001)은 서울시 여성발전센터 이용자들의 만족도를 측정했는데, 시 직영 방식의 센터보다 민간위탁 방식의 센터 이용자들이 상대적으로 높은 만족도를 보였다. 마찬가지로 서울시 여성발전센터를 대상으로 한 문신용 · 윤기찬(2004)은 SERVQUAL 기법을 적용해서 지각된 서비스 수준(perceptive service)과 기대한 서비스 수준(expected service)의 격차(P-E)를 분석한 후 직영 방식과 민간위탁 방식간의 점수를 비교했다. 그 결과 직영 센터의 경우 P-E 값이 (-)로 나와 서비스의 질이 낮은 것으로 인식된 반면, 민간위탁 센터의 경우 그 값이 (+)로 나와 서비스의 질이 높은 것으로 인식되었다.

의 환경보호 인식이 낮아 환경오염, 노동에 대한 정당한 대가를 지불하지 않거나 노동자를 위험한 업무에 종사하게 하는 경우가 발생하는 등 공공서비스의 효율적 제공이나 노동 존중, 환경보호, 안전 확보 등에서 많은 부작용이 수반되고 있다고 비판한다. 그러므로 사기업이 아닌 사회적 가치를 추구하는 협동조합에게 위탁하거나 직영화나 재공영화의 길을 적극적으로 모색할 것을 주장하였다.

제4절 소결론

우리나라 민간위탁 사업은 2000년대 들어 급속하게 증가하였으며 긍정적 효과로는 민간위탁이 서비스 이용자들의 만족도를 높이는 효과를 낳았는데 공무원 조직보다 전문적이고 소비자 지향적인 성향을 보이는 민간기관들이 공공서비스의 생산과 전달을 담당하면서 다수 서비스 이용자들의 만족도가 높아지는 결과로 보인다. 이는 정부조직과 공무원이 아니라 민간부문을 활용해서 공공서비스를 생산·전달함으로써 정부조직과 공무원의 기회주의와 재량의 문제를 원천적으로 제어하려는 접근법에 의미 있는 시사점을 제공한다. 민간기관들이 제공하는 공공서비스의 질이 정부 직영의 경우보다 더 낫거나 유사한 수준일 수 있다면, 굳이 기회주의와 재량 문제를 감수하면서 공무원 직접고용의 방법을 옹호할 필요가 없게 될 것이다.

그러나 민간위탁 방식은 모든 경우에 적용될 수 있는 것이 아니며 오히려 공공성의 훼손과 책임 전가의 문제를 발생시킬 수 있다. 오히려 기회주의와 재량의 문제가 공공조직에서 민간위탁기관으로 이전되는 것에 그칠 수 있는 것이다. 따라서 '계약' 방식의 채택을 정당화할 수 있는 조건들과 '파트너십' 방식의 성립과 운영을 원활하게 할 수 있는 조건들이 적절한 수준에서 충족될 때 민간위탁의 긍정적 효과가 나타날 수 있다. 위에서 정리한 대로, 우리나라의 민간위탁 사업이 효율성·경제성·공공성 등에서 상당한 약점을 보이는 이유는 이러한 조건에 대한 심도 있는 검토가 결여된 채로 민간위탁 사업이 확대되었기 때문일 수 있다. 특히 경쟁기관이 없어서 사실상 독점에 가까운 계약이 이뤄지면서 기대했던 효율성 제고에 많은 의문이 제기되고 있다. 민간위탁 방식의 채택 및 운영조건에 대한 체계적인 검토에 근거해서 이 접근법을 활용한다면 우리나라 행정통제의 수준이 개선될 수 있을 것이다.

제 9 장

결 론

이 책은 민주주의 체계에서 정부 관료제의 다면적 책임성과 그에 관한 쟁점을 고찰하고, 책임성 확보를 위한 통제 수단의 유형과 특징을 체계적으로 제시하였다. 행정의 여러 통제수단들은 나름의 기준으로 유형화 한 후, 이에 따라 우리나라 현황과 문제점들을 검토하였다. 통제수단의 유형화에서 고려된 기준은 행정 공무원의 기회주의적 성향에 근거하여 행정재량을 통제할 네 가지 원리인 감독, 제약, 활용, 이전이었다.

최근 민주주의 체제에 대한 불신과 혼란이 높아지는 상황 속에서 정부 관료제의 책임 확보는 그 어느 때보다 중요해지고 있다. 정부 관료제에 대한 현실적 이해를 굳건히 하며 사회가 정부 행정에 기대하는 다면적 책임을 확보할 수 있도록 효과적이며 창의적인 통제가 이뤄져야 한다는 요구가 높아지고 있다.

현재 정부를 향하여 사회가 요구하는 다면적인 행정책임을 확보하는 문제에서 제기되는 주요 쟁점을 정리하면 다음과 같다. 첫째, 정부 행정에 요구되는 다면적 책임성이 상호 충돌할 수 있으며 이런 상황에서 공무원의 선택이 법이나 지시를 따르려는 것에 지나치게 편향될 가능성이 있다는 것 둘째, 오늘날 행정이 다수의 개인과 기관, 부문들이 협업 수행하고 있기에 이러한 집단적 업무수행 상의 책임 주체를 지목하기 쉽지 않고 그로 인한 행정책임의 전가와 무책임이 발생할 수 있다는 것 셋째, 정책수행에 있어서 집행과정상의 책임뿐 아니라 수행결과의 책임을 공무원에게 물을 수 있는지, 어디까지 결과의 책임을 물을 수 있을지 구별하기 쉽지 않다는 것, 또한 문제를 예견하고 예방해야 할 책임을 정부에게 적극적으로 요구하고 있지만 관료제 구조와 조직문화는 이를 수용하기 쉽지 않다는 점 등이다. 마지막으로 행정에 관한 책임 요구가 사회적으로 확장되는 가운데, 어떠한 수단과 방식으로 행정을 통제하는 것이 가장 효과적인지 실증하기가 쉽지 않다는 점이다.

이러한 논의를 기반으로 할 때, 행정책임을 효과적으로 확보할 통제 수단 찾기는 결코 쉽지 않다. 따라서 이 책은 정부 관료와 관료조직에 관한 이론적, 경험적 이해를 바탕으로 통제의 주체와 방식을 종합적으로 정리하여 제시하였다. 먼저 정부 관료제에 관한 기본적 전제는 기회주의 속성의 인정과 넓은 재량을 보유하고 있다는 것이다.

오늘날 행정학과 정치학의 주류 접근법들(다원주의론, 공공선택론 등)은 행정

관료와 그들의 조직이 자신의 이익을 실현하기 위해 기회주의적으로 행동할 수 있음을 널리 받아들이고 있다. 모든 공무원들이 모든 경우에 자신과 자신이 속한 조직의 이익을 실현하기 위해 행동하는 자기중심적 또는 개인적 이기주의자는 아닐 것이다. 그러나 주류 접근법들은 다수의 공무원이 자신의 이익과 공익이 충돌하는 상황에서 공익보다 사익을 중시하는 쪽으로 행위할 수 있음을 인정하고, 이를 통제하는 방안을 탐색하고 있다. 이 책은 이러한 현실적인 인식에 토대를 두고, 관료제의 책임과 통제 문제에 접근했다.[1)]

또한 이 책은 행정 관료들의 재량행위가 불가피하다는 점을 인정하고 있다. 복잡화·다양화·전문화를 특징으로 하는 현대사회에서 일반 시민과 선출직·정무직 공무원보다 행정 관료들의 정보력과 전문성이 우월한 경우가 대부분이다. 따라서 다소 추상적이고 일반적인 법규의 내용을 더 구체화하고 실제에 맞게 해석하는 재량을 행정 관료들에게 부여하게 된다. 오늘날 행정 관료의 재량은 정책이 현실을 반영하고 시민의 요구를 수용하면서 효과적으로 집행되는 데 결정적인 역할을 하고 있다.

그러나 문제는 행정 관료들이 기회주의적으로 재량을 행사할 수 있다는 점이다. 따라서 관료와 관료제를 통제하는 노력은 '기회주의적으로 재량을 활용하려는 동기와 행태를 어떻게 관리할 것'인가의 쟁점으로 귀결되며, 이 책은 이를 관리하기 위한 네 가지의 원리로서 행정통제 수단들을 분류한 것이다.

첫째, 정부 내·외의 다원적인 행위 주체 -행정 계층제 상의 상관, 정치적 집행부(political executive), 의회, 사법부, 감사기관, 압력단체, 언론 등-와 제도를 통해 재량행위가 기회주의적으로 사용되지 못하도록 감시·감독하는 통제 유형이다.

둘째, 가능한 한 행정 관료들의 재량을 축소함으로써 공익의 실현에 반하는 재량이 행사되지 못하도록 행정업무를 표준화하고 준칙을 정립하는 등 공식화하고, 다른 한편으로 기회주의 성향이 상대적으로 낮은 (즉, 공익추구 경향이 높은)

---

1) 이러한 접근법은 자칫 행정 공무원과 그들의 조직에 대해 지나치게 부정적인 인식을 갖게 하는 부작용을 낳을 수 있다. 이타적이거나 윤리적인 행위를 일관성 있게 보여주는 많은 '경세가형'(statesmen) 공무원들이 존재하고 있다는 점이 부정되어서는 안 된다. 그러나 다수의 사익지향적인 공무원들이 실재하고 있는 상황 하에서, 이들을 제어할 수 있는 제도를 갖추어야 한다는 주장의 타당성에 의문을 제기하기는 쉽지 않을 것이다. 이 책은 이러한 현실적이고 제도적인 접근에 토대를 두고 있다.

이들을 공직에 유치하고 지속적인 교육을 통해 그들의 공익지향성을 강화함으로써 관료제의 책임성을 확보하는 통제의 유형이다.

셋째, 오히려 관료들의 기회주의 성향과 재량행위가 궁극적으로 공익의 증진으로 귀결되도록 유도하는 통제 유형이다. 행정 관료의 재량행위가 기회주의적으로 사용되지 못하도록 감시·감독하거나 기회주의와 재량행위의 발현을 억제하는 것이 아니라, 정부 관료제 내·외에서 그들 간에 경쟁을 조장하는 제도를 구축하는 것이 이 유형의 대표적인 접근방식이다.

넷째, 행정 관료의 직접고용 방식이 발생시키는 문제를 원천적으로 제한하기 위해서는 민간기관(기업 또는 비영리단체)을 활용해서 공공서비스의 생산과 제공을 수행하고자 하는 통제 유형이다. 공공서비스의 생산 및 전달 과정의 재량을 민간기관으로 이전하고 정부는 이를 관리하는 역할을 맡는 협력적 체계로의 전환을 시도하는 것이다.

이러한 유형론은 종래의 전통적인 행정통제 논의뿐 아니라, 근래의 신공공관리 및 뉴거버넌스 정부 개혁의 동향을 정부 관료제 통제의 의미에서 파악함과 더불어, 고전적인 행정이론 중 그간 행정통제의 관점에서 충분히 검토되지 못했던 내용들까지 포함하여 정부 관료제 통제기제를 재구성하였다는 데 의미가 있을 것이다. 또한 행정 관료의 행동 동기와 그들이 처해 있는 환경에 대한 이해를 토대로 통제기제의 유형을 정리한다는 점에서, 그리고 이 통제수단들이 지닐 수 있는 강점과 한계에 대해 논의한다는 점에서 행정통제에 대한 기존의 유형분류와 차별성이 있다.

위의 유형론을 적용해서 우리나라의 현황을 검토한 결과를 전체적으로 요약하면 아래와 같다.

첫 번째 유형 -정부 내·외의 다원적 감독 주체들을 동원한 통제-에 해당하는 수단들은 행정부 자체의 내부통제, 정부 내부의 통제, 그리고 정부 외부의 통제로 구분해서 살펴볼 수 있다.

행정부 자체의 내부통제 수단들은 다음과 같다. 우선 선출직과 정무직으로 구성된 정치적 집행부에 의한 정치적 통제이다. 대통령과 장관 등은 부처의 인사권, 예산권 등 여러 권한을 활용하여 정치적 집행부는 정부 관료제를 통제할 수 있다. 둘째, 중앙 행정부 내의 관리기관에 의한 통제로서, 행정안전부는 행정기관의 인력과 조직을 관리하고, 기획재정부는 재정을 관리하며, 국무조정실은 사후적인 평가를 담당한다. 다른 부처를 평가하고 자원배분의 권한을 가진 관리기구를 통해 행정기관 등을 통제해 나가는 것이다. 셋째, 자체감사에 의한 통제로서 중앙행정기관 등은 자체감사기구를 운영하고 있으며, 기관 내부자의 공익신고를 보호하는 제도를 운영하고 있다. 마지막으로, 행정조직 계층제상의 관리자들은 부하 직원들에 대해서 인사평가와 업무지시를 통해서 통제력을 행사하고 있다. 이러한 통제방식은 행정통제의 효과성을 높일 가장 유효한 수단이지만 현실에서는 내부 조직 관계와 분위기, 문화에서 상호 간 엄격한 감독과 관리가 이뤄지지 못한다는 비판이 크다.

정부 내부의 통제 주체와 제도에는 국민권익위원회(고충민원처리제도), 감사원, 사법기제, 국회 등이 있다. 국민권익위원회는 우리나라의 옴부즈만 유사기관을 대표하는 기관이며, 감사원은 국가의 세입·세출에 대한 결산검사, 관련 법률에서 정하는 단체의 회계검사 및 감독, 행정기관 및 공무원에 대한 직무감찰, 그리고 성과감사 등을 담당한다. 우리나라의 행정통제 관련 사법기제에는 행정소송·행정심판·행정절차 등이 있고, 국회는 입법권, 재정권, 국정조사권을 통해서 행정부를 통제하고 있다. 그러나 정부 내부의 통제 수단들도 제한된 효과를 거두는데 그치고 있다. 특히 국민권익위원회와 감사원의 소속 문제는 이 기관들의 독립성과 효과성에 부정적인 영향을 미치고 있고, 사법기제들도 그 성과나 효력 면에서 상당한 약점을 보이고 있다. 또한 국회도 실질적인 입법역량과 재정통제의 효율성, 그리고 국정감사의 실효성 면에서 한계를 지닌다.

정부 외부의 통제주체에는 압력단체와 언론이 대표적이다. 우리나라의 압력단체와 언론기관들은 정치적 민주화의 진행과 더불어 그 수와 영향력이 크게 증대되었다. 그러나 압력단체의 활동은 여전히 정책의 전 과정에 충분히 반영되지 못하거나 편향되어 반영되고 있으며, 큰 맥락에서 볼 때 언론기관들은 정치인·기업인·행정관료·전문가 등과 정치적 연대를 형성하고 있거나 행정부의 통제에 놓여 있다고 비판받는다.

두 번째 유형 -재량행위의 제약-에 해당하는 수단들에는 기회주의적인 성향이 상대적으로 더 낮은 이들을 공직에 유치하기 위한 신중한 채용, 공직에 유치된 공무원들의 기회주의 성향이 발현되는 것을 억제하고 윤리의식을 고양하기 위한 윤리교육 실시, 윤리관련 법·제도 및 가치체계의 구축이 있으며, 행정업무의 표준화와 준칙 정립을 통해서 재량의 발현을 제한하는 공식화 강화 등이 포함된다.

우리나라 정부는 2000년대 들어, 공직적격성평가(PSAT) 도입, 면접시험 강화, 고위공무원 임용에 있어 역량평가 제도 등 공무원 선발제도의 변화를 모색하는 가운데, 윤리적 역량을 중심으로 선발하려는 일부 노력이 있었다. 공무원 기본교육에서 윤리교육을 지속해서 실시하고 있다. 또한 윤리강령, 행동강령, 그리고 윤리법으로 구성된 제도적 수단을 동원해서 공무원의 윤리수준을 고양하기 위해 노력하고 있다. 그러나 PSAT와 역량평가는 피평가자의 윤리성 검토 면에서 간접적인 정보를 제공하는 데 그치며, 면접시험 강화만으로 윤리성이 높은 이들을 공직에 유치하는 데 충분한 성과를 거두기는 어려운 상황이다. 공무원 윤리교육은 그 효과성에 의문이 제기되고 있으며, 제도적 수단들 또한 여러 형태로 적용되고 있으나, 공무원 윤리의식의 제고에 어느 정도로 기여하고 있는지는 확실하지 않다.

공무원 조직관리 상의 공식화 수준을 높이는 접근법은 기회주의성이 높은 이들이 공직에 들어오더라도, 그들이 기회주의 성향을 발현할 수 있는 여지를 최소화하는 방안이다. 우리나라 정부 조직의 공식화 정도는 일정 수준 이상으로 진전되어 있고, 규정 명문화의 정도가 높을수록 조직효과성에 긍정적인 영향을 미친다고 평가되기도 한다. 그러나 우리나라 정부 조직에서는 규정 명문화 정도에 비해서 규칙과 절차에 근거한 행정업무 수행이 충분하다고 보기 어렵고, 오히려 지나친 규정화로 인해 형식주의 행정이 나타날 가능성도 높다고 우려된다.

세 번째 유형 -재량행위의 활용-에는 경쟁기제 수단이 포함된다. 이 접근방식은 관료의 기회주의 성향과 재량의 불가피성을 인정하되 그 효과가 공익의 실현으로 귀결되도록 제도를 설계하는 데 초점을 둔다. 이를 위해 성과중심적 인사관리 방안과 기관 간 경쟁 유도 방안이 적용되고 있다.

성과상여금을 중심으로 한 성과급제도는 기대하는 효과를 충분히 내지 못하고 있다. 직무분석의 미비와 계층주의적인 행정문화로 인해, 합리적인 성과평가체계를 구축하고 이를 체계적으로 운영하는 데 한계를 보인다는 평가가 많았다. 그러나 제도 도입 후 시간의 경과에 따라 성과급제도를 지지하는 입장이 젊은 세대를 중심으로 확산되고 있으므로 향후 성과를 중심으로 공무원의 업무동기를 부여하고 행정의 효과성을 높일 수 있는 구체적인 설계가 모색될 필요가 있다.

네 번째 유형 -재량영역의 이전-은 행정 공무원 직접고용 방식이 야기하는 기회주의와 재량의 문제를 원천적으로 제한하기 위해 민간기관과의 계약을 통해서 공공서비스를 생산 · 전달하는 형태로서, 민간위탁 방식이 대표적이다. 민간위탁은 수탁자 선정을 위한 '경쟁'뿐 아니라 정부와 민간기관 간의 '파트너십'에 토대를 두고 운영되는 특징을 지닌다.

우리나라 민간위탁 사업은 2000년대 들어 급속하게 증가하였으며, 서비스 이용자들의 만족도 제고 면에서 어느 정도 효과가 있는 것으로 나타났다. 그러나 동시에 우리나라 민간위탁 사업은 효율성 · 경제성 · 공공성 등에서 상당한 약점을 보이고 있다. 이는 '계약' 방식의 채택을 정당화할 수 있는 조건들과 '파트너십' 방식의 성립과 운영을 원활하게 할 수 있는 조건들이 적절한 수준에서 충족되지 못하고 있기 때문이다. 즉 민간위탁 방식의 적용가능성에 대한 정부의 체계적인 검토가 취약하고, 상호신뢰와 협력관계를 비롯해서 아직 여러 조건들이 불충분한 수준에 머물러 있다. 따라서 민간위탁의 채택과 운영의 조건을 위탁사무별, 지방자치단체별 특성 등을 고려하며 효과적인 통제가 이뤄질 수 있도록 설계해나가야 할 것이다.

앞으로 우리나라 정부 관료제에 대한 통제를 만족할 만한 수준으로 끌어올리고 이를 유지하기 위해서는 어떤 방향을 지향해야 하는가? 이를 위해 앞서 언급한 통제수단이 지니고 있는 문제점을 보완하려는 노력이 있어야 할 것이다. 더불어 이러한 일반적인 처방을 넘어서서 다음과 같은 두 가지 방향성이 고려되어야 할 것으로 판단된다. 첫째, 이 책에서 논의되었던 네 가지 기제들을 종합적으로 사용하는 '통제혼합'(control mix)의 접근법을 채택해야 한다. 둘째, 네 기제 중 특히 감시 · 감독 수단들과 윤리적인 공무원 확보 수단들의 효과성을 높이기 위해 더 높은 노력을 기울여야 할 것으로 판단된다. 아래에서는 이에 대해 부연한다.

통제혼합 접근법은 기회주의와 재량을 관리하기 위한 복수의 통제수단들을 동시에 동원해서 정부 관료제의 책임성을 확보하려는 접근법을 말한다.[2)] 즉 감시 · 감독, 윤리적인 공무원 확보, 경쟁기제 도입 · 운영, 민간기관 활용 등의 제 기제를 복합적으로 적용하는 것이다. 사실상 이러한 수단들은 실제에 있어 이미 적용되고 있다. 그러나 종래의 행정통제 논의는 주로 감시 · 감독 기제에 한정되어 있

2) 여기서 한 가지 부연할 사항은 이 책은 정부 관료제에 대한 통제를 통해서 우리가 확보하고자 하는 책임성의 내용 규명을 목적으로 하지 않았다는 것이다. 따라서 이 책은 재정적 또는 공정성 유지 책임성 대(對) 성과달성 책임성 간의 상충이나 긴장(Behn, 2001) 등의 논쟁에 대해서는 논의하지 않았다. 이 책이 주목한 점은 모든 형태의 책임성 추구 과정에서 공통적으로 직면할 수 있는 문제 -행정 관료의 기회주의적인 재량 행사 가능성-를 관리하는 방안이다.

고, 최근의 행정개혁으로 도입된 정책수단들이나 윤리적인 공무원 확보수단들은 행정통제의 관점에서 적절하게 해석되지 않은 경향을 보인다. 이 책은 정부 관료제 통제를 위한 정책수단들을 포괄적인 관점에서 파악하고, 제 수단을 통합적으로 고려하려는 시도이다.

또한 통제혼합 접근법은 정부 관료제 통제에 대해 이념성 -예컨대 참여민주주의, 신자유주의, 보수주의 등-을 강조하는 관점에서 접근하는 것이 아니라, 실용적인 관점에서 접근하는 것을 의미한다. 특정 이념에서 연역적으로 도출된 통제수단만으로는 우리가 직면하고 있는 정부 관료제의 책임성 확보라는 과제를 해결하는 것이 사실상 불가능하다는 점에서 실용적 관점의 의의를 찾을 수 있다.

관료제 통제에 관한 수단과 제도들은 대체로 사회과학 영역의 '이론적' 성과를 토대로 구축된다. 그러나 일반적으로 사회현상을 다루는 사회과학의 '이론'(theory)들은 자연과학이 추구하는 법칙(law) 수준의 이론적 논의에 근접하기 어렵다. 사회현상의 발생에 영향을 미치는 무수한 변수들로 인해 과학적 예측에 심대한 제약이 가해지기 때문이다. 사회과학의 가설들은 실제에 있어 매우 제한된 사실과 증거를 토대로 검증되는 경우가 대부분이어서, 이러한 취약한 가설검증을 기반으로 해서 제시되는 사회과학의 '이론'들은 사실상 언제나 '가설'(hypotheses)의 수준에 머물러 있다고 해도 과언이 아닐 것이다. 이처럼 제한된 사실과 증거에 토대를 두고 있는 학문적 명제들을 '이론'(theory)과 구분해서 '학설'(doctrines)이라고 부를 수 있다. 제한된 증거에 의해서 성립된 학설은 완벽할 수 없으며, 동일한 학문적 쟁점에 대해서 경쟁적인 다른 학설들이 나타나는 것은 불가피한 현상이 된다. 다수의 연구 결과가 축적되어 경쟁적인 학설들 중 보편적인 타당성을 인정받는 학설이 나타날 가능성이 닫혀 있는 것은 아니지만, 지난 수십년간의 학문적 경험은 대부분의 사회과학 연구 영역에서 그러한 가능성이 조속한 시일 내에 실현될 수 있을 것으로 기대하기가 어려움을 시사한다.

정부의 정책과 제도들은 학설에 기반해서 제시·구축된다. 불완전한 학설에 논리적 근거를 둔 정책과 제도가 완전하지 못함은 당연하며, 정부의 정책과 제도는 언제나 제한된 성과와 동시에 한계, 부작용(side effects) 또는 예기치 못했던 효과(unanticipated effects)를 동반한다. 또한 정부의 정책과 제도에 대해서는 대부분 대안적인 정책/제도가 논의되며, 이는 경쟁적인 학설에 토대를 두고 있다. 만약 특정 학설이 지니고 있는 한계를 인지하지 못한 채 그 학설에 근거한 정책/

제도가 성공할 것으로 믿고, 해당 정책/제도가 가져올 부작용이나 기대에 못 미치는 효과에 대비하지 않는다면 이는 정책실패 나아가 정부실패로 귀결될 수 있다.

이러한 논의가 관료제 통제기제에도 적용될 수 있음은 물론이다. 특정 기제 하나에만 의존한 관료제 통제는 분명 일부 성과의 산출과 더불어 한계를 나타낼 것이다. 통제혼합 접근법은 개별 통제기제의 가능성과 한계를 모두 인지하고, 여러 기제를 복합적 또는 상호보완적으로 사용함으로써 통제효과를 높임과 동시에 부작용을 최소화하려는 실용적인 노력이다. 시행착오(trial and error)의 불가피성을 인정하고, 정책과 제도의 점진적인 개선 노력을 멈추지 않는다는 점이 이 접근의 요체라고 할 것이다.

논리적 일관성의 관점에서 보면, 이념적 기반이 다른 정책수단들을 동시에 적용하는 것은 모순적인 것으로 이해될 수 있다. 예컨대 관료들의 이기적 성향을 활용하는 성과급제도와 관료들의 이타적 성향에 토대를 둔 윤리적 접근은 논리적으로 공존의 영역을 찾기가 쉽지 않다. 그러나 현실은 매우 복합적이다. 성과급제도로 효과를 볼 수 있는 관료들과 윤리적 접근이 효과적인 관료들이 공존하고 있는 것이 실제 관료조직의 모습이다. 따라서 우리는 다양한 통제수단들을 복합적으로 적용해서 정책효과를 내는 동시에, 이러한 혼합적 접근이 가져올 수 있는 부정적 측면에 관심을 기울여야 하는 것이다.

그러나 통제혼합 접근법을 채택한다고 해서 복수의 통제기제들에 대해 같은 정도의 관심과 노력을 기울여야 한다는 것은 아니다. 우리는 우리가 가지고 있는 제한된 자원과 역량을 어느 기제에 더 많이, 그리고 우선적으로 배정해야 할 것인지를 숙고해야 한다. 이 쟁점과 관련된 중요한 준거는 행정문화이다. 정책·법·제도와 문화는 상호작용한다. 전자가 후자의 변화를 야기하기도 하고, 후자가 전자의 작동을 제약하기도 한다. 그런데 정책·법·제도가 문화의 변화를 야기하는 데는 상당한 시간이 소요된다. 따라서 문화의 실질적인 변화가 관찰되기 전에는, 문화의 특성이 정부정책과 법·제도의 효과에 미치는 영향에 우선적인 관심을 기울일 필요가 있다. 즉 우리의 주된 행정문화를 파악하고, 이 행정문화에서 더 효과적일 가능성이 높은 -달리 말하면, 지배적인 행정문화와 잘 조응할 수 있는- 정책·법·제도에 주목할 필요가 있다.

한국 행정문화는 최근 들어 개인주의 문화가 성장하고 있고, 평등주의 문화의 성장 가능성도 나타나고 있긴 하지만, 여전히 계층주의적 문화를 주된 구성인자로 하고 있다. 특히 Weber가 주창한 법적·합리적 권위에 토대를 둔 관료제적인 요소의 중요도가 높아졌다. 이렇게 볼 때, 계층주의적 문화와의 조응도가 가장 높을 것으로 판단되는 다원적인 감시·감독 기제와 윤리적인 공무원 확보 기제의 의의가 부각된다. 우리나라 행정 관료들은 조직 내의 상관과 장·차관 및 감사담당자, 행정부 내의 관리기관, 감사원, 사법부, 의회 등이 수행하는 감독과 명령에 민감하게 반응한다. 관료제적 조직 내에서 정당한 명령에 복종하는 것은 당연한 것으로 받아들여질 뿐 아니라, 이를 준수하지 않았을 때 자신이 받게 될 제재를 두려워하기 때문이다. 또한 관료들은 정부 외의 행위자인 압력단체와 언론의 요구와 견제도 자신들의 삶에 직·간접적으로 영향을 미칠 수 있다고 판단되면 주의를 기울인다. 한편 윤리적인 공무원을 확보하기 위한 수단들도 성과를 거둘 가능성이 높다. 조직과 상급자에 대한 복종과 충성 및 공식적·비공식적 제도의 규율을 당연한 것으로 여기고, 조직에 대한 일체감이 높은 계층주의적 행정문화는 기회주의와 재량이 활성화되는 데 있어 장애요인이 되기 때문이다.

이에 비해 경쟁 기제와 파트너십 기제는 기본적으로 개인주의 행정문화 및 평등주의 행정문화와 정합도가 높은 관료제 통제수단으로서, 계층주의적 문화를 주된 요소로 하고 있는 우리나라 정부조직에 적용하는 데 한계가 있을 수 있다. 하지만 신공공관리 및 뉴거버넌스 행정개혁 수단들이 대거 도입된 2000년대 들어 한국의 행정문화에도 개인주의와 평등주의 문화 요소가 성장하고 있다는 점을 고려해볼 때, 앞으로 경쟁 및 파트너십을 활용한 통제수단들도 한국 관료제를 통제하기 위한 유용한 도구가 될 수 있을 것으로 예상된다.

신공공관리 행정개혁과 뉴거버넌스 행정개혁의 활성화는 종래의 다원적인 감시·감독이나 공무원의 윤리성에 대한 관심이 다소 구태의연한 접근방식이라는 인상을 갖게 한다. 그러나 이러한 '구식' 수단들은 여전히 행정통제의 주축을 구성하고 있고, 적절하게 적용될 경우 우리나라 행정조직에서 큰 효과를 거둘 것으로 기대된다. 이에 더하여, 변화하는 행정문화를 반영하는 수단 -경쟁 및 파트너십 기제-을 병용하는 통제혼합 접근법을 통해서 정부 관료제의 책임성 확보라는 과제의 실현가능성이 제고될 수 있을 것이다.

참고문헌

가상준. (2006). 17대 국회의원들의 입법행태 평가. 「의정연구」, 12(1): 55-78.

감사원. (2022). 「2022년 자체감사활동 심사결과 보고」.

_____. (2010). 「적극행정 면책제도 운영규정」. 감사원훈령 368호.

강남훈. (2009). 신자유주의 대안의 정치. 「민주사회와 정책연구」, 15: 137-175.

강은숙 · 김종석 · 박남기. (2010). 지방정부에서의 공공서비스 공급과 민간위탁의 효과: 7개 광역자치단체 69개 자치구의 생활폐기물처리서비스를 중심으로. 「한국행정논집」, 22(4): 1067-1089.

강인성. (2008). 「지방자치단체 민간위탁경영의 효과성 제고방안에 관한 연구: 사회복지분야를 중심으로」. 서울: 한국지방행정연구원.

강인성 · 김건위 · 이병기 · 류영아. (2009). 지방자치단체 민간위탁의 실태와 성과만족도 분석에 관한 연구: 담당 공무원 설문조사를 중심으로. 「한국지방자치학회보」, 21(3): 119-139.

강인재 · 이원희 · 임도빈. (1998). 「새로운 제도와 한국관료문화와의 적합성에 관한 연구」. 서울: 한국행정연구원.

강주영. (2008). 재정통제제도의 공법적 검토: 회계검사와 결산을 중심으로. 「법학연구」, 16(2): 83-106.

강현호. (2017). 행정청의 행위기준으로서 재량준칙에 대한 법적 고찰. 「행정판례연구」, 22(2): 61-109.

강황선 · 김미선. (2010). 공공서비스 전달체계의 성과평가와 재설계방안에 관한 연구. 「한국정책과학학회보」, 14(1): 109-132.

고길곤 · 박치성. (2010). 대학생의 직업선택동기와 공직동기. 「행정논총」, 48(2): 339-368.

고대유 · 강제상. (2017). 한국의 행정문화를 적용한 침묵현상의 개념화와 측정도구 개발: 순응적 침묵을 중심으로. 「한국행정학보」, 51(4): 29-55.

고시계 편집부. (2007). 수험소식 및 수험자료: 국가고시(행시) 면접시험, 한 단계 더 강화된다. 「고시계」, 52(8): 132-133.

_____. (2009). 수험소식 및 수험자료: 공무원이 되려면 봉사정신부터 갖춰야. 「고시계」, 54(7): 183-184.

고영선. (2010). 정부조직의 구조와 운영. 「한국조직학회보」, 7(2): 1-21.

공병천. (2009). 정부성과의 관리 실태 및 국가최고감사기구의 역할: 감사원 성과검사를 중심으로. 「한국정책학회보」, 18(4): 295-320.

_____. (2010). 한국, 미국, 프랑스 최고감사기구에 관한 비교론적 고찰. 「국가정책연구」, 24(3): 39-65.

곽동철. (2004). 우리나라 공공도서관 민간위탁의 성과분석에 관한 연구. 「한국문헌정보학회지」, 38(1): 51-75.

구자용. (1995). 「행정통제의 이해」. 서울: 전예원.

국무총리실. (2009). 「2009년도 정부업무평가 시행계획」. 서울: 국무총리실.

국민권익위원회. (2009). 「통계자료집」. 서울: 국민권익위원회.

_____. (2016). 「청탁금지법 교육자료」. 서울: 국민권익위원회.

권순만 · 김난도. (1995). 행정의 조직경제학적 접근: 대리인 이론의 행정학적 함의를 중심으로. 「한국행정학보」, 29(1): 77-95.

길준규. (2010). 우리나라 고충민원처리제도의 법정책적 검토. 「법과 정책연구」, 10(2): 707-730.

김경혜. (2001). 사회복지관 민간위탁 운영의 효과성 평가. 「서울도시연구」, 2(2): 41-59.

김광수. (2005). 의원입법의 영향과 책임성. 「행정법연구」, 14: 21-43.

_____. (2008). 동아시아 행정심판제도 비교연구. 「행정법연구」, 21: 97-115.

김국현. (2009). 고위공무원단 제도의 평가에 관한 연구: 공무원과 전문가의 인식을 중심으로. 2009년도 한국행정학회 춘계학술대회 논문집.

김근세 · 이경호 · 김철. (2005). 한국 고용지원서비스의 거버넌스에 관한 연구: 서울지역 고용안정센터 직원의 직무지향을 중심으로. 「한국행정학보」, 39(2): 181-206.

김기원. (2008). 공직적격성검사(PSAT)의 타당도. 2008년도 한국심리학회 연차학술대회 논문집.

김기표. (2003). 「신행정심판법론」. 서울: 한국법제연구원.

김대인. (2020). 행정기본법과 행정절차법의 관계에 대한 고찰. 「법제연구」, 59: 27-66.

김명석. (2008). PSAT 언어논리영역의 성격과 검사. 「국어교육학연구」, 31: 109-127.

김명환. (2018). 공리주의 행정(학)과 복권의 윤리. 「한국공공관리학보」, 32(4):

179-203.
김병섭·박광국·조경호. (2000). 「조직의 이해와 관리」. 서울: 대영문화사.
김병섭·김정인. (2016). 위험사회와 관료책임. 「한국사회와 행정연구」, 26(4): 379-407.
김병수·김보영. (2014). 국공립 어린이집의 성공적인 민간 위탁을 위한 영향요인분석. 「미래유아교육학회지」, 21(4): 1-20.
김상묵. (2005). 공직 선택동기와 공무원의 행태. 「한국행정연구」, 14(2): 297-325.
______. (2016). 공공성 및 공공봉사동기 증진을 위한 교육방안. 「한국공공관리학보」, 30(3): 181-204.
김석준(2000). 한국 국가재창조와 뉴거버넌스: 새로운 패러다임 모색. 「한국행정학보」, 34(2): 1-21.
김성기. (2000). 관료부패와 행정윤리. 전남대 지역개발연구소 편, 「사회정의와 사회발전」. 광주: 전남대 지역개발연구소.
김성수. (2003). "참여와 협력시대"의 한국 행정절차법. 「연세법학연구」, 9(2): 125-146.
______. (2006). 한국 정치-행정관계 특성의 비교분석: 정책과정에서 장관과 고위관료의 관계를 중심으로. 「한국사회와 행정연구」, 16(4): 1-22.
김성준. (2012). 「공공선택론: 정치·행정의 경제학적 분석」. 서울: 박영사.
김수갑·김민우. (2009). 공익신고자 보호에 관한 법률(안)의 입법방향에 대한 소고. 「공법학연구」, 10(1): 29-51.
김순양. (1998). 사회복지 공급 민영화의 성공요건 고찰: 사회복지관 시설의 민간위탁 과정을 중심으로. 「한국정책학회보」, 7(3): 87-120.
______. (2002). 일선 복지행정 전문관료의 재량행위 분석: 기초생활보장 수급자 선정과정을 중심으로. 「한국행정학보」, 36(2): 291-312.
김승현. (1998). 지방자치단체의 복지서비스 계약공급에 관한 연구: 노원구의 위탁시설을 중심으로. 「한국행정학보」, 32(3): 145-160.
김연수·김근세. (2007). 고위공무원단 제도 비교분석: Huddleston 모형을 중심으로. 「한국거버넌스학회보」, 14(1): 31-63.
김영근. (1999). 성과급제도에 대한 공무원들의 인지조사 연구. 「한국사회와 행정연구」, 10(2): 303-317.
김영정. (2005). 공직적격성평가와 블룸의 사고력 분류. 「인문·역사」, 53(7): 89-

94.
김영조. (2005). 국회의 국정감사제도의 문제점과 개선방안. 「사회과학연구」, 21: 1-20.
김영호. (2008). 공공조직 인센티브 설계에서 토너먼트 이론의 유용성에 대한 탐색적 연구. 「한국조직학회보」, 5(2): 165-196.
김용섭. (2008). 행정소송 전단계의 권리구제방법 및 절차. 「저스티스」, 105: 189-219.
______. (2012). 국회법상 행정입법검토제도의 현황과 법정책적 과제. 「행정법연구」, 33: 1-25.
김용욱. (2020). 재량준칙의 본질에 관한 연구. 「법학논고」, 71: 111-139.
김용학. (1992).「사회구조와 행위: 거시적 현상의 미시적 기초를 찾아서」. 서울: 나남.
김유환 (2019) 미국 감사원의 합목적성 감사 연구: 법리적 검토 및 사례연구를 통한 합법성 감사와의 대비를 중심으로. 「감사논집」, 33: 167-187.
김윤권. (2022). 정부 행정자원의 수호조직과 주창조직에 관한 이론적 연구(Ⅰ): 기획재정부를 중심으로. 「한국행정학회 동계학술발표논문집」, 2022(0): 123-150.
______. (2019). 「정부 행정자원의 수호(guardian) 조직과 주창(advocate) 조직 간 역할에 관한 연구」. 한국행정연구원.
김윤권 · 이재호 · 윤수재 · 심호. (2011). 적극행정 면책제도의 분석 및 활성화 방안. 「한국행정논집」, 23(3): 829-852.
김재훈. (2005). 민간위탁의 계약유형에 관한 비교연구: 거래비용경제학 및 신제도이론의 적용. 「한국행정학보」, 39(3): 205-228.
김정곤. (2013). 「한국 고위공무원단 제도의 시행효과 분석」. 서울대학교 행정대학원 박사학위논문.
김정렬. (2000). 정부의 미래와 거버넌스: 신공공관리와 정책네트워크. 「한국행정학보」, 34(1): 21-39.
김정수. (2015). 「공공기관의 민간위탁 실증사례를 통한 성과분석-한국도로공사를 중심으로」. 서울대학교 행정대학원 박사학위논문.
김정인. (2021). Farrell 모형을 활용한 MZ 세대 공무원들의 (불) 공정성 인식과 반응행동: MZ 세대와 기성세대 공무원 비교연구. 「한국행정연구」, 30(4): 141-175.

김종순. (2000). 영국 지방정부 서비스공급방식의 개혁노력: 의무경쟁입찰제도에서 Best Value정책으로. 「한국정책학회보」, 9(2): 189-210.

김준석. (2006). 17대 국회의 국정감사와 예산결산심의 과정평가. 「한국정당학회보」, 5(2): 5-36.

김지윤 · 성민정. (2009). 언론보도에 반영된 조직의 위기관리전략 분석: GS칼텍스 개인정보 유출 사건을 중심으로. 「언론과학연구」, 9(3): 37-69.

김진욱 · 소재진. (2009). PSAT 실시와 행정학과 경쟁력 제고방안: 상황판단영역과 자료해석영역 등을 중심으로. 2009년도 한국행정학회 동계학술대회 논문집.

김태윤 · 하현상. (2005). 공공사업 관리방식 선정모델: 이론적 도출과 부산시 영락공원장례식장 사례에의 적용. 「한국행정학보」, 39(3): 275-299.

김태은. (2012). 공무원의 이기심에 대한 실증적 분석: 행태경제학의 실험연구방법을 중심으로. 「한국정책학회보」, 21(4): 377-413.

김태진. (2010). 자율규범에 의한 경찰재량의 통제. 경찰학논총, 5(2), 349-378.

김현구. (1990). 효율적 국가감사체계의 확립방안: 국정감사와 감사원감사의 연계. 「한국행정학보」, 24(3): 1181-1209.

김현아 · 김지영. (2017). 지방상수도 민간위탁 효과분석의 경제적 의미. 「재정학연구」, 10(2): 155-177.

김호섭. (1991). 행정책임의 논리. 「한국행정학보」, 25(3): 783-802.

김호정. (2004). 행정조직과 기업조직의 조직문화 비교. 「한국행정학보」, 38(3): 49-67.

______. (2004). 조직구조와 조직효과성. 「한국조직학회보」, 1(2): 25-56.

김호진. (1992). 「한국정치체제론」, 전정2판. 서울: 박영사.

김　훈. (2011). 민원행정의 발달과정과 법적 근거에 관한 고찰. 「한국행정사학지」, 29: 125-162.

김희연 · 한인숙. (2002). 네트워크 이론에서 본 지역사회복지: 지방정부와 사회복지관의 관계를 중심으로. 「한국지방자치학회보」, 14(1): 99-122.

노화준 외. (2004). 「시스템감사의 효율화방안」. 서울: 감사원.

라영재. (2009). 공공부문 책무성의 변천과 통제방안. 「한국정책연구」, 9(1): 235-265.

류춘호. (2009). 감사원의 성과감사에 대한 메타평가. 2009년 한국정책학회 동계학술대회 발표논문집.

매일경제신문. (1981). 공무원복무선서. 1981년 11월 13일.

______. (2012). '정용욱 로비의혹' 통해 본 장관정책보좌관 어떤 자리? 2012년 1월 29일.

문명재・이명진. (2010). 책임운영기관의 조직・인사 자율성과 제도적 개선 방향. 「한국조직학회보」, 7(1): 39-63.

문병효. (2021). 민간위탁의 공공성 확보방안과 재공영화 논의. 「강원법학」, 64: 15-66.

문신용・윤기찬. (2004). 사회복지서비스 생산성에 관한 통합적 분석: 자료포락분석(DEA)과 SERVQUAL 기법을 중심으로. 「한국행정학보」, 38(6): 201-224.

문태현. (2000). 행정윤리의 개념과 본질. 「한국행정논집」, 12(2): 187-203.

민 진. (1996). 「조직관리론」. 서울: 대영문화사.

박경원・김희선. (1998). 「조직이론강의: 구조, 설계 및 과정」. 서울: 대영문화사.

박경철. (2008). 내부공익제보자 보호제도의 현황과 문제점. 「법학연구」, 18(3): 151-190.

박광덕. (1997). 사회복지공급체계의 공사역할분담 모형정립. 「한국행정학보」, 31(4): 169-182.

박기묵・도수관. (2021). 지방자치단체 민간위탁의 독과점화 모형의 개발과 적용에 관한 연구. 「한국지방자치학회보」, 33(3): 125-157.

박노욱. (2009). 사회서비스의 민간위탁과 성과계약: 주요 쟁점과 정책적 시사점. 「재정포럼」, 151: 28-40.

박동서. (1981). 「한국행정론」, 개정판. 서울: 법문사.

______. (1991). 「한국행정의 개혁」. 서울: 법문사.

박상훈. (2018). 「청와대 정부- '민주 정부란 무엇인가'를 생각하다」. 서울: 후마니타스.

박순애. (2009). 민간위탁 단계별 영향요인에 관한 연구: 국내・외 민간위탁 연구에 대한 내용분석을 중심으로. 「행정논총」, 47(1): 101-131.

박시진. (2017). 저성과자의 부정적 영향에 대한 조직구성원의 인식에 영향을 미치는 요인에 대한 탐색적 연구. 「한국조직학회보」, 14(2): 129-150.

박연호. (1997). 「인사행정신론」. 서울: 법문사.

박영원. (2008). 고위공무원단 제도의 평가와 개선방안. 「한국인사행정학회보」, 7(1): 147-177.

박영주. (2000). 뉴 거버넌스와 사회계약: 시민, 정부, 시장간 역할과 책임의 모색. 「한국행정학보」, 34(4): 19-39.

박원석. (1998). IMF시대, 지역개발을 위한 프로젝트 파이낸싱의 활용. 「경기21세기」, 18.

박재창. (2010). 거버넌스의 관점에서 본 옴부즈만: 과제와 한계. 「국가정책연구」, 24(3): 5-38.

박정호. (2015). 공직가치 내재화에 관한 이론적 소고: 교육훈련 분야에 대한 함의를 중심으로. 「한국인사행정학회보」, 14(3): 191-217.

_____. (2017). 윤리적 리더십과 공공봉사동기(PSM) 에 관한 연구. 「한국인사행정학회보」, 16: 201-227.

박정훈. (2004). 상호관련적 법구체화 절차로서 행정절차와 행정소송. 「서울대학교 법학」, 45(1): 195-218.

_____. (2006). 세계 속의 우리나라 행정소송・행정심판・행정절차: 법치행정 삼륜의 상호관계. 「저스티스」, 92: 306-337.

박종민 편. (2002). 「정책과 제도의 문화적 분석」. 서울: 박영사.

박종민・김영철. (2001). 한국의 행정문화 재고: 문화이론을 지향하며. 2001년도 한국행정학회 하계학술대회 논문집.

박준하. (2010). 공무원 시험과목의 변천과 행정학교육의 발전방향. 2010년도 한국행정학회 동계학술대회논문집.

박중훈 외 (2016). 「역대 정부 조직개편에 대한 성찰과 전망」. 한국행정연구원.

박천오 외. (2001). 「개방형 직위제 운영 실태 조사 평가」, CSC 정책연구보고서 2001-6.

_____. (2016). 「개방형 직위제도 성과분석 및 발전방안 연구」. 명지대 정부혁신연구소.

박천오・박시진. (2017). 저성과 원인과 저성과자에 대한 조직구성원들의 인식과 반응: 한국 지방공무원들을 중심으로. 「한국인사행정학회보」, 16(1): 103-130.

박천오. (1993). 한국에서의 정치적 피임명자와 고위직업관료의 정책성향과 상호관계. 「한국행정학보」, 27(4): 1121-1138.

_____. (2002). 김대중정부의 행정개혁에 대한 공무원 반응: 개혁의 장기적 정착가능성과 보완과제 진단을 위한 실증적 연구. 「한국행정연구」, 11(3): 111-141.

박천오. (2004). 정부관료제(I): 정책과정상의 역할과 영향력. 하태권 외, 「현대한국 정부론」, 제2판. 서울: 법문사.

_____. (2008). 한국의 행정문화: 연구의 한계와 과제. 「정부학연구」, 14(2): 215-240.

_____. (2011). 공무원의 정치적 중립: 의미와 인식. 「행정논총」, 49(4): 25-50.

_____. (2016). 한국 공무원의 책임 확장: 법적, 계층적 책임에서 윤리적, 개인적 책임으로. 「한국행정학보」, 50(1): 1-25.

박천오 · 강제상 · 권경득 · 조경호 · 조성한. (2010). 「현대인사행정론」, 제2판. 서울: 법문사.

박천오 · 강제상 · 권경득 · 조경호 · 조성한 · 박홍엽. (2007). 「현대인사행정론」. 서울: 법문사.

박천오 · 주재현. (2007). 정부관료제와 민주주의: 정부관료제의 책임과 통제 확보를 통한 조화의 모색. 「행정논총」, 45(1): 221-253.

박천오 · 남궁근 · 박희봉 · 오성호 · 김상묵. (2002). 개방형 직위 제도의 운영 실태에 관한 실증적 조사 · 평가. 「한국행정학보」, 36(3): 99-128.

박천오 · 한승주. (2017). 개방형 직위제도의 성과에 관한 실증 연구: 관련 공무원들의 인식 비교. 「한국인사행정학회보」, 16(3): 1-31.

박치성 · 남기범 · 오재록. (2012). 관료권력과 언론보도의 상관관계에 관한 탐색적 연구: 정부부처들의 실제 업무관계와 언론보도에 나타난 업무관계 비교 분석. 「한국정책연구」, 12(2): 147-165.

박치성 · 조성한. (2011). 비영리 공동모금재단 책임성에 관한 시론적 연구: 공동모금재단 책임성 모형개발과 공동모금회/대한적십자사 사례비교를 중심으로. 「현대사회와 행정」, 21(3): 169-199.

박흥식. (2001). 정부윤리와 사기업윤리의 비교. 2001년도 한국행정학회 동계학술대회 발표논문집.

_____. (2003). 행정윤리 접근법의 모색: 이기주의적 시각을 중심으로. 「한국행정학보」, 37(2): 211-225.

_____. (2008). 공직자 이해충돌(conflict of interest) 행위의 개선을 위한 연구: 법적 · 윤리적 시각을 중심으로. 「한국행정학보」, 42(3): 239-260.

_____. (2016). 한국 행정책임 연구 60년. 한국행정학보, 50(5), 339-366.

박흥식 · 김호섭 · 최순영. (2010). 공직자 비윤리 행동과 윤리적 위험간의 관계: 제재와 교육의 조절변수로서의 역할. 「한국행정학보」, 44(2): 41-61.
박희봉・송용찬. (2018). 공・사조직의 조직 문화와 조직 사회자본: Hofstede 의 모형을 중심으로. 「한국공공관리학보」, 32(3): 381-403.
박희정. (2010). 감사원과 내부감사기구 간의 관계에 관한 연구. 「국정관리연구」, 5(1): 1-28.
박희제. (2011). 과학기사 속의 과학자와 과학의 정치화: 2008년 광우병 논쟁사례. 「담론 201」, 14(2): 27-51.
방동희. (2010). 감사원 자료제출요구권과 개인정보보호: 합헌적 조화방안을 중심으로. 「공법학연구」, 11(4): 193-216.
배귀희. (2009). 개방형직위 제도의 효과적인 정착여부에 관한 연구. 「한국정책과학학회보」, 13(2): 175-202.
배병돌. (2003). 공공부문 성과급의 성공적 운영방안: 한국과 미국의 경찰공무원 인식비교를 중심으로. 「한국정책과학학회보」, 7(1): 181-202.
배병호. (2021). 행정기본법의 평가와 과제. 「성균관법학」, 33(3): 481-512.
배성기・안영진. (2014). 민간위탁서비스 핵심운영요인이 운영성과에 미치는 영향에 관한 실증 연구. 「한국공공관리학보」, 28(1): 65-86.
백완기. (1982). 「한국의 행정문화」. 서울: 고려대학교 출판부.
______. (1989). 한국 행정과정. 김운태 외, 「한국정치론」, 제2전정판. 서울: 박영사.
______. (1998). 「행정학」, 제4전정판. 서울: 박영사.
______. (2008). 한국의 행정문화와 외래이론에 의존한 정부혁신의 적합성. 「정부학연구」, 14(1): 5-35.
서성아. (2007). 「행정에 관한 국민의 인식조사」. 서울: 한국행정연구원.
서원석・김광주. (1993a). 「공무원의 의식과 행태에 관한 연구: 1992년도 설문조사 결과보고」. 서울: 한국행정연구원.
______. (1993b). 「행정에 관한 국민의 인식과 평가: 1992년도 설문조사 결과보고」. 서울: 한국행정연구원.
서정섭. (2001). 지방자치단체 민간위탁의 집행분석. 「지방행정」, 568.
서필언. (2005). 「영국 행정개혁론」. 서울: 대영문화사.
서현진・박경미. (2009). 17대 국회 의원발의 법안의 가결 요인 분석. 「한국정치학회보」, 43(2): 89-111.
선정원. (2002). 행정의 성격변화와 행정절차법의 개정방향. 2002년도 한국행정학회

춘계학술대회 발표논문집.
선정원. (2011). 행정심판과 고충처리제도의 조직적 통합의 의의와 법정책적 개선과제. 「법과 정책연구」, 11(4): 1297-1321.
______. (2012). 행정환경의 변화와 행정심판제도의 발전 방향. 2012년도 한국행정학회 하계학술대회 발표논문집.
______. (2020). 민간위탁사업에 대한 지방자치단체의 재공영화정책에 관한 법적 고찰-영국과 독일의 재공영화정책을 중심으로. 「지방자치법연구」, 20(2): 163-187.
소재진 외. (2001). 지방정부와 지역 NGO의 정책적 협력방안. 「한국정책과학학회보」, 5(3):201-223.
손상식. (2009). 공무원의 성과급제에 관한 고찰. 「법학연구」, 19(1): 377-416.
손희준 · 최용환. (2003). 지방자치단체 민간위탁사업에 대한 평가: 충청북도를 대상으로. 「지방행정연구」, 17(1): 159-180.
송호근. (1997). 노동법 개정과 삼자주의: 노 · 사 · 정의 역할모색. 「사상」, 32: 217-241.
신상훈. (2009). 재정성과관리제도 성과정보 신뢰성 개선을 위한 정책과제. 2009년 서울행정학회 동계학술대회 발표논문집.
신 열. (2011). 자체감사활동 심사운영체계 개선방안: 메타평가틀의 활용. 「한국공공관리학보」, 25(2): 1-25.
안병영. (1984a). 복지국가의 태동과정의 비교연구: 독일과 영국의 예를 중심으로. 「한국행정학보」, 18(2).
______. (1992). 한국 관료제의 변천과 전망. 「한국행정연구」, 1: 76-84.
______. (1994). 한국 관료제의 전개과정. 안해균 외, 「한국 관료제와 정책과정」, 서울: 법문사.
______. (2000). 국민기초생활보장법의 제정과정에 관한 연구. 「행정논총」, 38(1): 1-50.
안병철. (2012). 관료제 순기능과 그린테이프 개념구성. 「한국거버넌스학회보」, 19(3): 301-325.
______. (2020). 레드테이프에서 그린테이프 전환요인 연구. 「한국자치행정학보」, 34(2): 377-398.
안해균. (1987). 「현대행정학」. 서울: 다산출판사.

양재진. (2003). 정권교체와 관료제의 정치적 통제에 관한 연구. 「한국행정학보」, 37(2): 263-287.

양현모 · 황성원. (2010). 공무원 채용제도 개선에 관한 소고: 부처별 자율채용제 시행을 중심으로. 「한국거버넌스학회보」, 17(1): 203-236.

양형일. (1997). 영국 지방정부 의무경쟁입찰제(CCT)의 성과와 함의. 「한국지방자치학회보」, 9(4): 107-124.

엄석진. (2009). 행정의 책임성: 행정이론간 충돌과 논쟁.「한국행정학보」, 43(4): 19-45.

연화준. (2016). 공무원의 불법행위와 국가배상책임의 고찰. 「Journal of Digital Convergence」, 14(6): 51-60.

오석홍. (2000). 성과급제도의 이상과 좌절. 「행정논총」, 38(1): 191-207.

______. (2008). 「행정학」, 제4판. 서울: 박영사.

오수길 · 채종헌. (2003). 한국 중앙행정기구의 문화유형 비교분석: grid-group 문화이론의 적용. 「한국사회와 행정연구」, 14(3): 45-68.

오승용. (2010a). 민주화 이후 국회생산성 추이 분석: 대통령-의회관계를 중심으로. 「의정연구」, 16(1): 101-144.

______. (2010b). 한국 민주주의의 위기와 법의 지배: 정치의 사법화를 중심으로. 「민주주의와 인권」, 10(3): 163-196.

오영민. (2014). 「공공부문의 성공적인 개혁을 위한 방향과 정책과제」. 조세재정연구원.

오재록. (2011). 「관료제 권력구조: 이명박 정부의 41개 정부부처 실증연구」. 서울: 대영문화사.

______. (2018). 관료제 권력 측정: 박근혜 정부 중앙부처를 중심으로.「한국행정학보」, 52(1): 139-166.

원구환. (2008). 행정의 책임성 확보와 청지기이론의 적용가능성. 「한국공공관리학보」, 22(4): 507-529.

유규창 · 박우성. (2001). 인적자원관리의 패러다임 변화와 인사부서의 역할: 인적자원관리 전문가 서베이 결과를 중심으로. 「인사관리연구」, 25(1).

유민봉 · 임도빈. (2003). 「인사행정론」. 서울: 박영사.

유상엽 · 한승주. (2017). 공직자의 이직의도 영향요인 분석: 개방형 직위 임용자를 대상으로. 「한국인사행정학회보」, 16(4): 1-26.

유재원・이승모. (2008). 계층제, 시장, 네트워크: 서울시 구청조직의 거버넌스 실태에 대한 실증적 분석.「한국행정학보」, 42(3): 191-213.

유 훈. (1988). 정책집행과 재량.「행정논총」, 26(1): 154-172.

윤견수・김다은. (2020). 한국 국가관료제의 제도적 기반: 시행령과 당정협의.「한국행정학보」, 54(2): 59-88.

윤경준・장현주. (2008). 지방자치단체의 개방형직위 제도 운영에 대한 평가와 개선방안: 서울특별시를 중심으로.「한국조직학회보」, 5(3): 127-162.

윤기웅・유승현 (2018). 감사종류의 변화과정에 대한 행정사적 고찰: 성과감사를 중심으로.「한국행정사학회지」 43: 1-32.

윤태범. (2005). 공무원 윤리확보를 위한 직무상 이해충돌 회피에 관한 연구: 미국・일본・한국의 비교를 중심으로.「한국인사행정학회보」, 4(2): 111-142.

이경호・박현신. (2016). 정부조직 관리의 자율성과 제약에 관한 연구: 책임운영기관 제도를 중심으로.「행정논총」, 54(1): 31-69.

이광윤. (2015). 행정책임의 사회화에 대한 연구.「성균관법학」, 27: 29-56.

이광종. (2005).「행정책임론」, 3정판. 서울: 대영문화사.

이근주. (1999).「정부와 NGO간의 파트너십에 관한 연구」. 서울: 한국행정연구원.

______. (2010). 거래비용 관점에서 본 민간위탁 비용결정모형: 탐색적 연구.「행정논총」, 48(2): 119-143.

이근주・백종섭・권경득. (2007). 고위공무원단 성과평가의 적정성 수준지수 개발에 관한 연구.「한국인사행정학회보」, 6(2): 97-128.

이근주・이혜윤. (2007). 보상유형에 대한 차별적 기대가 공무원의 성과에 미치는 영향에 관한 연구.「한국행정학보」, 41(2): 117-140.

이대희. (2004). 이익집단. 하태권 외,「현대한국정부론」, 제2판. 서울: 법문사.

이민호・김윤권. (2012). 공무원 인식조사를 통한 정부조직의 저성과자 개념과 관리실태 분석.「행정논총」 50(3): 207-235.

이병수・김일태. (2001). 지방정부와 NGO간의 로컬 거버넌스 형성조건에 관한 연구: 의정부시 공무원과 NGO활동가들의 의식, 태도, 경험을 중심으로.「도시행정학보」, 14(2): 27-41.

이삼주・고승희. (2003). 지방자치단체 민간위탁의 상대적 효율성 분석.「지방행정연구」, 17(3): 205-234.

이상철・성도경・장철영・허만용・하상군. (2006). 행정조직의 변형경로에 관한 기

초연구: '지방정부 shadow 조직의 paradox' 규명. 「한국행정학보」, 40(3): 77-104.

이선우. (2018). 제왕과 레임덕-두 얼굴의 대통령을 읽는 하나의 이론적 시각. 「동향과 전망」, 105: 9-45.

이성로. (2004). 공공부문 구조조정의 허와 실: 어느 중소도시 이야기. 한국행정학회 동계학술대회 발표논문집.

이양수. (1990). 한국행정문화의 바람직한 변화방향. 「한국행정학보」, 24(1): 3-23.

이영균. (2003). 공무원 윤리교육의 실태와 정책: 성남시 공무원사례를 중심으로. 「한국사회와 행정연구」, 14(1): 47-76.

______. (2011). 지방자치단체 자체감사제도 정착방안. 「한국지방행정연구원 뉴스레터」, 2011년 2월호.

이영남 · 신현기. (2003). 「경찰조직관리론」. 서울: 법문사.

이영조. (1996). 재량행위의 통제수단으로서 행정윤리의 효용성과 한계: 「한국행정논집」, 8(4): 675-692.

이용근. (2008). 민주주의의 미래 암울하게 만드는 인터넷 통제강화. 「노동사회」, 2008, 9: 30-36.

이우영. (2011). 입법과정과 입법의 민주적 정당성. 「서울대학교 법학」, 52(4): 125-168.

이윤식. (2010). 「정책평가론」. 서울: 대영문화사.

이은기. (2007). 소송외적 행정구제방법으로서의 민원처리제도. 「행정법연구」, 18: 353-374.

이제봉. (2007). 신자유주의 교육개혁과 학교선택제. 「교육행정학연구」, 25(1): 75-92.

이종수. (2000). 「행정학사전」. 서울: 대영문화사.

이종수 · 윤영진 외. (2001). 「새 행정학」, 3정판. 서울: 대영문화사.

______. (2012). 「새 행정학」, 6정판. 서울: 대영문화사.

이창원 · 최창현. (1996). 「새 조직론」. 서울: 대영문화사.

이철주 · 강영철. (2007). 공공서비스의 민간위탁 비용에 미치는 영향요인 분석: 서울시 자치구 민간위탁 담당자의 인식을 중심으로. 「행정논총」, 45(3): 135-175.

이철주 · 이근재 · 정형진. (2010). 공공서비스 민간위탁과정의 실제와 한계: 서울시

자치구의 외부계약체제를 중심으로. 한국정책학회 하계학술대회논문집.
이태준. (2004). 감사원을 감사한다. 「월간 말」, 2004, 11: 150-155.
이현우・신원득・송상훈・이미애・김보미. (2009). 「경기영어마을 민간위탁 성과분석」. 수원: 경기개발연구원.
이형우. (2005). 공무원 채용을 위한 면접시험에 관한 고찰. 「한국행정논집」, 17(2): 553-574.
이환범・이수창. (2007). 사회복지전담공무원의 행정재량행위가 국민기초생활보장수급자 선정에 미치는 영향요인 분석. 「한국공공관리학보」, 21(3): 1-23.
이희태. (2005). 성과상여금제도에 대한 지방공무원의 반응과 정책과제. 「한국행정논집」, 17(1): 165-186.
______. (2010). 공무원의 성과상여금 만족도가 보수만족, 직무만족 및 조직몰입에 미치는 영향. 「한국거버넌스학회보」, 17(2): 139-166.
이희훈. (2010). 대한민국 정부수립 이후 언론관계법의 발전과 평가: 제헌헌법부터 제9차 개정헌법까지. 「세계헌법연구」, 19(3): 345-380.
인사혁신처. (2018). 「공직윤리실천가이드북」.
임도빈. (2007). 한국 행정현상에 대한 설명모델을 찾아서: 악순환모델. 「한국거버넌스학회보」, 14(1): 1-30.
______. (2003). 한국 공무원의 윤리적 특성에 관한 연구. 「행정논총」, 41(2): 1-29
임보영. (2017). 5장 감사원 감사유형의 시대적 변화에 대한 고찰, 문호승 외(공편). 「감사정책의 역사적 변동과 전망」, 143-189, 서울: 서울대학교출판문화원.
임석민. (2010). 대규모 국책사업의 실패사례와 그 원인 및 대책. 「민주사회와 정책연구」, 18: 100-133.
임성근. (2022). 「MZ세대 공무원 가치관과 대응방안」. 한국행정연구원.
임승빈. (1998). 「행정과 NGO간의 네트워크 구축에 관한 연구」. 서울: 한국행정연구원.
임혜란. (2018). 한국의 민주주의 위기와 경제개혁. 「한국정치연구」, 27(1): 347-373.
장달중. (1996). 한국의 이익집단. 민준기 외, 「한국의 정치」. 서울: 나남.
장용희・최연태・박상인. (2010). 행정구제서비스 만족도 결정요인 분석: 행정심판 및 고충처리제도를 중심으로. 「한국사회와 행정연구」, 20(4): 105-132.
장지원. (2007). 「행정에 관한 공무원인식조사, 2007」. 연구수행기관: 한국행정연구원. 자료서비스기관: 한국사회과학자료원. 자료공개년도: 2010년. 자료번호: A1-2007-0080.

전광석. (2007). 국가재정운영에 있어서 정부와 국회의 기능분담. 「법학연구」, 17(3): 1-39.

전미숙. (1991). 감사원을 다시 감사한다. 「월간 말」, 1991, 9: 131-133.

전상경. (2000). William A. Niskanen의 관료제 모형. 오석홍 외. (2000). 「행정학의 주요이론」, 제2판. 서울: 법문사.

전주상・배재영・임재진・채원호・이종수. (2018). 「행정윤리론」. 서울: 대영문화사.

정광호. (2010). 미국 교육바우처의 효과 분석: 무작위실험 사례를 중심으로. 「행정논총」, 48(2): 25-64.

정동재・박재완. (2002). 공기업 조직문화의 실증분석: 집단성-격자성의 문화이론을 중심으로. 「한국행정연구」, 11(4): 116-148.

정만희. (2009). 국정감사제도의 재검토. 「공법학연구」, 10(1): 133-159.

정보인권연구소. (2020). 공공기관 인공지능 규범. https://act.jinbo.net/wp/wp-content/uploads/2020/11/%EC%9E%A5%EC%97%AC%EA%B2%BD-%EC%9D%B8%EA%B3%B5%EC%A7%80%EB%8A%A5%EA%B3%B5%EA%B3%B5%EA%B8%B0%EA%B4%80%EC%B1%85%EC%9E%84%EC%84%B120201105.pdf 2020-11-20.

정부혁신지방분권위원회. (2005). 「참여정부의 인사개혁」. 서울: 정부혁신지방분권위원회.

______. (2008a). 「참여정부의 행정개혁: 2003-2008」. 서울: 정부혁신지방분권위원회.

______. (2008b). 「참여정부의 인사개혁: 2003-2008」. 서울: 정부혁신지방분권위원회.

정부효. (2010). 면접을 뛰어 넘어야 바늘구멍에 들어갈 수 있다. http://gosi.lec.co.kr/DB/board.php?board-gosinews... 2010-10-13

정상현. (2002). 조직의 공식화 구조에 따른 직무성과 차이 분석. 「한국사회와 행정연구」, 13(1): 165-181.

정성영・배수호・최화인. (2015). 민간위탁 공급방식이 서비스 효율성에 미치는 영향 분석-생활폐기물 처리서비스를 중심으로. 「한국정책학회보」, 24(3): 157-183.

정용덕. (2001). 「현대국가의 행정학」. 서울: 법문사.

정우일. (2004). 「행정통제론」, 신정판. 서울: 박영사.

정윤길. (2000). 지방자치단체의 사회복지시설 민간위탁과정에 관한 연구: 서울특별시의 사례를 중심으로. 「한국지방자치학회보」, 12(1): 155-172.

_____. (2002). 공공조직에서의 과업특성과 통제유형의 관계에 관한 연구: 조직이론 및 대리인 이론의 적용. 「한국행정논집」, 14(1): 41-62.

정윤수. (1999). 복지시설 민간위탁과정에 대한 평가: 서울시 청소년시설 위탁운영기관 선정 사례. 「한국정책학회보」, 8(3): 169-190.

정정길 외. (2003). 「정책학원론」. 서울: 대명출판사.

정지환. (1996). 감사원은 한약조제시험 감사결과를 축소·은폐했다. 「월간 말」, 1996, 8: 128-133.

정철현·김정한. (2007). 민간위탁의 실패요소에 관한 탐색 연구. 한국정책학회 하계학술대회 발표논문집.

정형근. (2010). 개정 행정심판법의 주요 쟁점에 관한 검토. 「행정법연구」, 27: 127-151.

조경호·진종순·이석환. (2008). 고위공무원단 제도의 운영성과 평가모형과 발전방안. 「한국인사행정학회보」, 7(2): 1-32.

조명래. (2001). NGO와 정부간 파트너십의 이해와 활성화에 관한 연구. 「지역사회개발연구」, 26(2): 275-301.

조석준. (2004). 「한국행정론」. 서울: 박영사.

조성한. (2005). 수사적 행정개혁과 문화적 갈등. 「한국사회와 행정연구」, 15(4): 23-47.

조수영. (2011). 공익신고자 보호와 공익신고자보호법 연구: 공익신고자보호법 시행을 중심으로. 「공법학연구」, 12(4): 137-164.

조연숙. (2001). 복지서비스기관 운영형태 다양화의 성과분석: 서울특별시 여성발전센터를 중심으로. 「한국행정학보」, 35(4): 297-314.

조윤직·안지선·송현진·노혜정. (2014). 서울시 신인사시스템에 대한 공무원 인식조사: 성과포인트제도와 현장시정추진단을 중심으로. 「한국인사행정학회보」 13(3): 277-303.

조일홍. (1996). Michael Lipsky의 일선행정관료체제에 관한 연구. 오석홍 편, 「행정학의 주요이론」, 171-180. 서울: 경세원.

주재현·한승주. (2015). 공무원의 책임성 딜레마 인지와 대응: 지방자치단체 공무원을 중심으로. 「정부학연구」, 21(3): 1-33.

주재현. (2000). Patrick J. Dunleavy의 관청형성모형. 오석홍 외. (2000). 「행정학의 주요이론」, 제2판. 서울: 법문사.

______. (2004a). 사회복지와 문화: 복지국가 유형론에 대한 문화이론적 해석. 「한국정책학회보」, 13(3): 279-296.

______. (2004b). 정부와 자원조직간 협력관계: 종합사회복지관 위탁운영 분석을 중심으로. 「사회복지연구」, 24: 149-186.

______. (2006). 사회정책변화의 설명요인에 관한 문헌고찰. 「사회과학논총」, 26: 177-191.

______. (2008a). 「정책과정론: 이론, 사례, 비교」. 서울: 대영문화사.

______. (2008b). 공공 고용지원서비스 전달체계 분석. 「사회과학논총」, 28: 141-168.

______. (2009). 행정개혁과 관료제 통제기제에 관한 연구: 노무현 정부의 인사행정개혁을 중심으로. 「행정논총」, 47(4): 49-78.

______. (2010). 영국 보수당 정부(1979-1997년) 행정개혁의 정치적 의도와 효과에 관한 연구. 「의정연구」, 16(3): 39-66.

______. (2011). 한국 행정문화의 지속과 변화에 관한 연구: Grid-Group 문화이론의 적용. 「정부학연구」, 11(1): 1-33.

______. (2012). 조정기제의 혼합과 계층제 기제의 의의에 관한 연구: 영국 행정개혁 사례를 중심으로. 「한국사회와 행정연구」, 23(3): 237-261.

중앙공무원교육원. (2011). 「2011 중앙공무원교육원 연보」. 과천: 중앙공무원교육원.

중앙인사위원회. (2006). 「공무원 인사개혁 백서」. 서울: 중앙인사위원회.

진종순. (2009). 공무원 역량평가의 효과성 제고방안에 관한 연구. 「행정논총」, 47(3): 139-163.

차진아. (2009). 감사원의 독립기관화에 대한 헌법적 검토. 「고려법학」, 54: 87-132.

최병대. (2002). 지방자치단체 환경기초시설 민간위탁의 성과평가: 서울시 탄천하수처리장을 중심으로. 「한국지방자치학회보」, 14(1): 159-179.

최순영 외 (2021.11). 「공직 내 세대변화에 대응한 정부 인적자원관리의 개선 방향」. 한국행정연구원.

최순영 · 조임곤. (2014). 개방형 임용제도에 대한 공무원의 평가. 「한국인사행정학회보」, 13: 1-30.

최우용. (2005). 옴부즈맨과 국민(시민)고충처리위원회. 「법과 정책연구」, 5(2): 1073-1100.

추병주 · 정윤수. (2009). 민간위탁의 단계별 운영실태 분석: 지방자치단체 전수조사 결과를 중심으로. 「한국공공관리학보」, 23(2): 1-31.

표시열. (2005). 행정부의 정책결정 주도에 대한 사법적 견제방안과 그 한계: 한 · 미 위헌법률심판 사례분석을 중심으로. 2005년도 한국정책학회 하계학술대회 발표논문집.

하미승 · 강인호 · 최준호 · 권용수 · 황성원. (2004). 공무원 성과상여금제도의 효과성 및 발전방안 연구. 「한국사회와 행정연구」, 15(2): 1-22.

하상근. (2005). 정책집행의 불응요인에 관한 연구: 공공기관에서의 성과급제도를 중심으로. 「한국정책학회보」, 14(4): 1-27.

하연섭. (2002). 「재정학의 기초」, 제2판. 서울: 다산출판사.

______. (2010). 「정부예산과 재무행정」. 서울: 다산출판사.

______. (2011). 「제도분석: 이론과 쟁점」, 제2판. 서울: 다산출판사.

하연섭 · 주재현 · 강민아 · 나태준 · 장지호. (2006). 「사회의사결정구조 개선방안 연구」. 서울: 대통령자문 정책기획위원회.

하태수. (2019). 책임운영기관 제도 도입과 토착화. 「한국사회와 행정연구」, 29(4): 31-54.

한국사회과학자료원. (2010). 「행정에 관한 공무원인식조사, 2007 CODE BOOK」.

한국인사행정학회. (2021). 「개방형직위 적합성 효과성 분석을 통한 제도 운영방안 연구」. 인사혁신처.

______. (2006). 「공무원 공개경쟁채용시험 개선방안」. 중앙인사위원회 정책연구보고서 2006-19.

______. (2022). 「MZ세대 공직가치 인식 조사 및 조직몰입 연구」. 국가공무원인재개발원.

한국지방행정연구원. (2008). 「지방자치단체 사무의 민간위탁 효율성 진단」. 서울: 한국지방행정연구원.

한국행정연구원. (2022). 「공직생활실태조사로 살펴본 MZ세대 공무원들의 인식」.

______. (2020).「정부디자인 ISSUE: 민간위탁 문제 사례 분석」. 2020.8.14. No.4. 한국행정연구원.

한상일. (2010). 한국 공공기관의 민주적 책임성과 지배구조. 「한국조직학회보」,

7(1): 65-990.
한승주. (2010). 성과급제도에 대한 공무원의 대응: 근거이론의 적용. 「한국행정학보」, 44(4): 29-58.
______. (2013). 공무원의 주관적 책임성: 지방자치단체 중하위직 공무원의 경험을 통한 탐색. 「한국행정학보」, 47(1): 25-45.
한승주 · 이철주 · 최흥석. (2020). 정부 관료제의 예견에 대한 책무성 고찰. 「행정논총」, 58(2): 35-72.
______. (2022). 대통령의 관료제 통제수단과 국정성과: 공무원의 인식 분석. 「행정논총」, 60(3): 1-48.
한승주 · 박종수 · 최흥석 · 곽창규. (2022). 정책 결과에 관한 공직자의 책임 인식: 부서 내 협업 상황별 비교. 「한국행정학보」, 56(2): 93-125.
함성득. (2000). 행정고시제도 개편방향(I): PSAT - 강화된 면접제도. 한국행정학회 교육 및 연구 워크샵 발표논문.
함종석. (2010). 「행정에 관한 공무원 인식조사」. 서울: 한국행정연구원.
행정안전부. (2008). 「장관정책보좌관제도 운영지침」.
______. (2011a). 역량평가위원 안내자료. 행정안전부 내부자료.
______. (2011b). 「2010 행정안전백서」. 서울: 행정안전부.
______. (2017). 「지능형 정부 기본계획」.
______. (2020). 「90년대생 공무원이 왔다」.
행정자치부. (2006). 「민간위탁 업무처리지침」.
허만형. (2001). 복지시설의 민간위탁 집행실태 분석. 「지방행정」, 568.
허만형 · 정윤수. (2001). 서울특별시 민간위탁 효과성 평가: 복지시설. 한국행정학회 편, 「21세기 한국 행정 및 행정학회 비전」.
허전 · 송석록. (2009). 헌법상 기관으로서 감사원의 독립성 제고방안. 「공법학연구」, 10(4): 169-192.
허철행. (2002). 신관리주의 지방정부혁신의 평가와 전망. 「한국정책학회보」, 11(3): 167-191.
현승현 · 윤성식. (2010). 지방자치단체 민간위탁의 경쟁성 및 지역격차 분석: 사회복지분야 민간위탁을 중심으로. 한국행정학회 2010년도 공동학술대회논문집.
현준희. (1997). 감사원 감사받을 것 많다 3: 양심선언이 두려운 사람들. 「사회평론

길」, 1997, 10: 106-109.

홍완식. (2005). 의회형 옴부즈만제도의 도입에 관한 검토: 국회에 제출된 옴부즈만 관련 3개 법률안에 대한 비교·검토. 「의정연구」, 11(1): 129-160.

_____. (2008). 의원입법에 대한 합리적인 통제방안. 「저스티스」, 106: 104-128.

황성원. (2003). 공공조직의 성과급제에 관한 소고. 「한국행정연구」, 12(4): 123-147.

_____. (2007). 성과급제도와 운영. 「지방행정」, 640: 38-50.

황성원·김승태. (2009). PSAT 및 공직임용시험제도의 개선. 2009년도 한국행정학회 동계학술대회 논문집.

황윤원·김성철. (2005). 「재무행정론」, 개정판. 서울: 법문사.

황혜신. (2005a). 공공의료서비스 민간위탁의 성과에 관한 연구. 「한국행정학보」, 39(1): 65-88.

_____. (2005b). 계약관리능력이 민간위탁 성과에 미치는 영향: 주인 대리인 이론의 적용. 「한국행정논집」, 17(1): 1-35.

Allison, G. (1971). *Essence of Decision: Explaining the Cuban Missile Crisis.* Boston: Little Brown.

Aucoin, P. (1990). Administrative Reform in Public Management: Paradigms, Principles, Paradoxes, and Pendulums. *Governance*, 3(2): 115-137.

Bartlett, W. & Le Grand, J. (1933). The Theory of Quasi-markets. in Le Grand, J. & Bartlett, W. (eds.), *Quasi-markets and Social Policy.* Basingstoke, UK: Macmillan.

Behn, R. D. (2001). *Rethinking Democratic Accountability.* Washington, DC: Brookings Institute Press.

Bertelli, A. M. (2005). Law and Public Administration. in Ferlie, E., Lynn, Jr., L. E. & Pollitt, C. (eds.), *The Oxford Handbook of Public Management.* New York: Oxford University Press.

Block, P. (1993). *Stewardship: Choosing Service over Self-interest.* San Francisco: Berrett-Koehler.

Bovens, M. (2005). Public Accountability. In Ferlie, E., Lynn, L. E., & Pollitt, C. (eds.), *The Oxford Handbook of Public Management.* New York: Oxford University Press.

_____. (2007). Analysing and Assessing Accountability: A Conceptual Framework 1. *European Law Journal*, 13(4): 447-468.

Bozeman, B., & Freeney, M. K. (2011). *Rules and Red Tape : A Prism for Public Administration Research and Theory*. New York : M.E.Sharpe.

Bozeman, B. (2000). *Bureaucracy and Red Tape*. Prentice Hall, INc. New Jersey.

Brewer, G. A., & Selden, S. C. (1998). Whistle Blowers in the Federal Civil Service: New Evidence of the Public Service Ethic. *Journal of Public Administration Research and Theory*, 8(3): 413-440.

Burke, J. P. (1987). A Prescriptive View of the Implementation Process: When Should Bureaucrats Exercise Discretion? *Policy Studies Review*, 7(1): 217-231.

Callahan, D. (1980). Goals in the Teaching Ethics. in Callahan, D. & Bok, S. (eds.), *Ethics Teaching in Higher Education*. New York: Plenum Press.

Cameron, K. S. and Quinn, R. E. (1999). *Diagnosing and Changing Organizational Culture*. New York: Addison Wesley, Inc.

Carnoy, M. (1984). *The State and Political Theory*. Princeton, NJ: Princeton University Press.

Cendón, A. B. (2000). Accountability and Public Administration: Concepts, Dimensions, Developments. Retrieved 2 November 2012, http://unpan1.un.org/intradoc/groups/public/documents/nispacee/unpan006506.pdf

Charnes, A., Cooper, W., & Rhodes, E. (1978) Measuring the Efficiency of Decision Making Units. *European Journal of Operational Research*, 2: 429-444.

Cooper, T. (1982/2012). *The Responsible Administrator: An Approach to Ethics for the Administrative Role*. New York: Kennikat Press.

Coyle, D. J. (1997). A Cultural Theory of Organizations. in Ellis, R. J. & Thompson, M. (eds.), *Culture Matters: Essays in Honor of Aaron Wildavsky*. Oxford: Westview Press.

Davis, J. H., Schoorman, F. D., and Donaldson, L. (1997). Toward a Stewardship Theory of Management. *Academy of Management Review*, 22(1): 20-47.

Davis, K. C. (1969). *Discretionary Justice*. Baton Rouge: Louisiana State University Press.

De Vries, M. S. (2007). Accountability in the Netherlands: Exemplary is its Complexity. *Public Administration Quarterly*, 31(3): 480-507.

Deci, E. (1975). *Intrinsic Motivation*. New York: Plenum.

DeHoog, R. (1985). Human Services Contracting: Environmental, Behavioral, and Organizational Conditions. *Administration and Society*, 16(4).

Denhardt, J. V. & Denhardt, R. B. (2003). *The New Public Service: Serving, not Steering*. New York: M. E. Sharpe, Inc.

Dicke, L, A., & Ott, S. (1999). Public Agency Accountability in Human Services Contracting. *Public Productivity & Management Review*, 22(4): 502-516.

Douglas, M. & Wildavsky, A. (1982). *Risk and Culture: An Essay on the Selection of Technological and Environmental Dangers*. London: University of California Press.

Dowding, K. (1991). *Rational Choice and Political Power*. Aldershot, UK: Edward Elgar.

_____. (1994). The Compatibility of Behaviourism, Rational Choice and 'New Institutionalism'. *Journal of Theoretical Politics*, 6(1): 105-117.

_____. (1995). *The Civil Servant*. London: Routledge.

Downs, A. (1967). *Inside Bureaucracy*. Boston: Little, Brown and Com.

Dunleavy, P. & Hood, C. (1994). From Old Public Administration to New Public Management. *Public Money and Management*, 14(3): 9-16.

Dunleavy, P. & O'Leary, B. (1987). *Theories of the State: The Politics of Liberal Democracy*. London: Macmillan.

Dunleavy, P. (1991). *Democracy, Bureaucracy and Public Choice: Economic Explanations in Political Science*. Hemel Hempstead, UK: Harvester Wheatsheaf.

_____. (1995). *Introduction to Politics*. London: University of London.

Dwivedi, O. P., & Jabbra, J.C. (1988). Public Service Responsibility and Accountability. in Joseph G. Jabbra & O. P. Dwivedi (eds). *Public Service Accountability* (pp. 1~16), West Hartford, CT: Kumarian Press.

Elmore, R. (1979). Backward Mapping: Implementation Research and Policy Decisions. *Political Science Quarterly*, 94(4): 601-616.

Elster, J. (1982). Marxism, Functionalism, and Game Theory: The Case for Methodological Individualism. *Theory and Society*, 11(4): 453-82.

Etzioni-Halevy, E. (1983). *Bureaucracy and Democracy: A political dilemma.* London: Routledge & Kegan Paul.

Finer, H. (1941). Administrative Responsibility in Democratic Government. *Public Administration Review*, 1: 335-350.

Fletcher, George. P. (2002). The Storrs Lectures: Liberals and Romantics at War: The Problem of Collective Guilt. *The Yale Law Journal*, 111(7): 1499-1573

Frederickson, G. & Smith, K. (2003). *The Public Administration Primer*, Boulder, CO: Westview Press.

Freedman, L. (1996). *Politics and Policy in Britain*. New York: Longman.

Friedrich, C. J. (1940). Public Policy and the Nature of Administrative Responsibility. *Public Policy*, 1: 1-20.

Giddens. A. (1981). Agency, Institution, and Time-Space Analysis. in Knorr-Cetina, K. & Cicourel, A. V. (eds.), *Advances in Social Theory and Methodology: Toward an Integration of Micro and Macro Sociologies*. London: Routledge and Kegan Paul.

______. (1984). *The Constitution of Society: Outline of the Theory of Structuration*. Berkely, Cal.: University of California Press.

Gilbert, N. & Specht, H. (1974). *Dimensions of Social Welfare Policy.* Englewood Cliffs, New Jersey: Prentice-Hall.

Glennerster, H. (1997). *Paying for Welfare*, 3rd ed. Hemel Hempstead, UK: Prentice Hall.

Gormley, W. Jr. (1989). *Taming the Bureaucracy: Muscles, Prayers, and Other Strategies*. Princeton, New Jersey: Princeton University Press.

Gray, A. & Jenkins, B. (1991). Local Government. in Jones, B. et al., (eds.) *Politics UK.* 2nd ed., Hemel Hempstead, UK: Harvester Wheatsheaf.

Grimmelikhuijsen, S. (2023). Explaining Why the Computer Says No: Algorithmic Transparency Affects the Perceived Trustworthiness of Automated Decision-Making. *Public Administration Review*, 83(2): 241-262.

Gönenç, R., Maher, M., & Nicoletti, G. (2001). The Implementation and Effects of Regulatory Reform: Past Experience and Current Issues. *OECD*

Economic Studies, 32: 11-98.

Ha, M. (1989). Merit Pay in the Public Sector. Unpublished paper, University of Georgia.

Hague R. & Harrop, M. (2004). *Comparative Government and Politics: An Introduction*, 6th ed. New York: Palgrave Macmillan.

_____. (2007). *Comparative Government and Politics: An Introduction*, 7th ed. Basingstoke : Palgrave Macmillan.

Hague, R., Harrop, M., & Breslin, S. (1998). *Comparative Government and Politics: An Introduction*, 4th ed. London: Macmillan.

Hall, P. (1986). *Governing the Economy: The Politics of State Intervention in Britain and France*. New York: Oxford University Press.

Halligan, J. (2007). Accountability in Australia: Control, Paradox, and Complexity. *Public Administration Quarterly*, 31(4): 430-452.

Ham, C. & Hill, M. (1993). *The Policy Process in the Modern Capitalist State*, 2nd ed. London: Harvester Wheatsheaf.

Henry, N. (1980). *Public Administration and Public Affairs*, 2nd ed. Englewood Cliffs, N.J.: Prentice-Hall.

Heywood, A. (2000). *Key Concepts in Politics*. London: Macmillan Press.

Hicks, H. G. & Gullet, C R. (1976). *The Management of Organization*, 3rd ed. New York: McGraw-Hill.

Hirschman, A. O. (1970). *Exit, Voice and Loyalty*. Cambridge, Mass.: Harvard University Press.

_____. (1982). *Shifting Involvements: Private Interest and Public Action*. Oxford, GB: Basil Blackwell.

Hodgkinson, C. (1978). *Towards a Philosophy of Administration*. New York: St. Martin's Press.

Hood, C. & Jackson, M. (1991). *Administrative Argument*. Aldershot, UK: Dartmoluth.

Hood, C. & James, O. (1997). The Central Executive. in P. Dunleavy, et al.(eds.), *Developments in British Politics 5*. London: Macmillan.

Hood, C. (1986). *Administrative Analysis: An Introduction to Rules, Enforcement and Organizations*. London: Harvester Wheatsheaf.

_____. (1994). *Explaining Economic Policy Reversals*. Buckingham, U.K.: The Open University Press.

______. (1996). Control over Bureaucracy: Cultural Theory and Institutional Variety. *Journal of Public Policy*, 15(3): 207-230.

______. (1998). *The Art of the State: Culture, Rhetoric, and Public Management*. New York: Oxford Univ. Press.

Hood, C., James, O., Peters, B. G., & Scott, C. (eds.) (2004). *Controlling Modern Government: Variety, Commonality and Change*. Cheltenham, UK: Edward Elgar.

Huber, J. & Form, W. (1973). *Income and Ideology*. New York: Free Press.

Hughes, O. E. (2003). *Public Management and Administration: An Introduction*, 3rd ed. New York: Palgrave Macmillan.

Ikenberry, G. J. (1988). Conclusion: An Institutional Approach to American Foreign Economic Policy. in Ikenberry, G. J., Lake, D. A., & Mastanduno, M. (eds.), *The State and American Foreign Economic Policy*. Ithaca, New York: Cornell University Press.

Im, T. (2003). Bureaucratic Power and the NPM Reforms in Korea. *International Review of Public Administration*, 8(1): 89-102.

Jaworski, B. J. (1988). Toward a Theory of Marketing Control: Environmental Context, Control Types, and Consequences. *Journal of Marketing*, 52: 23-39.

Kearns, K. P. (1994). The Strategic Management of Accountability in Nonprofit Organizations: An Analytical Framework. *Public Administration Review*, 54(2): 185-192.

Kernaghan, K. (1974). Codes of Ethics and Administrative Responsibility. *Canadian Public Administration*, 17(4).

Kettl, D. F. (2005). *The Global Public Management Revolution*, 2nd ed. Washington, D.C.: Brookings Institution Press.

Kim, S., & Vandenabeele, W. (2010). A Strategy for Building Public Service Motivation Research Internationally. *Public Administration Review*, 70(5): 701-709.

Kooiman, J. (ed.). (1993a). *Modern Governance: New Government-Society Interactions*. London: Sage.

______. (1993b). Governance and Governability: Using Complexity, Dynamics and Diversity. in Kooiman, J. (ed.), *Modern Governance: New Government-Society Interactions*. London: Sage.

Kooiman, J. (1993c). Findings, Speculations and Recommendations. in Kooiman, J. (ed.), *Modern Governance: New Government-Society Interactions*. London: Sage.

Kouwenhoven, V. (1993). Public-Private Partnership: A Model for the Management of Public-Private Cooperation. in Kooiman, J. (ed.), *Modern Governance: New Government-Society Interactions*. London: Sage.

Lane, Jan-Erik. (2005). *Public Administration and Public Management: The Principal-Agent Perspective*. London: Routledge.

Lazear, E. & Rosen, S. (1981). Rank-Order Tournaments as Optimal Labor Contracts. *Journal of Political Economy*, 89(5): 841-864.

Lazear, E. (1996). *Personnel Economics for Managers*. Cambridge, Mass.: MIT University Press.

Lee, D. S. (1990). Moral Education and the Teaching of Public Administration Ethics. *Journal of Marketing Management*, 6.

Lee, S. H. (1993). Transitional Politics of Korea, 1987-1992: Activation of Civil Society. *Pacific Affairs*, 66(3): 351-367.

Levi, M. (1988). *Of Rule and Revenue*. Berkeley, Cal.: University of California Press.

Lewis, Carol W. & Catron, Bayard L. (1996). Professional Standards and Ethics. in Perry, J. L. (ed.), *Handbook of Public Administration*, 2nd ed. San Francisco, Cal.: Jossey-Bass, Inc.

Lindblom, C. (1977). *Politics and Markets: the World's Political-Economic System*. New York: Basic Books.

Linder, S. H. (1978). Administrative Accountability: Administrative Discretion, Accountability, and External Controls. in R. Hedland, and J. Gibson. (eds), *Accountability in Urban Society*, ed. Scott Greer. Beverly Hills, Calif.: Sage Publications.

Lipsky, M. (1980). *Street-Level Bureaucracy*. New York: Russell Sage.

Lowi, T. J. (1979). *The End of Liberalism: The Second Republic of the United States*. New York: Norton.

Lukes, S. (1977). *Essays in Social Theory*. New York: Columbia University Press.

Malcomson, J. (1984). Work Incentives, Hierarchy, and Internal Labor Markets.

Journal of Political Economy, 92(3): 486-507.

Marger, M. (1981). *Elites and Masses: An Introduction to Political Sociology*. London: D. Van Nostrand Com.

McLean, I. (1987). *Public Choice: An Introduction*. Oxford, UK: Basil Blackwell.

Merton, R. K. (1957). *Social Theory and Social Structure*. Glencoe, Ill.: Free Press.

Mosher, F. C. (1968). *Democracy and the Public Service*. (New York: Oxford University Press.

Mueller, D. (1979). *Public Choice*. Cambridge: Cambridge University Press.

Niskanen, W. (1971). *Bureaucracy and Representative Government*. Chicago: Aldine-Aherton.

Nair, S., & Howlett, M. (2017). Policy Myopia as a Source of Policy Failure: Adaptation and Policy Learning under Deep Uncertainty. *Policy & Politics*, 45(1): 103-118.

Nabatchi, T. (2010). Addressing the Citizenship and Democratic Deficits: The Potential of Deliberative Democracy for Public Administration. *The American Review of Public Administration*, 40(4): 376-399.

Norris, P. (1997). Representation and the Democratic Deficit. *European Journal of Political Research*, 32(2): 273-282.

OECD-LEED. (2016a). 「Social Impact Bonds: State of Play and Lessons Learnt」. OECD.

OECD-LEED. (2016b). 「Understanding Social Impact Bonds」. OECD.

OECD정부혁신아시아센터 엮음. (2006). 「정부혁신 패러다임, 어떻게 변하고 있는가?」. 서울: 삶과 꿈.

Offe, C. & Wiesenthal, H. (1985). Two Logics of Collective Action: Theoretical Notes on Social Class and Organizational Form. in Offe, C.(ed.), *Disorganized Capitalism*. Cambridge: Polity Press.

Olson, M. (1965). *The Logic of Collective Action: Public Goods and the Theory of Groups*. Cambridge, Mass.: Harvard University Press.

Organ, D. W. & Greene, C. N. (1981). The Effects of Formalization on Professional Involvement: A Compensatory Process. *Administrative Science Quarterly*, 26(2): 237-252.

Osborne, D. & Gaebler, T. (1992). *Reinventing Government: How the*

Entrepreneurial Spirit Is Transforming the Public Sector. Reading, MA: Addison-Wesley; 삼성경제연구소 역. (1994). 「정부혁신의 길: 기업가 정신이 정부를 변화시킨다」, 서울: 삼성경제연구소.

O'Toole, L., Meier, K., & Nicholson-Crotty. (2005). Managing Upward, Downward and Outward: Networks Hierachical Relationships and Performance. *Public Management Review*, 7(1): 45~68

Palumbo, D. & Maynard-Moody, S. (1991). *Contemporary Public Administration*. New York: Longman.

Parasuraman, A., Berry, L., & Zeithaml, V. A. (1991). Refinement and Reassessment of the SERVQUAL Scale. *Journal of Retailing*, 67(4): 420-450.

Park, C. & Joo, J. (2010). Control over the Korean Bureaucracy: A Review of the NPM Civil Service Reforms under the Roh Moo-Hyun Government. *Review of Public Personnel Administration*, 30(2): 189-210.

Parsons, W. (1995). *Public Policy: An Introduction to the Theory and Practice of Policy Analysis*. Aldershot, U.K.: Edward Elgar.

Patil, S. V., Vieider, F., & Tetlock, P. E. (2014). Process versus Outcome Accountability. in M. Boven, R. E. Goodin, & T. Schillemans (eds.). *The Oxford Handbook of Public Accountability*. Oxford, UK: Oxford University Press.

Patterson, A. & Pinch, P. (2000). Public Sector Restructuring and Regional Development: the Impact of Compulsory Competitive Tendering in the UK. *Regional Studies*, 34(3): 265-275.

Peacock, A. & Wiseman, J. (1961). *The Growth of Public Expenditure in the United Kingdom*. London: Oxford University Press.

Perry, J. L. (2021). Public Service Motivation: Putting Our Intellectual Capital to Work. *Journal of Public Affairs Education*, 27(2): 123-125.

Perry, J. L., & Hondeghem, A. (eds.). (2008). *Motivation in Public Management: The Call of Public Service*. Oxford: Oxford University Press.

Perry, J. L., & Wise, L. R. (1990). The Motivational Bases of Public Service. *Public Administration Review*, 50(3): 367-373.

Peters, B. G. (1995). *The Politics of Bureaucracy*, 4th ed. London: Routledge.

______. (2000). *The Politics of Bureaucracy*, 5th ed. London: Routledge.

Pollitt, C. (1993). *Managerialism and the Public Services*, 2nd ed. Oxford: Blackwell.

Pressman, J. & Wildavsky, A. (1973). *Implementation*. Berkeley, Cal.: University of California Press.

Prewitt, K. & Stone, A. (1973). *The Ruling Elites: Elite Theory, Power, and American Democracy*. New York: Macmillan.

Przeworski, A. (1985). *Capitalism and Social Democracy*. Cambridge: Cambridge University Press.

PUMA. (1997). Best Practice Guidelines for Contracting Out Government Services. *PUMA Policy Brief*, OECD.

Quinn, R. E. & Cameron, K. S. (1983). Organizational Life Cycles and Shifting Criteria of Effectiveness. *Management Science*, 29: 33-51.

Ra, H. & Joo, J. (2005). Evaluating Customer-Centred Reforms in Korean Local Governments: Possibilities and Limitations of Reform Measures for Civil Application. *International Review of Administrative Sciences*, 71(3): 425-444.

Rainey, H. G. (2009). *Understanding and Managing Public Organizations*, 4th ed. San Francisco, CA.: Jossey-Bass.

Redford, E. S. (1969). Democracy in the Administrative State. New York: Oxford University Press.

_____. (1975). *Ideal and Practice in Public Administration*, 2nd ed. Tuscaloosa, Ala.: University of Alabama Press.

Rhodes, R.A.W. (1996). The New Governance: Governing without Government. *Political Studies*, 44(4): 652-667.

Roberts, N. C. (2002). Keeping Public Officials Accountable Through Dialogue: Resolving the Accountability Paradox. *Public Administration Review*, 62(6): 658-669.

Romzek, B. S. & Ingraham, P. W. (2000). Cross Pressures of Accountability: Initiative, Command, and Failure in the Ron Brown Plane Crash. *Public Administration Review*, 60(3): 240-253.

Romzek, B. S. (1998). Where the Buck Stops: Accountability in Reformed Public Organizations. in Ingraham, P. W., Thompson, J. R., and Sanders, R. P. (eds.), *Transforming Government: Lessons from the Reinvention Laboratories*. San Francisco: Jossey-Bass.

Romzek, B. S., & Dubnick, M. J. (1987). Accountability in the public sector: Lessons from the Challenger tragedy. *Public Administration Review*, 47(3): 227-238.

Rose, R. (2006). Politics in England. in Almond, G. A. et al. (eds.), *Comparative Politics Today: A World View*, 8th ed. New York: Pearson Longman.

Rowe, M. P. & Gottehrer, D. M. (1997). Similarities and Differences between Public and Private Sector Ombudsman. http://www.abanet.org/adminlaw/ombuds/g&rsimilar.html

Salamon, L.M. (1995). *Partners in Public Service: Government-Nonprofit Relations in the Modern Welfare State*. Baltimore: The Johns Hopkins University Press.

Savas, E. S. (1987). *Privatization: The Key to Better Government*. Chatham, N.J.: Catham House Publishers, Inc.

Schmitter, P. (1974). Still the Century of Corporatism? *Review of Politics*, 36: 85-131.

Schubert, Jr., G. A. (1957). 'The Public Interest' in Administrative Decision-Making: Theorem, Theosophy, or Theory? *American Political Science Review*, 51(2): 346-368.

Self. P. (1993). *Government by the Market? The Politics of Public Choice*. London: Macmillan.

Shleifer, A. (1998). State versus Private Ownership. *Journal of Economic Perspectives*, 12(4): 133-150.

Sinclair, A. (1995). The Chameleon of Accountability: Forms and Discourses. *Accounting, Organizations and Society*, 20(2): 219-237.

Skelcher, C. (2005). Public-Private Partnership and Hybridity. in Ferlie, E., Lynn, L. E., & Pollitt, C. (eds.), *The Oxford Handbook of Public Management*. New York: Oxford University Press.

Smith, M. (1999). The Institutions of Central Government. in Holliday, I., Gamble, A., & Parry, G. (eds.), *Fundamentals in British Politics*. London: Macmillan.

Stone, B. (1995). Administrative Accountability in the 'Westminster' Democracies: Towards a New Conceptual Framework. *Governance*, 8(4): 505-526.

The Alan Turing Institute. (2019). *A Guide for the Responsible Design and*

Implementation of AI Systems in the Public Sector.

The Committee on Standards in Public Life. (2020). *Artificial Intelligence and Public Standards.*

Thelen, K. & Steinmo, S. (1992). Historical Institutionalism in Comparative Politics. in Steinmo, S. et al.(eds.), *Structuring Politics: Historical Institutionalism in Comparative Analysis.* New York: Cambridge University Press.

Thompson, D. F. (1993). Matching Responsibilities with Tactics: Administrative Controls and Modern Government. *Public Administration Review*, 53(4): 303-318.

______. (1987) *Political Ethics and Public Office.* Cambridge, MA: Harvard University Press. 황경식 · 정원규 역. (1999). 공직의 윤리. 서울: 철학과 현실사.

______. (2014). Responsibility for Failures of Government: The Problem of Many Hands. *American Review of Public Administration*, 44(3): 259-273.

Thompson, G., Frances, J., Levacic, R. & Mitchell, J. (eds.), (1991). *Markets, Hierarchies and Networks: The Coordination of Social Life.* London: Sage.

Thompson, M., Ellis, R. & Wildavsky, A. (1990). *Cultural Theory.* Boulder, San Francisco: Westview Press.

Triandis, H. C. (1999). Cross-Cultural Psychology. *Asian Journal of Social Psychology*, 2: 127-143.

______. (2001). Individualism-Collectivism and Personality. *Journal of Personality*, 69(6): 907-924.

Truman, D. (1951). *The Governmental Process.* New York: Random House.

Van Loon, N.M., Leisink, P.L.M., Knies, E., & Brewer, G.A. (2016). Red Tape: Developing and Validating a New Job-Centered Measure, *Public Administration Review*, 76(4): 662-673.

Vliet, M. (1993). Environmental Regulation of Business: Options and Constraints for Communicative Governance. in Kooiman, J. (ed.), *Modern Governance: New Government-Society Interactions.* London: Sage.

Vroom, V. H. (1964). *Work and Motivation.* New York: Wiley.

Waldo, D. (1948). *The Administrative State.* New York: Ronald.

Waldo, D. (1974). Reflection on Public Morality. *Administration and Society*, 6(3): 261-275.

Wallace, D. (1995). *Environmental Policy and Industrial Innovation: Strategies in Europe, the USA and Japan*. London: Earthscan.

Walzer, M. (1973). Political Action: The Problem of Dirty hands. *Philosophy & Public Affairs*, 160-180.

Weiner, M. & Huntington, S. P. (eds.). (1994). *Understanding Political Development*. Boston: Little, Brown and Company.

Wildavsky, A. (1985). The Logic of Public Sector Growth. in Lane, Jan-Erik (ed.), *State and Market*. London: Sage Publications.

______. (1987a). Choosing Preferences by Constructing Institutions: A Cultural Theory of Preference Formation. *American Political Science Review*, 81: 3-21.

______. (1987b). Cultural Theory of Responsibility. in Lane, Jan-Erik (ed.), *Bureaucracy and Public Choice*. London: Sage Publications.

______. (1989). A Cultural Theory of Leadership. in Jones, B. D. (ed.), *Leadership and Politics: New Perspectives in Political Science*. Lawrence, Kansas: University Press of Kansas.

Willbern, Y. (1984). Types and Levels of Public Morality. Public Administration Review, 44(2): 102-108.

Williamson, O. E. (1975). *Markets and Hierarchies*. London: Collier Macmillan.

Wilson, W. (1887). The Study of Administration. *Political Science Quarterly*, 2(2): 197-222.

Wolf, C. Jr. (1988). *Markets or Governments: Choosing between Imperfect Alternatives*. Cambridge, Mass.: The MIT Press.

Wood, B. D., & Waterman, R. W. (1991). The Dynamics of Political Control of the Bureaucracy. *American Political Science Review*, 85(3): 801-828.

Zeitz, G. (1984). Bureaucratic Role Characteristics and Member Affective Response in Organizations. *The Sociological Quarterly*, 25: 301-318.

찾아보기

ㄱ

ㄴ

ㄷ

ㅁ

ㅇ

ㅈ

ㅊ

ㅌ

ㅍ

ㅎ

저자 프로필

■ **주재현(朱宰賢)**

1997년 영국 런던정경대학(LSE)에서 정치학 박사학위를 취득하고(논문제목: Policy Dynamics in South Korea: State Responses to Low Wage Levels and Compensation for Pollutions Victims, 1961~1988), 한국행정연구원 부연구위원과 세종대학교 교수를 거쳐 2003년부터 명지대학교 행정학과 교수로 재직 중이다. 주요 관심분야는 정책변동, 사회복지정책, 관료제 통제 등이다. 다수의 중앙정부 부처와 지방자치단체, 그리고 공공기관의 자문 및 평가위원으로 활동하였고, 한국정책학회와 한국행정학회 등 여러 학회의 임원과 편집위원을 역임하였다. 1997년 LSE에서 우수학위논문상(William Robson Memorial Prize)을 받았고, 2010년 명지대학교 학술상, 2020년 한국정책학회 학술상(우수논문상)을 수상하였다. 국내외의 저명 학술지에 다수의 논문을 발표하였고, 단독 및 공동으로 여러 저서를 출간하였다. 최근의 주요 논문 및 저서로는 "집단－격자 문화이론과 정책형성: 국민기초생활보장제도 사례분석"(「한국정책학회보」, 2019), 「행정의 책임과 통제」(법문사, 2020), 「영국 거버넌스 체제 변동 연구」(윤성사, 2021) 등이 있다(jhjoo61@mju.ac.kr).

■ **한승주(韓勝朱)**

2010년 고려대학교에서 행정학 박사학위를 취득하고(논문제목: 성과급에 대한 공무원의 정서적 대응: 근거이론과 Q방법론의 적용), 2015년부터 현재 명지대학교 행정학과 부교수로 재직 중이다. 주요 관심분야는 인사관리, 공공윤리, 행정책임 등이다. 한국인사행정학회 연구위원장, 한국행정이론학회 총무위원장, 한국행정학회 연구이사 및 편집위원 등을 역임하였다. 최근 주요 논문 및 저서로는 "정책형성에서 행정부처의 자율성과 대통령의 정책추진력: 상보적 관계의 가능성과 의미탐색"(「행정논총」, 2023), "정책결과에 관한 공직자의 책임인식"(「한국행정학보」, 2022), 「인권과 정책」(윤성사, 2022), 「행정의 책임과 통제」(법문사, 2019) 등이 있다(sngjoo@mju.ac.kr).

정부 관료제의 통제와 행정책임 [제2판]

2013년 7월 30일 초판 발행
2023년 9월 5일 제2판 1쇄 발행

저 자 주 재 현 · 한 승 주
발행인 배 효 선

발행처 도서출판 法 文 社

주 소 10881 경기도 파주시 회동길 37-29
등 록 1957년 12월 12일/제2-76호(윤)
전 화 (031)955-6500~6 FAX (031)955-6525
E-mail (영업) bms@bobmunsa.co.kr
(편집) edit66@bobmunsa.co.kr
홈페이지 http://www.bobmunsa.co.kr
조 판 법 문 사 전 산 실

정가 30,000원 ISBN 978-89-18-91435-0